세계의 대안 교육

미래를 위한
교육적 대안의
전망과 가능성

세계의
대안
교육

초판 1쇄 인쇄 2024년 12월 2일
초판 1쇄 발행 2024년 12월 12일

엮은이 넬 나딩스, 헬렌 리즈
옮긴이 심성보, 유성상, 강석, 김가형, 김남항, 김보영, 박광노, 신정윤, 이민정, 허나겸, 황현경
펴낸이 김승희
펴낸곳 도서출판 살림터

기획 정광일
편집 조현주·송승호·이희연
북디자인 꼬리별

인쇄·제본 (주)신화프린팅
종이 (주)명동지류

주소 서울시 양천구 목동동로 293, 2215-1호
전화 02-3141-6553
팩스 02-3141-6555
출판등록 2008년 3월 18일 제313-1990-12호
이메일 gwang80@hanmail.net
블로그 http://blog.naver.com/dkffk1020
한국교육연구네트워크 www.kednetwork.or.kr

ISBN 979-11-5930-305-0 93370

• 가격은 뒤표지에 있습니다.
• 잘못된 책은 바꾸어 드립니다.

세계의 대안교육

미래를 위한
교육적 대안의
전망과 가능성

넬 나딩스, 헬렌 리즈 엮음
심성보, 유성상, 강석, 김가형,
김남항, 김보영, 박광노, 신정윤,
이민정, 허나겸, 황현경 옮김

다르게 생각하고,
다르게 실행하고,
다르게 실천하기

우리는 『세계의 대안교육』의 출간을 기쁘게 생각한다. 비록 이 책에서 제시하는 견해가 분명한 대안인지 잘 알 수는 없지만, 우리는 이 책이 대안교육을 실천하려는 다양한 성향의 교육자들에게 대안을 탐색할 수 있는 나침반이자 교육용으로 매우 특별한 책이 되리라 기대한다.

대체로 이 책의 주된 기조는 자율성과 개인적·사회적 권한 부여의 원칙에 기반을 둔 지적 성향을 강조한다. 1부는 다르게 생각하기, 2부는 다르게 실행하기, 3부는 다르게 실천하기로 구성되어 있다. 대안교육의 구체적 모습은 행동과 실천의 마중물로서 다른 생각을 하기, 실제 다르게 실행하기, 그리고 다른 올바른 실천으로 구현된다.

1부 '대안교육, 다르게 생각하기'에서는 뇌과학을 통한 교육자의 마음 파악, 서머힐 경력 교사의 학교생활에 대한 시적 해석과 자전적 관찰, 학교를 보내지 않는 사람들의 자연적 교육, 현재의 교육학을 통해 미래에 대한 비판적 역량 기르기, 마음 챙김에 대한 신경과학의 위험 감지, 세계 질서의 기본 토대로서 평화로운 가정 질서 세우기, 무의식적 환상에 대한 정신분석적 해석 시도, 문화적 교육과정의 자율적 도전, 사고의 존재론을 통한 생명정치의 가능성, 동의에 기반한 학교교육의 상호성 추구 등을 보여 준다.

2부 '대안교육, 다르게 실행하기'에서는 홈스쿨링을 통한 대안교육 가능성, 교육실습생의 자치를 통한 학교 윤리의 형성, 홀리스틱 교육을 통한 혁신교육운동, 자기조직화 학습 환경 개념 도입을 통한 아이들의 혼돈 극복, 학교 밖 청소년을 위한 자유공간 EN 돌봄 공동체 활동, 교사교육의 목소리 내기를 통한 전문적 학습공동체 활동, 어린이 철학공동체를 통한 민주적 실천 활동, 숲학교를 통한 홀리스틱 학습 활동, 자유의 발전을 위한 자율적 학습 공간 창조 등을 살펴본다.

3부 '대안교육, 다르게 실천하기'에서는 학생의 목소리 연구를 통한 교육과정의 변화, 비대칭적/민주적 상호작용을 통한 학생의 행위주체성 강화, 개도국의 저비용 사립학교를 통한 대안적·자율적 토대 마련, 인문주의 학교를 통한 평화로운 삶의 기반 형성, 거리의 정치에서 벌어지는 일상적 저항을 통한 신뢰 회복, 학교 성교육의 대안으로서 학교 밖의 성교육 자료 활동, 인간과 동물의 관계를 다시 배우는 비판적 동물 교육학, 고독의 경험과 영성 기반 돌봄 공동학교의 건설, 대안학교 교사의 실천적 경험을 통한 반권위주의적 대항 운동, 애착 자각학교를 통한 아동의 복잡한 행동 이해 등을 다룬다.

『세계의 대안교육』에서 보여 주는 다양한 활동들은 대안학교뿐 아니라 제도교육 속의 대안교육 가능성, 즉 혁신교육도 동시에 모색한다. 저자들이 제시하는 대안들은 제도교육의 안팎을 넘나든다. 즉 대안교육은 학교교육과 지역사회, 그리고 국가와 세계를 초월한다. 대안교육의 가능성으로 최선의 교육과정 선택은 없으며, 최고의 교수 방법도 없다. 교육은 본질적으로 대립적이며 부조리한 현상을 보이고 골치 아픈 과업이면서도 자유의 가치를 지향한다. 저자들이 추구한 대안교육 활동은 어려운 여건에서도 다름을 인정하며 실천하는 공동의 공동체적 행위이다.

저자들이 제시하는 다양한 해결책은 이 세상을 위한 좋은 교육의 레시피처럼 보인다. 저자들이 걸어온 길은 교육에 대한 우리의 인식을 변화시키고 있다. 자신들이 무엇을 하고 있는지, 어디로 가고 있는지, 어떤 길을 가고 있는지를 흥미진진하게 보여 주면서, 저자들이 찾아간 대안의 길을 우리가 함께 걸어가도록 이끈다. 30여 국가의 실천적 사례를 모은 이 책은 자유로운 선택 및 관계성 촉진뿐만 아니라 동료성, 계속성, 책임지는 실험, 생태학 및 학제 간 작업들을 통해 대안적 사고와 실천적 사례를 제시한다. 교육적 대안의 아이디어에 내재한 다양한 관점과 가능성을 탐색하는 방법을 제시한다. 대안교육의 방법이 서로 다르기 때문이다.

대안교육에 만병통치약은 없다. 하지만 대안교육의 다양한 생각과 행동, 실천 사례들은 혁신교육, 대안교육을 지향하는 분들께 신선한 자극제가 될 것이다. 공교육의 대안으로 등장한 혁신학교운동은 현재 많은 제약으로 위축되는 모습을 보이고 있고, 대안학교들도 여러 가지 난관에 봉착해 있다. 이런 상황에서 여러 나라의 사례를 보여 주는 『세계의 대안교육』은 실천의 어려움을 호소하는 교사들에게 어느 정도 해결책을 제시해 줄 것이다.

번역에 참여한 한국교육연구네트워크 회원과 동참한 서울대 대학원생에게 감사를 드린다. 지루한 번역 작업은 인격 훈련 과정이기도 하며, 이는 곧 교육의 과정이기도 하다. 잘 참아내며 끝까지 번역 작업을 완수한 참여자들의 노고에 다시 한번 감사를 드린다. 여러분의 노고가 제도교육뿐 아니라 대안교육 현장의 변화에 큰 도움을 줄 것이다.

옮긴이를 대표하여 심성보·유성상 씀

2부 대안교육, 다르게 실행하기

3부 대안교육, 다르게 실천하기

1장
서문

넬 나딩스[1], 헬렌 리즈[2]

다양한 관점과 가능성의 탐색

넬 나딩스

사람들은 오랫동안 교육과 학교의 양가적 가치를 표현해 왔다. 교육은 한편으로는 '좋은 교육'이 삶의 모든 측면, 즉 지적, 도덕적, 육체적, 사회적, 직업적, 미적, 영적, 그리고 시민적 삶의 측면에서 좋은 사람을 길러야 하는데, 다른 한편으로는 학교가 교육을 받는 사람들 사이에 종종 두려움, 지루함, 억압감, 그리고 무능력을 유발한다고 표현되기도 한다. 그래서 이반 일리치[1971]는 50년 전, 교육의 진정한 약속을 지키려면 그런 교육을 받을 수 있는 대안적 방법을 찾아야 한다고 제안했다. 즉, 우리 사회가 '탈학교de-school'를 해야 한다는 것이다.

일리치와 여타 사람들은 '시장의 개방'을 통해 사람들이 책임지고 이용할 수 있는 곳이면 어디서든지 필요한 지식과 기술을 배울 수 있기를 바

---

1. 넬 나딩스(Nel Noddings, 1929~2022): 스탠퍼드대 명예교수, 미국 시카고대 실험학교 교장으로 일했으며, 교육철학회와 듀이학회 회장을 역임했다. 스탠퍼드대학교에서 교사교육 프로그램, 학교수업, 학교행정, 교육과정 개발 과목을 가르쳤고, 교육철학 및 교육이론을 전문적으로 탐구했다. 관심 분야는 돌봄윤리, 도덕교육, 지역기반교육, 글로벌시민교육 등이다. 스탠퍼드대학교 교육상을 수상했으며, 『Education and Democracy in the 21st Century』 등의 저서가 있다.
2. 헬렌 리즈(Helen E. Lees): 영국 버밍엄 뉴먼대 교육학 선임강사. 잘 삶을 위한 대안교육과 교육에서의 침묵의 의미를 연구하고 있다. ⟨The Journal of Educational Alternatives⟩의 창립 편집장이며, 저서로 『Silence in Schools』(2012), 『Education Without Schools: Discovering Alternatives』(2014)가 있다.

랐다. 하지만 이런 바람은 말하기는 쉬워도 실천하기는 매우 어렵다. 비록 현 정부로부터 행정과 재정을 빼앗겨도, '학교'는 여전히 존재할 것이기 때문이다. 예를 들어, 자기 자녀를 집에서 교육하기로 스스로 선택한 부모들을 '홈스쿨러home-schooler'라고 부른다. 공식적으로 학교로 지정된 장소의 안에서나 바깥에서 이들이 추구했던 대안들을 만날 수 있다. 일리치 자신도 그것을 교육의 핵심적 중요성으로 인지했다. 일리치는 이렇게 말한다.

스승과 제자의 진정한 관계의 특질은 값을 매길 수 없다는 점이다. 아리스토텔레스는 이를 "정해진 관계가 아니라 도덕적 형태의 우정"이라고 말했다. 우리는 친구를 위해 선물을 만든다든가 또 다른 일을 무엇이든 한다. 토마스 아퀴나스는 이를 두고 필연적으로 사랑과 자비의 행위라는 일종의 교훈이라고 규정하였다. 이런 종류의 가르침은 교사에게는 항상 호사이며 그리고 … 교사와 함께 그의 학생들에게는 일종의 '여가'인 것이다. 두 사람 모두에게는 의미 있는 활동이라고 할 수 있으며, 그 외의 다른 목적은 없다.Illich, 1971: 101

그럴듯한 교육의 대안적 형태를 모색할 때는 학교교육의 안팎에서 교사와 학생의 관계, 그리고 그것이 어떻게 발전되고 유지될 수 있는지에 관심을 기울여야 한다. 이 책의 여러 장에서는 돌봄과 신뢰의 관계를 발전시키는 것과 관련된 문제를 주로 다룬다. 이런 관계성에는 지지하는 환경이 필요하다. 존 듀이John Dewey는 100년 전 우리에게 다음과 같이 생각해 볼 것을 촉구했다. "우리는 직접적으로 교육하지 않고, 환경을 통해 간접적으로 교육한다."1916: 19 생각해 보자! 오늘날 우리가 교사들에게 특정의 학습 목표를 가르치도록 끊임없이 주입하는 것은 대부분 전혀 '교육'이라고 말할 수 없는 게 아닌가?

이런 문제를 해결하기 위해 이 책에서는 교육의 진정한 요소로 수업을 재구성하는 방법들을 제시한다. 독자들은 이 중에서 교육의 기본이라고 할 수 있는 '선택권'을 크게 강조한다는 것을 알게 될 것이다. 무엇을 공부할 것이며, 주제를 얼마나 깊이 파고들 것인지, 그리고 배운 내용을 어떻게 드러내어 보여 줄 것인지에 대해 학생들은 어떤 선택을 해야 하는가? 우리는 학생들의 선택을 어떻게 안내해야 하는가?

이 책의 여러 저자는 교사들이 전문적 선택을 하도록 격려해야만 한다고 상기시킨다. 교육과정에 대한 최선의 선택은 없으며, 최고의 교수 방법도 없다. 그리고 모든 아이에게 접근하여 시도해 볼 수 있는 도덕적으로 민감한 방안이란 것도 따로 정해진 것이 없다. 실제로 듀이는 후기 작품 『확실성의 탐구 The Quest for Certainty』[1929]에서 우리에게 모든 과목, 학생, 교사에게 효과가 있는 단 하나의 교수 방법에 대한 탐구를 포기하라고 조언했다. 이후 저명한 교육심리학자인 크론바흐Lee Cronbach도 다음과 같은 점을 강조했다. "나는 시청각 보조도구, 프로그램화된 수업 방식, 경험을 통한 학습, 귀납적 교수법, 또는 선호하는 교수법이 무엇이든 단 하나의 교수 기법을 옹호하면서 여타 기법은 밀어내는 일반화 방식을 전혀 믿지 않는다."[Cronbach, 1966: 77] 이 책에서는 몇 가지 핵심적인 교수학습 접근이 시도되는데, 이는 대안교육의 가능성으로 고려해 볼 수 있다.

그런데 오늘날 우리에게 대안적 실천 방식으로 강요되고 있는 많은 사례, 특히 아마도 미국에서의 사례들은 일리치, 듀이, 크론바흐가 권장한 것과는 (불행하게도) 정반대이다. 즉, 콘텐츠의 표준화, 모범 사례, 규모의 확장 및 표준화 시험에 더욱더 중점을 두고 있다. 심지어 정규 공립학교에 대한 긍정적인 대안을 제공하겠다고 등장한 차터스쿨charter school조차 종종 더 높은 시험 점수를 얻기 위해 고안된 권위주의적 방법과 엄격한 통제에 의존하는 실정이다. 이런 학교들은 우리가 여기서 거론하는 '대안교육'의 형태라고 거의 할 수 없는 것들이다.

그래서 저자들은 선택과 관계뿐만 아니라 동료성collegiality, 계속성, 책임지는 실험, 생태학 및 학제 간 작업들에 대해서 대안교육에 유용한 제안을 한다. 오늘날 대안교육에 필수적이라고 볼 수 있는 모든 문제에 관해 진화생물학자 윌슨E. O. Wilson은 이렇게 말한다.

제 생각에는 지식의 통합을 이루는 데는 필연성이 있습니다. 그것은 실생활을 반영하고 있습니다. 세계에서 발생하는 사건들의 궤적은 교양인들이 학문 분야를 가로지르는 교양인들이 커다란 이슈들에 대해 과감하고 분석적으로 다루면서 이전보다 훨씬 더 능숙해야 함을 보여 주고 있습니다. 우리는 지금 그것에 대해 경험적으로 진정한 효과를 발휘하는 종합의 시대로 접어들었습니다. 따라서 용감하게 알려고 합시다. 감히 스스로 생각해 보세요.^{Wilson, 2006: 137}

우리는 이 책이 이러한 생각을 촉발하기를 기대한다. 이 책은 전체적으로 교육적 대안의 아이디어에 내재된 다양한 관점과 가능성을 탐색하는 방법을 제시한다.

이 책에 대하여

헬렌 리즈

대체로 이 책은 교육적 대안이라는 이념에 내재된 전망과 가능성의 다양함을 탐색하는 방법을 제공한다.

책 전체를 읽다 보면 분명히 알 수 있듯, 저자들은 교육적 대안이란 무엇인지 또는 무엇이 될 수 있는지를 '정확하게는' 알 수 없는 개념임을 확인하고 있다. 여기서 이 점은 분명히 칭송받아야 한다. 그런데 우리 역시 우리의 견해가 대안인지를 정확하게는 알지 못한다. 이러한 이유로, 어쩌면 이보다 더 많은 이유로 이 책은 여러 부류의 교육자들에게 제공하는 탐색 나침반이자 교육용으로 매우 특별한 책이 될 것이다. 즉, 핸드북이기는 하지만 본질적으로 자유로운 영역의 책이 될 것이다. 우리는 보여 주고, 토론하고, 숙고하고, 증명하고, 검증하고, 뒷받침하고, 이해시키고자 하는 방법들에 굳이 연연해 하지 않을 것이다. 여기서 교훈적으로 '가르치려는' 열망은 좀 덜하지만, 그 대신 제시된 것을 교수학습 방법에서 '알고자 하는' 바람을 갖는 것-그렇게 가르치는 것을 내켜 하지 않음과 더불어 새로운 지식에 수반되는 의도를 둘러싼 결과적인 반응이 보이는 자유와 함께-은 북반구 인사들의 관심사(개인적·사회적 권한 부여의 원칙)에 기반을 두고 있다. 각 장마다 이 목소리들의 집합은 대안교육에 대한 지적 초대자 역할을 한다.

이 책은 교육 연구에 관련된 글로 구성되어 있다. 대안교육을 이해하는 역사는 이상하고 옥죄는 부조리에 빠져 있다. 이는 열정의 궤적에 이어 보류되고 있는, 거의 불가피한 지역적·사회적 거부이다.[Cremin, 1961: Darling, 1994: Howlett 2013: Röhrs & Lenhart, 1995: Skidelsky, 1969: Stewart, 1972] 여기에 포함된 내용들은 교육을 위한 다른 방법들을 예견하고 알 수 있는 긍정적이고 자극적이며, 유용한 방법으로 나타나고 있는데, 이를 감안한다면 상황은 앞으로 계속 진행되어 갈 것이다. 대안교육의 생존을 위한 '싸움'은 끝났거나, 꼭 끝나지 않았다고 하더라도 서로 다르다. 왜냐하면 '현장적 근거'가 이제는 대안이 중요하다고 생각하는 입장이기 때문이다. 모든 장은 자기 방식대로 현장적 근거를 바탕으로 '다른' 교육이 필요하다고 생각하며 우리에게 제안한다.

오늘날 전통적 학교 문화의 모방방식memes이 '방법'으로 제공하는 것 이상으로 교육을 할 수 있는 다른 방법들이 적절하고 받아들여지고 생존할 수 있는지 관심을 가질 필요가 있는가? 아마 그것은 아닐 것이다. 아주 최근에 인터넷 때문에 우리가 살고 있고, 살고 싶고, 살아야 하는 방식에 대한 것이 매우 많이 변화했다. 고정된 교육과정에의 우리의 참여, 그리고 마치 사람들이 학습을 위해 자신을 둘러싸고 있는 상자 안에 있는 것처럼 교육이 이루어지는 물리적 목적지의 위치, 교사의 권위 대 학생의 복종이라는 개념, 이 모두는 링에는 올라가 있으나 지고 있는 싸움을 하는 것이라 할 수 있다. 그러기에 우리는 교육에 대해 다시 고찰해야 하고, 이제 그렇게 하고자 한다.

이 일은 천천히 일어나고 있다고 봐야 한다. 이렇게 느린 속도로 진행되는 이유는 이 책에 포함된 개념들이 제시되고, 때때로 소개되고, 종종 발전될 필요성 때문인데, 말하자면 이 개념들은 그다지 다듬어지지 않았고, 그냥 즐기는 것으로 여겨 뒷받침되지 못했으며, 적어도 나에게는 교육 발전과 분명히 관련된 것으로 좀처럼 이해되지 않았기 때문이다. 속도가 빨라지려면 우리에게는 이 책-미래를 위한 대안적 교육의 가능성에 대한 더 많은 집단성과 인간 활동의 칭송-과 같은 작업이 더 필요하다. 현재 교육이 무엇이어야 하고, 또 무엇이 될 수 있는지에 대한 이전의 비전이 제시하는 단서들은 세상의 교육에 대한 우리의 사회적인, 심지어 개인적인 상상력을 가로막고 있다고 봐야 한다.

오늘날 우리에게는 도움이 되면서도 부조화-과거의 소멸 방식은 오늘의 핵심적 제안의 일부이다-를 보임으로써 실제로 도전에 대처할 수 있고, 도전을 겪고 있는 교육의 개념이 있어야 한다. 예컨대 케니언과 헤즈가 지적했듯이, 우리는 우리가 추구하고 거부하는 공간과 순간에서 행동의 소중함과 명료함을 찾을 것이기 때문이다.

교육자로서, 심리학자이자 심리치료사로서 보기에, 사람들이 매우 분명한 요구에 반응할 때만 변한다는 사실이 우리에게, 그리고 전 세계의 수많은 구성주의자에게 명백해졌다. 그것은 일반적으로 혼란, 부조화, 두려움과 같은 고통이나 강렬한 욕망과 같은 더 긍정적인 동기를 포함한다. 만족스러워하는 편안한 사람들은 다른 사람들이 무엇을 원하든지 행동 변화를 일으킬 가능성이 크지 않다.^{Hase & Kenyon, 2007: 112}

행동의 변화는 우리가 인류의 이익을 위해 잠재력, 그리고 잠재력과 함께 가는 교육을 극대화하는 가치 있는 대응과 존엄성을 지니고, 현재와 계속되는 '기술 시대'와 직면하는 데 필요한 것이다. 그러므로 어떤 의미에서 대안교육의 가치가 적절함을 증명하기 위한 싸움은 끝났지만, 또 다른 현재적 의미에서 그 싸움은 '진행형'이다. 겉보기에 '달라' 보이는 모든 교육적 대안에서 우리는 대응을 할 수 있는 유연한 방식으로 살기 위한 도구들을 발견한다. 이제는 지시에 따라 사는 법을 배우는 것이 아니라, 교육에 대한 '참여'를 통해 현존하게 된다. 이질적 특성과 교육적 관여라는 두 '상황'은 매우 다른 성향을 갖고 있다. 인생과 삶이 문제없다고 감히 말할 사람은 없을 것이다. 따라서 교육은 본질적으로 대립적이며 부조화이고, 골치 아프지만 자유롭기도 하다. 이 책에서 설명한 것처럼, 이 세상을 위한 좋은 교육의 레시피처럼 보인다. 이제 더 이상 교육이란 옳고, 달콤하고, 아름다운 대답을 찾아 따라가는 것이 아니다.

교육의 메타-내러티브^{Lyotard, 1984}에 대한 '불신'으로 자신의 경로를 개척할 수 있다는 생각을 뒷받침하는 포스트모던 유산과 더불어, 이때 중요한 것은 대안의 길을 함께 걸어가는 것이며 다름을 실천하는 행위이다. 다시 말해 이미 주어진 관행을 넘어, 그리고 그것의 바깥에서 생각을 현실과 경험으로 변환하는 것이다. 이 책에 실린 글들에는 비전과 실행 중인 차이에 대한 예시가 제시되고 있다. 나는 이 책이 용기 있는 책이라고 생각한다. 저자들은 자신들의 이야기를 하고 있으며, 그들이 걸어온 길은 교육에 대한 우리의 인식을 변화시키고 있다. 그들이 무엇을 하고 있는지, 어디로 가고 있는지, 어떤 길을 가고 있는지가 흥미롭다는 데 독자들이 동의할 것으로 믿는다.

각 장의 개요

『세계의 대안교육』은 '다르게 생각하기', '다르게 실행하기', '다르게 실천하기'로 구성되었다.

'다르게 생각하기'가 우선인 이유는 공동편집자들이 실천이 시작되기 이전에 생각하기가 중요하다고 보기 때문이다. 그러면 어떻게 생각하고 이해해야 할까? 멜저가 사고를 학습된 행위로 묘사하고, 실제 바깥의 실행에 앞서 스스로 자기 안에서 행해진 작업으로 기술한 것처럼[Melser, 2004], 이 섹션은 다르게 실행할 수 있고 실천할 수 있다는 개념의 마중물 역할을 한다.

'다르게 실행하기'는 여러 면에서 '다르게 실천하기'와 일치하는 부분이 많다. 결국 '실행하는 것'과 '실천하는 것'의 차이는 무엇인가? 양자는 대안적 영역에서 교육의 '다른 것'에 대한 민감성, 즉 자유, 민주적임, 평등, 호기심 촉진, 정의, 느껴지고 품어지는 알 수 없는 것들, 그리고 직접 부딪히는 논쟁적인 것을 필요로 한다. 대안교육의 영역에서 실행하는 것과 실천하는 것이 무엇이든지 주의가 요구된다. 우리의 대답으로는 이 책의 2부 '대안교육, 다르게 실행하기'에서 말한 것을 실제 실행하는 것이다. 모든 면에서 이 장들은 우리에게 대안적 실천이 정치적으로, 사회적으로, 개인적으로, 그리고 대인관계에서 실행 가능함을 보여 준다.

'다르게 실천하기'는 그냥 다양한 것이 아니라, 다른 사람들과 관련하여 생각하기와 실행하기, 즉 대안적으로 '올바른' 실천을 위해 태도가 중요하다는 의미를 강조한다. 생각하기와 실행하기는 우리가 지니고 있는데, 주류 교육으로부터 배척된 다양성뿐 아니라 형식과 결과, 결말을 동반한 내용의 구체적 대안으로서 다른 사람과 관련된 '실천하기'와 관련이 있다.

1부 대안교육, 다르게 생각하기

'다르게 생각하기'에서는 신경과학자이자 신념 형성과 유지의 인지적 본질 분야의 전문가인 크리스 드 마이어가 쓴 2장 '교육자의 마음: 피그말리온 효과 논쟁'으로 의미 있는 출발을 시작한다. 신경과학과 심리학에서 나온 지식은 교육 연구에서 보수적 사고의 매우 곤란한 문제를 다룬다. 왜 교육적 사고가 새롭거나 상충하는 증거에도 불구하고 그 사회적 위치에 고착되는지를, 간단히 말해서 '뇌 연구 결과들brain facts'을 참조하여 설명한다. 이 책에서 이 장을 광범위하고 다양한 관점과 전문적 지식을 통해 더욱 완전한 구도로 동화시키고 있는 것은, 세상이 부조화-변화된 생각으로 뒤집혀 전환하지 않은 마음-에 대항하는 변화의 상승을 보는 데 도움이 된다. 드 마이어는 인간의 사고가 감정과 어떻게 연관되어 작용하는지-어떻게 의견, 신념 및 가치가 형성되고, 사람들이 자신과 다른 사람들을 어떻게 보는지, 자신과 타인을 어떻게 보는지-에 대한 간략한 개요를 제시한다. 교육 연구에서의 오래된 논쟁을 해부함으로써 이러한 논쟁이 어떻게 발생하고, 교육실습에 어떤 영향을 미치는지를 이해하는 데 도움이 될 것이다. 첫 번째로 드 마이어를 등장시킨 이유는 대안교육이 이 장에서 현재 논의하는 문제로 고착된 사고, 편견, 그리고 공동체를 만들지 못하면서 파당을 만드는 불협화음에 대한 대응과 관련하여 큰 어려움을 겪고 있기 때문이다. 대안교육에 대한 부정적 대응이 주로 우리가 여기서 말하는 드 마이어가 '뇌 연구 결과들은 혼란스럽다'라고 한 것보다는 훨씬 더 단순해질 수 있음을 더 잘 이해하고, 제공된 내용을 잘 사용할 정신/신경의 경로 구조화가 일반적이지 않기에 뇌가 부정적으로 반응할 수 있다는 점을 인지하면서 책임지고 참여하는 교육적 다름은 다음 장에 배치하였다.

3장 '어느 평범한 날: 나의 서머힐 생활'에서 필리프 클라우스는 규율의 규칙이 민주적으로 구상될 때, 관련된 공간과 신체의 현실을 흥미진진하게 묘사한다. 영국 서머힐 학교의 구성원(직원)으로서 평범한 하루에 대하여 자문화기술적/시적 해석을 통해, 서머힐의 숙련된 교사로서 자신의 경험을 바탕으로 대화, 인간관계, 리듬, 그리고 자아들 간의 자유에 대한 구상을 탐색한다.

4장 '대자연의 교육학: 아이들은 어떻게 배우는가'에서 피터 그레이의 심리학적 전문지식은 문화 전승으로 교육의 역사를 탐구할 수 있게 해준다. 그는 진화가 생존에 필수적인 교육을 보장한다는 것을 확인하고 주장한다. 자연선택설은 인간이 교육적 본능을 창조하는 호기심, 놀이성, 사교성을 바탕으로 이루어진다. 즉, 아이들은 생물학적으로 스스로 교육하도록 설계되었다. 이 장은 진화적 설계를 일종의 역학으로 묘사하고, 수렵-채집 시대에 어떻게 작동했는지를 보여 준다. 그리고 민주주의 학교의 아동과 학교를 보내지 않는 사람들un-schoolers의 연구에서, 자유 놀이와 호기심에서 나온 자기주도적 학습은 우리가 이를 가능하게 하는 환경 조건을 제공할 때, 완전하고 효율적인 교육으로서 오늘날에도 여전히 훌륭하게 작동한다는 증거를 제시한다.

5장 케리 페이서의 '개방성, 희망, 새로움을 위한 공간의 창조'는 선사시대로부터 미래의 것으로 이동한다. 교육 담론에서 미래에 대한 생각은 최적화, 식민지화, 보호의 세 가지 경향으로 특징지어져 있는데, 우리에게 필요한 것은 미래에 대한 더욱 민주적인 지향이라고 주장한다. 저자는 미래가 존재하지 않는다는 존재론적 가정을 전제로 하는 '현재의 교육학 Pedagogy of the Present'을 제안한다. 현재의 교육학은 변화에 대한 희망을 보증하면서 비판적 역량을 창출한다. 그것은 동시에 인간관계와 미래가 있는 미지의 영역—자아와 행동의 올바른 전제와 함께 현재 존재하고, 도래하거나 도래할 수 있는 우리에게 중요한 장소 및 존재론—에 도전하는 용기를 길러 준다.

6장 클래런스 졸더스마의 '대안교육을 위한 신경과학의 가능성과 위험'은 대안교육을 위한 영역의 잠재력을 보여 줌으로써 교육신경과학의 새로운 영역 탐구를 시작한다. 저자는 뇌가소성과 마음챙김에 대한 최근 연구를 시작으로 신경과학과 대안교육 사이의 연관성을 설명한 다음, 교육에 대한 상업적·비상업적 적용을 설명한다. 제시되는 것의 핵심은 대안교육자들이 대안교육의 실천에 포함될 수 있는 신경교육적 주장을 비판적이고 독립적으로 평가하는 방법을 이해하는 데 도움이 되는 관점이다.

7장 넬 나딩스의 '여성의 전통적 관심사'는 너무 자주 간과되고 경시되지만, 인간의 돌봄, 번영, 영양 및 번성을 위한 인간의 능력에서 매우 중요한 점을 다룬다. 저자는 교육적 과업의 중심에 있는 가정의 질서와 살림을 이야기한다. 이 논쟁은 가정 살림의 세부 사항에 대한 방대한 영역 및 심오한 의미를 드러낸다. 그러나 또한 평화가 중요하고, 평화가 교호적 관계 방식인 새로운 세계 질서의 기본 토대로서 가정의 질서를 위한 급진적이고 설득력 있는 사례를 구성한다.

로저 윌러비와 히브렌 데미르 아타이는 8장 '정신분석과 교육적 환상의 도전'에서 교육의 밑바닥 혹은 빙산인 환상phantasy/fantasy에 대해 썼다. 그들은 프로이트, 클라인, 위니콧, 라캉의 사상에 의지하여 교육은 모든 종류의 환상과 함께 가득 차 있다고 주장한다. 교육 사업에서 잊혀 버린 영역이 강조된 정신분석적 성찰을 통한 정신생활의 전체는 무의식적 판타지아에 의해 지배된다. 그들 중 많은 부분은 알 수 없으며, 정신활동으로서의 교육은 이를 고려하는 것과 관련 있다. 주류 교육이 인식론적 주장에 담긴 무의식적 환상의 사실로 인해 스스로 도전해야 하는 것처럼, 우리의 대안적 사상은 현실을 대처해야 하는 문제와 관련이 있다.

9장 '공학적·잠재적·문화적 교육과정의 의제와 권위'에서 해리엇 패티슨과 앨런 토마스는 교육과정의 개념은 정치적 권위의 발현으로 교육 개념을 결정한다고 주장한다. 게다가 그들은 교육과정의 '생각'이 학습자와 지식 사이의 관계를 결정하고 조건화한다고 제안한다. 그들은 형식적, 잠재적, 문화적 장르의 세 가지 교육과정을 탐구하고, 각각에 구현된 권력과 인식론의 상호 연관된 특성을 고려한다. 이러한 서로 다른 교육과정은 그들 사이의 비교에서 상호 연관되어 있고, 다른 것에 통합되는 사고방식에 대한 도전을 보여 준다. 이런 압축된 도전이 저자들이 말하는 자율적 홈스쿨러들의 '문화적 교육과정'이라고 부르는 것을 고려하여 탐색된다. 그들은 대안교육이 교육과정의 확실성에 대한 일반적인 의미와는 다른 관점에서 아는 사람과 지식 사이의 관계를 고려할 기회를 제공해야 한다고 제안한다.

10장 '교육의 잠재과 우연성'을 작성한 닉 페임은 우리가 정말로 대안을 생각해 낼 수 있는지 묻는다. 오늘날 편협한 사고를 하는 교육 내부에서 학교의 헤게모니를 넘어, 혹은 교육이 삶의 방식이라는 생각을 넘어서 인식하고 구상하는 것이 가능한가? 저자는 교육이 존재신론[3]으로 발전하여 새로운 질문을 하는 것이 대안적 비전이라는 생각을 무의미하게 만든다고 설명한다. 그는 결정되어지는 삶과 사유라는 난해한 문제를 해결하기 위해 아감벤의 잠재성과 비잠재성 관점, 말라부의 가소성의 명료화, 그리고 '사고의 존재론'을 빌려올 것을 요청한다. 그렇게 함으로써 그는 봉쇄를 벗어난 것들의 재검토를 위해 현대의 생명정치를 재고할 수 있는 도구들을 찾을 수 있다고 제안한다. 그리고 그는 장치와 아이디어로 세계를 지배하는 교육의 힘에 무엇이 대안이 될 수 있는지에 관한 질문을 확인한다.

11장 '교육적 상호성'은 헬렌 리즈의 글인데, 교사들과 학생들 사이의 필수적인 도덕적 상호관계로 교육에서 얻고자 하는 동의의 개념과 관련된다. 이 장은 동의에 대한 협약이 도덕적 행동에서 중요한 성적 행위자 커뮤니티BDSM에서 배울 수 있는 교훈을 간략히 설명한다. 그리고 이로부터 대부분의 학교교육이 동의 요청을 거의 고려하지 않는다는 점을 감안할 때, 교육의 상호성은 선택권-대부분의 학교교육을 받은 사람들의 요구와 희망에 맞게 서로 다른 기풍과 실천을 지닌 다양한 양식의 '사람마다 각자 다른 길이 있다'는 비전-을 갖는 것이 유용하다는 생각으로 발전시킨다. 상호성이 중요시되는 영역인 대안교육은 그것이 없는 교육이 수치라는 개념을 이끌어 온다.

2부 대안교육, 다르게 실행하기

2부의 첫 번째 장인 12장 로버트 쿤즈만의 '홈스쿨링: 실행, 목적, 가능성'은 홈스쿨링으로 잘 알려진 집단(참여자 및 근거)을 조사하고, 그러한 교육의 철학적 토대와 교육과 학습이 어떻게 형성되는지를 살핀다.

---

3. '존재신론(ontotheology)'은 '존재의 신학'을 의미한다. 이 용어는 칸트에 의해 처음 사용되었지만, 철학적으로 하이데거의 후기 사상에 사용된 중요성과 유사하다.

그다음으로 학습 결과, 특히 학업성취도와 사회 발전에 관한 연구를 요약한다. 이어서 홈스쿨링과 이것의 실제 영역이 대안교육에 대한 광범위한 대화에 어떻게 기여하는지 몇 가지 핵심 질문을 제기함으로써 결론을 맺는다.

카린 무리스는 13장 '교육실습생의 학교 윤리: 남아공에서의 혁신교육'에서 남아프리카 대학에서의 경험을 바탕으로 민주적으로 조직된 교사교육의 윤리 세션에서 논란이 된 복잡한 시나리오를 작성한다. 이 장과 사건의 순서는 남아프리카의 일부 학교에서 불행하게도 폭력 형태로 벌어진 일에 대한 '창'을 보여 준다. 그것은 현재의 현실을 감안하여 예비교사 훈련과정의 배치를 다루어야 한다는 어려운 과제를 던진다. 그러한 배치 문제를 논의하는 과정에서 문제가 발생할 때, 대학 강의실에서 무엇이 윤리적으로 올바른 조치인지를 철학적으로 탐구한다. 그녀는 학교 현실과 교사들을 위한 대학교육 사이의 윤리적 연관성을 조망하는 논의에 참여한다. 6단계 윤리적 의사결정 도구를 사용하여 딜레마가 남아프리카의 맥락에서 어떻게 긍정적인 제도적 행동으로 이어질 수 있는지를 보여준다.

14장 '브라질의 혁신교육운동: 홀리스틱 교육 경험'에서 헬레나 싱어는 브라질 상파울루에서의 혁신적인 홀리스틱 교육 경험과 다년간의 교육 변화를 추적한다. 그럼으로써 지적, 감정, 신체적, 사회적, 윤리적인 모든 차원에서 개인의 발전이 학교 출석을 통해 촉진되도록 보장하기 위해 다양한 공간의 절합 및 영역의 행위 주체자를 통해서 학교에서의 고립, 파편화, 불연속성 극복에 성공한 경험을 설명한다. 저자는 그러한 복잡한 작업을 수행하려면, 단순한 장소들을 더 많은 무엇으로, 말하자면 교육적 이웃으로 변화시킬 수 있는 공통 프로젝트를 중심으로 통합해야 한다고 제안한다.

수가타 미트라, 수니에타 쿨카르니, 제임스 스탠필드가 집필한 15장 '혼돈의 언저리에서 배우기: 교육의 자기조직 시스템'은 초등교육을 위한 자기조직화 시스템으로 가는 여정으로, 아이들이 인터넷 참여를 통해 스스로 학습을 관리하는 '자기조직화 학습 환경SOLE' 개념을 소개한다. 이 장에서는 효율적인 외적 학습 경로와 관계의 동학에 대한 여러 가지 오랜 신념에 도전하는 자기조직화 학습 환경이 교육학적으로 어린이들 사이에서 어떻게 작동하는지를 설명한다.

16장 '어린이 드림파크와 자유공간 En: 일본의 돌봄 공동체'에서 나가타 요시유키는 지난 10년 동안 학교 밖 아동·청소년을 중심으로 한 '학교 거부자'를 포함한 학교 밖 청소년을 위한 학습공동체 '자유공간 엔 Free Space En'을 이야기한다. 이 장에서는 지역사회의 성공 이후에 교육시스템을 아이들의 실제 생활에 맞추려는 교직원들의 헌신이 어떻게 존재하는지 논한다. 그뿐만 아니라, 지역사회에 대한 정부의 지원은 수업을 제대로 받지 못하는 아이들에게 다른 환경의 수업을 제공함으로써 그들의 성공을 제공할 수 있는 아동의 권리를 보호하도록 한다.

교사교육의 역동적 목소리와 민주주의에 대해서 말하는 이안 멘터는 17장 '교사교육: 변화의 생성자 vs 교육적 순응을 위한 기제'에서 교직의 이상주의와 학교교육의 '표준화된' 현실 사이의 긴장을 해소할 수 있는지를 질문한다. 이를 검토하기 위해 이 장은 사회역사적 접근법을 취하며, 주류 교육에서도 독특한 대안이 개발될 수 있는 사례를 제시한다.

18장 '어린이와 함께 철학하기: 상상적이고 민주적인 실천'에서 조안나 헤인스는 그림책을 통한 내러티브 철학과 협력적 대화에 초점을 맞춘 상상하는 민주주의 실천으로서 아이들을 위한 철학P4C에 대해 이야기한다. 이 장은 P4C의 관점에서 어린이 시절과 철학을 탐구하며, 상상하는 민주적 참여의 수단으로서 철학과 함께 전향적이고, 시대를 넘어서는 재미있는 생각을 소개한다.

19장 '숲학교: 야외에서의 홀리스틱 학습을 위한 모델'에서 사라 나이트는 영국의 숲학교 운동의 개요를 소개한다. 숲학교협회가 채택한 여섯 가지 원칙을 개략적으로 설명하고서, 전형적인 세션 묘사를 통해 자연환경 내에서, 그리고 자연환경을 통해 '학습 성향'을 발달시키기 위한 어린이를 위한 홀리스틱 학습의 이점을 살펴본다. 숲학교 세션은 연령대에 따라 매우 다양한 혜택을 가져다주는 것으로 보인다.

맥스 호프와 케서린 몽고메리는 20장 '자율성을 위한 공간 창조: 덴마크 학교와 학습'에서 자율학습과 공간의 개념에 초점을 맞춘다. 이들의 논의는 교육 공간 연구에 대한 종합적인 문헌 검토에 바탕을 두고 있으며, 자유와 자율성이 매우 중요한 덴마크 교육 환경을 갖춘 학교와 대학에 대한 연구이다. 이 장에 실린 연구는 학습과 사고가 긍정적으로 발전하기 위해서는 자유롭고 자율적인 공간이 교육적으로 생산적 자유의 출현을 위한 발판인 '확고한 틀'이 있어야 함을 제안한다.

3부 대안교육, 다르게 실천하기

칸 웨이의 21장 '탐구와 성찰: 중국 학생의 목소리를 듣다'는 지난 10년간 중국 본토에서의 학생의 목소리 연구를 검토하고, 그들이 원하는 것을 찾는다. 저자는 중국 현대 교육 연구에서 나온 거대한 서사를 고려하면서, 교실 내 상황에 대한 개별 설명을 살펴봄으로써 거대한 서사에 도전하는데, 이는 학생의 목소리 연구에 반영된다. 학생의 목소리에 대한 국가주의적 관행과 냉소주의, 그리고 이용된 연구 방법론의 기능 장애로 학생의 목소리 연구가 방해를 받는 것을 보여 준다.

호스로 바게리 노아파라스트는 22장 '이란에서의 이슬람 교육'에서 교사와 함께 학생들의 민주적인 목소리를 높이기 위해 쿠란 교리의 기초를 고려하여 이슬람적으로 알려진 교육의 관계성에 관한 생각을 다룬다. 저자는 교사-학생 관계는 비대칭적이고 민주적인 상호작용의 측면에서 이해될 수 있다고 주장한다. 교사의 역할은 학생들이 최선을 다하고, 최선을 다할 수 있도록 함으로써 교사가 교육적 요인을 결정하기보다 학생들이 교육적으로 일어나는 것에 책임을 지도록 한다. 그런데 저자는 문화적 전달의 역할이 학생들의 자치활동을 완전히 촉진하기 위해 비대칭적 역동성을 요구한다는 점에서 이슬람교의 정보에 입각한 민주주의 방식(상호작용)이 교사 중심 교육, 학습자 중심 교육 둘 다와 거리가 멀다는 것을 의미한다고 생각한다.

클라이브 하버의 23장 '학비가 싼 개도국 사립학교는 진짜 '대안'인가'에서는 개발도상국에서 저비용 사립학교가 성장한 이유와 그 성격에 대해 논의한다. 최근 빈곤층 사이에서 저비용 사립학교가 증가하는 것은, 공립학교와의 교육의 질 비교, 그리고 학교교육의 어떤 '매너'에 관한 질문-권위주의적/교훈적이거나 대안적/자율적 토대-이 필요한 현상으로 보인다.

님로드 알로니는 24장 '이스라엘의 인문주의 학교'에서 이스라엘의 '인본주의 교육 네트워크'에 집중한다. 이 단체는 유치원과 학교로 임하여서 인본주의 및 인문교육에 대한 세계관을 개발하고자 한다. 이 장에서 특별한 점은 지역사회들 사이에 다리를 놓고자 하는 활동이 교육을 평화로운 삶의 적극적이고 신중한 일부로 볼 수 있게 해 준다는 갈등적인 맥락이다.

존 스미스는 25장 '신뢰의 지리학: 대안교육을 위한 저항의 정치'에서 대안적 접근법의 토대로 '저항'을 제시한다. 불신의 정치는 전통적인 학교교육의 안타까운 부분을 상기시킨다. 신뢰가 전제된 상호작용 및 행동이 논의된다면, 학교는 무엇이 될 수 있을까?. 이 장은 아무리 작은 저항이라도 커다란 저항이 지닌 영향력의 일부이며, 이러한 태도는 폄하되어서는 안 되고 오히려 권장되어야 한다고 제안한다.

마이클 라이스는 26장 '학교 성교육의 대안'에서 학교 성교육 교육과정이 현재의 논쟁에 기반을 두고 있지만, 성교육 퍼즐의 한 부분일 뿐이라고 말한다. 그는 주로 학교, 가족, 사회 전반(예: 신문, 영화, 인터넷 등), 또래와 같은 다양한 출처가 모두 완전한 성교육의 요소를 제공한다는 개념을 논한다. 따라서 필연적으로 성교육에서 학교보다 더 많은 것이 필요하다고 제안한다.

카린 귄나르손 딩커와 헬레나 페데르센은 27장 '비판적 동물 교육학: 다른 동물과의 관계 다시 배우기'에서 비판적인 동물교육에 대한 통찰력과 틀-지속가능성, 윤리적 영향 및 교육을 통한 동물 이용에 대한 관점 변화를 위해 인간과 동물의 관계를 비판적으로 교육하는 방법-을 제공한다. 폐지론적 동물권 이론과 그러한 사회운동을 바탕으로, 그들은 인간 사회에서 동물에 대한 도구적 태도에 도전하며, 또 우리가 얼마나 쉽게 인간과 동물의 관계를 생산-소비의 동학으로 환원하도록 가정하고 추정하는지에 도전한다.

줄리언 스턴의 28장 '고독과 영성: 영국의 대안교육'에서는 학교생활의 고독과 영성을 전면에 내세워 학교 중심부에서의 새로운 종류의 대안에 대한 비전을 제시한다. 바쁜 장소로서의 학교는 유일한 경험이나 실재가 아닌 관점에서 보면, 성숙한 것으로 보일 수 있다. 학교에서 혼자라는 생각에 대한 특권 부여는 학교에서 교육의 유효한 부분이고 학교에서 자아를 제공하는 것이다. 학교에서의 고독은 학교 안의 아이들이 그 환경과 그 특정한 기풍을 넘어 세상과 연결하여 학교와는 다른 더 위대한 것으로 자아를 해방시킬 것을 제안한다.

29장 '대안적 프로젝트에서 전문적 교육학으로: 독일 킨더래덴'에서 로버트 함은 독일 대안학교 교사로서의 경험을 통해 반권위주의 운동의 개요를 보여 준다. 킨더래덴 대안학교에서 1960년대 사회적 자유 프로젝트로부터 21세기 전문적 조직으로의 발전에 부수된 변화와 조직적 문제를 다룬다. 저자는 대안교육의 전문화와 연관된 교육자들에게 이러한 동학 및 소외 요인을 설명한다.

리처드 파커, 재닛 로즈, 루이즈 길버트는 이 책의 마지막 장 '애착 자각 학교: 행동주의 교육에 대한 대안'에서, 애착 문제를 가진 아이들에 대한 학교에서의 행동주의적 제재와 훈육 패러다임의 해로운 영향을 개략적으로 설명한다. 그들은 아이들의 자치 기구를 위한 중요한 장소를 고려하고, 그들의 정서적 필요에 비추어 아동의 복잡한 행동에 대한 이해를 발전시킨다. 이 장은 교사가 중요한 애착 인물이 될 수 있으며, 학교문화가 교육 환경에서 감정의 역할에 대해 더 잘 인식할 수 있고, 또 그래야한다는 것을 제안하기 위해 안전한 애착, 학업성취 및 행복 연관성을 보여 주는 교육, 그리고 심리학과 신경과학의 증거를 활용한다.

참고문헌

Cremin, L. (1961). *The transformation of the school: Progressivism in American education*. New York: Knopf.

Darling, J. (1994). *Child centrered education and its critics*. London: Paul Chapman Publishing Ltd.

Dewey, J. (1916). *Democracy and education*. New York: Macmillan.

Dewey, J. (1929). The quest for certainty: A study of the relation of knowledge and action. The Gifford lectures 1928-1929. London: George Allen and Unwin Ltd.

Hase, S., & Kenyon, C. (2007). Heutagogy: A child of complexity theory. *Complicity: An International Journal of Complexity and Education, 4*(1), 111-118.

Illich, I. (1971). *Deschooling society*. New York: Harper & Row.

Lyotard, J.-F. (1984). *The postmodern condition: A report on knowledge* (G. Bennington & B. Massumi, Trans.). Manchester, UK: Manchester University Press.

Melser, D. (2004). *The act of thinking*. Cambridge, MA: The MIT Press.

Röhrs, H., & Lenhart, V. (Eds.). (1995). *Progressive education across the continents*. Frankfurt am Main: Peter Lang.

Skidelsky, R. (1969). *English progressive schools*. Harmondsworth: Penguin.

Stewart, W. A. C. (1972). *The educational innovators Vol. 2: Progressive schools 1881-1967*. London: Macmillan.

Wilson, E. O. (2006). *The creation: An appeal to save life on earth*. New York: Norton.

1부

대안교육, 다르게 생각하기

2장
교육자의 마음: 피그말리온 효과 논쟁

크리스 드 마이어[1]

교실에서의 논쟁

1965년 사회심리학자 로젠탈Robert Rosenthal과 학교장 제이콥슨Lenore Jacobson은 교사의 기대가 학생들의 지적 발달에 어떤 영향을 미치는지를 시험하기 위해 교실 실험을 진행했다.[Rosenthal & Jacobson, 1966] 이들은 교사들에게 어떤 아이들이 다음 해에 학업적으로 '급성장'할 가능성이 있는지를 밝히는 테스트라고 말하고 제이콥슨의 초등학교 학생을 대상으로 권위 있는 '굴절된 배움에 관한 하버드 테스트Harvard Test of Inflected Acquisition'를 시행했다. 사실 그 시험은 표준 IQ 테스트로 지적 잠재력이 있는 아이라고 지정된 아이들도 실제로는 임의로 선정된 아이들이었다. 그런데 학생들이 학년 말에 동일한 조건에서 시험을 치른 결과 임의로 지적 잠재력이 있는 것으로 선정되었던 아이들이 대조군 학생들보다 IQ 점수가 뚜렷하게 더 향상되었다. 그 결과는 교사의 기대가 학생들의 지적 발달에 영향을 미칠 수 있고 교육적인 자기실현 예언으로 작용할 수 있다는 것을 증명하는 듯 보였다.[Merton, 1948]

---

1. 크리스 드 마이어(Kris De Meyer): 영국 킹스 칼리지 런던(King's College London) 방문 연구원. 그는 마음 과학의 과학/학술적 지식이 사람들이나 집단 간의 논쟁과 갈등을 야기할 수 있는 이유를 이해하는 데 어떻게 기여하는지 연구한다. 2015년에 다큐멘터리 〈Right Between Your Ears〉를 공동 제작했는데, 이는 사람들이 완전히 틀렸을 때조차도 사람들이 옳다고 믿을 수 있는지에 관한 것이다.

로젠탈과 제이콥슨은 그 내용을 저서 『교실에서의 피그말리온 효과』에 요약해 발표했다.[Jacobson, 1968] 연구 결과는 미디어에서 파장을 일으켰고 미국 언론과 TV의 호평을 받았다. 와인버그[Wineburg, 1987]가 말했듯이, 피그말리온 효과는 미국 공립학교 시스템에서 사회적으로 불리한 조건에 놓인 집단의 교실 성취 불균형을 설명하고 싶어 하는 진보적인 문화 풍토에 비옥한 땅을 마련했다. 하지만 이는 지능을 연구하는 학계 연구자들의 극심한 비판을 받았다.[예: Elashoff & Snow, 1971] 이들은 교사의 기대가 학생들의 지능에 영향을 미칠 수 있다는 연구의 핵심 주장에 의문을 제기했다. IQ 점수는 외부 개입에 크게 영향을 받지 않는 것으로 간주되었기 때문이다. 10년 후, 지속적인 비판에 자극받은 로젠탈과 루빈[Rosenthal & Rubin, 1978]은 그때까지 수행된 대인관계 기대효과에 관한 345개의 모든 연구를 대상으로 통계적인 메타분석을 실시했다. 메타분석을 실시한 연구 중 37%가 자기실현 예언의 측정치가 통계적으로 유의미한 수준에 도달했음을 보여 주었고, 이는 대인관계 기대효과가 존재하지 않는다면 사실상 얻기 불가능한 결과였다. 그렇지만 이 연구도 논쟁을 즉시 해결하지는 못했다. 반대자들은 효과를 신뢰할 수 없다고 주장하기 위해 통계적으로 유의미한 수준에 미치지 못한 연구에 집중하거나, 대인관계 기대효과의 중요성을 경시하기 위해 중간 정도의 평균 효과 크기를 사용했다. 로젠탈[Rosenthal, 1994]과 스노[Snow, 1995]의 논쟁, 스피츠[Spitz, 1999]의 반대 비평 글에서도 볼 수 있듯이 이러한 교착 상태는 1990년대까지 계속되었다.

한편, 교육심리학자들은 교사들이 기대치의 높고 낮음에 따라 학생들을 다르게 대할 수 있는 상호작용 패턴을 조사하기 위해 일상적인 교실 환경에서 교사 기대효과를 연구했다. 그중 한 연구는 일부 교사가 평균적으로 "기대치가 낮은 학생"이 응답할 때까지 더 적은 시간을 기다리거나 공개적으로 틀린 대답을 한 후 그들을 더 자주 비판한다는 것을 발견했다.[Good, 1981] 하지만 종합해서 보았을 때, 이러한 일련의 연구를 통해 일부 소수의 교사만이 기대효과를 일으켰다는 것을 알 수 있었다.[Brophy, 1983] 대부분의 교사는 정확한 기대(예측은 하지만 학생 성취를 유발하지 않는 기대)를 지니고 있거나 교정 피드백에 대해 열려 있었다. 이는 사회심리학자들이 비평과 교과서에서 일반적으로 대인관계 기대효과의 힘과 확산, 특히 피그말리온 연구의 영향을 지속적으로 강조했던 결론과는 달랐다.[Jussim & Harber, 2005]

논쟁은 해결되었는가?

첫 연구가 이루어진 지 40년 후, 유심과 하버[Jussim & Harber, 2005]는 교사의 기대효과에 관한 이용 가능한 모든 증거를 요약했다. 그들은 실제 교실 조건에서, 교사들의 기대는 대부분 정확하다고 결론지었다. 또한 자기실현 예언이 존재하며, 보통은 작지만 때때로 학생들의 성취에 큰 영향을 미친다고 결론지었다. 평균적인 효과 크기에서 부정확한 기대가 약 5~10%의 학생들에게 자기실현 예언을 낳는다고 추정했는데, 그 범위 안에 포함된 학생 개인에게는 결코 사소한 영향이 아니다. 이러한 기대들이 현저하게 이익이 되는 긍정적인 기대인지, 지적 발달에 해를 끼치는 부정적인 기대인지까지는 확실하게 결정할 수 없다. 또한 자기실현적 효과가 시간이 지남에 따라 소멸되는지 혹은 누적되는지도 밝혀지지 않았으며 현재까지도 활발한 연구 주제로 남아 있다.[Rubie-Davies 외, 2014 참조]

교육자들은 자신들의 기대가 대부분 정확하다는 생각으로부터 상당한 위안을 얻을 수 있을지 모르겠지만, 특정의 조절된 환경은 더 강한 기대효과와 연관이 있다.[Jussim, 2008; Jussim & Harber, 2005] 예를 들어, 이미 어떤 형태의 결점이 있는 학생들과 독단적인 태도 또는 인지적 경직성이 높은 교사들에게서 더 강한 자기실현 예언이 관찰되었다. 실례를 든다면 사회적으로 불리한 상태 또는 소수자 집단에 속해 있다거나 '학습 장애자', 'ADHD'와 같은 진단 꼬리표가 붙었기 때문일 것이다.

피그말리온 효과 연구의 관련성과 그 여파

피그말리온 효과 연구[2]의 역사와 그 여파는 교육 공동체에 몇 가지 시사점을 남겼다. 첫째, 원래의 연구가 의도하지는 않았지만 학생들이 가지고 있었던, 당시에는 과소평가된 효과 중의 하나를 정량화하는 것이 목표였다. 후속 연구는 그 효과가 실제적이고, 때때로 묘사된 것보다 더 미묘한 방식으로 학생들의 발달에 영향을 미친다는 것을 보여 주었다. 두 번째로, 그 연구를 둘러싸고 불거진 학문적 논쟁은 다음과 같은 질문을 제기한다. 어떻게 그렇게 오랫동안 전문가 공동체의 의견이 일치하지 않을 수 있는가? 훨씬 일찍 그 논쟁을 해결할 수 있는 충분한 '근거'가 있지는 않았나? 마지막으로, 피그말리온에 대한 언론의 관심이 보여 주었듯이, 교육 연구와 실천은 조건이 없는 상태에서 일어나는 것이 아니라 어떤 생각들이 다른 생각들보다 더 쉽게 받아들여지는 사회적·문화적 맥락에서 일어난다는 것이다. 이는 교육 이론과 실천에 대해서 지지자들과 반대자들은 때로는 의도하지 않고 잠재적으로 해로운 결과를 초래한다고 할지라도 정책 입안자와 대중에게 그들의 입장을 옹호하려고 할 수도 있음을 뜻한다. 특히 우려되는 것은 미디어나 대중 매체가 종종 학문적 연구를 너무 단순화하거나 본래의 결과를 과장해서 해석한다는 것이다. 예를 들어, 몇몇 언론 기사는 피그말리온 효과가 부정적인 교사 기대가 학생들의 학습을 실패로 이끌었다는 것을 설명한다고 보도했다. 원래의 연구가 이 문제를 다루지 않았다는 사실에도 불구하고(그 연구는 긍정적인 기대의 효과만을 시험했다), 이 주장은 나중에 공립학교 교육과 관련된 여러 법정 소송에서도 계속 영향을 미쳤다.[Wineburg, 1987]

졸더스마[Joldersma, 6장 참조]는 무엇으로 정의로운 사회를 구성하고, 무엇이 정당한 지식으로 간주되며, 그리하여 무엇이 좋은 교육으로 이끄는지에

---

2. (옮긴이 주) 피그말리온 효과(pygmalion effect)는 무언가에 대한 사람의 믿음, 기대, 예측이 실제적으로 일어나는 경향을 말한다. 1964년 미국의 교육심리학자 로버트 로젠탈과 초등학교 교장 출신인 레노어 제이콥슨에 의해 실험되었다. 심리적 행동의 하나로 교사의 기대에 따라 학습자의 성적이 향상되는 것을 말한다. 피그말리온이라는 명칭은 그리스 신화 속의 피그말리온에서 유래되었다. 피그말리온은 자신이 조각한 여성상을 진심으로 사랑하게 되었고, 이를 지켜본 미의 여신 아프로디테가 그의 소원을 들어주어 조각상을 인간으로 만들었다. 이 이야기는 그리스 신화를 수록한 고대 로마의 오비디우스의 『변신 이야기』 제10권에 수록되어 있다.

대한 비전에서 크고 깊은 차이가 있을 수 있기에 대안이 존재한다고 말한다. 이 장의 나머지 부분에서는 피그말리온 효과와 그것에 뒤따른 논쟁을 예로 들어, 그러한 중요한 분할이 어떻게 형성되고 지속되는지 통찰하는 몇 가지 정신적인 메커니즘을 살펴보기로 한다.

교육자의 속마음

하나의 마음이 아닌 두 마음

심리학과 신경과학의 각기 다른 연구 전통을 통해 수렴되는 주제는 인간의 사고가 두 가지 질적으로 다른 유형의 정신적 과정을 포함한다는 것이다. 바로 '직관적' 유형(유형 1)과 '성찰적' 유형(유형 2)이다. 인간 인지 과정에 대한 이러한 이중적 설명은 인지적 문제 해결 및 의사결정[Evans & Stanovich, 2013], 학습[Sun, Slusarz, &Terry, 2005], 사회적 인지[Sherman, Gawronski, & Trope, 2014], 도덕적 판단[Haidt, 2001] 연구에서 점점 더 널리 퍼지고 있다.

유형 1 과정은 특정(전부는 아닌) 상황이나 환경에 적합한 빠르고 자동적인 반응을 일으킨다. 이 반응 특성은 발전적 실익, 실천, 이전의 믿음과 개인적인 경험에 의해 형성된다. 유형 1 과정은 또한 즉흥적이고 창의적인 생각의 원천이다. 유형 1의 자율적인 본성은 반응이나 직관이 어떻게 일어나는지 우리가 의식적으로 인지하지 못한다는 것을 의미한다ㅡ우리가 그 반응 자체를 성찰하고 그것의 타당성을 고려해 볼 수 있기는 하지만 말이다. 반대로, 유형 2 추론은 느리고, 신중하고, 분석적이며, 작동 기억의 제한된 인지 자원의 접근을 필요로 한다. 그것은 또한 가설적이고 미래지향적인 사고를 할 수 있는 우리 능력의 밑바탕이 된다. 이러한 다른 유형의 인지 과정은 고립되어 작동하지 않고 자동으로 선택된 값에 따라 중재자 방식으로 상호작용하는 것으로 알려져 있다. 유형 1 과정은 유형 2 추론이 개입하거나 개입하지 않을 수 있는 이미 정해진 빠른 반응을 일으킨다.Evans & Stanovich, 2013; Kahneman & Frederick, 2002

감정과 인지의 관계

유형 1과 2 과정의 구별은 '감정'과 '이성'이라는 전통적인 구분과는 다르다. 오히려 정서는 추론 그 자체에서 분리하기 어려운 의사결정의 필수 요소이다. 예를 들어, 연구에서 뇌의 특정 전두부에 손상을 입은 사람들은 분석적인 문제 해결 능력은 유지하지만 일상생활에서 의사결정 능력이 떨어지게 된다는 것을 보여 주었다. 여러 개 가운데 어떤 하나를 선택하는 선호도를 나타내는 정서적인 표시가 부족하다고 보인다. 결과적으로 그들은 의사와 진료 예약을 계획하는 것과 같이, 사소한 문제라도 결정을 내리기가 어렵다는 것을 알게 되었다.Damasio, Everitt, & Bishop, 1996 흥미롭게도, "앎" 자체가 정서적인 요소를 포함하고 있다. 기억을 끄집어내는 것, 분석적인 문제에 대한 해결책을 직관적으로 알아보는 행위는 "올바른 느낌"과 관련이 있으며, 이는 직관이 떠오르는 속도나 사람들이 과제를 해결하는 능력을 지니고 있다는 믿음과 관련이 있다.Koriat, 2007 실험에 따르면 직관이 더 '옳다'고 느낄수록 피험자는 초기 직관의 타당성을 점검하기 위한 유형 2의 추론에 관여할 가능성이 줄어든다고 한다.Thompson, Prowse Turner, & Pennycook, 2011

유형 1과 유형 2 과정은 어느 정도 비합리적이거나 합리적인가?

피그말리온 효과 이후 수십 년 동안 교사 기대 연구는 두 연구 공동체의 단절과 함께 거의 정반대 결론으로 이끌어졌다.Jussim & Harber, 2005 사회심리학자들은 사회적 인식의 오류를 연구한 연구 전통에 맞추어 사회 현실을 비틀기 위한 자기실현 예언의 잠재성에 초점을 맞췄다. 반대로, 교육심리학자들은 어떻게 교사 예측이 실제 교실 환경에서 대부분 정확하게 나타났는지를 강조했다. 인간의 추론에 대한 이중과정 관점에서 이러한 상반된 결론(편견 또는 정확성)을 어떻게 이해할 수 있을까?

에반스와 스타노비치[Evans & Stanovich, 2013]는 성찰적 추론은 반드시 정답으로 이끈다고 가정하면서, 이중과정 이론의 인식에서 모든 '나쁜' 사고를 직관적 과정의 탓으로 돌리는 경향이 있었다고 관찰한다. 이러한 가정은 잘못된 것이다. 유형 1 과정은 생존을 위한 실익에 의해 형성되므로 반드시 강력한 합리성 요소를 포함한다.[Cosmides & Tooby, 2008; Slovic & Peters, 2006] 특히 연습을 통해 반응을 이끌어 낼 수 있는 유용한 단서가 있는 '호의적인 환경'에서 촉발될 때는 더욱 그렇다. 하지만 그 밖의 상황과 환경에서는 유형 1 반응이 편향될 수 있다. 다시 말해 논리와 가능성의 규범적 표준과 반대로 측정된다면 유형 1의 반응은 적합하지 않거나 차선이거나 맞지 않을 수도 있다.[Evans & Stanovich, 2013]

대인관계 상호작용 방식의 많은 측면은 자율적인 유형 1 과정에 의해 결정된다. 교사와 학생 상호작용에 관한 교실 관찰 연구에서 굿[Good, 1981]은 학생들이 일부 교사로부터 받은 낮은 기대 수준의 적합하지 않은 상호작용은 대부분 이 교사들이 기대치가 낮은 학생과 기대치가 높은 학생을 어떻게 다르게 대하는지 깨닫지 못했기 때문에 발생한다고 결론지었다. 다행히도, 이러한 상호작용 패턴의 잠재적인 부정적 결과에 대해 들었을 때, 대부분의 교사는 가르치는 행위를 어떻게 개선할 것인가에 대한 제안에 개방적이었고 그러한 제안으로부터 혜택을 받았다. 이러한 결과는 교사가 자신의 기대를 인식하고 그 기대치가 학생들에게 어떻게 전달되는지를 알 수 있도록 돕는 명시적인 전략(효과적인 학급 운영 방식을 갖춘 경험 많은 교사의 관찰을 기반으로 함)을 개발하게 했다.[Good & Brophy, 2008] 명시적인 전략에 의지하여 잠재적으로 도움이 되지 않는 교사와 학생의 상호작용을 개선할 수 있는 능력은 성찰적인 유형 2 지식이 기본 유형 1 반응에 어떻게 개입하고, 연습을 통해 기본 행동 자체에 내면화되거나 전환될 수 있는지를 보여 주는 예이다.

의식적이고 성찰하는 자아가 지배하고 있다는 상식적인 인식에도 불구하고 우리의 직관을 뛰어넘는 성찰적 추론의 능력은 제한적이다. 유형 2

추론은 심각하게 제한된 작동 기억의 인지적 자원에 접근해야 하고, 유형 1 과정보다 훨씬 느리다. 이러한 능력 제약으로 인해 유형 2 추론은 모든 자율 유형 1 응답에 개입할 수 없다. 더군다나, 유형 2의 추론은 직관적인 유형 1 반응의 대변인 역할을 자주 한다.[Kahneman, 2011] 다시 말해, 유형 2 추론은 유형 1 반응을 합리적으로 분석하기보다는 합리화하는 역할을 담당한다.

"믿을 수 있는가?" vs "믿어야만 하는가?"

복잡한 문제에 대한 우리의 지식과 의견은 우리가 새로운 정보를 인식하고 해석하는 방법에 영향을 미친다. 사전 기대는 교육자가 학생의 행동을 해석하고, 성과를 평가하는 방법에 편향을 가져올 수 있다. 예를 들어 사회적 약자나 소수 집단에 속하거나 ADHD 같은 진단을 받은 것 때문에 낙인이 찍힌 경우에는 그 영향이 악화될 수 있다. 이러한 분류는 의학적인 또는 과학적인 타당성이 있지만, 졸더스마[6장 참조]가 지적한 바와 같이, 교육의 의학화는 불분명하거나 부정확한 진단의 확산을 증가시킨다. 주의하지 않으면, 교육자의 그러한 분류에 대한 선입견과 학생의 행동과 성취를 일치해서 해석하는 방법에 영향을 미칠 수 있다.

사회심리학의 다양한 실험은 사람들이 이전에 가지고 있던 관점과 상반되는 증거보다는 비슷한 관점의 증거를 훨씬 더 쉽게 받아들인다는 것을 보여 주며 이것을 편향된 동화라 한다.[Lord, Ross, & Lepper, 1979] 길로비치[Gilovich, 1991]는 우리의 뇌가 그러한 정보를 어떻게 다르게 다루는지 이해하기 위한 유용한 비유를 제안했다. 우리가 기존의 지식과 의견, 가치를 확인하는 사실 또는 명제에 직면했을 때, "믿을 수 있는가?"라는 질문을 던지는 것과 같다. 그 정보가 우리의 기존 견해와 일치하지 않으면 "믿어야만 하는가?"라는 질문을 촉발한다. 학문적 연구자들과 교육자들에게도 면역이 되지 않은 인간 정신의 이러한 성향은 피그말리온 효과에 대해 크게 엇갈리는 반응을 설명하는 데 도움이 된다. 사회심리학자들이 이 결과를 쉽게 받아들인 것은 그들이 기존에 가지고 있던 사회적 인식의 오류에 대한 지식과 일치했기 때문이다. 그러나 지능 연구자들 사이에서는 지능이 어릴 적 유전적 요인과 두뇌 발달 요인의 조합을 통해 고정된다는 의견이 많았다. 그렇기 때문에 지능지수 점수가 매우 쉽게 조작될 수 있다는 피그말리온 효과의 결론을 믿지 못하는 반응을 보였고, 일부 초기 회의론이 연구의 설계와 분석에 대한 비판적인 조사를 촉발했다. 이러한 비판은 초기 연구의 명백한 결점을 강조하는 데 기여했지만, 대부분의 지적은 최초의 연구 자체보다 더 결함이 많았던 것으로 보인다.[Jussim & Harber, 2005] 개념을 증명하거나 거부하려는 열망이 어떻게 빈약한 변론과 지속적인 논쟁으로 이어질 수 있었는지는 심지어 학문적 담론에서도 탐구된다.

논쟁은 어떻게 지속되는가?

"믿을 수 있는가?"의 함축적인 의미는 우리가 종종 이전의 의견과 합의하는 아이디어를 받아들이는 데 너무 무비판적이라는 것이다. 그러므로 과학과 학계에서 객관성을 유지하기 위해서는 의견의 다양성이 매우 중요하다. 과학철학자 칼 포퍼Karl Popper가 말했듯이, 개별 과학자의 객관성이나 분리가 아니라 과학 그 자체(소위 '과학자들의 우호적-적대적 협력'이라고 할 수 있는 것-즉, 상호 비판에 대한 그들의 준비성)가 객관성을 만든다. 하지만 의견 불일치는 그 유용성을 넘어 쉽게 지속될 수 있다. 다소 격앙된 로젠탈[1995]은 계속되는 피그말리온 효과 논란에 대해 다음과 같이 적었다.

> 스노[Snow, 1995]는 피그말리온 효과 연구를 "신뢰할 수 없는" 것으로 언급하지만, 더 이상 논쟁거리가 되어서는 안 된다. 제이콥슨Lenore Jacobson과 내가 그런 실험을 한 적이 없다고 해도, 이제 그 기본 결론을 없애기에는 너무나 많은 새로운 연구가 존재한다. 새로운 데이터가 기존의 믿음에 영향을 미치지 못할 때 과학은 패자가 된다.[Rosental, 1995: 172]

하지만 인간의 행동과 관련된 대부분의 쟁점은 편향 동화라는 왜곡된 렌즈를 통해 광범위한 입장을 지원할 수 있도록 충분한 복잡성과 모호성을 포함하고 있다. 정신과학의 세 가지 추가 개념은 왜 경험적 사실이 항상 우리가 기대할 수 있는 의견 충돌의 명확한 중재자가 아닌지 이해하는 데 도움이 될 수 있다.

인지 부조화

페스팅거[Festinger, 1957]는 사람들이 어떻게 강한 확신을 지니게 되는지, 그리고 그러한 확신에 대한 도전에 어떻게 대처하게 되는지를 설명하면서 인지 부조화 이론을 제안했다. 인지 부조화 이론의 핵심은 사람들이 특별히 자기 자신을 선하고, 똑똑하며 유능한 사람으로 보는 관점에서 내적 일관성을 유지하기 위해 노력한다는 것이다.[Aronson, 1969] 불일치나 부조화는 감정적인 불편함을 야기하며, 이는 부조화를 줄이려는 원동력으로 작용한다. 개인에게 중요한 지식, 가치, 신념에 대한 외부 도전은 자신이 기존에 가지고 있던 자기 이미지에 도전하는 것이다("어떻게 나같이 선량하고, 똑똑하고, 유능한 사람이 잘못되고 어리석은 믿음을 간직하거나 상처를 주는 행동을 할 수 있겠는가?"). 이것은 자신의 행동을 정당화하거나 모순되는 증거를 합리화하려는 시도로 이어질 수 있다.

부조화 이론은 우리의 행동이 태도와 일치하지 않을 때, 우리가 인지할 수 없는 태도의 변화로 이어진다고 예측한다. '행동이 태도를 이끈다'는 생각은 '우리가 믿는 것이 행동을 결정한다'는 상식과 반대되는 개념이다. 그 의미는 많은 실험에서 확인되었고, 중요한 결과를 가져왔다. 예를 들어 교사가 학생에게 가혹하게 대했다면, 그 교사는 나중에 그 학생이 그러한 대우를 받을 만했다는 생각과 일치하도록 그 행동을 정당화할 수 있다("친절하고 유능한 교사로서, 정당한 이유 없이 학생을 가혹하게 대하지는 않을 것이다"). 이것이 학생에 대한 교사의 인식에 지속적인 영향을 미칠지는 교사의 인지 경직성이나 독단주의의 정도와 비교하여 자신의 행동과 직관적인 반응을 성찰하는 능력 같은 추가적인 요인에 달려 있다. 태도 변화의 동일한 과정도 똑같이 논쟁이 어떻게 굳어지는지를 설명할 수 있다. 어떤 사람이 공개적으로 자기 입장을 취할수록, 특히 강한 반대를 경험할 때, 자신의 행동을 스스로 정당화할 필요성을 더 많이 느낀다. 역설적으로, 이것은 우리가 서로 논쟁할수록, 우리가 옳다는 것을 더 확신할 수 있게 된다는 것을 의미한다.

동기화된 추론

쿤다[Kunda, 1990]는 동기의 관점에서 추론을 분석하여 부조화의 기초가 되는 과정을 자세히 살펴보았다. 그녀는 사람들이 자신의 추론이 기존 신념과 일치하는 결론에 도달하도록 강한 동기를 부여하는 경향이 있지만, "합당한 정당성"을 찾는 능력에 의해 제한된다고 주장한다. 다시 말해, 우리는 무엇을 믿어도 자유롭지 않지만, 지지할 충분한 이유를 찾을 수 있을 때만 믿음을 유지할 것이다. 그 결과로 생긴 추론은 관찰자에게는 왜곡된 것처럼 보일 수 있지만 쉽게 무시할 수 없는 내적 일관성이 있다. 다른 한편으로 이치에 맞는 정당성에 대한 우리의 욕구는 생각이 굳어 버린 사람이라도 더는 자기 입장에 대한 정당성을 찾지 못할 때는 마음을 바꿀 수 있다는 것을 의미한다.

내쪽의 편향과 지능

몇몇 연구에 따르면, 지능(IQ 또는 언어적 추론 능력으로 측정된)과 신념과 모순되는 논쟁에 대해 생각하는 타고난 성향 사이에는 거의 상관관계가 없는 것으로 나타났다.[Stanovich, West, & Toplak, 2013] 동시에 IQ 점수와 자신의 관점을 방어하는 능력 사이에는 강한 상관관계가 있다. 이는 지능이 높은 사람들이 자기주장은 잘할지 몰라도, 지능이 내쪽의 편향(자기 입장에 반대하는 논쟁에 대해서는 눈이 머는 것)으로부터 보호하지 못한다는 뜻이기도 하다.

피그말리온 효과로 돌아가기

종합하면, "믿을 수 있는가?/믿어야만 하는가?", 태도 양극화 요인으로서의 인지 부조화, 합당한 정당성을 찾는 우리의 능력에 의해 부과된 제약과 내쪽의 편향에 대한 일부의 경향은 논쟁(학문 공동체에서도)이 왜 지속될 수 있고, 결국 어떻게 식어 가는지를 이해하는 데 도움이 된다. 피그말리온 논쟁의 역사를 통해 이어지는 공통된 맥락은 개인과 공동체의 이론적 전망, 연구 문화가 교육 실천에 관한 인식을 어떻게 물들였는지를 보여 주는 예이다. 사회심리학자들(그리고 그들의 추종자들)은 피그말리온의 결과를 너무 빨리 의심 없이 받아들였다. 일부 지능 연구자는 그 영향을 지나치게 거부하고 경시하는 데 힘썼다.

마지막으로, 교육의 의학화는 교사 기대효과의 위험을 증가시킬 수 있는 학생 분류하기에 과학적 신뢰성을 부여한다. 이러한 문제를 지적하는 것이 교육에서 과학이나 이론의 거부를 요구하는 것은 아니다. 오히려 더 많은 양의 연구를 통해 결과적으로 피그말리온 논쟁에서 어느 정도의 해결책을 찾을 수 있게 되었다. 하지만 피그말리온과 같은 사례는 무엇이 '좋은' 교육의 요소가 되는지에 대한 우리의 관점 구성에서(비록 올바르게 수행된 과학적 연구의 결과일지라도) '이론'이나 '증거'의 역할에 대한 고찰이 필요하다는 것을 보여 준다.

"믿을 수 있는가?"의 함축적 의미가 우리 자신의 애정이 깃든 이론에 대해 좋은 비평가가 될 수 없는 것이라면, 우리는 잠재적으로 도움이 되지 않는 결론에 너무 빨리 다다르는 것을 막을 비판의 역할을 소중히 여길 필요가 있다. 반대로 "믿어야만 하는가?"의 함의가 우리 자신의 관점에 동의하지 않는 결과에 대해 우리가 지나치게 비판적일 수 있다는 뜻이라면, 비판하는 방법을 신중히 고려해야 한다.

이는 또한 서로 다른 연구 공동체 간 생각의 복수성과 상호작용의 필요성을 요구한다. 유심과 하버[Jussim & Harber, 2005]가 지적한 바와 같이, 거의 예외 없이, 교사 기대효과에 관한 사회심리학과 교육심리학 연구는 40년 넘게 평행 궤도에 머물러 있다. 편협한 전문주의와 고립된 연구 공동체가 지배적인 학계 문화는 확실히 이러한 상황에 도움이 되지 않는다.

이론적 틀과 과학적 증거가 '올바른' 교육 실천을 구성하는가에 관한 우리의 관점에 어떻게 영향을 미치는지에 대한 더욱 신중한 평가는 쉽지 않을 것이다. 결국, 우리의 부조화를 피하려는 유형 1 인식은 세상을 일관성 있고 간단한 용어로 설명하기 위한 이론을 원한다. 한 예를 들면, 유심과 하버의 연구[2005]에서 설명되었듯이 자기실현 예언의 모든 복잡성과 미묘한 차이를 받아들이는 것은 상당히 힘든 일이다. 심지어 오늘날에도, 논문을 선택적으로 읽으면 다른 관찰자가 교사 기대효과가 매우 심각한 문제라거나 전혀 문제가 되지 않는다는 상반된 결론에 쉽게 도달할 수 있다.

교육 실천에 대한 학문적 논쟁의 예로 피그말리온 효과가 특별하거나 고립된 사례가 아니라는 점에 유의해야 한다. 피그말리온을 예로 든 이유는 그 논쟁이 오래전에 시작되었고, 초기 비판은 시들해지거나 교사-학생 간의 상호작용에 대한 더 나은 이해로 대체되는 등 어떤 형태로든 결론을 보았기 때문이다. 교육 실천에 관한 최근의 또는 난해한 논쟁(예를 들어, 학교 밖 또는 학교 없는 교육에서 학습의 엄격함에 관한 것)은 덜 해결되었을 수도 있지만, 부조화를 야기하는 태도 양극화와 우리의 신념에 대한 "이치에 맞는 정당화"를 바라는 우리의 바람과 "진실"에 대해 직관적으로 "올바른 느낌"을 취하려는 마음의 성향에 의해 피그말리온의 예처럼 동일한 방식으로 영향을 받을 가능성이 있다. 이용 가능한 증거가 실제로 내적 확신을 지닌 느낌을 뒷받침하는지에 대한 지속적인 반성(다른 관점을 가진 사람들의 말에 귀를 기울이는 개방성)은 우리 자신의 이러한 인식 성향이 도움이 되지 않는 결론이나 백해무익한 논쟁으로 이어지는 것을 방지하기 위한 중요한 전제 조건이다.

결론: 이론으로서의 교육 또는 사회 실천으로서의 교육?

피그말리온이 연구하고자 했던 교사와 학생 간의 상호작용 효과는 교육은 그것이 발생하는 사회적 환경에 중요한 방식으로 의존한다는 것을 상기시켰다. 이런 주장은 심지어 오늘날에도 유용하다. 국제비교연구 결과, 프랑스 학교의 문해력이 빈약한 것으로 나타난 것에 대해 신경심리학자 데하네[Dehaene, 2013]는 프랑스 신문 《르몽드*Le Monde*》에 '교육은 과학이다'라는 칼럼을 썼다. 여기서 그는 문해교육 방법에 대한 엄격한 과학적 평가를 요구했다. 교육과학자인 괴구스[Goigoux, 2013]는 서로 다른 교수법이 종종 비슷한 결과를 낳는다고 지적하면서 반박했는데, 이는 방법이 아니라 그것이 적용되는 사회적 맥락이 모든 차이를 만든다는 것을 의미한다. 다시 말해, 교육은 무엇보다도 사회적 실천이며, 우리의 일상적인 존재와 성질의 일부다.

이는 최근 사회심리학 연구에 의해 극적으로 설명되었다. 학생들의 소속감과 자아감각을 긍정하는 간단한 개입이 그 자신과 그 사람이 발전하는 사회적 환경 사이의 긍정적인 환류 고리를 건드릴 때 긍정적인 결과가 오랫동안 지속될 수 있음을 보여 주었다.[Cohen & Sherman, 2014] 그러한 관점에서 과학이나 학술 연구의 이상적인 역할은 모든 것을 포괄하는 이론이나 교육의 "이상적인 방법"의 구성을 지시하는 것이 아니라 교육을 구성하는 사회적 실천에 가장 도움이 되거나 도움이 되지 않는 측면이 무엇인지를 우리에게 알려 주는 것이다.

통계학자 조지 박스George Box는 통계 모델에 대해 "본질적으로 모든 모델은 틀렸다. 하지만 일부는 유용하다"라고 썼다.[Box & Draper, 1987: 424] 인간의 마음과 행동에 대한 이론(교육 이론이 부분을 구성하는)이 인간 존재의 풍부함과 복잡성을 인지적으로 이해할 수 있도록 압축하려고 할 때, 그러한 이론에 대해서도 똑같이 말할 수 있다. 인간 마음에 대한 모든 이론이 잘못되었지만, 일부는 유용하다. 따라서 우리는 어떤 교육 이론이나 실천이 "올바른가"에 대한 주장을 "어떤 것이 유용한가"에 대한 주장으로 대체함으로써 도움을 받을 수 있을 것이다.

참고문헌

Aronson, E. (1969). The theory of cognitive dissonance: A current perspective. *Advances in Experimental Social Psychology, 4*, 1-34.

Box, G. E. P., & Draper, N. R. (1987). *Empirical model building and response surfaces*. New York: Wiley.

Brophy, J. E. (1983). Research on the self-fulfilling prophecy and teacher expectations. *Journal of Educational Psychology, 75*, 631-661.

Cohen, G. L., & Sherman, D. K. (2014). The psychology of change: Self-affirmation and social psychological intervention. *Annual Review of Psychology, 65*, 333-371.

Cosmides, L., & Tooby, J. (2008). Can a general deontic logic capture the facts of human moral reasoning? How the mind interprets social exchange rules and detects cheaters. *Moral Psychology, 1*, 53-120.

Damasio, A. R., Everitt, B. J., & Bishop, D. (1996). The somatic marker hypothesis and the possible functions of the prefrontal cortex [and discussion]. *Philosophical Transactions, 351*, 1413-1420.

Dehaene, S. (2013, December 20). Enseigner est une science. *Le Monde*. Retrieved from http://www.lemonde.fr/idees/article/2013/12/20/enseigner-est-une-science_4338294_3232.html

Elashoff, J. D., & Snow, R. E. (1971). *Pygmalion reconsidered: A case study in statistical inference: reconsideration of the Rosenthal-Jacobson data on teacher expectancy*. Worthington, OH: C. A. Jones Pub. Co.

Evans, J. S. B., & Stanovich, K. E. (2013). Dual-process theories of higher cognition advancing the debate. *Perspectives on Psychological Science, 8*, 223-241.

Festinger, L. (1957). *A theory of cognitive dissonance*. Evanston, IL: Row, Peterson.

Gilovich, T. (1991). *How we know what isn't so: The fallibility of human reason in everyday life*. New York: Free Press.

Goigoux, R. (2013, December 31). Apprentissage de la lecture: Opposer méthode syllabique et méthode globale est archaïque. *Le Monde*. Retrieved from http://www.lemonde.fr/idees/article/2013/12/31/apprentissage-de-la-lecture-depassons-l-opposition-archaique-entre-methode-syllabique-et-methode-globale_4341366_3232.html

Good, T. L. (1981). Teacher expectations and student perceptions: A decade of research. *Educational Leadership, 38*, 415-422.

Good, T. L., & Brophy, J. E. (2008). *Looking in classrooms* (10th ed.). Boston: Pearson.

Haidt, J. (2001). The emotional dog and its rational tail: A social intuitionist approach to moral judgment. *Psychological Review, 108*, 814-834.

Jussim, L. (2008). Teacher expectations. In E. M. Anderman & L. H. Anderman (Eds.), *The psychology of classroom learning: An encyclopedia* (Vol. 2). Detroit, MI: Macmillan.

Jussim, L., & Harber, K. D. (2005). Teacher expectations and self-fulfilling prophecies: Knowns and unknowns, resolved and unresolved controversies. *Personality and Social Psychology Review, 9*, 131-155.

Kahneman, D. (2011). *Thinking, fast and slow*. New York: Farrar, Straus and

Giroux.

Kahneman, D., & Frederick, S. (2002). Representativeness revisited: Attribute substitution in intuitive judgment. In T. Gilovich, D. Griffin, & D. Kahneman (Eds.), *Heuristics and biases: The psychology of intuitive judgment* (pp. 49-81). New York: Cambridge University Press.

Koriat, A. (2007). Metacognition and consciousness. In P. D. Zelazo, M. Moscovitch, & E. Thompson (Eds.), *Cambridge handbook of consciousness*. Cambridge, UK: Cambridge University Press.

Kunda, Z. (1990). The case for motivated reasoning. *Psychological Bulletin, 108*, 480-498.

Lord, C. G., Ross, L., & Lepper, M. R. (1979). Biased assimilation and attitude polarization: The effects of prior theories on subsequently considered evidence. *Journal of Personality and Social Psychology, 37*, 2098-2109.

Merton, R. K. (1948). The self-fulfilling prophecy. *Antioch Review, 8*, 193-210.

Popper, K. R., & Notturno, M. A. (1994). *The myth of the framework: In defence of science and rationality*. London: Routledge.

Rosenthal, R. (1994). Interpersonal expectancy effects: A 30-year perspective. *Current Directions in Psychological Science, 3*, 176-179.

Rosenthal, R. (1995, December). Critiquing Pygmalion: A 25-year perspective. *Current Directions in Psychological Science 4*, 171-172.

Rosenthal, R., & Jacobson, L. (1966). Teachers' expectancies: Determinants of pupils' IQ gains. *Psychological Reports, 19*, 115-118.

Rosenthal, R., & Jacobson, L. (1968). *Pygmalion in the classroom: Teacher expectation and pupils' intellectual development*. New York: Holt.

Rosenthal, R., & Rubin, D. B. (1978). Interpersonal expectancy effects: The first 345 studies. *Behavioral and Brain Sciences, 1*, 377-386.

Rubie-Davies, C. M., Weinstein, R. S., Huang, F. L., Gregory, A., Cowan, P. A., & Cowan, C. P. (2014). Successive teacher expectation effects across the early school years. *Journal of Applied Developmental Psychology, 35*, 181-191.

Sherman, J. W., Gawronski, B., & Trope, Y. (2014). *Dual-process theories of the social mind*. New York: Guilford Press.

Slovic, P., & Peters, E. (2006). Risk perception and affect. *Current Directions in Psychological Science, 15*, 322-325.

Snow, R. E. (1995). *Pygmalion and intelligence? Current Directions in Psychological Science, 4*, 169-171.

Spitz, H. H. (1999). Beleaguered Pygmalion: A history of the controversy over claims that teacher expectancy raises intelligence. *Intelligence, 27*, 199-234.

Stanovich, K. E., West, R. F., & Toplak, M. E. (2013). Myside bias, rational thinking, and intelligence. *Current Directions in Psychological Science, 22*, 259-264.

Sun, R., Slusarz, P., & Terry, C. (2005). The interaction of the explicit and the implicit in skill learning: A dual-process approach. *Psychological Review, 112*, 159.

Thompson, V. A., Prowse Turner, J. A., & Pennycook, G. (2011). Intuition, reason, and metacognition. *Cognitive Psychology, 63*, 107-140.

Wineburg, S. S. (1987). The self-fulfilment of the self-fulfilling prophecy. *Educational Researcher, 16*, 28-37.

3장
어느 평범한 날: 나의 서머힐 생활

필리프 클라우스[1]

　창문 너머 아이를 찍은 사진(아래)에 의도치 않게 비친 내 모습처럼, 아이들을 연구하기 시작하면서 어쩔 수 없이 나 자신을 자세히 살펴보게 되었다. 아이들과 일할 때 나는 내가 옳다고 생각하는 것을 했을 뿐이다.

그리고 비록 내가 나의 행동을 회고함으로써 내 행동을 이론으로 정당화할 수 있지만, 그것에는 규칙이나 기준보다 행동을 강력하게 지시하는 직관적 차원과 "아동 입장"에 서려는 윤리가 있었다.[Neill, 1969: 5] 이러한 '직관'은 무언가 좋은 일, 돌보는 일을 하는 감정의 상태였다. (글을 쓰는 시점에서) 지난 5년간 일해 온 서머힐 학교에서 이것은 항상 더욱 두드러졌지만, 직관에 의해 인도되는 이러한 배려의 상태가 의미하는 바와 그 느낌을 전달하는 것은 언제나 어려웠다. 이 자문화기술지는 나에게 서머힐주의자Summerhillian가 된다는 게 어떤 의미인지를 조금이나마 전달하려는 시도이다.

다음은 내가 보낼 수 있는 어떤 하루에 대한 설명이다. 비록 어느 순간에 모든 일이 발생할 수도 있지만, 이날엔 아무것도 발생하지 않았다. 뭐 그럴 수 있지 않겠는가. 나에겐 그 어떤 일도 특별하거나 놀랍진 않다. 나는 일상과 평범함의 힘을 감지할 수 있도록 흔치 않은 소동이라고 할 만한 사건은 의도적으로 포함하지 않았다. 이 이야기에는 신체, 공간 그리고 움직임의 세부적인 내용으로 가득 차 있어, 내가 어느 평범한 하루에 살아가고 느끼는 그 방식을 조금이라도 전할 수 있기를 바란다.[2] 이 이야기는 방해하고, 나타나고 요구하는 몸: 영향을 미치고 움직이는 만남에 관한 내용이다. 아마 이러한 본문과 이 안에 있는 실제 몸들은 우리가 예상치 못한 방식으로 생각을 움직이는 힘을 갖고 있다.

· · · · ·

내가 서머힐에 취직했다고?

---

2. 알렉산더 서덜랜드 닐은 독일 드레스덴에 새로운 학교(Neue Schule)의 일환으로 1921년 서머힐을 설립했다. 몇 번의 이동 끝에 1927년 남동부 해안의 레이스턴(Leiston)에 정착했고 오늘날에도 여전히 그곳에 있다. 모두가 서머힐의 민주적 교육 모델에 동의한 것은 아니지만, 이는 의심할 여지 없이 많은 교육자와 기관에 영향을 미쳤다.

황홀한

기대하지 않는

    신 같은 선생님을

    깨달은 아이들을

대안교육의 올림퍼스산

동일한 학교 회의

    아테네 학자들이 가졌던 것과,

    서퍽 프닉스Suffolk Pnyx와 같은

이를 염두하고, 나는 신성한 땅에 발을 디뎠다

그리고 그것은

엉망이 되었다

공립학교 교사로서

    환상에 빠지기 쉽다

    작은 신이

    된다는

        30명의 특이한 학생들의 집중

        절대적인 권력

        진실의 공급자

서머힐에서

    그것들은

존재하지 않는다

그것이 떠오른다

이것이 정말 다를 것이다

근본적으로 그래서
신은 없다-작든 크든
많은 사람들
　　평범한 인간
　해방된 인간성

　잔인할 정도로 정직하고

가식 없으며

열려 있는

편안함의 수준이 내 헌신을 결정지었다
　　　내 역할이 아니라

나는 이 새로운 영역을 기록해야 한다
　생경한 도구들로
　　전체주의적인 제도적 학교교육에는

모든 것이 가능할 때
　　모호함
　　불확실함

　불분명함은

무한한 가능성으로 가득 차게 된다

나의 도덕적 나침반은

　끊임없이 질문들에 의해 조사된다

　　황야를 항해하는

　　그리고 이는 나를 서머힐리언으로 구분 짓는다

　　교사가 아닌

　　성인이 아닌

　　그리고

이것은 계속된다

4년 동안

　나는 창문 아래 도착한 음식과 여러 물품을 배달하는 트럭 소리에 잠에서 깼다. 나는 후문과 부엌 바로 위에 있는 본관에 산다. 그러니 때때로 잠이 부족하다는 불평은 사치이다. 몇 분 뒤, 당번Beddies Officers[3]이 8시 모닝콜을 위해서 온다. 그들은 내가 깨어 있음을 확인하고선 계속해서 그 일을 한다. 피곤하고 흐릿한 눈으로 발을 질질 끌며, 어젯밤 몰래 빠져나와 밤새 내 잠을 설치게 한 아이들을 째려볼 수 있게 화장실로 향한다. 그들과 마주치길 바라면서. 지금의 내 모습이 여전히 인상적인지는 의문이다.

　내가 만나는 대부분의 아이들은 나보다 더 잠에서 덜 깬 것 같다. 나는 세면대 옆에서 기다리거나 방금 화장실에서 나와 누군가 욕조를 사용 중인 것을 발견한 사람들을 밀쳐냈다. 해리와 나는 계속되는 아침 전투를

---

3. 3명의 당번은 아침에 학교를 깨우고, 모두가 잠자리에 들고 같은 곳에 밤새 있도록 하는 일을 담당하는 선출된 위원회의 일원이다. 2명의 위원이 매일 근무한다. 쉽지 않은 일이다.

치르고 있다. 우리 둘 다 다른 시간에 목욕을 하지 않을 것이므로 누가 먼저 목욕하느냐는 운에 달려 있다. 해리는 그나마 깨끗한 아이들 중 하나이며 양말, 오래된 옷, 음식, 땀 냄새로 자신이 근처에 있음을 알리기보단, 닳고 닳은 세상에 익숙한 사람들에게나 어울릴 듯한 최신 향수 냄새로 자신의 도착을 알린다. 그는 11살이다. 나는 우선 양치질만 하고, 목욕은 나중에 하기로 결심한다.

특히 아침은 많은 말들이 있는 시간이 아니기 때문에, 나는 밀쳐지거나, 맞고, 안기고, 뺨을 맞거나 기대어지게 될 확률이 높다. 이것은 때때로 고통스럽지만 그렇다고 해서 악의적인 것들은 아니다. 분명히 말하자면, 나는 "선생님, 좋은 아침입니다"와 같은 인사를 받지 못할 것이다. 그러나 중세시대로 거슬러 올라갈 수 있는 모든 외설들은 다소 사랑스러운 어투로 말해졌을 것이다.

해리가 목욕을 끝내는 몇 분 동안, 나는 몸을 웅크릴 내 방에 돌아오는 길에 몇몇 학생과 그들의 침대보를 세탁해야 하는지 살펴본다. 이따금 사고를 낸 아이들은 항상 있고, 이는 더욱 빨리 해결될 필요가 있다. 나는 100% 완전한 방수가 되는 매트리스 커버는 없다는 것을 배웠다. 이와 같은 사적인 문제와 많은 프라이버시를 허용하지 않는 공동체에서 이를 잘 해결하는 것 사이에는 늘 모호한 경계가 있다. 간단히 질문을 던지는 표정과 함께 일을 해결한다. 주위에 이를 외칠 필요는 없다.

• • •

서머힐과 관련하여 친밀감이란 흥미로운 주제이다. 그곳엔 학생이나 직원을 위한 사적 공간이 많지 않아 한 사람은 다른 사람의 일상생활에 끊임없이 연루된다.

그런데 세상은 지속적이고 대체로 비자발적인 만남의 과정과 만남이 강요하는, 때론 난폭한 훈련을 통해, 이 공간의 세계에서 서로 관계 맺는 모든 종류의 것들로 구성되어 있다.[Thrift, 2006: 139]

한 공간 안에서 특정 사건을 바라보는 것은 복잡한 일이다. 왜냐하면 이러한 사건은 종종 웅장한 순간이라기보단 종종 '작기' 때문이다. 허버드[Hubbard, 2006]가 제시한 바와 같이, 현 상태를 재현하는 반복적이고 진부한 행동의 집합인 동시에 저항과 혁명, 그리고 멈추지 않는 변혁의 현장이기도 하기에 평범함과 비범함을 포착하기 위해서, 이는 '아래로부터' 바라볼 필요가 있다.[p. 100] 위로부터의 시각은 이러한 공간의 측면을 희미하게 하는 일반화 정도를 내포한다. 이를 매우 축소함으로써 특정 사태의 파괴적인 측면이 보이지 않게 되고 더 이상 지배적인 존재 방식에 대한 도전을 제기하지 않게 된다.

이 지점은 루스[Ruth, 2011]의 가족 욕실에 대한 연구와 관련되어 있다. 그녀는 친밀감이 "상호 간 자기 노출과 계속되는 대화"의 산물일 뿐 아니라 종종 "친밀감을 드러내는 비언어적인 전략"[p. 68]을 수반함을 강조한다. 가족 욕실과 그곳에서 발생하는 행동들은 몸과 직접적으로 연결되어 있고, 그녀의 연구 속 부모들은 이것이 친숙함을 만들어 낸다고 강조했다. "다른 사람에게 익숙해진다는 것은 손이나 눈을 통해 그 사람에 관한 신체적 지식을 갖게 되는 것이다."[Morgan, 1996: 134] 어떤 의미에서, 몸에 대한 친숙함은 부모와 자식 사이의 그것과 비슷한 관계를 만들어 낸다. 그러니 이러한 친숙함이 가족 외부에 존재한다면 무엇이 발생하는가!

• • •

꽉 차 버린 욕실 때문에 내가 방에 앉아 꿍해 있을 때, 나와 그리 친하지 않은 어린 학생이 노크도 없이 들어온다. 그는 거의 매일 그렇게 한다.

나는 그가 내가 여전히 거기에 있고 자신들을 신경 쓰고 있다는 것을 확인하기 위해 매일 아침 온다고 생각한다. 한때 그는 나를 "두 번째 아빠"라고 불렀다. 그가 자신의 엄마한테 이러한 생각을 말한 게 틀림없다. 그녀와 처음 만났을 때, 그녀가 나한테 "대부"라고 불렀기 때문이다. 그는 내 책상으로 다가와 내 어깨에 기대더니 내가 독일 뉴스 웹사이트를 읽고 있다는 것을 알아차리고 자리를 뜬다. 이것은 내 일상의 일부가 된 소소한 만남 의례 같은 것이다. 이 일이 없는 경우 나는 이런 일상이 그리워진다.

• • •

이러한 작은 틈은 행동을 평가하는 데에서 다른 방법을 요구한다. 이것은 다른 상호작용의 윤리, 즉 초월적 가치 차원에서 상황을 판단하지 않고 그것이 표현되는 "감정의 어조"[Semetsky, 2006: 23]를 평가하는 윤리를 요청한다. 들뢰즈[Deleuze, 1998]에게 정동이란 "'판단한다'는 말 대신 '사랑한다 혹은 싫어한다'의 내재적 평가…"[p. 136]라고 할 수 있다. 정동에 기반한 평가는 "숭고한, 즉 변혁적이고 에너지로 가득찬 행동의 윤리적 개념"으로 이어진다.[Semetsky, 2006: 23] 하트와 네그리[Hardt & Negri, 2009]는 이를 사랑의 윤리로 설명한다. 감상적인 사랑이 아닌 "기쁨"을 생산하는 힘으로서 사랑은 "새롭고 더욱 강력한 몸과 마음을 형성"하면서 행동하는 힘의 증가라고 할 수 있다.[p. 181] 만일 우리가 행동을 이러한 '감정의 어조'로 평가한다면, 우리는 다음과 같은 몇 가지 질문을 할 수 있다. 행동은 행위 능력을 감소시키는 것을 목표로 하는가? 아니면 그것을 증대시키는 것을 목표로 하는가? 그것이 연루된 몸과 개인에 어떤 영향을 미치는가?

나딩스[Noddings, 1984]와 크리스티안[Christians, 2000]은 이러한 접근 방식을 페미니스트들의 돌봄 윤리ethics of caring로 발전시킴으로써 도덕을 벗어나 내재적 윤리immanent ethics로 나아갔다. 그들은 위계적이고 수학적이고 논리적인 윤리의 개념화를 비판하고, "인간적 돌봄, 돌봄의 기억, 그리고 돌봄을 받은 것"에 근거한 윤리를 통해 이를 보완하려고 한다.[Noddings, 1984: 1] 이것은 도덕적 태도와 선함에 대한 열망에서 시작되는 "수용성, 관계성, 반응성에 뿌리를 둔"[p. 2] 반응 기반 윤리로, "많은 부분 윤리적 만남과 관련된 사람들의 주관적 경험에 의존하고 [그리고] 조건은 내가 하는 일을 당신이 해야 한다고 선언할 정도로 충분히 유사하기가 쉽지 않기에" 철저히 구체적이다.[p. 5]

• • •

다양한 복장과 잠에서 깨어난 정도가 다른 사람들이 모인 식당에서 아침 식사는 토스트와 시리얼로 조용히 이뤄진다.[4] 신문이 공유되고, 조용한 대화는 나만 원하는 만큼 잠을 못 잔 것이 아니라는 것을 알려 준다. 대부분의 대화는 기껏해야 단음절 단어고, 대부분은 끙끙거리는 소리, 손짓과 표정으로 이뤄지는 몸짓으로 구성된다. 이는 내게 모든 이들의 몸짓이 잘 짜인 좀비 영화의 일부라는 인상을 남긴다. 사람들은 습관적으로 자기 자리를 찾고 자신의 삶을 살아간다.

십중팔구, 내가 담당하는 아이 중 한 명은 복용해야 하는 알약, 연고 또는 스프레이를 요청하러 올 것이다. 어쩌면 내가 몸이 아파 침대에 있는 제자들에게 아침 식사를 가져다줄 수도 있다. 오늘은 부러진 쇄골에 처방된 진통제뿐이었다. 나는 닐Neil이 '갱스터 시기'라고 부르는 10~13세의 아이들 26명을 책임지고 있다. 그러한 딱지를 자랑스러워하며 밤새 나를 깨워 둔 애들이 그들 중 몇 명일 가능성이 크다. 나는 기숙사 하우스[5]

---

4. 한 방문객으로 인해 나는 사람들이 가득 찼음에도 식당이 조용하다는 것을 알게 됐다. 그들은 일반적으로 지옥 같은 식당과 질서를 유지시키려는 교직원들의 순찰을 관찰해 왔다. 우리는 그런 순찰이 없다.
5. 서머힐에는 4개의 생활 공간이 있다. San은 6~9세의 가장 어린 아이들을 수용한다. Cottage(현재는 House의 일부인)는 9~10세 아이들을 수용한다. House는 11~13세, Shack은 13~14세이다. 가장 나이가 많은 아이들은 Carriage에 살고 개인 방이 있다.

의 사감이다. 모두가 의무는 아닌 수업이나 그들이 할 수 있는 무언가[6]를 위해 터덜터덜 발걸음을 옮기기 시작하면서, 나는 하루 종일 바쁘게 세탁하고, 건조하고, 챙겨야 할 많은 것들에 대해 생각한다.

내가 방으로 걸어가는 동안, 새로 온 학생은 나에게 "이런저런 것을 그만할 무엇 무엇을 말해 달라고" 요청하고, 나는 기쁘게 "옴부즈맨[7]을 찾아"라고 말한다. 내 방에서 이메일을 확인하고 오후 날씨가 자전기 티기에 좋은지 확인한다. 그리고 누구도 3시 전에 게임을 하거나, 비디오를 보거나, 소셜 네트워크에 접속하지 못하기 때문에 규칙을 어기는 것이긴 하나, 페이스북을 시작한다. 몇 번 들킨 이후, 나는 어떤 포스트를 올리거나 '좋아요'를 누르지 않기 위해 신경 쓴다. 몇몇 학생이 들어와 침대에 엎드려 지루하다고 불평하며 오늘 오후에 영화를 볼 것인지 묻는다. 그러한 불평에 대해 나는 보통 "책을 읽어"라고 대꾸하며, 이런 말에 아이들은 매우 짜증이 나는지 이에 대해 애매하게 "아마도요"라고 대답한다. 그들은 더 많은 것을 원했겠지만, 그럼에도 머물면서 결국은 그들끼리의 대화 주제들을 찾는다. 나는 항상 이런 식으로 최신 가십거리를 듣는다. 그들의 존재는 내가 더 이상 페이스북을 볼 수 없다는 것이다.

오전 10시 20분이 다 되어 감에 따라, 나는 내가 가르칠 GCSE[8] 심리학 수업을 준비하기 위해 그들보고 이제 가라고 말한다. 내 심리학 강의는 추가 과목으로 내가 사용할 수 있는 무상 강의실이 없다. 그래서 내 침실은 두 배로 크다. 나에겐 잠재적인 임시 강의실로 물건을 옮기지 않아도 되니 훨씬 편한 일이다. 그러나 내가 처음에 영어와 문학 교사로 학교에 처음 왔을 땐 교실이 있었다.

---

6. 누구도 정오까지는 잠을 자러 갈 수 없다.
7. 옴부즈맨(Ombudsman)은 커뮤니티에서 선출되며 작은 공간에서 함께 살 때 사람들 사이에서 발생하는 모든 작은 분쟁을 해결하는 데 도움이 된다. 나는 그들의 직업을 부러워하진 않는다. 나는 예전에 하나가 되고자 노력한 적이 있는데, 몇 번의 타협을 한 이후에 포기하고 말았다.
8. (옮긴이 주) General Certificate of Secondary Education의 약어로 영국의 전통 중등 교과과정을 의미한다.

서머힐에서 아직도 새로운

내 교실에서 많은 저녁을 보냈다

그곳은 약간의 사회적 공간이다

사람들은 놀기 위해 온다

그중 하나는 루카스Lucas이다

학교 신입생인

그는 존재하기 위한 공간을 필요로 했다

마인크래프트를 하기 위한

몇 주 동안 설치를 시도한

게임을 위한 변형을

성공하지 못한

그러고 나서

어느 저녁

그것은 작동했다

루카스는 뛰어올라

방을 가로질러 날아다니고

그리고 나를 안았다

그의 감정은 강력하고

거의 난폭하고

즉각적이고

공유되기를 필요로 하며

이야기되고
관련을 맺는

그것은 전염성이 있다
기본적 정직한 진짜의
그것은 나를 움직였다

서머힐에서 몸들의 충돌
물리적 대면
    냄새
    피로
    편안함
    감각적인
    친밀한

몸들
그들을 피할 순 없다
    그들의 영향력을 무시하지 않고

    규제되지 않은 충돌
    의료적 이야기로 인해
    극심한 규제로 인해

나는 안고 안기게 된다
나는 매달리고 매달려지게 된다

터치는 매일 일상적이고-그것은 관계적[9]이다

그것은 말하는 것 이상으로 관계를 맺는 방법이다

어디에 야생의 것들이 있는가?[10]를 상기한다.

"우리는 너를 먹을 거야-우리는 너를 사랑해!"

날것의 감정-중재되지 않은

직감

근접성은 생각할 시간을 주지 않는다

몸이 행동을 요구한다

타인의 몸들

나의 것을 빼내는

나를 훔치는

통증을 유발하는

가진다

타인의 몸

나를 부양하다

나를 편하게 하다

안심시키다

주다

말은 자주 실패한다

그들은 빈곤하다

---

9. Stronach and MacLureure(1997) 참조.

10. Sendak(1963).

내 몸은 그 안에 산다
그리고 관계되어 있다
세계

그리고 조금 더
전체보다
그러한 관계들의
껴안음은

찢어낸다
추상적인 것들을

나는

재확인했다
여러 몸들 중 하나의 몸으로
난 제멋대로 밀리고 밀린다
새로운 방향으로

• • •

"우리는 몸이 무엇을 할 수 있는지 모른다. …"이러한 무지의 선언은
하나의 도발이다. 우리는 의식과 그것의 법칙, 의지와 그것의 효과, 몸을
움직이는 수천 가지 방법, 지배하는 몸과 열정에 대해 말하지만, 우리는
몸이 무엇을 할 수 있는지조차 알지 못한다. 이러한 지식이 없이, 우리는
쓸모없는 소통을 한다.^{Deleuze, 1988: 17}

1990년대 초 이래, 사회과학에서 정서적 전환이 있었고, 이는 모든 의

사소통의 모델이 되는 언어에서 벗어나는 것이었다.[Gilbert, 2014] 몸과 자아에 대한 관념을 불러일으키는 것은 다른 몸과의 관계성, 정서적인 만남이다. 의식은 다른 몸과 만남의 산물이다. 이것은 자신이 영향을 받은 외부의 몸에 대한 아이디어를 생성하기 위해 회고적으로 등장한다. "몸을 움직이는 것은 생각의 움직임으로 돌아온다."[Massumi & Manning, 2013: xi]

무수한 관계와 만남을 통해 항상 일정한 운동을 하는 몸의 상태를 결정하는 것은 정동이다. 스피노자Spinoza에 따르면, 정동은 "말하자면 몸의 활동력이 증가 혹은 감소거나, 도움을 받거나 제한되는 몸의 변형이며"[1677/2001, Part III, Definitions], 그리고 몸과 정신은 하나이기 때문에 생각의 힘의 변형에 관해서도 마찬가지다. 정동은 좋은 것도 나쁜 것도 아니며, 모두가 다르게 영향을 주고받기 때문에, 다른 몸과 만남의 결과는 결코 미리 결정되지 않는다. 이것은 정동에 대한 모든 논의가 만남의 질을 고려해야 한다는 것을 의미한다. 이전에 논의한 바와 같이, 이것은 "감정의 어조" 혹은 사랑 대 증오에 관한 질문이다.

• • •

오전 10시 20분, 심리학 1학년 학생 9명 중 5명이 도착한다. 우리는 방바닥에서 편하게 있을 수 있고 몇몇 어린 학생은 그냥 재미로 참여한다. 우리는 성과 젠더 부서에서 함께 일한다. 나는 트랜스젠더 아이들에 대한 다큐멘터리를 찍기로 결정하고 말았는데, 이 주제는 언제나 그들 중 몇 명을 놀라게 하고 흥미로운 논쟁으로 이끈다. 이는 그들이 이전에 단순하고 확실하다고 바라보던 세상을 무너뜨린다. 한 학생은 누군가를 그냥 딱 보고서 남녀를 구분할 수 없다면, 앞으로는 본인이 누구와 장난을 치는지조차 다시는 알 수 없게 되는 것 아니냐며 두려움을 토로한다. 그로 인해 약간 웃음이 났지만, 그는 꽤 진지했다. 나는 일부 학생이 얼마나 "게이"인지 코멘트하고 싶었지만 참았다. 최근 학교 회의에서 사람들이 "게이"가 부정적인 방식으로 사용되는 것을 불편하게 여기는 사례가 있었고, 그래서 그 단어 사용을 금지하게 되었다. 종이 울린다.

쉬는 시간 직후 내게 어려운 가정 상황으로 힘들어하고, 공동체 생활 적응이 힘든지 어떤지 아직 제대로 판단이 안 서는 비교적 새로운 학생인 미미Mimi가 찾아온다. 그 아이는 자신의 제안이 통과되지 않아서 회의가 불공정하다며 끊임없이 자신에게 '반대'한다고 느낀다. 그리고 자신이 회의에 무언가를 가져왔을 때 통과되지 않는다고 느끼고, 회의에 무언가를 들고 왔지만 자신의 필요를 지지하지 않는다고 느낀다. 눈물과 고함이 섞인 긴 토론이 이어진다. 나는 진정으로 돌보고 있음에도, 이 일로 돈을 받기 때문에 진정으로 돌보지 않는다는 비난을 듣는다. 조금 뜨끔하긴 하다. 특히 그 아이는 내가 정말 신경 쓰는 사람들 가운데 하나이기 때문이다. 불안정한 가정사로 인한 애착 역사를 지녔기 때문에 학교와 나에게 절실히 안정성을 요구한다. 그 아이에게 안정성을 제공하려면 정서적으로 고갈되는 것을 채워 주어야 한다.

약간 진이 빠진 나는 세탁실로 돌아간다. 나는 몇몇 학생한테 "꺼져"[11]라고 말한다. 왜냐하면 그들은 나를 싱가시게 하는 자기들만의 오라거리를 만들어 내기 때문이다. 그들은 깡패이다. 일반적으로 내가 그들을 쫓거나 싸움놀이를 함께 할 때까지 신경을 긁지만, 미미와의 만남은 나를 지치게 만들었다. 그들은 나의 진지한 태도를 보고 포기하며, 약간은 미안한 표정을 지으며 떠난다. 아이들이 내 기분의 미묘한 부분을 알아차리는 것을 보게 되면 흥미롭다. 우리가 함께 보내는 시간을 생각하면, 물론 그들은 그래야만 한다. 이 시간에 빨래를 하는 것의 장점은 점심시간에 이야기해야만 하는 오늘 온 방문객[12]을 피할 수 있다는 점이다. 오늘의 방문객은 독일 연수교사 그룹이다. 방문자들에게 학교에 대해 이야기

---

11. 학교에서 욕설이 허용된다. 특히 어린아이들은 이를 창의적으로 사용한다.
12. 학기마다 방문자의 날이 있고, 이 외에도 언론인, 연구원, 학교 창업자, 예비 부모 또는 다른 사람들이 다녀가는 경우가 많다. 때때로 박물관의 전시물이나 동물원의 동물이 된 느낌을 받는다.

할 때 겉으로 드러낼 만큼 약간의 자부심이 생기지만, 나는 그 일을 하겠다고 나선 것을 계속 후회한다.

　마치 더 많은 옷을 잔뜩 안고 있듯이 나는 더 많은 고약을 요청받았는데, 이것은 칼럼Callum에게 고약 그 이상의 것이 필요하다는 것을 깨닫기 위한 것이었다. 그는 롤러스케이트를 타다 넘어졌고 무릎의 상처가 더러워졌다. 우리는 상처를 씻기 위해 이동한다. 나는 그의 다리와 무릎에 있는 수많은 상처, 여러 단계의 치료 모두가 대단하다고 생각한다. 고약은 내가 좀 극혐하는 것이다. 아니면 적어도 고약이란 고약하다. 서머힐에서 아이들은 활동적인 삶을 살아가며, 나쁜 고약은 내가 원하는 것보다 더 나를 바쁘게 만든다. 하우스 나이대의 아이들은 새는 바가지다. 수정같이 녹색의 맑게 흐르는 콧물이 가득한 코들이 있다. 방귀를 뀐다. 침을 이용한 모든 실험이 성공적인 것은 아니다. 여자아이들은 생리를 한다. 모든 음식이 위장에 머물지는 않는다. 소년들은 자위를 해 지저분해진다. 언제나 눈물이 흐른다. 모든 사람이 충분한 화장지를 사용하지 못한다. 그리고 그들은 때로 여러 상처와 찰과상으로 피를 흘린다. 빨래하는 날은 항상 이런 것을 매우 분명하게 다시 떠올리게 만든다.

　점심에는 쉬기보단 무언가를 하고 있는 나 자신을 발견한다. 난 음식을 대충 먹고 손님을 만나기 위해 카페[13]로 간다. 내가 과거에 서머힐에 사는 것에 대해 질문을 받았을 때랑 별반 다르지 않을 것이라고 생각한다.

　　베를린Berlin
　내 가장 친한 친구 중 한 명이 방금 아이를 낳았다
　　　그리고 궁금해한다
　아이들과 함께 사는 법

---

13. 회의에서 제안한 사람이라면 누구나 사용할 수 있는 주방, 프로젝터 및 게임이 있는 공간이다. 카페를 담당하는 선출된 위원회가 있고 그들은 모든 것이 깨끗한지 확인하며 사람들의 출입을 관리한다.

조언

서머힐은 어때?

　나는 거기에 멍하니 앉아 있다
　계속해서
　질문을 받는다
　여기서 사는 것이
　여기 있는 것이
　여기서 가르치는 것이
　어떤지에 대해서

좋아? 물론!
그럼 우리한테 말해 줘, 그것은 어때?
터질 수 없는 하나의 방울
　난 그것들로 가득 차 있다

소통

그러나 실패한다
단어를 생각하는 것을

확실히

나는 말할 수 있다 벽의 색을
　학생의 수를
　내가 버는 돈[14]을

그러나 그런 모든 것은
표면만을 훑는다
나는 안팎으로
내장을 쏟아내
나를 뒤집을 수 있길 바란다
그들이 더 정당한
질문을 할 수 있게
나는 남아 있다
귀여운 일화만
        그리고 진부함

이것은 일반적으로 묻는 사람들을 만족시킨다
그러나 나는 매달려 있다

    공중에
전달하지 않고
    내가 느끼는 것의 일부

난 모두가 여기 살기를 바란다
모두가 이것을 느끼기를 바란다
        이것의 일부가 되기를
그것이 내 문제를 해결할 것이다
그러나 나는 맥락을 벗어나
            여기 앉아 있다

---

14. 그렇게 많지 않다.

그러고 내가 말할 수 있는 것은

그것은 좋다

마치 물 밖에서 헐떡이는 고기와 같이

• • •

살아 있는 경험은 "표현하길 꺼리는" 것이기도 하다.[Harrison, 2007: 591] 그것
들은 어떤 위치에 질서정연하게 고정되는 것을 거부한다. 그것들은 언어
체계에 들어가지 않은 정서적 상태이거나 표현이 이미 알려진 것으로 축
소해 버리는 폭력적인 적응 행위이기 때문에 거부한다. 그것은 그들을 무
해하게 만든다.

• • •

오후 1시 40분에 학교 회의가 있다. 나는 라운지로 걸어 들어가 구석
에 자리를 잡는다. 회의가 시작된 몇 분 뒤 누군가 달려와 칼리드Khalid
가 스케이트장에서 넘어져 손목이 부러진 것 같다고 말한다. 나는 자전거
를 타고 공원으로 달려간다. 가는 도중 그와 함께 걷는 아이들 무리가 보
였다. 그는 주먹을 쥘 수 없다고 말했고, 이는 수술을 해야 한다는 것이
다. 병원은 길 건너편에 있다. 오후 이 시간대엔 방문 시간이 있어 편리하
다. 우리 순서를 기다리는 동안, 손목은 빨리 좋아지는 듯하고, 나는 전화
가 오면 우리가 GP[15]의 시간을 잡아먹는 것을 사과할 계획이다. 지금쯤의
나는 수술실의 GP에 대해 꽤 잘 알고 있고, 아동기 질환과 그 치료법에
대한 나의 지식은 계속해 확장되는 중이다. 나는 아이를 가졌을 때 가장
잘 준비가 된 부모가 될 것이다.

---

15. (옮긴이 주) 병원이 아닌 지역 담당 의료 기관에서 진료하는 의사, 지역보건의(general
practitioner)이다.

저녁이 다가오자, 나는 카페[16]에서 몇몇 아이와 파스타를 요리하기로 했다. 우리는 어제 자전거를 타러 갔고 버섯이 많은 곳을 찾았다. 정말 좋은 산새버섯과 어린 그물버섯이다. 우리가 요리할 때, 사람들이 와서 무슨 일이 있는지 보려고 머리를 들이민다. 일부는 지루해하고, 몇몇은 배고파하고, 몇몇은 함께 한다. 모든 것이 약간의 이벤트로 바뀐다. 찬장에서 게임을 꺼내고 우리는 함께 논다. 나중에 영화를 볼 계획이 생긴다.

영화가 시작되기 조금 전 문밖에서 소음이 들린다. 궁금증에 문을 여니 해리Harry가 알몸에 레인 판초만 입고 방에서 나오는 것이 보인다. 복도를 따라 내려가면 몇몇 여자애가 킥킥거리고 있다. 그들은 판초만 입은 해리가 돌아오는 것을 원치 않는다고 확신한다. 그 외에는 나를 눈치채지 못하고 게임을 계속한다. 나는 그들을 내버려 두고자 한다. 진실게임은 인기가 많다.

우리는 재밌는 것을 보기로 결정한다. 이 과정은 항상 토론을 수반한다. 어떤 아이들은 공포를 좋아하고 어떤 아이들은 액션 그리고 다른 아이들은 애니메이션 영화만 봐도 행복해한다. 코미디가 일반적으로 타협점이 된다. 방에는 10명 정도가 있지만 사람들이 드나들며 달라진다. 나는 지쳐 소파 겸용 침대에서 편하게 쉰다. 사람들은 TV를 볼 수 있으면서 방[17]에서 최대한 편안한 곳에 몸을 욱여넣는다. 나는 금세 안식처가 된다. 애들이 내 다리를 가로질러 누워 있거나, 등에 기대거나, 나를 껴안고 있다. 영화가 시작되자마자 곧바로 내가 잠에 빠져드는 것을 느끼지만, 이를 이겨 낸다. 나는 앉아 있어야 하지만, 특히 아직 끝나지 않은 긴 하루 끝엔 눕고 싶은 유혹이 너무 크다. 아직 7시 반이고 불이 꺼지는 시간은 10시 30분이다. 지금 들어오는 사람은 사람들이 잔뜩 쌓여 있는 것을 볼 수 있다. 나는 잠에 빠진다.

---

16. 난 부엌이 없고, 이 공용 공간이 내가 요리를 하는 곳이다.
17. 침대 옆에 빈백과 커다란 쿠션들이 있다.

• • •

내 침실은 어떤 공간인가? 사적 공간, 교실, 학교 안 나의 집, 사회적
공간, 서로 다른 규범과 담론이 만나는 공간, 끊임없이 협의되는 경계를
가진 구멍이 많은 공간, 공동체의 법칙이 지배하는 공동 공간, 돌봄을 위
한 공간? 이것은 헤테로토피아Heterotopia, "하나의 실체 안에, 여러 공간
을 병치할 수 있고 그 안에 여러 장소가 양립할 수 있는" 공간이다.^{Foucault,}
^{1967/1984: 6}

헤테로토피아는 "다른 모든 장소들과 관계를 맺는 기이한 특성의 존재
를 갖고 있지만, 이러한 방식으로 지정하거나, 반사하거나 반성하는 관계
들의 집합을 의심하고, 중립화하거나 새로운 발명을 하는 방식"의 공간이
다.^{Foucault, 1967/1984: 4} 이러한 장소는 다른 사람을 대표한다. 비록 현실에서
그들의 위치를 나타내는 것이 가능할지라도, 그것들은 대립적 담론 혹은
반대 내러티브의 장소이며, 모든 공간의 밖에 있다.^{Foucault, 1967/1984: 4} 이 개
념은 파편화되고, 구분하고, 변형하고, 분리하고, 지배하는 일상적인 장소
^{Johnson, 2013: 896}와 휴식, 피난처, 놀이의 열린 공간을 바라보는 방식^{p. 797}을
제공하며, 이는 헤테로토피아가 엄청난 초월적 가능성을 갖고 있음을 시
사한다.

처음에 푸코는 12분짜리 짧은 라디오 방송으로 헤테로토피아에 대한
강의를 했지만, 그 버전은 한 가지 눈에 띄는 차이점이 있었다. 그것은 다
락방, 인디언 텐트, 부모의 침대 덮개 아래에 있는 아이들의 창의적인 게
임의 공간에 대한 언급을 포함한다.^{Johnson, 2006: 76} 서머힐 안에서, 이것은
지배 담론이 '중립화'되어 더 많은 사각지대를 창조해, 더 많은 존재being
방식과 생성becoming 방식을 허용한다. 푸코의 예를 들어, 우리는 부모의
침대 덮개 아래에서 논다. 그곳은 담론과 함께, 정동이 주체를 구성하는
사각지대다.

헤테로토피아는 상호작용, 의사소통, 연결, 참여와 권력관계의 새로운 모델이 있는 실험 공간으로, 사회적 질서의 새로운 의미와 대안적 방식에 대한 실험실로 발전한다. 그런 의미에서, 그들은 유토피아적 대안들의 전개를 수반한다.[Hetherington, 1977: 52]

• • •

크레딧이 올라가고, 나는 사람들이 떠나는 소리에 잠에서 깬다. 어린 학생들의 취침 시각 바로 직전이고 나는 그들이 먹을 토스트와 과일을 준비한다. 내가 방 밖으로 나갈 때, 에미코Emiko는 여전히 신발을 신고 있다. 학기 말에 가까워지고, 서머힐에서가 아니라 서머힐에 가졌던 것에 대해 느끼는 여러 종류의 향수병에 관한 대화가 이뤄진다. 그 아이는 금세 서머힐을 그리워할 것을 알고 있다. 많은 아이가 그렇다. 에미코는 내가 그들 모두를 떠날 때, "아이들에 대한 향수병"이 생길 것 같은지 묻는다. 나는 그렇다고 말하고[18] 아이들을 껴안아 준다.

9시 30분에, 당번들이 와서 코티지Cottage[19] 애들을 모은다. 그들은 모두 들어와[20] 토스트와 차를 만든다. 그리고 그날에 대한 대화가 이어진다. 누군가 목이 따가운 걸 해결하기 위해 스트렙실을 요청한다. 몇 명은 금고에 보관하도록 나에게 돈을 맡긴다. 여기저기서 약간씩 서로를 놀린다. 차가 쏟아지고 소파에 버터가 묻는다. 불이 꺼지기 10분 전 모두가 옷을 갈아입고[21] 양치질은 좋은 것이라고 다시 한번 알려 준다. 이런 과정은 하우스 아이들과 함께 이후에도 30분간 반복된다. 그들은 더 큰 그룹이어서, 더 많은 소음이 발생한다. 정말 더 많은 소음. 일단 모두 침대로 가면,

---

18. 처음 아이들이 떠난 며칠 동안은 굉장히 이상한 기분이다. 나는 스스로 무엇을 해야 할지 모르고, 특히 내가 학교에 있을 땐 누군가 모퉁이를 돌아 다가오길 기다린다.
19. 나는 현재 2구역의 사감이어서 9시 30분부터 10시 30분까지 이어지는 두 번의 지속되는 취침 시간에 참여한다.
20. 소파, 냉장고, 싱크대, 몇몇 게임이 있는 '공통 공간'이 있다.

당번이 떠나고 아마 오늘 처음으로 나는 혼자가 된다. 그러나 누군가 어떤 이유로 쉽게 잠들지 못해 위안을 받고, 안심을 얻거나 어떤 종류의 도움이 되는 연고를 받으려고 오기까진 그리 오래 걸리지 않는다.

오늘은 운이 좋다. 누구도 와서 문을 두드리지 않는다.

그런 다음 전화 메시지 신호가 울린다. 내가 몰래 빠져나갈 생각이 있는지 묻는 하우스 아이들 가운데 한 명이다. 나는 이를 거절한다. 구걸하거나, 죄책감을 유발하거나, 위협을 포함하여 나를 설득하려는 필사적인 시도가 있다. 그런 일은 일어나지 않을 것이다. 나는 전에 걸렸던 적이 있고 얼마 지나지 않아 다시 이런 일이 발생한다면 아무렇지 않게 넘어가진 않을 것이라며, 그것은 매우 안 좋은 아이디어라고 말한다. 결국 나는 그들의 메시지를 무시한다. 오늘 밤은 잠이 필요하다. 어쩌면 다른 날(에 그렇게 할지 모른다).

• • • • •

내가 주목하고 싶은 오로지 잠정적인 결론이 있다. 혹은 내가 출발 지점이라 해야 할 것이 있다. 어떤 쪽도 대답을 주진 않지만 두 가지 모두 교육적 공간의 발전, 그리고 어린이와 함께 일하는 방향에 대해 제시한다. 이는 아직 이곳에 오지 않은 미래의 학생들을 위한 공간의 창조와 촉진에 함의를 가질 것이다.Carlin & Wallin, 2014

서머힐과 같은 공간들은 "특정 부류의 사람들"Wallin, 2014: 191을 예상하지 않고, 이미 알려진 재생산을 목표로 하지 않는 교육기관을 시도한다. 학교는 생각함을 촉진하지 않는 조건들을 너무 자주 만들어 낸다. 나는 이

---

21. 사람들은 낮에 입던 옷 그대로 잠을 잘 수 없고, 5분 동안 불을 끄지 않으면 당번이 벌금을 물 수 있다.

지점에서 들뢰즈[Deleuze, 1994]가 말하는 "여러 감정의 어조: 궁금함, 사랑, 증오, 고통을 포착하는" "근본적 만남"에 대해 언급한다.[p.139] 이와 대조되는 규범적 담론으로 가득 차 있고 안전과 안정을 위해 위험과 실험을 피하는 교육 공간은 우리가 생각하게끔 만드는 이러한 만남을 허용하지 않는다. 그들은 동일한 것의 (재)생산을 보증할 뿐이다. 이러한 기관들이 닐[Neill, 1977]이 말한 반-생명들anti-life이다.

길버트[Gilbert, 2014]가 말했듯, 개인의 자유와 선택에 대한 현재의 견해는 "사회관계를 결국엔 개인의 역량을 제한하는 것으로 설명할 경우에만 이해될 수 있기 때문에" 변화의 원천이 되는 집단적인 것, 혹은 관계적인 것에 대한 생각이 명확하지 않다. 반면, 생성과 그것이 수반하는 정서적 관계는 "어느 정도로 몸의 능력을 증가시키는 유일한 것이 실로 다른 몸과 생산적인 관계를 형성하는 능력이 되는지"를 강조한다.

난 내가 긍정하고자 하는 교육적 실천과 관계가 있는 삶의 방식에 대한 오늘의 이야기가 당신의 삶의 일부를 채울 수 있게 되었길 바란다. 이 장에는 새로운 종류의 교육을 위한 청사진은 없다. 교육이 단지 동일한 것을 재생산하는 것에 대한 것이 아니라면, 나는 그것이 내가 필요하다고 믿는 태도 쪽을 향하길 바란다. 나는 예상치 못한 상황을 허용하는 윤리적 틀을 갖춰 신중하게 나아가야 하는 실험을 향하고 있다.

참고문헌

Carlin, M., & Wallin, J. (Eds.). (2014). *Deleuze & Guattari, politics and education: For a people-yet-to-come*. New York: Bloomsbury.

Christians, C. (2000). Ethics and politics in qualitative research. In N. Denzin & Y. Lincoln (Eds.), *Handbook of qualitative research* (2nd ed.). Thousand Oaks, CA: Sage.

Deleuze, G. (1988). *Spinoza: Practical philosophy*. San Francisco: City Lights Books.

Deleuze, G. (1994). *Difference and repetition*. London: The Athlone Press Limited.

Deleuze, G. (1998). *Essays critical and clinical*. London: Verso.

Foucault, M. (1984, October 1-9). Of other spaces: Utopias and Heterotopias (J. Miskowiec, Trans.). *Architecture/Mouvement/Continuité*. Retrievable from http://web.mit.edu/allanmc/www/foucault1.pdf (Original work publi-shed 1967).

Gilbert, J. (2014). *Common ground: Democracy and collectivity in an age of individualism*. London: Pluto Press.

Hardt, M., & Negri, A. (2009). *Commonwealth*. Cambridge, MA: Harvard University Press.

Harrison, P. (2007). "How shall I say it…?" Relating to the non-relational. *Environment and Planning, 39*, 590-608.

Hetherington, K. (1997). *The badlands of modernity: Heterotopia and social ordering*. London: Routledge.

Hubbard, P. (2006). *City*. London: Routledge.

Johnson, P. (2006). Unravelling Foucault's "different spaces". *History of the Human Sciences, 19*(4), 75-90.

Johnson, P. (2013). The geographies of heterotopias. *Geography Compass, 7*, 790-803.

Massumi, B., & Manning, E. (2013). Series foreword. In M. Combes (Ed.), *Gilbert Simondon and the philosophy of the transindividual*. Cambridge, MA: MIT Press.

Morgan, D. (1996). *Family connections: An introduction to family studies*. Cambridge, UK: Polity Press.

Neill, A. S. (1969). Introduction. In H. Lane (Ed.), *Talks to parents and teachers*. New York: Schocken Books.

Neill, A. S. (1977). *Summerhill: A radical approach to child rearing*. New York: Wallaby.

Noddings, N. (1984). *Caring: A feminine approach to ethics & moral education*. Berkley, CA: University of California Press.

Ruth, L. (2011). Shutting the bathroom door: Parents, young teenagers and the negotiation of bodily boundaries at home. In L. Holt (Ed.), *Geographies of children, youth and families: An international perspective*. London: Routledge.

Semetsky, I. (2006). *Deleuze, education and becoming*. Rotterdam, Sense Publishers.

Sendak, M. (1963). *Where the wild things are*. London: Random House.

Spinoza, B. (2001). *Ethics* (R. H. M. Elwes, Trans.). Retrievable from Project Gutenberg: www.gutenberg.org/files/3800/3800-h/3800-h.htm. (Original work published 1677).

Stronach, I., & MacLure, M. (1997). *Educational research undone: The postmodern embrace.* Buckingham, UK: Open University Press.

Thrift, N. (2006). Space. *Theory, Culture & Society, 23*(2-3), 139-146.

Wallin, J. (2014). Education needs to get a grip on life. In M. Carlin & J. Wallin (Eds.), *Deleuze & Guattari, politics and education: For a people-yet-to-come*(pp. 117-140). New York: Bloomsbury.

4장
대자연의 교육학: 아이들은 어떻게 배우는가

피터 그레이[1]

이 장에서 우리는 학교교육schooling과 교육education을 구분해 사용할 것이다. 학교교육은 학생들에게 정해진 능력, 기술, 가치, 그리고 신념을 가르치기 위해 계획적으로 사전에 합의된 특정 절차를 따른다. 교육은 더 확장적인 개념으로, 신세대 사람들이 그 이전 세대의 문화, 즉 그들의 기술, 지식, 의식, 믿음, 가치를 습득하는 일련의 과정이다. 교육은 문화의 계승이다. 생물학적 관점에서 학교교육은 인간의 진화 과정 중 가장 최근 눈 깜짝할 사이에 생겼다. 학교교육이 대중화된 것은 1~2세기 사이에 불과하다. 이에 반해 교육은 인간의 생물학적 구성에 내재된 것으로, 교육의 역사는 인간의 역사만큼 오래되었다.

최소 200만 년 전, 인류는 문화의 계승에, 즉 교육에 더욱 의존적일 수밖에 없는 진화 경로를 따르기 시작했다. 사냥하기, 채집하기, 음식 가공하기, 맹수의 위협으로부터 살아남기, 출산하기, 아이 돌보기, 길 찾기, 전염병과 싸우기, 도구 제작 및 사용하기 등 살아남기 위해 상세하게 학습해야 하는 지식과 이론, 기술이 세대 간에 전승되었다. 또한 시간이 지날수록 종족 내, 종족 간에 높은 수준의 협력에 의존하게 되었다. 타인과의

---

1. 피터 그레이(Peter Gray): 미국 보스턴 칼리지(Boston College)의 심리학 연구 교수로 재직 중이며, 신경내분비학, 동물행동학, 발달심리학, 인류학, 교육에 관한 연구를 진행하고 책을 발표했다. 심리학을 진화론적 관점에서 살피는 교과서 『Psychology』의 저자로, 현재 인간의 진화와 아동 발달에서 '놀이'의 역할에 관한 연구를 진행하고 있다. "배움의 자유: 놀이 본능을 충족시키는 것이 왜 아이들을 더욱 행복하게 만드는가?"(2013)라는 제목으로 〈오늘의 심리학(Psychology Today)〉 블로그에 글을 쓰고 있다.

협력을 증진하려면 문화적 가치와 신념을 공유해야만 했다.

어떤 인간 집단에서든, 문화의 결정적 측면들을 습득하지 못한 아이들은 생존과 번식에 상당한 어려움을 겪게 될 것이다. 이러한 아이들은 경제적으로 필수적인 업무를 수행하는 법, 문화 속에서 타인과 어울리는 법, 번식을 위해 짝을 찾는 법을 배우지 못하기 때문이다. 자연선택은 문화를 습득하려는 강한 의지와 능력이 있는 청년들을 선호한다.

오늘날, 많은 사람은 교육의 책임이 어른들에게 있다고 생각한다. 어른들은 이들의 의지와 상관없이 이러한 문화를 습득시켜야 한다는 책임을 안고 산다. 이것이 학교교육의 기본 전제이자 법칙이다. 하지만 인류 역사를 살펴보면, 교육에 대한 진정한 책임은 항상 어린이에게 있었고, 학교가 있음에도 불구하고 이 사실은 지금까지 유효하다. 오늘날에도 대부분의 교육은 학교 밖에서 이루어지고 있다. 자연선택은 아이들이 스스로 교육에 대한 본능적인 욕구를 가지고 세상에 나오도록 한다. 그러므로 아이들은 스스로 자신을 둘러싼 문화의 구성원이 되기 위해 알아야 할 것을 습득하는 본능을 타고난다.

뛰어난 자기교육 능력의 증거들

아이들이 자기교육을 한다는 것은 진공상태에서 배운다는 뜻이 아니다. 아이들이 속한 자연환경 자체가 다양한 사람들로 둘러싸인 사회적 환경이기에, 서로 도움을 주고받으며 자연스럽게 문화적 기술을 습득할 수 있게 된다.

아이들이 보여 주는 증거

놀라운 자기교육 능력이 있다는 명백한 증거 중 하나는 아이들을 관찰하면 알 수 있다. 영유아, 유아, 미취학 어린이 등 체계적인 교육 없이 배우는 모든 아이를 떠올려 보라. 아이들은 끊임없이 주변 세계를 관찰하고 탐험한다. 다른 사람들이 하는 행동에 주의를 기울이며 그 행동을 모방하기도 한다. 무無에서 모국어를 습득하며 질문할 나이가 되기 전부터 많은 것을 배운다. 학교 다닐 나이가 되면, 아이들은 이미 살면서 배워야 할 것의 상당 부분을 학습 완료한 상태이다. 배움에 대한 아이들의 의지는 매우 강렬해서, 그들을 벽장에 가두어 놓고 일상적인 생활을 차단하지 않는 한 막을 수 없다.

수렵-채집인 문화에서 발견한 증거

잘 알려지지 않은 두 번째 증거는 수렵-채집인에게서 나온다. 세계 일부 지역에서 농업이 발달하기 시작한 것은 불과 1만 년 전이다. 그전까지 인류 역사의 99% 기간에 인간은 모두 수렵-채집인이었다. 20세기 중후반까지 살아남은 수렵-채집 문화권은 인류학자들의 연구 대상이 되었다. 나는 몇 년 전에 수렵-채집인의 유년기에 대한 문헌을 분석한 후, 세 개의 대륙에 살던 일곱 개의 수렵-채집 문화를 연구한 열 명의 인류학자를 설문조사했다.[Gray. 2009] 연구 결과에 따르면, 조사한 모든 수렵-채집 문화권의 아이들은 놀고 탐험하면서 자학자습했다. 학교와 유사한 그 어떤 제도도 없었을 뿐만 아니라 어른들은 아이들의 활동에 거의 관여하지 않았다.

설문에 응답한 인류학자들은 자신이 조사한 문화권의 아이들 대부분이 매일, 하루 종일 놀았다고 보고했다. 말레이시아의 바텍족Batek of Malaysia을 연구한 카렌 엔디콧Karen Endicott은 이렇게 말했다. "아이들은 늘 자유롭게 놀 수 있었다. 그 누구도 아이들이 10대 후반이 될 때까지 본격적인 일을 할 것이라 기대하지 않았다." 응답자들은 대부분, 아이들이 자기가 속한 문화권에서 성공하기 위해 가장 중요한 활동을 하면서 놀았다고 전했다. 이들이 언급한 놀이에는 뿌리 캐기, 낚시하기, 산미치광이 사냥하기, 요리하기, 아이 돌보기, 나무타기, 줄기 사다리 만들기, 초막

짓기, 칼 등의 도구 사용하기, 도구 만들기, 뗏목 만들기, 불 지피기, 가짜 포식자로부터 살아남기, 동물 흉내 내기, 작곡하기, 악기 만들기, 춤추기, 스토리텔링 등이 있다. 구체적인 놀이의 형식은 각 문화권의 어른들이 시범을 보인 활동의 차이에 따라 문화별로 상이했다.

모든 응답자는 자신이 연구한 문화권의 남자아이들이 추적과 사냥을 하며 많은 시간을 보냈다고 답했다. 여자도 사냥하는 필리핀의 아그타족 Agta of the Philippines을 연구한 두 명의 응답자는 아그타족 아이들은 남녀 할 것 없이 장난스러운 사냥놀이를 즐겨 했다는 사실을 언급했다. 아이들은 작은 활과 화살로 나비, 두꺼비 등을 사냥하며 놀다가 실력이 늘수록 점점 요리할 수 있는 동물을 사냥하곤 했다. 시간이 지나면서 사냥놀이는 점점 진짜 사냥이 되었다.

어른들이 이런 놀이를 시키거나 장려한 것이 아니라, 아이들이 스스로 원해서 놀았다. 이처럼 아이들은 태생적으로 문화적 가치가 있는 활동을 관찰하고 배우며 놀면서 능숙해지는 경향이 있다. 인류학자들에 따르면, 그들이 관찰한 수렵-채집 아이들은 놀라울 정도로 밝고, 유능하며, 자신감 있고, 명랑했다고 한다. 어떤 관찰자는 자신이 관찰한 아이들에 대해 다음과 같이 썼다. "아이들은 그 어떤 좌절이나 불안으로부터 자유로웠으며 밝고 협력적이었다. 이 아이들은 부모들이 원하는 이상적인 아이의 모습을 지니고 있었다. 그 어떤 문화권도 이보다 더 영리하고 사랑스러우며 자신감 넘치는 아이들을 키울 수 없을 것이다."Thomas, 2006: 198-199

민주학교 졸업생이 들려주는 증거

교육에 대한 대자연의 계획이 수렵-채집 아이들에게만 적용되는 것은 아니다. 이는 우리 문화의 모든 아이에게 마찬가지다. 이에 대한 증거로는 민주학교가 있다. 민주학교는 학생들이 자신의 교육을 전적으로 책임지는 학교이다. 나는 수년간 매사추세츠주 플램링턴Framlington, Massachusetts에 위치한 서드베리 밸리 학교Sudbury Valley School를 관찰했다. 이 학교는 '학교'의 형태를 띠지만, 앞에서 정의한 '학교교육'을 제공하진 않는다.

서드베리 밸리는 근본적으로 어린이와 청소년이 자신의 관심사를 좇게 돕는 민주적 커뮤니티다. 이곳의 학생들은 4세부터 18세까지 다양하며, 학칙 내에서 자유롭게 자신들이 하고 싶은 것을 할 수 있다. 학칙 또한 민주적으로 학생과 교사가 주간 회의를 통해 정하게 된다. 학칙에는 학습 내용과 배움에 대한 규율이 없다. 학칙은 오직 평화와 질서 유지를 위해 존재하며, 우리 사회의 사법제도를 본떠 만든 사법 체계에 의해 시행된다. 이 학교는 주변 공립학교의 절반도 안 되는 학생당 예산으로 운영되는데, 등록을 희망하는 학생과 이에 동의하는 학부모가 있으면 등록할 수 있다. 따라서 이는 엘리트 교육이 아니다. 이 학교에는 현재 약 150명의 학생과 교사가 있다. 학생들이 서로에게서 더 많이 배운다는 사실을 인지한 교사들은 스스로를 '교사teacher'라고 부르지 않는다. 교사는 법적인 이유로 학생들을 관찰하고 지도하는 보호자의 역할이 더 크다.

서드베리 밸리가 1968년에 개교했을 당시에 많은 이들이 실패하리라고 예상했다. 그럼에도 이 학교는 반세기 동안 입지를 다지며 몇백 명의 졸업생을 배출했다. 현재 전 세계의 약 40개 학교가 서드베리 밸리를 벤치마킹했다. 이 학교 모델은 명확히 복제할 수 있다. 이 학교들의 등록금은 다른 사립학교에 비해 낮으며, 몇몇 학교에서는 차등 적용되기도 한다. 학생들은 다양한 성장 배경과 성격을 지니고 있다.

수년 전, 나는 당시 학교의 시간제근무 직원과 서드베리 밸리 졸업생을 대상으로 후속 연구를 진행했다. 우리는 82명의 졸업생 중 76명을 추적할 수 있었고(당시 학교의 규모는 작았다), 그중 69명이 참여에 동의하여 긴 설문지를 작성했다. 이는 추적 가능했던 졸업생의 91%이자 전체 졸업생의 84%에 해당한다. 설문 결과는 서드베리 밸리 학교가 교육기관의 기능을 충분히 한다는 사실을 알게 해 주었다. 이 연구는 〈미국교육연구지 American Journal of Education〉에 실렸다.[Gray & Chanoff, 1986]

이 연구를 통해 우리는 대학에 입학한 졸업생, 즉 전체 졸업생 중 약 75%가 대학 입학과 생활에 정착하는 데 특별한 어려움 없이 잘 적응한다는 보고를 받았다. (대학 입학에 필요한 SAT 외에는) 정식 교육과정 및 시험을 쳐 본 경험이 전혀 없는 몇몇을 포함하여 일부 졸업생은 명문대 입학에 성공했다. 또한 대학 입학 여부와 상관없이 대부분의 졸업생은 자신이 좋아하는 분야에 성공적으로 취직하여 만족스러운 직장 생활을 하고 있다고 전했다. 그들의 종사 분야는 경영, 예술, 과학, 약학, 무역 등으로 다양했다.

대다수 응답자는 서드베리 밸리의 교육 경험이 그들 삶의 모든 측면에 도움이 된 책임감과 자기통제력을 길러 주었다고 답했다. 좀 더 전통적인 학교가 아닌 특이한 학교에 다녔던 것을 후회하느냐는 질문에, 단 한 명도 '그렇다'고 답하지 않았다. 모두 학교에 다니며 얻을 수 있는 장점이 단점보다 더 많았다고 답했으며, 학교에 다님으로써 경험한 불이익이 전혀 없었다고 많은 학생이 전했다. 최근에 서드베리 밸리 학교 측에서 진행한 두 차례의 연구도 비슷한 결과를 보였다. Greenberg & Sadofsky, 1992; Greenberg et al., 2005

이러한 환경의 학생들은 수렵-채집 문화의 아이들처럼 놀이 같은 방식으로 읽고, 계산하고, 컴퓨터 쓰는 방법을 익히게 된다. 또한 놀면서 직간접적으로 직업과 연결된 흥미와 열정을 키우기도 한다. 예로, 매우 성공한 기계공이자 발명가는 유년 시절에 물건을 분해하고 다시 만들어 보며 놀았다고 했다. 수학과 교수가 된 다른 졸업생은 수학을 이용해 집중적이고 창의적으로 놀았다고 회상했다. 하이패션계의 패턴 메이커가 된 졸업생은 인형 옷을 만들고 자신과 친구들을 위한 옷도 만들며 놀았다고 전했다. 크루즈의 선장이 된 졸업생은 학교 연못에서 작은 배를 띄우며 놀았는데, 이를 직업으로 삼기 위해 다른 선장의 도제가 되었다.

학교를 보내지 않는 사람들이 보여 준 증거

오늘날 스스로의 교육을 책임지는 또 다른 집단을 흔히 '언스쿨러

unschooler', 즉 '학교를 보내지 않는 사람들'이라고 부른다. 이들은 공식적으로 홈스쿨러homeschooler로 등록되어 있지만, 부모가 자식의 교육을 책임진다. 부모는 정해진 수업이나 시험을 제공하지 않는 대신, 아이가 학습할 수 있는 환경을 조성하여 아이들이 더 큰 사회의 일원이 될 수 있도록 돕는다. 언스쿨링은 흔히 '인생학습life learning'이라고도 하는데, 이는 대부분의 학습이 자연스럽게 일상생활 가운데 일어나며, 가장 효과적인 학습은 학습자가 실생활에서 필요나 욕구를 느낄 때 일어난다는 점을 고려하기 때문이다.

몇 년 전, 나는 동료 지나 라일리Gina Riley와 함께 언스쿨링을 실시한 232가족을 조사했다.[Gray & Riley, 2013] 응답자들은 언스쿨링의 최대 장점으로 아이들의 행복과 지속적인 호기심, 창의력, 학습을 향한 열정을 꼽았다. 또한 학교와 학교 일정의 압박에서 벗어나 가족 일원 모두가 누리는 자유와 화합이 좋았다고 전했다.

최근에 나와 라일리는 학창 시절에 최소 2년간 언스쿨링을 한 성인 75명을 조사했다.[Gray & Riley, 2015; Riley & Gray, 2015] 결과는 전반적으로 서드베리밸리 학교 졸업생들과 비슷했다. 그들 중 83%는 어떤 형태로든 정식 고등교육을 받았고, 44%는 학사과정 중이거나 졸업을 한 상태였다. 그들은 대체로 원하는 학교에 입학할 수 있었으며, 학교생활에 적응하는 데 큰 어려움을 느끼지 않았다고 한다. 응답자는 대부분 언스쿨링 경험을 통해 책임감, 동기부여, 학구열을 얻었다고 답했다. 같은 시기에 홈스쿨링을 한 학생군과 비교했을 때, 언스쿨링을 한 학생들의 대학 진학률이 더 높았다.

어린 나이(평균 24세)와 당시 경제 불황에도 불구하고, 응답자 대부분은 취업에 성공해 경제적으로 독립한 상태였다. 많은 경우, 언스쿨링을 하며 키워 온 관심사와 직접적으로 관련된 직업을 선택했다. 예술 분야에 종사하는 졸업생과 자영업을 하는 졸업생 비율이 높았고, 특히 남성은 STEM 분야에 종사하는 경우가 많았다. 75명 중 단 세 명만 언스쿨링 경험을 후회한다고 답했다. 세 사람은 모두 결손가정에서 자라 사회적으로 고립되어 있다고 밝혔다. 언스쿨링이 모든 가정에 적합한 교육의 형태는 아니지만, 사회적·심리적으로 다양한 교육 기회를 제공할 수 있는 가족에게는 효과적으로 작동한다.

교육적 본능

아이들의 본능적인 교육적 성향에는 어떠한 대단한 비밀이 있는 것이 아니다. 이러한 본능은 주로 아이들의 호기심, 놀이성, 사회성으로 구성되어 있다.

아이들은 호기심이 매우 강하다. 그래서 새로운 것을 보면 자연스레 그것을 탐구하고 싶어 한다. 무엇인지 알고 싶어 하고, 그 물건으로 무엇을 할 수 있는지 알고 싶어 한다. 어린아이에게 새로운 물건을 주면 아이는 그것을 쥐어짜고, 잡아당기고, 온갖 방법으로 탐구할 것이다. 아이들은 자라면서 더욱 정교한 방법으로 탐구하게 되지만 호기심의 강도는 여전하다. 성인들 역시 호기심이 많다. 다만 학교교육을 포함해 사회적으로 그 호기심을 무뎌지게 만드는 요소들이 있을 뿐이다. 아리스토텔레스는 호기심이 인간의 본능이라고 말했다. 인간에 대한 아리스토텔레스의 평가는 옳았다.[980a/1963] 과학적 사고의 기원에 대한 그의 위대한 논문 서론에 그는 이렇게 말했다. "인간은 천성적으로 호기심이 있다."

호기심이 아이들에게 새로운 지식을 탐구하게 한다면, 놀이성은 아이들이 새로운 기술을 익히고 그것을 창의적으로 활용하도록 동기부여를 한다. 수렵-채집인과 서드베리 밸리 학교 예시만 봐도 아이들은 놀면서 스스로 성공에 필요한 기술을 익힌다. 아이들은 생물학적으로 주변 환경에 호기심을 갖고 새로운 물건을 찾아 놀며 어른들의 일상적인 행동을 관찰하고 그 행동을 놀이에 포함시킨다. 따라서 아이들은 혁신가임과 동시에 전통주의자다. 아이들은 문화를 창조하고, 그들 이전에 만들어진 문화를 이어 가기도 한다.

사회성은 타인과 연결되고자 하는 인간의 자연스러운 욕구이다. 이는 우리가 서로 아는 것을 공유하도록 동기를 부여한다. 그러한 지식의 공유가 인간 언어의 존재 이유이다. 우리의 지식은 단순히 우리 자신이 발견한 것들의 산물이 아니라, 훨씬 더 넓은 범위까지 사람들 간의 네트워킹을 통해 발견한 것이다. 인간이 다른 종과 구분되는 중요한 지점은, 우리의 뇌는 많은 부분 언어를 통해 타인과 연결되어 있다는 점이다.

이러한 교육적 본능의 역할을 수가타 미트라Sugata Mitra의 '최소 간섭 교육minimally invasive education' 연구는 잘 보여 주고 있다. 1999년에 미트라는 인도의 교육 기술 회사의 이사로 재직 중이었다. 그는 자신이 일하는 건물 외벽 구멍에 컴퓨터를 설치했는데, 이 벽은 뉴델리에서 가장 가난한 빈민가 쪽을 향하고 있었다. 컴퓨터를 설치한 것 외에, 이 연구에서 미트라가 유일하게 개입한 것은 몰려든 아이들에게 컴퓨터를 마음껏 써도 된다고 말한 것이었다. 그리고 미트라는 비디오카메라로 컴퓨터 앞에서 벌어지는 일을 녹화하고 모니터 앞에서 일어나는 일을 관찰하기 시작했다.

몰려든 아이들의 대부분은 컴퓨터를 한 번도 본 적이 없었기에 순식간에 매료되었다. 그들은 컴퓨터를 만져 보다가 터치패드를 손가락으로 만지면 마우스가 움직인다는 것을 발견했다. 그리고 마우스를 화면 특정 부분에 갖다 대면 손가락으로 변한다는 사실도 발견했다. 또한 마우스가 손가락이 되었을 때 터치패드를 클릭하면 화면이 바뀐다는 사실도 알게 되었다. 아이들은 신이 나서 친구들을 찾아가 이 기계를 소개했고, 새로운 발견을 할 때마다 공유하기 시작했다. 며칠 사이, 몇십 명의 아이들이 컴퓨터를 이용해 음악을 듣고, 게임을 하고, 마이크로소프트 페인트로 그림을 그렸다. 글을 읽을 줄 아는 몇몇 아이는 작문 프로그램을 발견하고선, 자신의 창작물을 작성했다. 글을 읽지 못했던 아이 몇 명은 서서히 글을 읽을 수 있게 되었다. 이러한 반응을 본 미트라는 인도 곳곳에 야외 컴퓨터를 설치했는데, 항상 비슷한 결과를 목격했다. 그의 추산으로는, 그가 설치한 야외 컴퓨터 한 대당, 어린이 300명이 기본적인 컴퓨터 활용 능력을 익히게 되었다.

미트라의 실험에서 아이들의 호기심이 그들을 컴퓨터를 탐구하고 그 기능을 발견하도록 이끌었고, 아이들의 놀이성이 그들이 창의적으로 각각의 기술을 익히도록 도왔으며, 아이들의 사회성이 새로운 발견을 공유하게 만들었다.

아이들의 자기교육 능력을 최적화하는 조건

어떻게 해야 아이들의 자기교육self-education을 촉진할 수 있을까? 어른들이 할 수 있는 것은, 우선 그들의 길을 가로막지 않는 것이다. 또한 아이들이 교육적 본능을 최대한 효율적으로 발휘할 수 있는 학습 환경을 조성하는 것이다. 다음은 그러한 환경을 만드는 여섯 가지 조건이다.

교육은 아이의 책임이라는 사회적 기대와 합의

아이들은 교육의 책임이 자기 자신에게 있다는 것을 알게 되면, 스스로 그 책임을 떠맡는다. 이게 사실이 아니라면 '인간'이라는 종은 살아남지 못했을 것이다. 어른들이 마치 자기가 아이를 교육해야 하는 것처럼 행동하면, 아이들에게서 그 책임을 뺏게 된다. 교육에 대한 신념은 곧 현실이 된다.

놀고, 탐구하며, 자신의 관심사를 탐색할 수 있는 무한한 자유

아이들은 스스로 배우기 위해서 많은 자유 시간이 필요하다. 친구를 만들고 탐구하며 놀고 지루해하기도 해야 한다. 관심 있는 것에 깊이 파고들고 열정을 키울 시간이 필요하다. 또한 공간도 필요하다. 돌아다니고 탐험하며 쉬면서 자주성을 기르고 권력을 느낄 수 있도록 어른들의 시선에서 벗어날 자유로운 공간이 필요하다.

문화 도구를 가지고 놀아 볼 수 있는 기회

교육은 문화 도구를 사용해 보고 배우는 것과 많은 부분 관련이 있다. 어떠한 도구를 완벽하게 익히는 방법은 그것을 갖고 노는 것이다. 즉, 창의적으로 사용해 보고 자신의 방식대로 써 보는 것이다. 수렵-채집인은 이것을 알고, 정말 어린 아이들에게 실제 도구를 사용하게 했다. 칼이나 활처럼 다칠 위험이 있는 도구도 갖고 놀 수 있게 했다. 서드베리 밸리의 학생들은 책, 목공예 용품, 조리 기구, 운동 기구 등 현대 문화의 도구를 가지고 놀았다. 물론 오늘날 아이들이 가장 많이 가지고 노는 도구는 컴퓨터이다.

우리 사회에서 자라는 아이들은 현재와 미래의 주요 도구가 컴퓨터라는 사실을 매우 잘 알고 있다. 따라서 아이들이 자석처럼 컴퓨터에 달라붙는 것은 그리 놀라운 일이 아니다. 나는 부모에게 아이의 컴퓨터 이용 시간을 제한하라고 조언하는 몇몇 '전문가'를 알고 있다. 우리가 아이들의 컴퓨터 활용 시간을 제한하는 것은, 수렵-채집인 부모가 아이의 활과 화살을 가지고 노는 것을 제한하는 것과 마찬가지다. 컴퓨터를 가지고 오래 놀다 보면, 우리 아이들은 컴퓨터 전문가가 된다. 활과 화살이 수렵-채집인 아이들에게 그랬던 것처럼, 컴퓨터는 아이들의 몸과 마음의 연장선이 된다.

아이를 판단하지 않고 도와줄 배려심 많은 다양한 어른들과의 접촉

최적의 학습 환경에서 아이 한 명 한 명에게는 여러 명의 어른과 정기적으로 접촉할 기회가 있어야 한다. 아이들은 어른마다 각자 다른 영역에서 자신의 필요를 채워 줄 수 있다는 사실을 알게 된다. 누구는 힘들 때 위로해 주는 어깨가 될 수 있고, 누구는 최고의 지적 씨름 상대가 될 수 있고, 누구는 무엇인가 고치는 데 도움을 줄 수 있다. 모든 어른은 잠재적인 본보기이며 아이가 자라날 문화 속에 존재하는 다양한 예시이다.

수렵-채집 종족의 많은 어른은 아이들의 삼촌, 이모, 조부모, 혹은 형제이다. 아이와 혈연이든 아니든, 모두 아이를 돌보고 아이가 부탁하면 도와줄 준비가 되어 있다.[Hewlett et al., 2011] 마찬가지로, 서드베리 밸리의 교직원은 아이 하나하나 진심으로 돌보고 언제든 도울 준비가 되어 있다. 수렵-채집인과 서드베리 밸리의 아이들은 공통적으로 평소엔 다른 아이들에게 도움을 청하지만, 가끔은 어른의 도움이 필요할 때가 있다. 마찬가지로 언스쿨링도 어린이가 다양한 어른과의 정기적인 접촉이 가능할 때 가장 효과적이다.

어른들은 아이들을 판단하지 않을 때 아이들을 가장 잘 도울 수 있다. 자신을 평가하려는 사람들에게 그 누구도 전적으로 솔직하게 자신의 약점을 드러내면서 도움을 요청하기는 힘들기 때문이다. 자신이 평가받는다고 느끼면 이미지 관리를 하기 마련이다. 잘하는 것은 드러내고 못하는 것은 숨긴다. 또한 평가는 불안감을 유발해 학습에 지장을 준다. 이미지 관리와 불안감은 교육과 상반된다.

인류학자들에 의하면, 수렵-채집인은 아이들을 평가하지 않았다고 한다.[Gosso et al., 2005; Gray, 2009] 그들은 아이들의 발달을 평가하지 않았으며 특히 다른 아이와 비교하는 것을 피했다. 그들은 아이들이 자신만의 방식으로, 자신만의 속도로, 자신이 원하는 사람이 될 것이라는 믿음 - 수천 년의 경험이 축적된 믿음이 있었다. 서드베리 밸리 학교 교직원도 같은 비평가적 태도를 보인다. 언스쿨링 부모들은 주로 '탈학교deschooling' 단계를 밟아야 한다. 이 과정을 거치며 아이의 성과와 학습에 대해 걱정하는 것을 멈추고, 대신 아이와 즐겁게 놀고 상호작용하는 방법을 배운다.[Gray & Riley, 2013]

어린이와 청소년 사이의 자유로운 연령 혼합

역사적으로 보면, 현대로 들어와서야 나이로 사람을 구분 짓기 시작했다. 학교교육이 대중화되기 전까지 아이들은 나이별로 구분된 적이 없다. 인간의 교육적 욕구는, 아이들이 다양한 나이의 사람들과 상호작용하면서 진화했다. 수렵-채집 아이들은 다양한 나이의 아이들끼리 놀았다. 한 종족에서 나이를 나누기엔 아이들이 너무 적었다. 서드베리 밸리는 또래별로 나누어 놀 만큼 아이 수가 충분하지만, 연구 결과를 보면 아이들은 네 살 차이 이상의 다양한 나이에 걸쳐 함께 노는 것이 관찰되었다.[Gray & Feldman, 1997] 장성한 언스쿨링 출신들을 대상으로 한 설문조사에서 많은 응답자가 언스쿨링의 최대 가치 중 하나로 자신보다 한참 어리고 또 나이 많은 사람과 친구가 될 수 있었다는 점을 꼽았다.[Gray & Riley, 2015] 나와 내 제자들의 연구도 많은 경우에 연령 혼합의 교육적 가치에 대해 보고한다.[Gray, 2011; Gray & Feldman, 2004] 이 연구들에서 우리는 다양한 연령대가 혼합되어 함께 노는 것이 동갑의 아이들끼리 노는 것과 질적으로 다르다는 증거를 보였다. 이는 덜 경쟁적이고, 더 양육적이며, 독특한 학습 기회를 제공한다.

다양한 연령대가 함께 놀면 혼자서는 할 수 없는 활동을 할 수 있게 된다. 간단한 예시로, 네 살배기 아이 둘이 공놀이를 한다고 상상해 보자.[Gray, 2008] 아이들은 공을 주고받을 수 없을 것이다. 상대방이 공을 잡을 수 있을 만큼 똑바로 던지지 못하고 상대방의 폭투를 잡을 실력도 없을 것이다. 하지만 네 살과 여덟 살은 공놀이를 즐길 수 있다. 큰 아이는 작은 아이가 잡을 수 있도록 공을 살며시 던져 줄 수 있고, 네 살배기의 미숙한 공도 잡을 수 있다. 네 살 아이만 있는 세상에는 공놀이가 없다. 하지만 여덟 살과 네 살을 포용하는 세상에서는 모두가 즐기고 배울 수 있는 공놀이가 존재한다.

이는 어린이의 능력을 기르는 다른 활동에서도 마찬가지다. 서드베리 밸리에서는 아이들이 컴퓨터 화면 앞에 옹기종기 모여 독서와 관련된 게임을 하는 모습을 흔히 목격할 수 있다. 그중에는 글을 읽을 줄 아는 아이도 있고 그렇지 못한 아이도 있다. 큰 아이들은 가르치기 위해서가 아니라 게임을 이어 가기 위해서 어린 아이들에게 큰 소리로 단어를 읽어 준다. 그 결과, 어린 아이들은 단어를 인식하며 서서히 글을 깨치게 된다.

연령대를 섞어 놓으면 큰 아이들에게도 이익이다. 연령대가 혼합된 환경에서는 나이가 더 많은 아이들이 자신보다 어린 아이들을 이끌고 도우며 성숙해진다. 어린 아이들의 존재는 큰 아이들의 양육 본능을 끌어내게 한다.^{이에 대한 증거는 Gray, 2011 연구 참조} 우리는 서드베리 밸리에서 나이 많은 아이들이 어린 아이들에게 개념을 설명하는 광경을 자주 목격했다. 아이들은 서로에게 게임의 규칙을 설명하고, 학칙을 알려 주고, 잃어버린 장갑을 찾는 방법 혹은 글자의 발음을 알려 주었다.^{Gray & Feldman, 2004} 교사라면 경험상 알 수 있듯이, 타인을 가르칠 때 그것에 대한 나의 이해 또한 깊어지고 견고해진다. 다양한 나이가 섞여 있으면 모든 아이가 가르치며 배울 수 있는 환경이 조성된다.

아이들은 직접적으로 나이가 다른 사람과 상호작용하지 않아도, 간접적으로 그들의 존재로 인해 배우는 것이 생긴다. 어린 아이들은 자연적으로 나이 많은 아이들을 관찰하고 따라 한다. 서드베리 밸리의 아이들은 어른이 아닌 자신보다 나이가 살짝 더 많은 아이가 책을 읽는 것을 보고 독서에 관심이 생긴다. 다섯 살배기는 어른들을 따라 하는 데 큰 관심이 없다. 어른들은 자신과 다른 세상 사람인 것처럼 너무 다르기 때문이다. 하지만 다섯 살 아이는 멋진 일곱 살, 여덟 살 아이들처럼 되고 싶어 한다. 언니, 오빠, 형, 누나가 책을 읽거나 채팅을 해야 하는 컴퓨터 게임을 하고 있으면, 다섯 살배기도 하고 싶어 한다. 이는 나무 타기, 요리하기, 악기 다루기 등 학교 밖 활동에도 똑같이 적용된다.

어린 아이들이 언니, 오빠, 형, 누나의 수준 높은 활동에 이끌리듯, 큰 아이들도 동생들의 창의적인 활동에 이끌린다. 서드베리 밸리에서는 청소년들이 물감, 점토, 블록 등을 가지고 놀고, 아이들과 소꿉놀이를 하는 모습을 종종 볼 수 있다. 이는 일반적인 청소년이라면 오래전에 그만두었을 놀이다. 이러한 놀이를 통해 10대 청소년은 훌륭한 예술가, 건축가, 이야기꾼, 창의적인 사상가가 될 수 있다.

안정적이고 민주적이며 도덕적인 공동체

민주적이며 도덕적인 공동체에서 자란 어린이들은 자기 자신뿐만 아니라 공동체 전체에 대해 책임감을 지닌 모습을 보인다. 이러한 책임감은 어떠한 강의를 통해 배우는 것이 아니라 일상생활의 경험을 통해 알게 되는 것이다. 또한 민주적인 활동에 몰두하는 사람에게는 학습에 대한 동기가 부여된다. 나의 목소리가 공동체에 영향이 있고 공동체의 미래에 관하여 진언을 한다면, 나는 조심스럽게 숙고해야 하고 내가 말하는 것에 대한 지식이 필요하기 때문이다.

수렵-채집인과 서드베리 밸리 학교의 구성원들은 다른 방식으로 민주적이다. 수렵-채집인은 집단 토론을 통해 모든 결정을 집단적으로 내린다. 아이들은 토론에 참여하든 안 하든, 그러한 과정을 주기적으로 목격하면서 체득하게 된다. 아이들은 어른들과 똑같은 대접을 받으며 '존중'의 가치를 배운다. 서드베리 밸리에서도 '학교 회의'라는 공식적인 민주적 절차를 통해 학교를 운영하며, 이 회의에서 학생과 교직원의 투표는 동등한 힘을 갖는다. 언스쿨링 가정들도 민주적으로 운영하는 경향이 있다. 적어도 가족의 일을 결정할 때 아이들의 의견과 생각을 존중하고 고려하기 때문이다.

아이들의 교육적 본능을 억제하는 환경으로서의 학교

호기심과 놀이성, 사회성은 자연적인 학습의 원동력이다. 안타깝게도, 많은 경우 학교에서는 이 세 가지 욕구가 거의 학생을 혼나게 만드는 것 같은 충동이 된다. 학교는 의도적으로 이러한 교육적 본능을 억제한다. 모든 학생이 같은 시간에 같은 수업을 듣게 하려면 이러한 억제가 필요하다. 오늘날, 학생이 이 세 가지 욕구 중 하나라도 통제하지 못하면 ADHD 진단을 받고 강한 약물로 치료받을 것을 권고한다. 예전에는 이를 통제하기 위해 매를 들었다. 학교는 학생의 교육적 본능을 억제해야 하기 때문에, 위에 언급한 여섯 가지 조건 중 단 하나도 오늘날 일반 학교에서 찾아볼 수 없다는 사실이 그리 놀랍지 않다.

- 학교에서 교사가 주체가 되어 책임감으로 학생을 '가르친다'. 그리고 학생들은 수동적으로 '배운다'. 학생들이 교사가 시키는 대로 하면 교육이 될 것이라고 믿는다.
- 학교는 놀고 탐험할 시간을 거의 제공하지 않는다. 예전에는 쉬는 시간이라도 있었지만, 현대 학교에서는 이조차 찾아볼 수 없다.
- 학교에 있는 학생들은 문화적 도구를 접해 볼 수는 있지만, 굉장히 통제되고 제한적인 상황에서 자유롭게 가지고 놀지 못한다.
- 대체로 학교에서 학생은 어른 한 명과 (최소한의) 제한적인 교류를 한다. 그리고 그 어른은 학생이 시험을 통과했는지 낙제했는지 판단하는 판사 역할을 담당한다.
- 학생들은 학교에서 나이별로 엄격하게 분리되며, 서로에게서 가장 많이 배울 수 있음에도 불구하고 상호작용할 시간이 없다.
- 일반 학교[2]는 어떤 면에서 봐도 민주적이지 않다. 고도로 계층화된 상의하달식의 구조이다. 학생들은 맨 아래층에 있어 힘이 전혀 없고 기본적인 인권이라 여겨지는 것들도 박탈된다.
- 학생들의 자연적인 학습법을 촉진하는 학교 시스템을 구축하려면 기존 시스템을 수정해서 되지 않는다. 처음부터 다시 시작해야 한다.

---

2. (옮긴이 주) 일반 학교(standard schools)는 미국 주 교육위원회의 규칙에서 정한 기준을 충족하는 학교를 의미한다. 대안학교 정신과는 대조적으로 표준의 성취를 위해 달려가는 표준화 운동과 맥을 같이한다.

참고문헌

Aristotle. (1963/980a). D. E. Gershenson & D. A. Greenberg (translators). Metaphysica, liber A. *The Natural Philosopher, 2,* 3-55.

Gosso, Y., Otta, E., de Lim, M., Ribeiro, F. J. L., & Bussab, V. S. R. (2005). Play in hunter-gatherer societies. In A. D. Pellegrini & P. K. Smith (Eds.), *The nature of play: Great apes and humans* (pp. 213-253). New York: Guilford.

Gray P. (2008, April 16). The value of age-mixed play. *Education Week.* Retrievable from http://www.edweek.org/ew/articles/2008/04/16/33gray_ep.h27.html

Gray, P. (2009). Play as a foundation for hunter-gatherer social existence. *American Journal of Play, 1,* 476-522.

Gray, P. (2011). The special value of age-mixed play. *American Journal of Play, 3,* 500-522.

Gray, P., & Chanoff, D. (1986). Democratic schooling: What happens to young people who have charge of their own education? *American Journal of Education, 94,* 182-213.

Gray, P., & Feldman, J. (1997). Patterns of age mixing and gender mixing among children and adolescents at an ungraded democratic school. *Merrill-Palmer Quarterly, 43,* 67-86.

Gray, P., & Feldman, J. (2004). Playing in the zone of proximal development: Qualities of self-directed age mixing between adolescents and young children at a democratic school. *American Journal of Education, 110,* 108-145.

Gray, P., & Riley, G. (2013). The challenges and benefits of unschooling according to 232 families who have chosen that route. *Journal of Unschooling and Alternative Learning, 7,* 1-27.

Gray, P., & Riley, G. (2015). Grown unschoolers' evaluations of their unschooling experiences: Report I on a survey of 75 unschooled adults. *Other Education, 4*(2), 8-32.

Greenberg, D., & Sadofsky, M. (1992). *Legacy of trust: Life after the Sudbury Valley School experience.* Framingham, MA: Sudbury Valley School Press.

Greenberg, D., Sadofsky, M., & Lempka, J. (2005). *The pursuit of happiness: The lives of Sudbury Valley alumni.* Framingham, MA: Sudbury Valley School Press.

Hewlett, B. S., Fouts, H. N., Boyette, A., & Hewlett, B. L. (2011). Social learning among Congo Basin hunter-gatherers. *Philosophical Transactions of the Royal Society B, 366,* 1168-1178.

Mitra, S. (2003). Minimally invasive education: A progress report on the "hole-in-the-wall" experiments. *British Journal of Educational Technology, 34,* 367-371.

Mitra, S. (2005). Self-organizing systems for mass computer literacy: Findings from the "hole in the wall" experiments. *International Journal of Development Issues, 4,* 71-81.

Riley, G., & Gray, P. (2015). Grown unschoolers' experiences with higher education and employment: Report II on a survey of 75 unschooled adults. *Other Education, 4*(2), 33-53.

Thomas, E. M. (2006). *The old way.* New York: Farrar, Straus & Giroux.

5장
개방성, 희망, 새로움을 위한 공간의 창조

케리 페이서[1]

내 책상 위에는 교육과 '미래'의 관계에 관한 책이 쌓여 있는데, 그중에는 내 책도 있다. 그 책들은 미래가 가져다줄 수 있는 것(테크노 유토피아, 환경 위기, 경제적 돌파구 또는 경제적 재난)에 대한 진단과 이에 대해 교육이 어떻게 반응해야 하는지(교육기관을 수많은 온라인 학습 환경으로 세분화하는 것, 신경과학에 기반하여 교육과정을 다시 설계하는 것, 교육기관을 지역사회에 급진적으로 편입시키는 것, 학교를 혁명과 저항의 장소로 다시 상상해 보는 것)의 다양한 관점이 혼재되어 있다. 또한 청소년과 청소년의 미래 관계에 대한 태도도 다양하게 나타난다. 청소년은 준비되지 않은 세상에 적응할 교육 경험이 필요한 순진한 존재로, 또한 리더십과 미래에 대한 통찰을 제공하는 새로운 혁명의 선봉으로도 묘사된다.

미래, 그리고 그것을 어떻게 준비할 것인가는 교육의 영원한 관심사다. 실제로 교육적 담론은 암묵적으로 미래지향적이기 마련이다. 정치인들은 교육이 청소년을 다가오는 "글로벌 경쟁"을 위해 준비시키기를 요구하거나 (영국 총선 때처럼), "오늘 우리보다 잘 교육시키는 국가가 내일 경쟁에서 우리를 이길 것이다"라고 경고하기도 한다.[Barack Obama] 이 책과 같은 학술

---

1. 케리 페이서(Keri Facer): 영국 브리스톨대학교 교육대학원의 교육과 사회의 미래(Educational and Social Futures at the Graduate School of Education, University of Bristol, UK) 교수로 재직 중이며 예술 및 인문학 위원회 연계 프로그램의 리더십 펠로우를 맡고 있다(Leadership Fellow for the Arts & Humanities Council Connected Communities Programme). 형식 교육과 비형식 교육의 관계와 미래를 다시 생각해 보기 위한 자원으로 교육기관의 역할에 대해서 연구하고 있다.

출판물들은 뉴 사이언스new science[2]에 의해 제공되는 임박한 환경적 도전, 혹은 기회에 비추어 본 교육에 대해서 대안적인 접근법을 요구한다. 교실에서 교사는 지금 무엇인가를 배우는 것이 미래에 또 다른 무엇을 성취할 수 있게 도울 것이라고 주장하며, 청소년에게 어른이 되면 무엇을 하고 싶은지를 묻는다. 좋든 싫든 간에 이런 담론은 청소년 관련 이론 전문가인 닉 리Nick Lee가 일컫는 '미래의 파편'으로 청소년을 보는 관점을 반영한다. 따라서 학교는 미래를 형성하거나 최소한 미래로부터 보호할 수 있는 장소로 여겨진다. 미래는 교육과정의 핵심에 내재해 있다. 그리고 그 미래에 대한 욕망과 두려움이 점점 더 시급해지는 교육적 대안의 모색 속에 잠재되어 있다.

그렇다면 교육에서 '미래'라는 질문, 즉 우리가 사회로서, 인간으로서, 글로벌 문명과 생태계로서 어떤 모습이 되고 싶은지 교육과정과 청소년에게 투영하는 욕망에 대해 어떻게 신중하게 생각할 수 있을까? 그리고 미래 문제를 교육적 대안 모색의 중심에 둠으로써 어떤 종류의 교육적 질문들과 가능성을 제기할 수 있을까?

교육 분야에서 미래를 진지하게 받아들여야 한다는 제안과 동시에 미래상은 이미 많은 교육 담론에 내재해 있다는 것을 주장하며, 나는 명백하게 자가당착으로 보일 위험을 무릅쓰고 있다. 그러나 이 장에서 하고자 하는 것은 현대의 교육적 사용을 특징짓는 암묵적이고 환상적이며 종종 식민지화적인 미래에 대한 소환과, 그리고 교육적 실천을 위한 더욱 민주적인 기반을 제공할 수 있는 희망으로서, 자아에 대한 감정적 도전으로서, 형성 중인 복잡한 현실로서 미래와 함께 작동할 수 있는 가능성을 열려는 의도적이고 성찰적인 시도를 구분하고자 하는 것이다.

---

2. (옮긴이 주) '뉴 사이언스'는 자연과학에 대한 사고방식을 근본적으로 반성하여, 새로운 과학의 사고방식을 모색하는 개혁운동을 벌이고 있다. 근대 과학의 방법에 반성을 가하고, 물질의 세계와 마음의 세계를 재결합시키는 통로를 탐색하며, 기술지상주의를 폐지하여 인간과 자연의 조화를 가능하게 하는 길을 찾아내려는 것으로, 특히 서구의 과학문명과 동양사상을 결부시키려는 시도는 문명론적으로 주목되고 있다.

최적화, 식민화 그리고 보호에 관하여

더 민주적인 대안들을 생각하기 위한 기반을 반반하고 고르게 다듬기 위해, 나는 우선 교육에서 지배적인 미래 지향의 세 가지 경향을 탐색하려 한다. 첫째는, 합리적 선택을 결정하기 위해 조감하는 전망으로서 미래를 다루는 경향이다. 둘째는, 미래를 전망할 때 소위 더욱 '올바른' 관점들을 만들어 미래를 식민화하려는 노력이다. 셋째는, 아직 알 수 없어서 두려운 미래의 양상들에 맞서 대응하는 특화된 보호 수단으로 교육을 개념화하는 것이다. 이러한 관점들은 각기 다른 방식으로 교육의 미래를 알아낼 수 있는 대상, 실현해야만 하는 대상, 그리고 그에 맞서 우리를 지킬 필요가 있는 대상으로 다루고 있다. 이런 관점들은 이 글에서의 나의 논점을 명료하게 밝히기 위해 의도적으로 과장되게 소개한 것이다. 비록 과장해서 설명하긴 했지만, 나의 관점은 대안교육이 미래에서 구현된 양상들을 상상하고 직접 만들어 내기 위한 기반이자 실제로 이 글이 게재된 책을 출간한 목적인 민주주의에 대한 열망을 구현하는 기반이 될 우리만의 방식을 이러한 세 가지 관점과는 변별되도록 구상해야 한다는 것이다. 즉 급진적 가능성을 이루어 내는 장소로 미래를 다루는 새로운 지향점들을 열어야 한다.

최적화: '자율적 반사경'을 위한 교육

최적화 담론은 미래에 대해 일반적으로 공유되는 서구 담론에서 중요한 일부분이다. 주식 시장에서의 '미래' 거래에서부터 정치인들의 약속까지, 미래는 일련의 윤곽과 특성을 지닌 펼쳐진 풍경으로 그려지며 미래로 통하는 길은 각 선택에 따른 비용과 편익에 대한 적절한 분석을 통해 최적으로 탐색된다.[이 담론에 대한 비판적 분석은 Adam & Groves, 2007; Galtung& Lnayatullah, 1997를 참조할 것] 어떤 결정을 내리는 것은 특정한 길을 막아 버릴 것이고, 다른 선택을 하는 것은 다른 길을 열어 줄 것이다. 이런 선택들은 서로 합리적으로 균형을 이룰 수 있다. 교육에서 이런 지향은 미래 풍경에 대한 통달이 그 지형에 대한 적절한 정보를 스스로 갖추고 결정적 시점에 최적의 선택을 하며 이루어지는 학습자 상에서 드러난다. 미래에 대한 이러한 지향은 노동시장에 대한 투자로 도구적 교육 담론에서 가장 명백하게 드러난다. 예를 들어 이런 맥락에서 "똑똑한" 학습자는 과학과 수학의 미래 수요 증가를 알고 그에 따른 총명한 선택을 하는 학습자이다.

미래에 대한 지식을 생산하는 근본적인 경험적 도전[Poli, 2011]을 차치하더라도, 형태 발생적 사회를 향한 사회문화적 구조의 현대적 추동[Archer, 2013]은 이런 미래를 향한 지향을 점점 비이성적으로 만든다. 아처[Archer, 2013]가 지적했듯이, 비용-편익 분석에 전제한 이러한 자율적 반사경은 오직 탐색해야 할 환경이 비교적 안정적이고, 제도가 상대적으로 지속적이며, 미래의 지식이 비교적 정확하다고 가정할 수 있는 경우에만 타당하다. 이런 가정은 생물과학에서부터 기후 파괴, 경제적 불평등의 결과가 명확해지기엔 한참 남은 환경에서는 지속되기 어렵다.

교육에 적용되는 미래에 대한 최적화 지향의 위험은 두 가지다. 첫째, 당시에는 가장 완벽한 전망처럼 여겨지는 단 하나의 전세된 특정 미래를 목표로 삼아 교육적 실천을 계속 밀어붙이는 방식은 위험하다. 왜냐하면 그러한 미래는 결국 실현되지 않는다는 사실을 뒤늦게 깨닫게 될 것이기 때문이다. 이러한 지향은 (교육)시스템에 내재한 불필요한 중복을 줄이고 다른 미래가 스스로 발현할 때 우리가 그것으로부터 선택할 수 있는 풍부함을 제공하지 못한다. 둘째, 최적화에 의해 장려된 미래에 대한 지향은 또한 지위 경쟁의 심화를 촉진할 수 있다. 우리의 선견지명을 의심하는 것과 동시에 최적화 모델에 의존하는 것은 통제할 수 있는 제한된 영역의 통달을 위한 탐색으로 이어진다. 결국, 개인의 생존을 전제로 하는 변화하고 예측될 수 없는 풍경에서 내리는 한 가지 합리적인 선택은 다른 사람들과 비교할 때 당신 자신(또는 당신 자녀)에게 상대적 이익을 창출하기 위한 것이다. 만약 예측 가능한 통찰력에 기반해 내린 좋은 선택을 통해 미래를 정복할 순 없더라도, 적어도 다른 사람들과 비교해서 그 선택의 상대적 우위는 차지할 수 있다. 군비 경쟁이 계속되는 교육이 뒤따르게 되는 것이다.

식민화: '올바른' 미래 전망과 연대기적 제국주의

최적화가 알려진 또는 최소한 알 수 있을 만한 미래를 통달할 수 있도록 개인을 변화시키는 것에 관심이 있는 반면에, 식민화 담론은 현재의 관점에서, 또 현재를 위해 노력함으로써 미래를 변화시키고 조작하는 데 관심이 있다. 이는 특히 교육에서 널리 퍼져 있는데, 교육이 지향하는 미래, 젊은이들에 대한 다양한 형태의 투자가 가져올 수 있는 미래에 대한 아이디어가 종종 교육 논쟁에서 쟁점이 되는 것으로 인식된다.

교육 담론을 점점 더 지배하고 있는 미래에 대한 신자유주의적 비전이 편파적이고 파괴적이며 미래를 특정한 관점으로 식민화하려 한다는 것은 새로운 통찰이 아니다. 실제로, 비판적이고 진보적인 교육운동의 에너지 가운데 상당한 부분이 그러한 비전을 받치고 있는 오류를 입증하는 데 쓰이고 있다. 진보 교육 비평은 종종 이러한 것들이 그저 잘못된 미래 비전이라고 주장해 왔다. 그런 비난은 규범적 측면(이런 비전은 인류 대다수에게 바람직한 미래를 제공하지 않으며, 윤리적이나 도덕적 측면에서 잘못된 것)과 사실적 측면(이런 비전은 부정확하며 있을 법하지 않은 것)에서 모두 해당한다. 나를 포함한 비평가들은 오늘날 교육을 지배하는 미래에 대한 내러티브들이 오직 다른 요인들을 체계적으로 고려에서 제외할 때만 그럴듯하다고 지적해 왔다. 다른 요인들이란 감소하는 경제 성장, 증가하는 탄소 생산, 불확실한 대의민주주의의 궤적, 파괴적 생명공학, 고령 인구의 공공자원에 대한 압력, 기후 파괴에의 적응에 대한 압력의 패턴들을 말한다.Bussey, Inayatullah,& Milojevic, 2008; Facer, 2011; Slaughter, 2004 이런 요인들을 고려할 때, 우리는 교육이 현재로부터 차근차근 진화하는 '평상시와 다를 바 없는' 미래를 위해 청소년을 준비시켜야 한다는 생각이 단순히 잘못된 것이라고 주장하는 경향이 있다.

　교육 담론이 '잘못된' 미래의 지배를 뒷받침하는 틀린 가정을 비판하고 뒤흔드는 것은 교육적 대안의 창조에서 중요한 공헌이다. 그러나 이는 그 잘못된 비전을 바로잡고 교육이 더 유용하게 관심을 기울여야 할 미래에 대한 더 정확하고 바람직한 비전을 구축하기 위해, 그리고 청소년의 비전을 위해 우리의 에너지를 다른 데로 놀리는 위험을 무릅쓰게 한다. 실제로 최근 좌파가 수십 년 동안 우파가 성공적으로 동원해 온 것과 똑같이 설득력 있고 상징적인 힘을 가진 미래에 대한 대안적 설명을 생산해야 한다는 요구가 증가하고 있다.예: Apple, 2009; Facer, 2011; Fielding & Moss, 2011; Wright, 2010

　이러한 열망은 이해할 수 있지만, 특정한 문제들을 검토하지 않은 채로 남겨 둔다. 그중 가장 중요한 것은 하나의 프로젝트로서 불가피하거나 바람직한 미래의 개념을 제시하는 것에 교육이 관심을 두어야만 하느냐는 것이다. 고프Noel Gough는 다음과 같이 주장한다.

　　어른들은 의도적이든 아니든 아이들의 미래에 대한 개념과 이미지를 간섭하는 (그것이 어른들의 미래에 대한 개념과 이미지를 반영, 왜곡, 틀렸음을 입증하거나, 초월하든지와 상관없이) 교육과정을 설계하기 전에 자신의 도덕적 근거에 대해 신중하고 확신해야 한다.Gough, 1990: 308

　실제로 교육에서의 미래 '문제'에 대한 우리의 분석을, 우리가 지향하는 미래 구상의 정확성이나 바람직함의 문제가 아니라 교육적 만남에 잠재된 미래를 식민화하려는 의지라는 근본적 문제로 재구성할 필요가 있을지도 모른다. 즉, 아이들의 태도와 욕구를 형성함으로써 미래를 지배하려는 의지 말이다.

　결국 우리는 최소한 스스로 묻기라도 해야 한다. 끝없는 성장의 내러티브를 환경 재해의 내러티브로 치환하는 교실이 교육적 실천 기반으로 윤리적으로 더 우월하거나 분석적으로 더 탄탄한가? 정말 최소한 현재의 불안을 아이들의 미래 삶에 투영할 때 필연적으로 수반할 수밖에 없는 이해 충돌을 검토해야 할 필요가 있다. 이 검토의 필요성은 그러한 투영이 어른들에게 그 불안을 지금 스스로 해결할 책임을 더 쉽게 회피할 수 있게 할 때 더욱 중요해진다. 최근 시급한 현안인 탈탄소, 세대 간 경제 정의 실현의 책임은 이러한 투영의 단 두 가지 예시일 뿐이다.

보호: 위험을 막는 부적으로서의 교육의 환상

교육 담론에서 '미래'에 대한 세 번째 구분되는 특징은 웰스H. G. Wells의 "문명은 교육과 재앙 사이의 경쟁이다"라는 유명한 격언에서 잘 포착된다. 교육이 홀로 우리를 임박한 재앙으로부터 구해 주리라는 것은 강력한 환상이다. 웰스는 파시즘을 막아내는 수단으로 교육에 관심을 두었다. 오늘날 바로 그와 같은 환상은 경제 변화, 세계화, 고령화, 기후변화와 관련하여 작동한다. 교육은 병폐를 해결하는 수단이 되어야 한다. 지식은 권력을 극복할 수 있고, 잔인한 현실을 길들일 수 있다.

여기서 나의 관심사는 교육이 세상에 어떠한 영향도 미치지 않는다는 것을 입증하는 게 아니다. 실제로 대중교육의 증대와 함께한 인권과 민주주의의 확산에 대한 베이커David Baker, 2009의 세심한 묘사는 이것을 우스운 논쟁으로 만들 것이다. 오히려 미래 재앙을 떨쳐 낼 강력한 부적으로 교육을 대하는 환상이 그 실패와 침묵을 인식하지 못한 채 사용된다면, 의도하지 않은 잠재적으로 바람직하지 못한 결과를 초래할 수도 있다.

예를 들어 브라운, 로더, 애슈턴Brown, Lauder, & Ashton, 2010이 명백하게 증명했듯이, 고등교육이 불안정성에 대한 효과적인 예방으로 잘못 제시되는 방식을 고려해 보자. 이 환상은 적절한 학위, 적합한 자격증, 이에 걸맞은 대학이 주어진다면, 그 아이에겐 행복과 안전이 보장될 것을 암시한다. 따라서 우리의 교육적 관심은 가능한 한 많은 청소년이 가능한 한 많은 수의 높은 지위 자격증을 취득하도록 하는 곳에 쏠려 있다. 그런 환상은 장기적으로 안정과 행복을 만들어 낼 수 있는 교육 경험과 지식 단독의 능력을 매우 과장하는 동시에, 오늘날 그러한 안정과 행복에 동등하게 중요한 기반인 물질적 부, 생산 능력, 또는 군사 및 사법적 권력에 대한 접근성 같은 다른 요소들을 모호하게 한다. 시리아와 이집트의 시위대에게 군사독재 상황에서 지식만으로 민주주의를 지켜 내기 충분한지, 혹은 대졸자 수준이 아닌 일터에서 일하고 있거나 불안정한 고용 상태에 있는 거의 38%에 육박하는 영국의 젊은 대학 졸업생들에게 대학 학위가 경제 안보를 보장해 주는지 물어보라.

게다가 이 환상을 검증하지 않고 고수하는 것은, 단지 희망 사항일 뿐만 아니라 교육적 성공을 개인적·사회적 재화 달성의 수단으로 물신화[3]함으로써, 좋은 사회의 성장을 위한 의미 있는 토대를 만드는 데 기여하는 여러 가지 상충하는 힘(가족과 가정, 잘 작동하는 민주주의, 공동체, 경제, 기술자원 및 생태계)으로부터 멀어지게 만들 것이다. 따라서 그것은 결과적으로 의도치 않게 그런 행복을 그럴듯하게 만들어 낼 법한 조건들을 만드는 것을 방해한다. 이는 교육자와 학생들에게, '배움'과 '삶'의 가치 사이에 잘못된 위계를 만들어 '사회적 이동성'을 추구하는 인재를 식별하고 추출하는 수단으로서의 교육의 채굴 모델이 번성할 수 있도록 장려한다.[Cummings, Todd, & Dyson, 2007] 때때로 매우 해로운 결과를 초래하는 이러한 부적符籍 교육관은, 교육자들이 재난을 막는 데 적절한 조건 조성을 위해 함께 일하는 공동체, 사회운동, 그리고 다른 행위자의 전문성과 통찰력을 무시하는 것을 부추기거나 최소한 허용한다. 애니언[Jean Anyon, 2005; 2009]이 지적했듯이, 미래에 대비하는 부적과 같은 교육의 고유한 역할에 대한 이러한 환상은 학교가 바라는 더 나은 미래를 위해 지역 공동체와 가정이 함께 협력하는 것을 방해한다.

---

3. (옮긴이 주) 물신화(fetishize)는 사물을 신화화한다는 뜻으로 현대 사회에서 상품과 화폐에 대한 물신숭배 현상을 비판적으로 일컫는 말이다. 교육의 물신화는 교육을 극단적인 방식의 수단으로 인식, 실천하는 것을 비판적으로 가리킨다.

현재의 교육학을 향해

그렇다면 미래를 진지하게 고려하는 교육적 대안은 무엇일까? 미래와 관련하여 교육 담론이 최적화, 식민화, 방어적이라는 관행을 넘어설 수 있으려면 어떻게 해야 할까? 이 질문은 그 자체로 민주주의 교육을 위한 새로운 고민이 아니며, 실제로 우리는 듀이John Dewey 시절 이래로 지배적인 미래 담론에 저항하는 교육 실천의 창조를 위해 고군분투해 왔다. 그러나 블로흐Ernst Bloch의 연구가 최근 영어로 번역되고 유토피안 연구의 후속 발전Bloch, 1959/1986; Levitas, 1990; 2013; Siebers & Fell, 2012, 미래에 대한 기초적 존재론을 통합하려는 새로운 기대 학문Discipline of Anticipation의 출현Poli, 2011과 비판학자와 실천적 학문의 화해Amsler, 2015; Kompridis, 2011는 생산적인 새로운 교육 방향을 열어 주기 시작했다. 특히, 이들은 현재의 제약에 의한 식민화를 넘어서는 미래 변화의 가능성을 인정하고 이에 저항하는 미래 지향의 가능성을 열어 주었다.

이런 지적 자원은 미래를 진지하게 받아들이고자 하는 교육적 실천이 미래의 새로움이라는 잠재력을 인식하는 인지적, 정의적, 정치적 과업으로부터 시작될 수 있음을 제안한다. 단순하게 말하자면, 이 관점에서 미래는 다양한 존재 방식에 대한 풍부한 가능성의 원천으로 이해된다. 이것은 단지 우리가 미래에 대해 갖는 불가피한 인식론적 문제 진술(미래가 아직 오지 않았으므로, 우리는 미래를 알 수 없다는 것)이 아니다. 이것은 미래가 다른 현실을 구성할 것이라는, 과거와 오늘날과는 다른 존재하는 법, 사는 방식, 앎의 방식을 가져다줄 것이라는 존재론적 확언이다. 그러한 앎과 존재하는 방식은 오늘날보다 헤아릴 수 없을 정도로 나아질 수 있다. 그렇기에 미래는 지도로 그려져 정복당하고 쟁취의 대상이 되는 알려진 영토가 아니라 현재를 위한 풍부한 가능성의 원천으로 이해되어야 한다.Bloch, 1959/1986; Poli, 2011 급진적으로 새로운 것의 가능성을 인정함으로써 우리는 지금까지 현재의 현실이나 욕망으로 인식 또는 인정하지 못했던 가능성을 탐구하고 공개할 수 있는 권한을 부여할 수 있다.

이 관점으로 보면 교육의 과제는 이미 상상되어 우리에게 알려진 구체화된 미래를 향해 교육하는 것이 아니다. 대신에 교육이 할 일은 역학관계를 드러내고, 상상을 가능하게 하며, 급진적으로 새로운 가능성을 지속적으로 창조하는 공간과 실천을 어떻게 현재에 만들어 낼지를 탐색하는 것이다. 이런 급진적 새로움의 현장으로 미래를 존재론적으로 가정하는 것은 교육적 도전과제를 재구성한다. 아직 실현되지 않은 가능성이 잠재되어 있고 상상되는 장소로 현재를 구성하고 교육에서 해방적 명령을 재구성한다. 다시 말해서, 우리의 도전과제는 "미래를 '아는' 방법을 찾아야만 하는 것이 아니라, 알지 못하는 미래에서 살아가고 행동할 방법을 찾아야 한다는 것이다."[Miller, 2011: 1]

이를 위해 교육 목표는 폴리Roberto Poli가 "두터운 현재thick present"의 역동성과 창발적 속성으로 묘사한 것에 대한 우리 자신과 학생들의 이해를 풍부하게 하는 것이어야 한다.[Poli, 2011] 이런 두터운 현재는 세계의 물리적 속성에서부터, 현재를 바탕으로 우리가 품은 미래의 가능성에서 거꾸로 작동하는 예측 관행에 대한 사회적·역사적 구조에 이르기까지 미래를 창조하기 위한 재료가 되는 현실의 다층으로 구성되어 있다.

이런 관점은 우리가 '현재의 교육학'이라고 부를 수도 있는 것을 뒷받침할 것이다. '현재의 교육학'이란 교육적 만남이 그 자체로 독특한 시간성을 구성하는 것으로 이해된다. 미래를 구성하고 창조하는 풍부한 재료들을 의도적으로 이용함으로써 특징지어지는 시간성, 탐험을 위해 의도적으로 미래를 열린 상태로 유지하고 공간을 확장하고 그 과정에 참여하도록 장려하는 시간성을 교육적 조우로 인해 구성하는 것이다. 이러한 개념에서 현재의 교육학은 새로운 세계를 창조할 넘쳐나는 풍부한 가능성에 대해서 개방적 태도를 지니는 과정으로 이해될 수 있다. 이런 교육학은 키츠John Keats의 "소극적 토대역량negative capability"[4]뿐만 아니라 아처 Margaret Archer의 "메타 성찰성meta-reflexives"[2013][5]과 공명하는, 미래를 통달하는 것과는 관련되지 않은, 마수미Brian Massumi의 어구에 따르면 가능성의 한계점을 열어 주는 것인 미래 지향의 형태를 발전시킨다.

모든 상황에서 반대의 목적을 가진 채로, 구성체와 경향성들이 서로 협력하거나 각각의 목적들이 교차하며 작용할 때 그 수준들의 개수는 정해져 있지 않다. 이러한 불확실성은 실제로 힘을 실어 줄 수 있다. 즉, 일단 불확실성이 기동성의 예비력을 준다는 것을 깨닫고 나면, 실패나 성공을 투영하기보다 그것에 집중한다면 말이다. 불확실성은 실험에 항상 시도해 보고 지켜볼 수 있는 구멍이 있다는 것을 느끼도록 해 준다. 이것은 그 상황에 잠재력을 가져다준다. 과학에서 표현을 빌리자면, 현재의 "경계선의 조건boundary condition은 결코 닫힌 문이 아니다. 그것은 열린 문턱, 즉 잠재성의 문턱이다".Massumi, 2007: 212

이 관점에서, 교육은 시간적으로 독특한 순간을 차지하는 것으로 간주될 수 있다. 두터운 현재의 순간, 과거와 현재가 조우하는 순간. 이것은 강과 바다가 만나는, 그 안에서 서로에게 신기한 새로운 생명체들이 창조되는 전이대[6]나 하구와 동일할 수 있다.Odum, 1917 이것은 과거도 미래도 강도 바다도 아니고, 그것만의 독특한 시공간이며 그 안에서 예상이 실행되고, 과거와 미래를 모두 변화시키며 살아 있는 경험들이 결합되고 섞인다. 도전과제는 새로운 현실이 창조될 수 있는, 그리고 창조되고 있는, 강력한 퇴적물로, 그 독특한 시공간의 풍부함에 관한 인식을 깊고 풍부하게 하는 것이다.

---

4. (옮긴이 주) 존 키츠의 송시(Odes)에서 중심을 이루는 시 이론이다. '소극적 수용 능력'이란 공포를 마주하고서도 두려움을 느끼지 않고 편안해질 수 있는 능력을 말한다. 명확한 사실이나 이유 또는 이성을 추구하지 않으면서도 그 불확실성 안에 편안히 있을 수 있는 능력이다.
5. (옮긴이 주) 메타 성찰성은 우리 자신의 성찰적 행위에 재-성찰하는 것을 뜻한다.
6. (옮긴이 주) 인접하는 두 개의 서로 다른 서식처 간, 생태계 간, 식물군락 간, 심지어 생물군계 간의 경계 영역. 추이대(推移帶)라고도 하며, 전이대는 늘 긴장되는 구간(tension zone)이라 할 수 있음(『한국식물생태보감』).

그런데 현재의 교육학에 대한 그러한 헌신은 교육을 통해 더 나은 세상을 건설하려는 민주주의 정치의 열망에 깊이 반하는 행위로 해석될 수도 있다. 결국, 이것은 우리가 체계적으로 우리 자신을 투영한 단일하고 더 나은 미래의 보편적 비전에 대한 카리스마 넘치는 표현이 아니며[Apple, 2009], 핵심 비전을 향해 나아가는 도중에 잠정적 수정과 적응을 허용하며 우리 자신을 위해 표시해 둔 신중한 경유지인 "진짜 유토피아"[Wright, 2010]의 생산도 아니다. 사실, "기업 세계의 미래학자들의 투사된 시간, 권력자들의 신화적 미래 시간"[Castells, 2009: 51]이 계속해서 미래를 식민화하고, 현재의 예측 관행들을 지배하고 있는 상황에서 현재의 교육학에 대한 헌신은 정치적 약점을 가진다고 생각될 수 있다. 그렇다면 현재의 교육학 중 어디에 그러한 식민화하는 희망의 진정한 대안 창조를 위한 잠재력이 있을까?

정확히 그 가능성은 민주주의와 정치가 희망의 실행을 염려한다면, 이미 존재하는 현실보다 새로운 가능성을 지속적으로 여는지에 대해서 염려해야 한다는 인식에 놓여 있다. 민주주의와 희망은 명사가 아니라 동사로, 지속적 폭로와 발명의 과정이라는 인식에 놓여 있다. 콤프리디스Nikolas Kompridis는 다음과 같이 주장한다.

> 우리의 가능성이 무엇인가라는 질문은 그 자체로 정치적이다. 그것이 바로 왜 정치가, 이미 가능한 가능성들이 존재하는 모든 가능성이라는 것을 상정하는 게 아니라, 새로운 가능성을 폭로하는 기술이 되어야 하는지, 그것의 이유이다. … 민주주의가 새로운 가능성을 폭로하는 정치가 아니라면, 우리는 어떤 종류의 정치를 이야기해야 하는가?[Kompridis, 2011: 255]

다른 형태의 교육 프로젝트는 오늘날 어른 세대의 미리 정의된 꿈을 실현할 때보다 모든 미래 세대를 위한 새로운 가능성을 열고 폭로하는 정치로 민주교육을 재구조화할 때 가능하다. 이것이 레비타스Ruth Levitas, 2013

가 미래의 실체적 이미지라기보다는 "수단"으로 유토피아를 묘사한 것이다. 레비타스는 블로흐의 『희망의 원리』[1959/1986]에서 착안하여 유토피아를 "욕망의 도야"를 위한 해석학으로 규정한다.

> 유토피아적 의식은 먼 곳을 바라보기를 원하지만, 궁극적으로는 방금 살아온 순간의 어둠을 뚫고 들어가기 위해서만, 모든 것이 스스로를 이끌고 숨겨져 있는 어둠을 뚫고 들어가기 위해서만 가능하다.[Bloch, 1959/1986: 12]

이것은 유토피아적 충동이 동시에 불충분하면서도 성공적으로 염원의 지평을 넓히는 가능성의 공간을 열린 채로 유지할 수 있는 방법이다. 이는 레비타스가 점령 운동the Occupy movements과 관련하여 설명한 바와 같다.

> 점령은 유토피아의 성공 요소로서, 심지어 유토피아로 향하는 방법으로서 유토피아가 필연적으로 실패할 수밖에 없음을 보여 준다. 더 나은 미래에 대한 어떤 경쟁적 이미지가 등장하든 간에, 예측이나 요구로 여겨진다면 부분적으로는 우리의 상상력의 한계 때문에, 또는 우리의 힘의 한계 때문에 반드시 "실패"할 것이다. 유토피아는 실패한다고 해도, 현재에 대한 비판과 미래에 대한 재구성으로 작동한다. 유토피아는 미래를 만드는 데에서 중요한 도구로 끊임없이 재창조되어야 한다.[Levitas, 2013: 220]

하지만 구체적인 비전으로서의 유토피아가 아닌 새로운 생각을 현실화하는 방법으로서의 유토피아가 인류의 관념을 축소하지 않고 확장할 것이라는 보장이 있을까? 왜 이 운동이 미래를 위한 희망의 원천이 될 수 있을까? 그 대답은, 블로흐에 따르면, 자유가 주어진다면 인류를 더 나은 미래로 끌어 줄 변함없는 방향, "아직 실현되지 않은, 아직 밟지 못한 고향", 더 나은 미래를 향해 "전진하는 꿈"에 대한 인류 불변의 방향성이 있다는 것을 주장하는 것이다.[Bloch,1959/1986: 3] 이러한 의도적이고 미래 지향적인 행위는 다음과 같다.

> 존재의 근본적 개방성에 대한 적극적이고 세속적이며 고정된 반응은 다음과 같다. 상황/사물은 예상과 다르며 우리 경험 중심 내용은 미완성이라는 특징이 있다. 우리는 자유, 공동체, 인간성, 자연이 무엇인지 아직 모른다.[Siebers & Fell, 2012: 5]

인간 본성에 대한 나의 믿음이 불변의 방향성을 의심하도록 만들 때, 내가 깨달은 똑같이 설득력 있는 다른 반응은 비판을 그 자체로 규범적인 것으로 이해하는 것이다. 즉, 미래를 새로움이 가능한 현장으로 대할 때 핵심인 가능성의 공개는 필연적으로 인류의 가능성을 확장하고, 현실에 대한 개념을 확장하고 그에 따라 행동해야 한다는 규범적 요구를 우리에게 부과한다는 것을 이해하는 것이다.

> 우리가 비평에 기대하는 바가 있다면 적어도 이것, 즉 "아직 일어나지 않았고, 어쩌면 결코 일어나지 않을지도 모르는" 특정 행동이 필요하게 만드는 가능성을 공개하는 것이라고 말할 수 있다. 이러한 가능성이 공개되면 우리에게 요구가 생기는데, 그 요구는 우리가 원할 수도 있고 원하지 않을 수도 있는 것이다. 그럼에도 불구하고 그것이 단지 "가능성"일지라도 우리가 그것을 요구로 경험할 수 있다는 것은 비평의 특정한 규범성에 대해 우리에게 무언가를 말해 준다. 우리가 비평에 기대하는 것, 그리고 비평이 우리에게 요구하는 것은 세상, 서로와 맺는 관계 안에, 우리 자신에, 비평이 처음 공개하거나 먼저 어떤 새로운 방식으로 재공개한 가능성에서 어떤 종류의 변화에 불을 붙이는 것이다.[Kompridis, 2011: 269]

교육적 만남의 순간을 새로운 가능성이 드러나는 순간으로 보는 개념은, 교육자로서 학생으로서 우리에게 그러한 요구에 부응할 것을 요구하는 교육 개념이다. 이러한 관점에서는 필연적으로 인간에 대한 우리의 개념과 그것이 무엇이고 무엇이 될 수 있는지에 대한 개념을 확장시킨다.

이것은 현재의 교육학과 미래를 식민화하는 것을 추구하는 교육학 사이의 중요한 구분을 끌어낸다. 여기서 식민화의 교육학이 특정 교육 전략에 대한 투자를 통해 특정 이상에 따른 미래 형성을 목표로 한다면, 현재의 교육학의 목표는 미래에 대한 우리의 가정을 지속적으로 확장하고, 미래에 대한 가능성의 공간을 열어 두며, 자유를 표방하는 교육에 필요한 전제 조건인 가능성의 공간을 여는 것이어야 한다. 이를 위해서는 현재의 새로운 가능성에 대한 인식과 감수성 향상이 목표가 되어야 한다.[Kompridis, 2011] 유토피아적 충동은 바로 이러한 가능성에 대한 감수성 향상에 있다.

그런데 엄밀히 말하자면 새로운 가능성의 개방은, 그 가능성을 인식하고 대응해야 한다는 규범적 요구를 우리에게 부과하기 때문에 공포와 불안을 불러일으킬지도 모른다. 새로운 가능성은 우리가 작업하고 있는 현실 개념의 불안정성과 편파성을 가시화한다. 이러한 새로운 가능성은 우리가 미래를 예측하는 근거를 불안정하게 만들고 새로운 가능성에 어떻게 대응할 수 있는지 묻기 때문에 필연적으로 취약성을 유발한다. 새로운 가능성의 계시를 그러한 가능성을 지배, 통제, 제한하고 그로 인해 야기되는 불편함을 없애려는 열망으로 맞이하느냐, 혹은 그러한 가능성에 대응하는 어려움에 직면하여 무관심과 절망으로 맞이하느냐, 아니면 "함께 나아갈 다른 방법을 모색하는"[Kompridis, 2011: 207] 개방성으로 맞이하느냐에 따라 현재의 교육학이 더 나은 미래로 이어질지, 더 나쁜 미래로 이어질지가 결정될 수 있다. 암슬러Amsler가 주장했듯이, 이러한 대응은 단순히 이성과 논리의 문제만이 아니라 감정과 용기의 문제이기도 하다.

이 국면에서, [희망]은 평범하고, 도전적이며, 종종 절합되지 않고 절합 불가능한, 그리고 몇몇 경우 존중받지 못하고 처벌받는 일상의 구체적인 상황에서 절망에 대한 거부를 배우는 일에서 시작된다. 그것은 우리의 사고와 관계 안의, 그리고 우리가 사는 사회적 합의 방식 안의 "결정되지 않은 재료"를 풀어 줄 가능성의 전방을 인식하고, 창출하며, 열어 주는 것을 배우는 것이다.Amsler, 2015: 329

암슬러가 주장하듯이 이러한 용기는 고립된 채로는 구축되지 않는다. 그것은 일상에서 가능성을 드러내고 창조하는 데 자신을 던지고, 함께 "나아가는" 새로운 방식을 보여 주는 일상의 유토피아를 적극적으로 건설하는 다른 개인, 친구, 공동체 및 네트워크에 대한 인식을 통해 더욱 강화된다. 따라서 현재의 민주적 주체로서의 자아에 대한 인식의 핵심에는 타인에의 의존성을 인식하는 데서 비롯되는 두려움과 자신감이 동시에 존재하기 마련이다. 이러한 관계는 현재의 교육학이 우정, 즉 미래를 향한 타자와의 진정한 만남을 가능하게 하는 두려움과 신뢰의 독특한 관계로서의 우정이자, 타자와의 만남이 드러내는 가능성을 매 순간 열 수 있게 하는 우성을 ㅗ 실천의 중심에 위치시켜야 함을 시사한다.Fielding, 2007; Kompridis, 2011; Macmurray, 1961

급진적으로 개선될 가능성

이 장은 교육의 미래를 향한 방향을 구축하고자 하는 단순한 열망을 품고 있다. 그것은 비좁고 협소하며 방어적인 교육이 아니며, 현재에 더욱 엄격한 규칙과 요구를 부과함으로써 미래에 대한 통달을 추구하지 않는 교육이고, 주체성을 더욱 희소하고 신뢰할 수 있는 지식을 찾고 고상 난손전등으로 어둡고 불안정한 지형을 탐색하는 더욱 제약적인 과정으로 생각하지 않는 교육이다. 대신에, 교육적 관행을 보강할 더 광범위한 가

능성의 감각, 미래의 존재론적 문제성에 대한 합리적인 인식을 기반으로
하는 가능성의 감각(예를 들어, 우리 자신의 것과 다른 현실인), 그리고 이
것이 우리를 위해 열어 줄 새로운 현실의 풍부한 잠재성을 기반으로 하
는 가능성의 감각을 열어 두는 것이다. 이것은 희망의 위험한 가능성을
직면할 수 있는가의 문제이며, "자유로운 삶"에 대한 우리의 가장 깊은 갈
망을 인정함으로써 야기되는 두려움에 직면할 수 있는가, 그리고 그 갈망
과 가능성이 열어 줄 새로운 세상에서 우리의 새로운 존재 방식을 탐색하
기 시작할 수 있는가 하는 질문과 관련이 있기에 중요하다.

현재의 교육학을 통해 이러한 미래에 대한 지향을 구현하는 것은 이론
화만큼이나 실험을 요구하는 것이며, 학교, 대학, 더 새로운 교육기관들
안에서 이미 연관되고 있는 과정이다. 이 일에 도움이 될 만한 풍부한 선
례들이 있다. 적어도 이 책에 있는 모든 예시뿐만 아니라, 공동체성과 집
단적 주체성을 강화하기 위한 실천적 민주교육의 오랜 전통, 청소년 노동
의 전통, 경청과 출현에 대한 약속도 있다. 표면적으로 보수적인 규율적,
전범적 지식 전통 또한 이 관행과 반대되는 것이 아니다. 실제로 이러한
자료는 현대 현실의 여러 층위에 대한 이해를 깊게 하고 그것들의 현재
배치의 잠정적인 측면에 대한 인식을 심화시키는 데 도움이 되는 역사적,
문화적, 과학적 자료로서 현재의 교육학에 활용될 수 있다. 예를 들면, 브
루너가 주장했듯이, 문학의 기능은 다음과 같다.

세계를 덜 고정적이고, 덜 이분법적이며, 재창조하기 쉽게 만들 수 있
다. 문학은 가정하고, 이상한 것을 만들며, 명확한 것들을 덜 명확하게
하며, 알려지지 않은 것들을 덜 그렇게 만들며, 가치의 문제를 이성과
직관에 더 열려 있게 만든다. 이런 정신 안에서 문학은 자유와 가벼움,
상상과 이성의 도구이다. 문학은 길고 우중충한 밤에 맞서는 우리의 유
일한 희망이다.[Bruner, 1986: 159]

하지만 새로운 자원의 이용도 가능해지고 있으며, 이는 우리가 두터운 현재의 복잡성을 이해할 수 있도록 도와주고, 우리 미래에 대한 한 가지 비전을 똑같이 경직된 다른 전망들로 대체하는 습관을 넘어 탐색하는 데 도움이 된다. 복잡성의 과학과 체계적 사고, 사회적 영역에서의 양자 이론의 전용은 모두 복잡하고 모순되는 출현의 과정의 장, 무엇을 새롭게 바라보는 방식 안에서 새로운 가능성을 불러일으키는 장으로 현재를 구성하는 방식을 제안한다.^{Barad, 2007} 몽상부터 명상까지에 이르는 오래된 관행들은 새로운 가능성에 대한 감수성을 증진하기 위해 재발견될 수 있다. 현재를 풍부함의 장으로 열어 줄 방식으로 우리가 가진, 가르칠 자원들은 그 자체로 풍부하다.

그런데 이 모든 것을 뒷받침하는 것은 교육적 만남을 과거와 미래, 즉 현재가 모두 만들어지고 재창조되는 과거와 미래 사이의 먹이가 풍부한 생태적 하구(이행대), 즉 독특한 시간성을 점유하는 것으로 개념화할 필요가 있다는 직감이 든다. 이것은 교육에서 어른들과 아이들 세대가 서로 마주할 때, 어른들이 아이들의 의도와 열망, 성격을 조형하여 미래를 통제하려는 식민화를 위한 명령을 포기하는 것을 포함한다. 그 대신, 소극적 수용 능력(현재 잠재력의 임계점에 대한 개방성)을 향상하며, 유토피아적 충동을 유지하는(현실을 존재로 끌어당길 수 있는 미래를 향한 꿈 꾸기), 그리고 용기와 우정을 기르는(발생하는 새로운 가능성에 대한 수용성을 가능하게 하는), 조건을 만들기 위한 어른들의 전문지식과 지혜를 향상하는 것을 포함한다. 위에서 이야기한 어른들의 전문지식은 더 이상 취약하다거나, 시대에 뒤떨어졌다는 비난에 민감하지 않다. 오히려 이것은 여유로운 형태의 지식이며 세상에 존재하는 방식이다. 필사적으로 결과물을 확보하려 하지 않아도 되는 채로 상황의 가능성을 만들어 낼 자신이 있는 능력이다. 그 자신감을 얻기 위해 노력하는 것은 우리가 같은 목표를 가진 다른 사람들과 우정과 동맹을 맺는 데 필요한 일이다.

감사의 말

이 장에 쓴 내 생각의 형성에 도움을 준 저서와 대화에 대해 암슬러 Sarah Amsler, 필딩Michael Fielding, 밀러Riel Miller, 폴리Roberto Poli, 시버즈 Johan Siebers에게 감사의 마음을 전한다. 동료들이 없었다면 이 장을 완성하지 못했을 것이다.

참고문헌

Adam, B., & Groves, C. (2007). *Future matters*. London: Routledge.

Amsler, S. (2015). *The education of radical democracy*. London: Routledge.

Anyon, J. (2005). *Radical possibilities: Public policy, urban education and a new social movement*. New York: Routledge.

Anyon, J. (2009). What is to be done? Toward a rationale for social movement building. In H. Svi Shapiro (Ed.), *Education and hope in troubled times: Visions of change for our children's world* (pp. 47-62). London: Routledge.

Apple, M. (2009). Is there a place for education in social transformation? In H. Svi Shapiro (Ed.), *Education and hope in troubled times: Visions of change for our children's world* (pp. 29-46). London: Routledge.

Archer, M. (2013). *The reflexive imperative in late modernity*. Cambridge, UK: CUP

Baker, D. (2009). *The schooled society and beyond: The modernizing role of formal education as an institution*. Review for the Beyond Current Horizons Programme. Bristol, UK: Futurelab.

Barad, K. (2007). *Meeting the universe halfway: Quantum physics and the entanglement of matter and meaning*. Durham, NC: Duke University Press.

Bloch, E. (1986). *The principle of hope* (N. Plaice, S. Place, & P. Knight, Trans.). Cambridge, MA: MIT Press. (Original work published in 1959).

Brown, F., Lauder, H., & Ashton, D. (2010). *The global auction: The broken promises of education, jobs and rewards*. New York: Oxford University Press.

Bruner, J. (1986). *Actual minds, possible worlds*. Cambridge, MA: Harvard University Press.

Bussey, M., Inayatullah, S., & Milojevic, I. (Eds.). (2008). *Alternative educational futures: Pedagogies for emergent worlds*. Rotterdam, Sense Publishers.

Castells, M. (2009). *Communication power*. Oxford, UK: Oxford University Press.

Cummings, C., Todd, L., & Dyson, A. (2007). Towards extended schools? How education and other professionals understand community-oriented schooling. *Children and Society, 21*, 189-200.

Facer, K. (2011). *Learning futures*. London: Routledge.

Fielding, M. (2007). The human cost and intellectual poverty of high performance schooling: radical philosophy, John Macmurray and the remaking of personcentred education. *Journal of Education Policy, 22*, 383-409.

Fielding, M., & Moss, P. (2011). *Radical education and the common school: A democratic alternative*. London: Routledge.

Galtung, J., & Inayatullah, S. (1997). *Macrohistory and macrohistorians: Perspectives on individual, social and civilizational change*. London: Praeger.

Gough, N. (1990). Futures in Australian education: Tacit, token and taken-forgranted. *Futures, 22*, 298-310.

Kompridis, N. (2011). Receptivity, possibility and democratic politics. *Ethics & Global Politics, 4*, 255-272.

Levitas, R. (1990). *The concept of utopia*. Witney, UK: Peter Lang.

Levitas, R. (2013). *Utopia as method: The imaginary reconstitution of society*. New York: Palgrave Macmillan.

Macmurray, J. (1961). *Persons in relation: Vol. II of the form of the personal*.

London: Faber & Faber.

Massumi, B. (2007). Potential politics and the primacy of pre-emption. *Theory & Event, 10*(2).

Miller, R. (2011). Being without existing: The futures community at a turning point? A comment on Jay Ogilvy's "Facing the fold". *Foresight, 13*(4), 24-34.

Odum, E. P. (1971). *Fundamentals of ecology* (3rd ed.). Philadelphia: W. B. Saunders Company.

Poli, R. (2011). Steps towards an explicit ontology of the future. *Futures, 16*(1), 67-78.

Siebers, J., & Fell, E. (2012). *An exploration of the relationships between concepts of "community" and "future" in philosophy.* Swindon: AHRC. Retrievable from http://www.ahrc.ac.uk/documents/project-reports-and-reviews/connectedcommunities/an-exploration-of-the-relation-between-the-concepts-ofcommunity-and-future-in-philosophy/

Slaughter, R. (2004). *Futures beyond distopia: Creating social foresight.* London: Routledge.

Wright, E. O. (2010). *Envisioning real utopias.* London: Verso.

6장
대안교육을 위한
신경과학의 가능성과 위험

클래런스 졸더스마[1]

　대안교육이 존재하는 이유는, 좋은 사회라는 그림에 관해, 무엇이 규범적인 사회적 소통인지에 관해, 그리고 무엇이 좋은 교육을 구성하는지에 관해 상당히 다른 견해가 있기 때문이다. 대안교육자 역시 다른 교육자들처럼 교육적 실천에 영향을 미치는 새로운 발전을 다룰 필요가 있다. 일반적으로 새로운 발전은 종종 교육을 하는 대안적 방법을 향상시키는 새롭고 혁신적인 가능성을 제공하지만, 때론 대안으로 새겨진 교육적 공간을 약화시키는 위협이 되기도 한다. 뇌에 관해 최근 10년 동안 신경과학은 가르침과 학습을 포함한 일련의 현기증 나는 사회적 관행에 적용되며 대중들의 상상 속으로 밀어 넣어졌다. 만일 그들이 신경과학적 발견을 무시하면 전통적인 교육적 실천과 기관에 대한 대안은 궁핍해질 수 있지만, 그들이 혁신을 무비판적으로 수용하는 것도 큰 도움이 되지 않을 것이다. 신경과학은 대안교육에 가능성과 위험 모두를 제공한다.

---

1. 클래런스 졸더스마(Clarence W. Joldersma): 미국 캘빈대학교(Calvin College) 교육학 교수로 교육철학을 가르치고 있다. 『*Neuroscience, Education, and a Radical Embodiment Model of Mind and Cognition*』(2013), 『*Overcoming Neuroscience's Lingering Dualism in Cognition and Learning Via Emotion*』(2014) 등을 출간했다. 최근 저서로 『*A Levinasian Ethics for Education's Commonplaces*』(2014), 『*Neuroscience and Education: A Philosophical Appraisal*』(2016) 편집본이 있다.

신경과학

신경과학은 뇌의 구조와 기능을 포함한 뇌에 관한 연구를 중심으로 한다. 믿을 수 없을 정도로 작은 (성인 체중의 2%, 부피로는 1,400ml) 뇌는 1,000억 개 이상의 뉴런(회백질)을 갖고 적어도 동일한 수의 백질 세포(아마 6배 더 많을 수 있는)를 포함한다. 뉴런의 천재성은 시냅스라는 접점을 통해 발생하는 상호작용에 있다. 하나의 뉴런은 수천 개의 시냅스를 가질 수 있고 뇌의 뉴런을 상호 연결하는 시냅스가 최소 100조 개 있다. 또한 다양한 아미노산(예: 글루타메이트, GABA), 모노아민(예: 도파민, 노르에피네프린, 세로토닌), 펩티드(예: 소마토스타틴, 오피오이드 펩티드)를 포함하여 시냅스를 통해 신호를 전달하는 많은 신경전달물질, 화학물질이 중요하다. 신경과학은 최근 뇌의 기능을 연구하기 위해 다양한 비침습적 방법을 개발했다. 전기생리학은 머리의 특정 지점에 전극을 배치한 다음 사람이 다양한 활동에 반응할 때 뇌의 전기적 활동을 기록하는 것을 포함한다. 양전자 방사 단층 촬영PET 및 관련된 단광자 방출 컴퓨터 단층 촬영SPECT은 뇌의 특정 영역에서 혈류 및 이에 따른 에너지 소비를 측정하도록 설계되었다. 가장 잘 알려진 것은 강력한 자기장에 의해 뇌를 스캔하는 자기공명영상MRI 그리고 휴식 상태와 활동 상태 사이에서 뇌 활동을 비교하는 기능자기공명영상fMRI이다. 두 가지 모두 활동 증가로 인해 뇌가 신선한 혈액을 공급하는 장소와 혈액 산소 수준의 증가를 측정하고, 뇌 활동 영역을 매핑하는 상세한 합성 이미지를 생성한다. 그것들이 교과서와 전자매체에서 흔히 볼 수 있는 다채로운 뇌 사진들이다. 특히 비침습적 구조, 기능 뇌 영상 기술은 뇌가 작동하는 것을 보는 과학의 능력을 향상시켰고, 뇌 연구가 대중과 정치인 사이에 대중화되었다. 인터넷엔 신경과학협회Society for Neuroscience의 공공 지원 웹사이트 BrainFacts.org를 비롯한 유용한 사이트가 폭발적으로 증가하고 있다.

대중의 상상을 사로잡고 신경교육에 특별히 관심을 지니게 만든 흥미로운 연구 영역 중 하나는 뇌 가소성이다.[Huttenlocher, 2009] 가소성은 종종 경험에 대한 반응으로 뇌 회로에서 발생하는 변화로 간단히 설명된다. 생애 초기에 최대 가소성의 핵심 시기가 있을 수 있지만 최근 연구에 따르면 성인의 뇌는 계속 가소성을 나타낸다.[Baroncelli et al., 2010; Spolidoro, Sale, Berardi, & Maffei, 2009] 가소성은 뉴런 사이의 새로운 상호작용-새로운 시냅스 연결을 설정하거나 오래된 연결을 가지치기-이 유전적 사전결정성보다는 외부에서 시작된 사건에 의존한다는 아이디어다. 대뇌피질의 신경 회로가 경험에 대한 반응으로 크게 변화하는 능력을 보이지만 뇌의 다른 영역도 경험에 민감함을 보여 준다. 연구자들은 신체 운동[Hötting & Röder, 2013], 정신 운동[Slagter, Davidson, & Lutz, 2011]을 포함하여 뇌 가소성을 지시하는 방법을 발견하기 시작했지만 신경가소성 연구는 이제 시작에 불과하다. 대중적인 언론이나 교육 상품들이 주장하는 것과는 별개로, 신경과학 연구자들은 여전히 변화의 메커니즘에 대해 확신하지 못하고 있다. fMRI와 같은 뇌 이미지는 매혹적이며 명확해 보이지만, 뇌 이미지가 근본적인 사건을 직접적으로 드러내지 않기에 근본적인 복잡성과 모호성을 숨긴다. 이미지 안의 세부적인 사항들은 생성된 새로운 뉴런, 기존 뉴런의 변화(예: 축삭돌기 수, 크기, 덮음, 밀도 또는 분기 증가), 새로운 시냅스 생성, 백질 세포의 변화(크기 증가), 또는 뇌 영역으로 혈액을 공급하는 모세혈관의 증가[Zatorre, Fields, & Johansen-Berg, 2012]에 영향을 받을 수 있다. 가소성은 접합된 뉴런의 전체 네트워크(예: 대뇌피질 지도)에서 염색질과 같은 세포 구조에 대한 분자 변화에 이르기까지 뇌의 다양한 변화를 알리는 포괄적인 용어이다.[Borrelli, Nestler, Allis, & Sassone-Corsi, 2008 ; Karmarkar & Buonomano, 2006] 모든 학습은 뇌의 변화를 수반하기 때문에 가소성은 교육에서 중점적으로 중요하다고 일컬어지곤 한다. 신경과학 분야의 많은 상업적 벤처들은 자신들의 제품을 통해 뇌에 의도적이고 지시된 변화를 일으킬 수 있는 능력이 있음을 호소한다.

가소성 연구와 관련해 한 가지 흥미로운 영역은 현재의 순간에 대한 일반적으로 의도적인 비판단적 자각으로 묘사되는 마음 챙김이다. 마음 챙김은 신경과학의 주류에서는 벗어나 있지만, 여전히 그 영역 안에 위치한다. 동양 사상에서 마음 챙김의 오랜 역사는 서양 문화에서 종종 실행되는 행동과 웰빙에 대한 환원적이고 의학적 접근에 대한 대조로 지속되어 왔다.[Germer, 2005; Langer & Moldoveanu, 2000] 최근 들어, 명상을 포함한 마음 챙김과 그 마음 챙김이 교육에 미치는 긍정적인 영향에 관한 신경과학 연구가 증가하고 있다.[Frank, Jennings, & Greenberg, 2013] 이 연구는 긍정적인 영향으로 전반적 웰빙의 증가, 두려움에 대한 통제, 더 나은 실행 통제, 스트레스 감소 및 주의력결핍과잉행동장애ADHD 관리가 포함됨을 말해 준다.[Craigmyle, 2013; De Vibe, Bjorndal, Tipton, Hammerstrom, & Kowalski, 2012; Farb, Anderson, & Segal, 2012; Greeson & Brantley, 2009] 특히 교육자들이 최근 신경과학 연구와 함께 마음 챙김에 대해서 탐색한다면, 개인적·사회적 성장을 포함한 학습행동을 이해하고 지도할 때 커다란 도움을 얻을 수 있을 것이다.

주의사항

일반적으로 신경과학을 교육에 적용할 때는 몇 가지 주의가 필요하다. 과학적 발견에서 교육적 실천까지의 단계는 상당히 넓은데, 기초 신경과학 연구에서는 특히 그러하다. 일부는 그들 사이의 간격이 너무 넓어서 연결하기 어렵다고 주장해 왔다.[Bruer, 1997] 기초 신경과학 연구는 특정 활동(언어, 운동, 시각, 청각, 기능 등)의 중심이 어디에 있는지에 대한 정보를 포함하여 뇌의 구조, 화학 및 기능에 대한 정보를 제공하는 반면, 교육은 중점적으로 공식 기관에 포함되어 있는지와 관계없이 사회적 복잡성과 너저분함을 수반하는 사회적 실천[Higgins, 2011]이다. 브루어Bruer는 기초 과학에서 구체적인 교육 실천으로 우리를 데려갈 수 있는 명확하고 직접적인 경로는 없다고 말한다. 그러나 이 격차를 좁힐 수 있다고 생각하는 사람도 많다.

이들 중 일부는 상업적으로 성공한 프로그램, 전문 개발 체제, 실용적인 방법how-to을 안내하는 책, 두뇌기반 커리큘럼을 기업가적으로 개발하여 무료로 제공하거나 상업용 패키지로 판매한다. 상업적으로 가장 성공한 제품은 루모시티[2], 모차르트 효과[3]Campbell, 2009, 브레인 짐[4]Dennison & Dennison, 1994; Brown, 2012 참조이다. 약간 덜 알려져 있고 상업적으로 판매되지 않는 실용적인 응용 프로그램도 있다. 교육자 젠슨Eric Jensen은 부모와 교사에게 움직임, 감정 상태, 물리적·사회적 환경, 동기부여, 비판적 사고와 기억의 중요성을 포함하는 학습을 위해 두뇌를 준비하는 실용적인 방법과 두뇌기반 교육을 수행하는 방법에 대한 조언을 제공한다. 울프Pat Wolfe 는 뇌기반 교과과정, 학습 향상 그리고 두뇌 호환 교육 전략 도구 세트에 대한 실용적인 제안을 제공한다.Wolfe, 2010 뇌 연구자인 다이아몬드Marian Diamond는 뇌 발달에 관한 연구를, 태아기부터 청소년기에 이르기까지 삶의 다양한 단계에서 어린이의 뇌를 향상시키기 위한 실용적인 조언으로 제시한다.Diamond & Hopson, 1999 이러한 예시들은 교육자들이 교육과 신경과학 사이의 격차를 해소하게끔 특별히 고안된 많은 프로그램과 제품 중일부일 뿐이다.Caine, Caine, Klimek, & McClintic, 2008; Hardiman, 2012; Sousa, 2010; Sprenger, 2007; Zull, 2011 그러한 패키지는 주류든 대안이든 교육 목표와 일치하는 이점을 가질 수 있지만, 그들의 사례를 과장하거나 교육의 규범적 목적을 훼손할 수도 있다.

여기에서 부분적으로 문제가 되는 것은 교육자들이 일반적으로 교육을 목표로 하는 두뇌기반 산업이 주장하는 내용들의 타당성에 대해서, 근거에 입각한 판단을 내릴 수 있는 위치에 있지 않다는 것이다. 교육자는 일반적으로 교육에 신경과학을 적용하는 것의 타당성에 대한 직관

---

2. (옮긴이 주) Lumosity: 특수 게임을 통해 기억력과 주의력 같은 뇌 기능을 훈련시키는 프로그램.
3. (옮긴이 주) Mozart Effect: 학습과 창의성 향상을 위해 특정 종류의 음악을 연주하는 프로그램.
4. (옮긴이 주) Brain Gym: 뇌의 학습 능력 향상을 위해 고안된 신체 운동 프로그램.

을 뒷받침하려는 엄격한 신경과학 연구에 관해 충분히 훈련되어 있지 않다. 성급하고 상업적인 응용적인 시도에 대해 정보에 입각한 비판을 발전시킨 많은 교육이론가가 있다. 일부는 업계의 열정과 사리사욕이 간극을 단순하고 섣부르게 메우고, 확실한 과학적 증거에 기반을 두지 않은 프로그램을 발표하거나 더 나쁜 경우에는 신경 신화neuromyths를 부추긴다고 주장한다.Geake, 2008; Goswami, 2006; Howard-Jones, 2010 이런 신화에는 우리가 뇌의 10%만을 사용한다는 것, 우뇌와 좌뇌가 분리된 사고가 있다는 것, 뚜렷이 다른 학습 스타일(시각, 청각, 운동 감각)이 있다는 생각, 단순한 신체 움직임이 학습을 향상시키기 위한 두뇌의 모든 영역을 통합한다는 것, 모차르트가 IQ 점수를 올릴 수 있다는 것들이 포함된다. 일부 신경 신화는 기초 신경과학의 왜곡이고, 일부는 버려진 가설의 적용이며, 일부는 실험 보고서의 잘못된 해석이다.Pasquinelli, 2012

비판

교육자는 신경교육의 적용에 관한 주장에 대해서 독립적인 판단을 내릴 수 있는 위치에 있어야 한다. 일부 신경교육 이론가들은 하버드대, 옥스퍼드대, 케임브리지대 같은 곳에서 주목할 만한 학업 프로그램을 통해 교육자들을 대상으로 독립적 판단 능력을 개발하기 시작했다. 상호 심사를 거치는 학술 저널인 〈Minds, Brains, and Education〉은 이러한 역량에 전념하는 정기 간행물이다. 예를 들어, 한 연구물은 뇌 이미지 및 신경 구조와 같은 신경과학 데이터를 사용하여 다양한 교육 행동 이론을 판단하기 위한 프레임워크를 개발했다.Willingham & Lloyd, 2007 또 다른 경우, 교육자와 소비자가 교육용 뇌기반 제품에서 주장하는 신경과학의 역할을 이해하는 데 유용한 가이드를 개발했다.Sylvan & Christodoulou, 2010 이러한 연구물에서 이론가들은 보편적학습설계Universal Design for Learning, UDL와 같은 두뇌기반 교육 이론, 교육에 직접적인 영향을 미친다고 주장하는 두뇌기반 원칙, 행동 변화를 위해 두뇌를 직접 조작하도록 설계된 두뇌기반 뉴로피드백 훈련, 그리고 그것의 프로그램과 신경과학 사이의 명시적 연결을 주장하는 두뇌기반 상업 제품(예: 브레인 짐)을 구분한다. 또한 그것들은 두뇌 지원brain supported, 두뇌 유도brain derived, 두뇌 주도brain driven 및 두뇌 영감brain inspired 제품을 구별하는 방법에 대해서 유용한 조언을 제공한다. 더욱이 교육 목표(그리고 학생 모집단)를 식별하고, 명시된 교육 목표와 제품의 즉각적인 목적 간의 일치를 탐색하고, 주장을 뒷받침하는 실증연구(증거, 방법)를 평가하고, 그 혜택과 한계를 나열하고, 학생 행동과 수행에 미칠 수 있는 영향을 평가하는 것을 포함하는 두뇌기반 교육 제품 평가 5단계 과정을 식별해 냈다. 이것은 특정 신경교육 프로그램과 제품이 어떻게 도움이 될 수 있는지 판단할 때도 모든 교육자에게 유용한 조언이다. 특히 실번과 크리스토둘루Sylvan & Christodoulou 가 제시한 것과 같은 프레임워크는 신경과학의 적용이 교육 목표와 비전에 맞는지, 또 어떻게 그럴 수 있는지에 대해서 교육자들 사이의 민주적인 대화를 촉진하는 데 도움이 될 수 있다.

하지만 이 정도 수준의 비판은 부족하다는 주장 역시 가능하다. 대안적 교육 형태가 존재하는 이유는 마이클 애플이 관찰한 것처럼 "'합법적인' 지식에 관해 대립되는 비전을 지닌 그룹 간에는 '좋은' 가르침과 학습으로 간주되는 것, 그리고 무엇이 '정의로운' 사회인지"에 관한 생각에 심도 있는 차이가 있기 때문이다.[Apple, 2004: 14] 비록 대안교육이 다양한 형태를 띠고 있지만, 그들은 합법적 지식, 좋은 가르침 또는 진정한 학습으로 간주되는 것에서 어떤 식으로든 절합된 차이점을 보이기 때문에 하나의 우산 아래 모일 수 있다. 그리고 이것들은 종종 암시적 또는 명시적으로 절합된 교육의 대안적 목적에 위치되어 있다. 궁극적으로 대안적 형태의 교육은 좋은 사회를 구성하는 정치적 맥락과 비전과 관계있다. 요컨대, 대안교육은 교육적 사고의 이념적 차원을 가시화한다.[Fielding, 2013; Peim, 2013] 이것은 교육의 규범적이고 비전적인 차원을 제기하며, 신경과학을 교육에 적용하는 문제를 폭넓은 토론으로 끌어들인다.

전 세계적으로 지배적인 이념적 비전 중 하나는 신자유주의 경제 교리이다.[Steger & Roy, 2010] 이 운동은 일반적으로 개인의 책임과 유연성에 대한 아이디어와 함께 문제에 대해 시장기반 접근 방식을 옹호한다. 이러한 관점은 실업을 유발하는 문제를 종종 근로자의 최신 기술과 지식 부족 또는 유연성과 기업가적 추진력, 창의성 부족 탓으로 돌린다. 신자유주의적 접근은 끊임없이 변화하는 도전에 대비할 준비가 되어 있는 노동자들을 수반한 구속되지 않은 시장을 포함하며, 이는 지난 30년 동안 전 세계적으로 우세했다. 이것은 또한 주류 교육 정책과 실천에서 지배적인 목소리로 지내 왔다. 예를 들어, 근로자가 변화하는 경제에 영구적으로 대비할 수 있도록 기본적인 기술뿐만 아니라 평생학습 능력을 강조한다.[Olssen, 2006] 국가 교육과정과 표준화된 테스트의 강조는 이것이 나타나는 하나의 방법인데, 이는 정부가 신자유주의 세계화 세력의 일부로서 스프링[Joel Spring]이 문서화한 것과 같은 것을, 무엇을 언제 학습하는지를 더 잘 파악할 수 있기 때문이다.[Spring, 2008; Rizvi, 2013 참조] 그것은 정당한 교육 지식으로 간주되는 것들을 경제 관련 기술과 세계 경제에 대한 정보로 축소한다. 또한 좋은 가르침으로 간주되는 것을 자기주도적 평생학습을 촉진하는 것으로 변화시킨다.[World Bank Group Education Strategy 2020, 2011; Klees, Samoff, & Stromquist, 2012; Sukarieh & Tannock, 2008 참조] 이는 최근의 교수학습에 관한 증거기반 접근 방식에 대한 강조와 딱 들어맞는다.[Davies, 1999; Moran & Malott, 2004] 증거기반 강의와 표준화된 성취 테스트에서 점수를 높이는 것을 옹호하는 교육 연구는 경제적으로 변형된 교육 비전과 쉽게 일치되게 된다. 특히 정량적(일반화 가능한) 방법론을 사용하는 증거기반 연구의 과학적 언어는 적용 및 맥락과 관련하여 중립성의 개념을 강화하는 것으로 보일 수 있다. 그러나 비평가들은 이것이 교육을 더 나쁘게 바꾸어 놓았다고 주장한다. 비에스타[Biesta]는 이것이 합법적 지식으로 간주되는 것을 표준화된 테스트에서 측정할 수 있는 것으로 축소했다고 주장한다.[Biesta, 2010] 이러한 변화가 상식으로 받아들여지면, 교육은 더 이상 정치적인 책임을 지지 않는 것으로 보인다. 그런데 신자유주의는 교육의 목적에 관해 중립적이지 않은, 경제적으로 부과된 정치적 입장이다. 따라서 그것은 정당한 지식, 좋은 가르침, 진정한 학습으로 간주되는 것에 대해 정치적으로 형성된 답변을 제공한다. 이 모든 것이 시사하는 바는, 교육의 대안적 형태가 단순히 교육적차이일 뿐만 아니라, 교육의 신자유주의적 변화의 중심에 있는 정치적 이념에 대한 눈에 보이는 도전을 구성할 수도 있다는 것이다.

방화벽

신경과학을 포함한 과학적 연구는 정치적으로 중립적이라는 정당한 평판을 받고 있다. 르네상스 철학자 베이컨[Francis Bacon, 1561-1626]은 경험적 관찰에 기반을 둔 사실을 수집하고 이것을 이성적 성찰을 통해 세계에 대한 이해로 가져오는 것에 순수하게 의존하는 과학 사상을 수장했다. 교회와 국가의 이익은 이러한 과학적 방법을 통해 묶여야 했다. 정치적 중립성의 개념은 현재까지도 과학에 대한 중심적 이미지로 남아 있다.[Lacey, 2004] 과학이 역사적으로나 현재나 정치적으로 중립적이라고 해석하는 데에는 타당한 이유가 있다. 훌륭한 과학자들은 그들의 실증적 발견을 따르고 정치적 이념이 아닌 사실에 기반해 그들의 결론의 근거를 대는 학문의 사회적 관행에 익숙해져 있다. 일반적으로 좋은 과학적 연구와 정치적 이념사이에는 방화벽이 있다. 예를 들어, 기후변화를 부정하는 사람들에 의한 기후 과학의 비중립성에 대한 주장은 편협한 정치적·경제적 이해를 위한 연막에 불과하며, 비당파적이고 정치적으로 중립적인 기후 과학의 결과를 왜곡하는 것이다.[Michaels, 2008; Powell, 2011] 이와 유사하게, 신경과학 연구는 편협하게 당파적이거나 신자유주의적 이해관계에 의도적으로 납치되

진 않지만, 타당한 방법과 믿을 만한 결론과 함께 진정한 과학을 구성한다.[Bickle, 2013]

그런데 일반적으로 과학과, 특히 신경과학에 대한 이러한 이미지는 너무 단순한 것일 수 있다. 예를 들어, 페미니스트 이론가들은 전통 과학이, 개인의 주관적 또는 정치적 편견을 신중하게 배제했다 하더라도, 특히 남성적 편견을 포함하는 구조적 편견과 선입견을 유지하고 있음을 보여 주었다. 더 중요한 것은, 슬라비와 초드후리Slaby & Choudhury는 신경과학 연구의 틀을 만드는 데 사용되는 범주와 아이디어가 "우리의 예측으로 가득 차 있고, 사회적·정치적 질서와 공모할 수 있는 '사실', 세계관과 정책을 낳는 것들"이라고 주장한다.[Slaby & Choudhury, 2011: 36] 비록 우리가 신경과학이 사실적이라는 것은 받아들일 수 있더라도, 슬라비와 초드후리는 사실이 사회적(정치적·경제적) 맥락에 위치한 일련의 기본적인 신념에 의해 중요성을 부여받는다고 주장한다. 예를 들어, SPECT 영상 기술로 생성된 뇌 사진은 ADHD로 확인된 학생과 그렇지 않은 학생의 진짜 신경화학적 차이(예: 도파민 전달)를 비교해 보여 줄 수 있다.[Tripp & Wickens, 2008] 이것은 일반적으로 신경화학적 생산, 경로 또는 수용체가 오작동하는 것으로 생각되는 뇌의 질병을 나타내는 것으로 해석되어 왔다. 뇌의 차이에 대한 이러한 사실은 명시적으로 정치적 또는 경제적 이해관계가 아닌 상호 검토 연구를 기반으로 한다. 그런데 어떤 이들은 ADHD를 질병이라고 부르는 것이 실제로 그것에 관한 사실을 야기하는 과학적 연구의 틀을 만드는 과학 이전의 틀이라고 주장한다.[Maturo, 2013; Phillips, 2006] 생물학적 차이가 질병이 되어 버리는 규범적 판단에 대한 관찰이 위치하는 방식으로 연구에 도입된 과학 이전의 가정은 사실적 주장에서 간과되거나 묵살된다. 더욱이, 일부 과학 이전의 틀은 특정 정치적 지향과 일치한다. 두 사람은 특히 다음과 같이 주장한다.

고용 가능성, 유연성, 소프트 스킬이라는 이름으로 "인적 자본"의 신자유주의적 동원은 사회적·경제적 분야의 중립성 그리고 인간성, 인간 경험, 또 좋은 삶에 대한 증대된 생물학적 개념을 수행하는 신경과학자들 내에서 구체화되는 새로운 공간을 찾았다.Slaby & Choudhury, 2011: 37

다름의 의학화는 그것들이 자연(생물학)의 영역에 있음을 제안한다. 하지만 이러한 움직임은 한 예로, ADHD인 사람과 그렇지 않은 사람의 고용 가능성 차이를 사회적·정치적 문제가 아니라, 그 책임 소재를 전적으로 개인과 개인의 의료체제에 두는, 개인의 생물학적 문제라는 신자유주의적 생각과 은밀하게 일치한다. 질병으로서 ADHD는 사회적으로 구성된 범주일 수도 있다.

이와 관련해, 뇌 가소성의 일반적인 범주는 훨씬 밀접한 관련이 있다. 피츠 테일러Victoria Pitts-Taylor는 "뇌 가소성에 대한 신경과학이론의 대중적인 사용은 주체에 관한 신자유주의적 시각으로 가득 차 있다"Pitts-Taylor, 2010: 635라고 주장한다. 특정 발달 단계 후에 뇌가 영구적으로 연결되었다는 생각을 반박하는 신경과학에 의한 발견으로 중립가소성 개념은 인간이 향상과 변경에 영구적으로 열려 있고, 경세적 상황이 보장하는 만큼 변화할 수 있다는 과학적 근거가 되어 왔다. 그녀는 뇌 가소성의 발견이 평생학습을 통해 기술을 향상하고 정신적인 성과 부진 및 기억 상실을 피하기 위해, 개인 책임의 이미지를 대중적 상상 속에 창조하기 위해 사용되었음을 주장한다. 이러한 방식으로 신경과학 연구는 사회적 책임을 중립화시키고 개인화하는 신자유주의적 정치 이념을 암묵적으로 지지할 수 있다. 그렇다면 이것은 인간이 자신을 뉴런적 관점에서 보게 하고, 인간의 웰빙을 생산적으로 일하고 세계 경제에 기여하는 능력으로 정의하도록 엄호하는 것이다. 그리고 이것은 정부와 사회 엘리트가 복지 국가를 축소하고 이를 시장 세력으로 전환할 수 있도록 엄호한다. 이런 식으로 어떠한 것이 과학적 사실로 해석되는 것을 통해 신경과학의 공헌은 시대의 신자유주의 이념을 지지하지는 않더라도 일치되는 것으로 볼 수 있다.

사회적 행동의 의료화 현상은 자신을 이러한 이념과 일치시킨다. 게놈 프로젝트의 성공, 비침습적 두뇌 모니터링의 폭발적 증가, 그리고 명품 의약품 출현의 결합은 인간의 차이에 대한 의학적 설명을 위해 더 많은 도구를 제공함으로써 이러한 변화의 토대를 마련해 왔다. 하지만 이것은 단순히 의학적으로 순수하고 단순한 것이 아니다. 오히려 콘래드Peter Conrad에 따르면, 의료화는 "이제 전문직 종사자들보다 상업 및 시장의 이익에 의해 주도된다".Conrad, 2005: 3 물론 의학의 변화가 의료화에 기여하고 있지만, 그는 신자유주의적 이해관계로의 전환 역시 행동에 관한 현재의 의료화에 기여해 왔다고 말한다. 이러한 비판에 대해, ADHD를 뇌 질환으로 분류하고 많은 학생이 그 질환을 보인다고 진단하는 것은 순전히 의학적이지만은 않다. 오히려, 상업 및 시장의 이해관계가 문지기에게 더욱더 많은 학생을 진단하도록 압력을 가하고 있다. 좀 더 완곡하게 말하자면, 공식적인 문지기들은 비록 의료 전문가일지라도 과학적 독립성이 정치적인 시장 이해관계에 의해 이미 손상되었을 수도 있다는 것이다. 간접적으로 그러나 강력하게, 이것은 점점 더 많은 교사가 질병 중개자가되고, 일탈적 주체가 아닐지라도 남들과 다른 학생이 의학적으로 비정상 상태인 교육의 의료화로 이어진다.Comstock, 2011 다른 사람들은 이것이 종종 소비자 수요, 신경과학적 발견 및 학생의 정상성 내의 향상에 대한 압력과 관련이 있다고 지적한다.Maturo, 2013 교육의 의료화는 학교교육 내 더 큰 변화의 일부로 볼 수 있으며, 고부담 시험과 경영 책무성이라는 현재의 분위기에서 개인의 책임에 대한 신자유주의적 강조와 잘 맞아떨어진다. 의학적 진단에 대한 신경과학의 지원은 전통적으로 교육 실천의 영역에 관한 것들을 귀화시킨다. 전통적인 학교 내부에 있든 없든, 교육자들은 교육적 정상 또는 결핍을 구성하는 전문적 중개자로서의 신경과학의 역할을 포함해, 이러한 추세를 조금은 의심의 눈초리로 바라볼 필요가 있다. 교육자들은 비교육적 신경과학 전문가에게 영역을 양도하지 말고, 계속해서 주장해야 한다.

규범적 비전

과학 수준에서 문제의 일부는 무엇이 설명을 구성하는가에 관한 질문
이다. 전통적인 모더니스트(베이컨학파)들은 분자 유전학, 생화학, 신경해
부학 및 생리학이 인간의 삶과 웰빙을 설명하는 열쇠를 형성한다고 말
한다.Jacobson, 1993; Rose & Abi-Rached, 2013 그러한 설명은 주관적 경험과 행동을
fMRI, PET 스캔과 같은 뇌 영상 결과에서 나타나는 국소적인 혈류의 특
정 발견과 연관시키는 것에 의존한다. 여기서 거시적 수준의 행동 차이는
미시적 수준의 신경해부학적 또는 신경발달 결함으로 축소된다. 구성 요
소를 설명함으로써 전체가 이해되었다는, 즉 전체는 부분의 합이라는 믿
음이 있다.Bickle, 2006 하지만 어떤 이들은 신경해부학과 신경화학이 원칙적
으로 현실의 행동을 완전히 설명하지 못한다고 주장하며, 비판적인 입장
을 취한다. 나아가, 그들은 비침습적 뇌 영상으로 포착한 뇌를 통하는 국
부적인 혈액 급증이 시력, 청력, 운동 제어, 감정, 주의력, 언어 또는 수
행 제어와 같은 정신 과정에 대해 기껏해야 간접적이고 일반화된 설명만
을 제공한다고 주장한다. 더욱이 만조티와 모네라토가 설득력 있게 설명
한 바와 같이, fMRI는 "정신적 내용에 직접적으로 접근할 수 없다."Manzotti
& Moderato, 2010: 10 신경과학은 원칙적으로 마음을 설명할 수 없다. 뇌 영상
기술의 매력은 신경계의 국소 영역에 대한 사실이 인지적, 현상학적 마음
에 대한 완전한 설명을 제공할 수 있다고 생각하도록 우리를 오도하지만,
그럴 순 없다. 이러한 비판을 더 발전시킨 이들은 주관적 경험을 구성 요
소로 분해될 수 없는 창발 속성-구성 요소의 공동 상호작용에서 환원되
지 않는 것으로 새롭게 나타나는 것-으로 이론화했다.Macdonald & Macdonald,
2010 비록 추상적으로 '환원주의 대 창발주의' 논쟁이 대안교육의 우려와
는 거리가 먼 것처럼 보이지만, 실제로는 대안교육의 시작과 긴밀히 연결
되어 있다. 학생의 행동과 경험에 대한 비환원주의적이고 창발적인 설명
으로 교육은 환원주의 과학에 삼켜지지 않은 채 신경과학적 조언을 허용

한다. 이를 통해 교육은 바람직한 학습, 정당한 지식 또는 좋은 사회로 간주되는 것에 대한 민주적 의사결정에서 중심으로 남을 수 있다. 그리하여 교육은 두뇌의 구성 요소에 대한 신경과학적 전문 지식의 적용일 뿐만 아니라 사회적 실천이게 되어, 여기에서 많은 대안교육자들에게는 인류 번영의 대안적 비전을 포함하여 모범 사례와 원하는 결과에 대한 민주적 토론이 포함될 수 있다.

이러한 견해에 공감하며 덜 환원주의적이고 과학적으로 교육에 대한 설명을 주장하는 신경교육 커뮤니티 내부 목소리가 있다.[Cozolino, 2013; Siegel, 2012] 데이비스Andrew Davis는 "뇌 과학은 일부 사람들이 부여하고 싶어 하는 학습에 대해 권위를 가질 수 없다"라고 주장한다.[Davis, 2004: 21] 이것은 모든 데이터가 아직 포함되지 않았거나 신경과학의 기술이 아직 충분히 정제되지 않았기 때문이 아니다. 오히려 학습은 신경생물학적 과정으로 환원될 수 없다. 하워드 존스Paul Howard-Jones는 이러한 지적을 향상시켜, 학습의 교육적 개념이 신경과학에서 일반적으로 사용되는 환원적이고 개인주의적인 학습 개념보다 더 광범위하고 사회적으로 기반을 두었음을 주장한다. 그는 교육적 학습과 가르침이 최상위 수준을 포함하는 학습을 줄이지 않고 교육실습에 신경과학을 통합하는-뇌, 마음, 행동, 사회적 의사소통- 행동 수준 모델을 주장한다.[Howard-Jones, 2011] 일부 이론가는 학습이 아직 교육이 아님을 시사하는 또 다른 한 걸음을 내디뎠다.[Biesta, 2006; Burbules, 2013] 그들은 교육 문제를 오로지 학습의 관점에서 구성하는 것은 실수라고 주장한다. 예를 들어, 가르치는 것은 단지 어떤 학습이 일어나게 하는 것 그 이상이다. 그리고 교육은 다음과 같이 생각되어야 한다.

단순히 지식과 기술의 숙달, 노동과 성인 됨의 요구를 준비하기 위한 것뿐만 아니라, 특정 종류의 사람, 특정한 방식으로 행동하고 특정한 것에 관심을 기울이고, 특정한 방식으로 자신의 학습을 실행할 것으로 믿을 수 있게 기대되는 사람을 가져오는 것으로 생각될 필요가 있다.

이것은 교육에 규범적 지위를 더욱 명확하게 부여하여 교육의 민주적·정치적 성격을 가시화한다. 그리고 대안교육에 담긴 차이점들은 이러한 교육의 규범적 차원을 분명히 드러낸다.

비판적 신경과학

학습과 교육에 대한 환원주의적 이해를 비판하는 교육이론가들은 신경과학에 과학으로서 권위를 부여하고, 심지어 교육에 대한 신경과학의 선택적인 영향 역시 기꺼이 수용한다. 일부는 교육자에게 뇌에 대한 중립적인 정보를 제공하는 것으로 신경과학을 받아들이고, 교육적 실천은 이러한 발견으로 환원될 수 없으며 규범적 실천으로서의 교육은 기본적으로 뇌기반으로 생각되어서는 안 된다고 주장한다. 하지만 다른 사람들은 더 나아가 신경과학 자체에 비판적 검토가 필요하다고 제안한다. 일부 이론가는 비판적 신경과학[Choudhury & Slaby, 2011] 및 문화적 신경과학[Chiao, 2009] 같은 새로운 하위 학문을 개발하면서 새로운 학제 간 노력을 제안해 왔다. 비판적 신경과학은 "인간 현실에 관한 과학적 탐구는 특정 가치를 동원하는 경향이 있으며 종종 자연 혹은 자연성에 대한 해석을 쉽게 형성할 수 있는 이해관계에 봉사한다"라는 관점을 포함한다.[Slaby & Choudhury, 2011: 29] 이것은 신경과학 자체를 약화시키려는 게 아니라, 신경과학에서 사용되는 범주에서 문화적으로 대표된 특성과 이것이 인간의 행동과 분류를 귀화시키는 방식을 탐구하기 위해서다. 예를 들어 신경기반 중독, 범죄 행동, 거짓말, 청소년기의 경솔함, 우울증에 관한 신경과학의 연구는 그것들을 생물학적 현상으로 만드는 경향이 있으며, 그것들을 공동 생산하는 사회적·문화적 환경을 은폐한다. 비판적 신경과학은 인적 자본 및 평생의 유연성life-long flexibility이라는 주의주의자voluntarist의 아이디어와 결합한 기업가적 자아와 같은 더 광범위한 문화적 범주가 신경과학적 담론을 신자유주의적, 경제적 요구와 암묵적으로 결합해 온 방식을 탐색한다. 교육의 전체 분야는 신경과학에 대한, 이 강력한 비판에 주의를 기울이는 것이 좋다. 더욱 구체적으로, 이러한 비판은 대안교육자들에게 교육을 학습으로 환원하고, 신경과학의 발견과 통찰을 거부하지 않으면서 배타적으로 두뇌기반 과학을 스스로 학습하는 것을 포함해, 일부 신경교육의 주장이 지니는 절대적 권위성의 매력에서 거리를 두는 것에 더 나은 대안을 제시한다.

주류 학교교육에 대한 규범적 비판이 체현되었다는 점이 대안교육의 핵심 강점이다. 이러한 대안들은 가르침과 배움의 대안적 방식뿐 아니라 교육 목적과 그것이 좋은 사회로 상상되는 것의 관계에 대한 다양한 비전을 가시화한다. 교육에 대한 비환원주의적 이해는 바로 이러한 주류에의 저항 때문에 대안교육에서 적절하게 나타날 수 있다. 이것은 또한 대안교육이 비환원주의적이고 사회문화적 관계를 고려하는 교육과 신경과학 간의 관계에 적합하다는 것을 의미한다. 하지만 이것이 대안교육자가 신경과학과 신경과학의 주장을 어떤 대가를 치르더라도 피할 필요가 있음을 의미하지는 않는다. 심지어 구체적이고 날카로운 비판을 하는 비판적 신경과학조차도 인지 신경과학의 통찰에 열려 있다.[Gallagher, 2011] 앞서 살펴본 마음 챙김 연구는 대안적 접근을 지원하거나 향상시킬 수 있는 좋은 잠재력을 지닌 비환원주의적 이해의 또 다른 예시이다.[Orr, 2002] 대안교육자는 학습자의 비환원주의적 묘사를 포함하여 그들 자신의 규범적 비전에 대한 명확한 개념적 이해 때문에 그것의 위험에 저항하지만, 유망한 신경과학적 발견을 탐색할 수 있는 좋은 위치에 있다.

참고문헌

Apple, M. W. (2004). Creating diff erence: Neo-liberalism, neo-conservatism and the politics of educational reform. *Educational Policy, 18*(1), 12-44. doi:10.1177/0895904803260022.

Baroncelli, L., Braschi, C., Spolidoro, M., Begenisic, T., Sale, A., & Maff ei, L. (2010). Nurturing brain plasticity: Impact of environmental enrichment. *Cell Death and Diff erentiation, 17*, 1092-1103.

Bickle, J. (2006). Reducing mind to molecular pathways: Explicating the reductionism implicit in current cellular and molecular neuroscience. *Synthese, 151*, 411-434. doi:10.1007/s11229-006-9015-2.

Bickle, J. (Ed.). (2013). *The Oxford handbook of philosophy and neuroscience.* New York: Oxford University Press.

Biesta, G. J. J. (2006). *Beyond learning: Democratic education for a human future.* Boulder, CO: Paradigm Publishers.

Biesta, G. J. J. (2010). *Good education in an age of measurement: Ethics, politics, democracy.* Boulder, CO: Paradigm Publishers.

Borrelli, E., Nestler, E. J., Allis, C. D., & Sassone-Corsi, P. (2008). Decoding the epigenetic language of neuronal plasticity. *Neuron, 60*, 961-974. doi:10.1016/j.neuron.2008.10.01.

Brown, K. (2012). *Educate your brain: Use mind-body balance to learn faster, work smarter, and move more easily through life.* Phoenix, AZ: Balance Point Publishing.

Bruer, J. T. (1997). Education and the brain: A bridge too far. *Educational Researcher, 26*(8), 4-16. doi:10.2307/1176301.

Burbules, N. C. (2013). Learning is not education. In P. Smeyers & M. Depaepe (Eds.), *Educational research: The attraction of psychology* (pp. 159-166). Dordrecht, Springer.

Caine, R. N., Caine, G., Klimek, K. J., & McClintic, C. (2008). *12 brain/mind learning principles in action: Developing executive functions of the human brain.* Thousand Oaks, CA: Corwin Press.

Campbell, D. (2009). *The Mozart eff ect.* New York: HarperCollins.

Chiao, J. Y. (Ed.). (2009). *Cultural neuroscience: Cultural infl uences on brain function.* Amsterdam: Elsevier.

Choudhury, S., & Slaby, J. (Eds.). (2011). *Critical neuroscience: A handbook of the social and cultural contexts of neuroscience.* New York: Wiley.

Comstock, E. J. (2011). The end of drugging children: Toward the genealogy of the ADHD subject. *Journal of the History of the Behavioral Sciences, 47*(1), 44-69. doi:10.1002/jhbs.20471.

Conrad, P. (2005). The shifting engines of medicalization. *Journal of Health and Social Behavior, 46*(1), 3-14. doi:10.1177/002214650504600102.

Cozolino, L. (2013). *The social neuroscience of education: Optimizing attachment and learning in the classroom.* New York: Norton.

Craigmyle, N. A. (2013). The benefi cial eff ects of meditation: Contribution of the anterior cingulate and locus coeruleus. *Frontiers in Psychology, 4*(731), 1-16. doi:10.3389/fpsyg.2013.00731.

Davies, P. (1999). What is evidence-based education? *British Journal of Educational Studies, 47*, 108-121.

Davis, A. (2004). The credentials of brain-based learning. *Journal of Philosophy of Education, 38*(1), 21-36.

De Vibe, M., Bjorndal, A., Tipton, E., Hammerstrom, K., & Kowalski, K. (2012). Mindfulness based stress reduction (MBSR) for improving health, quality of life, and social functioning in adults. *Campbell Systematic Reviews, 3*, 1-27. doi:10.4073/csr.2012.3.

Dennison, P. E., & Dennison, G. E. (1994). *Brain gym*. Ventura, CA: Edu-Kinesthetics.

Diamond, M. C., & Hopson, J. L. (1999). *Magic trees of the mind: How to nurture your child's intelligence, creativity, and healthy emotions from birth through adolescence*. New York: Plume.

Farb, N. A. S., Anderson, A. K., & Segal, Z. V. (2012). The mindful brain and emotion regulation in mood disorders. *Canadian Journal of Psychiatry Revue Canadienne De Psychiatrie, 57*(2), 70-77.

Fielding, M. (2013). Whole school meetings and the development of radical democratic community. Studies in Philosophy and Education, 32(2), 123-140. doi:10.1007/s11217-010-9208-5.

Frank, J. L., Jennings, P. A., & Greenberg, M. T. (2013). Mindfulness-based interventions in school settings: An introduction to the special issue. *Research in Human Development, 10*, 205-210. doi:10.1080/15427609.2013.818480.

Gallagher, S. (2011). Scanning the lifeworld: Toward a critical neuroscience of action and interaction. In S. Choudhury & J. Slaby (Eds.), *Critical Neuroscience* (pp. 85-110). Hoboken, NJ: Wiley-Blackwell.

Geake, J. (2008). Neuromythologies in education. *Educational Research, 50* (2), 123-133. doi:10.1080/00131880802082518.

Germer, C. K. (2005). Mindfulness: What is it? What does it matter? In C. K. Germer, R. D. Siegel, & P. R. Fulton (Eds.), *Mindfulness and psychotherapy* (pp. 3-27). New York: Guilford Press.

Goswami, U. (2006). Neuroscience and education: From research to practice? *Nature Reviews Neuroscience, 7*, 406-413.

Greeson, J., & Brantley, J. (2009). Mindfulness and anxiety disorders: Developing a wise relationship with the inner experience of fear. In F. Didonna (Ed.), *Clinical handbook of mindfulness* (pp. 171-188). New York: Springer.

Hardiman, M. M. (2012). *The brain-targeted teaching model for 21st-century schools*. Thousand Oaks, CA: Corwin.

Higgins, C. (2011). *The good life of teaching: An ethics of professional practice*. Hoboken, NJ: Wiley-Blackwell.

Hötting, K., & Röder, B. (2013). Benefi cial eff ects of physical exercise on neuroplasticity and cognition. *Neuroscience & Biobehavioral Reviews, 37*(9, Part B), 2243-2257. doi:10.1016/j.neubiorev.2013.04.005.

Howard-Jones, P. A. (2010). *Introducing neuroeducational research: Neuroscience, education and the brain from contexts to practice*. London/New York: Routledge.

Howard-Jones, P. A. (2011). A multi-perspective approach to neuro-educational research. *Educational Philosophy and Theory, 43*(1), 24-30. doi:10.1111/j.1469-5812.2010.00703.x.

Huttenlocher, P. R. (2009). *Neural plasticity*. Cambridge, MA: Harvard University Press.

Jacobson, M. (1993). *Foundations of neuroscience*. New York: Springer.

Jensen, E. (2005). *Teaching with the brain in mind* (Rev. 2nd ed.). Alexandria, VA: Association for Supervision & Curriculum Development.

Karmarkar, U. R., & Buonomano, D. V. (2006). Diff erent forms of homeostatic plasticity are engaged with distinct temporal profi les. *European Journal of Neuroscience, 23*, 1575-1584. doi:10.1111/j.1460-9568. 2006.04692.x.

Klees, S. J., Samoff, J., & Stromquist, N. P. (Eds.). (2012). *The World Bank and education: Critiques and alternatives*. New York: Springer.

Lacey, H. (2004). *Is science value free? Values and scientifi c understanding*. London: Routledge.

Langer, E. J., & Moldoveanu, M. (2000). The construct of mindfulness. *Journal of Social Issues, 56*(1), 1-9. doi:10.1111/0022-4537.00148.

Macdonald, G., & Macdonald, C. (Eds.). (2010). *Emergence in mind*. Oxford, UK: Oxford University Press.

Manzotti, R., & Moderato, P. (2010). Is neuroscience adequate as the forthcoming "mindscience"? *Behavior and Philosophy, 38*, 1-29.

Maturo, A. (2013). The medicalization of education: ADHD, human enhancement and academic performance. *Italian Journal of Sociology of Education, 5*(3), 175-188.

Michaels, D. (2008). *Doubt is their product: How industry's assault on science threatens your health*. New York: Oxford University Press.

Moran, D. J., & Malott, R. W. (2004). *Evidence-based educational methods*. Waltham, MA: Academic.

Olssen, M. (2006). Understanding the mechanisms of neoliberal control: Lifelong learning, fl exibility and knowledge capitalism. *International Journal of Lifelong Education, 25*, 213-230.

Orr, D. (2002). The uses of mindfulness in anti-oppressive pedagogies: Philosophy and praxis. *Canadian Journal of Education Revue Canadienne de L'éducation, 27*, 477-497. doi:10.2307/1602246.

Pasquinelli, E. (2012). Neuromyths: Why do they exist and persist? *Mind, Brain, and Education, 6*(2), 89-96. doi:10.1111/j.1751-228X.2012.01141.x.

Peim, N. (2013). Education, schooling, Derrida's Marx and democracy: Some fundamental questions. *Studies in Philosophy and Education, 32*(2), 171-187. doi:10.1007/s11217-012-9300-0.

Phillips, C. B. (2006). Medicine goes to school: Teachers as sickness brokers for ADHD. *PLoS Medicine, 3*, 433-435. doi:10.1371/journal.pmed.0030182.

Pitts-Taylor, V. (2010). The plastic brain: Neoliberalism and the neuronal self. *Health: An Interdisciplinary Journal for the Social Study of Health, Illness and Medicine, 14*, 635-652. doi:10.1177/1363459309360796.

Powell, J. L. (2011). *The inquisition of climate science*. New York: Columbia University Press.

Rizvi, F. (2013). *Globalization and education*. London: Routledge.

Rose, N. S., & Abi-Rached, J. M. (2013). *Neuro: The new brain sciences and the management of the mind*. Princeton, NJ: Princeton University Press.

Siegel, D. J. (2012). *The developing mind: How relationships and the brain interact to shape who we are* (2nd ed.). New York: Guilford Press.

Slaby, J., & Choudhury, S. (2011). Proposal for a critical neuroscience. In S. Choudhury & J. Slaby (Eds.), *Critical neuroscience: A handbook of the social and cultural contexts of neuroscience*. Hoboken, NJ: Wiley.

Slagter, H. A., Davidson, R. J., & Lutz, A. (2011). Mental training as a tool in the neuroscientifi c study of brain and cognitive plasticity. *Frontiers in Human Neuroscience, 5*, 1-12. doi:10.3389/fnhum.2011.00017.

Sousa, D. A. (Ed.). (2010). *Mind, brain, and education: Neuroscience implications for the classroom*. Bloomington, IN: Solution Tree Press.

Spolidoro, M., Sale, A., Berardi, N., & Maff ei, L. (2009). Plasticity in the adult brain: Lessons from the visual system. *Experimental Brain Research, 192*, 335-341. doi:10.1007/s00221-008-1509-3.

Sprenger, M. (2007). *Becoming a "wiz" at brain-based teaching: How to make every year your best year*. Thousand Oaks, CA: Corwin Press.

Spring, J. (2008). Globalization of education: An introduction. London: Routledge.

Steger, M. B., & Roy, R. K. (2010). *Neoliberalism: A very short introduction*. Oxford, UK: Oxford University Press.

Sukarieh, M., & Tannock, S. (2008). In the best interests of youth or neoliberalism? The World Bank and the New Global Youth Empowerment Project. *Journal of Youth Studies, 11*, 301-312. doi:10.1080/136762608019 46431.

Sylvan, L. J., & Christodoulou, J. A. (2010). Understanding the role of neuroscience in brain based products: A guide for educators and consumers. *Mind, Brain, and Education, 4*(1), 1-7. doi:10.1111/j.1751-228X. 2009.01077.x.

Tripp, G., & Wickens, J. R. (2008). Research review: Dopamine transfer deficit: A neurobiological theory of altered reinforcement mechanisms in ADHD. *Journal of Child Psychology and Psychiatry, 49*, 691-704. doi:10.1111/j.1469-7610.2007.01851.x.

Willingham, D. T., & Lloyd, J. W. (2007). How educational theories can use neuroscientific data. *Mind, Brain, and Education, 1*, 140-149.

Wolfe, P. (2010). *Brain matters: Translating research into classroom practice*. Alexandria, VA: ASCD.

World Bank Group Education Strategy 2020. (2011). *Learning for all: Investing in people's knowledge and skills to promote development*. Washington, DC: World Bank Publications. Retrieved from http://siteresources.worldbank.org/EDUCATION/Resources/ESSU/Education_Strategy_4_12_2011.pdf

Zatorre, R. J., Fields, R. D., & Johansen-Berg, H. (2012). Plasticity in gray and white: Neuroimaging changes in brain structure during learning. *Nature Neuroscience, 15*, 528-536. doi:10.1038/nn.3045.

Zull, J. E. (2011). *From brain to mind: Using neuroscience to guide change in education*. Sterling, VA: Stylus Publishing.

7장
여성의 전통적 관심사

넬 나딩스[1]

여성이 처음부터 교육과정 설계에 참여했다면 학교 교육과정은 어떻게 되었을까? 물론 여성이 모두 똑같지는 않으며, 그들이 하나의 보편적인 정신으로 대표될 수 있다고 가정하는 것은 잘못이다. 실제로 그러한 가정에 기반을 둔다는 것은 과거에 수많은 사람이 범한 오류를 반복하는 것이다. 하지만 여성들이 가족과 가정을 유지하며 평생을 보내리라는 기대 아래 수 세기 동안 살아온 것을 부인할 수는 없다. '가장 좋은' 가정과 가족 속에서 소녀들은 집에서 이 어려운 일을 처리하는 방법을 배웠다. 그런데 이러한 '최고의' 집들을 어떻게 설명해야 할까? 우리가 '더 나은 어른'이 무엇을 의미해야 하는지에 대한 탐구를 지속적으로 심화시켜야 하는 것처럼, 우리는 비슷하게 '최고의 가정'의 본질을 검토해야 한다. 만약 우리가 몇몇 강력한 가능성을 발견할 수 있다면, 이 정보를 학교 교육과정에 포함시키는 것이 합당하다.

오늘날 빈곤과 교육 사이의 연결이 매우 강조되고 있으며, 빈곤 완화 조치가 취해지면 학교가 더 효과적일 수 있다고 추정되곤 한다. 이것은 거의 확실한 사실이라고 할 수 있다. 하지만 더 나은 가정생활을 위해 교

---

1. 넬 나딩스(Nel Noddings, 1929~2022): 스탠퍼드대 명예교수, 미국 시카고대 실험학교 교장으로 일했으며, 교육철학회와 듀이학회 회장을 역임했다. 스탠퍼드대학교에서 교사 교육 프로그램, 학교수업, 학교행정, 교육과정 개발 과목을 가르쳤고, 교육철학 및 교육 이론을 전문적으로 탐구했다. 관심 분야는 돌봄윤리, 도덕교육, 지역기반교육, 글로벌 시민교육 등이다. 스탠퍼드대학교 교육상을 수상했으며, 『Education and Democracy in the 21st Century』 등의 저서가 있다.

육하는 것이, 빈곤 감소뿐 아니라 표준 교육과정 시행에서 학교의 효율성 제고에 기여할 수 있다는 생각을 탐구하는 것도 가치 있는 일이다. 학교에서 아이들의 성공을 결정짓는 가장 중요한 요소가 자녀 양육의 질이라는 점이 명약관화함에도, 우리는 학교에서 부모 되기에 대해 거의 또는 전혀 가르치지 않는다. 그 밖에 학교 교육과정에 포함되어야 하는 것은 무엇인가?

가정살림

사려 깊은 비평가들이 깔끔함을 조롱하는 것은 드문 일이 아니다. 예를 들어 리브진스키Witold Rybczynski는 이렇게 썼다. "'가정다움'이란 깔끔함은 아니다. 그러하다면 모두가 실내 디자인 및 건축 잡지에 실리는 삭막한 비인간적인 주택의 복제품에서 살 것이다."[Rybczynski, 1986: 17] 이어서 그는 서재와 책상의 상태를 설명했다. "반쯤은 펴지 않은 책, 백과사전, 여러 가지 사전들, 잡지, 종이, 신문 스크랩이 뒤섞여 3층 깊이로 뒤덮여 있다." 그는 말을 잇는다. 긴 문단에는 그의 연구와 관련된 "많은 개인 기념품, 사진, 물건들"이 나열되어 있다. 하지만 그가 자신의 보고를 축적하며 쌓아 올리는 연구를 하고 있음을 주목해야 한다.

리브진스키의 다소 지저분하지만 생산적인 가정 분위기에 대한 설명은 엘리엇Andrea Elliot이 시에서 운영하는 노숙자 쉼터에서 3년 동안 살고 있는 가족을 묘사한 것과 대조된다. 그 가족은 개인 생활 보호용 칸막이 없이 큰 방 한 칸에 같이 쑤셔 넣어졌다. 그들은 다른 거주자들과 화장실을 공유해야 한다. 화장실은 불결하고 밤에는 너무 겁이 나서 가족들은 밤이면 급한 볼일에 대비해 방구석에 요강을 두고 있다. 옷과 다른 소지품들은 구석진 곳과 침대 아래 쌓여 있다. 아이들이 숙제하거나 부모가 가계부 정리 등을 할 만한 데는, 어디에도 없다. 반쯤만 펼쳐진 책, 아예 책을 뒤섞어 놓은 곳이 어디 있을까?

정리 정돈에 대한 염원은 인간의 경험에 스며든다. 크로는 이렇게 지적했다. "역사적으로 인간이 만든 세계와 자연 모두에서 끊임없이 정리 정돈한다는 생각은 우리의 마음이 감각적 인상과 문화적 정보로 가득 차 있어야 한다는 '백지'라는 가장 설득력 있는 논변을 한 로크의 경험주의적 관점과 상반된다."[Crowe, 1997: 7] 인간은 정돈을 추구할 만큼 아주 구성적이지만, 그만큼 중요하게도 우리에게는 정돈이 필요하다는 것이 크로가 말하는 논변의 요체이다. 일상생활에 어느 정도의 정돈이 없다면, 우리는 과학에서 질서, 예술에서 아름다움, 철학에서 합리적 표현을 추구할 수 없다. 예를 들어, 공부를 위해 따로 마련된 '장소'가 부여하는 정돈은 일상 속에서의 정돈을 강박적으로 추구하는 것으로부터 우리를 해방시켜 준다. 엘리엇이 묘사한 것처럼, 도시가 운영하는 쉼터에 사는 불행한 주민들은 정돈 때문에 비효율적으로 어슬렁거리는 행동에서 결코 자유로울 수가 없다.

여성들이 자기 생각을 글로 쓸 수 있을 때, 자신이 생산한 것을 연구함으로써 그들은 학교 교육과정에서 무엇을 원했는지를 비로소 알 수 있다. 그들은 가정살림이라는 중요한 일을 거부하지 않으며, 그 같은 일을 더 잘 관리하도록 조성하기 시작했다. 콜린스는 애덤스Jane Addams의 말을 인용, "현대적 발명들이 새로운 유형의 가정살림이 실행 가능하도록 조성하고 나서야 여성은 직업과 가사라는 두 가지 기능을 완수할 수 있었다"[Collins, 2003: 294]라고 했다. 여성은 더 넓은 물리적·정치적 세계의 질서를 추구할 수 있어야만 직접적 생활 공간에서 정돈을 성취하거나 부여받을 수 있게 된다. 애덤스는 지속적인 변화의 분위기에 확실히 헌신했던 헐하우스Hull-House의 개방정책을 유지하면서도 사색을 위한 장소와 기회를 제공해야 한다고 주장했다.[Elshtain, 2002 참조] 여성의 전통적인 일에 대한 존중을 고양하는 그녀의 헌신은 가정부에게 빵을 주는 색슨족 부인들에게 붙여진 이름인 '빵을 주는 사람'에 대한 그녀의 감탄에서 파악이 된다. 나는 나중에 평화, 비판적 사고, 종교에 대한 논의에서 애덤스의 저서로 돌아가 논의할 것이다. 이 모든 주제에 대한 그녀의 생각은 지적이고 실용적인 균형 감각을 보여 준다.

애덤스 이전과 이후의 영향력 있는 여성 작가들은 여성의 일에 대한 존중을 높여 가면서, 다른 한편으로는 그 일을 좀 더 편하게 할 수 있도록 고된 일을 줄여 가는 이중의 노동을 해야 했다. 19세기 중반 캐서린 비처Catherine Beecher는 가정부의 전통적인 작업을 존중하고, 그 일을 더 효과적으로 만들기 위해 기획된 책인 『가정경제에 대한 보고서A Treatise on Domestic Economy』를 작성했다. 게일 콜린스Gail Collins는 비처의 작업에 대해 다음과 같이 말한다.

> 그녀는 가정살림을 함으로써 여성의 지위를 높이기 위해 평생을 싸웠다. 그녀는 국가의 자녀들을 교육하는 일을 맡은 아내들이 … 직업을 준비해야 한다고 주장했다. 우선 오후에는 철학, 화학, 천문학, 식물학, 지질학, 광물학, 도덕철학을 가르쳤던 기숙학교에서 아침에는 빨래, 바느질, 요리를 한다.^{Collins, 2003: 92}

비처는 가정살림의 일상 업무뿐만 아니라 주택 디자인의 실용적인 측면에도 관심이 있었다. 종종 가정에서 여성들이 하는 작업의 역할을 완전히 도외시하는 대부분의 남성 건축가들과 달리, 비처는 위생, 환기, 난로, 옷장, 선반, 작업대 표면의 배치에 실질적인 관심을 기울였다. 여동생 해리엇 비처 스토Harriet Beecher Stowe와 함께 그녀는 "넓은 옷장과 수납공간을 무시하지 않고, 1,200평방피트도 안 되는 공간에 8명을 위한 공간을 제공할 수 있는 작고 저렴한 모델 하우스를 설계했다."^{Rybczynski, 1986: 161} 그녀는 참으로 시대를 앞서갔다.

20세기 초, 몇몇 여성은 국내 공학에 그러한 아이디어를 적용함으로써 효율성 공학 운동에 관한 관심을 늘리는 데 기여했다. 프레데릭Christine

Frederick, 패티슨Mary Pattison, 길브레스Lillian Gilbreth는 부엌과 기타 가정 살림의 효율성 실험에 관해 연구하고, 수행하고, 저술했다. 이러한 주목할 만한 여성들의 공헌을 리브진스키는 이렇게 말한다. "주방 조리대, 식기세 척기에서 접시를 꺼내서 편리하게 머리 위 선반에 놓거나 하루도 아닌 한 시간 만에 집안의 먼지를 털어 내는 것 등, 누구든지 편하게 일하는 것을 우리는 가사 엔지니어들에게 빚졌다."^{Rybczynski, 1986: 171}

오늘날의 학생들은 특히 그녀의 남편 프랭크와 함께 산업 엔지니어로 일했던, 영화 〈열두 명의 웬수들〉[2]에서 말한 길브레스 이야기에 매료될 것이다. 그녀는 아이 열둘을 길렀고, 가사 효율성에 관한 책을 썼으며, 프랭크가 죽었을 때 그의 책 대부분을 물려받았다. 그녀의 이야기는 가정살림의 효율성 향상에서 여성의 적극적 참여가 지닌 이중적 목적―그 일에 대한 진정한 존중을 촉진하면서 그것과 관련된 고된 일을 제거하는 것― 을 생생하게 보여 준다.

교육적 관점에서 효율화 운동이 첫 번째 목표(가정살림에 대한 진정한 존중)보다는 두 번째 목표(고된 일 제거)에서 더 성공적이었다는 점은 흥미롭다. 가정살림은 여선히 자주 기피되고 낮은 급여를 받고 있기 때문이다. 힘겹게 획득한 효율성이란 수많은 여성에게는 집 밖에서 일할 수 있는 자유를 의미했다. 가사를 돕는 남성들은 그 일이 가족의 평화, 정돈 및 동반자 관계에 기여하는 바에 대해 깊이 있는 이해를 하지 못한다.

만약 여성이 처음부터 학교 교육과정 설계에 참여했다면, 가정살림에 대한 일부 자료가 포함됐을 게 분명하다. 그 자료가 가정살림 개념에 내재한 더 깊은 의미를 겨냥한 것일까? 아니면 일종의 '어떻게 해야 하는가'

---

2. (옮긴이 주) 〈열두 명의 웬수들(Cheaper by the Dozen)〉은 미국의 가족 코미디 영화로 스티브 마틴과 보니 헌트가 주연을 맡았다. 2003년 12월 25일 개봉한 이 영화로 20세기폭스사는 4,000만 달러의 예산으로 전 세계에서 1억 9,200만 달러를 벌어들였다. 로튼 토마토의 비판적인 의견은 유머가 부족하다는 것이다. 2005년 12월 속편이 개봉되었다. 두 영화 모두 프랭크 벙커 길브레스 주니어와 그의 여동생 어니스틴 길브레스 캐리가 쓴 길브레스 가족의 실생활과 그들의 삶에 대한 준자전적 이야기에서 영감을 받았다.

의 교육과정이었을까? 정돈에 대한 더 큰 탐색과 좋은 가정살림의 기여를 다루었을까? 여기서 그것을 말할 수는 없다. 일부 소녀를 위한 가정 강좌는 교육과정에 잠시 등장했지만, 그것들은 정돈을 위한 보편적 탐색과는 관련이 없었다.[3] 그런데 이 문제에 관해서는 동일한 비판이 전체 교육과정에 공평하게 적용될 수 있다. 즉, 명제적 앎knowing-that과 약간의 방법적 앎knowing-how을 크게 강조하고, 인과적 앎knowing-why은 거의 강조하지 않거나 호기심 및 또 다른 형태의 앎에 대한 심화된 탐구를 유발하는 종류의 내용적 앎knowing about을 거의 언급하지 않는 것에 해당한다.

철학자로서 나는 학생들이 바슐라르Gaston Bachelard의 『공간의 시학』을 읽었으면 좋겠다고 생각한다. 집 또는 거주지는 인간 삶의 중심이다. 바슐라르는 다음과 같이 썼다. "집은 백일몽을 피하며, 집은 꿈꾸는 자를 보호하고, 집은 사람이 평화롭게 꿈을 꿀 수 있게 한다."[Bachelard, 1964: 6] 비좁은 도시 쉼터에 사는 아이들은 이에 대해 어떻게 반응할까? 바슐라르는 계속해서 말한다. "한 사람의 삶에서 집이란 우연성을 멀리한 영속성을 위한 회의들을 멈추지 않도록 한다. 그것이 없다면 인간은 흩어진 존재가 될 것이다. 그것은 하늘의 폭풍과 삶의 폭풍을 통해서 그를 유지시킨다. … 그것은 인간의 첫 번째 세계이다."[Bachelard, 1964: 7]

그런데 철학이 고등학교 수준에서 제공되는 경우는 거의 없으며, 설사 그렇다고 하더라도 바슐라르를 입문 작가로 제시하는 것은 이례적인 일일 것이다. 하지만 고려해야 할 또 다른 청중이 있다. 바로 고등학생들의 교사들이다. 이들은 인간의 삶에서 집의 중요성에 대한 자료를 읽고 토론해야 한다. 집을 가정으로 만드는 것은 무엇인가? 가정의 질서는 더 넓은 세상에서 질서를 찾는 데 어떻게 기여할 수 있는가? 엘리엇이 설명한 종류의 조건이 어린이의 삶에 어떤 영향을 미치는가? 바슐라르는 어린 시

---

3. 가정경제 운동의 역사와 평가에 대해서는 Patricia J. Thompson의 〈헤스티아 삼부작〉 (Thompson, 2002, 2003, 2004)을 참조.

절 가정의 지속적인 영향에 대해 다음과 같이 쓴다. "수많은 어린 시절 이야기에서 그때의 이야기가 진심이라면, 우리는 방이 없어 구석으로 밀려나 웅크린 아이들에 대한 많은 이야기를 들어 보아야 한다! 그러나 우리의 기억을 넘어 우리가 태어난 집이 우리 안에 물리적으로 각인되어 있다. 그것은 체화된 습관이다."[Bachelard, 1964: 14] 만약 바슐라르의 이 말이 옳다면, 우리는 형편없는 공공 쉼터 생활로 얼룩진 습관을 매우 우려하지 않을 수 없다. 그렇다면 교사들이 더 건강하고 정돈된 습관들을 장려하기 위해 어떤 일을 할 수 있을까?

이전에 고등학교 수학 교사로 일했던 나는 이 주제로 몇 가지 제안을 할 수 있다. 소비자 수학을 통해 많은 것을 할 수 있으며, 이미 언급한 가정살림 관리사가 가계 금융 주제에 대해 할 말이 있다고 지적해야 한다.[예: Cohen, 2003 참조] 내가 선호하는 것으로 정돈의 개념에 대한 몇 가지 아이디어를 제안할 수 있다. 수학에서 질서의 개념은 기본일 뿐만 아니라, 이 공부는 질서를 특징으로 하는 분위기를 필요로 한다. 학생들이 공부하려면 조용하고 정돈된 장소가 있어야 한다. 공부에서 시간, 장소, 자세, 음식, 음료, 그리고 그들의 효과를 촉진하는 다른 것에 관해 자신의 습관과 선호를 연구하도록 격려하는 것도 유용하다. 여타의 모든 것이 공부의 효과를 촉진한다. 나는 그들에게 하다마르[Jacque Hadamard]의 『수학 분야의 발명심리학』[1954]의 발췌문을 읽어 주고, 그들에게 일상생활에서의 질서가 다양한 학문 분야에서 질서의 통제에 어떤 영향을 미칠 수 있는지를 생각해 보라고 격려할 수 있다. 하다마르는 수학적 사고에 대한 다양한 접근 방식에 관심이 많았는데, 아침이나 저녁, 운동 전이나 후에 대한 선호, 식이요법 효과 등 일상적인 작업 습관에 관한 질문도 했다. 그가 질문한 다음의 사례를 보자. "사람이 서 있거나 앉거나 누워서 칠판이나 종이 위에서, 외부 소음으로 어느 정도 방해를 받는지, 걷거나 기차 안에서 문제를 탐구할 수 있는가? 각성제나 진정제(담배, 커피, 알코올 등)가 업무의 질과 양에 어떤 영향을 미치는가?"[Hadamard, 1954, p. 148]

자신의 작업 공간과 습관에 대해 생각하도록 격려하는 것 외에도, 일부 학생은 하다마르의 글을 읽고 나서, 벨E. T. Bell의 『수학을 하는 사람』을 읽으려고 할지 누가 알겠는가? 아마 호프만Paul Hoffman의 『숫자만을 사랑한 사람』도 읽으려고 할지 모른다. 아니면 모차르트의 창의성에 대한 하다마르의 논의에서 영감을 받은 다른 사람들은 음악, 예술, 과학, 문학의 질서/정돈에 대한 아이디어를 탐구하기를 원할지도 모른다. 아마도 몇몇은 호프스태터Douglas Hofstadter의 『괴델, 에서, 바흐: 영원한 황금 노끈』도 읽으려고 노력해 볼 수 있을 것이다. 오늘날 수학 교사 중 어느 정도가 그런 읽기를 지도할 수 있을까?

더 일반적으로 가정살림과 관련된 주제를 소개하려는 시도에서 부엌과 가정용품 가게에서 일하는 시간을 허용하기 위해 학교의 구성을 바꿀 가능성이 있는가? 우리는 전체론적 교육에 관한 작업에서 그러한 배치에 대한 설명을 찾을 수 있지만[Miller, 2010 참조], 그 작업은 주로 초등학교로 제한되며, 그러한 시설이 우리 고등학교에서 이루어질 것 같지 않다. 상점과 부엌이 제공되고 있는데도, 모든 학생이 다니는 일반교육에서는 그것을 거의 이용하지 않는다. 집안일을 위한 교육은 미국 교육에서 우선순위 그다지 높지 않다. 우리가 가르치기를 거부하는 자료에서 파생된 자원을 박탈당하기 때문에, 역설적으로 많은 아이가 부분적으로는 적어도 제시된 과목을 제대로 공부하지 못하고 있음을 우리는 안다.

우리가 무엇을 결정하든, 교육자와 정책 입안자들이 그것에 대해 생각하도록 유도할 수만 있다면, 우리는 '어떻게 해야 하는가'의 접근 방식에 굴복하는 태도를 피하는 동시에 가정살림에 대한 모든 연구를 남성과 여성 모두가 공유하는 따분한 의무라고 모조리 무시하는 태도도 삼가야 한다. 그것은 그 자체로 학제 간 연구를 위한 훌륭한 주제가 될 수도 있고, 질서(정리 정돈)에 토대를 둔 큰 주제의 실질적인 부분이 될 수도 있다. 집안일의 지루함과 고된 노동의 이면에는 행복한 가정생활과 정돈을 위한 보편적 추구에 대한 부인할 수 없는 지지가 있다. 그러면 가정살림이 다른 모든 직업에 종속되는 것을 미화하지 않고 어떻게 이를 존속시킬 수 있는가?

버지니아 울프Virginia Woolf의 글에는 지난 세기 동안, 여성들이 경험한 양면성이 담겨 있다. 울프의 『등대로』[1955]에서 아름다운 어머니/주부인 램지 부인은 수많은 독자에게 미덕의 아이콘이 되었고, 다른 사람들에게는 여성을 부정하는 상징이 되었다.[4] 울프가 램지 부인을 거의 가정과 난로의 여신으로 묘사했다면, 『자기만의 방』에서는 여성의 종속과 박탈에 대한 또 다른 그림을 그렸다. 여기서 그녀는 반-소설 작가 카마이클Mary Carmichael이 모든 역경에 맞서 싸우는 것을 묘사한다. 울프는 이렇게 동정한다. "그녀에게 100년을 더 주세요. … 그녀에게 자신만의 방을 주세요. 1년에 500년을 더 주세요. 그녀 자신의 마음을 말하게 하세요. 그녀가 지금 투자하고 있는 절반을 남겨 두세요. 그러면 그녀는 언젠가 더 좋은 책을 쓸 것입니다."[Woolf, 1929: 94]

울프의 저작에서 생생하게 보이는 것은 교육자들이 인정하고 발전시킬 수 있는 방법을 찾아야 하는 기본적 명제이다. 즉 고된 일에서 벗어나 정돈된 가정생활이 더 넓은 세상에서의 창의성을 위한 토대라는 점이다. 가정주부를 엄청난 희생을 치러야 하는 사람으로 신성화할 필요도 없지만, 잘 정돈된 집의 거룩함을 깨달을 필요도 있는 것이다.

이상적으로 우리는 각 고등학교에 가정집과 같은 주방과 홈 숍을 가지고 있고, 이곳들에서 가끔 수업을 받을 것이다. 우리는 가사일에 대한 자세한 실습 과정을 제공하지 않더라도, 이러한 작업의 중요성을 인식할 것이다. 더욱 중요한 점은 교과 전문가에게 가정살림이라는 주제에 기여할 수 있는 자료를 제안해 달라고 요청하여, 학문 분야와 일상생활 사이의 연관성을 확립해 달라고 요청하는 것이다.[5] 우리가 가정살림 이용법에 대해 생각할 때, 정돈된 집의 질서는 지배의 지지를 얻기 위한 파시즘적 질

---

4. Silver(2009)의 램지라는 인물에 대한 반응을 다룬 흥미로운 토론 참조.
5. 주제별 교육과정 계획에 대한 제안은 Beck & Kosnik(2013)을 참조.

서가 아니라, 가정에 평화를 제공하고 거주자들이 집과 더 큰 세상에서 선택적 활동에 참여할 자유를 제공하는 질서라는 점을 숙지해야 한다. 평화는 많은 여성들이 우리 학교에서 더 깊이 탐구되기를 바라는 또 다른 주제이다.

평화

안전하고 안정적인 가정생활과 지역사회 그리고 세계평화 사이의 연관성은 많은 여성 작가들의 주목을 받았다. 예를 들어 울프는 전쟁 방지 방법에 대해 생각을 달리하는 한 남자의 요청에 응답하면서, 전쟁으로 폐허가 된 스페인에서 찍은 같은 사진을 보라고 두 사람에게 제안함으로써 답변을 시작한다. "현재 우리는 마침내 같은 그림을 보고 있습니다. 우리는 당신과 함께 같은 시체, 폐허가 된 같은 집들을 보고 있습니다."Woolf, 1966: 11 그녀는 자신의 통신원이 본 것을 묘사하기 위해 같은 단어를 사용할 수도 있다는 점에 주목한다. "당신이 말한 대로 전쟁은 혐오스럽고 야만적이며, 어떤 대가를 치르더라도 중지되어야 합니다. 그리고 우리는 당신의 말을 되풀이합니다." 그러나 그녀의 대답이 끝나자마자, 울프는 교육받은 남자의 삶과 아내와 딸들의 삶 사이의 엄청난 차이에 대해서 우울하게 말한다. 울프를 비롯한 많은 여성들에게 무기와 메달, 그리고 군사적 태세가 가득 찬 제복 입은 남자의 모습은 시체와 폐허의 사진에서 보이는 유령 같은 괴물처럼 그려지고, 이미지는 매우 다른 감정을 만들어 낸다.

그것은 연관성을 암시하는데, 우리[교육받은 남성의 딸들]에게는 매우 중요한 연결을 의미하기 때문이다. 그것은 공적 세계와 사적 세계가 불가분의 관계에 있음을 암시한다. 한쪽의 폭정과 노예가 다른 쪽의 폭정과 노예임을 … 그것은 우리가 형상으로부터 우리 자신을 분리할 수

없으며, 또한 우리 자신이 그 형상임을 암시한다.^{Woolf, 1966: 142}

울프는 "남성의 말을 반복하고 그들의 방법을 따르는 것이 아니라, 새로운 낱말을 발견하고 새로운 방법을 만들어 냄으로써"^{Woolf, 1966: 143}, 여성들은 남성들이 전쟁을 하지 못하도록 가장 잘 도울 수 있다고 결론을 맺는다. 하지만 그녀가 전쟁의 영구화에 여성이 연루되어 있다는 사실을 인식하고 있다는 점-군사적 형상은 '우리 자신'이다-을 유의하자. 만약 폭력과 노예적 삶으로부터 해방될 수 있는 평등과 자유에 대한 전통적 남성 언어를 이용하면, 우리는 가정살림의 예속성과 고된 일로부터 여성을 해방시킬 수 있고, 공적 세계에서 여성 평등을 성취할 수 있을 것이다. 그런데 동시에 우리는 전쟁을 없애려는 울프의 계획을 훼손할 수 있다는 점을 유의해야 한다. 예를 들어, 오늘날 일부 여성은 전투에 참여할 권리를 외친다. 울프가 두려워한 것은 이런 종류의 곡해이다. 그녀는 우리가 단순히 전쟁 예방이 아닌 '평화'에 대해 생각하고 이야기하기를 원한다. 고등학생들은 적어도 울프가 지적하는 생각과 말에서 다른 사항을 인식해야 한다. 하지만 영웅적인 전사의 이미지가 더 나은 어른을 구상하는 데 조금이라도 도움이 될 수 있을지에 대한 계속된 분석은 열어 놓아야 한다.

울프는 혼자가 아니다. 앞에서 논의한 가정관리자들도 가정의 질서 및 안정과 더 넓은 세계에서의 평화 사이의 연결이 강조되기를 원했다. 애덤스도 우리가 여기서 언급한 집과 가정의 더 깊은 의미를 강조했다.

그녀는 다른 사회 페미니스트들처럼 가정다움에 더 넓은 도덕적·사회적 의미를 불어넣었고, 그것에서 다른 사람에게 봉사하고 시민성을 실행하는 방법을 찾았다. 사회적 페미니즘은 전통의 원천에 대한 여성의 연대가 중요함을 강조하고, 여성의 삶에서 가족과 아이들이 중심임을 찬양했다. 그러나 가정 영역은 시민적 문제에 대한 억제라기보다는

더 넓은 시민 생활로의 발판으로 여겨졌다.^{Elshtain, 2002: 77}

울프는 평화를 추구하는 과정에서 남성적/군사적 전통 전체에 대한 금욕을 포함한 새로운 언어와 새로운 실천을 추구했다. 애덤스는 좀 더 온건하게 반대자들과 인내심을 갖고 열린 대화를 하기를 권했다. 그녀가 살았던 시대의 참상을 고려하면 울프의 견해가 매우 정당해 보이지만, 우리는 그녀의 절망의 깊이에 몸서리를 친다. 애덤스와 함께 우리는 대화를 지속하고 우리 자신의 견해를 성찰할 수 있는 용기를 발견하기를 희망한다.

러딕Sara Ruddick은 최근 우리에게 평화 추구와 모성적 사고를 연결하는 관점을 제시했다. 그녀는 최고의 모성적 관행이 "비폭력의 네 가지 이상-포기, 저항, 화해, 평화 유지"^{Ruddick, 1989: 176}-을 아우르는 것이라고 묘사했다. 애덤스와 현대 돌봄 이론가인 러딕은 비폭력 저항 및 폭력의 확고한 포기뿐만 아니라 화해를 위해 노력한다. 네 가지 이상은 모성적 질서와 세계적 평화를 위한 구조로 기여한다.

학교는 평화의 이상을 증진시키기 위해서 무슨 일을 할 수 있을까? 그것은 쉬운 일이 아니다. 울프가 그토록 개탄했던 전통적 언어와 애국적 관습이 엄청나게 강력하다는 것을 과거의 경험을 통해 알고 있다. 전쟁이 없을 때는 평화주의와 비폭력에 대해 조금은 말할 수 있지만, 일단 전쟁이 시작되면, 그런 이야기는 거센 비난을 받는다. 울프는 이 점을 알고 있었고, 애덤스는 1차 세계대전에 반대하는 발언을 했을 때 대중의 비난을 받았다. 일반적으로 평화주의자들은 종종 비겁하다고 비판받았고, 심지어는 반역 혐의를 받았다.^{Noddings, 2012에서 논의한 내용 참조}

우리는 그러한 질문과 평화 옹호자들이 홍보한 자료를 소개할 방법을 찾아야 하지만, 교화를 피하는 방법을 사용해야 한다. 이 점에서 나는 어떤 이슈에 대해 강한 문제의식을 느꼈을 때조차도, 항상 경청할 준비-화해를 추구할 태세-가 되어 있다는 것에 동의한다. 그녀가 스코프스 진화

재판the Scopes evolution trial[6]에 등장한 교육받지 못한-그녀가 동의하지 않았던- 농부들에게 표현한 동정심, 심지어 존경심까지 표현한 것이 특징이다. 그녀는 개혁과 화해 모두에 헌신을 보여 주었다.[Addams, 1985] 하지만 미국 교육자들이 항상 교화를 거부한 것은 아니다. 여러 해 동안 기독교의 기본 사상을 교화하는 것이 용인되었다. 이제 교화를 거부한 일부 비평가는 학교가 완전히 바뀌었고, 지금 크리스마스와 기독교인들을 상대로 전쟁을 벌이고 있다고 주장한다. 우리는 어느 한쪽을 권위적으로 지지하지 않으면서 논쟁적 주제를 이야기하는 데에서 합리적이고 관대한 애덤스 유형의 접근 방식을 찾지는 못했다.[7] 20세기 중반, 조지 카운츠는 사회정의를 증진하기 위한 헌신적인 노력으로 실제로 그러한 대의에 대한 교화를 지지했다. 우리의 대의가 정당화될 수 있을 때는 강요와 교화에 대한 혐오를 극복해야 한다고 주장했다.[Counts, 1978] 나는 애덤스와 듀이의 경우에, 그렇게 하는 것은 '교육'이라는 생각 자체를 배신하는 커다란 오류일 것이라고 생각한다.

우리는 논쟁의 여지가 있는 주제에 대해 가르칠 수 있다. 이들 사례를 정확하게 제시함으로써 모든 쪽에 합당한 권리를 부여하고, 심지어 학생들에게 그것을 채택하도록 주장하지 않고 자기 입장을 고백할 수도 있다. 교사는 단순한 강사가 아니다. 오히려 그들은 지성적 실천의 모델이 되어야 한다. 따라서 그들은 견해를 지지하면서도, 여전히 반대자를 위한 공정한 청문을 주장할 수 있다. 앞으로 증거와 논변은 모두 바뀔 수 있다.

---

6. (옮긴이 주) 진화론의 가르침과 관련하여 널리 알려진 최초의 재판인 스코프스 재판은 1920년대 미국의 전통적 가치와 현대적 가치 사이의 극적인 충돌을 나타낸다. 이 재판은 1925년 7월 10일부터 7월 21일까지 고등학교 교사인 존 스코프스가 제기한 소송이다. 스코프스는 유죄 판결을 받았고 100달러의 벌금을 받았지만, 평결은 기술적인 측면에서 번복되었다. 재판은 진화론이 종교와 모순되지 않는다고 주장하는 모더니스트와 성경에 계시된 하나님의 말씀이 인간의 모든 지식보다 우선한다고 주장하는 근본주의자들에 대한 근본주의-근대주의 논쟁을 불러일으켰다. 이 사건은 신학적인 논쟁이자 학교에서 진화론을 가르쳐야 하는지에 대한 재판으로 여겨졌다.
7. (옮긴이 주) 최근 보수와 진보 진영 사이의 최소 합의라고 할 수 있는 독일의 민주시민 교육 모델인 '보이텔스바흐 합의'-교화 금지의 원칙, 논쟁 재현의 원칙, 아동 존중의 원칙-가 관심을 끌고 있다.

이사야 벌린은 이렇게 말했다.

원칙은 그것의 지속 기간을 보장할 수 없기에 신성함이 덜하다고 할 수 없다. 실제로 어떤 객관적인 천국에서 우리의 가치가 영원하고 안전하다는 보장에 대한 그 열망은 아마도 어린 시절의 확신이나 원시적 과거의 절대적 가치에 대한 갈망일 뿐이다. "자신의 신념이 지닌 상대적 타당함을 깨닫고 … 그럼에도 흔들림 없이 그것을 지지하는 것은 문명인과 야만인을 구별하는 것이다." 이보다 더 많이 요구하는 것은 아마도 깊고도 치유할 수 없는 형이상학적 필요일 것이다. 그러나 그것이 자신의 관행을 결정하도록 허용하는 것은 똑같이 깊고, 더 위험하고, 도덕적이고 정치적인 미성숙의 증상이라고 할 수 있다.[Berlin, 1969: 172]

내 생각에 벌린이 인용한 구절은 요셉 슘페터의 것이다. 학생들은 이것을 확인하는 것이 흥미로울 수 있다.

지금까지 여성의 삶과 사고방식에서 중심적으로 중요한 두 가지 큰 주제를 살펴보았다. 그런데 논쟁의 여지가 있는 또 다른 주제가 있다. 가정살림, 노예제도, 투표 행위, 평화주의에 대해 용기 있게 목소리를 냈던 사람들조차도 남성 중심의 종교적 관행에 대해 목소리를 내는 것을 꺼렸다. 이제 그 주제로 넘어가려고 한다.

종교

사회주의 페미니스트들이 공적인 세계에서 여성들을 위한 기회를 홍보하는 동시에 가사도우미의 위상을 높이는 것은 힘든 일-그리고 여전히 힘든 일-이었고, 여성들이 전쟁과 폭력에 반대하는 것은 항상 어려웠다. 기성 종교에 반대되는 말을 하는 것은 자신의 지지자들 사이에서 반란을 일으키는 것이었다. 스탠튼Elizabeth Cady Stanton은 제도적 종교의 교리 변화를 공개적으로 지지하며, 여성 프랜차이즈 사업에 종사하는 동료들을 실망시켰다. 뉴욕에서 열린 80번째 생일 축하연에서 한 그녀의 연설을 들어 보자.

인간의 뇌에서 나온 어떤 것도 수정과 교정을 하기에 너무나 신성한 것은 없다. 우리의 헌법은 열다섯 번이나 수정되었으며, 우리의 영국 법체계는 진보하는 문명에 보조를 맞추기 위해 본질적으로 여성의 이익을 위해 수정되었다. 그리고 이제 교회법, 기도서, 전례문, 성경을 수정하고 수정해야 할 때가 왔다. … 이 시간에 여성의 의무는 교리와 법전, 성경과 헌법의 철저한 개정을 요구하는 것이다.Ward & Burns, 1999: 9에 인용된 Elizabeth Cady Stanton

스탠튼의 청중은 '소극적'이었다. 동료들은 전통적 종교에 대한 비판이 여성의 투표권을 위한 캠페인을 방해할 것이라고 당연히 두려워했지만, 그녀는 굴복하지 않았다. 생일 축하 직후 그녀의 여성 성경의 첫 번째 책이 출판되었다. 스탠튼은 성직자들의 분노에 휩싸였지만, 페미니스트 동료들의 소외에 고통스러워했다. 연구 수행을 새롭게 강조하는 것의 일환으로 오늘날 학생들에게 스탠튼이 성직자들을 격분시킨 글을 찾아서 보고하도록 요청할 수 있는가? 오늘날에도 교사들이 스탠튼 작품의 한 단락을 도입하면, 거의 틀림없이 심한 비판을 받는다. 학생들에게 기독교 신학의 기초를 파괴한다고 주장하는 자료를 읽도록 요구하는 것은 아마도 금지될 것이다. 하지만 아마도 학생들은 그것을 찾아서 합리적으로 논의하도록 유도된다.

그리고 종교는 과학의 행위에서 어떤 역할을 했는가? 과학과 종교는 항상 대립되어 왔다고 생각되곤 했다. 우리는 여기에서 다윈과 윌버포스 주교, 갈릴레오와 교회의 관계를 생각할 수 있다. 그러나 남성 성직자 문화의 발전과 사실상 여성을 배제한 서양 과학 문화의 발전은 함께 '여성 없는 세상'을 만들어 내기 위해 협력했다.^{Noble, 1993 참조} 이것은 어떻게 발전했으며, 여성이 역사적으로 더 많은 영향력을 행사했던 일시적 시기가 있었는가? 일례로 과학자들은 19세기 말과 20세기 초반에 여성들 사이의 지적 관심 증가에 어떻게 반응했는가? 오늘날 우리가 인식해야 할 잠재적인 좌절이 있는가?

종교에 관한 주제는 학교에서 다루기 어렵다. 부분적으로 그 어려움은 수 세기 동안 교화가 받아들여지고 처방된 학교교육에서 비롯된 것이다. 미국 공립학교의 경우 그런 시대는 끝났다. 그런데 종교 자체와 삶의 다른 영역과의 연결 등의 주제는 여전히 매우 중요하다. 우리는 가능성을 탐색하면서 몇 가지 사항-교육과정 주제 선택, 학문(교과) 연결, 지적 모델로서의 교사, 그리고 단순히 사실과 기술을 가르치는 것이 아니라 의식을 고양시키는 교육의 중요성-을 명심해야 한다.

우리는 학생들이 특정 주제에 대해 알도록 하고, 적극적인 학습과 조사에의 동기를 제공하기 위해 가르친다. 나는 종종 그러한 접근 방식을 지지해 왔다. 교사는 논평하고, 이야기를 나누고, 수사적 질문을 하거나 학생들이 더 공부하기 위해 선택할 수 있는 주제 목록을 제공한다. 여기서 우리는 큰 주제인 여성과 종교의 관계에 관심을 둔다. 그런데 우리는 가정살림과 평화활동을 했던 것처럼 그것에 접근할 수 있다. 저명한 여성 작가들은 그 주제에 대해 무엇이라고 말했는가? 학교 교육과정에 무엇이 포함되어야 하고, 어떻게 포함되어야 하는가?

예를 들어 여성 참정권 운동을 논의할 때, 학생들에게 몇 가지 관련 주제를 깊이 있게 탐구하도록 권장할 수 있다. 나는 이미 스탠튼과 그녀의 여성적 성경에 대해 언급했다. 일부 학생은 성경에 나오는 다양한 인물과 생각에 대한 여성들의 반대 입장에 대해 더 알고 싶어 할지도 모른다. 영어 교사들은 펄 벅의 어머니에 대한 전기 『타향살이』⁸를 학생들에게 읽으라고 제안할 수 있다. 펄 벅은 아버지(캐리의 남편)가 설교자로 일했던 종교적 전통에 의해 어머니 캐리에게 가해진 해악을 되새기며 이렇게 썼다. "그녀의 모든 본성이 흐려지는 것을 본 이후로 나는 진짜 바울 사도를 싫어했고, 모든 진정한 여성들은 그를 미워해야 한다고 생각했습니다. 왜냐하면 과거에 엄마처럼 자랑스럽고 자유분방한 여성들에게 그가 했던 것, 그들이 여성다움으로 저주받아야 했던 것 때문입니다."[Buck, 1936: 283][8]

그런데 모든 여성이 사도 바울을 싫어하는 것은 아니며, 울프와 스탠튼이 두려워하는 군사와 종교 질서를 비처와 길브레스가 묘사한 가정 질서나 세계적 수준에서 행해진 루딕의 모성적 사고로 대체하기를 열망하는 것은 아니다. 나는 여전히 학생들이 남성 중심의 전통적 종교 사상과 관행에 반대하는 비판을 들어야 한다고 본다. 이러한 비판을 인식하고 반성하는 것은 확실히 비판적으로 생각하는 법을 배우는 과정의 일부다. 그렇지만 이 자료는 전통적인 질서를 받아들이고 위안을 찾는 견해와 균형을 이루어야 한다. 예를 들어 평화교육의 주제가 논의될 때 데이Dorothy Day의 작업이 언급될 것이고, 그때 교사들은 학생들에게 그녀의 종교적 헌신을 인식하게 하고, 그녀의 전기 이야기를 참고하도록 할 수 있다.[Day, 1952 참조] 이와 비슷하게, 우리가 일리아드에 대한 웨일Simone Weil의 강력한 에세이를 논의할 때, 우리는 그녀의 종교적 신념에 대해서 이야기하고, 관심 있는 학생들에게 그 분야에 대한 그녀의 글을 안내할 수 있다.[Weil, 1977 참조]

학교가 종교사 과목을 제공할 정도로 지적으로 자유로우면 보충 자료와 주제를 나열하는 것이 쉬울 것인데, 확실히 '여성과 종교'가 그 주제 중 하나가 되어야 한다. 만약 그러한 과정이 제공되지 않을 것 같으면, 학제 간 교수 그룹이 각 주제에서 고려해야 할 다음과 같은 주제를 제안할 수 있다. 여성과 뱀, 여신 종교, 마녀와 마녀 광신, 여성의 지적 생활과 종

---

8. (옮긴이 주) 선교사의 딸인 펄 벅의 『타향살이』는 종교의 자유를 찾아 조국을 떠나 중국에 정착한 이민자 가정 어머니의 삶을 그리고 있다. 가난과 굶주림, 질병과 무지로 점철된 척박한 중국 땅에서 평생 소외된 이들을 사랑으로 어루만지고 치유하려 했던 어머니의 헌신적인 일생을 담담히 그려 냈다.
9. Noddings(2006)에서 이에 대한 내 의견도 참조.

교, 기독교 사회주의, 여성과 사악함, 아담과 이브의 유산, 종교적 신화 등. 교수진의 이런 정기 회의는 교사의 지적 성장을 촉진하고, 개별 교수진이 논쟁의 여지가 있는 견해를 주입하거나 혹은 지나친 홍보에 관여하지 않도록 하는 데 도움이 될 것이다.

이러한 주제가 모든 분야에서 다루어지는 것은 아니며, 주제는 해마다 바뀔 수 있다. 게다가 학생들은 테스트로부터 면제되어야 한다. 학생들은 펄 벅이 사도 바울에 대해 말한 것을 반복할 필요가 없을 것이다. 스탠튼이 성경 개정에 대해 말한 것, 또는 멀린 스톤Merlin Stone이 뱀의 여신에 대해 쓴 것을 반복하지 않아도 된다.Stone, 1976 참조 각 주제 내에서 학생들이 수행하는 과제는 연구의 완결성, 보고서의 질, 논쟁 처리의 균형, 교육과정의 다른 부분과의 연계 등 해당 과제에 적합한 기준으로 판단된다.

그런 프로그램을 시작하는 데 몇 가지 어려움이 있다. 첫째, 우리는 미국 교육의 지적 궁핍 시대를 살고 있다. 우리 중 너무 많은 사람이 가르치고 배워야 할 모든 것이 구체화되고 검증되어야 한다고 믿게 되었다. 우리는 이 운동을 더욱 강력하고 효과적으로 비판할 필요가 있다. 물론 일부 사항은 테스트해야 하지만, 교육에서 가장 중요한 많은 목표들은 더 강력한 평가 방법들의 대상이 되어야 한다. 한편, 이 장에서 논의된 자료가 표준의 내용, 평가할 교과과정으로부터 교사의 주의를 딴 데로 돌리게 할 것이라는 걱정보다는, 표준화와 평가에 대한 현재의 집중이 우리가 진정한 교육 사업보다는 딴 데로 눈을 돌리게끔 하고 있다는 것을 걱정해야 한다.

두 번째 큰 어려움은 대부분의 미국 중등학교 교사들이 이 일을 할 준비가 되어 있지 않다는 점이다. 앞서 언급한 교수진은 교사의 지속적인 성장에 기여할 것이지만, 그 시작에서도 훨씬 더 나은 교사 준비가 요구될 것이다. 나는 이 문제를 20년도 넘게 언급해 왔다.

오늘날 대부분의 교사는 내가 설명한 종류의 탐구를 수행할 준비가 되어 있지 않다. 물론 그럴 수도 있을 것이다. 하지만 고등학교 교사는 우리가 한때 '르네상스 사람들'이라고 불렀던 사람이어야 한다. 즉, 적절한 수준으로 중등학교에서 가르치는 대부분의 과목에 대해 많은 것을 알고 있어야 하며, 게다가 방대한 양의 관련 자료에 대해 알고 있어야 한다. 이러한 종류의 범위는 학부 과정에서 솔직히 교사를 양성하는 것을 목표로 했다면 달성할 수 있다.^{Noddings, 1993: 135}

'교사를 준비시킨다'는 것은 교수법뿐만이 아니라 광범위한 교과 주제에 대해 지적으로 준비시키는 것을 의미한다.

이 장은 여성의 전통적인 관심사가 포함된다면, 학교 교과과정이 어떤 모습일지, 그리고 여전히 그렇게 될 수 있는지에 초점을 맞추었다. 특별히 질서(정돈)의 관념-개인과 공공의 차원에서 완전한 삶을 영위하는 질서 양식과 이와 달리 많은 사람을 지배하고 삶의 축소를 옹립하는 질서 양식-에 주의를 기울였다. 가정살림, 종교 그리고 평화에 대한 논의는 교육과정 전반에 걸쳐 장려되어야 한다.

참고문헌

Addams, J. (1985). Education by the current event. In E. Condliff e Lagemann (Ed.), *On Education, by Jane Addams* (pp. 212-224). New York: Teachers College Press.

Bachelard, G. (1964). *The poetics of space.* (M. Jolas, Trans.). New York: Orion Press.

Beck, C., & Kosnik, C. (2013). *Growing as a teacher: Goals and pathways of ongoing teacher learning.* Rotterdam: Sense Publishers.

Berlin, I. (1969). *Four essays on liberty.* Oxford, UK: Oxford University Press.

Cohen, L. (2003). *A consumers' republic.* New York: Vintage Books.

Collins, G. (2003). *America's women: 400 years of dolls, drudges, helpmates, and heroines.* New York: HarperCollins.

Counts, G. (1978). *Dare the school build a new social order?* Carbondale & Edwardsville, IL: Southern Illinois University Press. (Original work published 1932).

Crowe, N. (1997). *Nature and the idea of a man-made world.* Cambridge, MA: MIT Press.

Day, D. (1952). *The long loneliness.* San Francisco: Harper & Row.

Elliott, A. (2013, December 9-13). Invisible child. Girl in the shadows: Dasani's homeless life [5 parts]. *New York Times.* Retrieved from http://www.nytimes.com/projects/2013/invisible-child/#/?chapt=1

Elshtain, J. B. (2002). *Jane Addams and the dream of American democracy.* New York: Basic Books.

Hadamard, J. (1954). *The psychology of invention in the mathematical field.* New York: Dover.

Miller, J. P. (2010). *Whole child education.* Toronto, ON: University of Toronto Press.

Noble, D. F. (1993). *A world without women.* Oxford, UK: Oxford University Press.

Noddings, N. (1993). *Educating for intelligent belief or unbelief.* New York: Teachers College Press.

Noddings, N. (2006). *Critical lessons: What our schools should teach.* Cambridge: Cambridge University Press.

Noddings, N. (2012). *Peace education: How we come to love and hate war.* Cambridge: Cambridge University Press.

Pearl S. Buck, (1936). *The Exile.* New York: Triangle.

Ruddick, S. (1989). *Maternal thinking: Toward a politics of peace.* Boston: Beacon Press.

Rybczynski, W. (1986). *Home: A short history of an idea.* New York: Viking.

Silver, B. R. (2009). Mothers, daughters, Mrs. Ramsay: Refl ections. *WSQ Women's Studies Quarterly, 37,* 259-274.

Stone, M. (1976). *When God was a woman.* New York: Dial Press.

Thompson, J. (2002). *The accidental theorist.* New York: Peter Lang.

Thompson, J. (2003). *In bed with Procrustes.* New York: Peter Lang.

Thompson, J. (2004). *Fatal abstractions.* New York: Peter Lang.

Ward, G. C., & Burns, K. (1999). *Not for ourselves alone: The story of Elizabeth*

Cady Stanton and Susan B. Anthony. New York: Alfred A. Knopf.

Weil, S. (1977). The Iliad: Poem of might. In G. A. Panichas (Ed.), *The Simone Weil reader* (pp. 153-183). Mt. Kisco, NY: Moyer Bell Limited.

Woolf, V. (1929). *A room of one's own*. New York: Harcourt Brace.

Woolf, V. (1955). *To the lighthouse*. New York: Harcourt Brace/Harvest.

Woolf, V. (1966). *Three guineas*. New York: Harcourt Brace. (Original work published 1938).

8장
정신분석과 교육적 환상의 도전

로저 윌러비[1], 히브렌 데미르 아타이[2]

모든 종류의 교육은 환상으로 가득 차 있다. 이는 교육에 관련된 누구에게나 모든 수준에서 명확히 보이지는 않지만, 교육에서 하나의 주요 주제로서 교육학자들의 그 본질을 설명하기 위한 학문적 관심은 상대적으로 부족했다. 환상의 본질에 대한 가장 지속적인 성찰은 정신분석에서 비롯되는데, 정신분석에서는 정신생활 전체가 무의식적인 환상에 의해 좌우되며, 그중 상당수는 의식적인 수준에서 알 수 없는 것들이다. 이것은 현실에 대한 일상적인 개념을 문제화하고 인식론적 주장에서 주류 및 대안교육 모두에 도전하는 것이다. 이 장은 프로이트Freud, 클라인Klein, 위니콧Winnicott, 라캉Lacan으로 대표되는 4개 정신분석학파의 연구를 바탕으로 환상, 특히 교육적 환상에 대한 이해에 기여하는 것을 목표로 한다.

---

1. 로저 윌러비(Roger Willoughby): 영국 버밍엄 뉴먼대학교의 수석 교수. 더블린, 노팅엄, 켄트, 옥스퍼드 대학교와 영국 심리학회에서 공부한 그는 다른 과목들 중에서도 정신분석학의 이론과 역사에 대해 쓰고 있다. 그는 국내 및 국제 저널에 수많은 글과 기사를 게재했으며 『마수드 칸(*Masud Khan: The Myth and the Reality*)』(2005)을 출판했다. 곧 발표될 『에스더 빅의 새로운 논문집』의 편집자이기도 하다. 영국 정신분석학의 초기 역사와 문화, 대량학살과 세대 간 트라우마, 외로움에 대한 연구를 수행하고 있다.
2. 히브렌 데미르 아타이(Hivren Demir Atay): 튀르키예 메르신대학교의 비교문학 조교수이며, 뉴욕주립대학교 빙햄튼에서 비교문학 박사 학위를 받았다. 그녀는 논문을 통해 라캉 정신분석학의 관계가 문학에 미치는 변혁적 영향을 탐색하고, 문학과 교육에 대한 정신분석학적 접근에 대해 다수의 논문을 저술했다. 2013년에 발표된 「열정적 무지: 라캉 스타일의 문학과 그 교육학적 의미(Passionate Ignorance: Literary and Pedagogical Implications of Lacan's Style)」는 『다른 교육: 교육적 대안에 대한 연구』에 게재되었다.

다양한 관점을 살펴봄으로써 이론별로 상이한 개념적 도구가 있는 광범위한 현대 정신분석의 학문적 배경을 반영하는 한편, 의식과 무의식을 연결하는 주체로서 환상을 이해하는 학문의 심도 있는 중요 연구들에 대한 균형 잡힌 접근을 제공한다.

교육과 현실

플라톤의 동굴의 비유가 시작된 이래, 서구 교육과 사상의 대부분은 적어도 표면적으로는 합리성과 계몽적 이상을 받아들이고 환상과 몽상을 몰아내려 노력해 왔다. 정신분석은 이것을 문제화한다. 프로이트의 트라우마 이론Trauma theory에서 비롯한 지연된 행동 개념은 기억, 인식론 및 결정론에 대한 비선형적 접근을 설명한다. 프로이트가 요제프 브로이어Joseph Breuer와 공동 저술한 『히스테리 연구』[Breuer & Freud, 1955]에서 히스테리(일반적인 신경증 상태)는 일반적으로 성적 본성의 실제가 어린 시절 외상에서 비롯된 것이라는 가정에서 시작한다. 프로이트는 그러한 어린 시절의 성적 학대가 사건(혹은 일련의 사건들) 이후에 점점 더 트라우마가 되는 것으로 보고, 주체의 의도와 행동을 반영한 실제 성격이 확장된 사고의 준거 틀 내에서 점점 더 해석 가능하게 되었을 때 주체가 성숙한다고 생각했다. 지연된 영향[3]은 정신분석을 단순 선형적 결정론에 의존하는, 인간 심리를 설명하는 다른 모델과 구별되는 메커니즘 중 하나이다. 그 대신, 프로이트는 기억이 가소적이며 자아의 계층화된 본성은 추후 수정될 수 있음을 강조했다. 하지만 모든 기억이 똑같이 연기된 행동의 대상이 되는 것은 아니다. 이 과정은 특히 초기 단계에 있으며 개인의 기존에 가지고 있는 사고의 준거 틀에 동화될 수 없는 인상과 관련이 있

---

3. (옮긴이 주) delayed impact. 프로이트의 nachträglichkeit 개념의 기초를 형성했으며, 영어 문헌에서는 '연기된 행동'으로, 프랑스어로는 après-coup으로 번역됨.

다.^{Laplanche & Pontalis, 1973}

더 근본적으로, 무의식은 우리가 자신과 타인에 대해 믿을 수 있는 것들에 도전한다. 무의식적인 환상(그러므로 이에 따라 생각하게 되는 것)에 대한 우리의 접근은 무의식의 파생물일 뿐이다. 하지만 클라인학파의 Kleinian 정신분석가와 몇몇 연구자는 인간의 인식론적 본능은 이러한 환상으로 인해 몸과 우리의 내면에 대한 기본적인 환상과 호기심에서 상징적으로 기원하는 의미를 바탕으로 상징적으로 세계를 탐험하도록 본능적으로 이끌린다고 강조했다. 여기서 환상(혹은 꿈을 꾸는 것)은 지속적이고 절대적으로 필요한 정신적 과정으로 이해된다. 따라서 주관적인 것과 객관적인 것, 내부와 외부 세계 사이의 단순한 이분법은 한결 신중하게 탐색되어야 한다. 무의식적인 환상은 환상이 현실에 의해 시험을 받을 때 논리적 사고의 발달을 촉진하며, 이는 교육적 탐구를 촉진하는 과정이기도 하다.

호기심, 불안 그리고 학습

고전 프로이트학파에 따르면 어머니의 신체, 특히 그 신비한 내부는 아이가 의식적으로 표현 가능한 환상을 작동시켜 구성한 모습의 호기심 장소와 대략적으로 일치하며, 이런 환상은 아동의 지식이 증가하고 현실에 대해 적응함에 따라 점차 완화된다. 그런데 영국에서는 무의식적인 '환상'(특히 클라인학파 정신분석가들이 더 일상적이고 잠재적으로 의식적인 환상과 구별하여 표기)의 내부 세계에서는, 부분적으로 이미지의 내면화를 통해 구성된 대상이 질적으로 다른 것으로 보이게 되는데, 지속적으로 활동적이고, 구체적이고, 역동적이고, 원시적이며 외부 현실에 대한 적응에 큰 영향을 받지 않는 것이다. 이 독특한 개념화의 설명에 독보적으로 기여한 멜라니 클라인과 로널드 페어베언Melanie Klein & Ronald Fairbairn

에 따르면, 풍요로운 내면세계는 둘 다 불안과 환상으로 뒤덮인 것처럼 보인다. 무의식적 환상의 본질에 대한 클라인의 가장 접근하기 쉬운 설명은 정신분석가이자 교육학자인 수전 아이작Susan Isaacs, 1948의 연구를 통해 이해할 수 있다. 그녀는 무의식적 환상을 주로 신체에 관한 것으로 설명하는 아동에 대해 "정신의 필연적 결과, 본능의 정신적 대표"p.81라는 획기적인 설명을 내놓았다.

『아동의 정신분석』Melanie Klein, 1932/1980에서는 유아기 불안 상황에 대한 프로이트1926/1959의 아이디어를 바탕으로 적대적으로 "결합된 부모의 모습"에 대한 환상이 마음을 지배하고 있을 때 소년의 유아적 거세 불안이 포함될 수 있다고 주장한다. 이는 성기가 거세될 뿐만 아니라 어머니의 몸 안에 남아 있다는 공포를 의미하는데, 환상에서 비롯된 이것은 "시체"가 존재하지 않기에 필연적으로 애도의 기제를 억제한다. 클라인은 심리 사회적 발달의 억제가 그러한 환상에서 비롯될 수 있다고 주장한다. 여기에서 클라인은 공포증에 대한 프로이트의 견해를 남근의 거세 불안에 의해 발생하는 현상으로 해석했으며, 아동 내면의 어머니를 향한 탐구적 호기심(인식적 본능)이 사디즘의 조기 대상이라고 설명했다. 클라인1930/1985은 아동 내부에서 점진적으로 변화하는 상징이 외부 세계 대상 및 상황으로 전이되는 것은, 인식론적 본능의 주체가 박해에 대한 불안을 억제하여 과도하게 포화될 때 발생한다고 주장한다. 그러므로 외부 세계는 내부 세계 내의 좌절감(또는 일차적 불안)의 정도에 의해 동기부여된 인식론적 정복과 만족을 위한 대체적 수단이 된다.

따라서 호기심과 학습, 특히 자기주도적 유형의 학습은 아동 발생 초기의 몰입과 환상에서 비롯되며, 여기서 상상의 풍경(처음에는 어머니의 몸, 다음에는 외부 세계, 부분적으로 미분화된 확장)을 전유하고 탐구하는 것은 상상의 세계와 현실에 대한 상징적 관계를 이해하는 발달을 촉진한다. 이러한 환상은 교육과 지적 발달을 위한 동력으로 간주될 수 있다.

반대로, 클라인은 자신의 환자인 딕의 사례를 통해 내면에 집중되지 못한 불안은, 특히 파괴성에 대한 큰 불안과 결합할 때 발달을 억제할 수 있다고 설명했다. 그의 극도의 억제와 자폐증과 같은 퇴보는 자신의 파괴력과 두려움의 대상(두려운 내용)을 외부에 투사한 뒤 정신적으로 "어머니의 몸속, 어둡고 공허한 환상 속의 피난처"^{Klein, 1930/1985: 227}로 회귀하는 데서 비롯된다. 여기서 환상은 심리적 메커니즘의 한 축을 구성하며 공격성이 불안을 유발하는 경우, 이에 대한 방어는 발달을 억제할 수 있다.

『일부 정신분열 메커니즘에 대한 메모』^{1946/1984}에서 클라인은 무의식적인 환상이 "투사적 동일시"의 핵심적인 심리적 메커니즘으로 작동한다고 설명한다. 여기서 대상에 대한 가학적이고 전능한 침입은 "혐오스러운 유해한 배설물을 에고ego의 분할된 부분과 함께 추방하는 것"이며 "의도적으로 상처를 입힐 뿐만 아니라 대상을 통제하고 소유하기 위한 것"^{Klein, 1946/1984: 8}이라고 설명했다. 이러한 유형의 원시적 환상의 결과 중 하나는 정체성 혼란인데, 이는 자아와 대상을 구별하는 주관적인 능력을 상실하는 것을 말한다. 더욱 일반적인 상황에서, 이 원시적인 과정이 교육적 맥락에서 흔히 볼 수 있는 많은 개념적 곤란 및 대인관계의 어려움과 이를 이해하기 위한 학생의 노력에 의해 드러나는 의인화되고 상상적인 활동, 성격과 줄거리의 탐구 등 다소 덜 극단적인 다양한 활동에 관련되어 있음을 알 수 있다.

무의식적 환상의 어두운 측면은 앎에 대한 저항, 혹은 극단적으로는 생각에 대한 적극적인 공격(기술적으로는 연결에 대한 공격)이며, 이는 윌프레드 비온Wilfred Bion이 설명한 것처럼, 전능한 성격에 대한 환상으로 나타나는 아동마다 다른 격리적 환상으로 회귀함에 따라 교육적 과정을 억제한다. 클라인 이후 정신분석의 발전은 비온의 연구에서 큰 영향을 받았다. 다수에게 영감을 주고 소수에 의해 정신 이상자로 여겨지던 정신분석학자로서 화신하기 이전의 비온은 영국의 작은 공립학교의 실패한 교사였다. 환상에는 무대가 필요하기 때문에 비온의 상상 공간 개념은 중요하다. 그의 사고 이론에서 비온은 사고 능력이 우리의 초기 경험("생각")을 다루며, 좌절에 대한 내성^{Mischel, 2014 참조}과 적시에 사건을 진정시키고 명확하게 하는 간병인(확장하여 교사 포함)의 정신적 능력을 발달시키는 사고의 정서적 기원을 중요하게 다루었다. 심각한 장애가 있는 환자를 분석한 그의 선구적인 연구를 바탕으로, 비온은 예상할 수 있는 치명적인 심리적 붕괴를 막기 위해 원시적 시도를 통해 발현되는 병리학적인 정신분열 및 대규모 자아 투영 식별의 정신 과정을 자세히 설명했다.

이를 더 설명하기 위해서 비온은 첫째, 일정 정도의 증오와 전능함과 관련된, "의도적 회피 및 심리적 파편화에 이르는 분열로 특징지어지는 투사적 동일시의 병리학적 형태"와 둘째, "원시적인 의사소통의 의도를 지닌 보다 정상적인 형태"^{Bion, 1959, 1962, 1962/1984}로 특징을 구분했다. 따라서 그는 심각한 수준의 정신병리학적 관점에서 정상적인 정신 발달의 단계로 현상을 바라보는 관점으로 이동할 수 있었으며, 두 관점 모두 좌절과 고통, 초조한 감정이 투사의 과정을 통해 재배치되는 방식에 관련되어 있다. 정상적인 발달의 관점에서 감정의 투사는 유아의 어머니 안에 원형적으로 포함되어 있으며, 어머니의 심리적 능력이 발달하여 작용됨에 따라 이를 이해할 수 있고, 적절한 시기에 유아에게 다시 수입된다. 이러한 의미 부여의 주기는 생각에 대해 사고하거나 소화하는 장치의 내면화와 성장으로 점진적으로 이어진다. 말하자면, 유아가 경험하고 원하는 것이 무엇인지를 구어로 명확하게 하려는 부모의 행동이나 신생아가 유아기로 접어들면서 언어의 상징적 영역에 점점 더 들어가게 되는 모습에서 이 과정을 이해할 수 있다.

교육 및 대인관계

이러한 아이디어를 발전시키면서 비온은 대인관계 환경의 중요한 역할을 강조함과 동시에 억제와 변형의 과정을 기반으로 한 분석적 조우에 대한 개념적 모델을 제시했다. 여기에서, 특히 비온의 용어에 따르면 환상, 강화Alpha 기능 또는 꿈^{여기에서 실질적으로 상호 교환 가능한 것으로 볼 수 있는 개념. Grotstein, 2009}참조에 대한 발달한 능력은, 정서적 경험에서 배우는 고통스럽고 불확실한 과정을 통해 다른 사람을 이해하고 돕는 것이다. 이는 전형적으로 유아의 어머니(어머니뿐만 아니라 교사, 이 외의 사람들)가 해당 능력을 목격하는 동시에 발달을 보조한다. 이러한 과정과 모델은 교육과 교수 관계를 개념화하는 새로운 방법을 제공하여 교육의 심오한 변화적 잠재력을 강조하는 한편, 학습에 대한 반감의 예방에 도움이 된다. 이러한 아이디어는 알콘[Alcorn, 2010, 2011, 2013], 아르찬젤로[Archangelo, 2007, 2010, 2014; Archangelo & Villela, 2012], 비비[Bibby, 2009], 브리츠만[Britzman, 2003; 2009], 민츠[Mintz, 2004]를 포함한 여러 연구자가 교육과 관련하여 유용하게 설명했다.

환상이 재생되는 상상의 단계에 대한 추가적인 고려는 도널드 멜처Donald Meltzer의 "구획화된 생활 공간" 개념[Meltzer, 1955/1994]에 관한 연구와 대상 관계의 지리 묘사[Meltzer, 1955/1994]에서 찾아볼 수 있다.[Meltzer & Bick, 1960] 그는 다음과 같이 묘사했다.

아이의 생활 공간과 무의식의 지리학은 첫째, 외부 세계, 둘째, 외부 세계 속 대상의 내부, 셋째, 내부 세계, 넷째, 내부 세계 속 대상의 내부라는 4개 층위로 이루어져 있다. 아이를 철저히 이해하려면 우리가 보고 있는 대상 간의 관계가 대상 내부에서 일어나고 있는지 외부에서 일어나고 있는지, 그리고 그 행동 영역이 내부 세계에 있는지 외부 세계에 있는지 구별해야 한다.[Meltzer & Bick, 1960: 39-40]

나중에 그[Meltzer & Harris, 1976/1994]는 망상 시스템에 "어디에도 없는" 계층을 더하여 이 지리학에 다섯 번째 계층을 추가했다. 이러한 계층을 사용하여 멜처는 이상화된 상상 세계의 침입에 대한 환상을 통해 관계를 맺은 결과로, 불안으로 인한 지적 억제가 어떻게 발생할 수 있는지 설명한다.[Meltzer, 1967] 환상의 삶은 개인을 분리시켜 상호 관계적 생활에서 격리시킬 수 있다. 그러한 환상에서 벗어나려면 환상 내부의 삶과 환상 외부의 삶 사이에서 주체에게 유리한 비용-편익적인 균형이 이루어져야 하며, "그를 찾아낼 수 있을 만큼의 관심이 있는 적어도 한 사람"과 짝을 이루는 것이 필요하다.[Meltzer & Harris, 1976/1994: 408]

최상의 교육 환경은 고무적인 대안적 방법과 진성으로 학생들의 감정과 삶에 관심 있는 인물을 모두 제공할 수 있다. 교육, 특히 특정 발달 기간의 학생을 위한 교육은 일상적인 문제로부터 어느 정도 보호가 필요하지만(에릭 에릭슨Erik Erikson의 모라토리엄 개념과 유사), 교육의 부정적 또는 "그림자 측면"은 이러한 형태를 정신적 후퇴로 볼 수도 있다. 현실에서. 디지털 기술은 학습과 의사소통의 강력한 부속물이지만 이러한 후퇴와 사회적 격리를 촉진하고 악화시켜 전능하고 전지적인 환상을 부추길 수도 있다. 대학을 "상아탑" 또는 "인공 거품"으로 보는 대중적인 개념과 현실 세계의 부적절함을 암시하기 위해 형용사로 "학문적인"이라는 용어를 사용하는 것은, 교육을 환상적 은신처(구획화된 생활 공간)로 이해하는 현상을 포착하는 것이다. 이러한 특징은 주로 시기, 질투, 기타 강력한 감정 상태에 의해 촉진되는 사고에 대한 적대적인 공격[Bion, 1959, 1967]을 나타내지만, 이러한 상황에 대응할 수 있는 능력을 유지하는 것이 중요하다. 심리적 억제와 점진적인 변혁은 더 깊은 사고, 재정의 및 지적 기능에 대한 적대성과 정확한 인식의 요소를 구별하는 능력으로 이어질 수 있다. 그러한 과정은 특히 협소하게 해석된 결과, 표준 및 의제를 지향하는 정책이 지배적인 현재의 교육 환경 내에서 환상이나 성찰적 기능을 유지할 수 있는 능력을 갖출 시간, 연속성과 인적 자본, 교육 환경, 종종 압력을 받는 심리적·지적 자원을 필요로 한다.

지식과 무지

여기에서 교사(어머니)의 정신적 태도는 매우 결정적인 역할을 하며 이는 전문가의 형식적 모델 또는 무엇인가를 알고 있어야 하는 사람(자크 라캉이 표현한 'sujet supposé savoir'과는 크게 다르다. 『나의 가르침』에서 라캉은 정신분석과 교육 환경 모두에서 "지식"의 개념을 문제 삼는다. 그는 정신분석가가 "자신이 어떤 환상에 의존하고 있다"는 것을 아는 사람으로 자신을 나타낼 수 있어야 한다고 말한다.[Lacan, 2008: 110] 다시 말해, 정신분석가는 자신이 실제로 모른다는 사실을 알아야 한다.[Lacan, 2008: 111] 이 제안은 라캉의 세 가지 기록인 상상계, 상징계, 실재계가 교육에 어떻게 반영될 것인지를 보여 준다. 우선, 가르침은 인식에 의해 상당 부분 유지된다. 교사가 능력을 인정받지 못하면 교육의 기반이 무너진다. 교사는 "알아야" 하며, 때로는 학생들의 눈에 이상적인 인물이나 롤 모델이 되기도 한다. 학생들은 교사가 누구인지뿐만 아니라 교사가 그들을 어떻게 인식하는지에 대해 환상을 지니고 있다. 따라서 라캉에 따르면 거울의 단계에서 시작되는 자아의 환상은 상상계와 상징계를 모두 언급하는 것으로, 모든 교육 환경에서 없어서는 안 될 부분이다.

브라운[Brown, 2011]은 수학 교육에 대해 논의하면서 가정이나 학교 내의 사회적 관행과 담론이 대상의 행동 방식을 어떻게 결정하는지를 다음과 같이 요약했다.

[특정한 다른 사람에게 보이고 싶은 우리의 욕망]은 부모가 아이의 이름을 짓고 아이가 누구일지 상상하는 것에서 시작된다. 아이의 행동은 특정한 방식으로 반응하기, 가족 구성원과 연결하기, 보육원/학교에서 어울리기 등과 같은 환상에 대해 측정된다. 예를 들어, 예의 바른 행동, 특별한 옷차림, 관계 형성, 실용적인 기술 개발, 특정 학문적 표준에 도달하기 등 우리의 행동 중 많은 부분이 규범에 따라 결정된다.[Brown, 2011: 115]

'기대', '기준', '규범'과 같은 단어는 가정의 부모와 교육기관의 교사가 자주 사용한다. 그럼에도 상상과 상징에 기반하는 환상은 저항하는 실존을 중심으로 형성된다.

저항하는 '실존'은 교육의 자연스러운 부분이다. 전통적인 접근 방식은 저항을 '파괴'하고 반항적인 태도를 '길들이는' 방법을 찾으려고 한다. 이 것은 종종 아이가 다른 사람들에게 어떻게 보이는지에 관한 질문에 기초한 자아에 대한 환상을 제공함으로써 가능하다. 그럼에도 불구하고 라캉의 정신분석은 우리에게 그러한 저항에 대한 대안적 접근을 제공한다. 우선 실존(실재) 자체는 저항이라는 용어로 정의된다. 즉, 어떤 상징화에도 저항한다. 또한 "상상할 수 없고 상징적 질서에 통합하는 것이 불가능"하기에 불가능과 관련된다.[Evans, 1996: 163] 수학교육에 대한 논의에서 브라운[2011]은 모든 것이 무언가를 의미하는 것은 불가능하다는 불가능성에서 라캉학파의 실존을 추적한다. 브라운은 "과학에 대한 모든 설명에는 이면이 있다"라고 이야기하며 "합리적인" 설명이 "세상을 이해하는" 유일한 방법은 아니라고 설명한다.[2011: 123] 그는 학생과 교사의 "불안"과 "공황"에서 실존을 추석하는 또 다른 연구에서, 학생과 교사가 교실 관리에 어려움을 겪을 때 "가르침의 실재"가 상징적 질서를 붕괴시킬 수 있다는 관찰 결과를 보여 준다.[Brown, Atkinson, & England, 2006: 100] 첫 번째 사례에서는 지식이 있을 것이라고 기대되는 주체(교사와 학생)의 이상화와 이러한 이상화를 둘러싼 환상이 무너지며, 두 번째 사례에서는 교사의 불안과 공포가 자신과 교실을 통제할 것으로 기대되는 교사의 이미지를 손상시킴을 보여 준다.

이러한 예들은 라캉의 정신분석이 무엇보다도 무의식인 "지식의 이물체"에 대한 "프로이트식" 강조를 통해 교육에 대한 대안적 접근을 제시하고 있음을 보여 준다.[Cho, 2009: 75] 무의식은 억압되고 외상적이며 상징화할 수 없는 요소를 포함한다. 그런 이유로 지식과 무지, 지배와 통제의 상실, 통일성과 파편화, 가르침과 배움은 단순한 이분법 그 이상이 될 수 있다. 교육에 대한 이러한 접근 방식에서 흔적(그곳에서 무언가가 일어나고 있다는 형언할 수 없는 감각)은 명확한 지적 이해가 아닌 효과적인 교육 도구가 된다.^{Lacan, 2008: 62 참조}

교육, 그리고 전환의 공간

영국의 정신분석가 도널드 위니콧Donald Winnicott의 관점에서 보면 놀이와 과도기적 공간 형성은 학생뿐만 아니라 교사에게도 중요한 현상이다. 프로이트와 마찬가지로 위니콧은 환상을 의식과 무의식 모두와 관련된 것으로 보았지만, 그의 독특한 관점은 주관적/객관적인 것과 내부 및 외부 세계의 과도기적인 현상을 연결하는 환상과 행동에 대한 것이다.^{Winnicott, 1953/1971a}

위니콧^{1963/1965}에게 발달의 궤적은 독립(한 번도 달성되지 않은 최종 상태)에 대한 나르시시즘을 특징으로 하는 유아기 상태에서 시작되며, 개인의 자기 속도로 성숙 과정을 촉진하는 과도기 현상과 환상을 포함한다. 위니콧은 이 공간 내의 환상과 놀이(두 용어가 밀접하게 관련되어 있음)를 통해 개인의 의미와 정체성이 서서히 드러나면서 통합된 사고의 준거 틀 개발을 촉진한다고 주장했다. 부적절한 분석적 해석이나 혹은 가족, 교육적 또는 기타 환경적 원인으로 인해 이 과정이 방해받게 되면 아동의 진정한 발달이 탈선하고 다양한 가상의 자기 행동으로 대체될 위험이 있다. 경험의 중간적 영역으로서 과도기적 대상과 현상은 "엄지손가락과 테디베어 사이"와 "구강기의 에로티시즘과 진정한 대상 관계 사이"^{Winnicott, 1953/1971a: 2} 공간에 위치하며, 그 안에서 이루어지는 서로의 상호관계를 허용하는 환상과 놀이는 내적 현실과 외적 삶 모두에 의해 연료가 공급된다. 위니콧은 여기에서 잠재적 공간의 중립 영역에서 이루어지는 현상이 이중 관점에서 도전받지 않아야 함을 매우 중요하게 강조한다(예: '이것을 만들었습니까, 아니면 찾았습니까?'). 환상적 경험은 그러한 침입적인 질문에 의해 보호되고 속박되지 않은 채로 남아 있어야 한다. "개념의 본질적인 특징은 역설이며, 역설을 수용한다는 것이다. 아기가 대상을 만들지만 대상은 거기에 있었고 만들어지기 위해 대기하고 있는 바로 그 대상이 되기를 기다리고 있었다."[Winnicott, 1969/1971d: 89] 위니콧은 그러한 경험을 유아기의 전형으로 보았지만 이런 현상은 특히 직업 세계를 포함한 종교, 예술, 문화생활 및 창의성과 같은 현상에서 성인의 생활로 연속된다.[Winnicott, 1953/1971a: 1967/1971b 및 Freud, 1908/1955 참조]

교육 내에서 위니콧[Winnicott, 1964a]은 보육원과 초기 실무자들이 학교와 가정 사이에서 아동의 환상과 놀이가 최우선시되는 확장된 공간을 제공해야 한다고 주장했다. 여기에서 아동의 발달 미성숙과 가정환경의 다양한 질도 인정해야 하며, 진단에 준하는 활동에 기초하여 교육 환경에서 다루어져야 한다고 주장했다.[Winnicott, 1964b] 이런 과정들은 후기 학교교육과 같은 공식적인 환경에서 아동의 성숙과 사회화가 일어나고, 놀이와 환상의 감소로 이어짐에 따라 약화한다. 위니콧은 이러한 발전이 (1968년 학생 행동주의의 맥락에서) 교사와 학생의 관계가 더 넓은 환경에서 개인적이고 강력하지만 비보복적인 대결을 포함하는 변증법적인 역할을 한 것을 요구했다고 말한다. 이러한 접근은 젊은이들이 사회를 바꾸려고 노력하는 동안 (보복적인 행동에 대한) 억제를 제공한다.[Winnicott, 1968/1971c]

공격성은 모든 단계에서 환상의 일부이므로 위니콧은 환상과 현실 모두에서 파괴적인 공격에서 살아남기 위해 유아와 노인이 이에 대항할 필요성이 있음을 강조했다. 박해적인 보복 상태에 빠지지 않고 저항과 "관련"되기보다는 저항을 "사용"하는 능력을 생존에 대한 전제 조건으로 보았다. 그는 실제 대상에 대한 사랑이 무의식적 환상 속에서 이루어지는 같은 대상의 끊임없는 파괴와 공존하는 방법이 중요하며, 이는 실제 다음과 같이 생존을 돕는다. 첫째, 주체의 파괴적인 전능함에 대한 환상의 제한을 푼다. 둘째, 복구 구상을 위한 기회를 창출한다. 셋째, 사랑과 관심의 힘에 대해 확신을 주는 역할을 한다. 이런 아이디어는 교육, 특히 잠재

적으로 진정성과 창의성을 추구하는 데에서 오는 어려움보다 규범적 동
일성을 통한 즉각적인 복종, 순응 및 관계를 숨겨진 교육과정의 일부로
권장하는 교육의 형식성에 근본적으로 도전한다.

교육, 억압과 소외

프로이트는 그의 주요 가설이었던 트라우마와 유혹 이론Trauma and
seduction theory을 포기한 후 환상에 더 중심적인 역할을 부여했다. 슈타
이너Steiner, 2003에 따르면 이것은 프로이트의 혁명적 발견이었다. 프로이트
가 어린이의 무의식적인 성적 환상과 그 이후 삶 사이의 연결을 강조하기
때문에 모델(프로이트가 친구 빌헬름 플리스에게 보낸 편지에서 개인의 발
달을 추적할 수 있음)은 교육에 특히 중요할 수 있다. 프로이트는 "나중의
경험만이 환상에 자극을 주어 어린 시절로 돌아가게 한다"라고 추측하면
서Masson, 1985: 265, 어린이의 삶에 정신건강 유지에 대한 지식/통찰력과 관
련된 영향을 주는 사람(부모와 교사 등)의 역할을 강조한다.

프로이트가 설명하는 환상의 개념적 중점은 "성취가 차단된 무의식적
소원이며, 환상은 이 무의식적 소원의 위장된 표현이자 부분적 성취"의
자극 아래 형성된 것으로 본다.Spillius, 2001: 362 프로이트의 가장 잘 알려진
이론 중 하나인 오이디푸스 콤플렉스가 이를 설명한다. 이것을 유아기의
"보편적인 사건"Masson, 1985: 272으로 놓고, 프로이트는 고전 그리스 비극인
『오이디푸스 렉스Oedipus Rex』[4]의 힘은 청중이 자신의 어린 시절 환상이
억압되어 왔음을 인식하게 해 준다는 사실에 있다고 가정한다.Masson, 1985:
272 나중에 『자아와 원초아The Ego and the Id』1923/1961에서 프로이트는 아
버지를 대체하려는 어린 소년의 환상이 어떻게 아버지와 아들 사이의 양
가적 관계를 초래하는지 자세히 설명한다.

프로이트의 말에 따르면, "아주 어린 나이에 어린 소년은 의존적 모델

에 대한 자신의 선택에 관해서 대상-심적 부착object-cathexis 관계를 개발한다. 소년은 자신을 아버지와 동일시함으로써 아버지를 대한다".Freud, 1923/1961: 31 그러나 시간이 지나면서 어머니에 대한 소년의 성적 욕망이 강해지자 아버지를 장애물로 인식하고 자신의 자리를 차지하기 위해 아버지를 없애고 싶어 한다. 프로이트에 따르면 오이디푸스 콤플렉스의 "정상적인" 해소는 소년이 어머니를 위한 대상-심적 부착을 포기하고 아버지와의 동일시를 강화하도록 요구하는 것이다. 프로이트가 오이디푸스 콤플렉스와 그 해소를 초자아의 발달과 관련시키기 때문에 도덕, 양심, 죄책감 및 사회적 감각과 같은 개념이 이 단계에서 개입된다. 더욱 광범위하게, 우리는 이러한 유형의 구조화 환상을 사고 능력의 발달 및 법 개념과 연결시킬 수 있다.

아이가 동일시할 것으로 기대되는 아버지는 자아-이상적이지만, 오이디푸스 콤플렉스에 있는 아버지의 모호한 상황은 아이에게 "아버지가 하는 모든 것을 네가 하지 못할 수도 있다"라는 것을 암시하기도 한다.Freud, 1923/1961: 34 이 지점에서 프로이트는 오이디푸스 콤플렉스를 초래하는 환상과 교육을 포함한 아동의 사회생활 사이의 관계를 다음과 같이 설명한다.

> 초자아는 아버지의 성격을 유지하는 반면, 오이디푸스 콤플렉스가 더 강력하고 더 빨리 억압에 굴복할수록(권위, 종교적 가르침, 학교교육 및 독서의 영향으로) 아버지의 지배는 더욱 엄격해질 것이다. 자아에 대한 초자아의 지배는 이후 양심 혹은 무의식적인 죄책감의 형태로 나타날 수 있다.Freud, 1923/1961: 34

---

4. (옮긴이 주) 그리스의 아테네에서 429년경에 초연된 비극. 〈오이디푸스 왕〉으로 기록되기도 했다. 오이디푸스는 테베의 왕 라이오스와 여왕 이오카스테 사이에서 적자로 태어나지만 '아버지를 죽이고 어머니와 동침할 것이다'라는 신탁에 의해 버려져, 자식이 없던 이웃 나라 코린토스 왕의 아들로 자라난다. 우연히 자신의 신탁을 알게 된 오이디푸스는 그 실현을 피하기 위해 테베로 도망가지만, 왕인 아버지를 죽이고 여왕인 어머니와 결혼하는 것으로 자신도 모르게 신탁을 이행하며 테베의 왕이 된다. 모든 사실을 알게 된 후 절망하여 스스로 눈을 뽑는다.

이런 관찰의 내용은 이상적 자아의 기원은 오이디푸스 콤플렉스로 돌아가고 자아와 이상적 자아 사이의 갈등은 "실제"와 "심리적" 또는 "외부"와 "내적" 세계의 반대 극을 나타낸다는 것이다.[Freud, 1923/1961]

프로이트의 환상에 대한 개념화에서 이 두 세계의 기능을 추적하는 라플랑쉬와 폰탈리스[Laplanche & Pontalis, 2003]는 이들 사이의 대립이 환상 세계의 위치를 구성함을 시사한다. 만족은 내부 세계에서 환상(소원 충족)을 통해 달성되는 반면 외부 세계는 현실 원리에 의해 인도된다. 따라서 무의식은 "쾌락의 원칙에만 종속되었던 환자의 원래 세계를 상속받는 것"으로 이해된다.[Laplanche & Pontalis, 2003: 109] 이 "원래 세계"는 쾌락 원리에 종속된 "환상" 활동을 포함한다.[Freud, 1911/1958] 프로이트에게 정규 교육은 쾌락 원칙에 저항하고 자아 발달 과정을 도우면서 현실 원칙을 대체하려고 노력하는 것을 의미한다. "이 목적을 위해, 정규 교육에서 사랑에 대한 제안은 교육자들에 의해 보상으로 이용된다. 그러므로 버릇없는 아이가 어떤 경우에도 사랑을 소유할 수 있고 어떤 일이 일어나도 그것을 잃을 수 없다고 생각한다면 교육은 실패한다."[Freud, 1911/1958: 224]

하지만 이러한 교육의 위치성은 지지받지 못했다. 프로이트는 현대 문명이 수반하는 건강에 해로운 억압과 그에 따른 고통과 신경증의 비용에 대한 강력한 이론들을 감안할 때 전통 교육을 억압적인 기관으로 보고 정신분석을 초기 교육이 만들어 낸 흠을 보완하는 사후 교육의 한 수단으로 보았다.[Britzman, 2003: 2009]

프로이트에게 교육은 자기애 및 기타 환상에 의해 촉진되는, 모호한 문명의 혜택에 대한 대가를 위하여 본능적 만족을 포기하고, 순응하며, 개인의 희생을 요구하는 억압적인 사회 시스템이었다. 이것은 부분적으로 협의의 숨겨진 교육과정 개념과 연결되는 후기 교육 이론[예를 들어, Giroux & Penna, 1983]과 유사할 뿐만 아니라 현대 사회의 대안교육의 많은 동기와 공명한다. 프로이트는 본능적 포기가 지나치게 심각할 때 신경증, 불안, 우울증 및 자살이 증가함을 언급했다. 따라서 프로이트에게 문명은 건강에 해로운 억압과 소외에 상당 부분 의존하는 개념이다. 그는 개혁적이고 분석적인 정보에 입각한 교육은 개인의 차이를 고려해야 하며 "피할 수 없는 머리 여섯 달린 괴수와 절망스러운 소용돌이 사이에서 길을 찾아야 하며, 이 문제가 완전히 해결되지 않는 한 교육이 가장 많은 것을 성취하고 가장 적은 피해를 줄 수 있는 최적의 방법을 찾아야 한다"[Freud, 1933/1964: 149]라고 주장했다. 이 난해한 문제에 대하여 프로이트는 정신분석을 특정 교육 체제에 맞추는 것을 회피했다.

소외의 개념을 받아들인 라캉은 거울 단계의 환상이나 환상에서 소외된 자아의 한 측면으로서 느끼는 결핍이나 결핍으로 향하는 욕망의 출현에서 비롯되는 자아의 기원을 강조했다. 여기서 타자는 완전성을 부여하는 환상의 대상이 된다. 라캉은 거울 단계를 "인간이 처음으로 자신을 보고, 자신을 반성하고, 자신이 아닌 다른 것으로 생각하는 경험을 하는 독창적인 모험이며, 이는 그의 환상적 삶 전체를 구성하는 중요한 요인"[Lacan, 2006: 79]이라고 설명했다. 이런 제안은 라캉의 정신분석학에서 이론화된 "환상"이라는 용어가 교육 연구에서 어떤 방식으로 내포될 수 있는지를 보여 준다. 인간 주체가 환상으로 형성되고 이 형성이 그의 다른 환상의 모델이라면 부모에서 교사에 이르기까지 교육자는 환상으로 가득 찬 "세계"의 일부로 자신을 이해해야 한다. 이 세계에는 (학생, 부모, 교사 및 다른 사람의) 자아에 대한 환상이 포함되는데, 이 환상은 개인이 사회적 환경에서 수행할 것으로 기대되는 역할에 대한 환상이나 우리가 소망이나 욕망이라고 부를 수 있는 미래에 대한 환상, 개인의 환상과 겹치거나 충돌할 수 있는 교육기관의 환상을 모두 포함한다.

마치는 말

환상은 부분적으로 무의식적 소망의 좌절에서 비롯된다는 프로이트의 생각으로 시작하여 서로 다른 정신분석학파의 이론을 소개하는 작업을 통해 개념의 변천과 교육적 관련성을 추적해 보았다. 일상적 정통성에 도전하며 쉬운 해결책을 제시하지 않는 반면에, 이 복잡한 아이디어는 우리가 강조한 것처럼 교육 환경 내에서 개념을 실천할 새로운 가능성을 열어 준다.

정신분석은 소외되고 억압적인 사회질서에 얽힌 다소 소외되고 탈중앙화된 자아를 인정하는 것에서 시작한다. 전통적인 형식 교육의 전형인 외부적인 특권과 주관성을 무시하는 행태는 피해를 악화시킨다. 하지만 외부, 대상의 현실, 공격성 등을 무시하는 정신분석 또한 단순히 다른 종류의 손상 위험이 있음을 시사한다. 이 팽팽한 협상에서 교사는 자신과 학생의 주관성과 공유된 객관적 현실에 대한 면밀한 관찰과 이해가 필요하다. 자기 앎은 수용성과 같은 정신적 자질과 더불어 매우 중요한 요소이며, 존 키츠^{John Keats, 1817}가 이야기한 것처럼 "소극적 수용 능력은 인간이 불확실하고, 알 수 없으며, 의문을 품고, 사실과 이성에 대해 어떠한 시도도 하지 않을 때 만들어진다".^{Forman, 1931: 69-72} 또 환상화하는(혹은 꿈을 꾸는) 능력은 가능성을 만들어 내고 유지시키는 능력이기도 하다. 위니콧의 관점에서 볼 때 이러한 태도는 교사와 학생 모두에게 중요한 현상인 놀이와 과도기적 공간을 뜻하며, 알아야만 하는 것에 대한 독재에서 해방될 가능성을 제공하는 라캉의 '안다고 가정된 주체sujet supposé savoir'와 유사한 개념이다.

클리닉 내에서 전통적인 방식에 따른 정신분석적 방과후교육은 기껏해야 소수의 사람에게 도움을 제공한다. 그러나 분석적으로 정보에 입각한 더욱 변혁적인 심리-사회적 교육 대안은 프로이트가 『새로운 정신분석 강의New Introductory Lectures』¹⁹⁶⁴에서 "(교육에 대한 정신분석의 잠재적인 기여가) 아마도 모든 분석 활동 중 가장 중요할 것"이라고 주장했듯이 ^{1933/1964: 146}, 잠재적으로 구조적인 문제의 해결에 더 기여할 수 있을 것이다.

참고문헌

Alcorn, M. W. (2011). Shame, classroom resistance, and Bion's desire not to know. In *ETD-Educação Temática Digital, 13*, 225-237. URN: http://nbn-resolving.de/urn:nbn:de:0168-ssoar-286230

Alcorn, M. W. (2013). *Resistance to learning: Overcoming the desire-not-to-know in classroom teaching*. New York: Palgrave Macmillan.

Archangelo, A. (2007). A psychoanalytic approach to education: "Problem" children and Bick's idea of skin formation. *Psychoanalysis, Culture & Society, 12*, 32-348.

Archangelo, A. (2010). Social exclusion, diffi culties with learning and symbol formation: A Bionian approach. *Psychoanalysis, Culture & Society, 15*, 315-327.

Archangelo, A. (2014). A psychosocial approach to neoliberalism, social exclusion and education. *Psychoanalysis, Culture & Society, 19*, 29-38.

Archangelo, A., & Villela, F. C. B. (2012). Even when things go well they are diffi cult: A psychoanalytic approach to the relationship between school and family. In M. O'Loughlin (Ed.), *Psychodynamic perspectives on working with children, families, and schools* (pp. 183-200). New York: Jason Aronson.

Bibby, T. (2009). How do children understand themselves as learners? Towards a learner-centred understanding of pedagogy. *Pedagogy, Culture and Society, 17*(1), 41-55.

Bion, W. R. (1959). Attacks on linking. *International Journal of Psychoanalysis, 40*, 308-315.

Bion, W. R. (1962). A theory of thinking. *International Journal of Psychoanalysis, 43*, 306-310.

Bion, W. R. (1967). *Second thoughts*. London: Heinemann.

Bion, W. R. (1984). *Learning from experience*. London: Karnac. (Original work published 1962).

Breuer, J., & Freud, S. (1955). Studies in hysteria. In J. Strachey (Ed.), *The standard edition of the complete psychological works of Sigmund Freud* (Vol. 2). London: Hogarth. (Original work published 1895).

Britzman, D. P. (2003). *After-education: Anna Freud, Melanie Klein, and psychoanalytic histories of learning*. Albany, NY: SUNY.

Britzman, D. P. (2009). *The very thought of education: Psychoanalysis and the impossible professions*. Albany, NY: SUNY.

Brown, T. (2011). *Mathematics education and subjectivity*. Dordrecht: Springer.

Brown, T., Atkinson, D., & England, J. (2006). *Regulatory discourses in education: A Lacanian perspective*. Oxford, UK: Peter Lang.

Cho, K. D. (2009). *Psychopedagogy: Freud, Lacan, and the psychoanalytic theory of education*. New York: Palgrave Macmillan.

Evans, D. (1996). *An introductory dictionary of Lacanian psychoanalysis*. London: Routledge.

Forman, M. B. (Ed.). (1931). *The letters of John Keats*. London: Oxford University Press.

Freud, S. (1955). Creative writers and day-dreaming. In J. Strachey (Ed.), *The standard edition of the complete psychological works of Sigmund Freud* (Vol. 9, pp. 141-154). London: Hogarth. (Original work published 1908).

Freud, S. (1958). Formulations on the two principles of mental functioning. In J. Strachey (Ed.), *The standard edition of the complete psychological works of Sigmund Freud* (Vol. 12, pp. 213-226). London: Hogarth. (Original work published 1911).

Freud, S. (1959). *Inhibitions, Symptoms and Anxiety. In J. Strachey (Ed.), The Standard Edition of the Complete Psychological Works of Sigmund Freud* (Vol. 20, pp. 77-176). London: Hogarth. Originally published 1926.

Freud, S. (1961). The ego and the Id. In J. Strachey (Ed.), *The standard edition of the complete psychological works of Sigmund Freud* (Vol. 19, pp. 1-66). London: Hogarth. (Original work published 1923).

Freud, S. (1964). New introductory lectures on psycho-analysis. In J. Strachey (Ed.), *The standard edition of the complete psychological works of Sigmund Freud* (Vol. 22, pp. 1-182). London: Hogarth. (Original work published 1933).

Giroux, H., & Penna, A. (1983). Social education in the classroom: The dynamics of the hidden curriculum. In H. Giroux & D. Purpel (Eds.), *The hidden curriculum and moral education* (pp. 100-121). Berkeley, CA: McCutchan Publishing Corporation.

Grotstein, J. S. (2009). Dreaming as a curtain of illusion: Revisiting the royal road with Bion as our guide. *International Journal of Psychoanalysis, 90*, 733-752.

Isaacs, S. (1948). The nature and function of phantasy. *International Journal of Psychoanalysis, 29*, 73-97.

Klein, M. (1980). *The psychoanalysis of children*. London: Hogarth. (Original work published 1932).

Klein, M. (1984). Notes on some schizoid mechanisms. In E*nvy and gratitude and other works, 1946-1963* (pp. 1-24). London: Hogarth. (Original work published 1946).

Klein, M. (1985). The importance of symbol formation in the development of the ego. In *Love, guilt and reparation and other works, 1921-1945* (pp. 219-232). London: Hogarth. (Original work published 1930).

Lacan, J. (2006). *Écrits*. (B. Fink, Trans.). New York: Norton.

Lacan, J. (2008). *My teaching*. (D. Macey, Trans.). London: Verso.

Laplanche, J., & Pontalis, J. B. (1973). T*he language of psychoanalysis*. London: Hogarth.

Laplanche, J., & Pontalis, J. B. (2003). Fantasy and the origin of sexuality. In R. Steiner (Ed.), *Unconscious phantasy* (pp. 107-143). London: Karnac Books.

Masson, J. M. (1985). *The complete letters of Sigmund Freud to Wilhelm Fliess 1887-1904*. Cambridge, MA: Harvard University Press.

Meltzer, D. (1967). *The psycho-analytical process*. Perthshire, UK: Clunie.

Meltzer, D. (1994). Towards a structural concept of anxiety. In A. Hahn (Ed.), *Sincerity and other works* (pp. 3-21). London: Karnac. (Original work published 1955).

Meltzer, D., & Bick, E. (1994). Lectures and seminars in Kleinian child psychiatry. In A. Hahn (Ed.), *Sincerity and other works* (pp. 35-89). London: Karnac. (Original work published 1960).

Meltzer, D., & Harris, M. (1994). A psychoanalytic model of the child-in-the-familyin- the-community. In A. Hahn (Ed.), *Sincerity and other works* (pp. 387-454). London: Karnac. (Original work published 1976).

Mintz, J. (2014). *Professional uncertainty, knowledge, and relationship in the classroom: A psycho-social perspective*. Abingdon, UK: Routledge.

Mischel, W. (2014). *The marshmallow test*. New York: Little Brown.

Spillius, E. B. (2001). Freud and Klein on the concept of phantasy. *International Journal of Psychoanalysis, 82*, 361-373.

Steiner, R. (2003). Introduction. In R. Steiner (Ed.), *Unconscious phantasy* (pp. 1-66). London: Karnac Books.

Winnicott, D. W. (1964a). Mother, teacher and the child's needs. In *The child, the family and the outside world* (pp. 189-198). Harmondsworth, UK: Penguin.

Winnicott, D. W. (1964b). Educational diagnosis. In *The child, the family and the outside world* (pp. 205-210). Harmondsworth, UK: Penguin.

Winnicott, D. W. (1965). From dependence towards independence in the development of an individual. In *The maturational processes and the facilitating environment* (pp. 83-92). London: Hogarth. (Original work published 1963).

Winnicott, D. W. (1971a). Transitional objects and transitional phenomena. In *Playing and reality* (pp. 1-25). London: Routledge. (Original work published 1953).

Winnicott, D. W. (1971b). The location of cultural experience. In *Playing and reality* (pp. 95-103). London: Routledge. (Original work published 1967).

Winnicott, D. W. (1971c). Contemporary concepts of adolescent development and their implications for higher education. In *Playing and Reality* (pp. 138-150). London: Routledge. (Original work published 1968.)

Winnicott, D. W. (1971d). The use of an object and relating through identifications. In *Playing and Reality* (pp. 86-94), London: Routledge. (Original published 1969.)

9장
공학적·잠재적·문화적 교육과정의 의제와 권위

해리엇 패티슨[1], 앨런 토마스[2]

들어가는 말

이 장에서 우리는 스미스[Smith, 2000]가 제시한 전제, 즉 교육과정의 어떤 장르를 이해하려면 교육의 다른 측면에 대한 동시적 이해가 필요하다는 점에 동의하면서도 여기서 좀 더 나아간다. 교육의 널리 받아들여지고 내재된 원칙으로서의 교육과정이라는 개념은 우리에게 교육 자체의 본질에 접근할 수 있는 방법을 제공한다. 이는 사회와 개인을 관리하는 특정한 정치적 접근법으로서, 그리고 인식론—앎의 주체와 지식 간의 관계—의 표현으로서 그렇게 한다. 이러한 견해를 염두에 두며, 세 종류의 교육과정에 접근해 볼 것이다. 첫 번째는 학생들이 어떤 것을 배우고 어떤 방식으로 배우는지가 명확하게 정해져 있는 학교 기반 형식적 교육과정이다. 다음으로 행동이나 가치 습득 시 일반적으로 통용되는 비형식 학습

---

1. 해리엇 패티슨(Harriet Pattison): 리버풀호프대학(Liverpool Hope University)의 유아학(Early Childhood) 분야를 연구하는 교수이며 교육적 대안들을 탐구하고 있다. 사회인류학자를 자신의 천직으로 생각하며 천생 철학자로 믿어 왔는데 이 두 분야는 그녀의 사유와 글쓰기에 밀접하게 연관되어 있다. 자녀들로부터 영감을 받아 홈스쿨링에서의 읽기 학습에 대해 박사 논문을 썼다. 문해력, 학습, 우리는 어떤 존재인지에 관해 연구하며 탐구하고 있다.
2. 앨런 토마스(Alan Thomas): UCL 교육 연구소(UCL Institute of Education, London, UK)의 부교수(Honorary Senior Lecturer). 주된 관심사는 언스쿨링을 통한 비형식적 학습 또는 자율적 홈스쿨링과 대안교육이다. 현재 배우지 않고 읽는 법을 학습하는 아이들에 관한 연구를 진행 중이다. 영국심리학회(British Psychological Society) 회원이다.

의 한 방식인 숨겨진 교육과정을 고려할 것이다. 세 번째로, 앞의 두 교육 과정 사이의 구분이 모호해지는 학습 상황이 있는데, 이러한 상황 학습에 주목해 볼 것이다. 마지막으로 정형적 의미의 교육과정이 모두 버려질 때 무슨 일이 일어날지를 질문해 볼 것이다. 그리고 우리의 자율적 가정 학습에 관한 연구 예시를 사용하여 "문화적 교육과정"이라고 우리가 명명한 교육과정을 보여 줄 것이다.[Thomas & Pattison, 2007] 숨겨진 교육과정과 유사점을 지니는 문화적 교육과정은 한편으로는 지식과, 다른 한편으로는 아이들의 문화화 사이의 인지된 격차에 의문을 제기한다. 문화적 교육과정은 행동과 지식을 분리할 수 없는 실체로 상정하며, 여기에는 일반적으로 학교 형식 교육과정을 통해 독립적 실체로 여겨지는 종류의 지식도 포함된다. 이러한 다른 지식 개념은 필연적으로 학습과 배움을 이전과는 다르게 개념화하도록 이끌게 된다.

형식적 교육과정

'교육과정curriculum'의 라틴 어원적 의미는 "(말이 달리는) 경주 코스"[English, 2010: 6]인데, 이는 교육과정의 주된 근대적 특징들을 드러낸다. 교육과정은 이미 결정된 구성물이며, 따라가야 하는 노선이며, 달려야 하므로 속도를 암시하며, 명시적인 시간 차원도 내포한다. 형식 교육에서 교육과정은 이러한 어근에서 파생된 것으로 학생들이 배워야 할 내용을 미리 정하고 그 성취를 위한 시간표를 제시하는 것을 의미한다. 교육과정의 효과는 효율적인 수단을 통해 목표를 설정하고 이러한 원래 목표를 충족하는 인식 가능한 결과를 이끌어야 하는 목표의 식별에 달려 있다. 일부 학자들은 학교의 목표가 바람직한 인성의 함양과 "우리가 생각하기에 바람직한 인간상"을 기르는 데 맞춰져야 한다고[Reiss & White, 2013: 67] 주장하지만, 형식적 교육과정은 전통적으로 교과목에 기반을 두고 있다. 둘 중 어느 경우든 목표지향적이고 계획된 과정을 통해 적어도 의도한 결과가 실현될 것이라는 실행의 확신을 가지고 수행된다. 그러한 과정이 가능하다고 간주된다는 것은 우리가 교육의 정치적 권력과 인간 학습의 본질을 어떤 식으로 이해하는지에 대한 심오한 논평이기도 하다.

이러한 방식으로 표현될 때, 교육과정은 본질적으로 특정한 목적을 달성하기 위한 관점을 가지고 특정한 수단을 적용하려는 공학적 노력이다.[Heidegger, 1977] 이러한 방식으로 간주되면 교육은 특정한 자원을 특정한 교사와 학생이라는 원재료에 동원하는 특정 전략의 적용으로 사전에 결정된 특정 결과를 달성할 수 있도록 하는 것으로 구성된다. 이 방식에서 동원되는 자원에는 교사, 학교 건물, 장비, 교과서, 인공물 등이 포함되며, 이러한 자원은 학습을 보장하는 방법으로 통합된 후 학생의 시험을 통해 결과를 검증할 수 있다. 실용적인 측면에서, 공학으로서의 교육 아이디어와 교육과정의 연결은 학습의 목표와 학습의 결과 사이의 중요한 연결을 제공함으로써 교육과정 계획에 체계적인 형태를 부여한다.[Smith, 2000] 이를 염두에 두고 교육과정 기획자는 그 경로를 통해 점진적인 단계가 원하는 결과에 조금씩 도달하는 것으로 볼 수 있는 학습 경로를 설정할 수 있다. 이러한 비유는 학생들이 '앞으로', 또는 '궤도에 머물다', 또는 '이정표를 통과하다'라는 의미의 라틴어 기원을 자주 반영한다.

그러나 교육과정의 의미를 완전히 이해하기 위해서는 이보다 더 나아가야 한다.[Heidegger, 1977] 하이데거에 따르면, 교육과정에 대한 적절한 이해를 위해서는 교육공학의 더 깊은 의미를 탐색하고, 왜 교육과정이 더 넓은 교육 목적 안에서 그러한 모습을 하고 있는지, 나아가 왜 교육과정이 애초에 그렇게 필수적인 교육 도구인지에 대한 질문을 탐구해야 한다. 교육과정 내용에 관한 질문은 표면상으로 많은 답을 가진다. 그중 하나는 교육과정이 성인으로 사회에서 성공적인 삶을 영위하기 위해 학생들이 배워야 할 과목으로 구성되어 있다는 것이고, 다른 하나는 그것이 아이들에게 문화에 대한 가장 훌륭하고 가치 있는 지적 추구를 소개하기 위한 수단이라는 것이며, 더 나아가 선량한 시민이자 도덕적인 인간으로 인도할 가치관과 신념을 심어 준다는 것이다. 이 모든 근거는 샤르티에Anne-Marie Chartier가 정치적으로 그룹화된 시민들의 "공동의 운명을 보장하고자"하는 계층적 욕망으로 표현한 것을 포괄한다.[Chartier, 2009: 464] 이것의 현대적 예시 또한 발견되는데, 1980년대 영국 공립학교에 지정된 국가 교육과정에는 공통으로 공유되는 가치, 신념과 지식의 바람직함이 종종 명시적으로 담겨 있다.[White, 2003] 이러한 목표의 달성은 시험 통과, 민주적 권리 행사, 경제 기여, 주택 소유와 같은 물질적 지위에 대한 열망 등의 공통된 야망을 명백히 자발적으로 표현하는 것을 통해 판단될 수 있다.

권력과 교육과정

잉글리시[English, 2010]가 지적한 바와 같이, 교육과정은 필연적으로 권력의 표현이다. 정치적, 종교적, 또는 문화적 성격에 상관없이, 지배집단들은 종속집단이 낭대와 사상의 지식에 어떤 측면에, 그리고 어떤 목적으로 참여해야 하는지를 결정한다. 교육과정 통제는 정규 교육의 역사를 나타내는데, 이는 말하자면 지배집단이 국민에게 권력을 행사해 왔기 때문이다. 이런 예는 나치 정권의 "국가사회주의 성격"을 형성하려는 노골적인 시도[Nizkor.org, 2012]에서부터, 특정 집단의 배제, 고정 관념 및 특정한 의미가 내포된 어휘 선택[Sadker, 2009 참조], 학교 교과서의 역사적·지리적 위치 선정까지 다양한 방식으로 드러난다. 현재 이런 편견을 없애려는 진지한 움직임이 있지만[Soyei, 2011 참조], 이러한 운동의 중요성을 부인하지는 않으면서도, 내용에 대한 집중만으로는 교육과정이라는 아이디어 자체가 기반하고 있는 불가피한 가치와 권력을 드러낼 수 없을 것이다. 교육과정의 하이데거식 정수를 추구하는 것은 교육과정이라는 개념을 탄생시킨 신념들의 교리를 찾는 것, 교육이라는 바로 그 개념으로 귀결되는 탐색을 의미한다. 팝케비츠[Popkewitz, 1987]는 교육과정의 역사를 추적하면서 전문화된 지식 영역으로서의 교육이 일정한 사회질서를 부여하고 유지하기 위한 정치적 추진력의 일부였다고 주장한다. 수학이나 지리학과 같은 다양한 학문 분야가 자라나는 세대에게 전파하는 관행을 자체적으로 창출하는 대신, 교육학과 교수진은 사회를 통제하고 관리하는 대학의 정치적 역할의 일부로 이러한 책임을 부여받았다. 팝케비츠는 교육 연구(심리학과 철학 분야의 연구가 추가될 수도 있는데)가 사회와 개인의 정치적 "요구"에 대한 적절한 대응으로서 교육의 전문적 권위를 확립하는 데 역할을 해 왔다고 주장한다. 요구의 개념은 "교육과정의 선택과 구성을 위한 전략의 기저에 놓여 있으며"[Popkewitz, 1987], 당대 엘리트들의 정치적·문화적 가치에 부합하는 교육의 관리를 정당화한다. 예를 들어, 라이스와 화이트[Reiss & White, 2013]는 합리적 자율성이라는 지적인 영향력 아래의 의회 민주주의에서 성장한 사람들의 인식된 요구에 기반을 둔 교육과정 구조를 제시한다. 이러한 사회의 필요 개념을 통해 적절한 시민권의 성격, 야망 및 가치가 형성되고 교육과정을 통한 추구가 정당화된다.

형식적 교육과정의 학습자와 지식

물론, 우리가 공유하는 운명 중 하나는 유년기 대부분을 대개 학교의 형태인 의무 교육 안에서 보내는 것이다. 이것의 중요성은 단지 우리가 그 기간 내에 정규 학교 교육과정을 통해 무엇을 배우고 경험하는지에서 찾을 수 있을 뿐만 아니라, 학교생활을 유년기의 지배적인 경험으로 공유하고 있으며, 이는 성인의 삶을 지향하는 데에서 주된 수단은 아니라 할지라도 주요한 수단이라는 것에서도 찾을 수 있다. 이 공통 경험을 통해 유년기가 무엇인지, 교육이 무엇인지, 그리고 배우는 것이 무엇을 의미하는지에 대한 문화적, 실제적, 조작적 정의가 전파된다. 물론 모든 아이가 학교에서 잘하는 것은 아니다. 교육에서 적절한 성과를 거두지 못한 것뿐만 아니라 어린 시절의 기대와 규범을 지키지 못한 것도 실패로 읽힐 수 있다.

형식적 교육과정은 한편으로는 지식이 무엇인지에 대한 이해와 다른 한편으로는 아이(학생, 학습자)가 어떤 특성을 지녔는지에 대한 이해를 의미한다. 교육과정을 통해, 지식은 인식할 수 있고 구체적인 형태의 정보인 주어진 실체로 제시된다. 수학, 언어, 역사, 지리를 모두 시로 분리하고, 각 영역 내에서 '수준' 또는 '단계'로 계층적으로 배열될 수 있는 분열 구조를 가진 과목 영역으로 분리할 수 있다. 이러한 다른 과목 영역들은 미리 결정된 방식으로 접근되고 사용되어야 하는 사전에 주어진, 일반적으로 특별히 설계된 자원을 통해 접근할 수 있다. 다시 말해, 어떻게 학습을 진행해야 하는가는 암묵적이고 명시적으로 교육과정에 포함되어 있다.

이것의 결과 중 하나는 지식이 기원과 적용으로부터 탈맥락화되어 수학, 과학, 역사 등 교과목이 우리 주변의 세계에 대해 생각하는 방법이 되지 못하고, 그 교과목들이 자기 과목 안의 협소한 세계가 된다는 것이다. 예를 들어, 과학 교과서는 교과서를 읽는 학생에게 과학에 대한 정보를 제공한다. 만약 교과서에 연필로 휘갈겨 낙서하고(연필심에 있는 흑연이 압력과 결합하여 종이 표면에 마찰을 일으켜서 자국을 남기며 물리적 마모를 이끄는), 찢고(종이 섬유의 셀룰로스 분자 사이의 수소 결합이 반대되는 힘으로 분리됨), 태우면(연소), 이 과정은 의심할 여지 없이 유익하고 과학적인 과정이지만, 이러한 모든 과정은 학생들에게 과학에 대한 정보를 제공하지 못한다.[3] 대신에, 과학은 우리 주변의 물리적 세계와 그 안에 있는 우리 자신의 일상적 존재에 대해 생각하는 방법이라는 개념과는 대조적으로, 과학은 교과서에 제시되고 과학 실험실과 같은 특정한 상황에서만 증명될 수 있는 어떤 종류의 사실로 이루어져 있다는 메시지를 전달하게

---

3. (옮긴이 주) 교과서라는 종이로 만들어진 물리적 책에 낙서하거나 찢거나 태우는 과정은 실제로 과학적인 현상을 실험하고 구현할 수 있는 과정이지만, 그렇게 해서 책이 망가진다면 교과서는 과학에 대한 정보를 제공하지 못한다.

된다.

교육과정은 교육과정 내 학습 자료의 반응 결과에 따라 효율적 또는 비효율적인 학습자로 간주될 아이의 역할을 정의하는 데도 마찬가지로 중요하다. 이러한 것들에 대해 예상된 공통적이고 시기적절한 반응이 있다는 것은, 아이들이 "정상적인 발달단계와 관련하여 보편적으로 발달한다"라는 가정^{Popkewitz, 1987: 17}에 기초한 인간 정신 이론을 드러낸다. 팝케비츠가 주장하는 이 가정은 "사회 현상의 심리화"^{Popkewitz, 1987: 15}에 기초한다. 발달 심리학의 정규화 렌즈를 통해, 표준적인 경험에 대한 표준적인 반응을 기대하는 것이 합리적으로 되고, 개인은 표준화된 발달 과정을 얼마나 고수하는지에 의해 측정될 수 있다. 이를 통해 교육은 무엇을 학습할지, 어떻게 학습할지, 학습했음을 어떻게 입증할지를 모두 정밀한 계획에 따라 의도적으로 운영 및 관리할 수 있는 적용된 과정으로 취급될 수 있는 길을 열었다. 이러한 입장의 예는 국가 교육과정에 관해 설명하는 영국 정부에 의해 간결하게 설명된다. "국가 교육과정은 초등학교와 중등학교에서 사용하는 과목과 기준의 모음집이다. 그래서 아이들은 같은 것을 배운다. 교육과정은 어떤 과목을 가르치고 각 과목에서 아이들이 도달해야만 하는 기준을 다룬다."^{영국 교육부, 온라인, 페이지 번호 없음, 2013}

숨겨진 교육과정

레이놀즈의 말처럼, "의도하지 않은 교육의 결과가 우리가 가르치고 있다고 생각하는 개념보다 더 강력할 수 있다."^{Reynolds, 2005: 270} 이것은 우리가 직접 가르치는 것뿐만 아니라 더 일반적인 학교교육까지 포함하도록 확장시킬 수 있는 진술이다. 숨겨진 교육과정의 개념은 "아이들이 교사나 관리자의 행동과 태도뿐만 아니라 공립학교의 본질적 특성과 학교 조직 구성 형태로부터 도출해 배우는 학습의 한 종류를 가리킨다."^{Longstreet}

& Shane, 1993: 46 정규 교육의 이면에 놓인 인식론적, 권력, 가치 구조는 학교의 전통적 행사, 학교에서 매일 반복되는 일상, 학교 교육과 관련된 시간적·공간적 배치의 본질과 근거에 반영된다. 학생들은 이러한 환경이 주는 메시지를 공식적인 설명이나 표현이 필요 없는 종류의 이해의 한 형태로 받아들인다. 마찬가지로, 이러한 형태의 지식을 명료하게 표현해 내거나, 그 실천 관행 안에서 학생들이 이해하고 받아들이고 생활할 수 있는 지식으로 심지어 인식하는 능력조차도 거의 없으며, 하물며 그렇게 해야 한다는 강제성도 부여되지 않는다. 하지만 숨겨진 교육과정은 교사에 대한 학생의 태도, 괴롭힘, 흡연, 학교보다는 또래에 대한 충성심을 키우는 등 학교가 달성하고자 하는 이상과 모순되는 메시지를 전달할 수 있다는 점에서 그 힘이 막강하다. 숨겨진 교육과정의 개념은 부르디외의 아비투스[Bourdieu, 1977] 개념의 반향을 일으킨다. 아비투스는 교육의 필요성 그 자체를 포함하여 말할 필요도 없는 자연스러운 행동이나 인식에 대한 것들이다. 숨겨진 교육과정은 따로 시간을 낼 필요가 없고, 가르칠 필요가 없으며, 할당된 교육 자원에 의해 지원되지 않고, 어떤 형태의 통제도 받지 않는다. 또한 숨겨진 교육과정을 주입하고 있다는 사실을 알지도 혹은 모를 수도 있는 교직원들에 의해서나, 의식적 또는 무의식적으로 숨겨진 교육과정을 흡수하고 있는 학생들에 의해서도 통제받지 않는다.

숨겨진 교육과정은 학교가 목적을 가지고 하는 일의 다소 중요한 부산물일 뿐만 아니라, 공학적인 교육관과 관련해 매우 현실적인 문제를 초래하는 것으로도 볼 수 있다. 숨겨진 교육과정이 어떻게 동화되고 학습되는지를 이해하는 것은 우리가 그 영향으로부터 시작해 원인에 도달하기까지 역행적으로 생각해 볼 것을 필요로 한다. 그러면 문제는 교육과정이라는 수단이 무엇을 이루어 낼 것인가에서, 어떻게 이런 결과를 얻었는가로 바뀐다. 실제로 숨겨진 교육과정의 메시지가 전달되는 다양한 방식이나 그러한 메시지가 실행하는 사람들에게 일관성 있는 하나의 전체가 되는 방법을 모두 열거하는 것은 불가능할 것이다. 그러한 지식은 특정한 교육적 주입의 결과라기보다 학교에서의 삶의 결과이다. 숨겨진 교육과정은 아마 우리 중 몇몇을 가드너David P. Gardner가 다음 인용문에서 표현한 결론으로 이끌지도 모른다. "우리는 단순히 삶의 노출을 통해 배운다. 교육이라고 통하는 많은 것들은 교육이 아니라 의례적인 것에 불과하다. 사실 우리는 가장 모를 때 교육받고 있다."

물론 교육의 '의례적인 일'이라고 할 수 있는 것과 학교에서의 '생활'이라고 할 수 있는 것을 분리하는 것은 추측에 의존하는 문제이다. 실제로, 형식 교육의 경우, 이것은 다소 역설적인 진술로 받아들여질 수 있다. 삶에 노출되며 학습되는 숨겨진 교육과정은 형식 교육을 지탱해 주는 의례적인 교육적 사건들을 통해서만 접근될 수 있다. 일상적으로 반복되는 교육적 의례 없이는, 학교에는 제공할 '삶'도 없다. 따라서 교육과정을 따라야 할 인식론적 이유뿐만 아니라 매우 실용적인 이유도 있을 것이다. 그리고 이 중 가장 중요한 것은, 아마도, 교육과정이 사람들을 활동적이며, 바쁘게 유지한다는 것이다.[4] 실제적인 의미에서 교육과정은 무언가를 하고 바쁘게 지내는 것에 관한 것이다. 하지만 숨겨진 교육과정의 예에서 보듯이, 우리는 아무것도 하지 않고도 주어진 상황에 처하고, 그 상황의 일부가 되는 것만으로도 매우 효과적으로 학습할 수 있다. 교육이 능동적이고 관찰 가능하며 지속해서 면밀한 검토를 받는 과정이 되어야 하는 데에는 교육학적인 필요보다는 행정적인 필요성이 더 크다.

상황 학습

숨겨진 교육과정은 단어의 라틴어 기원에서 비롯된 교육과정의 개념을

---

4. 어떤 학교들은 학교라는 틀 안의 교육과정의 개념을 수정하고자 하는 시도를 보여 왔다. 그 예로는 서머힐(Summerhill)의 자율적 교육과정(a voluntary curriculum), 서드베리 밸리(Sudbury Valley) 학교의 학생 중심 교육과정(a child led curriculum)이 있다.

고수하지 않지만, 원래 레이브와 웽거^{Lave & Wenger, 1991}에 의해 확인된 상황 학습이라는 더 가까운 예를 제공하는 것으로 보인다. 상황 학습은 작업 장과 같은 식별되는 실천 공동체를 제안하는데, 작업장은 집단의 행동 관 행뿐만 아니라 그 안에 관련된 가치, 규범, 관계 및 신념을 받아들이며 신 입이 점차 자신을 동화시키는 맥락으로 작동한다. 피상적으로, 상황 학습 은 숨겨진 교육과정처럼 보이지만, 전문 지식의 습득과 인지적 이해의 발 전을 포함하기 때문에 훨씬 더 멀리 나아간다. 일반적으로 상황 학습은 일터에서의 학습을 고려하는 것에만 국한되지만, 상황 학습은 또한 학교 에 있는 아이들이 어떻게 숨겨진 교육과정에 동화되는지를 고려하는 수 단을 제공한다. 새로운 역할의 가치와 관점에 완전히 통합되기 이전에, 새 로운 학생들은 처음에는 모방을 통해서 예상되는 행동 패턴으로 다른 학 생들을 관찰할 수 있고 참여할 수 있다. 이것은 이바라^{Ibarra, 1999}가 전문적 정체성의 맥락에서 묘사하는 과정인데, 전문적 정체성의 맥락에서 잠정 적 자아를 가지고 실험해 가는 과정이다.

가족은 일반적으로 실천 공동체로 간주하지 않으며, 가족 내에서의 역 할은 일하는 집단, 공동체 또는 종교 집단과 다소 다르다. 그럼에도 가 족 자체가 기능할 수 있는 다양한 방식을 수용하면서, 린드크비스트^{Lars Lindkvist}의 실천 공동체에 대한 "공유된 이해와 상호관계를 맺은 응집된 공동체로 발전할 수 있을 정도로 오랫동안 함께 실천해 온 촘촘히 짜인 집단"이라는 기술은 이를 통해 가정 내의 상황 학습을 고려할 만한 온당 한 서술이다.^{Lindkvist, 2005: 189; Handley, Strught, Fincham, & Clark, 2006: 646에서 재인용} 학교에 서 숨겨진 교육과정과 마찬가지로, 가족은 행동, 일상 및 일반적인 생활 방식을 통해 태도와 가치를 전달하는 데 능숙하다.^{Desforges & Abouchaar, 2003} 가정의 아이들은 가족생활을 통해 보이는 습관과 관행을 배우면서 동시 에 이러한 관행에 영향을 미치는 가족관과 신념, 즉 무엇을 어떻게 먹어 야 하는지부터 가사 노동의 분업, 현관문을 어떻게 열어야 하는지에 이르 기까지 모든 것을 흡수한다. 숨겨진 교육과정처럼, 이것들은 학습을 염두에 두고 설정된 활동이나 생각이 아니라, 일상생활을 유지하고, 의미 있게 만들고 관리하기 쉽게 만드는 데 필요한 기능들을 수행하는 것이다. 이는 명시적인 방식으로 제시되거나 학습되지 않는다. 학교의 숨겨진 교육과정의 조직이나 가치처럼 더 큰 목적의 일부로 존재할 뿐이다.

자율적 홈스쿨링으로서의 문화적 교육과정

일부 홈스쿨링 가족들(모든 가족은 아님)에서, 이러한 아이디어들은 일반적으로 학교에서 다루는 학문적 주제로 간주되는 것을 포함하도록 더 확장되었다. 이는 자연적 학습natural learning 또는 '언스쿨링unschooling'으로도 알려진 자율적 홈스쿨링에 관한 우리의 연구에서 분명해졌다.[Thomas, 1998: Thomas & Patitson, 2007] 이러한 가정에서는 모든 공공연한 교육 구조를 피하고, 대신 아이들이 가족과 지역사회의 관행에 참여하여 필요한 지식과 행동의 당사자가 되는 일상생활에 중점을 둔다. 이러한 가정에서 아이들은 공식적인 계획이나 의도, 특정 또는 의도적인 어른의 개입 없이, 즉 교육과정 없이 읽기, 쓰기, 숫자, 그리고 광범위한 지식과 기술을 배운다. 예를 들어, 아이들은 거의 모든 사람이 읽기를 배우는 데 필수적이라고 생각하는 학습 의식이나 신중하게 계획된 단계별 순서 없이 가정 안팎의 문자가 있는 세상에서 생활하며 읽기를 배운다.[Stainthorp & Hughes, 1999] 교육은 그 자체로 추구되어야 할 공공연한 활동이라기보다는 가정생활의 다른 관행에 귀속된다.

이는 부모와 자녀가 자신이나 자녀가 어떤 사람이 되기를 바라거나 기대하는지에 대한 특정 기대치가 없다는 뜻이 아니다. 부모는 자녀가 가족 집단과 더 넓은 사회에 모두 적응할 것이고, 이 문화화가 무엇보다도 교육적으로 바람직하다고 여겨지는 기술과 성취를 포함할 것이라고, 이를테면 읽고 쓸 줄 아는 사람이 되거나 고등교육과 취업으로의 길을 닦아 줄 수 있는 흥미와 기술을 개발하는 것 등을 포함할 것이라고 기대하고, 희망하며, 믿는다. 그러나 바람직한 미래에 대한 중요한 생각이 있을 수 있지만 공식적인 교육과정의 단계별 접근 방식은 구현되지 않는다. 예를 들어, 아이들이 읽기를 배울 것이라고 예상할 수 있지만, 이 목적을 재촉하려고 일부러 행해지는 것은 아무것도 없다. 아이가 책을 읽을 때, 이를 초래한 사건이나 경험의 과정을 역추적하는 것은 똑같이 불가능하다.[Pattison, 2016]

문화적 교육과정

자율적 홈스쿨링에서 일어나는 배움을 연구하며 우리는 문화적 교육과정이란 개념을 제안한다.[Thomas & Patison, 2007] 문화적 교육과정은 제안컨대, 우리 삶의 방식을 지시하는 가치, 구조, 신념으로 구성되어 있으며, 그리고 우리의 일상적인 존재와, 그 존재에 대한 일상적인 이해로 우리를 이끌고, 삶을 정리하며, 통제해 주는 일상적으로 반복하는 일, 관습, 관행을 낳는다. 학교 교육과정의 범위에 속할 수도 있고, 그렇지 않을 수도 있는 주제는 일상생활의 실천에 직접 참여하며 학습된다. 홈스쿨링을 하는 부모들은 이렇게 보았다.

아이들은 집에서 학교교육을 배우면서가 아니라 집에서 사는 것만으로 많은 것을 배울 수 있어요. 학습은 자연스럽게 일어나죠.[홈스쿨링 부모, Thomas, 1998: 68]

제 딸은 매일 종일 학교에 가는 다른 아이들보다 더 나빠 보이지 않아요. 딸아이는 학교에 가는 아이들과 같은 정보를 습득하는 것 같아요.[홈스쿨링 참여 부모, Thomas & Pattison, 2007: 35]

숨겨진 교육과정과 마찬가지로, 문화적 교육과정에서의 학습은 미리 계획된 투입이 미리 결정된 결과로 이어진다는 공학적 관점과 상충된다. 실제로 숨겨진 교육과정과 마찬가지로, 문화적 교육과정은 학습 의도를 주장하지 않는다는 점에서 라틴어 어원에서 벗어난다. 비록 의심할 여지 없이 학습은 일어나지만, 학습은 그 문화에 참여하는 일반적인 의미에서만 미리 정해져 있다. 공적 교육과정을 추진시키는 교육 의도와 시간 요소가 없다면, 이러한 유형의 학습은 추적하기가 매우 어려울 수 있다. 가정학습에 관한 우리의 연구는 종종 무엇을 배우고 어떻게 배우고 있는지는 어느 정도로도 명확하게 식별될 수 없다는 것을 보여 준다. 많은 사례에서, 학습은 사전에 계획되지 않았고 가정학습을 하는 부모들은 회상해서 설명하거나 특정한 경험과 활동이 자녀의 전반적인 성취에 어떻게 이바지했는지를 말할 수 없었다.

나는 솔직히 오늘날까지도 우리 아들이 어떻게 읽는 법을 배웠는지 몰라요. … 큰 소리로 나에게 책을 읽어 주기 시작했고, 나는 '와!'라고 생각했죠. 그 아이는 도대체 어떻게 읽을 수 있었을까요? 어디서부터 읽는 법을 배웠는지 저는 도통 모르겠어요. 홈스쿨링 참여 부모, Thomas & Pattison, 2007: 104

다른 때, 아이들은 그저 무언가를 떠올리고, 저는 "오! 아이가 그 백분율을 이해하네요. 실제로 그것에 대해서 말해 준 적이 없었거든요. 아이가 어디서 배웠는지 모르겠어요." 홈스쿨링 참여 부모, Thomas & Patitison, 2007: 136

미래 지향적인 표현이건 과거 회고적인 설명이건 교육과정 측면에서 이러한 사례를 설명하는 것은 매우 어렵다. 이런 경우, 사회문화적인 설명으로 선회하는 것에 솔깃할 수 있다. 일반적으로 주어진 주제를 배우는 것은 미리 지정된 경험, 활동 및 하위 기술 영역에 대한 특정한 참여가 필요하며, 이를 제공하기 위해 어떤 좋은 형식적 교육과정이 만들어질 것이라고 가정한다. 그렇지 않은 경우, 이러한 경험들이 사회문화적 환경을 통해 비형식적으로 제공되었다는 대안적 설명이 가능하다. 확실히 성공적인 학교 학습에 관한 많은 연구는 물질적 자원과 일반적인 가치 측면에서 가정환경의 역할을 강조한다.[Desforges & Abouchaar, 2003] 정의하자면, 홈스쿨러는 자녀와 많은 시간을 보내고, 교육에 관심이 있으며, 흔히(그러나 항상은 아닌) 바람직하고 학습에 도움이 되어 보이는 실천에 참여하는 사람들이다. 여기에 두 가지 중요한 주의사항이 있다. 주류 사고에서, 아이들에게 소리를 내 책을 읽어 주거나 특정한 형태의 대화에 참여하는 것과 같은 활동들[Gee, 2009]은 학교의 의도적인 교육 기능의 배경을 형성한다. 그러나 자율적인 가정학습 가정에서는 이러한 활동이 보조 활동이 아니라 유일한 활동이다. 읽어 주는 책 내용을 듣는 것에서부터 독립적인 읽기로, 숫자를 리듬에 맞춰 세는 것을 듣는 것에서부터 믿을 만한 수학적 지식으로 넘어가는 방법은 연구 중인 문제이지만[Pattison, 2016], 그 문제에 대해 현재의 교육적 사고는 준비된 대답이 없는 상황이다.

둘째, 톰슨이 주장하듯이, 교육공학적 틀짓기의 힘이 너무나 강해서 우리는 끊임없이, 암묵적으로라도, 어떤 것의 목적이 무엇인지에 대한 질문을 던지며, 이 질문에 답하는 것이 "진정한" 목적을 드러내는 유일한 수단이라고 믿는다. 이것은 "미다스 왕의 신화적인 손길처럼 모든 질적 관계를 수치화하는 '빈틈없는 계산적 사고'이다".[Thomson, 2001: 7] 따라서 환경의 영향에 대한 사회문화적 논쟁으로 시작할 수 있는 것이 쉽게 교육공학적 목록으로 바뀔 수 있으며, 이때 도서관 가족 방문, 보드 게임, 여행이나 쇼핑 중 표지판 찾기와 같은 것들이 문화적 환경의 일부가 아니라 인지된 교육공학적 방법에 대한 투입으로서의 기여에 대해서만 가치 있게 된다. 하지만 투입과 산출의 개념을 홈스쿨링에 적용하는 것은 사건의 의미를 드러내기보다는 오히려 감추는 방식이 될 수 있다. 사회문화적 환경을 이러한 투입으로 분류할 수 있는 환경으로 보려면 책 읽어 주기와 같은 경험이 아이들의 학습에 어떤 역할을 할 수 있는지가 가족 전체에 걸쳐 표준화될 수 있어야 한다. 이것은 가능하지 않을 것 같은데, 아이에게 책을 읽어 주는 것과 같은 간단한 행동도 실제로 다양한 방법, 상황, 정서적 맥락에서 일어나기 때문에 어떤 두 가지 경험도 '동일하게' 여겨지지 않기 때문이다. 대신에 우리는 다양하지만, 인과 관계 사슬로 정리될 수 없는 가능한 상황들을 마주한다. 실제로 주제를 지정하지 않으면 영향력 측면에서 경험을 그룹화하는 것조차 불가능할 수 있다. 일부 학부모는 교육과정의 부재가 학습 기회를 제한하기보다는 오히려 향상시킨다는 의견을 제시하기도 한다. "읽기 학습"이라고 미리 지정하지 않는다면, 우리는 잠재적으로 읽기 학습에 기여할 수 있는 무한히 넓은 가능성의 영역을 즉시 개방한 셈이 된다. 교육과정을 강요하지 않음으로써 이 학부모가 시사하는 바와 같이 학습 기회는 줄어들지 않고 오히려 증가한다.

> 읽기를 배우는 것은 아이들이 자신만의 시간에, 자신의 속도로, 그리고 특별히 다른 무엇이라고 불리지 않을 때 쉽죠. 홈스쿨링 참여 부모, Pattison, 2016

문화적 교육과정의 학습자와 지식

형식적 지식을 전달하는 교육과정은 지식의 설명과, 이에 대응하여, 교육적 투입에 일반적이고 예측할 수 있는 방식으로 반응하는 '학습자'로서의 '아이'라는 주제를 내세운다. 이러한 반응은 교육의 결과를 고려할 수 있게 하며 공학적 모델을 유지하는 데 필수적이다.

문화적 교육과정은 지식에 대한 다소 다른 관점을 가정한다. 핸들리와 그의 동료들은 상황 학습의 주제를 "잠정적, 매개적, 사회적으로 구성된" 것으로 설명한다.Handley et al., 2006: 642 이 설명조차도 식별 가능하고 묘사된 교육 대상으로서의 지식이라는 개념과 거리를 두는 데는 충분하지 않을 수 있다. 앞 인용문의 부모가 지적했듯이, 학습에서 '지식'이 명명될 필요는 없으며, 만약 그것이 분류되지 않거나 그렇게 분류될 수 없다면, 공학적 관계에서 지식에 자리를 부여할 수 없다. 지식이 인식할 수 있는 실체로 세상으로부터 추출될 수 없다면, 인식 주체와 지식의 관계를 상정하는 것은 말이 안 되고, 이런 경우라면, 주제와 수준, 성취도 확인을 통한 '학습'의 통상적인 지정은 더 이상 불가능하다.

마찬가지로, '학습자' 개념은 문화적 교육과정에 쉽게 들어맞지 않으며, 확실히 특정 '입력'에 대한 특정 반응의 관점에서 판단될 수 있는 사람으로는 맞지 않는다. 우리가 지식은 맥락 의존적이며, 객관적인 방법으로 정의될 수 없다고 주장함에 따라 학습의 과정 역시 똑같이 정의될 수 없고 불확정적이라는 주장이 뒤따르게 된다.

이 시점에서 "우리는 '던져진' 존재이며, 결코 '뒤처질 수 없는' 전통에 의해 '항상 이미' 형성된 존재이므로, 채워지기를 기다리는 백지나 '빈 용기'가 될 수 없다"라는 하이데거의 주장을 받아들일 수 있다.[Thomson, 2001: 12] 비슷한 맥락에서 심리학은 행동주의와 로크의 백지tabula rasa 사상을 버린 지 오래다. 대신, 각 어린이는 각자의 방식으로 세상을 이해하려고 노력하는 인지적 존재로 여겨진다. 이 부모는 자녀의 독서를 고려할 때 이러한 생각을 반영한다.

저는 아이가 둘 있는데, 한 명은 6살 때 유창하게 읽기 시작했고, 다른 한 명은 12살 때 유창하게 읽기 시작했습니다. 그것은 학습에 관해서 다른 어떤 것보다도 더 많은 정보를 주었죠. 큰아이는 작은아이와 다른 환경에서 살지 않았지만, 같은 환경에 대해 분명히 다른 반응을 보인 거죠.[홈스쿨링 부모, Pattison, 2016]

문제는 우리가 환경의 어떤 측면에 어떻게 대응하느냐가 아니라, 공학적 방식으로는 다뤄질 수 없는 문제인, '환경'이 무엇이고 '우리'가 누구인가를 어떻게 규정할 것인가 하는 것이다. 우리에게 남은 것은 "어디서 문화가 멈추고, 어디에서 자아가 시작되는가?"라는 기어츠Clifford Geertz의 질문이다.[Geertz, 2000: 204] 개인과 환경(즉, 학습자와 지식)은 서로 만족스럽게 분리될 수 없는 예측 불가능한 실체이다. 지식은 그 자체의 내부적 특성이나 학습자와의 관계에 의해 정의될 수 없다. 대신, 우리는 변화와 변수가 많은 세상에서 다른 사람들이 어떻게 지식을 얻는지 알고 싶어 하는 사람들을 포함하여 우리 중 누구라도 어떻게 어떤 것을 알게 되는지에 대한 훨씬 더 크고 근본적인 질문을 갖게 된다. 학습은 점점 더 규정하기 어려워지고, 설명하기가 어려워지고 있으며, 복잡성 이론을 교육과정의 문제에 적용함으로써 비선형 역학에 대한 해석학적이며 포괄적인 관점을 요구하고 있다.[Reeder, 2005] 이러한 관점에서 우리는 결과로 이어지는 투입의 공학적 모델이 아니라 "질서의 자발적 출현"[Reynolds, 2005: 266]으로부터 나온 주체와 객체가 더 이상 명확하게 분리될 수 없는 연속적이고 재귀적이며 역동적인 상호작용을 고려하고 있다.

세 교육과정 모델의 공통점과 차이점

이 장에서 우리는 형식에서 비형식, 학교에서 가정으로, 그리고 명시적인 것에서부터 암묵적인 것까지의 과정을 추적했다. 이 모든 것을 통해 어떤 교육과정도 역사, 정치, 신념, 포부의 복잡함에서 비롯된 문화적 과정이라는 것이 명백해졌다. 이는 홈스쿨러들의 비형식 교육과정에서도 공식적으로 강조되고 강요된 교육과정과 마찬가지로 사실로 보인다. 어떤 실마리는 형식적, 잠재적, 그리고 문화적 교육과정을 똑같이 꿰뚫는다. 첫째, 이 세 가지 모두 가치 판단적이며, 실제로 그렇지 않을 어떤 형태의 교육과정을 구상하는 것은 매우 어렵다. 명확한 예로는 영국의 국가 교육과정 시민권 교육과정[영국 교육부, 온라인, 페이지 번호 없음, 2013], 또는 보수적인 기독교 홈스쿨러들 사이의 성경 기반 학습 프로그램[Stevens, 2001]에서와 같은 신념과 도덕을 불러일으키는 것이 있으며, 암묵적인 가치는 학교 또는 학교의 건축 배치나 가정에서 성별에 따라 구분되는 집안일에 구현된다. 부르디외가 말했듯이, "문화의 게임으로부터 벗어날 방법은 없다".[Bourdieu, 2013: 4] 그리고 어떠한 교육과정을 구상하든 그것이 어디에서, 어떻게, 그리고 왜 생겨났는지에 대한 해설을 포함하게 된다.

명시적이든 암묵적이든 가치의 부과는 여기서 논의되는 세 가지 종류의 교육과정의 두 번째 공통점인 교육을 관통하는 권력 구조로 이어진다. 형식 교육과정에서 특정 일정을 부과할 수 있는 권한은 국가에 있으며, 영국 정부는 이 권한을 현재 사건과 사회적 관심(예: 성교육, HIV, 시민권 및 국가 가치)을 고려하여 학교 교육과정을 조정할 때 정기적으로 사용한다. 숨겨진 교육과정은 학교 내의 다양한 주체와 학교를 더 넓은 사회 정치적 관계로 묶어 주는 보다 미묘한 힘의 표현이다. 문화적 교육과정은 학교의 숨겨진 교육과정을 조형하는 것과 같은 종류의 힘으로 확장되는 가족 및 지역사회에 존재하는 다양한 권력관계에서 비롯된 것으로 볼 수 있다. 하지만 문화적 교육과정은 자율적인 홈스쿨링을 기술하기 위해 사용된다는 점에서 학교의 형식적 또는 숨겨진 교육과정보다 명시적·암묵적 내용 측면에서 가정마다 더 큰 차이가 있을 수 있다. 학교는 공통의 인식론과 공통의 가치에 따라 운영되지만, 가정생활은 국가 교육을 통해 투영된 지배적인 문화와 상충하는 매우 다른 시나리오, 정치적·종교적 신념, 편견 및 이상을 포함할 수 있다. 이에 대한 우려는 때때로 홈스쿨링에 대한 이의로 제기되며[Kunzman, 2009; Ross, 2010], 독일은 이 이유('평행 사회parallel societies'[5]의 결과에 대한 두려움으로 표현)를 홈스쿨링을

---

5. (옮긴이 주) 평행 사회는 이민하는 다수 사회와의 공간적, 사회적, 문화적 접촉을 줄이거나 최소화하려는 의도로 소수민족 또는 종교적 소수자들의 자체 조직을 의미한다. 오늘날 서구에서 이민자 수와 이민자의 배경을 가진 사람 수가 증가함에 따라 평행 사회는 많은 이들의 문제로 대두되고 있다. 왜냐하면 사람들은 자신의 규칙과 전통에 따라 살고 나머지 시민권과 단절되기 때문에 분리주의, 단편화, 문화상대주의 등에 기여하기 때문이다. 하지만 어느 사회가 평행한 사회인가? 무엇이 그들을 다른 사람들과 비교하여 그러한 문제로 만들고 어떤 기준에 의해 그들이 '평행'으로 분류되는지는 정확히 명확하지 않다는 지적도 나온다.

지속적으로 불법화하는 데 사용한다. 이러한 주장 안에는 샤르티에[Chartier, 2009]가 교육 콘텐츠를 처음 시작할 때부터 주도해 왔다고 주장하는 "공동 운명common destinies"의 개념을 유지하는 데 분명한 관심이 나타난다.

셋째, 교육과정에 대한 개념은 지식과 앎에 대한 훨씬 더 폭넓은 이해와 이 둘 사이의 관계를 고려하는 방식을 구현한다. 이것이 바로 교육과정의 개념을 탄생시킨 중요한 연결고리이며 교육의 핵심이다. 이러한 이론 없이는 어떤 교육 개념이나 실천도 의미가 없지만, 다양한 장르의 교육과정을 비교해 보면 알 수 있듯이 여기에는 많은 변형의 여지가 있다. 문화적 교육과정이 가정하는 관계는 형식 교육과정이 암시하는 것과는 상당히 다른 질서이며, 이러한 차이로 인해 자율 홈스쿨링의 실천과 학교의 대응 교육 사이에 극명한 대비가 만들어진다.

스미스[Smith, 2000]는 교육과 교육과정 자체가 상호 교환할 수 있는 용어가 되지 않도록 '교육과정'은 교육에 대한 더 큰 개념 내에서 자리를 잡아야 한다고 주장했다. 실제로 교육과정의 개념은 주제의 배치와 단어의 라틴어 뿌리가 시사하는 시간표를 구성하는 것보다 훨씬 더 많은 것을 아우른다. 스미스[smith, 2000]가 지적한 바와 같이, 교육과정은 단독으로 사용되는 용어가 아니며, 그 개념을 사용할 때 우리는 교육에 대한 우리 생각의 기반이 되는 정치적·인식론적 신념에 대한 깊은 질문에 직면하게 된다. 자율적 홈스쿨링과 같은 대안적 실천은 이론적 관점뿐만 아니라 실제적 관점에서도 이러한 생각을 재고할 기회를 제공한다. 우리는 기어츠의 표현대로, 다양한 실천이 이론과 다른 종류의 마찰을 일으키는, 그리고 우리의 교육과정 전제에 대해 다시 생각할 수 있는 교육의 "거친 땅으로 돌아갈 수 있는" 기회를 갖게 된다.[Geertz, 2000: xii]

참고문헌

Bourdieu, P. (1977). *Outline of a theory of practice*. Cambridge, UK: Cambridge University Press.

Bourdieu, P. (2013). *Distinction: A social critique of the judgement of taste*. London: Routledge.

Chartier, A.-M. (2009). The teaching of literacy skills in western Europe: An historical perspective. In D. Olson & N. Torrance (Eds.), *The Cambridge handbook of literacy* (pp. 451-467). Cambridge, MA: Cambridge University Press.

Desforges, C. & Abouchaar, A. (2003). *The impact of parental involvement, parental support and family education on pupil achievement and adjustment: A literature review* (Research Report No. 433). London: Department for Education and Skills. Retrievable from http://www.bgfl.org/bgfl/custom/fi les_uploaded/uploaded_resources/18617/Desforges.pdf

Department for Education. (2013). *The national curriculum for citizenship*. Retrievable from https://www.gov.uk/government/publications/national-curriculum-in-englandcitizenship- programmes-of-study/national-curriculum-in-englandcitizenship-programmes-of-study-for-key-stages-3-and-4

Department for Education. (2014). *The national curriculum*. Retrievable from https://www.gov.uk/national-curriculum/overview

English, F. (2010). *Deciding what to teach and test: Developing, aligning, and leading the curriculum*. London: Sage.

Gee, J. P. (2009). Literacy, video games, and popular culture. In D. Olson & N. Torrance (Eds.), *The Cambridge handbook of literacy* (pp. 313-326). Cambridge, UK: Cambridge University Press.

Geertz, C. (2000). *Available light*. Princeton, NJ: Princeton University Press.

Handley, K., Sturdy, A., Fincham, R., & Clark, T. (2006). Within and beyond communities of practice: Making sense of learning through participation, identity and practice. *Journal of Management Studies, 43*, 641-653.

Heidegger, M. (1977). *The question concerning technology and other essays*. New York: Harper & Row.

Ibarra, H. (1999). Provisional selves: Experimenting with image and identity professional adaptation. *Administrative Science Quarterly, 44*, 764-791.

Kunzman, R. (2009). *Write these laws on your children*. Boston: Masachusetts Beacon Press.

Lave, J., & Wenger, E. (1991). *Situated learning: Legitimate peripheral participation*. Cambridge, UK: Cambridge University Press.

Lindkvist, L. (2005). Knowledge Communities and Knowledge Collectivities: A Typology of Knowledge Work in Groups in *Journal of Management Studies, 42*(6).

Longstreet, W. S., & Shane, H. G. (1993). *Curriculum for a new millennium*. Boston: Allyn and Bacon.

Nizkor.org. (2012). *Nazi conspiracy and aggression: Means used by the Nazi conspirators in gaining control of the German state* (Vol. I, Chap. VII, Part 44 of 55). Retrievable from http://www.nizkor.org/hweb/imt/nca/nca-01/nca-01-07-index.html

Pattison, H., (2016). *Rethinking learning to read: The challenge from children educated at home.* Shrewsbury, UK: Educational Heretics Press.

Popkewitz, T. (1987). *The formation of the school subjects.* London: The Falmer Press.

Reeder, S. (2005). Classroom dynamics and emergent curriculum. In W. Doll Jr., J. Fleener, D. Trueit, & J. S. Julien (Eds.), *Chaos, complexity, curriculum and culture* (pp. 247-262). New York: Peter Lang.

Reiss, M., & White, J. (2013). *An aims based curriculum.* London: Institute of Education Press.

Reynolds, S. (2005). Patterns that connect: A recursive epistemology. In W. Doll Jr., J. Fleener, D. Trueit, & J. S. Julien (Eds.), *Chaos, complexity, curriculum and culture* (pp. 263-276). New York: Peter Lang.

Ross, C. J. (2010). Fundamentalist challenges to core democratic values: Exit and homeschooling. *William & Mary Bill of Rights 18*(4), 2010 (GWU Legal Studies Research Paper No. 2012-104; GWU Law School Public Law Research Paper No. 2012-104). Retrievable from http://ssrn.com/abstract =2166548

Sadker, D. (2009). *Some practical ideas for confronting curricular bias.* Retrievable from http://www.sadker.org/curricularbias.html

Smith, M. K. (2000). Curriculum theory and practice. In Infed (Ed.), *The encyclopedia of informal education.* Retrievable from www.infed.org/biblio/b-curric.htm.

Stainthorp, R., & Hughes, D. (1999). *Learning from children who read at an early age.* London: Routledge.

Stevens, M. (2001). *Kingdom of children: Culture and controversy in the homeschooling movement.* Princeton, NJ: Princeton University Press.

Soyei, S. (2011). *The barrier to challenging racism and promoting race equality in England's Schools.* Tyne & Wear, UK: Show Racism the Red Card. Retrievable from http://www.srtrc.org/uploaded/SRTRC%20BARRI ERS.pdf

Thomas, A. (1998). *Educating children at home.* London: Continuum.

Thomas, A., & Pattison, H. (2007). *How children learn at home.* London: Continuum.

Thomson, I. (2001). Heidegger on ontological education, or: How we become what we are. *Inquiry, 44,* 243-268.

White, J. (Ed.). (2003). *Rethinking the school curriculum: Values, aims and purposes.* London: Routledge.

10장
교육의 잠재성과 우연성

닉 페임[1]

서론: 교육과 존재신론

우리는 교육의 헤게모니적 형태와 생각에 대한 대안을 생각해 볼 수 있을까? 근대를 거치면서 삶의 방식은 사상과 실천에서 갈수록 교육과 상호 긴밀히 영향을 미치는 관계를 형성해 왔다. 교육은 오늘날 존재신론 Ontotheology적 원칙과 같은 위상을 갖게 되었다. 그것이 표방하는 가치, 질서, 위계 구조, 열망과 제도는 존슨Johnson이 "중국에서 페루까지"에서 표하는 바와 같이 인류 공동의 삶, 그 기본 구조를 규정한다. 교육은 웰빙, 개혁, 심지어 구원의 열쇠로서 보수, 진보, 급진적인 진영 모두가 주목한다.

세계를 지배하는 교육의 힘에 대한 대안을 생각해 볼 수 있을까? 이는 특정 삶의 형태가 지형적으로, 법적으로, 그리고 실제로 전 지구적으로 확장되고 심화된 생명정치 내에서 조직된 현대의 집단적 존재 방식을 논하려는 자라면 반드시 던지는 질문이다. 인간 집단에 대한 통치에 관심을 두며, "인간 집단의 통제와 물리적 예속을 실현하려는 다양하고 수많

---

1. 닉 페임(Nick Peim): 영국 버밍엄대학교 사범대학 교수. 그의 관심 영역은 교육 분야에서의 철학, 사회이론, 역사와 문화정치를 포괄한다. 그는 학부생들에게 현대 교육의 평등과 다양성에 대해, 대학원생들에게는 연구 철학과 이론을 가르치며 지도하고 있다. 특히, 주로 근대 유럽식 사유로부터 도출된 상당 범위의 이론을 가지고 존재론적 질문들을 탐색하는 데 주력한다.

은 기술의 폭발"[Foucault, 1976: 140]인 생명권력은 교육이라는 장치를 통해 작동한다. 그것은 그만의 공고하게 구축된 규율 장치들을 통해 매우 특정한 방식들로 존재하도록 제한하는, 지배적인 통치 형태로 체계적으로 작동한다.[Donald, 1992; Foucault, 1977; Hunter, 1988, 1994; Peim, 2001, 2009, 2011]

오랫동안 교육의 결함들은 주목되어 왔다. 다양한 종류의 상징적 폭력과 불평등의 구조적 재생산은 근현대 교육이 드러낸 반박할 여지가 없는 결함들이다. 하지만 그간의 교육개혁은 더욱 강화된 통치·감시 체제 수립에 성공했을 뿐이다.[Bowles & Gintis, 1976; Foucault, 1988; Harber, 2004]

더욱 자유롭고, 계몽된, "개인의 필요나 교육의 공동체" 비전을 제시함으로써 교육을 변혁하길 희망했던 교육 구원자들은 존재론적 핵심을 간파하지 못했다. 근대의 몰락한 모습으로부터 교육을 구원하고, 실현되지 않은 이상을 회복하고자 했던 이들은 본질적으로 교육이 무엇이며, 무엇이 될 수 있는지를 잘못 이해하고 있다. 아감벤Giorgio Agamben이 수용소에 대해 적시한 바와 같이, 오늘날이 바로 교육이 "우리가 살고 있는 정치 공간에서의 기반 모체이자 노모스nomos, 그리스 용어로 법 또는 관습"가 되어 버린 시대-분명 매우 이상한-임을 이해하는 데 모두가 실패했다.[Agamben, 1998: 95] 모두가 우리 시대에서의 교육의 장치들이 힘이 있고, 침투력 있는 예전에 없던 형태의 생명권력임을 깨닫는 데 실패했다.

이 장에서는 특별히 잠재성potentiality과 불능성impotentiality에 대한 아감벤의 사유들과 함께, 데리다Jacques Derrida의 유령성spectrality, 푸코학파의 "생명권력biopower" 그리고 말라부Catherine Malabou의 가소성plasticity과 "우연성의 존재론The ontology of the accident"에 대한 생각들을 가져온다. 여기에서 이루어지는 분석은 생명권력 아래 장치이자 발상인, 세계를 지배하는 교육의 힘과 관련된 대안이라는 문제를 다룬다. 이에 대해 사유하는 일이야말로 가능한 출발점이라 본다. 하지만 여기서 이루어지는 사유는 그간 교육 이슈를 밝히기 위해 기존의 철학 자원을 채굴하는 일을 임무라 여기는 제도적 실천들의 방식을 띠며, 일반적으로 교육철학을 지탱해 온 사유들과 구별되어야 할 것이다.

현재의 지배적인 방식의 교육철학은 일반적으로 도전받지 않았던 정통적인 접근법으로 이루어져 있다. 그 폐쇄적인 특징은 담론의 창시자들과 상징적인 조상들을 종종 대체하곤 하는, 핵심 인사들에게 바치는 헌사와 같은 수많은 숭배의 표현에서 엿볼 수 있다.^{Cuypers & Martin, 2011} 개척의 길을 걸었던 과거를 들먹이며, 교육철학은 그러한 방식으로 자족을 위협하는 불온한 유령들을 피할 수 있다. 패권을 추구하는 교육철학은 존재론적으로 사유할 형편을 갖지 못한다. 비판적이어야 한다는 의견들에도 불구하고, 구원의 서사를 위해 그간 기대어 온 장치에 대한 비판적이거나 역사적인 분석을 마주할 시도를 감히 하지 않는다.^{Giroux, 2011; Hirst & Peters, 1970}

비판적 교육가 중에서 가장 비판적이며 대안교육 모델들을 가장 헌신적으로 옹호해 온 자들마저 생각하지 못하는, 오늘날의 가장 엄청난 "무사유"는 사회 구원, 사회 개선 그리고 개인적 성취의 기수旗手로서 교육의 존재신론적 원칙이 버릴 수 있거나 버려야 할 것이라는 생각이다.^{Heidegger, 1977, 2000}

생명권력과 학교

많은 목소리가 학교교육을 통해 일어나는 폭력을 확인시켜 주었다. 이는 두 가지 형태로 발현되는데, 학교 특유의 고질적인 폭력 행위들(괴롭힘, 강제수용, 시간과 태도의 엄격한 관리, 독단적인 권력 행사, 연령 계층화)이 있으며, 학교를 넘어 모든 교육제도를 통해 작동하는 강력한 형태의 상징적 폭력들(지식의 결정, 정체성 부과, 교육적인 세계에 대한 끈질긴 옹호, 광적인 규범성, 사회 재생산이라는 일상적 기제)이 있다.^{Bernstein, 1971, 1995; Bourdieu, 1991; Harber, 2004; Hurt, 1979}

깊숙하고 교묘하게 침투하는 거버넌스로서 교육이 근현대의 "생명권력"

이라는 형태로 수행하는 역할도 똑같이 중요하다. 생명권력은 사람들의 조건에 대해 세심한 관심을 보인다. 육체와 자아, 그리고 집단적 육체들과 자아들에 대한 관리를 통해 생산적으로 작동한다. 규율적인 "활인화 tableaux vivants"[2] 구사와 종종 근대의 방식에서 삶과 발전의 규범적 모델을 촉진하는 데 매우 관심을 보이는 작업 방식인 미묘한 "자아의 기술들"을 통해 작동한다.[Foucault, 1978]

그 전형인 학교 제도를 통해 작동하며, 교육의 힘은 사회적 지평을 지배하게 되었다. 푸코의 생명권력 개념을 발전시킨 아감벤의 논리는 우리 시대의 교육에 대한 진지한 존재론적 대안을 확인시켜 준다. 이는 사회 개선을 위한 핵심 기제로 교육을 옹호하는 자들과 교육의 해방을 옹호하는 자들에게 도전장을 던진다.[Agamben, 1998]

끊임없이 부상하는 대립적 증거들에도 불구하고, 18~19세기에 출현한 주요 근대성의 장치들, 생명권력의 제도들이 어느 정도 적절하고 이상적인 기능을 충족하도록 보완될 수 있다는 생각에 매달리는 일은 어리석다고 생각한다. 나는 또한 현재 유효한 대안적인 프로젝트가 존재하지 않지만, 확실히 다르게 생각하는 방식들은 있다고 제안한다.

유령적 사고

현재 교육의 역사적 존재론은 교육의 전형적 제도인 학교의 처지에 초점을 맞춰야 한다. 교육과 학교 양측에 대한 현대의 이해는 여러 존재론적 전제에 의해 지배됐다. 그간 교육의 본성이 무엇이었으며 현재 무엇인지, 그 전형인 학교제도의 형태와 기능은 어떠했고 현재 어떠한지는 전혀

---

2. (옮긴이 주) '살아 있는 그림(tableaux vivant)'처럼 회화의 내용을 실제로 재현하는 것이다. 분장한 사람이 적당한 배경 앞에 가만히 서 있어 마치 그림 속의 인물처럼 보이게 하는 것이다.

고려되지 않았다. 교육과 그 전형인 학교제도는 바람직하거나 생산적인 미래의 필수 요소들로 간주되며 의심할 여지 없는 긍정적 지위를 갖는 대체로 "무사유"의 범주였다. 교육적 사유는 특정한 존재 모델, 구체적으로 "살 만한 가치가 있는 삶"을 이루는 특정 모델에 이론적으로 헌신해 왔다.[Derrida, 1994]

데리다를 환기해 보면 유령적 사고가 진정한 대안을 제시한다. 유령적 사고는 하이데거Martin Heidegger가 이야기하는 "존재 자체beings themselves"의 처지에 대한 습관적 이해들을 방해한다. 유령적 '현존'은 "온전한 현존"의 가능성 및 생각과 대비되며 이를 방해한다. 유령성은 사실을 단순하고도 단수적으로 현존하는 것으로 문제화하며, 동시에 과거, 현재 그리고 미래 사이의 차이들을 문제화한다. 사실에 대한 책무를 포기하지 않으며 "유령에 대한 사유는, 우리의 양식이 믿게끔 하는 바와 반대로, 미래를 주목한다."[Derrida, 1994: 245] 미래야말로 사실의 정당한 공간이다. 미래는 현존하지 않는, 아직 이야기되지 않았거나 생각되지 않은, 사실을 드러내기 위해 관심과 종종 행동을 요구한다. 따라서 유령은 분주하고 불안하고 힘겨우며, 도래하지 않은 사실, 미루어진 사실을 항상 요구한다. 미래l'avenir는 여기서 교육 시간표와 교육과정의 계획되고 프로그램화된 그 어떠한 미래le futur와 선명히 대비된다. 그러한 대안적 미래는 미결정의, 만일의 사태에 조건 지어지며, 다른 가능성을 항상 머금고 있는, 현재에 알려지지 않은 미래여야 한다.[Derrida, 1994]

유령적 사고방식-존재론을 재고하는 방식-에 따르면, 사물들은 반드시 보이는 바와 같지 않다. 따라서 수립되고, 주어지고, 확실히 알려진 것으로서의 '기록보관소'의 결정은 "집정관들"에 의해 수호되며 권위의 수호자로서 유령적 미래가 가져다줄 수 있는 혼란에 맞선다. 여기서, 교육철학(그리고 교육학 일반)의 집정관들은 그것의 이론과 근원이 되는 존재론에 대한 유령적 사고가 야기하는 방해에 영향을 받지 않는 특정 교육 지향을 지키려고 애쓴다.[Derrida, 1996: Heidegger, 1962, 1967, 1993] 우리 시대의 교육은 존재신론적 원칙으로서의 지위로부터 오는 거대한 신화적 상징성을 그간 부여받아 왔다. 그런데 이러한 신화적 상징성은 교육이 작동하는 방식, 교육의 현재 모습, 오늘날 사실상 교육이라는 것과 상충한다. 교육의 신화적 핵심과 생명권력으로서의 교육이라는 유령적 사실이라는 대안 사이에서 발생한 차이는 대안적 사고의 유령적 공간을 만든다. 앞서 나열한 교육의 가장 곤란한 특징들에 (폭력의 형태들, 지속되는 불평등, 사람 관리의 기술들, 규범에 대한 중독) 대한 호출은 현재의 비판적 교육학의 상상력을 넘어 더 멀리 도달할 수 있는 대안의 가능성에 대한 사유를 촉발하기 위함이다.

패러다임으로서의 학교

나는 학교가 아감벤의 감각대로 패러다임으로서 작동한다고 주장한다. 이는 우리 시대의 특성에 대한 핵심적인 무언가를 상징한다.[Agamben, 2002] 학교는 푸코가 "대변혁"이라 칭한 18세기에 출현하여 여전히 진행 중인 통치 과정에서의 핵심 도구로 존재한다. 아마도 근대 사회생활의 조직에서 가장 중요한 변화는 "학교사회의 부상"일 것이다. 이 과정은 전 세계적으로 강제되며, 점진적으로 그러나 끈질기게 19세기 후반에 가서 사회 지형을 바꿔 놓았다. 학교는 시공간적으로 강력하고도 침투하는 존재의 통치 형태를 도입했다. 인간 집단은 형성 과정에서 미시적으로 관리 받게 되었다. 교육은 통치제도가 되어 갔다.

생명권력에 대한 푸코의 생각은 오래되긴 했으나, 교육학의 주요 담론에 스며들지 못했으며 교육에 대해 자칭 비판적이라는 개혁가들에게 대체로 영향을 미치지 못했다.[Apple, 1979, 1993: Giroux, 2011] 이러한 관점에서 학교는 불가피하게 통치의 핵심 도구이다. 필연적으로 규율성을 지닌 그 체제는 생활 세계를 틀 짓도록 고안된 통치의 핵심 특징들을 수반한다. 공간 차원에서의 수용, 분리와 코딩, 훈련 연출에서의 "활인화" 생산, "신체"의 "미시물리학", 생산적인 방식으로 시간 자체에 대한 인식 변화. 이러한 세계 질서에서, 시공간은 윤리적·경제적·정치적 이슈들로 확고히 재구성된다. 지금까지 우연히 규율되거나 심지어 규율되지 않았던 것들이 규율의 질서 체계로 변모된다.[Foucault, 1977] 푸코가 세심하게 밝히는 규율의 역사가 보여 주는 극단은 학교교육에 대한 지배적이며 관습적인 설명, 특히 학교 개혁 옹호가들과 비판 교육학에 치명타를 날린다.[Foucault, 1977, 2007] 그런데도 푸코와 관계한 교육사회학자들마저 교육이라는 장치의 개선을 지향하는 반푸코적인 프로젝트에 여전히 전념하고 있다.[Apple, 1996; Giroux, 2011] 개선에 대한 이 꿈은 중요한 것으로 남아 있어, 이에 푸코에 의해 대변혁의 표상으로서 앞서 확인된 명백하고도 바로잡을 수 없을 만큼의 통치와 관련된 학교교육의 핵심적 특징들이 상쇄된다.

따라서 학교는 궁극적으로 자기 통제를 향해 미묘한 통치 기제로서 대중에 대한 사목적 돌봄의 프로그램을 도입한다. 19세기의 학교는 아주 익숙한 일련의 실천들을 통해 필수적인 자아에 대한 테크놀로지를 발달시켰다. 점진적으로, 연령 계층화와 무자비한 성취의 규범 헌정을 통해 학교는 능력주의라는 환상에 불과한 생각을 노골적으로 옹호하며 가차 없는 사회 계층화를 실행한다. 학교를 통해 더욱더 광범위하게 촉진된 규범적 지식 모델은 삶 그 자체가, 본질적으로, 교육적 프로젝트라는 생각과 결연한다. 성취 규범은 극비의 공간에서 존재한다. 지식은 유사하게 갇히고 기밀의 것이 된다. 그리하여 교육의 후원을 통해, 자아는 도전할 수 없는 비인격적인 질서와 관련한 검열과 개선의 논리에 예속된다. 자기비판 의식은 평생교육의 세계에서 끊임없이 검열되는 삶을 괴롭힌다. 이러한 과정들은 학교 설계 안에 포함되며, 그것의 엄격히 위계적인 사회 관계들에 의해 잉태된다. 그들은 현대의 "삶의 형태" 또는 "삶-세계"에 광범위한 시사점을 던진다. 학교교육의 통치 효과는 그것이 갖는 물리적 경계와 이를 지지하는 듯 보이는 사회집단을 훌쩍 뛰어넘는다.

존재론적 도발: 예외 공간으로서의 학교

학교는 체질적으로, 유전적으로 그 어떤 민주적 방식의 질서와 상충한다. 그것이 갖는 사목적 규율의 방식은 봉건적 계급체제 내에 존재한다. 평등의 해방적 염원을 이루거나 민주주의의 동력이 되고자 학교를 탈바꿈할 수 있으리라 상상하는 일은 학교교육이 노동의 사회 분배에서 수행하는 역할을 이해하는 데 실패하는 꼴이다. 그러나 이러한 분석은 개혁과 개선을 옹호하는 자들에 의해 좀처럼 진지하게 고려되지 않는다. 이는 여전히 잘못된 개선 윤리나 개혁에 대한 신뢰 불가능한 믿음에 강하게 근거하고 있는 교육에 대한 학계 담론의 존재를 위협한다.^{Peim & Flint, 2009}

앞서 언급한 바와 같이, 현대 교육의 역할에 대한 몇몇 측면에서의 극단적이지만 그럴듯한 관점은 근대 맥락에서 캠프가 갖는 패러다임적 특성에 대한 아감벤의 단언으로부터 취해질 수 있다. 아감벤은 자신이 칭하는 "강제수용의 세계"가 우리가 살고 있는 법률 구조에 대한 핵심적인 무언가를 상징한다고 주장한다. 수용소는 법 바깥에서 또는 이를 넘어 세워지는 한편, 헌법상 조치에 의해 법 정지가 이루어지며 조직되는 예외적 공간을 만든다. 동시에, 아감벤의 충격적인 이야기에 따르면, 수용소는 독자적인 패러다임을 구성한다. 캠프는 관타나모 수용소, 망명 신청자들의 수용소와 같이 다양한 예외적이지만 법적으로 허가된 장소들, 교육 공간을 포함해 더 편안해 보일 여지가 있으나 그럼에도 예외적으로 통제된 공간들을 지칭한다. 아감벤에게서의 예외적 공간과 사례들의 가능성은 우리 시대의 가장 자유주의적인 민주주의마저 계속하여 전체주의의 실타래를 나르고 있다는 것을 가리킨다고 봤다.

오늘날 이러한 정치 질서의 핵심적 차원에 대한 아감벤의 이야기는 우리에게 집단의 삶과 질에 대한 광범위한 통제에 관심을 보이며 생명권력에 의해 특징지어지는 정치적 질서 내에서 학교의 역할과 기능에 대해 재고하도록 할지 모른다. 학교와 학교교육의 여러 핵심 측면들은 생명권력의 특징으로 아감벤이 캠프에 대해 갖는 환유적 관심을 유추할 수 있는 지점들을 제시한다. 내가 여기서 학교를 수용소와 관련지어서 하는 이야기는 직접적 비유가 아니다. 학교가 법, 그리고 세계의 법적 구조와 특별한 관계를 갖고 예외적 공간을 구성한다는 점에서 특히 흥미롭게도 확인할 수 있는 상당수의 특징으로부터 유사점이 발생한다. 학교는 완전히 일상적이고, 정상적으로 확산하여 있음에도-법적으로 논하자면- 매우 예외적인 공간이다. 실상 대부분의 내부 활동들은 법의 영향을 받지 않는다. 정체성과 사회적 궤적이라는 차원에서 그 제도가 내리는 확정적 결정은 법이 닿지 않는 영역이다. 학교, 그리고 다른 교육제도들을 통해 이루어지는 삶을 바꾸는 결정들과 사회 정체성의 분배에 맞서서 호소할 제도를 넘어선 기구는 전혀 찾을 수 없다. 학교교육은 현저히 법의 영향을 받으며 작동한다. 교육의 법적 차원은 현재의 교육 담론에서 이루어진 비판과 지적의 타당성을 어렵게 만든다. 이는 아마도 근현대 통치의 핵심 공간으로서 교육의 통치가 작동하는 범위 때문일 것이다.

20세기 초 영국에서 이루어진 과거 제국 시절을 기리는 대영 제국 국성일 수립 활동부터 "시민의식" 프로그램 운영과 언어문화적 거버넌스를 통한 공통의 문화 조직과 관련한 최근의 더 미묘하고 정교한 시도들까지, 근대 국가에서의 학교/학교교육 또한 명시적으로 이러한 국가의 소속감과 통합의 동인이었다. 이러한 문화 통치는 스스로 자신을 관리하는 프로젝트로서 자아에 대한 지향과 깊이 자리하는 행동양식을 고취하는 데 관심을 두는 학교교육 차원의 "영혼의 통치"와 유사하다. 그리고 당연히, 엄격한 위계적 권위체계에서 학교는 뿌리 깊은 "적절한" 권한을 부여받아 특정한 권력 체계를 빚는다. 학교의 탈영토화된 통치력은 또한 "아이를 사회로부터 보호하고, 사회를 아이로부터 보호한다"[Arendt, 1993: 179]는 아렌트Hannah Arendt의 다소 의미심장한 구절과 같이 안보적 차원으로 작동한다. 거주자들에게 특별한 비시민의 법적 지위를 허락하는 측면에서만 학교는 더 나아가 수용소와 유사하게 관련지어질 수 있다. 이 정체성에 대한 순환적 논리는 근대의 아동기와 관계가 있다.

근대성의 학교와 같이 수용소는 유럽의 발명품이고, 식민지적 기원을 가지며, 제자리에서 벗어난 국가 안보에 관심을 보인다. 아감벤에 의하면 수용소는 "서구의 근원적인 생명정치 패러다임"을 구성한다.[Agamben, 1998: 181] 내가 제시한 비유 아래 학교에 대해서도 같은 주장을 할 수 있다. 거버넌 스의 근간이 되는 제도로서 학교는 종종 더 노골적으로 폭력적인 형태로 밖으로 점점 더 많이 이식되었다.[Harber, 2004] 내가 학교에 대해서 마찬가지 로 주장하려고 하는 바와 같이, 아감벤은 수용소가 "그 자체로 근대의 정 치 공간이라 단호하게 가리키는 사건이다".[Agamben, 1998: 113] 아감벤에 의하면 수용소는 "우리가 계속해서 생활하는 정치 공간에서의 암묵적 기반 망이 자 노모스이다".[Agamben, 1998: 106] 학교는 숨겨진 공간이 아니지만, 그 통치의 본질은 학교가 지닌 신화적 정체성과 지위에 의해 교육 담론에서 가려진 다. 예를 들어, 교육이 민주주의의 필수 요소라고 흔히―그리고 종종 매우 단순하게― 주장되지만, 근대 교육의 전형적 제도인 학교가 그 구조, 활 동 및 영향 면에서 명백히 민주성과 동떨어져 있다. 시민 생산, 인간 집단 관리, 능력주의 신화의 핵심 기술 등 학교가 통치의 핵심 도구를 구성하 는 한, 그 형태와 특징적 방식은 우리 시대 정치질서의 핵심 질을 드러낸 다. 이러한 아주 흔한 특징은 우리가 아감벤이, 법칙을 따르는 방식의 삶 과 의례를 수행하는 것과 구별할 수 없게 되었을 때, 다른 곳에서 법칙들 의 법칙에 대한 존재론이라 칭하는 것의 예시로 볼 수 있을 만큼 매우 본 질적이다.[Agamben, 2013]

삶에 의미를 부여하고자 요람에서 무덤까지의 시도에서, 교육은 이성 의 최상의 원칙으로 스스로를 나타낸다. 교육은 개인 그리고 사회 집단 의 삶과, 국가들의 운명, 아마도 세계의 운명에서도 결정적 힘으로 오늘날 "이성"의 힘에 의해 수립되며 존재신론적 원칙이 되어 갔다.[Heidegger, 1996] 이 러한 사유 영역의 틀걸이가 이데올로기 수준에서 작동하는 동안, 유사한 조건이 특별히 강한 통치성의 형태인 학교의 확산된 통치권의 (특정 형태의 인구를 생산한다는 차원에서의) 실제 효과들 속에서 발견 가능하다. 그러한 교육철학은, 항상 그리고 필연적으로, 이 존재론적 조건에 대한 어떠한 고려도 피하고자 했으며, 존재신론적 원칙으로 교육을 바라보게 하는 데 부분적으로 기여했을 수 있으며, 또한 교육지상주의에 기여했다고 간주될 수 있다. 교육철학이 기대는 창시적 시절의 글들에 표현된 교육의 합리성에 대한 전제는 합리성에 대한 제한된 이해와 근대성에서 그것이 기여한 바를 시사한다.Hirst & Peters, 1970 내가 관심을 가지고 제시하려는 교육 비판의 형태는 교육철학이라는 것이 개시된 적이 없었음을 가리킨다. "교육철학"이라 자칭하는 그것은 "질문들의 질문"을 왜곡해 왔고, 의문의 여지가 없는 위상으로부터 분명히 좋은 것이라 항상 간주되어 온 것을 떠받들기 위해 "사유의 경건함"이라는 하이데거의 유명한 구절과 같이 핵심 질문을 피해 왔다. 교육 그리고 교육과 철학 간 관계들에 대한 근본적이고 존재론적인 질문들은 봉쇄되었다.

교육이 경제적·정치적 글로벌 권력과 직접적 관련성을 갖는다고 보기 의심스럽지만, 개인들과 제도들 그리고 국가들은 지식경제의 부상과 연계된 사회문화적·경제적 권한의 전 지구적 분배 내에서 나름대로 갖는 교육적 지향이라는 관점에서 스스로를 이해한다.Illich, 1971; Wolf, 2002; Harber, 2004

비잠재성과 우연성의 존재론: 불편한 그림자들

아감벤의 "비잠재성"[3]이라는 표현의 잠재적인 파괴력은 교육에 의해 지배된 존재의 지평과는 다르게 생각하도록 유용한 자원을 준다. 잠재적인 것의 또 다른 측면인 불능성은 현대의 존재론에 상당히 수반되는 불가항력적인 필연적 힘에 저항한다. 아감벤에게서 불능성은, 세계가 끝없이 반복하는 상황에 부닥쳐진다는, "영원 회귀"라는 니체의 "교설"이 갖는 허무주의적으로 가능한 시사를 던지는 관점에 대해 저항하려는 욕구와 부분적으로 관계되어 나타난 생각이다.

교육은 잠재된 바에 대한 실현을 습관적으로 강조한다. 동시에, 교육은 비교적 열려 있는 잠재성에 관한 생각과 지식이 갖는 비교적 닫힌 체계 사이에서 확연히 드러나는 모순에도 불구하고, 우연성을 제거하고 필요한 일에 관해 결정하기 위한 프로그램들을 조직한다. 하지만 교육은 사물들에 대한 자신만의 우발적 처리 방식을 필요에 따른 것이라 취한다. 지식, 존재 방식, 행실, 정체성의 결정과 제도적 구조들에 영향을 미치면서.

지배적인 "학습사회" 담론은 자기발전을 위한 노동이라는 차원에서 삶의 의미를 드러낸다. 대개 무의식적이나, 강하게 내재된 윤리는 예로 인간과 동물, 어른과 아이, 교육을 받은 자와 받지 아니한 자와 같이 핵심적 다름이라 정의하는 것들 간에 구별하는 형이상학에 기댄다. 이러한 구별은 포용과 배제의 원칙들로 또한 작용한다. 현대의 담론들에서, "학습사회"라는 매직서클 밖에 있는 자들은 부분적이며 종종 불확실하게 포용된 상태로 존재한다. 학습은 완전한 의미에서 인간다움을 실현하는 데 필수적인 것으로 이야기된다. 학습사회는 무엇보다도 "개선"에 관심이 있는 일종의 "사회 정형외과"적 처치를 교육에 제공한다. 이 개선의 모델은 스스로 능력과 효율성을 극대화하는 일에 관심을 가진다. 따라서 "이전 가능한 기술들"을 일구는 일에 대한 교육의 모든 수준에서의 강조는 지식을 더욱 "유용한" 목적들을 위한 운반책으로 축소시킨다. 여기서 활동의 가치는 미래에 유용한 잠재적인 역량들에 부여된다. 우리는 개인적인 차원에서 표면적으로 침투력을 발휘하는 국가의 변혁에 평생학습이 어떻게 강하게 연루되는지 볼 수 있다. 자기조직과 자기발전은 잠재된 자아와 사

---

3. (옮긴이 주) 아감벤은 아리스토텔레스와 달리 진정한 잠재성이란 '비잠재성'이어야 한다고 주장한다. 존재론적으로 우선하는 것은 잠재성의 실현이 아니라, 이를 실현시키지 않고 있는 상태인 것으로 그때 비로소 잠재성의 진실이 드러난다. 잠재성은 그것이 단지 실현되느냐 아니냐를 의미하는 것이 아니라 잠재성의 궁극적 진실은 '비잠재성'이다. 잠재성을 현실화가 아닌 잠재성만으로 사유를 하게 되면, 잠재성이란 잠재적 현실화가 아니라 잠재적 잠재성(potential potentiality)이 되는 것이며, 이는 존재론적 관점에서 비잠재성이 현실화에 우선한다는 뜻이다. 따라서 본질과 실제의 관계를 말하면서 이를 잠재성의 현실화로 해석하는 것은 범주적 오류를 범하는 것이다.

회적 집단의 목적을 실현하는 열쇠다.

비잠재성은 이 과정의 다른 측면이다. "비잠재적으로" 사고하는 일은, 교육에 특권을 부여하는 공식적인 또는 비판적인 담론에 강하게 내포된 생각인, 교육을 통해 잠재가능성을 실현한다는 상투적이며 기존에 수립되어 있는 그 논리에 대한 도전과 관련한다. 아감벤의 불능성에 대한 이야기는 불능성과의 관계에서만 가능태가 제대로 사유될 수 있으며, 불능성은 잠재태에 대한 순진한 긍정을 괴롭히는 어두운 그림자임을 엄숙히 상기시킨다. 우선 아감벤은 가능태가 자신의 진정한 실현, 그 자체를 부정한다고 단순히 표한다. 『벌거벗은 몸Homo Sacer』에서 아감벤은 "존재하는 가능태는 현실태로 넘어갈 수 없는 바로 그 가능태"라고 적시한다.[Agamben, 1998: 45] 가능태는 행위하지 않거나 존재하지 않는 지위로 이해되어, 비잠재성과의 관계에서 존재해야 한다. 교육 체계를 지배하거나 교육을 자기실현의 열쇠로 규정하는 오늘날에 내장된 이러한 사유는 비잠재성을 결핍 외에 달리 이해하거나 알 방도를 모른다. 비잠재성으로 표현된 바는 실패의 영역으로 유배된다. 이 실패의 영역을 유지하는 일은 교육체계가 긍정하는 판단들을 실현하는 데 필수적이다. 따라서 성공과 실패의 연속선상을 따라 가차없는 정체성이 결정되며, 늘 가능태에 대한 그 제한된 이해로 인해, (개인의 "가능태"에 대한) 자기실현의 동력에 대한 가차없는 강요 또한 이루어진다.

아감벤은 멜빌Herman Melville의 소설 『바틀비Bartleby, the Scrivener』에서 일관되게 행하고 성취하려 하지 않아 독자를 매료하는 전형적인 인물로 여겨지는 등장인물에 관심을 갖는다. 바틀비는 "국민주권의 원리에 강경히 반대한 자"이다.[Agamben, 1998: 48] 바틀비의 경우는 도구적 행위와 생산이 갖는 규범적 차원에 대한 거부의 측면에서 이해될 수 있다. 가능태에 대한 확정적 개념에 기대는 현대 교육의 규범적 차원은 성취의 규범에 기초해 배제를 야기한다. 성취 규범뿐 아니라, 아마도 더욱 근본적으로, 요구되는 존재 방식과 관계하여 필히 기업가적인 학교교육의 과정들을 통해 자아는 설정된다.

불응이 실패를 의미하는 이 배제 윤리와 관련하여, 비잠재성은 자유의 구성 요소로 볼 수 있다. 긍정적이고, 구원적이며 목적론적인 면에서 교육이 곧 잠재가능태의 실현으로 강하게 표현되는 동안, 가능태의 유령적 특성에 대한 인정은 수행성의 지배적인 도구적 합리성에 대한 저항을 가리킬 수 있다. 현대의 교육과 정치 담론들에서, 가능태는 잠재가능태의 다른 차원인 불능성을 실제로 배제하는 계획되고 확실한 과정 안에서 현실태로 넘어간다. 여기에서 이루어지는 사고의 지형은 어떤 활동에서의 가능태 실현도 개인적이거나 사회적인 수준에서 자기실현을 향한 필연적 움직임으로 본다. 이러한 가능태의 결정은 필연적으로 가능성들을 배제한다.

아마도 모든 교사는 어느 시점에 "나는 내 학생들이 자신들의 잠재가능성을 실현하도록 상투적인 개념에 기반한 낡아빠진 열망을 끌어안을 수밖에 없었을 것이다. 오랫동안 시도되었던 교육 개혁들이 암울하게도 예견된 성취의 불평등을 계속해서 양산함에도 불구하고, 잠재가능성에 대한 반사적인 긍정의 생각은, 교육의 의미에 관한 웅장한 공개 성명에서 메아리가 되어 울려 퍼진다. 예를 들어, 최근 미국의 아동낙오방지 교육 정책의 "No Child Left Behind"라는 슬로건 아래, 대통령은 여러 세대에 걸쳐 반복되고 명백히 체계적인 불평등에도 불구하고, 잠재가능성이 어떤 정해진 공간에 어떤 정해진 형태로 존재하여 단순히 발현되거나 실현될 수 있는 것인 양 "신이 주신 잠재가능성을 실현하게 하자"고 선언한다.[Obama, 2009] 미국의 교육이 체계적이고 역사적으로 끊임없이 지속되는 만성적인 불평등에 시달려 왔다는 것은 잘 알려진 사실이다. 그런데도 잠재가능성의 실현에 대한 외침은 공허하지만 필요한 주문으로 계속 이루어진다. 사회 구원을 위한 교육의 힘에 대한 이러한 관심은 사회 불평등이라는 현실이 부분적으로 교육에 의해 양산되었음을 고려할 때 특히 고민거리가 된다. 종국에 인간 집단의 상당 부분이 「아동낙오방지법」과 같은 이니셔티브 여부를 떠나 교육적 실패의 차원에서 부정적으로 정의된다. 그러므로 그러한 잠재가능성에 대한 관심은 분명 형편없이 순진하거나, 악랄하게 자기 이익만 생각하는 것으로 해석되어야만 한다. 우리는 미국에 있는 수많은 아이가 "신이 주신 잠재가능성"에 대한 관심에도 불구하고 교육적으로 뒤처질 것이라는 걸 안다. 그러나 지배적인 교육 이론은 계속해서 잠재가능성에 관심을 둔다.

마지막 견해는 말라부의 "존재론적 전환"에 대한 기여에 의존한다. 말라부는 존재론적 원칙이나 은유로서 글쓰기에 대한 데리다의 암묵적 주장에 내재된 유동성을 변위하고자 한다.^{Derrida, 1987; Malabou, 2007} 결국, 말라부는 대안적인 존재론적 원칙으로 헤겔의 "가소성"에 대해 재고한 버전을 제시한다.^{Malabou, 2000} 말라부는 가소성이 사물들이 미래의 변화 가능성들을 좌우하는 뚜렷한 형태를 띤다는 것을 인정한다. 가소성은 유동성의 생각을 포괄하지만, 그와 함께 특정한, 이미 바꿀 수 없는 사물의 질서에 대한 형성을 강조한다. 이후의 사유에서, 말라부는 다소 일반적인 조건으로 번역될 수 있는 개인 전기들에 대한 고려로부터 부상한 또 다른 존재론적 원칙을 인성한다.^{Malabou, 2012} "우연성의 존재론"은 규범적이고, 계획되고, 예견되며 이미 형태 지어진 궤적들이 급격한 변화를 맞이할 수 있고—이들이 하이데거의 "현존재dasein"라는 조건의 불가피한 구성 요소임을 알아본다. 우연성에 대한 이러한 표현에서, 말라부는 종종 부정적인 예시들 안에서, 인간은 자신으로부터 다른 자가 되어 간다는 것을 인정한다. 말라부의 "우연성의 존재론"이 긍정적이면서도 동시에 부정적인 굴절들을 가질 수 있음을 인식함으로써, 우리는 적어도 개인적이고 집단적인 실현의 핵심이자 필수적인 토대로 교육의 기만적 약속에 기대지 않는 대안적인 미래의 개념화를 시작할 수 있을 것이다.

참고문헌

Agamben, G. (1998). *Homo Sacer.* Stanford, CA: Stanford University Press.

Agamben, G. (2002). *What is a paradigm?* Lecture at European Graduate School. Retrieved from http://www.egs.edu/faculty/giorgio-agamben/articles/what-is-aparadigm/

Agamben, G. (2013). *The highest poverty.* Stanford, CA: Stanford University Press.

Apple, M. (1979). *Ideology and the curriculum.* London: Routledge & Kegan Paul.

Apple, M. (1993). *Official knowledge: Democratic education in a conservative age.* London: Routledge.

Apple, M. (1996). *Cultural politics and education.* Buckingham, UK: Open University Press.

Arendt, H. (1993). The crisis in education. In *Between past and future: Eight exercises in political thought* (pp. 173-196). New York: The Viking Press.

Bernstein, B. (1971). *Class, codes and control* (Vol. I). London: Routledge & Kegan Paul.

Bernstein, B. (1995). *Pedagogy, symbolic control and identity.* London: Taylor & Francis.

Bourdieu, P. (1991). *Language and symbolic power.* Cambridge, UK: Polity Press.

Bowles, S., & Gintis, H. (1976). *Schooling in capitalist America.* London: Routledge & Kegan Paul.

Cuypers, E., & Martin, C. (2011). *Reading R. S. Peters today: Analysis, ethics, and the aims of education.* Oxford, UK: Wiley Blackwell.

Derrida, J. (1987). *Positions.* London: Athlone.

Derrida, J. (1994). *Spectres of Marx.* London: Routledge.

Derrida, J. (1996). *Archive fever.* Chicago: Chicago University Press.

Donald, J. (1992). Well-regulated liberty. In *Sentimental education* (pp. 1-16). London: Verso.

Foucault, M. (1976). *The history of sexuality* (Vol. 1). London: Allen Lane.

Foucault, M. (1977). *Discipline and punish.* London: Allen Lane.

Foucault, M. (1988). *Technologies of the self.* London: Tavistock.

Giroux, H. (2011). *On critical pedagogy.* New York: Continuum.

Harber, C. (2004). *Schooling as violence.* Abingdon, UK: Routledge Falmer.

Heidegger, M. (1962). *Being and time.* Oxford, UK: Blackwell.

Heidegger, M. (1967). *What is a thing?* Chicago: Chicago University Press.

Heidegger, M. (1977). *The question concerning technology.* New York: Harper & Row.

Heidegger, M. (1993). What is metaphysics? In D. Farrell Krell (Ed.), *Basic writings* (pp. 93-110). London: Routledge.

Heidegger, M. (2000). *Introduction to metaphysics.* London: Yale University Press.

Hirst: H., & Peters, R. S. (1970). *The logic of education.* London: Routledge & Kegan Paul.

Hunter, I. (1988). *Culture and government.* London: Macmillan.

Hunter, I. (1994). *Rethinking the school.* Sydney, NSW: Allen & Unwin.

Hurt, J. S. (1979). *Elementary schooling and the working classes.* London: Routledge & Kegan Paul.

Illich, I. (1971). *Deschooling society.* Harmondsworth, UK: Penguin.

Malabou, C. (2000). The future of Hegel: Plasticity, temporality, dialectic. *Hypatia, 15* (4), 196-220.

Malabou, C. (2007). The end of writing? Grammatology and plasticity. *The European Legacy, 12*(4), 431-441.

Malabou, C. (2012). *The ontology of the accident.* Cambridge, UK: Polity.

Obama, B. (2009). *Promoting innovation, reform, and excellence in America's public schools.* Retrieved from http://www.whitehouse.gov/the-press-offi ce/fact-sheetrace-top

Peim, N. (2001). The history of the present: Towards a contemporary phenomenology of the school. *History of Education, 30*(2), 177-190.

Peim, N. (2009). English and literacy. In D. Hill & L. Helavaara Robertson (Eds.), *Equality in the primary school: Promoting good practice across the curriculum* (pp. 83-96). London: Continuum.

Peim, N. (2011). Globalization. In J. Arthur & A. Peterson (Eds.), *Routledge companion to education.* London: Routledge.

Peim, N., & Flint, K. (2009). Testing times: Questions concerning assessment for school improvement. *Educational Philosophy and Theory, 41*(3), 342-361.

Wolf, A. (2002). *Does education matter?.* Harmondsworth: Penguin.

11장
교육적 상호성

헬렌 리즈[1]

"horses for courses"

영국 속담: 사람마다 각자 다른 길이 있다.^{출처: 옥스퍼드 영어사전}

들어가는 글

"런던 중심부, 홀보른에 위치한 세인트 조지 더 마터 초등학교George the Martyr primary school의 안젤라 에이브러햄스Angela Abrahams 교장 선생님"에게 드리는 글이다. 그녀는 (4~5세의) 유치반부터 (10~11세의) 6학년까지 모든 어린이에게 뒷짐을 지고 복도를 걷게 한 것이 허용할 만한 일이라고 생각한다.

부모들의 불평에도 불구하고 학교는 정책을 유지하겠노라고 고집했다. 안젤라는 "최근에 도입한 대학생 걸음걸이는 아이들에게 최선의 잠재가능성을 발현하고 학교의 좌우명과 같이 '세상을 빛나게 한다'"라고 말했다.^{Tran, 2015년 11월 5일}

---

1. 헬렌 리즈(Helen E. Lees): 영국 버밍엄 뉴먼대학교 교육학 선임강사. 잘 삶을 위한 대안교육과 교육에서의 침묵의 의미를 연구하고 있다. 〈The Journal of Educational Alternatives〉의 창립 편집장이며, 저서로 『Silence in Schools』(2012), 『Education Without Schools: Discovering Alternatives』(2014)가 있다.

이 글에서 나는 줄을 서서 걷는다. 물론 곧은 줄이 아니다. 그 줄은 대안교육에 관한, 그리고 이를 위한 개념들이 특정 흐름에 따르고, 정치적으로나 손쉽게 거부당하지 않고 신중하게 이해되어야 할 필요가 있다는 생각에서 시작되었다. 또한 대안교육의 교육적 가치를 이해하는 데 실패하게 하고 정치·사회적 무지 속으로 그 존재 양상을 빠뜨리는, 편향적인 방법들로 인해 대안교육이 폄하되는 방식에 관해 수행한 나의 연구로부터 시작되었다.[Lees, 2014] 나는 대안교육을 보는 이상한 편견에 대해서 이야기하는 것이 중요하다고 생각한다.

멈춰라. 그리고 주의하라. 이번 장은 어떤 면에서 한 편의 노래다. 교육적 대화의 인식론과 존재론을 촉구하는 애도의 소리이자 경보이다. 나와 함께 노래하자.

앎을 지향하는 행위는 ⋯ 진정한 대화의 관계를 ⋯ 요구한다. 진정한 대화는 그들 사이의 관계를 매개하는 알 수 있는 대상에 대한 인식 속으로 주체들을 연대하게 한다. ⋯ 애초부터 창조적인 주체들의 역할을 상정해야 한다.[Freire, 1985: 49]

눈을 아래로 깐 채 멈추지 않고 당신의 우체통에 우편물을 밀어 넣고 그대로 걸어 나가는, 당신과 말을 섞지 않는 우체부처럼 이 글이 당신에게 "전달"되리라 기대하지 말라. 논의하자는 것이다. 당신과의 동의, 상의 없이 이 글은 전달되지 않을 것이다. 우리는 상호관계를 맺는 것이다.

• • • • •

안젤라 에이브러햄스, 당신은 누구인가? 누구라고 생각하길래 아이들의 몸을 통째로 통제하는가? 그들과 상의해 보았는가? 머리를 떨구고 뒷짐 지고 한 줄로 걸어가는 아이들에게 의견을 물어보고 어떤 상태인지 확인해 보았는가? 당신은 누구인가? 그들에게 당신이 어떤 감정을 불러 일으키는지 알고 있는가? 확인해 보았는가? 관심이 있는가? 불평하는 아이들 부모의 이야기를 왜 들으려고 하지 않는가?

만약 이에 대해 생각해 보려거든, 먼저 다음에 이어질 내용이 구속·훈육, 지배·복종, 가학·피학이라는 성적 활동BDSM[2]에 관여하는 아이들에 대한 것이 아님을 밝힌다. 이는 교육적 상호성, 행동에 대한 동의의 중요성을 말하는 것이다.

함께 읽어 볼까?

이 글의 초안을 작성하면서 나는 대안교육을 거스르는 편견에 대해 생각하는 길 … 그것을 따라 걸었다. 그런데 그때 나의 가슴은 곧았던 그 첫 행로를 방해하는 외침을 들었다. 전 세계 교사들이 그들이 부과하는 규칙들과 규율들에 대해 그들의 학생들로부터 동의를 구하지 않음으로써 끼치는 해를 알고 이해하게 하려고 안젤라가 물러서고 철회하기를 나는 갈망하기 때문에, 나는 내 원래 의도에 대해 다급히 개입하는 생각에 응답했다. 이것은 학대이다. 학교에서 학생들을 온전히 받아들이고 그들의 동의를 구하는 일이 많지 않다는 것에 괴로워하는 나 자신을 발견했다. 학교가 행하고 있는 다음과 같은 일들에 대해서 말이다.

… 학교 특유의 고질적인 폭력 행위들(괴롭힘, 강제수용, 시간과 태도의 엄격한 관리, 독단적인 권력 행사, 연령 계층화)이 있으며, 학교를 넘어 모든 교육제도를 통해 작동하는 강력한 형태의 상징적 폭력들(지식의 결정, 정체성 부과, 교육적인 세계에 대한 끈질긴 옹호, 광적인 규범성, 사회

---

2. (옮긴이 주) BDSM(Bondage, Discipline, Sadism, Masochism)은 신체에 대한 구속, 통제권 부여와 포기, 고통 가해와 같은 관행의 성적 활동을 지칭한다.

재생산이라는 일상적 기제)이 있다.^{Peim, 이 책의 10장}

안젤라에 대한 이야기는 이미 BDSM을 포괄하며 등장했지만, 내가 이 장을 마치는 순간 종국에 영국 언론에 출고될 것이다. 안젤라에 대한 이야기로 우리는 이미 터무니없이 정점에 도달해 있다. 그만! 글쎄 충분히 전달되었는가? 나는 이 글을 다시 손보기 위해 의자를 고쳐 앉았다. 나는 한탄한다.

나의 목소리에 잠입한 최근의 "안젤라"에도 불구하고, 나는 BDSM에 "주목"해 원래의 「사람마다 각자 다른 길이 있다horses for courses」 원고에 삽입할 용기가 생겼다. 국회를 쿵쾅대며 휘몰아치는 시위대처럼. 원래 원고 중 일부분은 그대로 따라와 담긴다. 이 세상에 동의를 구하는 일이 중요하게 다뤄지는 공간, 장소 그리고 공동체가 존재하며, 이는 교육에 가치 있는 교훈을 줄 수 있다고 의식하니 갑자기 교육에 대한 기쁨이 밀려왔다. 그렇다, 전문성의 영역이 비뚤어져 있으며 성에 집착한다. 그게 중요한가? BDSM 성 활동의 구속, 지배(또는 규율), 굴복(또는 가학성) 그리고 피학성으로부터 배우기 위해 우리 스스로 열린 자세를 가져 볼까?^{Moser, 2015, 성적 지향으로서의 BDSM에 대한 개요 참고} 교육적으로 함께 시도해 볼까? 나는 아이들의 손을, 비유적으로 그들의 등 뒤로 묶으려는 게 아니다. 나는 동의를 통해 그들을 자유롭게 풀어 주고자 한다. 교육적 상호성은 "보통과 다른" 어떠한 방식으로, 상호 성적 만족에 동의하는 대개 암묵적인 성인들의 세계에 의지해 외마디 소리로 여기서 시작한다. 이상한 교육적 포섭이지만 「사람마다 각자 다른 길이 있다」는 이에 의해 시작부터 방해를 받았다. BDSM의 형태는 안젤라 때문에 상호성이라는 차원에 의해 중단되었다. 세 가닥의 생각들이 함께 엮여 당신에게 불러주려는 노래를 구성한다.

한 교육 콘퍼런스에서 이번 장의 「사람마다 각자 다른 길이 있다」 버전을 쓴 지 얼마 지나지 않아, 나는 글 한 편을 발표했다. 교육을 자아 훼손으로 보는 것에 대한 글이었다.^{Lees, 2015} 행위에서의 자기결정과 상호성에 대한 통렬하고도 공정함에의 바람으로 대안교육 밖의 교육적 역동 속 "부끄러운 동의의 결여"에 대해 이야기했다. 나는 주류의 전통적 교육이 (닉 페임이 앞서 설명한 바와 같이)-BDSM의 사람들이 지배하고 예속을 갈망하는 바와 유사하다는 것을 확인할 수 있듯- 사람들을 지배했고 예속을 원했으나, BDSM에는 익숙하게 담긴 수용과 동의 모색의 도덕적 협상이 전통적 교육의 교사/학생 행위자 간에 부족했음을 말했다. 우리가 아이들을 지배하고 예속하기를 기대하는 전 세계의 안젤라와 같은-언론의 "빛"에 노출되기 전에 방해받은 명확한 사례의- 수석교사들과 그녀의 교직 동료들에게 비뚤어져 있으며 성에 집착하는 활동에서조차 동의의 문제에 관심을 기울인다는 것을 깨닫도록 수치심을 준다면, 이 교사들이 "교육학"에 대해 스스로 전제했던 도덕적, 인식론적, 존재론적 기반을 재고해 볼지 모른다.

사실은, BDSM에서 동의라는 상호성을 획득하지 않은 지배와 예속에 대한 갈망은 성적 학대이듯, 이는 곧 인권 남용의 문제이다. 뒷짐을 지고 복도 걷기, 무관한 교육과정을 개인적으로 학습하기, 사람이 아니라 규칙에 맞추기 위해 유니폼 입기와 같이-우리가 아이들에게 상의 없이 무엇을 하라고 이야기하는 것을 학대와 남용의 차원에서 바라본다면, 종국에 이 교사들에게 아이들을 대상으로 어떤 행동을 "명령하는"것이 허용된다는, 그들의 개인적인 상상을 재고하도록 하는 데 충격요법으로서 효과가 있을까?

BDSM이 지닌 동의 모색 프로토콜의 핵심을 이해하게 되면서, 학교교육이 여기에서 배울 수 있으리라는 생각이 들었다; 학교교육은 BDSM을 보면서 변화할 수 있으리라고. 개인에게 맞춰진 교육에 대한 「사람마다 각자 다른 길이 있다」버전의 글은 상호성이 충족된 성 활동에 의해 잠정 중단되었다. 슬픔으로 생겨난 고통, 두려움, 학대, 폭력이 아닌 상호성에 의한 만족의 장면으로부터 배울 점을 인정해야 하는 절박함이 있었다.

교육을 바로 세우는 데에서 BDSM이 "최고의 실천 사례들"의 총체라는 것은 아니다. 그러한 성적 행위자들의 공동체 바깥에 존재하는 동등하지 않은 힘의 관계와 전 세계에서 이루어지는 많은 같은 문제들은 실로 그러한 공동체 안에서도 존재한다고 몇몇은 말한다.^{예: Weiss, 2011} 본질적으로, BDSM을 바라보는 일이 존재하거나 존재되기의 도덕성을 위해 취하고자 한 것이 아니며, 교육과 여기서 나의 주장이 목적하는 바가 실상 성과 관련된 것 또한 아니다. 적절히 이루어진 BDSM의 실천을 주목한 데에는, 동의의 상호성이 교육적 문제임을 강조하기 위한 것이다. BDSM은 해하지 않기 위해 상호성을 염두에 두고 도덕적으로 행해지며, 교육 또한 그래야 한다. 이는 교육에 접근하는 우리 방식의 큰 변화를 의미한다. 교육에서 상호성을 중요한 것으로 수용하는 일은 그만큼 크게 변화한다는 것이다.

학교에서의 (그리고 교육학에서의) 교육을 종종 훼손적이라 표하기 위해 BDSM과 대조한 글을 제시했을 때, 콘퍼런스에 참석한 교사들, 특히 한 수석교사의 반응에 나는 매우 놀랐다. 그들은 내가 말하고자 하는 바를 바로 "이해했고" 교육 안에서 이루어지는 비동의적 역동을 노골적으로 부적절한 것으로 보기 시작했다.

상호 동의를 얻기 위한 BDSM의 대인관계에서의 도덕성은 우리에게 주류의 학교교육에 대한 가르침을 준다. 있는 힘을 다해 바로 논쟁하며 그 문제를 다루지 않았을 때 더 많이 어려워질 중요하고도 광범위한 것에 대해 우리는 배운다. 시험의 족쇄와 평가 심리는 마음뿐 아니라 몸까지 관리할 때-영국에서 오늘날 4~5살의 아이들을 대상으로 시험을 보게 하는 경우에서 보듯^{영국 교육부, 2015} - 수그러들지 않고 성공적이진 못하나 잠식하고 있는 "올바름"을 키울 뿐 아니라, 역사적으로 행동주의, 테러주의 또는 정당화된 무언가에 의해 도움받으며 배가한다.^{Foucault, 1977/1991} 상호성에 관한 생각 없이 아이들을 포함한 인간에 대한 비전을 갖추지 않는 바는 사악한 행동이다. 하지만 런던 홀보른의 세인트 조지 더 마터 초등학교의 교장 안젤라는, 권위를 갖고, 더욱더 안전한 방법으로 행동하는 것이라 표한다.

학생들의 안전을 강화하고, 학생들의 열망을 한층 끌어올리고, 학습 시간을 최대화하기 위해 그것은 [대학의 걸음] 도입되었다. 직원들은 학습 시간에 미친 영향에 대해 환영하고 계속해서 학생들이 학습을 매우 신나고 즐거워한다고 보고한다.[Tran, 2015]

어린이의 목소리

어린이들에게 비동의적인 방식으로 교육을 부과하는 것에 대해, 그러한 처지에 있는 어린이들은 옳지 않다고 말하곤 한다.[Smyth, 이 책, 25장 참고] 분명 어린이한테서 나오는 동의에 관한 생각을 담은 민감한 이슈들이 있기에 때리고, 구속하고 의도적으로 아프게 하고, 다른 것을 희망하는 어른들을 동의의 프로토콜에서 다룰 수 있겠지만, 여기서는 이러한 동의 프로토콜이 우리에게 무엇을 가르쳐 줄 수 있는지에 집중하는 편이 유연하고 법적으로 손쉬울지 모른다. 상호성을 다루고 추구하는 일이 해를 부르지 않으며, 대신 행복의 중요한 형태와 즐거움을 가져다준다는 바와 같이.[Moser, 2015] 상호성은 다음과 같다.

상호 교환 속에서 관계하는 사람은 모두 타인에게 영향을 미치고 타인에 의해 영향을 받는다. 개인은 타인을 향해 스스로 걸음을 내딛고, 또한 타인의 행위에 수용적이다. … 상호성에 대한 성숙한 감각을 위해 중요한 점은 타인의 주관적 경험을 특별히 의식하고 타인의 온전함을 인정하는 일이다. 따라서 타인은 단지 어떤 이의 필요를 돌보거나, 어떤 이가 투사하고 전달하고자 하는 바의 이동 수단이 되거나, 본능적 욕구를 해소하는 대상이 되기 위해서 존재하지 않는다. 공감과 다르고, 복잡한 사람인 타인에 대한 적극적인 관심을 통해 사람은 먼저 타인의 차이를 수용하는 능력이 발달하며, 종국에는 그 사람을, 다르고 독특하게 만드는 그러한 특질들에 가치를 부여하고 격려하게 된다. 공감과 관심이 양방향으로 흐르면, 자아에 대한 강한 긍정과 더 큰 관계 단위에서 그 일부분이 된 자아에 대한 감각, 역설적으로 자아의 초월이 자리한다. 상호작용은 분리감의 완화를 가져다준다. 타인의 행복은 나의 행복만큼 중요해진다.^{Jordan, 1985. 2}

반면에,

주된 관계와 일하는 환경에서의 상호성의 불균형은 상당한 심리적 고통을 야기하고 종종 사람들에게 심리 치료를 찾게 한다.^{Jordan, 1985: 1}

따라서 아이가 느끼고 경험하는 바에 대해 상의할 필요가 있다는 것, 그것이 여기서 내가 내리고자 하는 처방이다. 대안교육에서 우리는 이러한 일이 행해지는 것을 본다.

대안교육 정의하기: 그 자체의 독자적인 스타일이 있는가?

폭력적으로 지배하는 교육, 그것의 대안이 존재함을 말하려면 먼저 대안을 정의할 필요가 있다. 이로부터 우리는 양식의, 즉 달리 말하면 교육적 경험의 수준에서 다양한 선택지가 제공되는지 볼 수 있다. 상호성 원칙과 윤리가 없는 학교에 다니고, 이미 학교 활동 방식에 동의하면서 일어나는 일들에 대해 행복해하듯, 어떤 이들에게는 지배와 예속이 괜찮은 반면에, 이것이 적용되지 않는 이들도 있음을 확인할 수 있다. "눈을 감고, 조용히 복종하는" 전통적 모델이라 보며 이에 반대하는 자들에게는 다른 길이 있다. 대안들의 존재를 언급하는 것은 유용하다. 교육에서 "사람마다 각자 다른 길이 있다"는 이 책을 통해 확인할 수 있듯이 실재한다.^{이 장 시작 부분에 나온}

우리가 교육에서의 상호성을 선호하는 아이에게 이를 충족시켜 주
길 희망하면, 주류 양식의 헤게모니에도 불구하고, 대안들은 우리의 개념
적 이해, 즉 우리의 관심을 받아 마땅하다.^{Lees, 2014 참고}

교육적 대안들의 여러 지역적이고도 개별적인 실태들 가운데, 나는 개
인적으로 대안교육에 상호성에 대한 중요성이 존재한다고 주장할 텐데,
전통적이며 주류적인 방식과는 다른 대안교육에 대한 상이한 정의들이
있다. 크레민Lawrence Cremin은 달리하는 교육의 특징에 대한 정의가 결
여되어 있음을 확인했다. 그러한 것은 "존재하지 않으며" "앞으로도 존재
하지 않을 것"이라 말한다.^{Cremin, 1961: p.x} 이뿐만이 아니다. 다양성, 복잡성,
심지어 확장성마저도 축복할 가치가 있지만, 광범위한 오랜 경험 속의 다
양한 교육 사례들로부터 공통의 특징들을 이해하도록 이끌었던 대안교육
에 관한 연구들은 우리가 동의할 수 있는 몇 개의 주요한 대안교육의 특
징들을 알려 준다. 해당 영역에서 상호 배타적이라 말할 수 없고 대신 논
의되는 특징들의 의미를 드러내기 위해 상호 동반되며 서로를 위해 작용
하는 "진보적", "아동 중심적", 또는 "대안"이라 지칭되는 것들이다. 대안교
육의 "개념 지도"가 기존에 그려진 적이 없다는 의미는 아니다.

예를 들어, 전 지구적 형상에 대해서 이해하지만 미국인의 관점을 지
닌 밀러Ron Miller는 대안교육 유형들의 지형이라 지칭하는 바에 관해 다
음과 같이 설명한다. 이는 "전승 모델, 자유에 기반한 학습, 사회적 구조
주의, 비판적 교육, 정신적 발달주의 그리고 통합적 또는 전인적 교육"으
로 구성된다.^{Miller, 2004: 23} 아시아-태평양 지역과 이를 넘어 이루어지는 활
동에 바탕한 관점을 지닌 나가타Nagata, Yoshiyuki는 대안교육은 "전통적
이거나 공공 영역에서의 교육에 대한 개혁을 요구하도록 지각되는 문제
들에 의해 그 특징이 변화하는 … 상대적인 개념이다. 만약 기존의 교
육이 획일적인 것으로 간주되면 대안교육은 강조될 것"이라고 한다. 그
는 이러한 상대성에도 불구하고, 대안교육의 식별을 위해 공공성, 혁신
성, 상호 보완성, 다양성, 총체성, 다원성이라는 "유연한 기준척도"를 제

안한다.[Nagata, 2007: 8] 영국이라는 지식 활동 영역에서 글을 쓰는 달링John Darling은 대안(진보) 교육의 핵심 특징을 개성 존중, 아동의 활동적인 본성에 대한 고려, 순응적 교육 압력들에 대비되는 다양한 접근들의 필요에 대한 이해라 표한다.[Darling, 1994] 뢰스Hermann Röhrs는 대안교육의 특징을 주류에 대한 비판성, 극단적으로 아동과 인간 중심적이며 민주적인 관계, 모든 방법에 초점을 두고, 발달직으로 심리학적인 접근, 타인과 공동체에 대한 감각을 포괄하는 전인적 접근, 교육 환경에 대한 응당한 고려, 삶을 교육으로 보고 교육을 평생, 그리고 도처에서 이루어지는 것으로 바라보는 교육과정상 개방성을 수반하는 것이라 말하며, 마지막 "기준"으로 "범주상 국제적"이어야 한다고 표현한다.[Röhrs & Lenhart, 1995: 11-14]

나가타가 "대안의 개념은 더 넓은 사회에서 소수를 대변하고자 하는 믿음, 신념, 철학, 그리고 주장들을 옹호하고 실현하려는 목적을 위해 존재한다"[Nagata, 2007: 7]라고 말할 때, 그에 동의할 수는 있지만, 나에게 이는 충분치 않다. 대안이라는 개념은 소수를 위해서라기보다는 상호성, 동의, 그리고 돌봄이 우선시되지 않는 세계로부터 이들이 손쉬운 방법으로 대화적 상호작용과 반응들로 가능해질 만큼 자유로운 세계로의 출구를 제공하고 열기 위해 존재한다.[Noddings, 1984 참고] 대안이라는 개념은 모두를 위해 융성할 사회정의를 목적으로 한다.

앞서 언급되었던 대안교육에 대해 축적된 지식으로부터 나는 우리가 한 걸음 더 나아갈 수 있다고 말한다. 만화책 『스파이더맨』은 하나의 예시로 여기서 우릴 도와준다. "거대한 힘에는 더 큰 책임감이 따른다."[이 외 처칠, 루스벨트, 성경: http://quoteinvestigator.com/2015/ 07/23/great-power/ 또한 참고하라] 대안교육은 개별화된 교육적 힘이며 그러한 힘에는 큰 책임이 따른다. 힘과 그에 따른 책임은 양자 사이에 상호성을 요구한다는 점이 특징적이다.

이것은 우리가 헤게모니 모델인 주류의 학교교육에서 찾을 수 없다. 힘과 그에 따른 책임은 대개 관리자들에게 머물러 있으며, 관리자들은 학생들에게 종국에 이를 부분적으로 또는 조금 느껴 보도록 허락할 결정권을 갖는 교사들에게 일부를 양도한다. 거칠게 그려 보자면 그렇다. 평평한 민주적 구조와 거리가 멀기에 그 구조는 동의를 구하는 데 실패한다. 관심사나 에토스로서 상호성이 자리하지 않는다. 권력과 함께 공동의 책임을 동반하는 공동체가 사라지며, 오로지 힘을 지닌 자가 도덕적이고 돌볼 줄 아는 우연에만 기댈 수 있다.

동의와 협의가 결여되면 출구, 목소리, 신의라는 거대한 문제들이 따른다.[Hirschman, 1970] 사람들은 발생하는 일에 대해 발언권이 없다고 느끼면, 떠난다. 물리적으로 걸어 나가든가 심리적인 이탈과 소외를 통해[홈스쿨링을 선택하는 출구와 관련된 교육 사례들을 위해 Lees, 2014 참고] 결국 인간은, 대체로 어떤 종류든 간에 상호성을 원하며, 그것이 부재하다고 확인하는 순간 떠나 버린다. 상호성이나 동의 의례가 요구되지 않는다고 전제하거나 생각하며 학교는 인간 본성을 잘못 판단해 왔는가? 그 방식은 성공적이지 못했는가?

　　이것은 너를 위한 나의 노래다. 비동의적인 방식으로 지배하는 학교 때문에 고통받았던 자들을 위해.

발생하는 필요들에 부응하며 개인화되고, 지역적이기에 변함없는 대안 모델을 찾는 게 어렵다고 했을 때, 대안교육은 주류 학교의 정태적인 하향식 모델과는 대조적으로 앞서 개괄한 바와 같이 내재된 테마나 가치들을 지닌 다양한 특징들을 갖는다. 그 모델이자 양식은 교육을 통해 자아를 형성하는 사람을, 상호 동의를 구사함으로써, 참여시키는 모델이다. 하지만 이는 "100% 증명된" 동의를 통해 필연적으로 이루어지는 것이 아니며, 종종 재론되고 재심리되는 데 동의하지 않는 자들의 목소리에 열려 있는 포럼들에서 과반수 의결을 통한다.[Fielding, 2013 학교에서의 민주적 모임들에 대한 예시 참고]

주류(전통적인)와 대안의 양식, 이 두 "측면"이 지니는 상대적인 관습, 수단, 성과, 활용 등에 대해서 자연스레 많은 논쟁이 있다. 차바르[Tsabar, 2014]는 글을 통해서 두 양식의 이점들과 양쪽 교육현장에서 경험해 본 교사로서 주류 학교가 다양한 난전들을 통해 아이들을 잘 길러내는 능력 차원에서 이기는 이유와 방법을 논하면서, 우리에게 진지한 생각거리를 준다. 그런데 어떤 사람들은 자유로운 선택을 통해 자아 형성이 이루어지는 스타일을 좋아한다. 민주적인 학교교육만큼이나 홈스쿨링은 이러한 취지에서 증언이 가득하다.예: Greenberg & Sadofsky, 1992; Llewellyn, 1993; Sheffer, 1995

널리 생각되고 활용되는 동의에 대해서 주목하지 않는 학교교육은 그 자체로 하나의 양식이자 특징이고 스타일이다. "교육"인 이상, 이것은 교육 또는 교육적 행로의 한 형태이다. 그렇다면, 나는 다른 스타일을 사용하여 (지속되는 특징을 나타내고 종종 아동기 내에서 일 년이 넘는 긴 시간 동안 아동의 자아를 형성한다는 차원에서) 그러한 기간을 거쳐 중요성을 지니는 교육적 경험들을 찾을 수 있다고 부언한다. 그 양식은 동의의 가치에 의해 결정되며, 목소리 교환과 자유로운 의사결정 수행, 수용, 조장에 관련하도록 교육현장에 있는 자들을 참여시킨다. 이 또한 "하나의 교육"을 구성하는 하나의 방법이다. 다르게 수행된 교육을 표현하는 데 그치지 않는 또 다른 길이며, 또 다른 삶이다.Lees, 2014; Neuman & Avriam, 2003 이는 하나의 대안이다.

사람마다 각자 다른 길이 있다

어떠한 양식의 교육도 종국에는 몰락한다. 시도되었던 모든 것들이 효과를 나타내지는 않는다. 사람들은 어떤 일을 하면서 특정 방법과 수단이 맞지 않을 때 방향을 바꾼다. 사람들은 맞는 것을 찾는 데 익숙하다. 우리 각각은 독특하며 다른 이들과 미세하게 다르다. 우리는 다른 취향, 다른 접근, 다른 능력, 다른 역사와 영향, 다른 걸음 속도, 시간, 건강과 몸을 지녔다. 우리는 어떠한 방식으로든 살아가고 스스로를 형성하면서 차이를 필요로 하고, 원하고 찾는다. 그렇다면 사람들이 교육적으로 무언가를 시도하는 일도, 어떤 이들에게는 효과가 있지만 다른 이들에게는 맞지 않을 수 있다는 것도 이치에 맞는다.

주류 학교에서 실패했거나 처음부터 홈스쿨링을 선택했던 이들에게 홈스쿨링은 공간, 장소 또는 목적지로서 훌륭한 본보기가 된다. 기질, 경험, 특별한 필요 또는 무엇에 의해서든, 상황상 강제되어 때로 고통스러울 학교를 벗어나는 일 또는 학교 없이 지내는 일은 유용하다.[Parsons & Lewis, 2010] 영어권 국가들에서 이루어지는 그러한 "탈출"은 학교를 떠나는 법적 선택지가 존재한다는 점에 감사한다. 그들은 그들의 "말"을 위해 가정 안팎과 가정으로부터 다른 교육 트랙을 선택할 수 있다. 어떤 이들에게는, 필요에 부응하는 시나리오를 실현하기 위한 필수적인 도구이며, 이는 인권이라는 생각에도 도달할 수 있다.[Farrell, 2012; Lees, 2014] 영국의 서쪽에 있는 서머힐 학교[Klaus, 3장 참고] 미국 매사추세츠주 플램링턴에 있는 서드베리 밸리 학교[Grey, 4장 참고], 또는 전 세계의 여타 수백 개 학교 및 교육적 환경과 같이 [Nagata; Singer, Hope & Montgomery, 예시를 위해 이 책 16, 14, 20장을 참고] 민주적으로 조직되었고 그에 기반한 학교들은, 그 학교의 학생과 직원을 포함해 많은 이들에게 깊이 인정을 받는다.[Shwartz & Maher, 2006; Stronach & Piper, 2008]

때론 사람들이 대안교육 방식과 주류 교육 방식 사이를 오가거나 대안교육에서 주류의 교육으로 움직인다.[Lees & Nicholson, 2016 언론에서] 그런 이동의 자유는 국가의 법에 좌우될지라도 국가의 법적 강제 사항이 아니라 부모의 책임에 관한 법에 표현된 교육에 관한 생각에 토대를 둔, 바라건대, 법적 자유다.[Davies, 2015] 큰 권한—한 아이의 교육적 경험을 좌우할 권한—에는 당연히 큰 책임이 따른다. 스파이더맨과 그 동료들이 옳았다. 한 아이가 "교육받은 사람"이 되어 가는 방식을 선택하는 일은 삶의 중요한 결정 가운데 하나이다. 이것은 사람들이 한 아이의 교육을 위해 취하는 행로에 대해서 진지하게 책임진다는 것을 의미한다.[Lees, 2011 참고] 이 의사결정에서 중요한 요소는 개별 아동이다. 그들의 독특한 본성, 필요와 욕구들. 아이와 적절히 상의할 수 있기를 또한 바랄 수 있겠다.

학교를 선택할 것인가? 교육을 선택할 것인가?

현재 모든 부모와 아이들이 주류 교육의 특징을 지닌 학교 중에서 특정 학교를 하나 고르는, 즉, 한 방식 안에서 고르는, 선택권이 제한된 상황에 있다.[Lees, 2014] 예를 들어 영국에서는 4~18세의 의무교육 연령 대상으로 학교 또는 교육 환경 중 홈스쿨링이 아니면서, 학습할 내용에 대해 동의를 구하는, 민주적 가치가 상호작용을 돕는 "통화"로 기능하는 곳이 거칠게 10개 남짓 되지 않는다는 것을 나는 알고 있다. 2만 4,000개의 영국 학교 중에서 약 10개[2014년 통계, www.gov.uk 참고] 학교 정도는 많지 않다, 그렇지 않은가? 학습과 행위에서 상호성의 기제들이나 철저한 민주적 토론이 부재하다는 의미에서 2만 4,000개 학교에 대해 "주류" 또는 "전통"이라 개괄한 바에 따라, 동의가 꽤 부재하다는 것을 의미하는 상황이기도 하다. 대안의 길을 찾는 일은, 물론 지리적인 제약이 따르며 그래서 이중으로 제약받는 일이다.

이 지점에서 나는 자아와 사회의 수준에서 다른 특징을 지닌 교육, 양식, 또 다른 행로, 또 다른 길에 대한 "용이한" 개념이 이 세계에서 부족하다는 생각을 도입한다. 몇몇 사람은 투쟁과 우연을 통해 교육이 "말"들을 위한 "코스"가 될 수 있다고, 지나치게 또는 부분적으로, 발견했으며[Lees, 2011, 2014], 그들은 방식이 다를 수 있고 뚜렷이 다른 특징을 지닌 길들 사이에서 이루어져야 할 진지한 선택들이 있고, 다양한 가능성들이 제시되었음을 (실제 제시되었길 희망하지만, 부족하게 제공되기에 대개 이론적으로 제시되었음을) 깨닫는다. 하지만 대부분은 그러한 발견을 하지 못한다. 그들은 이에 대해 알지 못한다.

교육을 주류 학교교육으로 보는 생각의 헤게모니는 주목되어 왔다.[Pring, 2004] 우리의 교육적 의식은 교육 이상으로서 학교에 대한 생각으로 가득차 있어 압제와도 같다.[Lees, 2012] 인간 발전의 "이상"과 주류의 양식[Harber, 이 책 23장을 참고]에 발맞춰 세계의 어린이들에 대한 학교교육을 통해 광범위하게 실행되며 거침없는 교육 "취득"에 의해 초래한 가능태로서의 자아들과 세계들에 대한 "저당" 또는 헤게모니[Flint & Peim, 2012]는 하나의 상황이다. 그러한 상황이기에 사건이라 칭할 수 있겠다. 교육을 선택하는 것은 학교 하나를 선택하는 사건이다. 하나의 생각을 본뜬 스타일로서의 학교, 즉 모든 "말"을 위한 단일한 과정을 선택하는 것이다. 만인에 대한 지배. 이는 당혹스러운 압류의 상황이다. 이는 교육적 가능성들에 대한 "말살"을 의미하는가? 이 세상에서 상호성에 대한 말살인가?

교육을 개념으로 확장하기

플린트와 페임[John Flint & Nick Peim, 2012]과 다른 이들에 의하면, 주류의 학교 교육은 거대한 스케일의 "틀 지우기"의 일환으로 잔혹하고 해로운 본성일지라도 "노동하기 위한 학습"부터 권한 수용에 대한 학습까지 스펙트럼을 따라 사회를 공학하는 형태로 묘사되는 자신만의 인식론과 존재론을 가진다.[Bowles & Gintis, 1976; Harber, 2004; Willis, 1981] 우리의 "영혼"이 교육을 통해 어떤 미사여구에도 불구하고 자유가 아니라 강압을 사용하는 수단들에 의해 지배되고 있다는 것이 현실이다.[Chokr, 2009; Foucault, 1977/1991; Rose, 1990] "특정 오해들과 반대로, 디컨[Roger Deacon]이 지적한 바대로, 초기 근대의 학교는 다방면으로 감옥 혹은 판옵티콘[Panopticon][3]의 모델"이었고 시작부터 현재까지, 통치성[4]은 교육이 이루어지는 일상의 질서다.[Deacon, 2006: 122]

이 그림과 대비되는 것이 교육직 상호성에 관심을 기울이는 대안교육이며, 이러한 이유로, "대안"은 이 장에서 (그리고 이 책의 다른 글에서도) 필히 중요하게 자리한다.

---

3. (옮긴이 주) 영국 철학자인 제러미 벤담(Jeremy Bentham)으로부터 18세기에 등장한 판옵티콘은 내재된 통제 체계를 갖춘 보호시설을 의미한다. 효과적인 자기통제의 기제를 촉진하며 한 명의 보안관이 수감자 전원을 감시 대상이라는 자각 없이 감시할 수 있도록 고안된 모델이다.

복잡한 실제 세계의 문제로 이루어진 개념들

의미 있고 유용한 개념으로 향하는 길이 어떠하든, 생각이라는 것이 부재한 상태로부터 생각들을 흡수하는 개념이 만들어지는 여정은 뇌생물학적, 교육적, 또는 사회적인 이슈들에 의해 길고도 복잡하다. 특정 개념을 발견했거나 이와 마주하는 자들은 그 길을 따라 다른 단계들에 자리할 것이다. 어떤 이들은 이를 잘 이해하고, 통약불가능성incommensurability이 문제가 되지 않으면서 같은 개념적 "언어"를 사용하는 생각이 비슷한 다른 개인들과 연결될 수 있다.[Kuhn, 2000] 다른 이들은 의지가 있을지라도 아직 "그것을 이해"하지 못할 수 있다. 어떤 이들은 그렇게 하길 원치 않을 수 있다. 더 알고자 하는 자들은, 예를 들어 시간 따라 이루어지는 노출이 감상으로 이어지는 "단순 노출 효과"라 칭하는 바에 따르거나[Zajonc, 1968], 이미 활동하고 있는 알 만한 집단의 구성원들로부터 공동의 지원을 통해[Safran, 2010] 시간, 경험, 노출의 맥락 속에서 개념들을 이해하고 즐길지 모른다.

이 모든 논의가 대안교육을 또 다른 과정, 특히 상호 동의와 상호주관적인 상호성[Jordan, 1985]을 특별히 여기는 교육의 경로로 이해하는 데 어떻게 적용될 수 있을까? 느리지만 갑작스러운 각성으로 오늘날 주류 학교 방식과의 차이에 대한 개념적 파악과 인식 발전을 찾아볼 수 있다. 어떤 연구는[예: Lees, 2014; Neuman & Avriam, 2003] 동의하지 않는 주류 양식을 사용하지 않고 무언가를 알고 살아가는 것은 (페임의 학교에 대한 "어두운" 묘사를 묵묵히 수용함으로써) 처음 시작하는 세상에 대한 이해로부터 살아가고 스스로를 살게끔 하는 일이 부적합해지는 세계로 형태의 변화를 필요로 함

---

4. (옮긴이 주) 푸코에게 '통치'란 어떤 사람이나 사람들의 행동을 조성하고 이끌어 내며, 행동방식에 영향을 끼치고자 하는 일종의 '활동'으로, 무언가를 하는 방법 또는 기술로 묘사된다. 이러한 활동, 방법, 기술로서의 통치는 미시권력으로부터 거시권력에 이르기까지 관계 맺는다. 통치성 개념은 푸코가 말하는 권력·지배의 기술들과 개인들을 주체화하는 자아의 기술들을 서로 관계 맺어 생각할 수 있는 관점을 제시한다. 통치성 개념은 신자유주의적 지배의 핵심적 기제로 여겨지는 권력과 지식의 관계, 그리고 권력과 주체화 과정에 대한 이해를 제공할 뿐 아니라, 푸코가 말하는 권력·지배의 기술들과 개인들을 주체화하는 자기의 기술들을 서로 관계 맺어 생각할 수 있는 관점을 제시한다.

을 지적한다. 이를 보다 극단적으로 표현하자면, 나는 "사람들이 더 이상 학대받는 것을 더 이상 묵인하지 않는 세상"이라고 했을 것이다.

대안교육 영역에서의 개념적 동화와 활용, 그리고 이 책에서 대안교육을 설명하고, 묘사하고 논의하는 데 사용하는 개념들은 초심자에게 "이해되기" 위해 시간, 노출, 경험의 반복적인 투입을 요구한다.

대안들과 동의를 구하기 위한 그들의 도덕성에 대한 존중이 있다는 것을 알게 되면서, 사람들은 상호성을 향해 개념적 전환을 겪고 있는가? 전환은 대안교육에 대한 지식이 본질적으로 주류 학교교육을 이해하는 데 필요한 것들과 성격이 다르다는 것을 암시하는가? 아니면, BDSM이 그들의 목표에 대해 도덕적으로 정당화된 만족을 향해 동의를 바탕으로 참여하는 사람들에게 작동된다고 앞서 언급한 바와 같이, 대안교육에는 사람들의 관심을 깊이 끄는 효과적인 도덕성이 기저에 깔려 있는가? 이를 풀어 주는 공통된 실타래가 바로 상호성이다. 그렇다면 상호성은 사람들에게 중요할 수 있을까? 주류 교육과 다른 대안교육의 민주적 차이가 사람에게 자기 안에서 새로운 지평을 보도록 움직이는 인식론적이고 존재론적인 힘일 수 있을까? 만약 그러하다면, 대안교육이 교육, 사회, 그리고 심지어 정치에서 제공할 수 있는 바에 대한 더욱 넓은 인식이 중요하다.

예를 들어, 우리가 헤게모니가 작동하는 주류 학교교육에서 동의를 구하고, 주고받는 것에 대해 학습하고 실천했더라면, 전쟁, 성범죄, 폭력이 줄었을 것이며, 인간 상호 간의 협상과 자아와 타인에 대한 의식이 제고되었을 것이라고 제안할 수 있었을 것이다. 왜? 왜냐하면 큰 힘에는 큰 책임이 따르기 때문이다. (동의를 주고, 구하며, 상호성에 도달하는 데 충분히 관심을 기울이는 일을 통해) 자기결정에 대한 자유의 힘은 진공 상태에서 실현되지 않는다. 즉 자아와 타인이 함께 고려될 필요가 있다. 닐A. S. Neil이 지적한 바와 같이, 그러한 자유는 방종이 아니다.[Neil, 1966] 그것은 책임을 통해 반복적으로 누적적으로 실현된다. 자꾸 하다 보면 아주 잘하게 된다. 하지만 교육에서 동의의 개념이 헤게모니가 작동하는 주류 양식 내에서 매우 제한된 방식으로 그리고 희박한 교육 공간에서 현재 순환되기에, 동의에 대한 유의미한 실천이 거의 없다. 그 결과, 사회에서의 민주 시민성[Harber, 2009] 같은 개념을 이해하는 데 고군분투하며, 강간과 같이 성범죄가 성립되는 바에 대해 확실히 이해하지 못하는 젊은이들이 있다.[Anthony & O'Kane, 2015] 그들은-그들이 동의하는 대로 하지 않고, 타인들이 가치 있다고 여기는 바를 감지하는 대로 행하듯- 시키는 대로 하는 것을 배웠다. 그러므로 정치적 힘이 무엇인지, 그리고 사회적 책임이 어떤 모습인지를 알지 못한다. 그들은 대의원 투표가 중요한 만큼 서로에 대한 성적 학대가 심각한 사안임을 이해하지 못한다.

동의가 중요하게 다뤄지는 교육에 대한 개념은 사회적으로 낯선 생각이다. 이러한 동의에 대한 주목은 학생에 따라 교육적 경로를 달리할 수 있는 교육으로 전환하는 일로부터 우리가 얼마나 동떨어져 있는지를 보여 주는 한 예시에 불과하다. 아이들이 무엇을 배우는지, 어떻게 배우는지, 왜 배우는지 등에 대해 동의를 구하는 자문을 받지 않는다면, 우리는 교육을 선택할 수 있다는 것을 믿기 어려워하며 자라게 된다. 더군다나 우리가 개인적으로 높이 평가하고 바라는 상호 동의의 가치 때문에 교육을 선택하기란 더더욱 어렵다.

거부

어떤 생각을 거부하는 것은 흔히 있는 일이다. 인간 마음의 기제들에 관한 연구로부터 확인할 수 있듯[예: De Meyer, 2장 참고] 사실은 즉각 무시될 수 있다. 더욱 다양한 개념적 그림을 그리기 위해, 대안교육의 개념들-예를 들어 중요한 것으로 여겨지는 상호성과 동의-이 거부되지 않고 알려지고, 발견되고, 동화되고, 대중화될 필요가 있다. 주류 교육의 의견들은 확고하며, "보수적"이기에[아동·학교·가정 위원회, 2010] 그렇게 되기란 쉽지 않다. 앞서 언급한 대로 학대와의 비교가 의견을 바꾸려고 시도하는 데 사용된다 하더라도, 어떤 주장은 그 아이디어를 참조하거나 참여시키기 위해 나타나지 않고 다른 방식을 나타내기 때문에 단순한 "횡설수설"로 간주될 것이다.^{Dearden, Hirst, & Peters, 1975: x}

대안교육에 대한 학문적 작업의 신중한 속도-유튜브로 입소문이 나는 방도 외에는^{Lerman, Yan, & Wu, 2015 참고}-는 헤게모니적으로 친숙한 주류 교육의 실천들과 규범에 대한 교육적 대안들이 일상적이고 상식적인 것으로 발전할 가능성을 열 수 있는 유일한 길일지 모른다. 하지만 이는 여전히 주류가 되기에 느린 방도다.

단지 각자의 경로가 다르기 때문에 적은 수의 사람들이 다르게 해 볼 수 있다. 여기서 제기되는 이슈는 학습자마다 맞는 교육 행로가 있다는 점에 관한 것이기에, 학교 수준을 넘어 교육 양식들을 선택하는 것이 사회정의를 위한 의제를 알려 줄 수 있다는 것이다. 즉, 각 개인에게 적합한 교육의 경로를 찾고 독립적이며, 그리고 바람직하지 않은 강요와 요구로 인한 피해를 받지 않도록 하는 것이다.

결론

이번 장을 시작하며 나는 여기서 논박한-종종 의도치 않게- 동의 없이 일어나는 타자에 반하는 일종의 결정론적 목소리들을 담지 않으려 했다. 나는 동의 없는 지배가 가득한 세계에서 보기 드문 대화를 극진히 특별 대우하는 대안교육과 BDSM 양쪽으로부터 영감을 받았다. 상호성의 결여는 세계적인 문제이며, 필연적으로 불신, 불편, 불만족으로 이어지는, 그리고 조던^{Jordan, 1985}이 제안한 바와 같이, 심리치료사의 코치는 어디에서든 발생한다. 나는 그러한 주장이 교육 분야에서만큼은 타당하지 않다고 생각한다. 내가 여기서 취하고자 하는 "방식"은 교사들이 동의 없는 지배를 포기하고자 한다면 그들이 취해야 할 변화를 반영하려고 노력하는 것이다. 쉬운 일이 아니다. 우리는 극도로 남에게 지시하고, 지시받는 데 익숙하다. 우리는 전달하고 말없이 받아들이는 것에 익숙하다.

강요받기를 좋아하는가? 좋다. 자유를 선호하는가? 좋다. 사람마다 각자 다른 길이 있다는 것은 여기서 개인들과 그들의 선호에 잘 부합하는 교육을 상상케 하는 한 가지 방법이며, 그것은 목소리, 필요, 자아의 욕구들 그리고 교육을 통한 생성에 대한 인정을 위한 상호 관계 맺음을 의미한다. 그것은 새로운 길인가? 그 핵심에는 온전한 책임을 수반하며 각자에게 맞는 길을 선택하는 개별적 힘으로서 동의와 상호성에 관한 생각이 있다. 어떠한 것도 우스갯소리가 아니다. 이는 지배가 아니라 관심에 대한 것이다.

교육이-개인들을 위한 각각의 교육으로 존재하기 위해- 각자의 길이 될 가능성은 교육을 위한 법에 달려 있기에, 사회적 병폐와 부정의에 대한 구원이 여기에 있을지도 모른다. 이것이 법률적인 차원을 넘어 개념적 의식의 차원에서 사회적으로 실행되기 위해서는 아이들의 동의를 얻어 교육에 참여시키는 가치에 대한 개념이 여기에 제시된다. 우리 중 일부는 교육적으로 상호적인 것을 원한다.

감사 인사

이번 장의 초고에 대해서 피드백을 준 닉 페임, 맥스 호프, 필리프 클라우스, 알리스 멘더스, 마이클 길스넌, 로저 윌러비에게 고마움을 표한다.

참고문헌

Anthony, B. (Writer) & John O'Kane (Director). (2015, November 9). Is this rape? Sex on trial [Television series episode]. In John O'Kane & Mike Radford (Producers), *Breaking the mould*. London: BBC3.

Bowles, S., & Gintis, H. (1976). *Schooling in capitalist America*. London: Routledge & Kegan Paul.

Children Schools and Families Committee. (2010). *From Baker to Balls: The foundations of the education system, Ninth Report of Session 2009-10*. London: House of Commons.

Chokr, N. N. (2009). *Unlearning or how not to be governed?* Exeter: Imprint Academic.

Cremin, L. (1961). *The transformation of the school: Progressivism in American education*. New York: Knopf.

Darling, J. (1994). *Child centred education and its critics*. London: Paul Chapman Publishing Ltd.

Davies, R. (2015). A suitable education? *Other Education, 4*(1), 16-32.

Deacon, R. (2006). From confinement to attachment: Michel Foucault on the rise of the school. *The European Legacy, 11*(2), 121-138.

Dearden, R. F., Hirst, H., & Peters, R. S. (Eds.). (1975). *A critique of current educational aims*. London: Routledge & Kegan Paul.

Department for Education. (2015). *Reception baseline assessment: Guide to signing up your school: Information for headteachers of primary schools about how to sign up and pay for the new reception baseline assessment*. Retrievable from https://www.gov.uk/guidance/reception-baseline-assessment-guide-to-signing-up-your-school

Farrell, M. (2012). *Is home education a human right?* Paper presented at the Global Home Education Conference (GHEC), Berlin.

Fielding, M. (2013). Whole school meetings and the development of radical democratic community. *Studies in Philosophy and Education, 32*, 123-140.

Flint, K. J., & Peim, N. (2012). *Rethinking the education improvement agenda: A critical philosophical approach*. London: Continuum.

Foucault, M. (1991). *Discipline and punish*. London: Penguin. (Original work published 1977)

Freire, P. (1985). *The politics of education: Culture, power, and liberation* (D. Macedo, Trans.). Westport, CT: Bergin & Garvey.

Greenberg, D., & Sadofsky, M. (1992). *Legacy of trust: Life after the Sudbury Valley school experience*. Framingham, MA: Sudbury Valley School Press.

Harber, C. (2004). *Schooling as violence: How schools harm pupils and societies*. London: Routledge Falmer.

Harber, C. (2009). "Revolution, what revolution?": Contextual issues in citizenship education in schools in England. *Citizenship, Social and Economics Education, 8*(1), 42-53.

Hirschman, A. O. (1970). *Exit, voice, and loyalty*. Cambridge, MA: Harvard University Press.

Jordan, J. V. (1985, December). *The meaning of mutuality*. Paper presented at the

Stone Center Colloquium, Wellesley College, Wellesley, MA.

Kuhn, T. S. (2000). *Commensurability, Comparability, Communicability*. In J. Conant & J. Haugeland (Eds.), *The Road Since Structure: Philosophical Essays, 1970-1993, with an Autobiographical Interview*. Chicago: University of Chicago Press.

Lees, H. E. (2011). *The gateless gate of home education discovery: What happens to the self of adults upon discovery of the possibility and possibilities of an educational alternative?* PhD thesis (http://etheses.bham.ac.uk/1570/), University of Birmingham, Birmingham.

Lees, H. E. (2012). *The tyrannical principle of the educational sign*. Paper presented at the British Educational Research Association annual conference, Manchester University.

Lees, H. E. (2014). *Education without schools: Discovering alternatives*. Bristol: Policy Press.

Lees, H. E. (2015). *"I have no idea what I'm talking about"-Education (studies) as mutilation of self*. Paper presented at the British Educational Research Association Conference, Belfast.

Lees, H. E., & Nicholson, F. (2016, in press). Home education in the UK. In M. Gaither (Ed.), *Wiley International handbook of home education*. New York: Wiley.

Lerman, K., Yan, X., & Wu, X.-Z. (2015). *The majority illusion in social networks*. Retrievable from http://arxiv.org/abs/1506.03022.

Llewellyn, G. (Ed.). (1993). *Real lives: Eleven teenagers who don't go to school*. Eugene, OR: Lowry House.

Miller, R. (2004). Educational alternatives: A map of the territory. *Paths of Learning Magazine, 20*, 20-27.

Moser, C. (2015). Defining sexual orientation. *Arch Sex Behav (2016)*, 45, 505-508.

Nagata, Y. (2007). *Alternative education: Global perspectives relevant to the Asia-Pacific region*. Dordrecht: Springer.

Neill, A. S. (1966). *Freedom: Not license!* New York: Hart Publishing Company, Inc.

Neuman, A., & Avriam, A. (2003). Homeschooling as a fundamental change in lifestyle. *Evaluation and Research in Education, 17*(2&3), 132-143.

Noddings, N. (1984). *Caring: A feminine approach to ethics and moral education*. Berkeley, CA: University of California Press.

Parsons, S., & Lewis, A. (2010). The home-education of children with special needs or disabilities in the UK: Views of parents from an online survey. *International Journal of Inclusive Education, 14*(1), 67-86.

Pring, R. (2004). *The philosophy of education*. London: Bloomsbury.

Röhrs, H., & Lenhart, V. (Eds.). (1995). *Progressive education across the continents*. Frankfurt am Main: Peter Lang.

Rose, N. (1990). *Governing the soul: The shaping of the private self*. London: Routledge.

Safran, L. (2010). Legitimate peripheral participation and home education. *Teaching and Teacher Education, 26*(1), 107-112.

Schwartz, J., & Maher, T. (Eds.). (2006). *Trusting children: A look at Sudbury education around the world*. Salt Lake City, UT: Sego Lily School.

Sheffer, S. (1995). *A sense of self: Listening to home schooled adolescent girls*. Portsmouth, NH: Boynton/Cook Publishers.

Stronach, I., & Piper, H. (2008). The case of "relational touch" at Summerhill school. Can liberal education make a comeback? *American Educational Research Journal, 45*(1), 6-37.

Tran, M. (2015, 5 November). Parents hit out at "dictatorial" primary school walking rule. *The Guardian*. Retrievable from http://www.theguardian.com/education/2015/nov/05/parents-london-primary-school-dictatorial-walking-rule

Tsabar, B. (2014). Resistance and imperfection as educational work: Going against the "harmony" of individualistic ideology. *Other Education, 3*(1), 23-40.

Weiss, M. (2011). *Techniques of pleasure: BDSM and the circuits of sexuality*. Durham, NC: Duke University Press.

Willis, P. E. (1981). *Learning to labour: How working class kids get working class jobs*. New York: Columbia University Press.

Zajonc, R. B. (1968). Attitudinal effects of mere exposure. *Journal of Personality and Social Psychology, 9*(2, Pt. 2), 1-27.

2부

대안교육, 다르게 실행하기

12장
홈스쿨링:
실행, 목적, 가능성

로버트 쿤즈만[1]

홈스쿨링home-schooling/home-education은 대안교육의 선택들이 급증했던 최근에 확대되어 왔다. 이 용어가 지닌 지리적인 의미에도 불구하고, 홈스쿨링은 많은 참여자에게 물리적 경계들이 점점 더 관계가 없는 것으로 여겨졌다. 홈스쿨링의 특징은 지리적인 위치가 아니라 관리의 중심에 있다. 다시 말해서, 홈스쿨링에서 "가정"은 더 정확하게 말하면, 누가 교육을 만들어 가고 있는가이지, 어디서 교육이 일어나고 있는가가 아닌 점을 거론한다.

부모들이 전형적으로 자기 아이들의 교육 경험을 만들어 가는 데 많은 것을 하고 있지만, 부모의 영향은 전적으로 시간을 써서 직접적인 교수를 제공하는 데에서부터 학습 협력, 온라인 제공자와 심지어 아이들 자신에게 책임을 위임하는 데까지 아이 지향적 "언스쿨링unschooling"에서처럼, 그 범위가 넓혀진다. 부모가 참여하는 범위는 동기부여와 철학, 방법에 이르기까지 광범위한 다양성으로 특징지어진 현상에서 한 다양성의 한 면일 뿐이다.

이 장은 홈스쿨링에 대해 잘 알려진 인구 통계－누가, 왜 참여하는지－

---

1. 로버트 쿤즈만(Robert Kunzman): 미국 인디애나대학교 교육학과 교수, 홈스쿨링 연구 국제 센터의 전무이사. 『*Write These Laws on Your Children: Inside the World of Conservative Christian Homeschooling*』(2009) 등 홈스쿨링에 대한 여러 권의 책을 출판한 작가이며, 〈대안교육 저널(The Journal of Educational Alternatives)〉의 편집 위원으로 일하고 있다.

에 대한 간단한 조사뿐만 아니라, 홈스쿨링의 다양한 철학에 대한 탐구까지도 제공할 것이다. 그리고 어떻게 이러한 것들이 교육과 학습의 형태로 나타나는지를 살펴볼 것이다. 그러고 나서 학습 결과에 관한 연구, 특히 학업성취와 사회 개발에 대해 간단히 알아보고, 어떻게 홈스쿨링이 대안교육이라는 더 넓은 담론에 기여하는지에 대한 중요한 질문들을 해 보면서 결론을 내릴 것이다.

홈스쿨링 참여

홈스쿨링에 대한 정부의 규제가 일관성이 없거나 존재하지도 않아, 전 세계적인 참여 수치는 기껏해야 어림잡은 추측이다. 그러나 사실상 입증되지 않은 모든 경험적인 보고서는 홈스쿨링 참여의 최근의 추측이 지난 25년 동안 급격하게 성장한 것을 나타내고 있음을 제시한다. 일반적인 관행으로, 홈스쿨링은 1980년대에 미국에서 나타났으며 1990년대에 가속화되었고, 1999년과 2011년 사이 두 배 이상으로 늘어났다.[Gaither, 2008; Noel, Stark, & Redford, 2013] 홈스쿨링에 대한 입법적인 권리는 이러한 시기를 거쳐 미국에서 처음 시작해서 더 최근에는 전 세계의 더 많은 부모들이 제도교육의 대안을 찾게 되면서 확고해지고 경쟁을 벌여 왔다. 이러한 분쟁에서 다양한 종류의 법적인 조건과 규제 관리가 생겨났다. 어떤 상황에서는 부모들은 거의 제한이 없는 교육적 재량을 가지며 그들의 의도나 행위에 대해 정부 당국에 알릴 의무가 없었다. 많은 다른 나라와 지역에서 필요한 조건은 교육과정 승인과 교육 결과물 검토, 표준화된 시험을 포함하기도 한다.[Kunzaman & Gaither, 2013]

전 세계적으로 홈스쿨링에 참여하는 범위는 폭넓다. 미국은 현재 대략 200만 명의 취학 연령 아이들이 가정에서 교육받고 있다.[Noel et al, 2013] 이는 취학 인구의 거의 4%에 해당한다. 홈스쿨링이 절대적인 수와 비율 면에서 더 적고 예측된 실제 수가 매우 다양하긴 하지만, 영국과 호주, 캐나다를 포함한 몇몇 다른 나라에서는 자리를 확실히 잡은 관례이기도 하다.Aurini & Davies, 2005; Lees, 2014; Varnham, 2008 홈스쿨링이 적어도 어느 정도 자유재량권을 갖고 이루어지는 또 다른 지역은 인도와 뉴질랜드, 남아프리카, 한국, 대만, 대부분의 유럽 나라를 포함하고 있다.Blok & Karsten, 2011; Kostelecká, 2010; Kunzaman & Gaither, 2013; Petrie, 2001; Sliwka & Istance, 2006 더 많은 나라에서는 부모가 기관이나 지역사회의 지원을 별로 받지 않더라도, 제도교육의 지배적인 모델에 저항하는 고립된 홈스쿨링을 시도하는 일화적 모델을 보여 주고 있다. 중국, 이스라엘, 일본, 독일 스웨덴과 같은 나라의 일부 홈스쿨링 사례에서는 불확실하거나 심지어 적대적인 규제 환경으로 인해 홈스쿨러들이 직접 운영한다.Kemble, 2005; Neuman & Aviram, 2003; Sheng, 2013; Spiegler, 2010

대규모로 진행된 많은 설문조사뿐만 아니라 수백 개의 작은 연구들은 대개 아이들을 홈스쿨링하기로 선택한 부모의 세 가지 기본 동기를 알려 준다. 그 세 가지 동기는 일반 학교 교육과정과 환경에 대한 불만족, 도덕적이거나 종교적인 교리의 형태를 제공하려는 바람, 일상의 중심에서 가족을 중시하는 것이다. 이 후자의 이유는 미국의 홈스쿨러들에 대한 큰 규모의 설문조사에서는 나타나지 않지만, 홈스쿨링을 하려는 부모의 동기부여에 대한 많은 연구 논문에서 일관되게 보고되고 있다. 많은 가족에게서 홈스쿨링을 하려는 결정은 자신의 가치가 공감되지 못하는 현대 사회에 대한 반문화적인 대응으로 나타나기도 한다. 일반 학교 모델이 전반적인 문화의 관점을 반영하여 전달하고 있는 정도로, 자기 아이들의 다른 길을 찾는 부모들은 종종 이러한 제도들에 의심을 품는다. 게다가 매우 구조화되고 일상화된 제도권 학교들은, 대개 정해진 일련의 개별 과목과 표준화된 종합 시험으로 연령 등급을 매기는 성격을 띠는데, 이는 자녀들의 필요와 관심에 유기적으로 맞물린 교육 경험을 향한 많은 부모의 바람과 충돌을 일으킨다. 결국, 이러한 부모들은 종종 가족의 일상 속도와 우선순위에 영향을 미치는 학교라는 외부의 일정표와 의무들이 부과되는 것을 피하려고 한다.^{Brabant, Bourdon, & Jutras, 2003; Dahlquist, York-Barr, & Hendel, 2006;}

Kuzman, 2010; Morton, 2010; Spiegler, 2010; Wyatt, 2008

놀랄 것도 없이 대부분의 부모가 홈스쿨링을 결정하는 데에는 여러 이유가 있는데, 몇 가지 다른 이유도 이 광범위한 범주 내에 있다. 예를 들면, 일반 학교 선택에 대한 불만족이라고 이름 붙는 모든 것에 부모들은 때때로 발달 장애, 신체적인 장애, 사회 정서적 어려움, 심지어 영재교육과의 관련과 같은 특별한 필요로 아이들의 홈스쿨링을 선택하기도 한다.^{Arora, 2006; Duvall, Delquadri, & Ward, 2004; Ensign, 2000; Goodwin & Gustavson, 2009; Kidd &} ^{Kaczmarek, 2010} 마찬가지로 어떤 가족은 문화와 언어 지식과 전통, 관례의 가치를 보호하고 증진시키기 위한 교육과정의 공간을 제공함으로써 그러한 가치를 보존하려고 찾기도 한다.^{Carlson, 2009; Collum, 2005; Lundy & Mazama, 2014;} ^{Martinez, 2009}

부모들의 홈스쿨링에 대한 동기부여가 어떻게 범주화되는지와 관계없이, 그들은 시간이 지나면서 변화하고, 진화해 온 듯하다. 더욱이 어떤 자료는 부모들이 종종 아이들이 성장해 감에 따라 홈스쿨링과 제도적인 학교를 다양한 지점에서 혼합해 포함시키기 위해 자신의 아이들을 위한 교육적 경험을 만들고 있다고 제시하고 있다.^{Isenberg, 2006, 2007; Kunzaman & Gaither,} ^{2013;Lees, 2014} 이렇게 혼합하여 맞춘 접근이 종종 세심한 주의와 생각으로 실행되고 있기도 하지만, 몇몇 공립학교 행정가의 보고에 의하면 문제가 많은 역학에서 나올 수도 있다. 학부모들은 홈스쿨링을 제공할 만한 진심 어린 헌신 없이도 학교에서 자신의 아이들을 빼냄으로써 학교 정책, 아이들에 대한 훈육적인 제재에 불만족을 표현하기도 한다. 이러한 부모들은 종종 사회 단절과 학업 중단을 일으키면서 자신의 아이들을 몇 주 또는 몇 달 후 학교에 재등록하게 된다.^{책임 있는 홈스쿨링을 위한 연합, Coalition for Responsible Home} ^{Education, 2014}

물론 지리적 고립, 이동의 편리나 받아들일 만한 대안교육의 부족으로 인해 순전히 물류상의 편의성이나 필요성 때문에 자녀들의 재택교육을 엄격하게 선택하는 부모들도 있다. 그러나 이러한 이동의 이유 외에도 하나의 근본적인 신념이 홈스쿨링을 선택하는 대부분의 부모들의 철학을 뒷받침하는 듯하다. 그것은 부모가 자녀의 교육 경험 형태를 직접 결정한다는 것이다.

홈스쿨링의 철학과 방식

부모의 감독에 대한 핵심 개념 이상으로, 홈스쿨링의 목적은 최소한 그것들을 나타내는 '학습자로서의 아이'에 대한 개념만큼이나 다양화되어 있다. 몇몇 홈스쿨링을 하는 부모는 어린 시절을 집중된 훈련의 시기, 이상적인 성격에 대한 훈육 시기, 정해진 지식의 시기, 미래 직업의 시기로 본다. 이는 종종 그들의 학습 환경이 가정에서 정해진 학습 시간과 명백하게 기술된 과목들, 일반적인 표준 시험이 있는 학교교육과 비슷함을 의미한다. 훈련으로서의 교육에 대한 다른 현상은 구조적으로 덜 규범적일 수도 있지만 취업이나 집안일을 하는 것과 같은 이상적인 결과물이라는 비전에 의해 여전히 매우 활동적으로 움직여지고 있다.

스펙트럼의 반대쪽에는 자녀의 관심사, 동기, 열정에서 출발하는 것이 가장 좋은 교육이라고 믿는 부모들이 있다. 이런 생각은 언제, 어떻게 일어나든 마찬가지다. 이 후자의 부모들은 학교교육과 교육으로서의 삶 사이의 특징을 인지하지 않으려는 경향이 있다. 매일매일이 아이들이 세상을 탐험하는 기회이고, 만나는 모든 것과 모든 질문은 학습과 성장을 위한 기회이다.^{Kunzaman, 2012; Thomas & Patison, 2013} 따라서 거의 또는 전혀 형식적인 체계가 없는 홈스쿨링, 종종 "언스쿨링unschooling"이라 불리는 홈스쿨링 환경이 만들어지기도 하고 아이들은 주제나 질문, 목적이 무엇이든지 간에 그들을 흥미롭게 하는 것을 탐험하도록 격려된다.

물론, 매우 다양한 실제 현장들은 이 범위의 중간을 채우고 있고, 어떤 교육과정의 접근은 시간이 흐르면서 방식과 강조점을 바꾸기도 한다. 예를 들면, 전통적인 교육과정은 어린 시절에는 기억하고 범주화하는 것을 강조하는 데 반해 청소년기에는 그 강조가 논리와 종합으로 옮겨 간다. 사실상, 많은 홈스쿨러가 홈스쿨링에 대한 그들의 편안함과 친근함이 시간이 흐를수록 커지기 때문에 점차적으로 교육과정과 가르치는 것에 덜 구조화되고 더 다방면에 걸친 접근 방향으로 변화되어 간다.[Holinga, 1999: Lois, 2013: Neuman & Aviram, 2003] 심지어 같은 교육과정이 완전히 다른 목적으로 사용되기도 한다. "전통적인" 교육과정의 철학적인 뿌리가 교양 과목의 가치를 강조하는 반면에, 몇몇 홈스쿨러는 표준 시험에 대한 준비처럼 매우 실용적인 용어로 접근하는 듯하다.[Hahn, 2012: Leithart, 2008: Sherfinski, 2014]

질적 연구와 정말 많은 내러티브 연구들은 어머니가 아버지에 비해 홈스쿨링의 훈육에 중대한 역할을 하고 있다고 시사한다.[Kunzaman, 2009: Lois, 2013: Vigilant, Trefethren, & Anderson, 2013] 어떻게 어머니가 더 폭넓은 부모 책임 가운데 이러한 역할의 요구를 다루는지는 적어도 어떤 부분에서 우선으로 홈스쿨링에 대한 그들의 결정을 실행하려는가 하는 동기부여와 철학에 달려 있다. 로이스[Lois, 2013]와 리즈[Lees, 2014]는 변화의 경험이나 이러한 대안적인 교육의 길을 이끄는 또는 어떤 경우엔 확인하는 현실의 중요성을 지적한다. 홈스쿨링을 선택한 모든 부모가 그러한 전환을 경험하는 것은 아니다. 하지만 이러한 확신의 부족은 아이들에게 조잡한 교육 경험이라든지, 그들의 결정을 재고하는 어머니로 인해 감정적인 소진이라는 부정적인 결과의 더 높은 위험을 수반할 수도 있다.

그런데 비전과 헌신을 지속할 노력으로, 홈스쿨링을 하는 부모들은 자원이 없지는 않다. 과목 주제와 학습 목표, 자료, 평가와 같은 정규 교육과정은 대부분의 가족에게 교육적인 경험의 일부분일 뿐이다. 선택된 어느 특정한 교육과정이 행해지는 더 폭넓은 상황은 매우 중요하며, 인적 네트워킹과 지역의 학습협력체가 제공하는 지원은 부모들을 그들의 노력에 적응, 유지시키는 데 중요한 역할을 할 수도 있다.[Safran, 2010] 특히 온라인

인적 네트워킹의 증가는 부모들에게 더 많은 교육과정 선택을 제공해 줄 뿐만 아니라, 그들의 지역 홈스쿨링 공동체를 넘어 충고와 격려를 얻는 길이 되기도 한다.[Hanna, 2012]

홈스쿨링의 결과

홈스쿨링을 하는 학생 수와 관련하여 믿을 만한 자료가 부족한 것은 학업적인 성취와 다른 결과들에 대해 결론 내리기 어렵게 만들기도 하고, 불가능하지 않다면 이끌어 내기도 한다. 학업적 성취와 관련하여 몇몇 큰 규모의 연구들은 신뢰할 만한 일반화를 막는 불완전한 실험 조건으로 대표되지 않는 표본들을 사용하고 있다.[예: Ray, 2010; Rudner, 1999] 더 작은 규모의 연구들은 홈스쿨링을 하는 몇몇 학생들 점수가 학교에 다니는 학생들보다 언어 영역에서 더 높고 수리 영역에서 더 낮다고 제시하기도 하지만[Belfield, 2005; Frost & Morris, 1988; Quaqish, 2007; Ray & Wartes, 1991], 아마도 연구에 일관되게 등장하는 일반화는 부모의 참여가 학생이 홈스쿨링을 하든 그렇지 않든, 학업성취에서 훨씬 더 많은 중요한 변수라는 것이다.[Kunzaman & Gaither, 2013]

증가하고 있는 홈스쿨링의 철학과 실천의 다양성에도 불구하고, 25년 전에 소개되었던 특징이 학업적이며 사회적인 결과와 관계가 있어서, 연구 논문에서 여전히 중요성을 지닌다. 갈렌[Van Galen, 1988]은 이념주의자ideolgues와 교육주의자pedagoges의 구분을 제시했다. 전자는 학교와 같은 구조와 엄격한 교육과정을 통해 보수적인(보통 기독교적인) 가치를 심어 주는 수단으로 홈스쿨링을 보는 반면, 후자는 기존 학교 구조의 규제를 철저히 거부하고 학습의 유연하고 학생 주도적인 접근 방식을 구축하려고 노력한다.

모집단과 테스트 변수를 통제했던 흥미로운 소규모 연구에서는, 이 같은 교사와 이론가의 특징을 적용할 때 학교와 가정에서 교육받은 학생들 사이의 시험 점수에서 상당한 차이를 발견했다.[Martin-Chang, Gould, & Meuse, 2011] 연구자들은 학습 환경이 매우 구조화된 교육과정이 교사 중심이었는지 그렇지 않든지 간에, 홈스쿨링을 하는 학생들을 두 범위로 나타냈다. '구조화된' 홈스쿨링을 하는 학생들을 일반 학교 학생들보다 더 높은 점수를 얻었던 반면에, '구조화되지 않은' 홈스쿨링을 한 학생들은 더 낮은 점수를 받았다. 이 연구는 그 방법이 독특하긴 하지만 여전히 얼마나 오랫동안 학생들이 홈스쿨링을 했는지, 또 그들의 방법이 시간이 지남에 따라 바뀌었는지와 같은 변수들에 대해서는 정확성이 부족했다.

모집단과 인구통계를 통제한 최근의 또 다른 연구는 매우 종교적인지, 그렇지 않은지에 근거를 두어 범주화하기 위해서 마약 복용과 건강에 대한 미국 국가 조사의 데이터를 사용해 홈스쿨링을 받은 학생들을 다소 유사하게 나누었다. 이러한 특징은 마약 복용과 구속 사이의 상당한 상관관계가 있음을 증명했으며, 종교적이지 않은 홈스쿨링을 받은 학생들은 이 둘을 훨씬 더 많이 가지고 있음을 증명했다. 그러나 종교적이거나 비종교적인 홈스쿨링을 받는 학생들 모두 일반 학교에서 교육받은 학생들보다 더 자주 학년 수준에 미달했다는 발표가 나왔다.[Green-Hennessy, 2014]

물론 홈스쿨링의 가치에 대한 논쟁에서 중요한 역할을 하는 표준 시험 성적, 학년 수준과 같은 방법에는 확실한 역설이 있다. 홈스쿨링 옹호자들은 그 방법이 '법정 화폐'(즉 표준화된 시험 성적)의 용어로 공교육과 유리하게 비교하기를 주장하고 싶어 한다는 것을 이해할 수 있는 반면에, 많은 홈스쿨러들은 그러한 분석 방법이 홈스쿨링을 하고자 하는 이들의 결정이나 교육과정 실행의 동기부여 요인이 아니라고 주장할 것이다. 특히 표준화 시험이 기초 능력을 평가하는 데에서, 일반 학교가 따라야만 하는 더 전문화된 학습 표준 쪽으로 멀어지고 있다는 것은 사실일 것이다.

홈스쿨링을 받는 아이들의 사회화 결과에 초점을 맞춘 연구는 특히 복잡한데, 많은 비평가와 옹호자가 인정하는 것보다 확실히 더 많이 그렇다. 먼저, 사회화에 관한 질문은 사회적 상호작용, 즉 그룹 간, 또 더 넓은 사회에서 효과적으로 상호작용하는 법을 배우는 것과 가치 형성, 즉 자신의 정체성과 신념을 구성하는 데 미치는 동료와 부모, 사회의 영향력을 다루는 것, 모두를 포함한다.

사회화의 첫 번째 단면, 즉 더 넓은 사회에서 효과적으로 작용할 필요가 있는 사회성 역량의 획득이라는 관점에서 살펴본 연구 논문은 학교 교육과 홈스쿨링의 근본적인 차이점을 제시하지 못하고 있다. 하지만 이 연구의 대부분은 작은 데이터 세트와 자체 조사 방법론에 의해 가로막혀 있다.[Kunzaman & Gaither, 2013; Medlin, 2013; Murphy, 2014]

더욱 복잡하고 논쟁적인 연구는 경험적이기도 하고 서술적이기도 한데, 홈스쿨링 경험을 한 기간과 그 후에 성인으로서의 가치 형성과 홈스쿨링을 받은 학생들의 현실에 초점을 맞추고 있다. 비평가들은 홈스쿨링이 부모들로 하여금 더 넓은 사회의 다양한 가치와 신념, 관점에 노출이 제한된 사회 보호망에서 자신의 아이들을 편안하게 물러앉아 있게 한다는 우려를 내보인다. 그 결과, 비평가들은 이러한 아이들이 자신의 관점을 발전시킬 적절한 기회를 얻지 못해서 비판적인 자기 인식과 다양성과의 관계 맺음을 정중하게 요구하는 민주적인 시민의 모습을 잘 갖추어 나가지 못한다고 주장한다.[Blokhuis, 2010; Reich, 2008]

그렇지만 실험적인 관점에서 이 연구는 일관성이 없으며, 합의된 결론에 이르지 못한다. 학교의 맥락과 상관없이 부모에서 아이에 이르기까지 가치 전달은 그리 간단한 것이 아니다. 예를 들어, 무작위적으로 추출한 대규모의 연구는 신앙심이 깊은 부모들의 홈스쿨링은 그들 자녀의 이 종교적인 행동과 헌신에 덜 특징적인 영향을 미친다고 결론짓고 있다.[Uecker, 2008] 한편, 다른 연구는 가치 형성이라는 미묘한 문제를 조사하는 데에서 조사 방법의 효능에 의문을 제기한다.[Hoelzle, 2013] 또 다른 무작위 추출 연구는 사립학교에서 교육받은 성인들과 비교해 볼 때, 종교적인 홈스쿨링을 하는 학생들은 성인으로서 다소 덜 바람직한 사회적 결과, 즉 문제를 다룰 때의 높은 무기력감과 목표와 방향에 대한 명확성 부족, 더 많은 이혼과 같은 결과를 나타낸다고 제시했다.[Pennings, Seel, Neven Van Pelt, Sikkink, & Wiens, 2011] 하지만 홈스쿨링이 이러한 결과들에 특이하게 인과적인 역할을 하는지는 불분명하다.

홈스쿨링을 하는 성인들의 시민성 결과에 대한 실증적인 자료는 비슷하게 섞여 있다. 최근의 한 연구는 학생들의 학교교육 방식 사이의 관계와 그들이 어른이 되어서도 시민 자원봉사를 계속하는지를 살펴보았다. 그 결과 홈스쿨링을 받은 성인들이 시민 자원봉사에 참여하려는 성인의 약 반 정도 되는 것으로 나타났다.[Hill & den Dulk, 2013] 그러나 응답자들이 시민 자원봉사 활동으로 적합한 것에 대해 비슷한 개념을 공유하고 있는지에 대해서는 타당한 질문들이 일어날 수 있다. 더 작은 규모지만 여전히 통제된 변수가 있는 연구에서 홈스쿨링을 한 대학생들은 홈스쿨링을 하지 않은 학생들보다 정치적으로 더 관대한 것 같다.[Cheng, 2014] 이 참을성이 단지 "서로 자기 방식대로 살아가는 것"을 넘어 시민의 합의와 타협의 더 견고한 형태까지 확장될지는 연구 방법에서 답을 찾지 못했지만 말이다. 홈스쿨러들 사이에서 때때로 일어난 정치적인 지지는 지역 교육 당국과 소통해서 홈스쿨링 실행의 타당성에 대한 지지를 얻으려는 그들의 노력을 통해 그들의 아이들을 위한 시민 연계의 형태로 제공될 수도 있다.[Brabant & Bourdon, 2012] 분명한 것은 홈스쿨링을 받은 학생들에게 시민성 결과에 대한 이러한 물음은 열린 채로 있다.

제기되는 질문, 복잡성, 상호 절충안

실증적인 관점에서 장기적인 결과들에 대한 종합 자료는 홈스쿨링의 가치를 판단할 때 가장 중요한 통찰력을 제공할 것이다. 하지만 이러한 것은 지금까지 연구자들에게 잡히지 않았던 통찰력들이다. 확실히 학습을 위한 연령 기반의 테스트를 거부한 홈스쿨링 철학들은 장기적인 결과들로 전체적인 것을 살펴보는 데, 즉 아이들이 어떤 성인으로 자라게 되는지를 보는 데 더 잘 받아들여질 수 있을 것이다. 설령 그렇더라도 대부분의 규범적인 질문들이 무엇이 장기적으로 좋은 결과를 구성하는지에 관해서 일어나기도 한다. 분석 지표들, 예를 들어 고용, 이혼, 시민 참여와 같은 지표들이 좁혀지면 좁혀질수록 건강한 성인기의 비전이 더 많이 규정된다. 그러나 "자신을 성공한 사람으로 생각하십니까?"와 같은 자기-보고서에 초점을 맞춰 이러한 비전을 확대하면, 명백한 방법론적 복잡한 문제를 일으킨다.

홈스쿨링에 대한 연구 논문의 더욱 도전적인 것은 사용되고 이용할 수 있는 모형과 방법이다. 어떤 의미에서 의무교육에서 벗어난 범주적 선택으로서 홈스쿨링은 정부의 홈스쿨링 규정이 지나치게 규범적이지 않다고 가정할 때, 사실상 대안교육의 전체 세계를 포괄할 수 있다. 홈스쿨러들은 그들이 적합하다고 생각되는 거의 모든 방식으로 자녀의 교육을 형성할 수 있는 유연성을 가지고 있다. 이런 식으로 홈스쿨링은 이 책에서 설명된 비전의 가장 좋은 점을 구현할 수 있다.

하지만 다른 의미에서 홈스쿨링을 선택한다는 것은 단지 환경만 바꾸는 것을 넘어 학습 경험이나 결과의 측면에서 기존 학교교육과 어떤 실제적 차이를 보증하지는 않는다. 왜냐하면 그 철학과 실천은 부모가 상상하고 실행하는 모든 것에 크게 열려 있기 때문에 홈스쿨링은 대체로 빈 캔버스와 같다.

이런 유연성은 홈스쿨링의 가장 큰 장점이자 잠재적인 약점이기도 하다. 많은 것들은 부모가 자신의 역할을 어떻게 생각하고 행사하는지에 달려 있다. 물론 홈스쿨링을 하기 위한 단 하나의 바른길은 존재하지 않는다. 하지만 다른 형태의 교육적 실천과 마찬가지로, 참여자들은 자신의 경험을 형성하고 그 결과에 의해 형성되기 때문에 이러한 유연성의 장단점을 알고 있어야 한다.

부모가 자녀의 교육을 형성하고 전달하면서 주로 단일한 중심적 역할을 선택하는 한, 특정의 잠재적 이점 그리고 위험은 더욱 커진다. 이 중 일부는 다음과 같은 주제와 관련이 있다. 예를 들어 부모가 특정 주제에 대한 열정과 지식을 가지고 있다면 자녀에게 영감을 불어넣을 수 있지만, 부모가 특정 주제를 싫어하거나 친숙하지 않으면 자녀는 상대적으로 방치되거나 더 나쁜 결과를 낳을 수 있다. 다른 잠재적인 혜택과 위험은 학습 경험에 관계적인 면과 관련이 있다. 적은 수의 교사가 아이뿐만 아니라 부모를 알고 있을 것이고, 이것은 아이와 가장 잘 연관 지어 학습 경험을 만들어 가는 데 도움을 줄 수 있다. 부모와 자녀의 관계에서 느껴지는 정서적 친밀감 같은 것이 20명 이상의 학생이 있는 교실에서는 어느 정도의 편안함과 긍정적 태도를 보일 가능성이 낮다.^{Merry & Howell, 2009} 다른 한편으로, 이 친밀함은 그들이 나이 듦에 따라, 아마도 특히 그러한 변화가 부모가 바라는 것과 반대로 일어날 때, 때때로 아이가 새로운 방향으로 뻗어 나갈 기회를 막기도 하고, 다시 말해 그들 스스로 다른 모습을 보여 줄 기회를 막기도 한다.

　학교 당국의 분별력과 판단을 부모의 통제로 대체하면서도, 여전히 교사 중심의 교육과 많은 제도권 학교교육의 전형적인 경직된 구조를 유지하는 홈스쿨링 모델은 이 책에서 탐구하는 '다른 교육'의 비전을 실현하지 못할 가능성이 높다. 이러한 대안적 비전에는 학습자 개개인의 중심성과 의지가 내포되어 있다. 이것은 반드시 홀로 하는 학습일 필요는 없는데, 학습자의 관심과 호기심, 선호하는 학습의 형태에 따라 참석할 수 있는 기회들을 갖게 된다.

　그러나 '학생 중심'의 학습은 종종 교사가 되는 부모가 대본이 잘 짜인 예측 가능한 전달 모델에 의존하는 '교사 주도' 접근보다 주제 내용에 대한 이해를 더 많이 요구한다는 점을 유의해야 한다. 학습자는 자신에게 즉흥적인 질문, 예상치 못한 연계성, 그리고 주제에 대한 여러 가지 가능한 도입방식을 가지고 온다. 그러기에 교사 또한 주제에 통달하려면 그에 상응하여 광범위하고 다재다능해야 한다. 이것은 전통적 내용 지식뿐만 아니라(예를 들면, 학습자가 수학의 원뿔 곡선 기하학에 관심이 있을 때), 교육학적인 내용 지식도 포함하는데, 이것은 어떻게 초보자가 전형적으로 원뿔 곡선을 개념화하는지에 대한 이해와 그것에 대한 공통적인 오해, 깊이 있게 이해하게 하는 원뿔 곡선을 관찰하는 특징적인 전략들이다.[Ball, Thames, & Phelps, 2008; Bransford, Brown, & Cocking, 2000; Shulman, 1987]

물론 어떤 교사(부모이든 아니든)도 학생이 자신의 어린 시절과 청소년기의 과정을 탐구하려고 선택하는 모든 주제에 대해 충분한 숙달과 교육학적 내용의 지식을 가질 수는 없다. 따라서 효과적인 홈스쿨러들의 중요한 속성 중 하나는 자녀를 위한 내용적 지식과 교육학적인 내용 지식의 한계를 인식하고, 그리고 필요한 경우 자녀를 위한 대안적이거나 보충적인 학습 경험을 마련하는 것이다.

이러한 인식은 효과적인 홈스쿨링을 하는 사람의 가장 중요한 특성이라고 할 수 있는 것, 즉 교사로서 자신의 강점과 약점을 이해하고 이에 따라 접근 방식을 조정할 의지를 갖는 것에 기여한다. 이는 종종 사회적이거나 지적 성장에 매우 중요한 보충 교육 및 조언과 자료이든 집단학습 기회의 형태이든 지원 및 자원을 위해 더 넓은 학습공동체와 연결하는 것을 의미한다.

교육을 부모가 전적으로 감독하지는 않더라도 완전히 사적 노력으로 보는 것은 몇 가지 위험이 있다. 가장 분명한 위험은 부모가 항상 자녀를 잘 돌보지 않는다는 점이다. 극단적인 경우 부모는 자녀의 신체적 학대나 방치를 막기 위한 방패로 가정에서 교육하는 대안을 사용한다. 이러한 상황은 자녀가 공적 시선으로부터 완전히 가려져 있을 때 감지하기 어려울 수 있다. 다른 경우에는 부모가 자녀의 홈스쿨링을 의도적으로 방치하지는 않지만, 진정한 헌신 또는 역량이 부족하여 자녀가 교육적 지원이나 지도를 거의 받지 못하는 경우도 있다. 이런 상황을 국가가 감독하지 않으면 더욱 감지하기 어렵다.[Barnett, 2013; Jennens, 2011; Kunzman, 2009]

이러한 국가의 제한된 감독이 초래할 우려에도 불구하고, 학교교육의 패러다임은 변화되기 시작했다. 모든 어린이가 평일마다 보고하는 지역의 공립학교 혹은 모든 학교의 건물 모델은 현재 많은 선택사항 중 하나에 불과하다. 홈스쿨러들은 종종 지역사회와 그 너머에서 이용할 수 있는 다양한 학습 경험 중에서 선택한다. 학생과 교사가 학습하고 탐구하려는 욕구에 자극을 받아 유기적으로 협력한 다음 개별적인 요구가 충족되면, 새롭거나 다른 것으로 나아가는 완전히 개별화된 학습 계획의 비전은 직관적으로 설득력 있는 점이 있다. 확실히 이것은 최악의 제도권 학교교육과 유연하지 않은 위계 그리고 표준화 교육과정 및 시험의 역사적 경향과 맞서고 있다. 라바리[Labaree, 2010]가 관찰했듯이, 공립학교는 여러 가지 상충하는 목표(포용적 기회와 배타적 분류하기)를 가지고 기능한다. 홈스쿨링은 가족의 미시적 수준에서 기회를 제공하고자 하며, 그러기에 전형적으로 제도권 학교교육의 견고한 방식으로 자녀를 분류하는 것을 피한다.

이렇게 개개인의 요구에 맞춘 학습 비전은 분명 학습에 대한 맞춤형 비전은 다양한 학습자에게 중요한 이점을 제공한다. 하지만 교육에 대한 이러한 접근 방식이 완전히 개별화된 소비주의적인 방향으로 전환된다면, 다른 이점(개인적·공동체적)을 놓칠 수 있다. 다음 예는 이러한 갈등을 이해하는 데 도움이 될 수 있다. 미국에서는 홈스쿨링을 받는 자녀들이 공립학교의 시간제 수업에 등록해야 할지, 아니면 교과 외 활동에 참여해야 할지에 대한 논란이 계속되고 있다. 많은 홈스쿨러가 공립학교를 지원하는 세금을 납부하기 때문에 이런 기회를 가질 권리가 있다고 생각하며, 때로는 전혀 공립학교를 받아들이지 않는 가정에 오기를 부린다는 생각으로 공교육에 대한 저항을 특징으로 한다. 하지만 대부분의 학교는 단순히 건물에 수용된 학습 기회를 모아 놓은 것만이 아니다. 그들은 또한 공동체community이기도 하다. 그러한 공동체 중 가장 좋은 곳은 아이들과 그들의 가족에게 잘 알려져 있고, 다양한 사고와 실천이 존중과 책임감이라는 공통된 문화로 뒷받침되는 장소이다. 학생들이 간헐적으로만 참여하거나 친밀감과 신뢰의 관계를 구축할 수 있는 지속적인 기회가 없다면 그러한 공동체는 육성하기 어렵다.

그렇다고 홈스쿨링이 공동선에 대한 헌신과 그것이 요구하는 공적 공동체의 형성을 반드시 배제한다는 것은 아니다. 따라서 더욱 유익한 질문은 아마도 제도권 학교교육과는 확연히 다른 길을 가면서도 어떻게 공중이 되고, 개인의 이익은 물론이고 공동선을 가치 있게 여기고 증진시킬 방법을 학습하는 것에 대한 공통된 비전을 어떻게 지원할 수 있는지를 고려하는 것이다.

교육적 선택들이 확산되고 정책의 변화와 기술의 발전이 정규 학교와 대안적인 학습 사이의 경계를 흐릿하게 할 때, 학습공동체에 대한 가능성들 또한 의심의 여지 없이 계속해서 전개될 것이다. 그러한 가능성이 홈스쿨러들을 포함시키고 있기 때문에, 지역적인 협력과 다른 형태의 학습과 지원 공동체들은 학교와 같은 더욱 공적인 기관과 동일한 도전과 시민적 항해의 기회를 제공한다. 확실히 학습 협동단체를 조직하고 운영하는 데 도움을 주는 많은 홈스쿨러는 그러한 '기관'(비공식적이라도)이 그들의 조직을 장기적으로 지속시키려면 참여자들의 협력과 타협이 필요하다는 것을 알아야 한다. 새로 참여하는 홈스쿨러들은 집단의 역사와 규범을 공유하고, 때로는 동료의 모니터링을 통해 질 좋은 실천을 장려함으로써 이러한 '실천 공동체'에 입문하게 된다.Kunzman, 2009; Safran, 2010 이러한 공동체들은 집단적 목적의식을 함양하는 동시에 구성원의 개별적 학습 목표와 필요에 대응하는 유연성을 제공하기 위해 그들의 내적 형태에 대해 절충해야 한다. 그러나 이러한 공동체 중 일부는 우리가 어떻게 함께 살아야 하는지에 대한 매우 다른 비전으로 특징지어진, 글로벌하게 연결된 세계시민들에게 중요한 훈련장을 제공하기보다는 위험 부담이 적은 물류 문제만을 해결하면서 확실히 고립된 상태로 남아 있다고 상상해 볼 수 있다.

홈스쿨링을 둘러싼 미사여구는 종종 제도권 학교와 비교해서 우월함이나 열등함에 대한 두 갈래로 나뉘어 있다. 홈스쿨링에 대한 옹호자들은 대안적인 모델로 완전히 대체된 일반 학교 또는 적어도 공교육으로 선호한다. 이것이 언젠가 그렇게 될지는 확실히 알 수 없다. 하지만 홈스쿨링이 기존의 일반 학교를 전면적으로 거부할 필요는 없다. 공립학교가 보편적으로 구제 불능일 정도로 결함이 있다는 주장들은 종종 홈스쿨링에 대한 많은 비판만큼이나 지나치게 단순화되어 있고, 정형화되어 있다는 잘못을 범하고 있다. 이 장은 아이들 교육에 부모가 참여하는 중요한 역할을 강조함으로써 시작했다. 공립학교가 이러한 파트너십을 장려하여 지원하고 개인 학습자로서 젊은이들을 대하는 가치를 존중하는 정도로, 학교는 더 넓은 시민 영역에서의 중요한 역할을 제공하는 반면, 홈스쿨링의 가장 좋은 영역에 좀 더 가까이 다가갈 수 있을 것이다. 홈스쿨링은 가정과 문화적 소수자 집단을 넘어 확장된 시민적 책무를 구축할 수 있는 정도로, 아이들과 그들이 만들어 갈 세상의 요구를 충족시킬 수 있는 가치 있는 방법을 제공할 수 있을 것이다.

참고문헌

Arora, T. (2006). Elective home education and special educational needs. *Journal of Research in Special Educational Needs, 6*(1), 55-66.

Aurini, J., & Davies, S. (2005). Choice without markets: Homeschooling in the context of private education. *British Journal of Sociology of Education, 26*, 461-474.

Ball, D., Th ames, M. H., & Phelps, G. (2008). Content knowledge for teaching: What makes it special? *Journal of Teacher Education, 59*, 389-407.

Barnett, T. (2013). Pulling back the curtains: Undetected child abuse and the need for increased regulation of home schools in Missouri. *Brigham Young University Education & Law Journal, 2013*, 341-356.

Belfi eld, C. R. (2005). Home-schoolers: How well do they perform on the SAT for college admission. In B. S. Cooper (Ed.), *Home schooling in full view: A reader*(pp. 167-177). Greenwich, CT: Information Age Publishing.

Blok, H., & Karsten, S. (2011). Inspection of home education in European countries. *European Journal of Education, 46*(1), 138-152.

Blokhuis, J. C. (2010). Whose custody is it, anyway: "Homeschooling" from a parens patriae perspective. *Theory and Research in Education, 8*, 199-222.

Brabant, C., & Bourdon, S. (2012). Educational change and refl exive governance: Experimentation of an appropriation of change model by Quebec home educators group. *Education et Francophonie, 40*(1), 32-55.

Brabant, C., Bourdon, S., & Jutras, F. (2003). Home education in Quebec: Family fi rst. *Evaluation & Research in Education, 17*, 112-131.

Bransford, J. D., Brown, A. L., & Cocking, R. R. (2000). *How people learn: Brain, mind, experience, and school.* Washington, DC: National Academies Press.

Carlson, D. (2009). Homeschooling and bilingual education: A well-kept secret. *Encounter, 22*(4), 10-13.

Cheng, A. (2014). Does homeschooling or private schooling promote political intolerance? Evidence from a Christian university. *Journal of School Choice, 8*(1), 49-68.

Coalition for Responsible Home Education. (2014). Homeschool law and truancy. Retrieved from http://www.responsiblehomeschooling.org/policy-issues/abuseand- neglect/homeschool-law-truancy/

Collum, E. (2005). The ins and outs of homeschooling: The determinants of parental motivations and student achievement. *Education and Urban Society, 37*, 307-335.

Dahlquist, K. L., York-Barr, J., & Hendel, D. D. (2006). The choice to homeschool: Home educator perspectives and school district options. *Journal of School Leadership, 16*, 354-385.

Duvall, S. F., Delquadri, J. C., & Ward, D. L. (2004). A preliminary investigation of the eff ectiveness of homeschool instructional environment for students with attention-defi cit/hyperactivity disorder. School Psychology Review, 33, 140-158.

Ensign, J. (2000). Defying the stereotypes of special education: Home school students. *Peabody Journal of Education, 75*(1&2), 147-158.

Frost, E. A., & Morris, R. C. (1988). Does home-schooling work? Some insights for academic success. *Contemporary Education, 59*, 223-227.

Gaither, M. (2008). *Homeschool: An American history.* New York: Palgrave.

Goodwin, C. B., & Gustavson, M. (2009, Spring). Gifted homeschooling in the US. *NAGC Magazine*, 26-28.

Green-Hennessy, S. (2014). Homeschooled adolescents in the United States: Developmental outcomes. *Journal of Adolescence, 37*, 441-449.

Hahn, C. (2012). Latin in the homeschooling community: Results of a large-scale study. *Teaching Classical Languages, 4*(1), 26-51.

Hanna, L. G. (2012). Homeschooling education: Longitudinal study of methods, materials, and curricula. *Education and Urban Society, 44*, 609-631.

Hill, J. P., & den Dulk, K. R. (2013). Religion, volunteering, and educational setting: The eff ect of youth schooling type on civic engagement. *Journal for the Scientific Study of Religion, 52*, 179-197.

Hoelzle, B. R. (2013). The transmission of values and the transition into adulthood within the context of home education. *Journal of Research on Christian Education, 22*, 244-263.

Holinga, K. R. (1999). *The cycle of transformation in home school families over time*(Unpublished Ph.D. dissertation). Columbus, OH: Ohio State University.

Isenberg, E. J. (2006). *The choice of public, private, or home schooling.* New York: National Center for the Study of Privatization in Education.

Isenberg, E. J. (2007). What have we learned about homeschooling? *Peabody Journal of Education, 82*, 387-409.

Jennens, R. (2011). Professional knowledge and practice in health, welfare and educational agencies in England in relation to children being educated at home: An exploratory review. *Child Care in Practice, 17*, 143-161.

Kemble, B. G. (2005). My parents, my sensei: Compulsory education and a homeschooling alternative in Japan. *Texas International Law Journal, 40*, 335-351.

Kidd, T., & Kaczmarek, E. (2010). The experiences of mothers home educating their children with autism spectrum disorder. *Issues in Educational Research, 20*, 257-275.

Kostelecká, Y. (2010). Home education in the post-communist countries: Case study of the Czech Republic. *International Electronic Journal of Elementary Education, 3*(1), 30-44.

Kunzman, R. (2009). *Write these laws on your children: Inside the world of conservative Christian homeschooling.* Boston: Beacon.

Kunzman, R. (2010). Homeschooling and religious fundamentalism. *International Electronic Journal of Elementary Education, 3*(1), 17-28.

Kunzman, R. (2012). Education, schooling, and children's rights: The complexity of homeschooling. *Educational Theory, 62*(1), 75-89.

Kunzman, R., & Gaither, M. (2013). Homeschooling: A comprehensive survey of the research. *Other Education, 2*(1), 4-59.

Labaree, D. F. (2010). *Someone has to fail: The zero-sum game of public schooling.* Cambridge, MA: Harvard University Press.

Lees, H. E. (2014). *Education without schools: Discovering alternatives.* Bristol, UK: Policy Press.

Leithart, J. (2008). The new classical schooling. *Intercollegiate Review, 43*, 3-12.

Lois, J. (2013). *Home is where the school is: The logic of homeschooling and the emotional labor of mothering.* New York: New York University Press.

Lundy, G., & Mazama, A. (2014). "I'm keeping my son home": African American males and the motivation to homeschool. *Journal of African American Males in Education, 5*(1), 53-74.

Martin-Chang, S., Gould, O. N., & Meuse, R. E. (2011). The impact of schooling on academic achievement. *Canadian Journal of Behavioural Science, 43*, 195-202.

Martinez, P. (2009). School is where home is. *Islamic Horizons, 38*(1), 46-51.

Medlin, R. G. (2013). Homeschooling and the question of socialization revisited. *Peabody Journal of Education, 88*, 284-297.

Merry, M. S., & Howell, C. (2009). Can intimacy justify home education? *Theory and Research in Education, 7*, 363-381.

Morton, R. (2010). Home education: Constructions of choice. *International Electronic Journal of Elementary Education, 3*(1), 45-56.

Murphy, J. (2014). The social and educational outcomes of homeschooling. *Sociological Spectrum, 34*, 244-272.

Neuman, A., & Aviram, A. (2003). Homeschooling as a fundamental change in lifestyle. *Evaluation & Research in Education, 17*, 132-143.

Noel, A., Stark, & Redford, J. (2013). *Parent and family involvement in education, from the National Household Education Surveys program of 2012.* Washington, DC: National Center for Education Statistics, Institute of Education Sciences, US Department of Education.

Pennings, R., Seel, J., Neven Van Pelt, D. A., Sikkink, D., & Wiens, K. L. (2011). *Cardus education survey.* Hamilton, ON: Cardus.

Petrie, A. J. (2001). Home education in Europe and the implementation of changes to the law. *International Review of Education, 47*, 477-500.

Quaqish, B. (2007). A comparison of home schooled and non-home schooled students on ACT mathematics achievement test. *Home School Researcher, 17*(2), 1-12.

Ray, B. D. (2010). Academic achievement and demographic traits of homeschool students: A nationwide study. *Academic Leadership: The Online Journal, 8.* Retrieved from http://www.academicleadership.org/

Ray, B. D., & Wartes, J. (1991). The academic achievement and aff ective development of home-schooled children. In J. Van Galen & M. A. Pitman (Eds.), *Home schooling: Political, historical, and pedagogical perspectives.* Norwood, NJ: Alex.

Reich, R. (2008). On regulating homeschooling: A reply to Glanzer. *Educational Theory, 58*(1), 17-23.

Rudner, L. M. (1999). Scholastic achievement and demographic characteristics of home school students in 1998. *Education Policy Analysis Archives, 7.* Retrieved from http://epaa.asu.edu/ojs/article/view/543.

Safran, L. (2010). Legitimate peripheral participation and home education. *Teaching and Teacher Education, 26*, 107-112.

Sheng, X. (2013). Confucian Work and homeschooling: A case study of homeschooling in Shanghai. *Education and Urban Society, XX*(X), 1-17.

Sherfi nski, M. (2014). Contextualizing the tools of a classical and Christian homeschooling mother-teacher. *Curriculum Inquiry, 44*, 169-203.

Shulman, L. S. (1987). Knowledge and teaching: Foundations of the new reform. *Harvard Educational Review, 57*, 1-22.

Sliwka, A., & Istance, D. (2006). Choice, diversity and "exit" in schooling: A mixed picture. *European Journal of Education, 41*(1), 45-58.

Spiegler, T. (2010). Parents' Motives for home education: The infl uence of methodological design and social context. *International Electronic Journal of Elementary Education, 3*(1), 57-70.

Thomas, A., & Pattison, H. (2013). Informal home education: Philosophical aspirations put into practice. *Studies in Philosophy and Education, 32*(2), 141-154.

Uecker, J. E. (2008). Alternative schooling strategies and the religious lives of American adolescents. *Journal for the Scientifi c Study of Religion, 47*, 563-584.

Van Galen, J. (1988). Becoming home schoolers. *Urban Education, 23*, 89-106.

Varnham, S. (2008). My home, my school, my island: Home education in Australia and New Zealand. *Public Space: The Journal of Law and Social Justice, 2*, 1-30.

Vigilant, L. G., Trefethren, L. W., & Anderson, T. C. (2013). "You can't rely on somebody else to teach them something they don't believe": Impressions of legitimation crisis and socialization control in the narratives of Christian homeschooling fathers. *Humanity & Society, 37*, 201-224.

Wyatt, G. (2008). *Family ties: Relationships, socialization, and home schooling*. Lanham, MD: University Press of America.

13장
교육실습생의 학교 윤리: 남아공에서의 혁신교육

카린 무리스[1]

들어가는 말

나는 매년 대학원 과정Post Graduate Certificate in Education 학생들에게 학교 윤리에 관한 단기 과정을 가르친다. 이 과정의 핵심은 사례연구, 즉 학생들이 지역 협력 학교 중 한 곳에서 가르치며 스스로 경험한 도덕적 딜레마를 분석하는 활동이다. 2014년에는 교실 내 폭력에 관한 보고가 있었다. 해당 딜레마는 사건이 발생한 학교에 유출되었고, 이에 대한 직접적인 결과로 그 학교는 내가 일하는 대학에서 교육실습생을 받지 않기로 결정했다. 나는 해당 사례를 건설적으로 이용해 윤리적 문제를 다루는 민주적 거버넌스를 탐구하고자 한다.

도덕교육의 다양한 유형

윤리학자 행크 반 루이크Henk Van Luijk는 대부분의 대학 윤리 강의가 실제와 동떨어져 있다고–직접적이고 실질적인 관련성 없이 추상적인 질

---

1. 카린 무리스(Karin Murris): 남아프리카공화국 케이프타운대학교 부교수. 25년간 학교, 기업, 대학에서 윤리 컨설턴트, 강사 및 연구원으로 근무했다. 그녀는 요하네스버그의 위트워터스랜드대학교에서 가르쳤으며 영국 웨일스대학교의 철학과 실용윤리학 초빙교수로 재직했다. 국제 교육철학자 네트워크 및 교육윤리심의 편집위원이다.

문에 무게가 실린다고- 주장한다. 1980년대에는 기업 윤리학자들이 사례
연구 방법론을 대학 윤리교육에 도입하면서 선구적인 변화가 일어났다.
하지만 이는 비판적이고, 마르크스주의적이며 정치적인 의제를 선호하지
않는 동료 윤리학자들에게 강한 비판을 받기도 했다.[Van Luijk, 2011: 4-5] 오늘날
에도 기업 윤리에서 사례연구 방법론은 여전히 인기 있는 교육적 도구이
다.[Dubbink et al., 2011] 내가 이 글에서 다루는 방법론은 반 루이크의 방법론을
재구성한 것으로, 모든 교육 단계를 위해 조안나 헤인스Joanna Haynes(이
책의 공저자)와 공동 개발했다.

사회의 개별화가 심화됨에 따라 (그와 함께 사회 연장자들의 규범적이고
도덕적인 지도가 감소함에 따라) 교육자는 올바른 도덕적 판단의 구조를
배울 필요가 있다.[Van Luijk, 2011] 헹크 반 루이크와 윔 두빙크Wim Dubbink는
전문가 교육에 사례연구 방법론을 적용할 때의 이점을 다음과 같이 설명
한다.

> 사례 분석은 도덕적 문제의 성찰 역량 강화에 도움이 될 수 있다. 도
> 덕적 성찰은 도덕적 문제가 발생할 때 이를 인식한 후, 신중하고 분명히
> 처리할 수 있는 능력과 관련이 있다.[2011: 11]

나는 교육학과 학생들에게 반 루이크의 7단계 사례연구 방법론을 재구
성한 접근법을 사용한다. 이 윤리적 의사결정 도구는 그들이 스스로 생
각하게 만듦과 동시에 우리가 연구하는 사례에 연루된 감정들을 면밀히
관찰하게 한다. 우리는 협력적으로, 실험적으로, 민주적으로, 그리고 경험
적으로 일한다. 이는 많은 개발도상국에서 보기 드문 일이다. 하버Harber
와 응큐브Mncube는 이렇게 말한다.

> 많은 경우에 교사교육은 민주적인 행동을 주도하지 못하고, 권위주의
> 적인 관행을 영속시키는 데 도움을 주는 경향이 있다. 이는 교사교육이

전통적이고, 비반성적이며 교사중심적인 교육학에 대항하지 않고 오히려 그것을 영속시키기 때문에 벌어지는 일이다.[2012: 119-120]

하버와 응큐브는 대학기관이 "말한 것을 실천"하지 않는다고 주장한다. 고등교육기관에서 학생 중심 교육과 탐구 중심 학습에 관한 이야기가 계속됨에도 불구하고, 아프리카 여러 국가의 교사교육 커리큘럼은 토론과 비판적 성찰이 장려되지 않는, 보수적이고 권위주의적인 이데올로기에 바탕을 두는 실정이다.[Harber & Mbcube, 2012: 120] 실제로 이 나라들의 교육학과 제도적 거버넌스는 민주화가 시급하지만, 적어도 이론적으로는 아프리카 대륙의 많은 나라가 민주주의를 옹호하는 교육의 역할이 담긴 자신들의 정책서를 따른다는 점은 고무적이다.[Harber & Mncube, 2012]

남아공의 특정 맥락

남아공 학생들은 (그리고 그들을 가르치는 강사와 교사는) 질문보다 답을 중시하는 전통적인 교육 체제의 산물로, 과제와 시험을 통한 개별적 학습과 진도에 치중한다. 그 과정에서 교사는 지식의 권위자로 여겨진다. 교사는 여전히 암기와 복습에 크게 의존하며, 의미 만들기와 이해력이 낮다.[Fleisch, 2012]

훗날 교육실습생이 될 아이가 고도로 인종차별적이고 폭력적인 사회에서 자라면, 그들은 어른들이 폭력을 행사해야만 비로소 진지해졌음을 알게 된다.[Peters, 1966: 275] 그러기에 특히 아프리카 교사교육에서는 철학적인 교육 개입을 활용해, 교육실습생에게 강사가 듣고 싶어 하는 것이 아니라 자신이 진정으로 믿는 것을 표현할 기회를 제공해야 한다. 또한 교육실습생이 교육과정 중 의도치 않게 경험한 폭력, 인종차별, 성차별의 경험을 탐구할 기회를 주어야 한다. 교육학의 비판단적인 성격은 강사가 자신의 사회경제적 지위에 의해 권위자로 인식될 때, 그리고 강사의 성별과 인종적 배경이 학생과 다를 때 더욱 중요해진다.

사범대학에는 '흑인'(흑인, 유색인[2], 인도인) 학생이 절반 미만이다. 이 학생들은 1년 동안 전문대학원 과정을 거친 후, "대다수 사람이 '흑인'(약 91%)인 남아공"에서 가르칠 수 있는 교사 자격이 주어진다. 학위 과정 중, 그들은 1년에 두 차례, 두 개의 다른 지역의 제휴 학교에서 교육실습을 해야 하며, 이상적으로는, 부유하고 빈곤한 학교에서 가르친 경험이 있어야 한다. 일부 학생은 흑인 학습자만 있는 학교에 들어선 경험 자체가 처음인 경우도 있다. 한 반에 60명씩이나 있는 학교도 있고, 체벌을 포함한 정신적·육체적 폭력이 일상화된 학교도 있다. 이러한 현실은 교육실습생들이 전문적 훈련과정의 일환으로 스스로 고민해 봐야 하는 논쟁 주제이긴 하나, 대학들은 이를 위해 학생을 적절히 준비시키지 못하고 있다. 이에 대해 하버와 응큐브[2012: 144]는 남아공 교사교육이 민감한 문제들을 다루는 "담론적이고 탐구적인 방법"을 가르치지 않는 것이 원인일 수도 있다고 한다.

학교 안 폭력

1996년부터 교내 체벌이 법적으로 금지되었음에도(그래서 공식적인 수치를 확보하긴 어렵지만), 남아공의 학교, 특히 저소득층 지역의 학교에서는 체벌이 매우 흔하다.[Murris, 2012, 2014; Vohito, 2011] 남아공의 체벌과 관련된 문헌은 관행의 불법성, 헌법상 침해[Prinsloo, 2005], 학교법[Maree & Cherian, 2004], 남아공 교육위원회 직업윤리강령[2002], 인권침해[Clacherty, Donald, & Clacherty, 2004] 등에 의거해 이러한 행위가 명백히 잘못된 것임을 밝히고 있다. 체벌이 도덕적

---

2. '유색인(coloured)'이라는 표현은 남아공에서 부정적인 표현이 아니라 말레이계 혈통의 특정 인종 집단을 지칭하는 공식 용어이다.

으로나 법적으로 잘못된 것임에도 일부 교사는 이러한 종류의 (또는 다른 종류의) 폭력에 적극적으로 가담하거나 이를 방관한다. 나는 다른 논문[Murris, 2014]에서 교사가 학생에게 행사하는 폭력을 어떻게 정당화하는지 보고한 적이 있다. 예를 들어, 그들은 체벌이 효과적이고 빠르며 상대적으로 쉽다고 하며, 학생들로부터 존경을 자아내고, 일시적인 복종을 유도하며 올바르지 못한 행동을 제어할 수 있다고 주장한다. 이에 행동주의 이론이 자주 거론된다.

교사교육자로서 이러한 도구적 추론에 어떻게 교육적[3]으로 반응할 것인가? 교육실습생에게 말로써 학교폭력에 대한 올바른 대처법이나 해결책을 제시하는 것은 유의미한 변화를 가져오기 어렵다. 스트로갠Straughan의 말을 빌리자면, "엄밀히 말해, 권위에 대한 복종은 도덕적 의사결정과 무관하다".[1988: 74] 학생들은 반드시 원칙에 기반한 이유로 폭력에 반대하길 원해야 한다. 특히 내 사례연구에서처럼 그 폭력이 인종차별적이고 성차별적이라면 말이다.

교사교육자로서 나는 이러한 전문적 딜레마를 (200명 가까이 되는 대형 강의에서도) 어떻게 건설적이고 솔직하게 사용할 것인가를 고민한다. 다른 학생들이 해당 학교를 추측할 수 없도록 익명화하는 방법도 학생들에게 가르쳐야 한다.

많은 논란을 일으킨 딜레마

2014년에 한 학생이 발표하고 약 175명의 학생이 투표한, 많은 논란이 된 도덕적 딜레마가 있다. 모든 학생은 '채텀하우스 규칙Chatham House Rules'[4]에 따라 강의실 안에서 소개된 사례를 강의실 밖에서 논할 수 없

---

3. 일종의 자유의지와 독립적 판단을 내포한 교육적 반응.

게 된다. 학생들은 주변 학교에 실습을 나가면서 경험한 도덕적 딜레마를 자진해서 발표했다. 논란이 되었던 딜레마는 교실 내 폭력에 관한 사례였는데, 해당 학교나 담당 교사의 이름은 공개되지 않았다.

한 교육실습생은 12학년 백인 남학생이 흑인 여학생에게 다음과 같은 말로 언어폭력을 행사했다고 전했다. "네 생각엔 관심 없어. 뚱뚱하고 못생기고 멍청한 흑인 창녀야." 이에 피해 여학생은 분개하여 선생님 책상에 놓인 유리잔을 집어 남학생의 머리를 내리쳤다. 머리에 피가 난 남학생은 몸으로 여학생에게 태클을 건 다음에, 발로 걷어찼다. 교육실습생은 이러한 상황을 지켜보고만 있는 담임교사를 대신해 두 학생의 싸움을 말렸다고 당시 상황을 전했다. 사건 이후, 교육실습생은 학교 내 직책 높은 권위자에게 질책을 받았다. 이 사건은 교육실습생을 깊은 고민에 빠뜨렸다. 그는 스스로에게 물었다. 도덕적으로 올바른 행동은 무엇이었을까? 당연히 학생들의 안전을 위해 그들을 보호하는 것이 도덕적으로 올바르지 않을까? 하지만 학교 측은 학습자의 자율성을 기르기 위해 교사(또는 그 어떤 권위자)의 개입 없이 학생 스스로 갈등을 해결해야 한다고 전했다. 이러한 측면에서 볼 때, 교육실습생의 개입은 잘못된 행동이었다.

이것은 전형적인 교육의 핵심 딜레마 중 하나다. 개입해야 하나, 말아야 하나. 많은 경우, 교사들은 학생의 자치와 자유를 원칙으로 삼으면서도, 한편으로는 학생들의 안전을 위해 행동하기도 한다. 그래서 이것이 분석하기 좋은 사례라고 생각했다. 더불어, 학생(교육실습생)의 행동 또한 전형적이었다. 매년 강의를 듣는 학생 중 최소 3분의 1은 인종차별적이거나, 성차별적이거나, 아동차별적인 폭력에 대해 보고한다.[Murris, 2013] 그 후에 학생들은 민주적인 투표 과정을 거쳐 우리가 다 함께 분석할 사례를 결정하는 투표를 한다(따라서 본 수업은 다른 대형 강의보다 출석률이 높다).

이 교육실습생(임의로 존John이라고 부르겠다)이 사례를 발표한 후, 우

---

4. (옮긴이 주) 회의나 토론 참석자들은 토론 공간에서 공유된 정보를 자유롭게 사용하되 외부에 누가 특정한 발언을 했는지 밝힐 수 없는 원칙.

리는 해당 사례를 앞서 말한 반 루이크의 방법을 재구성한 6단계 사례연구 방법론에 맞추어 다양한 관점에서 분석했다. 특히 1단계부터 3단계에 초점을 맞추었다. 요약된 단계는 [표 13.1] 참조 이러한 단계는 현미경 아래에서 면밀히 관찰하듯 좋은 도덕적 판단의 구조를 규정한다.

[표 13.1] 더 나은 선택을 위한 6단계-도덕적 판단의 구조

1단계:
나는 무엇을 해야 하는가?

2단계:
누가 연루되었고, 누구의 결정이었는가?

3단계:
내가 더 알아야 하는가?

4단계:
찬성과 반대 입장은 무엇인가?

5단계:
나의 결정은 무엇인가?

6단계:
나는 나의 결정에 대해 어떻게 생각하는가? 그리고 나와 타인이 겪을 피해를 어떻게 최소화할 수 있는가?

모든 학생은 상상력을 발휘해, 자신이 존의 입장이었다면 취했을 행동에 대해 생각해 보아야 했다. 처음부터 모든 가능성을 열어 두기 위해, 두 입장 모두 타당한 이유가 있었다는 가정 아래 학생들은 그 상황에 개입하지 않아야 하는 이유를 생각해 보았다(1단계). 모든 이해관계자의 부담감을 정리한 후(2단계), 학생들은 사례의 사실관계를 파악하기 위해 서로 '무엇이, 어디서, 어떻게, 언제, 누구에게'와 같은 개방형 질문을 주고받 있다.

　학생들은 다음 날까지 완료해야 할 과제를 받고 강의실을 나섰다. 학생들은 다음 강의 때까지 이 딜레마에 대한 찬성과 반대(개입해야 하나, 말아야 하나) 이유를 정리해야 했다. 그런데 한 여학생이 해당 학교에 이 사실을 알렸다. 해당 학교에서 일했던 경험이 있어서 알아챌 수 있었던 그녀는, 이메일로 나에게 존이 사례를 조작했다고 주장하며 이 사례를 취할 것을 요청했다. 그녀의 주장과는 별개로, 또 사례의 진위와 별도로, 사례의 기밀성이 침해되었으므로 나는 해당 사례를 포기했다. 그리고 학생들 사이에서 두 번째로 많은 표를 받은 사례를 채택했다. 다음 날 존은 강의실에 오지 않았고, 몇 주 후 그는 수강을 취소했다.

　사건 이후, 논란의 학교는 더 이상 우리 학생들을 받고 싶어 하지 않았다. 이에 우리 대학은 몇 가지 고민에 맞닥뜨렸다. 해당 학교를 만나서 관계를 끊어야 하나? 사건의 기밀성을 침해하고 공개적으로 이야기해야 하나? 사례를 발표한 교육실습생에게 연락해야 하나? 사례를 유출한 학생과 이야기하고 유출한 이유를 물어야 하나? 강사인 내가 논쟁적인 교수법을 사용하지 못하게 금지시켜야 하나? 여기서 가장 중요한 딜레마는 여학생의 주장을 무시하고 아무 일도 없던 것처럼 진행할 것인가, 아니면 관련된 모든 사람과 회의를 진행할 것인가였다. 이 딜레마의 주체는 다양한 사람이 될 수도 있다. 예를 들어, 강사(나)가 될 수도 있고, 교육 연수 담당자 혹은 사범대학의 학장이 될 수도 있다. 이 사례에 또 다른 중요한 차원의 논쟁을 추가하기 위해 나는 딜레마의 주체를 사범대학의 학장으로 설정했다. 국가가 교육기관에 요구하는 정치적 민주주의에 대한 헌신은 곧 (지식적, 학문적 자유에 대한 개방성과 같은) 특정한 도덕적 가치에 대한 헌신을 의미한다.[Kelly, 1995] 또한 중요한 결정을 내릴 때 권력을 분배한다는 것을 의미하며, 동료 간의 (그리고 교사와 학생 간의) 신뢰와 상호 존중의 관계를 의미하고, 논란이 되는 주제에 대해 자유롭게 의견을 공유하는 것을 의미한다.[Harber & Mncube, 2012]

학교에 대한 교육실습생의 주장을 무시해야 할까, 그러지 말아야 할까?

이 사례를 검토할 때, 첫 번째로 사범대학 학장에게 주어진 선택지를 정리해 보아야 한다. 이번 경우에 선택지는 인종차별적이고 성차별적인 폭력에 대한 주장을 무시하거나, 행동을 취하거나, 둘 중 하나일 것이다. 전문가들은 종종 무시하는 것이 "합리적인 행동"이라고 한다.[Van Luijk, 2011: 9] 내가 학생들에게 사용하는 방식 그대로 학장의 입장에서 생각해 보겠다. 내가 학장이라면, 나는 우리 대학을 위한 가장 도덕적인 선택이 무엇인지 분석할 것이다. 내가 사용하는 교육학은 포용적이면서 동시에 비판적이다. 이는 두 입장에서 취할 수 있는 모든 행동을 정리하고 분석하기 때문에 원칙에 근거한 도덕적 판단을 가능하게 한다. 사례연구를 건설적으로 사용하려는 목적은 민주적 거버넌스 및 교육실습 중 대두되는 도덕적 이슈를 탐구하기 위함이다. 나의 분석이 제도적 거버넌스 차원에서 어떤 긍정적인 행동으로 이어졌는지 밝힌 후, 남아공의 교사훈련 기관과 제휴 학교의 관계에 대한 구체적인 후속 연구를 제안하며 마무리할 것이다.

대학을 제외하고 이 딜레마와 관련된 이해관계자는 다음과 같다.[표 13.1] [2단계 참조] 강사(나), 대학 동료, 학생(과 학부모), 교직원(과 그들의 가족), 인문학부, 대학의 고위직, 대학 이사회, 남아공 교육위원회, 교육부와 지방교육부.[5]

우리는 이번 사례에 관한 추가 정보에 접근할 수 없지만(3단계), 나는 [표 13.2]처럼 4단계를 위해 찬성, 반대하는 다양한 이유를 정리해 보았다. 또한 4단계에서 정리한 이유들이 2단계에서 확인한 모든 이해관계자의 입장을 대변했는지도 확인했다.

---

5. (옮긴이 주) 남아프리카공화국 권리장전 제10조(인간의 존엄성) 모든 사람은 고유한 존엄성을 지니고 있으며 각자의 존엄성을 존중 및 보호받을 권리를 가진다.

[표 13.2] 학교에 대한 교육실습생의 주장을 무시해야 할/무시하지 말아야 할 이유

학생의 주장을 무시한다. 왜냐하면…	학생의 주장을 무시하지 않는다. 왜냐하면…
1. 학생의 주장이 거짓이거나 과장되었을 수 있다.	a. 대학의 행동강령은 헌법을 지키도록 규정되어 있다. 즉, 인간의 존엄성과 평등을 증진하고 인종차별과 성차별을 극복해야 한다. (P: 믿음, 신뢰)
2. 제휴 학교 수가 부족하고, 간섭했다가는 그 관계를 망칠 위험이 있다. (C)	b. 학생들은 자신의 대학으로부터 지지/지원을 받을 권리가 있다. (P: 안전, 보호)
3. 교육실습생들은 이러한 현실에 익숙해져야만 한다. 대학생들은 온실 속에서 공부하며 학교현장의 현실을 제대로 알지 못하기 때문에 그들을 준비시키는 것은 중요하다. (C)	c. 폭력이 허용되는 학교는 교육실습생에게 좋지 않은 본보기가 된다. 이러한 환경에서는 탄탄한 지원 그룹이 있어야만 교육적으로 유의미하다. (C)
4. 교육실습생은 학교에서 '손님'이기 때문에 다른 교사들이 하는 대로 행동해야 한다. (C)	d. 대학이 교육실습생에 대해 걱정하고 있다는 사실을 보여 주어야 한다. (C)
5. 일회적인 사건일 수도 있다.	e. 대학과 제휴 학교 간에 협력관계가 공고해지는 좋은 기회가 될 수 있다.
6. 학생에게 특별한 학습 기회다. 많은 학교가 학생들에게 분쟁 해결의 기회를 주지 않는다. (C)	f. 민주적 기술과 역량은 명시적으로 가르쳐야 한다. 그리고 나는 그렇게 되도록 확인해야 할 책임이 있다. (P: a 참조)
7. 학교 입장에서 우리가 학교의 운영 방식을 신뢰하지 못한다는 인상을 줄 수 있다. (C)	g. 학교폭력 사건과 연루되면 대학의 명성에 타격을 준다. (C)
8. 멘토 교사가 중재하지 않는 데는 이유가 있을 것이다. 교사는 자신의 교실에서 학교의 규칙을 따를 권리가 있다. (P: 자유, 믿음)	h. 교실에서 학습자가 보인 모습은 (언어)폭력적이고 권리장전 제10조[5] 위반한다. 따라서 나는 이 일의 사실관계를 파악할 의무가 있다. (P: 진실 탐구 truth-seeking)
9. 이 사건을 조사하면 기밀을 유출한 학생(과 그의 어머니)에게 피해가 갈 수도 있다. (C)	i. 민주 국가에서 교육기관은 민주적으로 운영되어야 하며, 학생/학습자에게 민주주의를 가르쳐야 한다. 대학은 민주주의에 기여할 의무가 있다. (P: a 참조)
10. 사건을 조사하면 앞으로 학생들이 사례를 발표하기 꺼려 할 수도 있다. (C)	j. 사건에 연루된 학생이 다쳤을 수도 있다. 학생들은 보호받을 권리가 있다(학부모들도 우리가 학생들을 보호하길 원할 것이다). 비슷한 일이 앞으로 발생하지 않도록 나는 행동을 취한다. (P: 안전, 보호)
	k. 해당 폭력 사건은 인종차별적이고 성차별적이기 때문에 학교는 물론, 사회 어디서도 용인되어서는 안 된다. (P: 평등)

분석과 논의

　도덕적 판단을 내릴 때 핵심은 주장이 사실인지, 그리고 타당한지를 밝히는 것이다. 그러므로 학생이 "뚱뚱하고", "못생기고", "흑인 창녀"라는 말을 실제로 들었는지 파악해야 한다. 따라서 논거 1은 타당한 도덕적 논쟁이 아니라 사실상 진술일 뿐이다. 그 학생이 모든 것을 지어냈을 수도 있지만, 그렇다고 해서 대학이 그의 주장을 심각하게 받아들이지 않을 이유가 되지는 못한다. 오히려 이 사건을 조사할 더욱 강력한 이유가 될 뿐이다. '인식론적 불의'를 방지하기 위해서는[Murris, 2013], 나이 혹은 사회경제적 지위(학생)가 누군가의 말을 신뢰하는 기준이 되어서는 안 된다. 어떠한 논거가 타당한지 알기 위해서는, 표에 적힌 다른 논거가 (무시할지, 말지) 결정을 내리게 돕는 직접적인 논거인지를 살펴보아야 한다. [표 13.2]에 나열된 모든 논거는 'P'(Principle, 원칙) 혹은 'C'(Consequence, 결과)로 구분된다. 우분투Ubuntu[6]에 따라, 일반적으로 권리는 이익보다 중요하고 누군가의 도덕적 권리에 관한 논거는 결과론적 논거(예를 들면, 효율성, 명예훼손, 경제적 비용 등)보다 중요하다.[Delnoij et al., 2006] 표의 논거를 검토하면, 원칙적 논거(P)가 있음을 알 수 있다. 논거 b, j는 우리가 학생과 강사를 돌보아야 하는 의무가 있으며 학습자의 안전과 보호는 중요한 원칙임을 전제한다.

　논거 a, f, i는 민주주의의 원칙(예: 자유와 평등)에 입각한다. 강사는 자신이 가르치는 학생들에게 민주주의의 가치를 실현할 것이라는 믿음을 주어야 한다. 권리장전의 제10장은 '(인간 존엄성에 대한 권리) 학교가 학습자의 권리를 보장하고 존중해 주어야 한다'고 명시한다. "욕설"과 "(의도적으로) 비방적인 언어를 사용하고 친구들 앞에서 공개적으로 망신을 주

---

6. (옮긴이 주) 우분투는 사람들 간의 관계와 헌신에 중점을 둔 윤리 사상이다. 이 말은 남아프리카의 반투어에서 유래된 말로, 아프리카의 전통적 사상이며 평화운동의 사상적 뿌리이다.

는 행위"는 권리장전 제10장을 위반한다.^{Prinsloo, 2014: 3} 논거 a와 h는 권리장전을 인용한 것이다.

논거 b와 j는 다양한 이해관계자(학생, 학부모, 학습자)의 안전과 보호를 내세운다. 대학은 학생과 학습자를 위험으로부터 보호할 책임이 있다. 논거 k는 성차별과 인종차별을 용인하지 않기 때문에 평등의 원칙을 고수하고 있다. 논거 8은 대학의 개입 없이 멘토 교사의 자율적인 교수법을 신뢰하는 믿음의 원칙에 기반하고 있기에 학생의 주장을 무시할 만한 강력한 이유가 된다.

논거 4는 교직원들이 자주 쓰는 결과론적 논거다. 학생은 손님이기에 교사가 하는 대로 따라 해야 한다. 하지만 도덕적으로 올바른 행위는 타인의 권리와 입장까지 고려하기 때문에 사회문화적 습관과 관행을 습득하는 것과는 다르다. 논거 6도 결과론적 논거다. 학교가 특이한 정책으로 학생들에게 색다른 경험을 줄 수도 있지만, 그렇다고 해서 학생들을 이런 상황에 노출하는 것이 도덕적이냐는 다른 문제다. 논거 3도 마찬가지다. 생각해 보면 논거 3은 자연주의적 오류다. 논리의 비약이 있기 때문이다. 단지 어떤 것이 사실이라는 이유로 정당한 이유 없이 강요하는 것은 논리적이지 않다. 학교의 현실이 이렇다 하더라도, 학생들을 폭력에 노출하거나 도움을 주지 않을 필요는 없다. 그 누구도 폭력을 행사할 권리가 없기 때문이다. 대학의 행동강령은 남아공 헌법의 인간 존엄성, 평등, 인권, 자유에 동의하며 이를 따른다.

논거 5는 명백한 평계 또는 합리화다. 일회적인 사건이라고 해서 조사하지 않을 이유는 없다. 모든 상황과 사건은 각각의 도덕성에 따라 판단해야 한다.

도덕적 판단을 위한 사례연구 방법론에서 우리는 논거를 분석하고(5단계), 마지막으로 피해를 최소화하는 방법을 검토하고 확정해야 한다(6단계). 이 사례는, 원칙적 논거가([표 13.2]) 학생의 주장을 무시하면 안 된다는 방향성을 명확히 제시한다. 이 결정으로 인한 피해를 어떻게 최소화해야 할까? 예로, 하버와 웅큐브[2012: 55]는 기관이 더욱 민주적이기 위해서는 모든 이해관계자가 "대화하고 경청하는 능력, 의장을 맡는 능력, 기획하는 능력, 주장을 피력하는 능력, 분쟁을 해결하는 능력 등 다양한 민주적 능력과 역량을 위한 교육을 받아야 한다"라고 말했다. 따라서 학습자 스스로 분쟁을 해결하게 두는 것(논거 6)이 학교의 방침일지는 모르겠으나, 이것이 효과적이려면 전문 교육이 전제되어야 한다.

학교 윤리에 대한 이 접근법에는 정확한 분석보다 중요한 것이 있다. 바로 이로 인해 열리는 대화의 장이다. 대형 강의실에서도 우리는 이에 대해 열띤 찬반 토론을 이어 갔다.

효율성, 도덕적 정의, 우분투

도덕적 원칙에 근거해 생각할 때 우리가 맞닥뜨리는 주요 과제가 있다. 그것은 도덕적 원칙과 반대되는 도구적 합리성이다. 도구적 합리성은 특정한 목적을 달성하기 위해 가장 경제적인 수단을 계산하는 것이다. 성공은 효율성의 측면에서 평가된다. 학습자와 교사(교육실습생)는 종종 목적을 달성하기 위한 수단 혹은 자원으로 취급된다. 특정 목표 달성을 위해 개인은 수단으로 전락하고, 그들의 존엄성과 인권은 희생될 수 있다. 두 선택지 중 하나를 선택할 때 "도덕적으로 올바른 일이 무엇일까?"라는 질문은 종종 "가장 효율적인 일이 무엇일까?"라는 질문에 밀리게 된다. 교육기관도 이 유혹을 피해 가긴 어렵다. 하지만 협력 학교와 좋은 관계를 쌓고 우리의 학생을 돌보는 일은 공리주의적으로 이득일 뿐만 아니라(예: 입학생 증가), 우분투의 표현이라고 볼 수도 있다. 우분투는 "인간성", "인간다움", "인정"[Louw, 2001]을 뜻하며, 다음과 같은 표현으로 요약이 가능하다.[Letseka, 2013: 748] "umuntu ngumuntu ngabantu"(남아프리카 응구니족 언어) 또는 "motho ke motho ka batho"(소토족 언어). 이 두 가지 표현은

"개인은 다른 사람을 통해 온전한 사람이 된다"라는 뜻이다.

렛세카Letseka는[2013] 우분투가 남아공 고유의 개념이 아니라고 설명한다. 많은 아프리카인이 자신만의 우분투를 실현하며 산다. 우분투는 아프리카 사회가 공동체적 상호의존, 특히 대가족의 번영에 의해 특징지어진다는 생각과 관련이 있다. 음비티Mbiti에 의하면[Letseka, 2013: 748] 우분투는 "'나'는 '우리'가 있기 때문에 존재하며 '우리'가 존재하기 때문에 나는 '나'다"의 정신이다. 따라서 "개인에게 일어나는 모든 일은 공동체 전체에게 일어나는 일이고, 공동체에게 일어나는 일은 개인에게 일어나는 일이다." 공동체적이며 개인주의적이지 않은 우분투의 가치는 돌봄, 인간 존엄성, 존중 등의 윤리적 가치를 포함하며 이는 대학 운영에 귀감이 된다.[Metz, 2009]

남아공 헌법에 담긴 아프리카의 도덕적 가치와 민주적 가치는 사례연구에서 도덕적으로 옳은 행동이 무엇인지 결정하는 것과 큰 관련이 있다. 우분투와 민주적 거버넌스의 가장 큰 위협은 어떠한 상황의 도덕적 차원을 다루지 않은 채 "전문적"으로 다룰 수 있다는 믿음이다.

연구를 통해 나타난 긍정적인 행동

나는 학교 윤리를 가르칠 때 일부러 논쟁적인 주제에 대해 토론한다. 문제는, 우리가 학생들에게 도덕적으로 생각하도록 도전하느냐가 아니라, 어떻게 하는가가 중요하다. 결국에 '윤리'라는 것은 현실에 연역적으로 적용하는 것이 아니라 교육현장에서 귀납적으로 추론되는 것이다.[Campbell, 2003: 10] 또한 '도덕적 관점'은 여러 관점 중에 교육자가 임의로 선택할 수 있는 게 아니다. 그것은 선택사항이 아니다. 우리의 행동은 타인의 권리와 입장을 수반하기 때문에 '도덕적 관점'은 언제나 필연적이다. 특히 교사를 양성하는 기관이라면 교육실습생에게 윤리적인 행동을 가르치는데 더더욱 힘써야 한다. 이는 교육실습생들이 가르치게 될 학습자에게까지 영향을 미칠 것이기 때문이다. 대학들은 자기합리화를 하거나 도덕적으로, 인식론적으로, 혹은 문화적으로 상대적인 주장을 지양할 필요가 있다. 예를 들어, "학생은 학교의 손님일 뿐이다", "우리는 학교의 정책과 행동강령에 대해 판단할 수 없다", 또는 "도덕적으로 옳은 것에 대한 판단은 주관적이다" 이런 것들 말이다.

"원래 학교에선 이래"라고 받아들이지 않고(이러한 생각은 자연론적 오류다), 이 문제에 대해 건설적으로 실현 가능한 해결책을 제시할 수 있다. 그렇게 된다면 이 문제는 더 이상 성가신 것이 아닐뿐더러 민주적 거버넌스로 한 발짝 나아가게 되는 좋은 기회가 된다. 나의 분석을 동료들과 공유하니 다음과 같은 논의가 이루어지고, 진행 중이다.

첫째, 남아공 교사들은 남아공 직업윤리 강령 아래 있고, 교육실습생들은 실습하러 나갈 때 교사만큼의 법적 구속력을 갖게 된다는 계약서에 서명하게 된다. 하지만 도덕적으로, 그리고 법적으로 이것이 무슨 의미일까? 그리고 이는 교육실습생이 협력 학교의 '손님'임과 동시에 전문적으로 행동해야 한다는 사실과 얼마나 일관성이 있을까? 이러한 질문들은 2015년에 계약서를 수정할 때 고려될 사항들이다.

둘째, 사범대학은 2015년 교육실습 때 교직원과 교생 감독관이 어떻게 학생들을 배려하고 그들에게 지적 지원(윤리 상담 등)과 정서적 지원(심리 상담)을 제공할 것인지 제고할 것이다. 또한 감독관이 직접 학대와 폭력을 목격했을 때 지원할 방법도 강구해야 한다.

셋째, 대학이 협력 학교와의 관계를 강화하는 방법도 논의되었다. 학생들이 대학에서 어떻게 배우는지 알 수 있게 학교의 참여도를 높이는 것이다.

마지막으로, 사범대학에 다양한 연구 프로젝트 기회가 생겼다. 이 글에 언급된 소수의 이해관계자 외에도 교육부, 남아공 교육자 위원회South African Council of Educators, 지방 교육부 등을 참여시키자는 제안이 있었다. 실용적인 측면에서 교사를 양성하는 다른 대학이나 비슷한 문제를 겪는 다른 단과대학과 함께 해도 유익할 것으로 생각한다.

결론

남아공의 민주시민 의식은 반아파르트헤이트 투쟁[7]에 의해 형성되고 남아공의 인권 기반 헌법과 교육과정에 의해 고착화되었으며, 이에 남아공의 민주시민 의식은 매우 참여적인 성격을 띠게 되었다. 따라서 교육과 학습에 대한 접근법은 우분투 정신을 담고 있어야 하며, 참여적인 민주주의를 위한 민주적 습관을 기르는 마음과 기술을 필요로 한다.[Sheppard et al., 2011; Sheppard et al., 2011: 75-76]

도덕적 추론은 체화된 인간의 실천이며, 교육과 관련된 우리 행동의 정당성에 대한 상호 간의 대화와 공적인 토론과 숙고를 위한 민주적 약속이다. 6단계 사례연구 방법론의 적용은 단순히 실용적인 철학 도구들을 기계적으로 사용하지 않고, 많은 직관적 결정을 수반한다. 타인을 생각하고 진실을 추구하며 객관성을 위해 자신이 어떤 색안경을 끼고 있는지 고민하는 복합적이고 실질적인 판단이 필요하다. 즉, "타인의 관점을 충분히 이해하기 위해 스스로의 한계를 인정하고, 타인의 이야기를 듣기 위해 충분한 노력을 기울이고 배려하는 것이다".[Burbules, 1995: 90] 학생을 보살핀다는 것은, 교육적 만남에 대해서 도덕적 책임을 지는 것이며, 이는 교육자로서 당연하다고 여겨지는 것들에 대한 생각을 일깨우는 행위도 포함한다. 존중이란 각 이해관계자의 권익을 위한 모든 주장을 포용하고 고려하려는 진심 어린 노력이다. 이 글은 어떻게 해야 이를 민주적인 방법과 대화로 이루며, 이것이 긍정적인 행동으로 이어지게 돕고 향후 연구 과제를 마련할 수 있는지 보여 준다.

---

7. (옮긴이 주) 냉전 당시부터 남아프리카공화국의 백인 정권이 실시한 인종차별 정책에 반대한 운동.

감사의 글

이 글에 제시된 의견과 생각은 모두 저의 것이며, 그 어떤 오류에 대한 책임도 전적으로 저의 것임을 알립니다. 제 초안에 대해 비판적인 피드백을 주신 네덜란드 라이덴 다이얼로그 센터Leiden Dialogue Centre의 컨설턴트 요스 델노이Jos Delnoij에게 감사를 드립니다. 또한 이 글에 소개된 딜레마를 발표하고 사용에 동의해 준 학생에게 감사를 드리며, 6단계 표의 일러스트를 그려 준 헬렌 E. 리즈Helen E. Lees에게도 감사드립니다.

참고문헌

Bolt, L. L. E., Verweij, M. F., & Van Delden, J. J. M. (2003). *Ethiek in praktijk*. Assen, Koninklijke Van Gorcum.

Burbules, N. (1995). Reasonable doubt: Toward a postmodern defense of reason as an educational aim. In W. Kohli (Ed.), *Critical conversations in philosophy of education* (pp. 82-103). New York: Routledge.

Campbell, E. (2003). *The ethical teacher*. Maidenhead, UK: Open University Press.

Clacherty, G., Donald, D., & Clacherty, A. (2004). *What South African children say about corporal punishment*. Pretoria, Save the Children Sweden.

Delnoij, J., Laurier, J., & Geraedts, F. (Eds.). (2006). *Morele oordeelsvorming en de integere organisatie*. Budel: Damon.

Dubbink, W., Van Liedekerke, L., & Van Luijk, H. (Eds.). (2011). *European business ethics casebook: The morality of corporate decision making*. Dordrecht: Springer.

Fleisch, B. (2012, July). *System reform: Lessons from the literacy strategy in Gauteng*. Paper presented at the Wits School of Education Seminar Series. Johannesburg.

Harber, C., & Mncube, V. (2012). *Education, democracy and development: Does education contribute to democratisation in developing countries?* Southampton, UK: Symposium Books.

Karssing, E. (2004). *Morele competentie in organisaties*. Assen, Koninklijke Van Gorcum.

Kelly, A. V. (1995). *Education and democracy*. London: Paul Chapman.

Letseka, M. M. (2013). Understanding of African philosophy through philosophy for children (P4C). *Mediterranean Journal of Social Sciences, 4*(14), 745-753.

Louw, D. J. (2001). Ubuntu and the challenges of multiculturalism in post-apartheid South Africa. *Quest: An African Journal of Philosophy, XV*(1-2), 15-36.

Maree, J. G., & Cherian, L. (2004). Hitting the headlines-The veil on corporal punishment in South Africa lifted. *Acta Criminologica, 17*(3), 72-85.

Metz, T. (2009). The final ends of higher education in light of an African moral theory. *The Journal of Philosophy of Education, 43*(2), 179-201.

Murris, K. (2004, Summer). Making school a better place. *Teaching Thinking & Creativity, 14*, 48-54.

Murris, K. (2006). Cultiveren van de moed om het uiste te doen. In J. Delnoij, J. Laurier, & F. Geraedts (Eds.), *Morele oordeelsvorming en de integere organisatie* (pp. 152-177). Budel: Damon.

Murris, K. (2012). Student teachers investigating the morality of corporal punishment in South Africa. *Ethics and Education, 7*(1), 45-59.

Murris, K. (2013). The epistemic challenge of hearing child's voice [Special issue]. *Studies in Philosophy and Education, 32*(3), 245-259.

Murris, K. (2014). Corporal punishment and the pain provoked by the community of enquiry pedagogy in the university classroom. *Africa Education Review, 11*(2), 219-235.

Peters, R. S. (1966). *Ethics and education*. London: George Allen & Unwin.

Prinsloo, I. J. (2005). How safe are South African schools? *South African Journal of*

Education, 25(1), 5-10.

Prinsloo, I. J. (2014). *Classroom management and discipline.* Johannesburg, Macmillan.

Sheppard, S., Ashcraft, C., & Larson, B. E. (2011). Controversy, citizenship and counterpublics: Developing democratic habits of mind. *Ethics in Education, 6*(1), 69-85.

South African Council for Educators. (2002). *Handbook for the code of conduct of professional ethics.* Centurion: SACE.

Straughan, R. (1988). *Can we teach children to be good?* Milton Keynes, UK: Open University Press.

Van Luijk, H. (2011). Business ethics: Cases, codes and institutions. In W. Dubbink, L. Van Liedekerke, & H. van Luijk (Eds.), *European business ethics casebook: The morality of corporate decision making* (pp. 3-10). Dordrecht: Springer.

Van Luijk, H., & Dubbink, W. (2011). Moral competence. In W. Dubbink, L. Van Liedekerke, & H. van Luijk (Eds.), *European business ethics casebook: The morality of corporate decision making* (pp. 11-18). Dordrecht: Springer.

Vohito, S. (2011). Africa: Growing momentum towards the prohibition of corporal punishment. In J. Durrant & A. B. Smith (Eds.), *Global pathways to abolishing physical punishment: Realizing children's rights* (pp. 67-83). New York: Routledge.

14장
브라질의 혁신교육운동: 홀리스틱 교육 경험

헬레나 싱어[1]

혁신과 변화

이 장은 지난 20년간 상파울루에서 진행되어 온 교육혁신에 대해 종합적으로 제시하고, 도시 차원을 넘어서 브라질 전체적인 교육 시나리오의 변화 가능성 강조를 목표로 한다.

여기에서 채택된 개념은 에콰도르 교육자 로사 마리아 토레스[Rosa Maria Torress, 2000]가 제시한 정의에서 비롯되었다.

- 개혁은 거시적 수준과 시스템 수준에서 정부가 제안하고 수행하는 정책으로, 종종 국제기구의 권고와 일치한다.
- 혁신은 지역 차원, 학교, 지역사회 및 NGO와 같은 기타 교육기관의 계획을 통해 이루어지는 개입이다.
- 교육의 효과적인 변화는 혁신과 개혁의 융합 결과로 나타날 수 있지만, 이것이 항상 확실한 것은 아니다.

---

1. 헬레나 싱어(Helena Singer): 브라질 교육부의 특별 고문으로 2007년부터 2015년까지 학습하는 학교도시(Cidade Escola Aprendiz)의 감독을 맡았다. 2003년 저서 『혼란한 연설: 폭력, 처벌 그리고 인권(Disconcerted Speeches: Lynchings, Punishment and Human Rights)』으로 코임브라대학교의 젊은과학자상을 수상했다. 『어린이 공화국: 학교의 저항의 기록(Children's Republic: On School Experiences of Resistance)』 (2010)의 저자이며, 브라질과 전 세계에서 인권과 교육에 대한 다양한 저서와 논문을 출판했다.

브라질의 사회학자 엘리 가넴Elie Ghanem, 2013은 교육혁신이 고립적이고, 단편적이며, 시간적으로 비연속적이고, 가시적인 행동 및 강력한 자원성이 부족한 특징이 있다는 논쟁을 이어 오고 있다. 한편, 교육개혁은 광범위하고, 균질하며, 높은 가시성을 제시한다.

찰스 리드비터Charles Leadbeater, 2012는 교육혁신 경험의 공통적인 측면을 설명하는 데 초점을 맞춘다. 그의 연구에서, 교육혁신의 경험은 교육 변화에서의 연관성과 그 영향을 보여 주었다. 연관성은 교육혁신의 과정에 새로운 주체가 포함되어, 새로운 스킬과 다양한 학습 방법에 초점을 맞추면서 발생한다. 영향은 혁신의 효과가 본래의 기준을 넘어서는 정도로 측정될 수 있다. 혁신적 활동은 대개 지역사회와 더 넓은 네트워크, 그리고 학문적 연구와 실천 사이에 가교를 만드는 선구자들의 지도 아래 주립 학교 시스템의 틀 안에서 시작된다. 이러한 경험은 효율성에 대한 요구를 충족하고, 네트워크를 연결하고 중요한 결과를 달성하는 신뢰할 수 있는 수단을 개발한다. 더러 혁신적인 경험이 그 지역의 공공 의제를 선도하는 경우도 있지만, 그것은 정부 및 사회운동과 함께 그것의 목표와 행동을 구체화하는 방식에 달려 있다.

이 글에서는 리드비터가 그 특징을 기술한 고립, 단편화 및 불연속성을 극복하고자 최근 몇 년간 수행된 혁신적인 경험을 설명하고자 한다. 이러한 경험이 브라질에서 가장 크고 부유한 도시에서 일어난다는 사실은 파트너십의 표현, 공공정책의 도입, 더 큰 가시성과 새로운 경험에 대한 영감을 불러일으킨다.

역사적 윤곽을 정의하는 기간들은 브라질 교육의 새로운 표석으로 특징지어진다. 25년간의 군사 독재 이후, 브라질 국민들은 1988년 몇몇 사회운동을 통해 그들의 양도할 수 없는 권리를 주장했으며, 브라질 민주정권 수립의 기반이 되는 새로운 브라질 헌법을 탄생시켰다. 그 후 몇 년 동안 새로운 제도적 정치 질서는 민중의 삶 속의 다른 분야들과 통합되었다. 교육 분야에서는 1996년에 새로운 법적 기준인 「교육 가이드라인 및 재단법Lei de Diretrizes e Bases da Educacao, LDB」이 제정되었다. 몇 가지 정치적 분쟁에서 비롯된 여느 문서와 마찬가지로, LDB법은 많은 모순을 안고 있지만 대체로 브라질 교육 계획의 돌파구를 나타내고 있다. 이를 통해 무학년 학교 조직, 이웃의 문제 및 학생의 관심사에 기반한 맥락화된 커리큘럼의 작성, 포트폴리오 같은 지속적이고 포괄적인 평가 도구의 채택, 공원·광장·영화관·도서관과 심지어 대로변 같은 새로운 학습 공간의 사용이 가능해졌다. 민주적 정치구조가 법에 의해 보장되며, 이는 모든 학교가 학생, 학부모, 지역사회의 선출된 대표들로 구성된 위원회를 구성해야 함을 의미한다.

해당 법률은 어떠한 변경 과정에서도 필수 요소였지만, 그 시행은 불가능했다. LDB법이 제정된 지 20년이 지났음에도, 오늘날 브라질에 유연한 교육과정과 지역의 참여를 포함하는 민주적인 학교를 구성하는 것은, 대학이나 비정부기구NGO를 포함한 강력한 네트워크로부터의 지원과 지도자의 결정에 크게 의존하고 있다. 해당 법을 실행시키려는 노력에 대해서는 이어서 설명하고자 한다.

새천년의 전환기에 접어들면서 브라질에서는 이미 민주적 제도가 정착되고 다른 나라 시민운동과 계획을 교환하기 위한 프로세스가 강화되면서 브라질 학교혁신의 청사진이 그려지기 시작했다. 우리는 두 가지 기준에 따라 이들 중 일부를 설명하려 한다. 상파울루 대도시 지역에서의 경험, 어린이와 청소년이 관련된 경험이다. 브라질의 주도인 상파울루시는 브라질 남동쪽에 위치하며, 1,200만 명의 인구와 39개의 도시로 구성된 거대 도시의 일부다. 또한 국가의 금융과 정치적 중심지이기도 하다.

가장 큰 도시로 그곳에서 추진되는 계획들은 비교적 빠르게 전국에 영향을 미친다. 여기서 소개하는 경험은 국내, 심지어 국제적으로도 영향을 미쳐 끊임없이 언론에 실린다. 이들은 여러 학술 연구 프로젝트의 주제이며, 미국의 다양한 지역에서 온 교육자와 예비 교육자들을 포함한 수백 명의 방문객을 받고 있다.

이러한 경험은 영향력이 클 뿐만 아니라 홀리스틱 교육educação integral
이라 불리는 공통적인 관점도 지니고 있다. 홀리스틱 교육의 개념은 개인
의 총체적인 발전-개인의 정신적, 감정적, 육체적, 사회적, 윤리적 발전-을
보장하기 위해 독립적인 공간과 주체 간의 협력을 필요로 한다. 즉, 제안서
에서는 그러한 복합적 과제를 달성하려면 교육 목표, 견해 및 전략을 가진
지역을 형성할 수 있는 프로젝트인 공통 프로젝트와 관련된 여러 주체 간
의 통합이 필요하다고 이야기하고 있다. 학교는 교육의 사명을 인정받는
사회기관이기 때문에 이 과정에서 중요한 역할을 한다. 또한 학교는 오늘
날 브라질 국토 곳곳에 가장 널리 퍼져 있는 공공시설이기도 하다. 학생
들의 전인적인 발전에 그 행동을 집중시키고 가족이나 지역사회의 다른
교육기관과 연결하기 위해 학교는 민주적이어야 한다.

그래서 이 장에서 공통되는 네 가지 경험은 혁신, 민주, 인간 발달에 대
한 총체적인 관점에 부합하는 것, 그리고 사회운동과 교육의 공공정책 형
성에 강한 영향을 미치는 것이다. 이러한 공통적인 측면을 제외하면 각각
의 프로젝트는 그 맥락과 결과에 따라, 그 논의점이 상당히 다르다. 첫 번
째 프로젝트는 도시의 중산층 지역에 있는 공립학교를 살펴보고, 두 번째
는 지역 변혁을 위해 주민 단체와 제휴한 공립학교를 알아본다. 세 번째
는 지역사회 학교의 예를 살펴본다. 마지막으로, 지역사회와 학교를 지원
하고 정부의 개발 지원을 받는 교육 이웃 공동체와 이를 장려하는 시민
사회 단체의 경험을 공유하고자 한다.

중산층의 민주공립학교: 대화와 다양성

민주공립학교에 대한 첫 번째 경험은 새로운 법이 제정된 직후에 시작되
었다. 도시 서부 부탄타에 위치한 시립 초등학교Escola Municipal de Ensino
Fundamental, EMEF 아모림 리마Amorim Lima, 이하 아모림에 관한 것이다. 아

모림은 하층 계급과 중산층이 나란히 살고 있으며 이 지역에는 상파울루 대학교와 몇몇 큰 슬럼가가 있다.

이 학교는 6~14세의 학생 727명으로 이루어져 있으며 이 중 9%는 극빈 가정에서 생활하고, 약 3%는 장애인이다. 이 학교 구성원에는 대학생, 근로자, 예술가, 자영업자 등의 부모를 둔 어린이와 청소년이 포함되어 있다. 현재 학교 운영진은 54명이다.

1996년 아나 엘리사 시케이라Ana Elisa Siqueira 교장의 부임과 함께 학교혁신이 시작되었다. 학교 내외부 공간 개조를 통해 학교 내부적으로는 학생들을 더욱 즐겁게 하고 공존에 초점을 맞추도록 했다. 벽을 예술적으로 개조하고 울타리를 제거했으며 사람들이 앉아서 이야기를 나눌 수 있는 생활 공간이 만들어졌다. 또한 학교는 지역사회와 함께 하는 활동을 위해 주말에 문을 개방했다.

고학년 학생들은 학교에 다니기 시작했고 방과 후 활동을 하면서 여러 활동에서 스태프로 일했다. 학부모와 공동체의 지지와 헌신이 늘어나면서 학교는 브라질 문화, 카포에이라(대중문화의 상징인 춤으로 표현), 환경 교육 및 연극에 대한 워크숍을 개최했다. 학부모는 파티와 같은 행사 계획, 어머니 연극 그룹의 설립, 학생과의 활동을 위한 자원봉사와 학교평의회 운영 등에 대해 협력한다. 전문 기관들이 관계자들의 전문성 발전을 도왔으며, 자선 재단은 이 모든 활동을 평가했다.

2000년 카포에이라 연구 및 실천 센터Centro de Estudos e Aplicaçao da Capoeira, CEACA는 아모림에서 평일 저녁과 토요일에 학교와 외부 지역사회를 위한 대중문화 프로그램을 개발할 것을 요청받았다. 2002년, 견고하게 구성된 학교평의회는 교육 및 학습 프로세스에 관한 데이터 수집과 분석을 목적으로 위원회를 설립했다. 학생과 교사의 기강 부족과 높은 결석률 문제가 핵심 쟁점으로 진단되었다. 학교의 가치와 목표를 표현하는 정치교육 프로젝트Political Pedagogical Project, PPP 문서를 검토함으로써, 위원회와 학교협의회 모두 그 기관에서 이론과 일상적 실천 사이에 큰 불일치가 있음을 깨달았다. 그래서 그들은 PPP를 검토하기 위해 외부 컨설턴트의 지원을 구하기로 결정했다. 이것이 그들이 포르투갈 브리지 학교 Escola da Ponte를 알게 된 계기였으며, 아모림은 이에 큰 영감을 받았다. 시 교육부의 승인으로, 아모림 PPP는 법 개정으로 명시된 이론적 전제를 학교 일상에 적응시키기 위한 변화를 시작했다.

첫 번째 과정은 교실을 분리하는 벽을 허물어 큰 홀을 만드는 것이었는데, 그 결과는 상징적 측면과 운영적 측면에서 모두 큰 영향을 미쳤다. 예상했던 대로 공간 재편으로 인해 지역 모임 시간표가 조정되었다.

커리큘럼은 이전에 과외 활동으로 제공되었던 활동들을 그 자체로 통합하면서 더욱 유연해졌다. 그 결과, 2005년에 '아모림 포인트 오브 컬처 Ponto de Cultura'가 창설되어 이전에 커리큘럼에 언급되었던 카포에이라 CEACA 활동뿐만 아니라 몇몇 브라질 전통 춤을 프로그램에 포함할 수 있게 되었다. 아모림 포인트 오브 컬처는 2004년에 만들어진 국가 정책의 결과물이다. 대략적으로, 시민사회단체들은 독립적인 미디어와 예술적이고 익살맞은 언어적 표현을 탐구하는 프로젝트를 만들었다. 기금은 연방 정부, 주정부 및 지방자치단체가 시민사회단체와 직접 체결한 협약을 통해 지원되었다. 이후 자율성, 맞춤형 모니터링 및 지속적인 학습 평가를 보장하기 위해 아모림 커리큘럼은 계속 변경되었다. 오늘날 모든 학생은 학교에 지도교사가 있다. 평균적으로 한 명의 지도교사가 20명의 학생을 책임진다. 일주일에 한 번, 튜터와 그/그녀의 학생 그룹은 약 다섯 시간의 회의를 한다. 회의와는 별도로, 학생들은 개별 질문이나 문제가 있을 때마다 지도교사를 만날 수 있다. 한 해 동안 학생들에게 약 20개의 연구 목표 또는 개발 주제가 포함된 연구 로드맵이 제공된다. 로드맵은 학생들이 몇몇 책에 명시된 주요 주제를 연구할 것을 요구한다.

그룹은 3개의 서클로 구성되며, 각 서클은 특정 홀에 머무른다. 홀에서는 학생들이 4인 1조로 앉아 연구를 수행한 후 개별적으로 목표를 체계화한다. 강의는 거의 이루어지지 않는다. 교사들은 학생들이 의문을 풀 수 있도록 돕고, 필요하다면 몇 가지 문제를 설명하기 위해 복도를 돌아다닌다. 로드맵은 학습과정을 평가하기 위해 학생과 지도교사 간의 대화에서 사용되는 도구인 포트폴리오의 형태로 제시된다.

빈민가의 '교육자 동네'

아모림 학교가 가져온 혁신은 상파울루의 또 다른 시립 공립학교, 즉 도시의 남동쪽 빈민가 헬리오폴리스에 있는 살레스 캠퍼스에 영향을 주었다. 이 학교는 청소년 및 성인교육Educação de Jovens e Adultos, EJA 외에 정규 초등교육을 제공하고 있다. 헬리오폴리스에는 1970년대에 이민을 시작한 사람들 약 12만 5,000명이 살고 있다. 이 지역은 한때 브라질에서 가장 큰 슬럼으로 여겨졌다. 도시화 과정을 거친 후에는, 대부분의 가정에 전기, 수도가 있고 하수망이 연결되어 있다. 거리는 잘 포장되어 있지만 대부분의 가정이 빈곤선상에 있다.

헬리오폴리스의 가장 큰 강점은 지역사회의 힘이다. 그 이유는 1980년대에 설립된 '핵 결합 및 헬리오폴리스와 주변환경 주민연합/UNAS'에 있다. 1990년대 초, 교육자 파울루 프레이리가 상파울루 교육감으로 임명되었을 때, 교육은 UNAS 의제에 포함되었으며, 특히 이 지역에 성인 문맹퇴치 운동MOVA을 위한 20개의 교실을 만들었다. 그 후 UNAS는 모두의 진정성 있는 삶을 달성하는 것을 목표로 대중 투쟁의 또 다른 주제로 범위를 확대해 가기 시작했다.

1995년 브라질 로드리게스 노게이라Rodrigues Nogueira가 살레스 캠퍼스의 교장이 된 이후부터 민중운동 실천이 강화되었다. 로드리게스는 점진적으로 학교를 사람들의 권리 행사를 위한 투쟁의 중심지로 만들기 위해 지역 지도자들과 대화를 나누기 시작했다. 그 당시 헬리오폴리스에는 종종 조직범죄로 인해 통금 시간을 두고 학교, 기업 및 기타 공공 및 민간 시설들이 문을 닫도록 강요하는 일이 있었다. 브라즈의 지도로 이루어졌던 학교의 마지막 무력 시위는 그들이 마약 단속반의 명령에 따라 학교 문 닫기를 거부했을 때 일어났다.

억압에 대응하는 공동체 차원의 단결은 극적인 사건에 의해 강화되기 시작했다. 1999년, 16세 학생이 집으로 가던 중 학교 근처에서 살해당하는 사건이 있었다. 이 학교는 한발 물러서 공포에 떨지 않고, UNAS의 지도자들과 협력하여 평화를 위한 첫 행진을 조직했다. 이것은 연례 행사로 이후 지역사회의 화합을 나타내는 시위로 자리 잡았으며, 헬리오폴리스와 외부에서 온 성인, 어린이, 젊은이를 포함한 수천 명이 함께 모였다. 3월에는 도시 다른 지역의 사회운동과 다양한 정당의 정치인들이 합류했다.

1년 내내 계속되는 행진은 현재 교육자 동네로 알려진 지역을 중심으로 4.5km의 코스를 거쳐 이 학교에서 시작되고 끝난다. 운동 조직인 평화태양운동Movimento Sol da Paz[2]에 의해 행진이 조직된다. 이 조직은 지역을 교육자 동네로 변신시키기 위해 헌신하는 학교, NGO, 주민 단체, 예술 단체, 여성운동, 흑인운동 단체 등에 의해 1999년 조직되었다.

캄포스 살레스는 이미 지역사회의 중요한 지도자 역할을 함과 동시에, 교육학적 관점이 반영된 강력한 학교평의회와 조직화된 길드 및 참여 위원회가 있는데, 학교는 여전히 교실 배치, 과목, 시험 및 성적의 오래된 기준을 유지하고 있다. 2000년대 중반 리마Amorim Lima가 수행하고 있는 교육학적 변화 과정을 알게 된 브라즈Braz는 몇몇 선생님과 함께 해당 학교의 사명과 목표를 재검토하기 시작했다.

오늘날 1,120명의 학생은 아모림 학교와 유사하게 그룹이나 큰 홀에서 서클 활동을 위해 특별히 개발된 로드맵을 바탕으로 연구하며, 필요할 때 전담 선생님들의 도움을 받는다.

살레스 캠퍼스는 이러한 커리큘럼 혁신 외에도 학생들이 학교 운영에

---

2. (옮긴이 주) 행진을 기초로 평화시위를 진행하는 많은 단체가 있는데, 여성운동, 노동운동 등 다양한 주제로 생겼다가 사라지기를 반복한다.

참여할 수 있는 매우 혁신적인 방법을 고안했다. 개발된 시스템은 학생공화국Republica de Estudantes이라고 불린다. 이 기구는 중재위원회에서 기원한다. 이 위원회는 각 홀에서 선출된 학생에 의해 구성되며, 학생, 교사, 교직원 간의 평화적 공존, 공간 존중 및 존중을 육성하는 것을 목표로 하고 있다. 위원회의 학생들은 자신들의 자율성을 이용하여 필요할 때 학부모들에게 재판 절차 지원을 요청할 수도 있다. 위원회의 성과로 인해 자치회가 구성되었다. 자치회는 10세 이상의 중재위원회 구성원 중에서 학생 1명, 부시장 1명, 시의원 10명(그룹당 2명)을 선출한다. 자치회원장은 중재위원 중에서 4개 항목-관계와 다양성, 커뮤니케이션, 건강과 환경, 문화와 스포츠-에 대한 비서를 선택한다. 이러한 직책과 관련된 위법 사건의 경우, 3명의 교사, 3명의 학생, 1명의 스태프로 구성된 윤리위원회가 참여해야 한다.

살레스 캠퍼스 학교에서 이루어진 교육학적 프로젝트 혁신은 평화태양운동을 통해 헬리오폴리스가 교육적 이웃으로 변모할 필요성을 주장하는 데 힘을 실어 주었다. 상파울루대학교, 학습하는 학교도시, 바카렐리음악원, 토미 오타케 연구소 등 브라질 유명 단체의 지원으로 헬리오폴리스 교육문화공존센터가 설립되었다. 교육문화공존센터는 2007년부터 학교/CEI 주변에 지어지기 시작했다.

센터는 3개의 유치원(3세 미만 어린이 대상), 1개의 조기교육 학교(4세 및 5세 어린이 대상), 주정부가 설립한 기술학교(고등학생 대상)를 비롯한 스포츠 복합시설, 광장, 헬리오폴리스의 상징인 오케스트라를 위한 극장이 있는 문화센터, 도서관을 포함한다. 이 시설들은 UNAS가 지명한 6명의 시청 직원이 관리하고 있다.

CCECH와의 영구적인 파트너십 외에도 UNAS는 상파울루시의 교육공동체와 협력하고 있으며 11개의 CEI와 8개의 어린이청소년기센터CCA를 관리, 14세 미만 어린이를 대상으로 매일 여러 교육 활동을 전개하고 있다. 규정을 위반한 10대에게 공공 서비스(봉사활동) 제공을 권고하는 지원 프로그램(사회 교육 서비스), 취약한 가족 지원 프로그램SASF, 컴퓨터에 무료로 접속하여 인터넷 통신망을 사용할 수 있는 전송 서비스 및 도서관, 문화시설, 목공학교, 라디오 방송국과 같은 커뮤니티 시설이 있다. 헬리오폴리스는 '교육자 동네'를 위해 평화태양운동을 조직, 동원, 강화하는 단체들의 네트워크로 기능한다.

학습 커뮤니티

이 장에서 소개할 세 번째 체험은 저소득층 어린이와 청소년을 위한 예술 및 스포츠 활동을 17년간 운영한 시민사회단체가 설립한 학교인 앵커 프로젝트Projeto Ancora이다. 상파울루 수도권 내의 지역 코티아에 위치하며, 사회적 불평등이 심하고 고급 아파트와 몇몇 슬럼가로 이루어졌다는 특징이 있다.

2012년 포르투갈 브리지 스쿨Bridge School 이사인 호세 파체코José Pacheco가 프로젝트를 맡았다. 브라질의 높은 혁신 가능성을 실감한 파체코는 포르투갈을 떠나 아모림 리마, 캄포스 살레스, 앵커 프로젝트와 같은 사회 단체, 교육자 및 브라질 학교를 변혁 과정에서 지원하기 시작했다. 파체코의 등장으로 이 단체는 기업들로부터 기부를 받아 시 기금으로 운영되는 자체 학교를 설립했다. 현재 앵커 프로젝트 학교에는 이 지역 최빈곤층 가정의 4~14세 학생 680명이 있다.

학생 활동은 4개의 학습 사이클로 구성된다. 학생들은 학교에 도착하자마자 매일, 일주일의 활동을 상세하게 설명하는 로드맵에 따라 튜터(전담 교사)와 함께 일일 계획을 수립한다. 로드맵을 구체화할 때 학생들이 그 주에 배우고 싶은 것을 지목하면, 튜터는 그들이 사용할 과목과 자료를 선택할 수 있도록 도와준다. 하루의 마지막에 학생들은 자신들이 배운 것을 토론하고 어려움을 공유하기 위해 튜터와 다시 만난다. 학생 교육과정 로드맵의 항목에 문제가 있을 때마다 해당 주제가 다음 계획에 포함된다. 학생들이 수행한 연구와 프로젝트는 인근 지역뿐만 아니라 앵커의 넓고 넉넉한 실내 공간에서 이루어질 수 있으며, 그들은 종종 사회적·환경적·문화적 지역 문제에도 접근하기 때문에 지역사회를 교육과정에 참여시키고자 한다.

학생들이 그룹으로 공부하는 교실에서 학습과정은 체계적으로 이루어진다. 누군가 도움이 필요하면, 그들은 손을 들고 튜터에게 부탁한다. 벽에는 "도와주세요"와 "도와드릴까요?"라는 두 개의 제목이 붙은 포스터가 걸려 있다. 어린이와 청소년은 그들의 이름을 첫 번째 제목 아래에 쓰거나 그들이 어떤 과목에 숙달했을 때 주변에 도움을 줌으로써 동료들과 도움을 주고받을 수 있다. 또한 학생들은 홀 벽면에 고정된 국가 교육과정에 관련된 성취기준과 콘텐츠 목록을 확인할 수 있다.

며칠에 걸쳐 수행되는 평가는 학생의 개인 파일에 기록되고, 이것은 튜터가 정교하게 기록한 교육 활동 요약과 태도 및 기술 등과 함께 평가의 기준이 된다.

학생들은 의회를 통해 민주적으로 의사결정 과정에 참여한다. 의제는 게시판에 표시되어 누구나 토론하고 싶은 주제를 적어 학교에서 좋아하는 것과 싫어하는 것을 지목할 수 있다. 총회는 이러한 목적을 위해 특별히 구성된 위원회가 주관한다. 결정은 합의에 따라 내려진다. 학부모는 학부모회를 통해 행정에 참여한다.

앵커 프로젝트는 학습 커뮤니티로, 「지속가능한 발전을 낳는 교육 모델」에 근거한 커뮤니티 활동을 지원하고 있다. 앵커 프로젝트의 교육 실천은 벽을 넘어 참여 사회의 통합에 적극적으로 관여하고 있다. 학습 커뮤니티의 벽을 넘어 확대에는 두 가지 작업 계획이 수반된다. 첫 번째는 회의, 조직 내 경험, 앵커 팀의 모니터링을 통해 국가의 다른 지역에서 온 교육자들이 학교 형성 과정에 참여할 수 있도록 한다. 두 번째는 모자이크 제작, 건축 기술, 가구 복원 등 지역사회를 위한 강좌를 제공하는 식으로 이루어지며, 지역사회 공간을 재창조하는 생태적으로 지속가능한 구상에 기초한 새로운 소득 가능성을 창출한다.

학습하는 동네

민주화 과정에서 등장한 많은 시민사회단체 중 1997년에 만들어진 것이 눈에 띈다. 언론인, 건축가, 교육자가 설립한 학습하는 학교도시 협회 Cidade Escola Aprendiz, 이하 아프렌즈이다.

아프렌즈의 초기 목표는 조직이 설립된 인근 지역인 빌라 마달레나Vila Madalena, 도시의 서쪽에 있는 보헤미안 중산층의 공립학교와 사립학교 고등학생들이 이 두 그룹 사이에 존재하는 구분을 깨는 것으로, 이는 두 집단이 함께 수행한 실험적인 의사소통 프로젝트로 시작되었다. 이러한 실험들은 교육과 시민권에 초점을 맞춘 최초의 웹사이트 중 하나인 포털 아프렌즈Portal Aprendiz를 탄생시켰다.

곧이어 이 단체는 주민들과 학교 공동체를 동원하여 도시 성벽을 창의적으로 변화시키기 위해 실험적인 도시 예술 프로젝트도 진행하기 시작했는데, 이러한 사회적 분리의 상징에 새로운 의미를 부여하고, 지역사회가 다시 살아날 수 있도록 하기 위한 지원 과정도 마련했다. 이웃과의 관계에서 상징적인 아모림 리마와 살레스 캠퍼스 같은 학교들과 함께, 이단체는 도시 중요 지역에서 수년간 지속적으로 프로젝트를 수행했다. 그결과, 학교와 지역사회 간의 연결성 강화 외에도, 20개 이상의 시립 광장과 기타 공공 공간이 도시의 지역사회와 예술가에 의해 재지정되었다.

세 번째 행동 방침은 젊은이들이 지역사회 내에서 사회적 구상을 개발하고 이행할 수 있도록 지원하는 것을 목표로 조직 초기에 고안되었다. 아프렌즈는 처음 15년 동안 젊은 커뮤니티 에이전트의 훈련을 위한 몇 가지 프로젝트를 수행했는데, 일부는 문화에, 다른 일부는 커뮤니케이션에 초점을 맞췄다. 지역사회와 함께 일하기 위한 방법들은 학교 및 기타 조직에서 유사한 구상 구현에 관심이 있는 교육자의 교육과정을 지원하는 방향으로 체계화되었다.

마지막으로 아프렌즈는 빌라 마달레나에서 어린이, 청소년과 함께 일하는 또 다른 활동 라인을 개발하여 인근 지역의 여러 교육적 어려움을 해결하고, 그들의 가족을 지역사회-교육 네트워크에 더 가깝게 하여 그들이 도시의 잠재력을 알게 하는 한편, 인근 광장에서 지역민들에게 교육 활동을 제공했다.

몇 년 동안 이러한 행동을 전개한 후, 협회는 인근 공립학교로부터 지역사회에 가까워질 수 있도록 지원해 달라는 요청을 받았다. 이후 교사 양성 과정, 지역 및 시 조직과의 파트너십 구축, 커리큘럼 개발을 멘토링하기 시작했다.

어린이·청소년과의 협력은 지역 학생들이 어린이·청소년의 권리를 위한 교육, 보건 및 사회 개발에 대해서 기술자와 정책을 제안하고 토론하는 어린이·청소년 포럼Children and Teenagers Forum, FOCA의 강화로 이어졌다.

최근 시청은 상파울루대학교의 교육대학과 함께 빌라 마달레나, 부탄탕Butantã을 포함한 도시 내의 소규모 지역 내에 위치한 학교들을 서로, 그리고 지역사회와 연결하는 과정을 촉진하기 위해 아프렌즈로 초대했다. 빌라 마달레나, 아모림 리마의 학교 등, 이러한 소규모 지역 내의 커뮤니티와 이미 제휴하고 있는 학교가 그 지역의 새로운 학습 커뮤니티를 목표로 하는 과정을 지원할 수 있도록 하는 것이다.

이러한 구상을 통해 개발된 일련의 기술은 '학습하는 동네Bairro-escola'라고 불리는 방법론으로 체계화되었다. 2004년 유엔아동긴급기금UNICEF은 학습하는 동네를 복제 모델로 인정했다. 이후 몇몇 자치단체가 아프렌즈에 새로운 교육 프로그램을 만들기 위한 지원을 요청하기 시작했다. 공공 학교 네트워크로 위원회 경험을 이전하는 핵심 요소는 학교와 지역사회 간의 명료화 촉진을 담당하는 지역사회 교사의 역할 창출, 지역의 교육 기회 도식화 및 필요한 파트너십 구축이었다. 여러 도시가 이 역할을 만들어 냈고, 아프렌즈는 이 새로운 에이전트를 훈련시키기 위해 초대되었다. 대체로 상파울루주 공립대학과 파트너십을 맺고 있다.

2005년부터 아프렌즈는 활동 범위를 사회주택 이동에 대한 부동산 투기와 관련하여 매우 강도 높은 도시 토지분쟁으로 특징지어지는 지역과, 다문화주의, 역사적·건축적·문화적 풍요로움을 향유하는 중심 지역으로 확장했다. 아프렌즈는 시청과 협력하여 시내의 명소인 문화공간에서 시립학교 네트워크 교사들을 위한 연수 프로젝트를 시작했다. 교사들은 학생들을 위해 이런 장소들로 견학을 계획했으며, 이는 증가하는 이민자 인구에 초점을 맞춘 학습 프로젝트를 만드는 데 활용되었다.

2007년, 아프렌즈는 또한 도시의 남쪽에 있는 자딤 안젤라 구역과 가장 가난하고 폭력적인 지역 중 한 곳에서 활동을 시작했다. 유치원 교장의 주도로, 처음에는 빈민가의 벽과 계단을 창의적으로 변화시키는 것을 목표로 하는 학교 및 지역사회 협회 네트워크의 주도로 미술 워크숍이 진행되었다. 이 프로그램은 유니세프의 지원을 받으면서 지역사회 지도자들과 문화 활동가들의 관심을 끌었다. 이 네트워크는 다음과 같은 여러 가지 방법으로 지역의 큰 공립학교에 학생 활동을 지원하면서 실천을 강화했다. 학생 길드의 설립, 예술 워크숍과 커뮤니티 이벤트가 열리는 학교 내 문화공간 창조, 학교와 지역사회를 위한 학생 프로젝트 구체화 등이 그것이다. 그 결과, 오늘날 자딤 안젤라에서는 지역의 공공정책에 관한 논의를 중심으로 교육 종사자들에게 잘 알려진 포럼이 개최되고 있다.

변화의 방향: 홀리스틱 교육을 위한 공공정책

앞서 말한 바와 같이, '교육자 이웃'의 경험은 학교와 지역사회를 하나로 묶고 젊은이들을 위한 새로운 교육 기회를 창출하기 위한 프로그램을 만들도록 영감을 주었다. 그러한 계획들은 국가 차원에서 홀리스틱 교육에 대한 정치적 의제를 구성하는 계기가 되었다.

교육 지침 및 기초법 제정 이후 홀리스틱 교육 정책을 구체화한 최초의 정부 중 하나는 상파울루시였다. 2001년에 상파울루 시청은 연합교육센터Centros de Educação Unificados, CEU를 설립했다. 연합교육센터는 도시 생활의 지역 중심지로 생각되며 교육, 문화 및 스포츠를 목적으로 하는 공공시설을 연결하고 있다.

상파울루 대도시 지역에는 현재 12만 명 이상을 위한 54개의 연합교육센터가 있다. 각 연합교육센터는 세 개의 학교로 구성되어 있으며, 세 개의 교육 수준을 대상으로 한다. 모든 연합교육센터에는 운동경기장, 극장, 놀이터, 수영장, 도서관, 원격교육 센터 및 워크숍, 미술 전시관 및 회의를 위한 공간이 갖춰져 있다. 이 시설들은 학교 학생들뿐만 아니라 지역사회에 의해서도 사용된다.

연합교육센터에는 세 가지의 교육학적 목표가 있다. 어린이와 청소년의 전인적 발달, 커뮤니티 개발, 새로운 교육 경험을 위한 혁신이 그것이다. 연합교육센터 구축은 선거로 인한 정권 변화에 영향을 받지 않으며 정치-교육학적 목표 개발을 촉진했다.

첫 번째 연합교육센터는 교육, 문화 및 체육부와 지역사회 평의회에 의해 관리되었다. 정권이 교체되면서 연합교육센터는 다른 분야와 지역사회로부터 격리되어 교육부 산하의 프로젝트가 되었다. 따라서 지금까지 연합교육센터와 가장 관련성이 높은 목표는 일자리 창출, 기본적인 위생 개선 및 교육 기회 접근을 통한 지역 개발이지만, 학교들은 여전히 다소 전통적인 교육학적 구성을 사용하고 있다. 2013년에 임기가 시작된 현 지역 정부는 연합교육센터 내에 인권교육센터를 설립함으로써 원래의 연합교육센터 제안을 재개할 예정이다. 이 센터들은 연합교육센터의 3개 학교와 그 근처에 있는 다른 학교들을 지원하는 것을 담당하고 있으며, 연합교육센터와 지역사회 간의 제휴를 통해 이웃의 모든 젊은이의 인권 보장을 위한 전략을 수립한다. 센터의 이러한 교육학적 관점에서의 관리는 아프렌즈가 인권 및 교육에 관련된 시 부서와 협력하여 수행한다. 현 정부의 또 다른 구상은 헬리오폴리스의 교육 및 문화 공존 센터를 연합교육센터로 전환하는 것으로, 헬리오폴리스의 다른 연합교육센터에 대한 교육 및 문화 공존 센터를 확장하는 것이다.

상파울루는 홀리스틱 교육 정책을 교육, 문화 및 스포츠를 위한 지역 센터 건설에 주로 초점을 맞추어 구체화했지만, 다른 도시들은 도시의 학습 경로 구축과 학교, 공공시설 및 지역사회 조직 간의 파트너십 구축에 초점을 맞추어 정책을 개발했다. 미나스제라이스주의 벨로호라이즌테, 리우데자네이루의 노바이구아수 등이 이에 해당한다.

이러한 지자체의 홀리스틱 교육 정책은 연방정부에 영감을 주었다. 연방정부는 2007년에 국가 전체에 홀리스틱 교육 정책을 유도할 수 있는 프로그램을 구체화하기 위해 공공 관리자, 시민사회 조직 및 공립대학으로 구성된 특별팀을 설립했다. 그들은 '더 많은 교육' 프로그램Mais Educação을 만들어 현재 전국의 5만 개 이상의 학교에 직접 자원을 제공하고 있다. 이 프로그램은 지역사회 활동가를 교육 활동가에 포함하는 프로젝트를 개발하는 것을 목표로 한다.

프로그램의 주요 초점은 정규 교육 시간을 하루에 최소 7시간으로 늘리는 것이다. 학교 내에서만 시간을 보낼 필요가 없으며, 인근 야외 가용 공간 및 조직에서도 시간을 보낼 수 있다. 연방기금은 프로그램에 참여하는 학교에 직접 전달되며, 활동의 조직과 학생들의 식사에 사용된다. 학생들은 참여 여부를 자율적으로 선택할 수 있다. 활동은 NGO들과 지역사회의 교육자들에 의해 추진된다.

'더 많은 교육' 프로그램 구조는 부서 대표, 학교 관리자 및 기타 파트너로 구성된 메트로폴리탄 및 지역 위원회를 포함하고 있으며, 그중 지방 위원회와 더불어 대학은 학교 커뮤니티 대표로 구성되어 있다. 이 네트워크의 지역 및 전국 회의는 홀리스틱 교육의 원칙을 논의하고 의제를 전파한다.

하지만 수천 개의 학교에 도달했음에도 불구하고, '더 많은 교육' 프로그램은 모든 학교에 효과적인 교육 변화를 유도하지 못하고 있다. 이를 해결하려면 초등교육을 담당하는 지방정부와 주정부가 홀리스틱 교육에 초점을 맞춘 정책을 수립해야 한다.

무엇보다, 가장 중요한 것은 학교가 지역사회 교육 실천과 문화, 커뮤니케이션, 신기술, 환경 및 인권과 관련된 교육 프로젝트에 초점을 맞춘 NGO처럼 사회적 현실을 변화시키기 위해 헌신하는 조직과 연결되어야 한다는 점이다. 이러한 조직은 인간의 웰빙을 보장하는 여러 영역에서 창의성, 연대와 자율성을 촉진한다. 이러한 의제는 진정한 민주적 환경 내에서 중요한 학습을 가능하게 하는 혁신적인 요소이지만 브라질 교육 시스템에 거의 영향을 미치지 않았다. 홀리스틱 교육 프로그램은 이러한 연결을 가능하게 하여 학교를 변화시키고 동시에 이러한 조직의 정치적 의제를 강화하는 데 유익하다. 학교와 조직 간의 파트너십은 학습 공간과 시간을 다양화할 뿐만 아니라 지역사회 문제와 민주적 문화를 교육과정에 포함시키는 데 중요한 역할을 한다.

많은 홀리스틱 교육 활동은 다음과 같은 질문을 던진다. 이것은 새로운 개념의 사회운동인가? 일부는 그러한 가능성을 제기하고 있다. 지난 10년 동안, 이러한 모든 과정의 결과로, 브라질의 많은 조직, 교육자, 활동가, 연구자들이 교육 시스템에 의문을 제기하기 시작했다. 이들은 온라인상의 네트워크, 회의, 사회적 모임을 조직했다. 그들 중 일부는 민주 교육을 위한 국제적인 운동에 대해 학습했고, 다른 이들은 파울루 프레이리의 생각을 조명했다. 2013년, 이러한 네트워크는 성명서 〈학교의 변화, 교육의 개선: 나라의 변혁Mudar a Escola, Melhorar a Educação: Transformar um País〉을 발표했다. 성명서는 브라질 수도 브라질리아에서 열린 회의에서 시작돼 교육부에 전달됐고 시의회 회의실, 지역사회, 교육부 등 30여 개도시에서 논의되었다.

같은 해, 지역의 공공정책 설계에 기여할 수 있는 참고 자료의 연구, 개발, 개선 및 무료 배포를 촉진하기 위해 통합 교육 참조 센터Centro de Referencias em Educação Integral가 설립되었다.

아프렌즈는 대학, 시교육비서관협회, 유네스코, 연구센터, 재단을 포함한 12개 기관이 자금조달 센터를 관리하고 담당하고 있다. 이 사례는 이글에 제시된 혁신적 경험과 그 밖의 많은 경험이 현장에 적용될 때 나타날 수 있는 실질적인 영향을 조명하고 있다.

결론

오늘날까지 지속되고 있는 혁신운동의 사례를 통해 고립, 단편화 및 불연속성을 극복하고 브라질 교육 시나리오의 변화가 효과적으로 이루어지는 모습을 살펴보았다. 하지만 이런 변화에는 특정한 조건들이 필요하다.

제시된 네 가지 사례는 그들이 위치한 지역의 문화 단체, 이웃 협회 및 지역사회와 연계된 학교와 NGO에 의해 지역 차원의 개입으로 시작되었다. 이러한 지역적 연결 이외에도, 조직들은 대학, 국제기구 및 국제적인 단체들과도 연계했다. 초기 몇 년 동안 이러한 실험들이 주로 담당자의 헌신에 의존했다면, 오늘날의 혁신운동은 적절한 과제 수행팀을 구성하는 데 성공했다. 이 팀은 다양한 기술을 다루며 학생들의 통합 개발에 초점을 맞춘 신뢰할 수 있는 방법론을 만들어 냈다. 이는 다양한 학습 스타일을 강조하고 새로운 교육 주체를 포함시키는 것을 의미한다.

달성된 긍정적인 결과와 이러한 경험을 가능하게 한 네트워크는 브라질 교육계 내에서 동일한 상황에 적용 가능한 새로운 운동 구상에 대한 영감을 제공한다. 운동은 학교가 그들의 사회적 맥락과 본질적으로 연계된 교육학적 프로젝트를 개발할 수 있도록 자율성을 요구하고, 항상 학생과 교사의 역할을 존중한다.

이 운동은 국제기구에 의해 권고된 포르투갈어 및 수학 능력에 기초한 교육 평가에 조응하는 정부 정책에 반대하는 것으로, 학교교육을 그 일에 대한 최소한의 기술을 대량으로 가르치는 기능으로 축소하는 것이다.

그런데 홀리스틱 교육의 혁신적인 경험은 또 다른 유형의 정부 정책을 고무하고 강화하며, 이는 국제기구의 또 다른 초점인 수업일수 연장을 목표로 하고 있다. 학교의 구조를 지역이나 NGO와의 제휴를 가능하게 하도록 재설계하여 학교의 벽을 넘어 교육의 공간과 시간을 넓히는 이러한 경험은, 의문스러운 기존 학교 운영 모델에 의지하지 않고 교육 시간을 연장하는 것에 관심이 있는 정부에게 구체적인 가능성을 제시했다. 종종 같은 정부 내에서도 홀리스틱 교육 프로그램과 국가 차원의 성취도 향상 프로그램 사이에 권력 분쟁이 존재한다. 브라질 교육의 효과적인 변화는 첫 번째가 후자를 능가할 때 이루어지며 이는 사회운동의 강도에 따라 달라질 수 있을 것이다.

참고문헌

Ghanem, E. G. G., Jr. (2013). Inovação em escolas públicas de nível básico: O caso Redes da Maré (Rio de Janeiro, RJ) (Innovation in basic level public schools: The case of "Maré"). *Education and Society, 34*(123), 425-440. Retrievable from http://cedes.preface.com.br/publicacoes/edicao/47

Leadbeater, C. (2012). *Innovation in education: Lessons from pioneers around the world.* Doha: Bloomsbury Qatar Foundation Publishing.

Torres, R. M. (2000). Reformadores y docentes: El cambio educativo atrapado entre dos lógicas. In L. Cárdenas, A. Rodriguez Céspedes, & R. M. Torres (Eds.), *El maestro, protagonista del cambio educativo* (pp. 161-312). Bogotá: Convenio Andrés Bello-Magisterio Nacional.

15장
혼돈의 언저리에서 배우기: 교육의 자기조직 시스템

수가타 미트라[1], 수니에타 쿨카르니[2], 제임스 스탠필드[3]

들어가는 말

교육과 교육의 목표는 서로 다른 정치적인 이념과 변화하는 사회의 요구, 새로운 자원과 기술의 가능성에 대응하여 오랜 시간에 걸쳐 변화해 왔다. 하지만 이러한 대응은 특히 과거 몇십 년간 기술에 의해 제공된 가능성에 훨씬 뒤처져 왔고, 전통 학교 벽 너머의 세상 추세에서 벗어나 있다. 이제 새롭고 더 많이 대응하는 교육 모델의 개발에 대한 요구가 시급하다.

---

1. 수가타 미트라(Sugata Mitra): 영국 뉴캐슬대학교 교육공학과 교수이며, 자기주도적인 학습환경센터 센터장. 그의 '벽 속 구멍' 실험은 1999년에 시작되었고, 여러 그룹의 아이들은 인터넷 접근이 주어지면 그들 스스로 거의 어떤 것도 배울 수 있다는 것과 협력할 수 있는 능력을 나타냈다. 그는 이 생각을 자기주도적인 학습 환경 접근으로 발전시켜 세계의 구석구석에 교육 기회가 최소한이거나 거의 없는 아이들에게로 관심을 돌렸다. 그는 이 연구를 주 교육 분야로 이끌어 냈다. 그는 2013년 '학습의 미래를 일으킬 것'이라고 대담한 테드(TED) 수상 소감을 말했다.
2. 수니에타 쿨카르니(Suneeta Kulkarni): 테드 수상 프로젝트인 '클라우드 속 학교' 연구의 연구실장. 아동 발달 분야의 경력을 지닌 그녀는 자기주도적인 학습 환경을 주로 사회적 약자의 위치에서 계속 일해 오고 있다. 자기주도적인 학습 환경을 구축하려는 바람으로 협력 기관에 지원과 상담, 가이드를 제공하고 있다. 그녀는 2008년에 시작된 이래, 그녀가 이끌어 왔던 할머니 군단 팀을 진행시키고 있다. 그녀는 전 세계의 아이들에게 자기주도적인 학습을 끌어내기 위해 할머니 군단과 함께 일하고 있다.
3. 제임스 스탠필드(James Stanfield): 영국 뉴캐슬대학교 자기주도적인 학습환경센터 교육학 강사. 지난 12개월 동안 테드 수상 프로젝트인 '클라우드 속 학교'에 관해 연구해 왔다. 그는 현재 클라우드 속 학교 웹 플랫폼(www.theschoolinthecloud.org) 개발을 책임지고 있다. 전략적 파트너십 개발에 참여하면서, 프로젝트 이해관계자들과 연락하고 조언을 취하며, 플랫폼의 전략적인 방향을 위해 조언하고, 플랫폼 목적을 정의 내리고 의사소통하며 개발을 우선으로 프로젝트팀과 함께 일하고 있다.

역사적인 관점

종이의 발명, 인쇄기의 도입으로 독서와 글쓰기의 시작은 초등교육의 강조를 듣기와 말하기에서 문법과 글쓰기, 읽기 이해로 변했다. 십진법의 도입으로 젊은이들은 산술 능력을 갖출 수 있었다. 19세기 초에 더 많은 기술이 출현할수록 자, 컴퍼스, 분할컴퍼스, 각도기, 종이, 펜, 후에 대수표와 계산자 같은 기술적인 문제 해결에 사용된 실생활의 기술 또한 시험장에 전해졌다. 다시 말해, 학습자는 현실에서 그들이 해결했던 방식으로 스스로 실세계의 문제를 해결할 수 있음을 증명하라는 기대를 받게 되었다. 이러한 시험 체계에 대응하기 위해 교사들은 학습자들에게 이러한 모든 기술을 사용하도록 권장해 왔다. 산업혁명 기간에 뜨개질, 바느질, 주방의 자동화와 다수의 새로운 기술이 초등학교로 들어왔다. 글쓰기가 구전을 대체했을 때, 역점을 둔 것은 기억하는 것보다 오히려 잘 받아쓰는 것이 중요한 기술이었다. 후에 교실과 시험에 대수표의 도입은 손으로 곱셈하고 대수표를 기억하는 것에서 대수표를 정확하고 빠르게 사용하는 것을 강조하는 것으로 변했다.

18세기와 19세기에 들어 세계는 대부분 제국으로 나누어졌다. 제국은 식민화된 세계를 통솔하기 위해 사람을 데이터 처리 요소로 사용하는, 본질적으로 데이터 처리 시스템, 즉 근대적인 행정 및 관리의 체계를 개발했다. 데이터는 사무원에 의해 처리되고, 주요 수송 수단으로 배를 사용하면서 물리적으론 종이로 전달되었다. 의사소통은 명령 계통을 통해서였고, 군에 의해 일찍이 발명되었다. 제국을 관리하는 데 필요한 많은 사무원을 만들어 내기 위해, 초등 학습은 동일하고 교체할 수 있는 사무원을 만들어 내는 목적으로 공장 모델을 적용해야 했다. 명령 체계에서 사무원들과 다른 관리자들에게 가장 필요했던 기술은 읽기, 쓰기와 연산이었다. 이러한 것들은 초등교육의 세 기둥이 되었고, 제국이 끝난 후 몇 세기 동안 남아 있다.

제국 시대의 군-산업-행정 기구들은 또한 엄격한 복장 규정과 태도, 행동이 필요했다. 이러한 것들은 종교와 훈육으로 초등교육에 소개되었다. 학습자들은 질문을 하는 것이 아니라, 그들이 사는 사회에 의해 계획된 명령이나 기준에 복종하도록 배웠다. 이러한 것은 오늘날까지도 계속되고 있다. 한편, 더 오래된 문명과 제국의 기술과 새로운 발견물들, 중국의 화약과 차, 인도의 아편과 수학, 그리스와 중동의 건축, 새로운 세계의 담배와 감자, 고추 등, 이 모든 것은 유럽의 산업과 기술 혁명의 창출에 기여했다. 학교는 사무원뿐만 아니라, 회계원과 공장 노동자들을 생산하는 곳이 되었다. 그 시대에 보통의 학교는 교육과정을 크게 변경할 필요가 거의 없었으며, 아마도 50년에 한 번 정도였을 것이다. 그리고 교육과정과 시험 체계, 교수 방법을 변화시키는 과정은 그러한 변화 속도에 맞추어졌다. 그 과정은 오늘날까지 천천히 계승되고 있다.

총이 시대를 변화시킨 것처럼, 두 개의 발명품이 제국 시대의 변화를 일으켰다. 전화와 디지털 컴퓨터. 20세기 후반기부터 전화가 명령 체계를 줄였던 반면에, 컴퓨터는 군-산업-행정 기관에서 일하는 가장 낮은 층의 사무원을 대체하기 시작했다. 학교는 이러한 변화에 부응하기 위해 몸부림쳤다. 컴퓨터가 보조하는 교육과 컴퓨터가 돕는 학습, 프로그램화된 교육, 컴퓨터가 기본이 되는 교수, 이 모두는 부유한 사람과 가난한 사람들 사이의 격차를 좁힐 것이라고 바라면서, 교사를 기계로 대체하는 시도들이었다. 이러한 시도들은 실패할 것으로 보였다. 왜냐하면 사람들은 학습은 오천 년 전부터 구전되어 이어져 온 모델인 교사, 36제곱미터의 교실, 30명의 학생과 한 시간가량의 수업이 필요하다고 추정하기 때문이다. 전 세계의 교육과정은 상당히 고정되어 있는 상태다. 천천히 진행되는 하향식의 계층적이고 예상 가능하며 통제 가능한 세계를 띠고 있다. 여전히 그 외의 것을 믿을 수 있는 근거가 없었다.

20세기 전반에 일어난 세 가지 조용한 과학혁명은 사물의 작동 방식에 대해 전혀 다른 사실들을 밝혔다. 정보와 무질서가 연관되어 있고[Shannon,]

1948, 관찰 행위가 관찰자를 변화시키고[Heisenberg, 1927], 관련된 것들이 그들로부터 기대되지 않은 새로운 특성을 나타냈다.[Huxley & Huxley, 1947] 물리학 분야는 질서 잡히고 잘 이해되고 통제될 수 있는 모델에서 혼돈 상태이고 확률론적인 모델로 20세기에 변화되었다. 그러나 이러한 통찰에 대한 반응의 부재는 현재 교육 시스템의 많은 불행의 근거가 되었다. 우리는 여전히 개연성과 혼돈, 새로운 출현으로 통제되는 세계를 이해하려고 몸부림치고 있다. 학교와 이들이 배출하고 있는 아이들은 이러한 세계에 대해 거의 모르고 있다. 직원들과 그들의 관리자들은 여전히 부정적인 상태에 머물러 있으며, 모든 일들이 계획적으로 이루어지는 신화적인 질서의 세계에 숨어 있다.

이러한 예측 가능한 확실성을 뒤흔들고 사회를 부정 모드에서 벗어나게 한 핵심적 변화는 20세기 말에 컴퓨터가 전화선으로 서로 연결되기 시작했다는 것이다. 2000년경, 수백만 명이 연결되었고, 2010년에는 몇십억 명이 되었다. 무선으로 연결된 전자기 신호, 정보 교환체의 가장 큰 네트워크인 인터넷은 우주에 있는 별보다 더 많은 정보 비트를 앞뒤로 전달하고 있다. 혼돈의 클라우드에서 상호접속 지시가 인터넷 형태로 출현했다.

아이들과 인터넷

1999년 이래로 수많은 실험이 지난 세기의 학교에서 사용된 전통적인 교수법과 상당히 다른 교수법의 방법을 확립해 왔다. 이 가운데 첫 번째 실험에서, 인터넷으로 연결되어서 "벽 속 구멍"으로 언급되는 컴퓨터는 인도의 도시 빈민가와 마을의 벽으로 설치되었다. 그들은 은행에서 사용한 현금 자동 인출기와 같았지만, 그들의 화면은 더 컸으며, 8~13세의 어린이가 사용하기에 적합한 높이에 설치되었다. 이러한 컴퓨터는 구체적인 학습 소프트웨어가 없었고, 아이들도 무료로 사용할 수 있다는 지시를 제외하고, 이것이 무엇인지, 그리고 무엇을 위해 사용하는지에 대해 아무런 지시를 받지 못했다. 1999년에 인도의 가난한 아이들은 대체로 컴퓨터가 무엇인지도 몰랐고 인터넷에 대해서는 전혀 몰랐다. 5년 이상 지속된 연구에서, 미트라Mitra와 그의 동료들[2005]은 아이들이 게임을 하고 미디어를 다운로드하고, 정보를 찾기 위해 다른 것들 사이에서 컴퓨터를 사용할 수 있게 된다는 것을 알게 되었다. 게다가 컴퓨터는 지역 어른들이 컴퓨터를 어떻게 사용하는지에 대해 아무것도 모르는 지역에 놓여 있었고, 어른들이 거의 사용하기 불가능하도록 고안된 장치였다. 인도 17개 지역의 아이들 표본과 다양한 실험의 표본을 사용하면서, 아이들은 그들 스스로 컴퓨터를 사용하는 법을 배우게 된다고 결론이 내려졌다. 물론, 오늘날 이러한 것은 그렇게 놀랄 만한 일은 아니다. 또한 이러한 '벽 속에 구멍을 낸' 컴퓨터는 실험 기간 이후 약 2년 동안만 작동 상태를 유지했다는 점에 주목하는 것이 중요하다. 그 이후로는 유지·관리에 필요한 재정이 지원되지 않았기 때문이다. 하지만 이 기간에, 이 실험은 인터넷에 접속은 되었지만 지도해 주는 사람 없이 방치된 채였음에도 불구하고, 아이들이(대개 8~13세) 학업성취를 보이고 있음을 나타냈다.

이 교육적인 목표에 닿기 위해 아이들이 다소 혼란스러운 방식으로 서로 끊임없이 소통하면서, 그룹으로 작업했다는 것이 또한 중요하다. 그들의 접근 방법은 학교 수업에서 주어지는 질서 있는 학습 환경을 거의 닮지 않았다. 우리의 관찰은 그들의 학습이 자연과학이나 수학에서 이해되었던 것과 거의 같은 방식으로, 언뜻 보기에 혼란스러운 상황에서 동시에 질서를 만들어 내고 각각은 예상할 수 없이, 서로 연결된 부분들의 집합체와 같은 자기주도 체계의 결과였다고는 확신하지 못했다.

1999년과 2005년 사이에 행해진 실험에서, 다음의 결과가 도출되었다. 첫째, 아이들은 그들이 누구이고, 어디에 있으며, 어떤 언어로 말하는지와 상관없이, 스스로 컴퓨터와 인터넷을 사용하는 것을 배울 수 있다.[DeBoer, 2009; Mitra et al., 2005] 둘째, 아이들은 컴퓨터 공학이나 수학에 학교 표준 시험[Inamdar & Kulkarni, 2007]과 영어 발음의 개선[Mitra, Tooley, Inamdar, & Dixon, 2003], 자신들의 학업성취도 향상[Dangwal, Sharma, & Hazarika, 2014; Dangwal & Thounaojam, 2011]과 관련하여, 스스로 교육적인 목표에 도달할 수 있다. 셋째, 아이들은 최소로 개입한 환경에서 학습을 야기하는 자기주도적인 태도를 보였다.[Dangwal & Kapur, 2008, 2009a, 2009b] 마지막으로, 아이들은 자기 연령대에 기대했던 것보다 몇 년 앞당겨진 내용을 이해하는 듯했다.[Inamdar, 2004; Mitra, 2012]

미트라와 당왈, 타다니[Mitra, Dangwal, & Thadani, 2008]에 의한 관련 연구에 따르면 학교에서 소외 지역 아이들의 성적이 대개 그들이 받는 교육의 질 때문에 저조하게 나타났다. 왜냐하면 좋은 교사는 소외 지역에서 떨어진 곳으로 이주하는 경향이 있기 때문이다. 위 결과에서 제안된 대안적인 방법은 이러한 학업성취 문제를 줄여주는 역할을 할지도 모른다. 이것은 자기주도적인 학습의 한계를 찾을 실험에서 시험 삼아 하게 되었다. 미트라와 당왈[Mitra & Dangwal, 2010]은 인도 남부에서 타밀어를 말하는 아이들 그룹이 그들 스스로 영어로 생명공학 기초 개념을 이해할 수 있었다는 점을 알게 되었다. 이러한 놀라운 결과는 그룹으로 진행할 때, 아이들이 표준적으로 기대되는 것보다 몇 년 앞당겨진 학습 수준에 도달할 수 있었음을 나타내는 듯했다. 하지만 그들은 같은 과목을 배웠던 대조군보다는 훨씬 덜 이해했다. 그때 우리는 다정하고 존경하지만 식견은 그다지 많지 않은 어른을 개입시켰고, 그녀는 대조군과 실험군 사이의 학습 수준을 동등하게 할 수 있었음을 알게 되었다. 이렇게 친절하고 위협적이지 않으며, 지지해 주고, 바라봐 주고, 마음을 사로잡는 행동을 하고, 칭찬하는 방법인 '할머니 방식'으로 묘사된 어른의 출현은 스카이프와 같은 개인 간 개인의 영상통신을 사용하는 아이들에게 연결된 봉사자들(대부분은 퇴직한 교사들)에 의해 먼 거리의 중재를 조직하는 근거가 되었다. 이러한 형태는 오늘날 '할머니 군단'으로 더 잘 알려져 있다.[Kulkarni & Mitra, 2010]

자기조직적인 학습 환경

　이러한 결과를 통해 얻은 통찰력은 어린이를 위한 자율학습 환경을 조성하는 것이 대안적인 학습 방법 또는 접근법이라는 주장을 뒷받침한다. 우리는 이러한 것을 스스로 조직하는 학습 환경SOLEs이라고 부른다. 학교 내, 또는 어떤 실내 환경의 자기조직적 학습 환경은 바깥의 '벽 속 구멍' 설계 환경을 모의 실험하도록 시도한다. 이것은 그룹으로 좌석 배치하여 아이들 그룹이 쉽게 컴퓨터를 공유할 수 있도록 컴퓨터를 가지게 함으로써, 그리고 그 공간의 아이들 수가 컴퓨터 수의 4배 또는 5배일 경우를 확인함으로써 만들어질 수 있다. 각 세션에서 조력자나 중재자인 교사가 도전적인 질문을 하면서 수업을 진행할 것이다. 이러한 것은 이상적으로 말하자면 만일 아이들이 인터넷의 접근이 없는 전통 수업에서 혼자 앉아 있다면, 매우 어렵거나 답하기 불가능하다고 여길 질문이 될 것이다. 그때 아이들은 각 컴퓨터 주위로 자신들의 그룹을 형성하도록 초대된다. 아이와 컴퓨터 비율로 인해 이러한 일은 자연적으로 일어나게 된다. 아이들은 그룹을 바꿀 수 있도록 허용되며, 서로 얘기하고, 다른 그룹과도 얘기하고 다른 아이들이 해놓은 것을 보며 걸어 다녀도 된다. 각 그룹의 세션이 끝날 즈음, 수업의 나머지 시간에 그들이 발견한 것을 제출하도록 요구한다. 따라서 의사소통과 협력은 자기주도적인 학습 환경의 주요 특징이다.

　이러한 접근이 명백히 협력 학습과 동료 학습, 프로젝트 기반 학습, 질문 기반 학습을 포함한 여러 가지 접근법과 관련한 이점을 개발시키는 반면에, 두 가지 독특한 특징을 확인할 수 있게 된다. 첫째, 인터넷이 필수적인 역할을 한다. 그것은 저절로 새롭게 출현한 전 지구적 두뇌로 보이기도 했지만, 학습으로 바꾸는 가능성은 막대하다. 둘째, 위 결과로 볼 때, 자기조직적 학습 환경에서 교사의 역할을 최소로 바꾸기도 하고 최소가 되기도 한다. 교사들은 도전적인 질문들을 도입하고 아이들을 관찰해야 하는 책임이 있는 반면에, 그들은 학습과정에 개입하지 않아도 될 것으로 예상된다. 대신에 '할머니 방식'을 채택할 것으로 예상된다. 이 요소는 스스로 조직하는 학습 환경의 성공에 대단히 중요할 수 있다. 관례적인 환경에서 많은 교사가 통제를 포기하기가 어렵다는 사실은 여전히 언급되어야 할 도전이다. 그러므로 더 많은 비교 연구들이 할머니 방식을 채택하는 것이 잘되는 곳과 확실히 잘되지 않는 곳의 데이터를 살펴볼 필요가 있다. 하지만 이 모든 것이 계획대로 진행될 때, 그 결과는 '벽 속 구멍'이라는 실험에 대해 약간 혼란스러운 상황이다.

자기조직적 학습 환경은 정규 수업이나 지역 센터, 특히 의도하여 계획한 실험실이나 홈스쿨링 상황을 포함한 몇몇 다른 맥락에서 사용될 수 있다. 자기조직적 학습 환경에서 대형 화면은 작은 그룹들이 협력하는 것을 돕는 것으로 선호된다. 매우 잘 보이는 대형 화면을 사용하는 것은 아이들이 관련 없는 웹사이트를 방문하는 것을 막는 것 같다. 그룹으로 학습하는 역동적인 힘은 또한 비슷한 효과를 내는 듯하다. 자기조직적 학습 환경은 투명한 벽으로 울타리를 친 곳에서 더 잘 행해진다. 그렇지만 특별하게 구성된 공간이 항상 실현 가능하지 않기 때문에, 설계는 그 교실의 안과 밖 모두에서 사람들에게 화면을 쉽게 볼 수 있게 하는 것을 고려해야만 한다. 자기조직적 학습 환경의 공간이 어떻게 설계되는지는 그것이 어떻게 운영되는지에 매우 주요한 영향을 끼칠 것이고, 그리고 이상적으로는 자기조직적 학습 환경을 사용할 아이들이 그 공간 자체의 초기 설계에 관여해야 한다.

가끔은 자기조직적 학습 환경이 개발도상국의 아이들이 세계의 다른 나라들에서 온 '할머니 군단'의 온라인 조력자와 연결되는 데 사용되기도 한다. 아이들이 의도된 대로 이렇게 할 때, 이것은 문화 발전과 영어나 다른 언어의 능숙도에 강력하고 긍정적인 영향을 미칠 수 있다. 이러한 접근은 교사들이 갈 수 없거나 가지 못하는 지역에 특히 유용하다. 이 접근의 시기를 추정해 보면 작은 수의 아이들과 상호작용을 하면서 '할머니 군단'을 하나의 고정된 컴퓨터 화면이나 교실 벽에 고정시킨 대형 화면에 참여시켜 왔다. 그런데 더 많은 최근의 시도들이 로봇 같은 모바일 화면을 사용하는 것으로 일어났다. 이러한 것은 할머니 군단이 원격 제어로 자기조직적 학습 환경 공간 안에서 그리고 그 공간을 넘어 이동하게끔 해서 많은 수의 아이들과 상호작용하게 해 준다. 초기의 피드백은 할머니 군단이 명백히 자기조직적 학습 환경 내에서 더 많은 물리적으로 출현했기 때문에 할머니 군단과 아이들 모두가 이 기술을 더 많이 참여하고 있다는 것을 시사하고 있다.

위에 논의한 형태와 같이 자기조직적 학습 활동은 아직 또렷하게 이해되지는 않는다. 독해력은 그 과정에서 분명히 매우 중요하다. 게다가 아이들이 정보를 찾기 위해 인터넷을 검색할 때, 그들이 만나는 대부분은 성인을 염두에 두고 쓰였다. 이것은 만일 그들이 효과적인 검색과 분석 능력을 적용하고자 한다면, 아이들이 성인 단계의 독해력을 갖추어야 함을 의미한다. 처음에 이것은 명연기처럼 보일 것이다. 하지만 자기주도적인 학습 환경으로 인한 실제적인 경험 결과, 많은 아이들이 자기 자신 이상의 상당한 독해 수준의 자료를 이해할 수 있는 것 같다고 말하고 있다. 이 이례적인 결과는 아주 흥미로우며, 이러한 형태의 학습 이해에 중요한 점이 될지도 모른다.

자기조직적 학습 환경 방법이 누군가 쉬운 질문으로 혹은 쉽게 읽히는 자료들로 여기는 것으로는 잘 운영되지 않는다는 것을 관찰했다. '쉬운'이란, 학습자 그룹의 연령 수준에 현재 적합하다고 여겨지는 질문과 자료를 의미한다. 그룹으로 학습하는 아이들은 그들이 기대하는 역량 수준 이상의 질문이나 자료를 접하게 될 때 더 깊이 관여하게 된다. 그들은 그러한 과제를 즐기는 것 같다. 우리는 개별적으로 하는 것에 자신감이 있는 것으로 어떤 과제를 인지하는 아이들은, 개인적인 점수를 얻기 위해 오히려 혼자 학습한다고 추측한다. 반면에 만일 그들이 어렵거나 불가능한 것으로 인지한다면, 그들은 가능하면 자신들이 성공할 기회를 넓히고 과제들이 잘못될 가능성을 줄이기 위해 오히려 그룹으로 학습할 것이다. '호기심이나 관심 분야'는 아이들이 아마도 스스로 할 결심을 나타낼 가능성을 증가시키는 요인일 것이다. 이러한 추측은 통제된 조건 아래에서 검증되어야 한다.

예상대로 초기의 여러 가지 결과들은 더 깊은 도전적인 질문들을 일으켰다. 예를 들어, 교사들이나 조력자들이 이 접근법을 이해하지 못했다면, 전통적인 수업이 그 자체의 수업 설계 때문에 '실패'로 이끌었다고 할 수 있을까? 만일 그러하다면, 최소한의 자원이 있는 지역 센터가 더 견고한 자기조직적 학습 환경을 제공할 수 있을까? 다른 맥락에서의 교육과정 주제에서 성취 수준은 무엇이며 어떻게 이 성취가 측정될까? 그들이 이 접근을 장려하기 위해 시험 체제는 어떻게 변화되어야 할까? 우리가 시험과 보고 체계에서 필요한 변화를 위해 로비활동을 하면서 어떻게 전통적인 학교 설계에서 사용하도록 자기조직적 학습 환경을 권장하고 적용할 것인가? 어떻게 이 접근은 고등교육 수준에의 학습으로까지 확장될 수 있을까? 주어진 기술력을 얻고 또 빠르게 변화하는 세계에서 상당히 자주 새로운 기술을 익혀야 한다는 것을 볼 때, 어떻게 자기조직적 학습 환경의 접근이 성인교육의 부분으로 사용될 수 있을까? 마지막으로, 어떤 종류의 학교 밖 사용이나 응용된 사용을 생각해 볼 수 있을까? '좋은' 학교와 교사가 부재한 취약 지역에서 지역사회 센터와 이들의 특별한 관련성을 고려해야 하며 점점 더 많은 부모들이 기존의 경직된 교육 시스템에서 벗어나 홈스쿨링을 선택하는 상황을 고려해야 한다. 자기조직적 학습 환경이 어떻게 작동되는지에 대해 이해하게 될 때, 이 접근이 다른 상황적인 맥락에서 더 많이 효과적으로 사용될 수 있다고 확신하는 것이 더 쉬울 것이다.

클라우드 속의 학교

위에 묘사된 실험은 어떻게 자기조직적 학습 환경이 운영되는지를 이해하는 데 관심이 있는 전 세계의 학교들과의 협력으로 2007년부터 2013년까지 실행되었다. 그런데 이들은 전통적인 학교였고, 그 실험은 새로우면서도 가능한 학습의 방법을 단 한 번의 설명으로 끝이 났다. 참여한 학교들은 아르헨티나, 오스트레일리아, 칠레, 중국, 영국, 인도, 이탈리아, 미국, 우루과이 그리고 몇몇 다른 나라에 위치했다. 많은 교사는 그들의 규칙적인 방법을 유지했고, 대부분의 교사는 교육과정의 목적에 적합한 자기주도적인 학습 환경을 수정했으며, 또한 많은 교사는 새로운 접근을 계속하지 않았다.

이 질문들에 대해 조사하고 결과를 확인함으로써 미트라Sugata Mitra는 2013년 2월 TED의 100만 달러 상금을 받게 되었다. 이 실험의 단계와 실행 가능한 대안교육의 전략으로 자기주도적인 학습 환경의 가능성이 그룹의 아이들이 최소한의 교사 개입으로 인터넷으로 학습할 수 있는 일곱 개의 특별하게 만들어진 시설을 통해 현재 연구되고 있다. 각각은 또한 스카이프를 통해 아이들과 상호작용할 수 있는 '할머니 군단'의 온라인 조력자와의 상호작용이 포함될 것이다. 또한 온라인 조력자를 통해 스카이프로 완성된 자기주도적인 학습 환경 세션을 실행하는 실험들은 아직 검토 중이다.

클라우드 속의 학교라 불리는 이 시설들은 인도 전역에 5개 지역에 세워졌고 영국의 북동쪽에 2개의 적합한 학교에 세워졌다. 그것은 추후 몇 년 동안 사회경제적, 문화적 환경의 큰 범위에 걸쳐 아이들의 학습과 발전에 미치는 기능과 영향을 관찰할 수 있는 곳에 있다. 7개 지역의 각각의 사이와 인도와 영국의 시설들 사이에서 비교하게 될 것이다. 어떤 결과물을 전하는 것이 너무 이른 감이 있지만, 새로운 시설들이 생기고 발전해 가는 것을 보는 것은 대단히 흥미로웠다. 초기의 개발을 관찰하는 것은 또한 이 연구에 연관된 어떤 복잡성과 모든 상황에 적용될 수 있는 해결책을 찾으려는 어리석은 시도를 드러내 준다. 하지만 초기의 관찰들은 아이들이 교사 주도의 전통적인 학습보다 어려운 질문들에 의해 이끌어진 자기조직적 학습 환경 세션을 훨씬 더 흥미롭게 여긴다는 것을 나타내 준다. 인도 지역에서 '할머니 군단 시간'은 또한 아이들과 부모들에게 모두 똑같이 심금을 울렸다. 이것은 그러한 따뜻한 상호작용이 있는 어린 시기의 중요성을 강조하는 신경과학 연구를 계속하는 것이다.[Winter, 2010] 게다가 제2언어 습득과 관련하여 민감한 시기를 관찰했던 연구들은, 원어민 같은 유창함은 유년 시절 중간에 습득되지 않는다면, 제2언어에서는 개발되지 않는다는 것을 보여 준다.[Thomas & Johnson, 2008]

프로젝트가 전개됨에 따라, 효과적으로 운영할 시설들을 위해 교육과정과 교수법, 시험이 모두 변화되어야 할 필요가 있다는 것은 점점 더 명백해졌다. 예를 들어, 교육과정은 특정한 주제를 언급하지 않도록 일반화될 필요가 있을 것이다. 미국의 필수 과목 계획[CCSSI, 2014]은 이렇게 하기 위한 시도의 한 예다. 이러한 종류의 교육과정은 자기조직적 학습 환경 방법을 더 많이 할 수 있으며 원격으로 제안된 활동에 의해 유발될 수 있다. 교육과정과 교수법의 변화는 시험 체제를 변화시킴으로써 적은 노력으로 달성될 수 있다. 그렇지 않으면, 현대의 보조 기술을 시험 체제에 도입하는 것은 시험의 질문들의 성격을 변화시키는 것을 이끌 수 있다. 다음의 질문을 답변해 보라. 이것은 영국의 중등 교육 자격 검정 시험[GCSE]의 객관식 시험 문제의 전형이다.

온실가스는 지구를 따뜻하게 유지시킨다. 왜냐하면,

• 그들은 양질의 단열 장치이다.
• 그들은 에너지가 태양에서 지구의 대기로 들어올 때 에너지를 가둔다.

- 그들은 더 많은 방사선이 지나가게 한다.
- 그들은 지구에 돌아온 에너지를 다시 반사한다.

인터넷에 접근하는 누구나, 짧은 시간에 이 질문에 대답할 수 있을 것이다. 이제, 만일 질문이 다음과 같이 바뀐다면, 어떤 일이 일어날지를 생각해 보자.

- 무엇이 지구온난화를 일으키며, 지구온난화는 막을 수 있을까요?

명백히, 이와 같은 질문은 구체적인 정보에 집중하는 질문들보다 복잡한 주제와 고차원적 사고를 알려주는 수험생의 능력을 확인할 뿐만 아니라, 학생의 학습을 증진시키기도 한다. 시험을 치는 데 인터넷을 사용하는 것은 평가가 통합적이고 계속되어야 한다는 생각과 조화를 이루며 교육과정과 교수법, 한 가지 활동에 대한 시험을 결합할 가능성을 지니는 것이다. 이러한 변화를 학교교육에 도입한 것은 교육 정책에 상당한 변화를 요구할 것이다. 그리고 전통적인 수업에서 자기주도적인 학습 환경을 적용함으로써 교육과정과 시험 체계 모두에 매우 필요했던 변화를 위한 길을 닦을 수 있을 것이다.

이러한 도전을 시작하기 위해 준비한 정책 결정 기관은 개인의 학업성취가 반드시 교육 체제의 효율성을 나타내는 것이 아니라는 사실을 설명해야 할 것이다. 더욱이, 더 이상 학습자가 모든 것을 알아야 할 필요도 없다. 대신에, 학습자는 효과적으로 그리고 가능한 가장 짧은 시간에 무엇을 그리고 어떻게 알아야 하는지를 찾아낼 수 있어야 한다. 셋째, 창의성과 상상력은 '순서와 방법'보다 더 많이 중요하다. 가능한 한 이러한 것들은 교육 체제의 효율성의 중요한 지표로 문서화되고 측정되어야 한다. 마지막으로, 어려운 질문들을 사용하는 것을 제안하는 반면에, 제기한 이 질문들이 진실로 도전적이거나 생각하게 하는 질문들이 아니라면, 이 방법의 취약함을 인식할 필요가 있다.

학습과 혼돈

전 세계적으로 아이들이 자기주도적인 학습 환경 시간 동안 행동하는 방식은 자기조직 체계를 연상하게 한다. 만일 어떤 것이 그냥 내버려 둘 때, 더 많이 조직화되는 경향이 있다면, 그것은 자기조직화되었다고 말해진다. 스스로 내버려 둔 어떤 일들이 덜 조직화되고 혼란스럽게 될 것으로 기대되기 때문에 이것은 흔치 않은 특성이다. 더욱이, 우리가 질서나 사회에서 잘 조직화된 구조를 관찰할 때, 우리는 종종 외부 기관이나 조직이 그런 일을 일어나게 한 것의 원인이라고 생각하게 된다. 그러나 이제 우리는 이것이 그렇지 않다라는 것을 알게 되었으며, 복잡성 이론은 언어와 같은 사회적 질서가 오랜 시간에 걸쳐 자발적으로 나타나고 진화하는 방식을 더 잘 이해하는 데 도움을 주었다. 교육이 자연스럽게 일어나는 질서일 수 있다는 제안은 연구 단체에 상당한 의미를 지닐 것이다. 예를 들어, 복잡하고 혼란스러운 세상에서 비슷한 형세들이 매우 다른 결과들을 만들어 낼 수 있다. 그러므로 만일 어떤 것이 한 번 일어나게 된다면, 그와 같은 일이 다시 일어나게 되리라고 보장되지는 않을 것이다. 그러므로 규칙성과 일치성은 불규칙성과 다양성으로 깨어지기도 하고 효과는 더 이상 직접적이고 계속되는 원인의 기능이 아니게 된다. 더욱이, 보편적인 이론은 이제 지역적인 발전들의 부적합한 설명을 제공하고, 그것은 '일어난 일'에 대해 일반화한 우리의 능력을 약화시키는 새롭게 출현하는 지역적인 규칙과 행동이 된다.

스스로 조직하는 체계는 물리학의 혼돈 이론chaos theory의 일반 영역의 영향을 받는다. 혼돈에 대한 정의는 일반적으로 교육에 적용될 수 있다.

장기간의 행동을 예상할 수 없는 체제는 시작 값의 정확성에서 작은 변화들이 가능한 상태의 공간에서 어느 곳으로나 순식간에 갈라져 나뉜다. 하지만 이 상태는 한정된 수의 가능한 상태일 수도 있다. 그래서 통계적인 예상이 여전히 유용하다.[Couture, 2007: 12]

이것은 아마 물리학의 언어로 우리가 교육과 평가로 이해하는 것을 요약한 내용이다. 그룹의 아이들과 함께하면서, 학교는 학습의 마지막에 무엇이 나타날지를 예상할 수 없다. 하지만 시험 점수에 근거하여 통계적으로 예측할 수 있다. 스스로 조직하는 학습 환경에서, 아이들은 그들이 검색한 것의 정보 내용에서 의미를 만들어 내고 최대화하는 것 같다. 이것은 또한 이상하게도 다음 용어의 정의에 가깝기도 하다.

'혼돈의 언저리'는 전 세계적으로 고정적인(변화하지 않는) 상태와 혼돈(무작위) 상태 사이의 대략 중간쯤 상태의 자기조직적인 역동적 체계 경향이다. 이것은 고체(고정적)와 기체(무작위)의 자연적인 상태 사이의 중간에 놓인 액체 단계로 여겨질 수도 있다. 이것은 정보 이론에서 최대의 정보를 담은 상태이다.[Couture, 2007: 30]

결국 창발성의 과학은 아이들에게서 집단적으로 읽는 능력이 혼자 읽는 역량보다 뛰어난 이유에 대해 가능한 설명을 제공한다고 믿는다. 사실상 일반적인 현상인 창발성은 어떤 체계의 부분들에서는 눈에 띄지 않는 성질의 등장이다. 성운들과 꽃들, 세포들, 시장들 모두는 창발적 작용을 보여 준다. 다시 정의하면, "부분들에서 나타나지 않는 시스템 속성이다. 더 간단한 구성 요소들의 것으로 감소될 수 없고 도입되어야 할 새로운 개념을 필요로 하는 높은 수준의 현상이다. 이 속성은 단순히 총합도 아니고 부산물도 아니지만, 종종 '하향적 인과관계'를 보인다. 창발하는 역동적인 체계를 모델화하는 것은 미래의 복잡성 연구에 중요하다."[Couture, 2007: 30]

결과: 성찰적 논의

도시의 아이들과 다른 환경에서 점점 더 많은 아이가 더 경제적이고 더 가볍고 더 작은 여러 장치를 통해 인터넷에 접속하고 있다. 가까운 미래에 한 사람이 인터넷을 참조하고 있는지 안 했었는지를 감지할 수 없는 상황을 충분히 상상할 수 있다. 수험생이 인터넷에 접근 가능할 때 무슨 일이 시험에 일어나게 될까? 인터넷을 사용한 학습자가 마치 교육을 받은 척할 수 있으리라는 것 또한 상상할 만하다. "~인 척하는 것"에 의해, 우리는 학습자가 전통적인 방식으로 배우지 않았던 과목을 안다고 주장할 수 있으리라 추측할 수 있다. 아이들이 자기조직적 학습 환경을 사용할 때, 어느 정도 그들은 바로 그렇게 하고 있다. 그러나 우리는 "~인 척하는" 행위가 궁극적으로 그 주제를 학습하는 결과를 초래하기도 한다는 것을 알아야 한다. 다시 말해서, 학습자가 배우지 않은 기술들을 실행하지만 도움을 위해 인터넷을 사용할 때, 그 학습자는 일정 기간에 그 주제를 배우게 된다. 학습자는 자신이 되고 싶은 것이 되기도 한다.

회계사라고 주장하는 한 사람을 상상해 보자. 그는 그 과목에 대해 지식을 가지고 있지 않다. 인터넷을 사용하면서, 그는 자기의 고객을 위해 회계 문제를 해결한다. 그는 검색 엔진과 웹사이트, 웹에 기반을 둔 도구들을 사용해서 목소리나 비디오, 문자로 인터넷에서 사람들을 상담하기도 한다. 첫 번째 경우에, 그는 "대차대조표"라는 용어를 보게 된다. 다음번에 그는 그 용어를 보지 않을 것이다. 왜냐하면 그는 그 용어가 무엇을 의미하는지 알았기 때문이다. 인터넷은 사람들이 독학으로 전문가가 되는 것을 가능하게 한다. 마치 다른 시대에 사람들이 독학으로 기계공이나 전기공 등등이 되었던 것처럼 말이다.

인터넷으로 둘러싸인 세상에서 증명서와 자격증에 무슨 일이 일어나게 될까? 학습자가 가장 최신의 것이 공표되거나 이야기된 후 몇 분 내에 현장에서 최신의 것을 접근하게 될 때, 교육과정이라는 것은 무엇을 의미하게 될까? 이러한 질문들은 전통적인 교육, 즉 식민지 시대와 산업화 시대에 그 기원을 가진 시스템이며 그것의 목적은 대체로 비슷한 사람들을 생산하는 교육인데, 그러한 교육의 기본 원칙들에 이의를 제기하게 된다. 그 목적 자체는 이제 진부하고 아마도 그 체계도 그렇다. 자기조직적 학습 환경은 우리가 거의 상상할 수 없는 미래에 대비해 우리의 아이들을 준비시키는 첫걸음마인 것이다.

참고문헌

Common Core State Standards Initiative. (2014). *English language arts standards, history/social studies, grade 6-8.* CCSSI. Retrievable from http://www.corestandards. org/ELA-Literacy/RH/6-8/

Couture, M. (Ed.). (2007). *Complexity and chaos-State-of-the-art; glossary.* Retrievable from http://www.dtic.mil/cgi-bin/GetTRDoc?AD=ADA475275

Dangwal, R., & Kapur, P. (2008). Children's learning processes using unsupervised "hole in the wall" computers in shared public spaces. *Australasian Journal of Educational Technology, 24,* 339-354.

Dangwal, R., & Kapur, P. (2009a). Learning through teaching: Peer-mediated instruction in minimally invasive education. *British Journal of Educational Technology, 40*(1), 5-22.

Dangwal, R., & Kapur, P. (2009b). Social networking eff ect at "HiWEL" kiosks amongst children. *Multicultural Education & Technology Journal, 3,* 290-305.

Dangwal, R., Sharma, K., & Hazarika, S. (2014). Hole-in-the-wall learning stations and academic performance among rural children in India. *Journal for Multicultural Education, 8*(1), 31-53.

Dangwal, R., & Thounaojam, M. (2011). Self regulatory behaviour and minimally invasive (MIE) education: A case study in the Indian context. *International Journal of Education and Development Using Information and Communication Technology, 7*(1), 120-140.

DeBoer, J. (2009). The relationship between environmental factors and usage behaviors at "hole-in-the-wall" computers. *International Journal of Educational Development, 29*(1), 91-98.

Heisenberg, W. V. (1927). U¨ber den anschaulichen Inhalt der quantentheoretischen Kinematik und Mechanik [The actual content of quantum theoretical kinematics and mechanics]. *Zeitschrift für Physik, 43* (3-4), 172-198.

Huxley, J. S., & Huxley, T. H. (1947). *Evolution and ethics: 1893-1943.* London: The Pilot Press.

Inamdar, P. (2004). Computer skills development by children using "hole in the wall" facilities in rural India. Australasian *Journal of Educational Technology, 20,* 337-350.

Inamdar, P., & Kulkarni, A. (2007). "Hole-in-the-wall" computer kiosks foster mathematics achievement: A comparative study. *Educational Technology & Society, 10,* 170-179.

Kulkarni, S. & Mitra, S. (2010). Management of Remote Mediation for Children's Education over the Internet. In Z. Abas et al. (Eds.), *Proceedings of Global Learn Asia Pacifi c 2010* (pp. 2044-2049). AACE.

Mitra, S. (2012). *Beyond the hole in the wall: Discover the power of self-organized learning.* New York: TED Books.

Mitra, S., & Dangwal, R. (2010). Limits to self-organising systems of learning: The Kalikuppam experiment. *British Journal of Educational Technology, 41,* 672-688.

Mitra, S., Dangwal, R., & Th adani, L. (2008). Eff ects of remoteness on the quality of education: A case study from North Indian schools. *Australasian Journal of Educational Technology, 24,* 168-180.

Mitra, S., Ritu, D., Shiff on, C., Jha, S., Bisht, R. S., & Kapu, P. (2005). Acquisition of computer literacy on shared public computers: Children and the "hole in the wall.". *Australasian Journal of Educational Technology, 21,* 407-426.

Mitra, S., Tooley, J., Inamdar, P., & Dixon, P. (2003). Improving English pronunciation: An automated instructional approach. *Information Technology and International Development, 1*(1), 75-84.

Shannon, C. E. (1948). A mathematical theory of communication. *The Bell System Technical Journal, 27*(379-423), 623-656.

Thomas, M., & Johnson, M. H. (2008). New advances in understanding sensitive periods in brain development. *Association for Psychological Science, 17*(1), 1-5.

Winter, Pam & Ministerial Council for Education, Early Childhood Development and Youth Aff airs (Australia) & Early Childhood Services Ltd (2010). *Engaging families in the early childhood development story neuroscience and early childhood development: Summary of selected literature and key messages for parenting*. Carlton South, VIC: Ministerial Council for Education, Early Childhood Development and Youth Affairs.

16장
어린이 드림파크와 자유공간 En: 일본의 돌봄 공동체

나가타 요시유키[1]

높고 견고한 벽과 그것을 깨려는 달걀 사이에서 나는 항상 달걀의 편에 설 것이다. _〈항상 달걀의 편에〉[2]

들어가는 말

유엔의 지속가능한 발전을 위한 교육 10년 계획(이후 DESD, 2005-2014)이 인간과 생태학적 지속가능성에 대한 국제적인 위협에 맞서 싸운 지, 그리고 전 세계의 공동체와 유네스코에 의해 시작된 지 10여 년이 흘렀다. 지속가능발전교육(이하 ESD)의 핵심은 공동체에 영향을 주는 지속가능성 있는 전 지구적 이슈를 개별 국가들과 함께 이해하고 해결하는 것이다. 이러한 이슈는 세 가지로 서로 다르지만 지속가능한 발전의 상호 연결된 영역이다. 환경, 사회, 경제. 기후변화, 물 부족, 생물 다양성 결손 등과 같은 환경적인 이슈. 인체면역결핍 바이러스HIV/AIDS, 이주와 도시

---

1. 나가타 요시유키(Nagata, Yoshiyuki): 일본, 도쿄 성심대학교(University of Sacred Heart) 교육학부에서 대안교육과 지속가능발전교육을 연구하고 있고, 아시아-태평양 관점에서의 지속가능발전교육의 발달에 관한 포괄적 접근법을 창의적으로 수행하고 있으며, 유네스코의 모니터링과 평가 전문가 그룹 회원으로 활동하고 있다.
2. 2009년 2월 사회에서 개인의 자유를 위한 예루살렘 상(Jerusalem prize for the freedom of the individual in society)의 수상자이며, 소설가인 무라카미 하루키의 연설.

화, 고용, 인권, 양성평등, 평화, 인간의 안전 등과 같은 사회적 이슈. 빈곤, 기업의 책임감과 책무성 같은 경제적 이슈는 모두 대단히 복잡하고, 이런 이슈에 대한 세심한 교육적 전략을 구하며 다음 세대에게 해결책을 찾도록 요구할 것이다.UNESCO, 2005

DESD의 대표 기관인 유네스코[2005]는 지속발전교육의 보편적인 모델이 매우 추상적임을 강조한다. 지속가능성의 원칙에는 전반적으로 동의한다고 해도 지역적 상황과 접근법에서 "미묘한 차이"가 있다.p. 30 세계의 여러 지역에 적용될 수 있는 지속발전교육의 본질적 특징은 아래와 같다.

- 지속가능한 발전에 기초를 이루는 원칙과 가치에 기반함
- 지속가능성의 세 가지 영역(환경, 경제, 사회)의 안녕을 다룸
- 평생 학습을 활성화시킴
- 지역적으로 관련되고 문화적으로 적절함

DESD는 지속발전교육의 많은 우수 실천 사례를 강조했다. 많은 실천 사례를 통해 우리가 그것을 '대안교육'이라 칭하는 것은 놀랄 일이 아니다. 왜냐하면 대안적 또는 전통적 틀에서 벗어난 유형의 교육은 선천적으로 지속발전교육의 핵심으로 표현되는 특징들을 품고 있기 때문이다. 전반적으로 대안교육은 총체적이고 인간을 기준으로 삼고 있지만, 시장지향 경제와 국가 교육과정과는 상대적으로 거리를 두고 있다는 특성이 있기 때문에, 대안교육 이론과 그 실천 사례들은 앞서 언급한 지속발전교육의 특징과 조화를 이룬다.

2013년 간사이 비영리기구Kansai NPO 연맹(일본 서부 전역 비영리 컨소시엄)은 지속발전교육의 우수 실천 사례 10개를 선정했다. 이 중 하나인, '자유공간' En은 학교 밖 어린이와 청소년(소위 '학교 거부자'를 칭함)을 위한 지속가능한 학습공동체이다. NPO 연맹은 균형 잡힌 발전 모델로서 En의 가치를 인정했고, 환경적인 영역뿐 아니라 경제적이고 사회적

인 영역에서 또한 En의 지속가능성을 호평했다. 이 글에서는 지역사회가 고통받는 아이들과 청소년을 위해 이러한 작은 학습 시설을 어떻게 만들고 육성했는가를 내부적 관점에서, 그리고 그들의 성장을 추진시킨 대안교육 방식을 참고하여 분석하고자 한다.

일본 학교교육과 학교 거부자의 짧은 역사

일본 사회는 특히 1970년대 이후 경제적인 성장을 향유했다. 경제 발전을 우선시하는 사회에서 일본의 많은 어린이가 비즈니스 지향적인 세계에 대한 기대에 주저 없이 반응하도록 자랐다. 다수의 어린이는 최고의 대학을 나와 일류 기업에서 일하는 것에 목적을 둔 일차원적인 신조를 따랐다. 우리는 표준화된 사회로부터 받는 압박감에 대한 반응으로 청소년 범죄의 징후를 쉽게 볼 수 있다.

그런데 1990년대 이후, 사회는 청소년 시기에 학교에 다니기를 거부하고 학교에 순응하기를 거부하는 여러 가지의 반응을 목격하게 되었다.[Yoneyama, 1999, 2000] 공교육 분야의 토대가 침식되고, 절대적이고 변하지 않았던 학교에 대한 관점이 그 한계점에 다다른 것으로 느껴졌다. 1990년대 후반 지속적인 결석자 수, 학생들에 의한 폭력 사건 수는 기록적인 수준에 다다랐다. 특히 연간 30일 이상 결석하는 초등학생과 중학생은 12만 8,000명이었다.

이런 학교 거부 현상은 밀레니엄 시대 도래 이후에도 나타났다. '무단결석자' 또는 '학교 거부자'로 분류될 수 있는 아이들은 2013년에 거의 12만 명이었다. 전체 초등학교 단계에 있는 아이들은 0.4%, 중학교 단계 아이들은 2.7%였다. 중학교에서는 37명 중 1명이 무단 결석자였다.[교육·문화·스포츠·과학·기술 교육부, 2014] 일반적으로 말하자면 국제적인 비교연구가 나타내는 바처럼, 일본 어린이들의 자존감은 낮다.[Nihon Seishonen Kenkyujo, 2012; UNICEF, 2007]

교육·문화·스포츠·과학·기술 교육부(이후 교육부로 표기함)는 이런 배경에 맞서 다양한 교육개혁을 추진했다. 예를 들어, 1980년대 개혁들은 다양성, 개별성, 자유의 증진에 목적을 두었고 학점기반 고등학교와 중·고등학교를 통합해 6년제 고등학교 모델을 창조하려는 좀 더 융통성을 주기 위한 교육과정의 개정 등을 포함시켰다.

국가 주도로 이러한 교육개혁이 밀어붙여지는 동안에 민간 부문에서의 활동들은 주체적으로 발달하게 되었고, 시험 준비와 학교 지지를 포함한 학습과 공부를 위한 시설들, 즉 "자유로운 학교들", "자유로운 공간들"이 설계되었다. 여기까지, 공적 부문에서의 교육은 주류를 제공하는 것으로 민간 부문에서의 학습 시설들은 단지 보조적인 기능만을 제공해 주는 패턴을 보여 왔다. 하지만 1990년대 결석하는 학생 수가 증가하자 교육부는 대안 학습 시설의 사회적 중요성을 인정했다고 밝혔다.

게다가, 우리는 대안교육을 활성화하려는 시민단체의 계속적인 노력 덕분에 대안교육에 대한 정부의 태도가 점차 변하고 있음을 확인할 수 있다. 2014년 국무총리가 도쿄에 있는 "자유학교" 중 한 곳을 방문했다. 문부성 또한 어린이 드림파크(공적 자금이 투입됐으나 사적 방식으로 운영되는 학습 시설)를 방문했다. 이 시설에 있는 어린이와 청소년 그리고 학생들을 효과적으로 지원하는 국가적인 계획을 만들기 위해서 교육부는 두 개의 숙의위원회를 설립했고, 2015년에 장관에게 제시할 그 결과물들을 뽑아냈다. 홈스쿨 어린이들을 포함해 학교 밖 어린이들과 관련된 새로운 교육 방안이 시민 단체와 의회 구성원에 의해 검토되었다. 그 이유로는, 우리가 공적 분야 교육 그 자체로서의 존재 이유를 어느 땐가부터 상실했다는 점과 공적인 관심뿐만 아니라 정치적 관심이 사회에서의 대안교육의 역할에 대해 보답해야 한다는 점이 있다.

가와사키시 조례와 어린이 드림파크

가와사키시는 1960년대와 1970년대의 높은 경제 성장 기간에 급속한 발전을 이루어 냈다. 그런데 가와사키시는 아이들의 기관지 천식 및 공해와 관련된 의학적 문제들, 저소득층과 외국인 노동이 경제적인 성장을 지탱해 온 것과 관련된 인권 문제를 해결해야 했다.

가와사키시는 시민들이 일상생활의 문제로 인권 보호를 인식하게 된 지역이다. 가와사키시의 부모, 교사, 지역 주민들은 1980년대부터 1990년대까지 교육개혁을 위한 시위를 벌였고, 약 20년 후인 2001년에 시행된 어린이 권리에 관한 가와사키 조례 제정에 성공했다. 어린이와 시민들, 전문가와 지방정부의 공무원 등을 포함해 모든 이해 당사자들이 조례 개발과정에 참여했다. 이것은 집약적인 과정이었다. 2년 넘게 약 200회 정도의 회의에서 조례의 구조와 내용을 논의했다.

이러한 노력의 결과, 가와사키시 조례는 철저하게 어린이를 우선시하는 내용으로 입안됐다. 조례는 아동의 권리보호를 위한 유엔 협약에 규정된 권리를 요약한 7개의 원칙을 포함해, 각 조항에 다양한 권리를 명시적으로 표현한 것으로 잘 알려져 있다. 이것은 "안전하게 살 권리", "자연스럽고 편안한 자아를 가질 권리", "자신을 보호하고 보호받을 권리", "자신을 질적으로 향상시키고 권리를 부여받을 권리", "스스로 결정할 권리", "참여할 권리", "개인적인 요구에 따라 지원받을 권리"^{가와사키시, 2005}이다.

앞서 표현한 것처럼 가와사키시 조례는 1989년 11월 20일 유엔 국회에서 채택된 아동권리보호협약의 영향을 받아 제정되었다. 일본과 여러 아시아 국가의 어린이와 관련된 법률과 규정 가운데, 이 조례는 어린이의 권리를 보호하는 표현에서 이례적이다. 그 조례의 서문은 다음과 같이 시작한다.

모든 어린이는 고유의 가치와 존엄을 가진 개별적인 인간이다. 아이들은 다른 사람들과의 차이와 자신만의 개별성이 수용되기를 바라고 그 자신에게 선천적으로 주어진 것에 대해 존경받기를 바란다. 어린이의 최고의 호기심, 어린이의 관점에 대한 비차별과 존경을 담는 국제적인 원칙하에서, 어린이는 종합적으로 그리고 실제적으로 보호받게 될 것이다. 이러한 권리들은 어린이가 인간으로서 존엄을 갖고 자신을 인식하고 자신의 삶을 이끄는 데 필수 불가결한 것이다.

(…)

어린이들은 성인들과 사회를 형성하는 동반자이다. 현재 사회의 구성원으로서 그리고 미래 사회의 책임 있는 행위자로서 어린이들은 사회에 참여할 권리뿐만 아니라 사회의 형성과 설계에 관련되는 동안 내내 특별한 역할을 한다. 이런 점과 다른 목적을 위해 사회는 어린이들에게 개방되어야 할 것이다.

(…)

도시에서 어린이의 권리를 보장하려는 노력은 주민의 권리 보장을 이끌며 도시의 모든 주민 간의 공존을 활성화시키려는 노력으로 이어질 것이다. 첫 번째로 아이들과 국제적인 원칙들을 불러냈다는 것을 명심한다면 우리는 개별 인간으로서 살아야 할 필수적인 도리가 모든 어린이를 위한 보장이라는 것을 알게 될 것이다.^{가와사키시, 2005}

일본 지방정부의 어린이 권리에 관한 조례 가운데, 가와사키시 조례의 유일한 특징 중 하나는 27조에 반영되었다. "안전하고 편안한 장소"의 중요성은 다음과 같이 명료하게 제시되었다.

1. 어린이가 자연스럽고 편안한 자세를 가질 수 있고 자신이 휴식을 취하고 회복할 수 있고 자유롭게 놀거나 활동을 수행할 수 있고, 안전하게 관계를 증진시킬 수 있는 장소를(이제부터 안전하고 편안한 장소로서 언급함) 갖는 것이 중요하다는 점을 명심한다면, 도시는 편안

하고 안전한 장소의 개념을 퍼뜨리려고 노력해야 하고 그와 같은 장
소를 유지하고 보장하려고 노력해야 한다.
2. 도시는 아이들을 위해 안전하고 편안한 장소를 제공하는 자발적 활
동에 참여하는 주민들, 조직과 함께 공동 협력하려 노력해야 한다.

조례 27조로 인해 가와사키시는 어린이와 청소년을 위한 대규모의 안
전하고 편안한 장소인 어린이 드림파크(일본어로 Kawasaki-shi Kodomo
Yume Park) 설립을 논의하게 되었다.

2001년에 어린이 드림파크를 실행하기 위한 운영위원회가 설립되었다.
조례에 근거해, 특히 27조에 대한 반응으로 가와사키시는 독특한 시설의
설립 가능성에 대해 전문가 및 시민들과 논의하기 시작했다. 시에서 학교
밖 어린이들의 목소리를 듣기 위한 설문이 시행되었다. 설문 결과, 학교에
서 정신적·신체적인 괴롭힘이 많이 일어나고 있음이 드러났다. 어떤 사례
는 괴롭힘이 교사, 학급 친구와 다른 사람들에 의해 야기되고 있음을 보
여 주었다. 설문은 가와사키시의 어린이들에게 자신의 두려움을 표현할
충분한 기회가 없음을, 교육 당국의 권위자가 그들의 목소리를 듣지 않았
음을 폭로했다.

설문 결과를 토론하고 성찰하는 11번의 회의를 마친 후 운영위원회는
시에 보고서를 제출했다. 보고서는 평생학습사회의 개념을 제시하고 모
든 아이가 언제 어디서나 지원받아야 함을 강조했다. 그리고 아이들의 학
습할 권리는 학교 밖 시스템에서도 보호되어야 함을 강조했다.

아이들을 위한 이상적인 시설이 개념화됨에 따라 다양한 이해 당사자
(교사, 학부모 연합회 구성원과 시 공무원)를 비롯해 지역의 어린이와 부모
들의 적극적인 참여로 기본 설계가 만들어졌다. 학교에 다니기를 거부하
는 아이들을 위한 이바소いばしょ, 거장소(居場所), 안전하고 편안한 장소가
필요하다는 것이 명시적으로 밝혀졌다.

어린이 드림파크를 개념화하는 과정에서 서로 다른 이해 당사자가 모

여서 어린이의 권리에 대해 공통적으로 이해하면서 도시에서 어린이와 청소년을 위한 이상적인 환경이 무엇인가에 대해 토론했다. 토론은 굉장히 유의미했다. 운영위원회의 한 위원은 시 당국의 공무원조차도 "학교교육의 제약으로부터 아이들을 해방시키는 것"이 중요함을 강조했다고 회상한다. "어린이에게 최고의 이익을 주기 위해 일하는" 시민들과 공무원들의 동의는 그들이 협력 프로젝트를 위한 강한 동반자가 되도록 용기를 북돋아 주었다.Free Space Tamariba, 2010

토론 결과, 시 당국도 "세 개의 활동 원칙" 또는 시설의 세 가지 주요 기능을 규정하기로 결정했다.

1. 어린이 활동을 위한 센터: 청소년이 그 도시의 이슈를 토론할 수 있고 시장과 당국에 그들의 목소리를 전달할 수 있는 "어린이 회합"을 위한 사무실이 시설에 있어야 한다.
2. 놀이공원[3]: 어린이는 자유롭고 책임감 있게 놀 수 있다. 그들은 사용하지 않는 천연 자료, 도구, 자신들이 놀 물과 흙을 사용할 수 있다.
3. 자유공간 En: 시 당국은 학교에 다니기를 거부한 학생들을 위해 "이바소(안전하고 편안한 장소라고 불리는 특별한)" 장소를 만들었다.

2003년 7월 드디어 드림파크가 1만km² 이상 되는 평지에 준공되었다. 이는 가와사키 교육 역사에서 신기원을 이룬 이벤트였다. 이제까지 전체 이용자 수는 35만 명을 넘어섰고, 매년 평균적으로 대략 6만 5,000명의 방문객이 찾아온다. 방문객에는 정신발달 지체 또는 미성년 범죄자로 분류된 아이들도 있다. 사계절 배구장, 배드민턴장, 음악 스튜디오 시설을 갖췄다. 어린이와 청소년은 En에 어떠한 요금도 내지 않고 학교 학생들이 학교 시설에서 할 수 있는 것처럼 시설을 이용할 권리가 있다.

---

3. (옮긴이 주) 어린이가 자발적으로 생각해서 놀 수 있도록 목공 도구, 건축 자재, 그림물감 등의 재료를 갖춘 유원지.

어린이 드림파크 입구

어린이 드림파크는 조례의 이상을 구체적으로 실현시키기 위해 창조된 평생학습 시설이며, En은 학교에 다니기를 거부한 어린이들을 위한 공원 내에 위치한 '이바쇼'이다.

공적 자금으로 지어진 시설의 운영은 시민단체인 타마리바Tamariba가 맡게 되었다. 수년 넘게 이어진 자유공간 타마리바의 활동이 En 탄생에 공헌했다. 타마리바는 범죄 경력이 있는 청소년과 학교 거부자인 어린이 들과 꾸준히 함께 일했다.

그들은 시설을 'En'이라 명명했다. 일본에서 En은 '원형', '사람과 사람의 연결', '연회', '공연'과 같은 다양한 의미를 지닌다. 또한 "즐기다"라는 의미의 영어 단어 enjoy의 'en'에서 유래한다.

다른 시 당국과 비교해서, 가와사키의 어린이 안전을 위한 모니터 시스템은 조례 덕분에 잘 발달했다. 시청은 시에서 생활과 학습 조건이 아이들의 인권을 위한 것인지, 그렇지 않은 것인지 시 당국에 보고하고 모니터할 것으로 예상한다. 인터뷰와 질문지를 기초로 작성된 보고서가 시 당국에 제출된다. 3년마다 시 당국은 어린이 인권이 보호되는지 아닌지를 정기적으로 점검해야 한다. 빈곤 가정에 방치되거나 학대받는 어린이뿐만 아니라 다양한 국적 및 문화적 배경과 신체장애가 있는 어린이를 포함해서 소수 집단 어린이의 목소리가 시의 정책 결정 과정에 활용되고 기록된다.

일반적으로 대부분의 교육체제는 소수자의 목소리를 필수적으로 반영하지는 않는다. 그래도 가와사키시에서 볼 수 있듯이, 어린이의 의견이 중요하고 존경받을 가치가 있다는 기제를 창조하는 것이 매우 중요하다. 그래서 청소년의 목소리가 정책 결정 과정에 진지하게 고려되어야 한다.[Nishino, 2006]

어린이 드림파크와 En의 역사를 돌이켜보면서 자유공간 En뿐만 아니라 타마리바의 대표이자 어린이 드림파크의 관리자인 니시노[Nishino, 2006]는 이러한 시설들이 가와사키시 아이들에게 최고의 혜택이라는 개념을 퍼뜨리는 데 도움을 주었다. 결과적으로 이런 점은 지역의 부모들과 시민들에게 친숙한 개념이 되었고, 비영리 기구의 운영진뿐 아니라 지방정부 공무원의 최고 실천 사례로 활용되고 있다.

[그림 16.1] 가와사키시 어린이의 권한을 보호하기 위한 기제

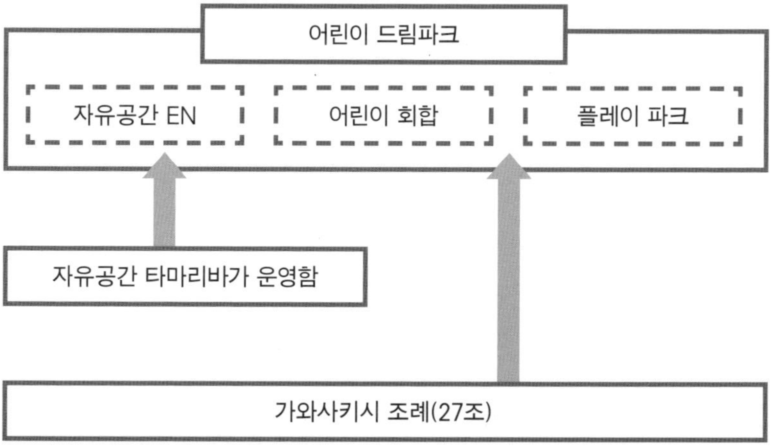

어린이 인권에 관한 가와사키시 조례가 발표된 지 10년 이상이 흘렀다. 2013년 12월 가와사키시와 시교육위원회는 어린이 드림파크 10주년을 기념했다. 이때 시장을 비롯해 여러 인사를 공식적인 초청 연사로 모시며 '가와사키 어린이 인권의 날을 위한 모임'이라는 제목으로 특별행사를 치렀다.

그런데 어떠한 시스템도 양날의 칼로 기능할 수 있다는 점을 강조해야만 한다. 실제로 조례 그 자체는 만병통치약이 아니다. 어린이의 권리에 발전이 있어 보이더라도, 시는 여전히 집단 따돌림 문화와 학교 관련 다양한 교육 논제들과 마주하고 있다. 이는 어린이의 권리를 존중하는 시스템 또는 기제가 사회에서 아이들의 행복을 위해 필수적으로 작동하지 않을 수도 있음을 의미한다. 우리에게는 시스템과 연대하여 일할 수 있는 여타의 다른 요소들이 필요할 것이다. 이제 어린이의 전반적인 발달을 위한 우리 시스템의 가능성을 좀 더 탐색해 보자.

어린이들이 하루를 시작하기 전 자유공간 En의 내부 모습(저자가 직접 찍은 사진)

돌봄 공동체로서의 En

앞서 기술한 사회적 맥락에서 '자유공간' En은 그 자체의 모토 "살아 있음 그 자체가 축복이다"에 기반하여 독특한 환경을 창조했다. 이 구절은 En을 알리는 팸플릿에 간단히 쓰여 있지만, 일본 학교와 사회에서 가혹하게 평가받고 있는 어린이들을 위해서 강력한 의의가 있다. 이 구절이 말해 주는 것은 사람은 누가 착한 어린이고, 누가 나쁜 어린이인지에 대한 피상적인 가치 판단에 직면하지 않을 것이고, En에서는 각자 자신의 자연스러운 자아를 수용하게 되리라는 것이다.

En이 설립된 이래로 평균 약 30~40명의 어린이가 매일 공간에 참석하지만, En은 120평방미터의 제한된 공간이다. En에는 사무실과 텃밭이 딸린 식당이 있다. 손으로 직접 만든 나무 테이블과 의자를 갖춘 놀이방도 있다. En은 장애, 나이와 관계없이 청소년을 수용한다. 청소년은 의무적인 학령에 있을 필요도 없다. 어린이들은 어떤 요금도 없이 시설을 이용할 수 있지만 En의 직원, 부모가 함께 상담받을 수 있도록 등록해야 한다.

점심시간은 공동체 생활의 중요하고 핵심적인 일부분이다. 공동체에서는 직원과 어린이들이 정원에서 직접 재배한 신선한 채소를 요리한다. 어린이들과 어른들은 함께 요리하고 공동체의 친목 분위기를 공유하면서 일주일 내내 생생한 점심시간을 보낸다.

회의는 En 생활의 중요한 일부분이다. 공동체는 그 주의 일정을 명확하게 하려고 월요일마다 모임을 한다. 또한 한 달에 한 번 다과를 즐기며 다소 긴 회의를 한다. 그들 자신의 활동이나 프로그램에 관한 규칙적인 토론을 하며, 어린이들은 자신들의 일상생활에서의 어려움을 개방적으로 토론하고 필요하다면 규칙을 바꾸려고 노력한다. 그들은 민주적인 투표 시스템을 통해 토론하고 결정한다. 어른, 아이 모두 공평하게 하나의 투표권을 갖는다. 나이 어린 어린이를 포함해서 목소리가 작고 조용한 어떤 구성원의 이야기도 귀 기울여 듣는 문화가 있다.

어린이들은 En에서 자유를 즐긴다. 그렇지만 그들은 자유가 자격증과는 다르다는 관점을 공유한다. 그들은 공동체를 유연하게 운영하는 데 필요한 규칙이 무엇인지를 토론하고 결정한다. En은 작은 규모의 사회이다. 어린이들은 이러한 모임을 통해서 공동체 생활을 조직하는 방법을 위해 감정을 모으고 배운다.

학습과 관련하여 En에는 정규 교육과정이 없다. 어린이는 자신만의 독특한 프로그램을 만들 수 있다. En의 리더들은 어린이들이 그 시설에서 실제로 하고 싶은 것이 무엇인지를 생각하는 것이 중요한 과정이라고 믿는다. 어린이가 무엇을 할지를 스스로 결정한다면 이후에 그 어린이는 친구들과 함께 개별적이거나 협력적인 프로그램을 시작할 수 있다. 지금까지 다양한 종류의 프로그램과 활동이 조직되었고, 이런 프로그램에는 연극 놀이, 라틴 민속음악, 아프리카와 한국의 전통음악, 태권도, 춤 공연, 도자기 만들기, 과학 실험 등이 있다.

일본 부모들이 사용하는 "너는 그것을 왜 할 수 없지?" 또는 "네가 열 살이 되면 이것을 쉽게 할 수 있어야 할 거야"와 같은 공통된 말들은 En에서는 거의 들을 수 없다. En이 안전하고 편안한 장소로서 모든 아이를 섬겨야 하기 때문에 다른 사람들의 판결적인 관점은 제거되어야 한다. 동시에 "나는 어떤 것도 원하지 않아." 또는 "나는 어떤 프로그램에도 참여하지 않을 거야." 하는 감정 또한 존중해야 한다. 일본 사회에서는 아이 주변 어른의 기대가 그 감정에 의해 닳아 없어지므로 자신을 최대한 맞추려고 노력하는 어린이를 많이 볼 수 있기 때문이다.

En은 사회적인 표준과 기제적인 규범을 갖고 있지 않다. 관리자인 니시노는 "En은 어린이들의 내적 생활력을 지원하도록 만들어진 기제들과 시스템들의 공동체이다. En이 실행된다면 공동체의 실생활에서 아이들은 더 안락하게 지낼 수 있을 것이다"라고 말했다. 그는 En을 살아 있는 모든 것들이 상호적인 반응의 관계에서 대우받는 돌봄의 공동체라고 본다. 어떠한 규칙과 규범도 자연스럽게 창조되는 것은 아니다. 롤런드 마틴

^{Roland Martin, 1992}이 설명한 다른 관점을 고려해 본다면 그것은 "학교"라기보다는 "가정"의 개념에 더 근접한다.

En에 와서 노는 어린이들은 공간을 삶에서의 성공을 위한 기회로 간주한다. 휴식, 놀이, 공부를 위한 시간과 공간으로 보지 않는다. 어떤 방문자라도 En의 특별한 환경이 무언지를 한눈에 눈치챌 것이다. En에서는 전형적인 대규모 학교에서 보이는 경직된 운영구조가 없고, 한눈에도 아이들이 즐거운 것을 하고 있음을 볼 수 있다. 어린이 하나하나가 집단 속에서 즐겁게 시간을 보내고, 독서하고, 노래하도록 움직인다. 그래도 어떤 일이 일어나고 있는지 완전히 내버려 두는 것은 아니다. 어린이마다 안전한 방식으로 사람과 사람의 연결을 찾고 있고, 이런 안전한 환경에서 다양한 학습과 발달이 보장된다. 관찰자들은 안전하고 편안한 장소가 물리적인 장소뿐 아니라 따뜻한 환경임을 알 수 있다. 학교나 가정 공동체에서 살아가기가 힘들다고 생각했던 어린이들은 En에서 편안하고 보호받고 있다는 감정을 느낄 수 있다.

En에서 보여 준 어린이를 대하는 돌봄의 태도는 전통적인 학교에서 관찰되는 것과는 차이가 있다.^{Noddings, 1984, 2005} En은 아늑한 방에서 면대면의 전문적인 컨설팅 같은 카운슬링을 제공하고, 또 서로 다른 종류의 비공식적인 카운슬링도 제공한다. 한 가지 유형은 "일상적이거나 자연스러운 카운슬링"인데, 예를 들어 직원은 모닥불 근처에 모여서 즐기는 가운데 아이들이 말하고 싶은 것이 무엇인지를 들을 수 있다. 또 다른 일상적이거나 자연스러운 카운슬링은 사교적인 것을 "발견하는 카운슬링"이다. 모닥불 상황에서 직원들은 어린이가 실제로 배고프거나 집에 가고 싶어 하지 않는다거나 매일 똑같은 옷을 입는다는 것 등을 알게 될 것이다. 이런 점은 가정에서 아이들의 돌봄을 간과했음을 보여 주는 것이다.

En에는 다양한 유형의 어린이와 청소년이 있다. En은 학교 거부자, 학업 중단자, 발달 장애, 학습 장애, ADHD, 아스퍼거 증후군, 정신지체나 통합기능 장애 증후군, 권위자에게 반항을 어려워하는 청소년으로 불리는 어린이들을 받아들인다. 조직의 "리더"로서 수십 년간 En에서의 혼란스러운 상황과 싸웠던 니시노는 En의 핵심은 "혼돈"이라는 결론을 내리게 되었다. 그 혼돈은 전형적인 학교에서 나타나는 일차원적인 유형의 제도와는 완전히 다른 것이다, 서로 다른 배경을 가진 다양한 연령층의 사람들이 함께 일상적인 생활을 하면서 문제를 일으키고 싸우는 것도 사실이다. 그렇지만 니시노는 이와 같은 혼돈의 상황이 자기 자신과 자신이 속한 팀을 중시해야 하는 상황이라고 믿는다. 태도와 정신을 돌보는 것은 En 같은 공동체에서 가장 잘 육성되기 때문이다.

교육부의 양해로 En에 들어와서 시간을 보낸 어린이들은 학교에 다니지 않고 지역 학교에서 졸업할 수 있다. 게다가 그들은 학교에 다니는 학생 대부분처럼 정규 학생과 같은 통학권을 할인받아 구매할 수 있었다.

시스템과 어린이

국제적으로 저명한 소설가 무라카미 하루키는 2009년 문학 분야 예루살렘상을 수상했다. 수상 연설에서 그는 청중들이 그에게 한 가지 굉장한 개인적 메시지를 전달할 수 있을치를 물었고 은유적인 문장으로 답했다. "높고 견고한 벽과 그것을 깨려는 달걀 사이에서 나는 항상 달걀의 편에 설 것이다." 그는 그 연설에서 다음을 인용하여 설명했다.

예, 벽이 옳고 달걀이 잘못되더라도 중요하지 않습니다. 나는 달걀 편을 들 것입니다. 어떤 사람들은 무엇이 옳고 무엇이 잘못되었는지를 결정해야 할 것입니다. 아마도 시간이나 역사가 결정할 것입니다. 벽을 지지하는 작품을 쓰는 소설가가 있다면 이유가 무엇이든지 간에 그와 같은 작품은 무슨 가치가 있는 걸까요?_{무라카미 하루키, 2009}

우리가 팔레스타인 무장단체와의 무력 충돌의 일부로 이스라엘의 가자 지구 침략을 회상한다면 수상식에서 일어났던 것, 그가 연설을 통해 전달하고자 했던 것은 비폭력적인 메시지로 보인다. 그의 은유적 메시지에서 그는 "높고 견고한 벽"을 폭파범과 다른 무기들을 뜻하는 비유로 사용했고 "달걀"은 그러한 폭파범과 무기들에 의해 죽은 비무장 민간인으로 비교했다.

무라카미는 자신의 은유적인 표현이 다음과 같은 더욱 깊은 의미를 담고 있다면서 연설을 계속했다.

이 방식으로 그것을 생각해 봅시다. 우리 각자는 어느 정도 달걀이라고 할 수 있습니다. 우리 각자의 독특하고 대체할 수 없는 영혼은 깨지기 쉬운 껍질 속에 둘러싸여 있습니다. 이런 상황은 저에게도, 여러분에게도 마찬가지입니다. 우리 각자는 더 높거나 더 낮은 정도로 높고 견고한 벽에 직면하고 있습니다. 벽에는 이름이 있습니다. 시스템이라고 하죠. 그 시스템은 우리를 보호할 예정입니다. 하지만 가끔 시스템은 그 자체로 생기가 돕니다. 그런 다음 시스템은 우리를 죽이기 시작하고, 우리가 다른 사람을 죽이게 합니다. 냉담하게, 효율적으로, 시스템적으로. _{무라카미 하루키, 2009}

무라카미는 소설을 쓰는 이유를 개인적 영혼의 존엄을 겉으로 드러내고 빛을 비추기 위한 것이라고 강조한다. 그는 다음과 같이 말한다.

이야기의 목적은 시스템 망 속에 있는 우리의 영혼을 엉키게 하는 것으로부터 그리고 영혼의 품위가 떨어지는 것으로부터 시스템을 예방하기 위해 시스템 위에 빛을 비추는 훈련을 하는 것이고 경종을 울리는 것입니다. 내가 완전하게 믿는 바는 소설가의 직업은 이야기(삶과 죽음의 이야기, 사랑 이야기, 사람을 울게 하거나 공포로 떨게 하거나 웃음으로 뒤흔들게 만드는 이야기들)를 써서 개인의 영혼의 독특성을 밝히려고 노력한다는 것입니다.[Murakami, 2009]

그의 은유적인 메시지를 생각하면서 우리는 국가적으로 표준화된 교육의 기제라고 부르는 교육적 경험에 맞선 어린이들이 "견고한 벽에 직면한 깨지기 쉬운 달걀"에 쉽게 영향받게 되리라고 생각할 수 있다. 시스템은 평소에 너무 높고 견고하고 차가워서 달걀은 승리할 희망이 없다. 우리가 승리의 희망을 품는다면 무라카미가 말하듯 그 희망은 우리 자신과 타인의 영혼이 완전히 독특하고 대체할 수 없음을 우리가 믿는 데서 나와야만 한다. 그리고 우리가 함께 영혼을 참여시킴으로써 얻는 따듯함으로부터 나와야 한다.

그런데 가와사키시처럼, 우리가 어린이 권리에 관한 가와사키시 조례 채택 과정에서 보았던 행정적이고 정치적인 의지에 초점을 둔다면, 권위적인 형태의 행정부를 둔 다른 전통적인 도사와는 다르게 가와사키시의 교육 시스템은 불우한 상황의 어린이들을 위해 교육적인 자유공간을 활성화하도록 기능한다는 것을 이해할 것이다. 가와사키시처럼 나는 "달걀이나 벽"을 이분법적으로 생각하지 않고, 우리가 "달걀들"을 위한 대안적인 시스템을 즐길 수 있으리라 믿고 가와사키시 시스템은 달걀이 "시스템"에 대응하여 보호받을 가능성을 열었다고 믿는다.

En 같은 대안적인 공간은 깨지기 쉬운 달걀의 편에 서고 사회적으로 내버려 뒀던 어린이와 청소년을 대표하는 소설가의 역할을 지지할 수 있다. 또한 우리는 En 같은 작은 시설은 특정 시스템의 보호가 필요하다는 것을 이해해야만 한다. 이 장의 첫 부분에서 언급한 것처럼 어린이를 위한 척박한 상황에서 "이중 단계 시스템"을 통해 En과 같은 편안하고 안전한 장소를 보장하는 것이 중요하다. 첫 번째 단계는 가와사키시에서 보여준 것과 같이 어린이의 권리를 보호하기 위한 법적인 조례 시스템을 구성하는 것이다. 두 번째 단계는 이전의 절에서 설명한 것처럼 어린이와 청소년 주위에 있는 직원이나 어른들의 헌신적인 돌봄으로 구성되는 유연한 시스템이다.

니시노[2006: 134-135]는 "그것은 조례의 전형적인 조항과는 달라 보인다"라고 말하며 27조에 높은 가치를 두었다. 27조는 어린이의 권리를 보호하기 위한 대안적인 시스템의 역할을 한다. 가와사키시의 경우가 암시하는 바는 조례의 보호 아래 헌신적인 직원들에 의한 돌봄 노력은 다양한 개인들에게 제공되는 유연성이 거의 없는 시스템에 필요한 대안적인 삶과 학습 환경을 창조할 수 있다는 것이다.

이중 단계 시스템은 대안교육과 관련된 교육 행정의 "유형을 활성화시키고 적극적인 지원"에 상응하는 것이다.[Nagata, 2006: 170] 어린이 드림파크와 En 직원의 헌신과 조례 덕분에 가와사키시는 "수동적인 지원과 간섭형" 같은 유형들과 다르고, "수동적인 지원과 자유방임형"과도 다른 "능동적인 지원과 관리형"에 속한다. 하지만 시 조례가 청소년 범죄와 빈곤 같은 문제에 더 이상 직면하지 않는다는 것은 사실이 아니다. 사실은 사람들이 자신들의 교육적 실천을 적극적으로 시작할 경우 가와사키시 조례가 참고가 되고 체감하는 데 유용한 사항을 제시한다는 것이다. 어린이의 권리를 위해 공동체 수준에서 개인들에게 제공되는 돌봄과 상보적으로 작동하는 규제 시스템은 "능동적 지원과 촉진형"의 필수 불가결한 요소이다.

앞에서 En은 전국에 걸친 ESD의 10가지 우수 실천 사례 중 하나로 선택되었음을 설명했다. 흥미롭게도 어린이의 지속가능한 발전을 말하면서 니시노는 우리의 도전은 어린이의 삶에 교육 시스템과 기제를 맞추자는 것이지 다른 게 아니라고 주장했다.[Japan Holistic Education Society, 2006] 우리가 해야 할 도전 중 하나는 어린이의 삶을 최우선으로 보고, 양육할 수 있는 돌봄 시스템을 어떻게 창조할 것인가이다.

참고문헌

Free Space Tamariba. (2010). The creation of publicly-funded and privately-run Ibasho (Kousetsu-minnei no Ibasho-zukuri). In *Ibasho-Its play, learning and life. From a field of Free Space En: A publicly-funded and privately-run Ibasho* (Chapter 2). Kawasaki: Free Space Tamariba.

Japan Holistic Education Society. (Ed.). (2006). *Creating an educational society for sustainability.* [Jizokukano na Kyoiku-shakai wo Tsukuru]. Osaka: Seseragi-Shuppan.

Kansai NPO Alliance. (2014). *Genki ippai ESD: Guddo prakutisu jireishuu* [Spirited ESD: Collection of good practices]. Kaisai Kokusai Koryu Dantai Kyogikai. Retrievable from http://interpeople.or.jp/genki_esd/images/pdf/ 20140228.pdf

Kawasaki City. (2005). *Ordinance of the rights of the child* (first iteration 2000, revised 2005). Retrievable from: http://www.city.kawasaki.jp/en/page /0000037109.html

Ministry of Education, Culture, Sports, Science and Technology. (2014). *Jidouseito no mondaikodo to seito shido jo no shomondai ni kansuru chosa (Heisei 23 Nendo).* [Research on some issues on students' problem behaviour]. Tokyo: Ministry of Education, Culture, Sports, Science and Technology.

Murakami, H. (2009, February 17). *Always on the side of the egg.* Haaretz. Retrievable from http://www.haaretz.com/life/arts-leisure/always-on-the-side-of-the-egg-1.270371

Nagata, Y. (2006). *Alternative education: Global perspective relevant to the Asia-Pacific region.* Dordrecht: Springer.

Nihon, S. K. (2012). *Kokosei no seikatsu-ishiki to ryugaku ni kansuru chosa* [A study on the consciousness of senior high school students and study abroad]. Tokyo: Asakura Shoten.

Nishino, H. (2006). *The power of a secure and comfortable place* [Ibasho no chikara]. Kyoiku-Shiryo Shuppankai. Nishino Hiroyuki. In Japan Holistic Education Society (Ed.), *Creating an educational society for sustainability* [Jizokukano na Kyoiku-shakai wo Tsukuru]. Osaka: Seseragi-Shuppan.

Noddings, N. (1984). *Caring: A feminine approach to ethics and moral education* (2nd ed.). Oakland, CA: University of California Press.

Noddings, N. (2005). *The challenge to care in schools: An alternative approach to education.* New York: Teachers College Press.

Roland Martin, J. (1992). *The schoolhome: Rethinking schools for changing families.* Cambridge, MA: Harvard University Press.

UNESCO. (2005). *United Nations decade of education for sustainable development (2005-2014): International implementation scheme.* Paris: UNESCO. Retrievable from http://unesdoc.unesco.org/images/0014/ 001486/148654e.pdf

UNICEF. (2007). *Child poverty in perspective: A comprehensive assessment of the lives and well-being of children and adolescents in the economically advanced nations.* Retrievable from http://www.unicef.org/media/files/ChildPovertyReport. pdf

Yoneyama, S. (1999). *The Japanese high school: Silence and resistance.* London: Routledge.

Yoneyama, S. (2000). Student discourse on tokokyohi (School phobia/refusal) in Japan: burnout or empowerment? *British Journal of Sociology of Education, 21*(1), 77-94.

17장
교사교육:
변화의 생성자 vs 교육적 순응을 위한 기제

이안 멘터[1]

도입

20세기 서방 세계의 대학에서는 교사교육의 제도화 이후, 종종 갈등이 있었다. 이 갈등은 이 세계에 매료되었던 사람들의 급진파 사이에서였는데, 그들은 대량생산의 위험을 줄이고 결과를 개선하는 데 전적으로 집중하기를 바라고 있는 많은 정부가 선호하는 표준화 의제에 교육적 실천으로의 변화를 일으키고 싶어 했다. 교사교육이 새로운 생각과 변화를 위해 실제로 중요한 집중을 했었던 시기가 있었다. 그러나 따르고 순응하는 것 또한 지배적이었다. 후자의 경향은 21세기 교사교육의 특징이었다.

이 장에서는 이 갈등들을 살펴보기 위해 사회-역사적인 접근을 하고 있다. 교사교육이 주류 교육(듀이에서 프뢰벨과 몬테소리를 거쳐 탈학교와 비판적 교육 접근의 범위까지)에서 특징적인 대안의 개발을 일으키는 데 강력했던 사례를 인용하고자 한다. 또한 어떻게 위험을 취하고 활동 과정이 줄어들거나 제거되었는지, 그리고 어떻게 초국가적인 조직들의 세

---

1. 이안 멘터(Ian Menter): 사회과학 아카데미 펠로우십(FAcSS). 영국 옥스퍼드대학교 교육학과의 교원 양성 담당 교수, 전문 과정 학과장. 그는 이전에 영국 서쪽과 글로스터셔 지역의 런던 메트로폴리탄, 스코틀랜드 서부에 있는 글래스고대학교에서 일했고, 그 이전엔 영국 브리스틀의 초등학교 교사였다. 2005년에서 2007년까지 스코틀랜드 교육학회 회장을 역임했다. 2013년 9월에 영국 교육학회(BERA) 회장을 지냈으며, 영국 교육학회 및 영국 왕립예술협회 조사단에서 연구와 교사교육 분야의 운영위원회 회원으로 지내고 있다.

계화 의제를 따르려는 압박이 교사교육 내에서 행해졌는지, 교사교육이 더 넓은 교육 세계에 미쳤을지도 모를 영향은커녕 제한해 왔는지에 대한 사례를 제시하고자 한다. 여기에서 설명은 영국에 중심을 두고 있지만, 이 이야기들은 세계의 다른 많은 곳에서도 들려지는 비슷한 이야기들이다.

20세기 교사교육

역사적으로, 교직은 종종 사제직이나 성직에서와 크게 다르지 않은 방식으로 '부르심(천직)'이나 소명으로 여겨져 왔다. 사람들은 젊은 사람들을 깨우치거나 전체적인 개선을 만들어 내고 싶다는 소망을 안고 교직에 다가갔다. 이것은 19세기 서양 사회에서 대중 교육이 발전되기 시작했을 때처럼 '개인 교사'와 '여성 가정교사'를 둔 부유한 가정 아이들의 초기 교육에 가깝다.

교생과 사범학교의 시대로부터 교원 양성 대학의 탄생에 이르기까지, 직업으로 교직을 삼기를 열망했던 사람들은 대개 어떤 종류이든 이타적인 동기를 가졌었다. 서유럽에서 이 동기는 대개 종교적인 헌신과 관계가 있었다. 영국에서뿐만 아니라, 많은 다른 서구 나라들에서 대중 교육과 체계화된 교사교육의 초기 단계는 거의 기독교의 튼튼한 틀 안에서 모두 잘 만들어졌다.^{Cruickshank, 1970; Dent, 1977} 영국의 제도화된 교사교육의 초기 발전에 대한 설명은 이것을 명백하게 보여 준다.^{Cook, 1984}

영국에서의 초기 대중 교육 단계는 학생들이 기본적인 수준의 읽기, 쓰기, 산술 능력을 갖추는 것뿐만 아니라, 좋은 기독교인으로 성장하도록 가르치는 것을 목표로 하는 공통적으로 동의한 가치 체계와 관계되어 있었다. 무엇보다, 대중 교육은 경제가 이전보다 더 복잡하고 사회 통합에 의존적이게 되고, 급격하게 산업화되어 가는 사회의 필요에 응했던 노동자를 위한 필요와 긴밀하게 관계가 있었다. 경제는 읽고 쓸 수 있는 노동자가 필요했을 뿐만 아니라, 대체적으로 잘 따르는 사람을 필요로 했다. 그러므로 19세기 후반과 20세기 초반 교육의 목적은, 적어도 이 견해에서는, 사회 재생산을 가능하게 하는 것뿐만 아니라 경제적인 생산을 가능하도록 했다.^{Simon, 1965}

새롭게 등장하는 교육 이론

그러므로 아마도 이 방향에 대한 초기 대안은, 교육 그 자체에서나 교사교육에서나 대중 교육 체제 밖의 근원에서 기인했다는 것은 놀랍지 않을 것이다. 이 초기 교육의 핵심 목적이 순응하는 대중을 바라는 것이었기 때문일 것이다. 교육 이론이나 심지어 교육철학으로 구체화된 생각들은 영국 전역의 국공립 교육체제 내에서 초기에 일어났던 것보다 우리가 지금 민간 영역이라 부르는 것에서, 그리고 해외, 특히 프랑스, 이탈리아와 독일, 후에 미국에서 훨씬 더 많이 등장했다.

어린이가 배울 수 있는 가장 좋은 방법에 대해 대부분의 초기 사상과 이론들은 어린 학생들에게 주로 집중했다. 예를 들어, 마리아 몬테소리, 프레드리 프뢰벨과 페스탈로치의 생각들은 유치원 환경에서의 연구를 통해 발전되었고 그들의 핵심에 아이에 대해 아주 특별한 관점을 가지고 있었다. 비록 이 초기의 영향에 대해 각각 주장된 접근법의 세부 사항들은 상당히 달랐지만, 그들의 마음에는 타고난 잠재력을 지닌 존재로서의 아이에 대한 관점을 공유하고 있었다. 그러한 잠재력을 개인적으로 실현해서 성장할 수 있도록 하는 데 교육의 목적을 공유하고 있었다. 이것은 이전에 서술된 경제적인 관점보다 훨씬 더 인간 중심적 관점이었다. 교육에서 많은 사람이 감지하고 있듯이, 잘 성장시키기 위해서 '물을 줘야 할 씨앗'으로 여기는 아이에 대한 이 관점은 그 자체로 장 자크 루소의 철학적인 글, 특히 그의 에세이 『에밀』에서 크게 영향을 받았다.

이는 유치원에서 그러한 것을 실천하려고 했던 맥밀런과 아이작Margaret McMillan & Susan Isaacs 같은 영국의 초기 교육가들에 의해 개선됐던 일종의 생각들이었다.Whitbread, 1972 따라서 아이에 대한 낭만적인 관점은 영국에서 취하기 시작했었다. 이것은 교육받는 것보다 '훈련되는' 존재로의 아이라는 기능주의적 생각에 이의를 제기하기 시작했다. 좀 단순하게 말하면, 한편에선 사회와 경제에 잘 순응할 수 있는 어떤 사람, 바른 시민으로 만들어지는 존재로서의 아이라는 전통적인 신을 경외하는 관점과, 다른 한편으론 사회에 예측할 수 없는 기여를 할 많은 재능과 잠재력을 소유하고 있을지도 모르는 미래를 예측할 수 없는 학습자로서의 아이라는 진보적인 관점 사이에 긴장이 보이기 시작했다.Howlett, 2013

이 장에서 다루는 논쟁의 요지는, 교사교육에서의 대안이라는 관점이, 아이, 특히 학습자로서의 아이에 대한 경쟁적인 관점에 관한 것이다.

다르게 행동하기

20세기 초, 우리는 실용주의 철학자인 존 듀이가 배움과 가르침의 방식과 사회의 민주적인 성격 사이에 연관성이 크다는 것을 제안하기 시작했음을 잘 안다. 시카고에 있는 그의 실험학교experimental laboratory school는 그가 학습의 적극적인 성격에 대한 이론과 이 과정들의 중요한 역할을 하기 위해 비판적인 성찰의 필요를 발전시켰던 장소였다.Pring, 2014

반면에 유럽에서는 심리학자들과 다른 이들이 교육학, 또는 영국에서 교육의 학문으로 이내 인지하게 되는 영역을 개발하고 있었다.Furlong & Lawn, 2010 이것은 가르침과 배움에 대한 우리의 이해를 알려 줄 수 있었다. 차후 교사교육 커리큘럼에서 두각을 나타낸 것은 스위스의 실험 클리닉에서 장 피아제가 수행한 연구였다. 그의 연구는 아이들의 배움에서 경험의 중요성에 대한 지식을 이끌었고 이 인지적 발달은 많은 단계를 거쳐 진전하는 것으로 볼 수 있었다. 심리학자 레프 비고츠키의 연구는 20세기 중반 구소련에서 후에 영향력 있는 것으로 증명이 되었는데, 배움의 사회적 성격과 모든 배움에서 언어의 중심 역할을 강조했다.

만일 우리가 사상가 및 과학자들이 교사를 준비시키기 위해 개발하고 있는 교육과정에 영향을 끼친다고 생각한다면, 우리는 이 하나하나를 가르침에 관한 기능주의자의 통설에 일종의 도전거리로 간주할 수 있다. 따라서, 예를 들어, 효과적인 배움이 전적으로 소극적인 과정이 아닐 수 있다는 점이라든가, 아이들은 그들의 이해, 스킬, 역량을 개발하기 위해 개인적이고 실제적인 체험 및 신체적이고 언어적인 체험을 필요로 한다.

연구의 주제로 더 완전한 교육의 개발은 영국과 미국, 그리고 실제로 대부분의 상황에서 교사교육의 개발을 형성했다. 영국에서 특별한 개발과 교사교육 제공의 점차적으로 변화하는 모습과의 연관성은 펄롱Furlong의 교육학에 대한 '해부'에 매우 잘 묘사되어 있다.[Furlong, 2013] 그는 20세기의 교육과정 동안, 대학과 대개 관계를 맺고 있던, 교사교육을 학문적이고 지적인 과정으로 점차 만들었던 것은 추론의 극대화 추구였다고 주장하고 있다. 이것은 일종의 비판적이고 독립적인 사고가 한 역할을 담당할 수 있었기 때문에, 모든 전문 대학원생이 되는 방향으로 점점 움직여졌던 직업으로의 가르침으로 일어났다.

그러나 학교교육의 사립적인 영역이었던, 다른 곳으로부터의 영향이 또한 있었다. 언급한 대로, 이 영역은 주요 체제가 이루지 않았던 방식으로 대안적인 자리를 가져왔다. 그 영역은 물론 긴밀하게 자신의 아이들의 교육을 위해 지불할 재정적인 능력을 지닌 가족과 관계 지어져 있었다. 이 학교들은 대체로 자신을 엘리트 대학과 이후 사회의 지배 계층 지위로의 진입을 위해 학생들을 준비시키기 위한 준비과정으로 보았다. 이 학교들은 윌리엄스Raymond Williams가 교육에 "옛날의 인본주의적인" 접근법으로 묘사하는 것을 선호했던 학교들이었다.[Williams, 1961] 이것은 문화와 무정부상태에서 규정한 대로, 세계에 대한 아널드Matthew Arnold 관점에 의해 매우 영향을 받은 것이었다.[Arnold, 1869] 하지만 사적인 영역 내에 대안적인 접근을 하고자 하는 어떤 학교들이 있었다. 이 대안들은 타고르 Rabindranath Tagore의 원리나 영국 스코틀랜드 북부의 고지에 있는 고든스툰Gordonstoun 학교에 근거한 데브온Deveon의 폭스홀스Foxholes 학교와 같이 "실험적인 것"으로 존재했었다. 이들은 프로이트와 라이히Sigmund Freud and Wilhelm Reich의 연구로부터 유래된 아이의 자유에 대한 급진적인 개념에 근거한 문화적인 지식이나 실제로 서머힐 학교Summerhill School[2]의 닐A. S. Neill의 실험보다 오히려 실용적이고 리더십 기술을 강조하고자 했다.[Neill, 1962]

교사교육의 갈등

그 당시의 교사교육에서 주요 갈등은 이전에 언급한 교육적 프로젝트에 대한 영향의 관점이 공립학교에서 나타나는 갈등과 비슷했다. 1960년대에 두 영역의 갈등은 아이 중심과 과제 중심적 접근법 사이의 갈등으로 요약될 수 있었다. 이 갈등은 교사교육 과정과 프로그램으로 짜인 커리큘럼에서 스스로 발생했다. 이 당시 영국 전역에는 교육대학(종종 "교원양성 대학"이라고 불리는)에서 많은 교사교육이 생겼었는데, 이곳에서는 교육자는 어떤 일정 기간에 스스로 학교에서 가르쳤던 사람들과 가르치지는 않았지만, 아마도 사회학이나 심리학 또는 철학을 하기 위해 "규율적인" 기여를 한 사람들이 섞여 있었다.

"아이 중심적인" 교육이 1960년대의 교육적 담론에 만연해졌으며 영향이 있게 되었다. 영국과 웨일스에서는 아이와 초등학교에 대한 1967년의

---

2. (옮긴이 주) 영국의 교육학자 A. S. 닐이 1921년에 세운 사립 기숙형 대안학교로 서퍽주 레이스턴에 있다. 학생들의 자유를 최대한 존중하고, 그 자유 안에서 총체적이고 조화로운 사람으로 성장하게 함을 목표로 하며 6살부터 18살까지의 학생을 받고 있다.

〈플라우든 보고서Plowden Report〉에 요약되어 있는 것으로 종종 여겼다. 사실 이 보고서는 "아이 중심적인"이라는 단순한 표현이 말하는 것보다 더 많이 미묘하고 다양한 면모를 가지고 있었다. 블라이스Blyth가 그의 초등교육의 역사적인 분석에서 제시했듯이, 그 당시에 학교와 교육 대학에서 발견된 접근법에 영향을 미치는 적어도 세 가지 전통이 있었다. 그는 이것을 초등 전통, 준비 전통, 발달적 전통이라 불렀다.[Blyth, 1965; Menter, 2012]

1960년대와 1970년대의 자유해방주의libertarianism

20세기의 상반기는 교사교육의 전문화와 학문화로의 확대를 반영하는 것으로 특징지을 수 있다. 갈등이 깊어졌다. 실습의 "엄격함"이 있었던 반면에 동시에 교수와 학습의 성격에 대해 그리고 교사교육의 커리큘럼에 대한 논의, 사실상 논쟁이 있었다. 그러나 잘 기록화되어 있기는 하지만, 서구사회의, 사실 "기득권"이 만연한 사회의 전통에 의문을 품기 시작했던 때이자 지식과 제도의 격변 기간인 1960년대와 1970년대에도 불구하고 전통 학교의 커리큘럼과 조직 구성에 대한 공적인 논의는 덜 했다.

기득권에 이의를 제기하려는 사회의 반문화적인 운동으로 인식되었던 것이 선진 세계 특히, 북미와 유럽, 오스트랄라시아의 많은 곳에서 1960년대 동안 출현했다.[Roszak, 1969] "젊은 문화"의 출현은 이 모든 것이 강한 요소였으며 흑인 인권Black Power과 여성 인권, 학생 인권 운동과 같은 반대 운동이 두각을 나타나게 되었다. 이러한 것들은 각각 백인과 남자, 장년들에 의해 종속되었던 특정 그룹을 자유롭게 하려는 운동이었다. 반대 운동의 고조는 또한 신식민지의 압박의 다양한 면에 걸쳐 구체화되었고 개발 도상국 세계의 많은 부분에서 독립 전쟁, 베트남 전쟁, 경찰의 만행과 정의의 실패로 실증되었다.[Cockburn & Blackburn, 1970]

정통 마르크스주의자 및 신마르크스주의 학자(마르쿠제Herbert Marcuse

『One Dimensional Man』, 1968, 파농Franz Fanon『The Wretched of the Earth』, 1967, 제임스C. L. R. James『The Black Jacobins』, 1963, 학생 리더인 알리와 블랙번Tariq Ali & Robin Blackburn 등)를 포함한 반문화적인 운동의 정치적 리더십은 당시 긴스버그Allan Ginsberg의 시, 그리고 미첼Joni Mitchell과 딜런Bob Dylan, 조플린Janis Joplin의 음악과 함께 조직화, "선전 및 선동"을 이끌었다. 이 과정에는 랭R. D. Laing『The Divided Self』, 1969과 같은 정신과 의사, 그리고 헉슬리 Aldous Huxley『Doors of Perception』, 1963나 버로스William Burroughs 같은 실험연구자들이 강력하게 혼합되었다. 더불어 당시의 신좌파와 홀Stuart Hall, 윌리엄스Raymond Williams『The Long Revolution』, 1961, 톰슨E. P. Thompson『The Making of the English Working Class』, 1966, 로보텀Sheila Rowbotham『Hidden from History』, 1973이라는 연구자들의 출현은 이런 추세에 크게 기여했다. 이 시기는 거의 "대안"이 표준이 되는 기간이었다고 할 수 있다.

그런데 이 모든 것들이 특히 교육과 교사교육과 어떤 관계가 있었던 것인가? 아마도 어떤 기관도 학교만큼 지배적인 기득권인 오래된 방식을 표상화하지 못했다. 보울스와 긴티스Bowles & Gintis, 1976의 『자본주의 미국에서의 교육Schooling in Capitalist America』은 현시대의 학교의 주요 기능을 사회학적으로 분석한 것인데, 이와 같이 알려진 학교에 대한 신마르크스주의자의 공격적인 비평은 순종적이고 순응적인 노동자를 만들어 내는 것을 통해 만연하는 자본주의 경제 체제를 회복하기 위한 것이었다. 또는 프랑스에서 알튀세르Louis Althusser, 1971는 경찰과 군대에 의한 통제 국가 기구와 대조되는 "이데올로기적 국가 기구ISA"의 한 예로 학교에 대한 비평을 발전시켰다. 이데올로기적 국가 기구로서 학교에 대한 기능은 지금의 사회적 관계가 충분할 뿐만 아니라, 효과적인 사회 기관의 유일한 형태인 공동체 내에서 광범위한 자세를 만드는 것이었다. 이것은 그람시Gramsci가 강조하는 자본주의에서의 헤게모니Hegemony[3] 역할에 관한 생각과 다르

---

3. 헤게모니: 패권. 사전적인 뜻은 어떠한 일을 주도할 수 있는 권력 또는 권한. 현재는 특정 국가가 다른 국가를 지배하여 영향력을 행사한다는 개념으로 통용되고 있다.

지 않은 것이었다.

　이들과 같은 비판은 많은 발전을 하는 데 타당한 이유를 제공하는 역할을 했다. 이들은 억압적이지 않고 불평등을 재생산하지 않으면서 다양한 방식으로 자유롭고 해방적이거나 변혁적인 대안적 교육 접근 방식을 제공하고자 했다. 1970년대 초 영국에서 엄청나게 쏟아지는 책들을 보게 되었는데, 대부분의 책들이 『학교는 죽었다』와 『강의는 무슨 소용이 있는가?』, 『체제를 전복하는 활동으로서의 교육』, 『위대한 뇌 강도』와 『아이들은 어떻게 실패하는가』, 『잘못된 의무교육』[Bligh, 1971; Goodman, 1971; Holt, 1974; Paton, 1971; Postman & Weingartner, 1971; Reimer, 1971]과 같은 제목으로 "펭귄 교육 특집"으로 발간되었다. 이 책들은 매우 격론을 벌였고 비평을 했을 뿐만 아니라 아이와 학생의 인권에 기초한 새로운 접근을 제안하기도 했다. 이러한 생각의 하나는 더 철학적인 후기 프로이트 학설 비평에 근거하여 어느 정도 해방운동가의 이론에 영향을 받았다. 여기서 우리는 일리치Ivan Illich의 『탈학교 사회』, 『깨달음의 칭송』을 언급하는 것이 좋겠다.[Illich, 1971a, 1971b] 하지만 일리치에 가까이 뒤따라가다 보면 대부분의 것은 프레이리Paulo Freire에 깊게 영향을 준 작품이었는데, 프레이리의 초기 작품들인 『자유를 위한 문화행동』과 『피억압자의 교육학』[Freire, 1972, 1973]은 남미의 사회적 약자들이나 교육을 받지 못한 시골의 공동체에서 변형적인 과정으로서 일리치의 신마르크스주의 교육에 대한 관점에 근거하고 있다.

　영국에서 학교에 대해 반문화적인 접근, 때때로 '급진적인 실험'으로 묘사되는데, 이 접근의 많은 구체적인 사례가 『공립학교』[Mackenzie, 1970], 『떠오르는 언덕: 종합학교의 죽음』[Berg, 1968]이라는 일련의 책들로 시작되고 발표되었다. 놀이공원 모험 운동은 또한 여기에 영향을 미쳤고, 워드[Colin Ward, 1978]의 사진 에세이인 『도시의 아이』에 의해 표현한 강력한 아나키스트 경향을 보였다. 그리고 미국과 영국에서는 이런 급진적인 대안을 옹호하는 사람들에 의해 '도시 교육'이 출현했다(『아이들의 삶The Lives of Children』[Dennison, 1969], 『어린 나이의 죽음Death at an Early Age』[Kozol, 1968], 『버림받은 여인』

Searle, 1972 참조). 그리고 영국의 교원노동조합에 속한 좌파 교육자들(예를 들어, '사회주의교사동맹과 평교사' 소속 교사들)은 반억압적인 교육에 대한 논리를 발전시키고 있었다. 때때로 사회 계층에 기초한 사회적 약자들에게 집중하기도 했으나, 1970년대와 1980년대 동안에는 인종차별과 성차별주의에 항의하는 것에 집중했고 후에 동성애 성차별과 장애인 차별에 집중했다.

만일 이러한 것들이 학교에 영향을 미치는 몇 가지 동향이라면, 실제로 교사교육 프로그램으로 이루어진 교육과정에 나타나기 시작했다. 이러한 종류의 대안을 시험해 보고 싶고, 교육의 현재 상태에 도전하고 싶은 몇몇 교사들은 급진적인 대안들을 위한 그들 자신의 지적 계정과 이유를 발전시킬 수 있는 대학에서 강의직으로 나아갔다. 그래서 1970년대는 개발된 학문 토대가 초기 계정에서와 같이 교육 목적에 대해 더 정치화된 반기득권적 관점과 연합하기 시작했던 기간이었으며 따라서 사회에서의 교사의 역할에 대해서도 그러한 기간이었다.

이런 접근에 대해 '좌파'뿐만 아니라 '우파'로부터 발생된 차후의 매서운 공격으로 인해 짧게 논의된 사회학적 비평이 있었다. 당시 사회학적 비평은, 노동계급의 아이들은 진보적인 교육 때문에 고통받을지도 모른다고 우려한 번스타인의 생각에 부분적인 근거를 두고 있었다. 하지만 이런 비평들은, 무엇을, 그리고 언제 배울지를 아이들이 직접 선택할 수 있다는 인권적 접근에 훨씬 더 큰 부분을 의존하고 있었다. 그의 어구 "비가시적 교육학"[Bernstein, 1975]은 이러한 생각을 재치 있게 표현하고 있는데, 진보적인 학교의 문화 코드가 중간계급의 실생활에서 얻어졌다든지, 노동계급 아이들이 학교 참여에서 배제되고 있다는 점을 제시해 주고 있다. 샤프와 그린Rachel Sharp & Tony Green은 도시의 진보적인 초등학교에 대한 중요한 문화기술적 연구에서 노동계급 아이들이 사실상 소외되었거나 배제되었다는 것으로 실제 그러한 접근을 설명했다.[Sharp & Green, 1975] 다른 비평들이 흑인 공동체 구성원에서 나오지 않았는데, 그들은 자신의 아이들이 학교 과정을 통해서 소외되거나 낙인찍히는 것을 보았기 때문이다.^{Coard, 1972; Stone, 1981}

기득권의 대응

교육에서 반문화적인 생각에 대한 반응이 나타나기까지는 그리 오래 걸리지 않았다. 모든 반응이 다 정치적인 우파에서 나온 것은 아니었다. 어떤 면에서는 1976년에 노동부 장관 제임스 캘러헌James Callaghan이 한 유명한 '러스킨 연설'은 교육에서 진보주의에 대해 커져 가는 염려를 상징적으로 보여 주었다. 이 연설은 영국의 경제적 경쟁력을 신장시키기 위해 교육 표준의 주요 개선에 대해 변호했다. 이때는 1974년 일어났던 유가 급등, 때때로 "석유 파동"으로 묘사되는, 그다음의 기간이었다. 이 시기는 또한 일부 급진적인 아동 중심 교육 실험들이 일부 대중지에서 좋지 않게 묘사되어 악명 높아지고 있던 때였다. 가장 악명 높은 예는 런던의 이즐링턴Islington에 있는 윌리엄 틴들William Tyndale 초등학교의 예였는데, 몇몇 일간지에서 아이들에게 "장악"되었고 교사는 자신의 권위를 포기했다고 알려지게 되었다.^{Dale, 1989; Ellis, McWhirter, McColgan, & Haddow, 1976} 이러한 것은 지역 교육 당국에 의해 진행된 주요 조사를 하게 되고, 이것이 다시 학교의 인사 개편으로 나타났다.

하지만 그 당시 정부에 의해 표현된 우려와 더불어, 이것은 사람들에 의해, 대부분 우파에 의해 매우 적극적인 홍보 책자를 만들어 내는 기간이 되었는데, 이들은 교육의 진보주의에 대해 우려를 표명했다. 이러한 것 중에 가장 소문이 많이 난 것은 에이미스와 콕스Kingsley Amis & Brian Cox가 포함된 다양한 저자들의 소논문과 함께 1970년대에 출판된 '교육 흑서Black Paper' 시리즈였다. 그러나 많은 싱크탱크 저자들에게 문제가 된 핵심은 "교원 양성 대학"이라 불리는 곳에 있었는데, 즉 전복의 센터이고 "터무니없는 이론"을 전파하는 센터로 점점 묘사되기 시작한 교육 대학에 있다. 그래서 우리는 영국에서 1970년대와 1980년대 동안 '잘못 가르치는 교사들, 다루기 힘든 엘리트와 누가 교사를 가르치는가?'[O'Hear, 1988; O'Keeffe, 1990; Lawlor, 1990]와 같은 제목을 가진 출판물 시리즈를 보게 되었다. 교사교육 프로그램이 장래 교사가 될 사람에게 영향을 미치는 좌파의 이념에 지배되었다는 이러한 각각의 주장은 질적인 교육, 특히 "표준들 standards"에 실제적인 위협으로 나타났다.

마거릿 대처Margaret Thatcher의 보수주의 정부가 1979년에 출범했지만, 급진적인 정책 변화의 영역으로 교육에 주도면밀하게 추진하는 데에는 몇 년이 걸렸다. 실제로 조셉Sir Keith Joseph 경이 교사와 교직에 대해 주요 공표를 하기 시작했던 것은 그가 교육부 장관이었던 기간이었다. 1983년에는 『가르침의 질The Quality of Teaching』[DES, 1983]이라는 백서를 출판했는데, 교사교육에 주요한 개입을 암시했다. 그래서 1984년에 처음으로 정부는 교사교육의 내용 측면과 전달 측면을 그 스스로 임명한 교원교육인가 심의회라는 기구CATE에 맡겼다. 돌이켜 생각해 보면, 이것은 이전에 대학의 학문을 포함한, 전문가의 손에 주로 남겨진 공공정책의 분야에서 매우 중요한 정치적인 개입으로 보여질 수 있다. 이때가 초기 교사교육에 대해 정부 통제를 강화하게 된 첫 발걸음이었다.[Childs & Menter, 2013; Teacher Education Group, 2015]

이것은 또한 대처정부가 지역 당국과 그들의 차별에 반대하는 주도성에 대해 더 넓게 공격을 늘렸던 기간이었다. 이 공격의 대부분은 교육의 중심지였던 런던 중심 교육 당국ILEA과 특히, 브렌트 런던 자치구에 대한 공격이 있었는데, 둘 다 학교에서 인종주의와 성차별주의 반대를 발전시키는 데 앞장섰던 곳이다(대처 정부가 런던 중심 교육 당국ILEA을 폐지했던 것은 그 후 얼마 지나지 않아서였다).

보수주의 정부의 차기 장관들 각각은 대개 정부 회람을 통해 교사교육 정책에 더 깊은 개입을 이끌었다. 그들 모두가 아니라면, 많은 이들이

1970년대와 1980년대의 효과적인 홍보 책자에 의해 분명히 영향을 받았다. 예를 하나 들어 보자. 클라크Kenneth Clarke는 1990년대 초에 장관이었는데, 교사교육 제공자와 파트너십 합의를 "강요"했다. 이때 그는 "교사 양성 대학"에서 촉진시킨 "터무니없는 이론"의 문제점을 거론하면서, 많은 준비를 한 훈련된 교사들을 학교에 배치하여 그러한 유해한 영향력에서 벗어나도록 하는 필요성에 대해 얘기했다.

볼Stephen Ball이 "조소 담론discourse of derision"[Ball, 1990]이라 불렀던 이 시기의 교사들을 대상으로 한 비난은 교사교육자들을 겨냥한 것이기도 했다. 물론 이러한 강화된 규제의 당연한 귀결은 교사교육 내부의 대안적이고 진보적인 태도를 소멸시키는 데 있다.

교사교육의 통제 강화

통제 강화에 대한 이야기는 교사교육 프로그램(예를 들면, 과목 연구, 전문성 연구와 전문적으로 관계된 과목 연구)의 다른 요소들 사이의 균형이나 학교에 근거를 둔 경험과 고등교육에 근거를 둔 경험 사이의 균형에 대한 문제들을 규정함으로써 시작되었다. 또한 적절성과 교사교육에서 일하는 근무자의 최근 경험에 대해 초기 요구사항들이 있었다. 많은 비슷한 규정들이 1997년 교직 "표준"의 도입과 함께 1980년대와 1990년대 동안 계속되었는데, 이 표준은 초보 교사들이 보여 주도록 요구되었던 관찰 방법들의 리스트였다. 이러한 것들은 토니 블레어Tony Blair가 이끈 "신노동당" 정부가 도입했다. 1998년은 또한 "초기 교사 양성을 위한 국가적인 커리큘럼"을 벗어나는 환경을 보여 주었다. 교사교육 과정을 제공하는 사람들은 이 모든 방법을 전달하도록 요구되었고 교육기준청Ofsted에 의해 운영된 장학 체계를 통해 책임을 지니게 되었다. 몇몇 사람들은 감시를 받는다고 말할 것이다. 교육기준청은 원래 1992년에 학교를 점검하기 위해 도입되었던 기구였다. 이런 프로그램을 제공하는 데 참가한 대학의 경우, 대안적인 접근 방식을 포함해 기관 수준에서 교육과정에 대한 결정을 내릴 수 있는 학문적 자유(대학이라는 이념의 오래된 전통적 측면)가 사실상 훼손되었다.

동시에 이 통제 강화 과정이 진행될 때, 교직으로의 입문하는 경로의 "다양성"을 보았는데, 어떤 이들은 "완화" 또는 사실상 "대안"의 도입이라 할 것이다. "고용기반의 노선"은 자격을 갖춘 교사 공급에 대해 관심이 증가하는 때인 1980년대에 소개되었다. 이러한 것들은 대개 몇몇 관련 경험을 지닌, 사람들을 양성할 수 있었던, 후에 "실습으로" 묘사된 것과 같은 제도였다. 이것의 가장 인기 있는 형태는 자격이 없는 교사들로 수습을 고용할 권한과 그들이 실습하는 동안 급여를 그들에게 지불할 권한을 학교들에게 주었던 대학원 교원 프로그램GTP이 되었다. 고등교육기관과 같은 외부 교육자의 참여 정도는 다양했다. 이와 유사하게 학교는 자체적으로 학교기반 교사연수School-Centred Initial Teacher Training Provider, SCITT 제공자로 등록하여 대학과 같이 교사 양성자가 되도록 하게 했다.

영국 정부가 교사 양성과 대학을 분리하고자 한다는 사실이 곧 분명해졌다. 이 목적으로 1994년 원래는 교사 양성 단체TTA로 알려진 교사 양성을 위한 새로운 재정 기관을 설립했다. 그때까지 교사교육은 영국 고등교육 재정위원회HEFCE를 통해 기금을 받아 운영되었지만, 영국 고등교육 재정 위원회는 교사를 양성하기 위해 학교에 기금을 낼 처지가 안 되었다. 1994년에 TTA의 설립은 대학으로부터 교사교육을 "자유롭게 하기"의 과정에 있는 다른 발걸음이었으며, 교직으로의 입문 노선 경로에서 "다양성"을 지지하는 과정에 또 다른 발걸음이 되었다.^{이 발전에 대한 더 상세한 설명을 보려면,}
Murray & Mutton, 2015

2002년에는 또 다른 새로운 접근으로 "먼저 가르쳐라Teach First"라는 유형이 개시되었다. 이같이 민간에서 지원하는 제도는 "미국을 위한 교육TfA"에 기반을 두고 있으며, '최고' 대학을 졸업한 '가장 명석한' 졸업생을 교사로 유치하는 것을 목표로 했다. 다만, 이들이 그렇지 않으면 교사가 될 가능성이 없다는 것을 전제로 했다. 이러한 생각은 TF 연수생을 '진퇴양난'에 처한 학교에 배치하여 1년 동안 훈련을 받고서 자격을 얻은 후 2년 동안 그곳에 머물게 한다는 것이다. 그러면 그들이 교직에 남아야 할 의무—도덕적 의무든 아니든—는 없지만 은행, 법조계, 기타 분야 등 자신이 실제 선호하는 직업에 종사할 수 있다. 현재 전 세계의 많은 국가에서 TfA와 TF는 또 다른 유사한 제도를 많이 만들었지만, 모두 기업과 긴밀한 연관성을 가지며 그들만의 독특한 이타적 메시지를 홍보하고 있다. 이러한 접근은 교사 공급의 경제에서 비용의 효율성에 대한 논쟁이지만, 몇몇 뛰어난 사람이 교직으로 진입하고 있으며, 그들 절반 정도가 2년 넘어서도 계속 그 자리에 남아 있을 것이라는 데는 의심의 여지가 없다. 게다가 혜택을 받지 못하는 아동을 대상으로 하는 활동에 대한 의지가 매우 분명하기 때문에, TF 양성 프로그램은 전통적인 프로그램보다 교육 불평등 해결에 더 명백하고 명시적인 접근 방식을 취한다고 할 수 있다.

그래서 여기에는 일종의 역설이 존재한다. 대학이 주도한 주류의 교직 경로와 학교가 주도하는 일부의 교직 경로는 점점 더 외부 프레임워크의 부과에 매우 밀접하게 부합해야 했지만, 지난 몇 년 동안 가장 혁신적인 프로그램—적어도 영국에서는—은 TF라고 할 수 있다. 대부분의 교사교육 과정이 점점 더 제약을 받고, 위험 감수를 싫어하며, 오히려 "정체"된 반면, 독립적인 민간 부문의 개입은 자체의 통제된 관점 속에서 실험하고 혁신할 수 있는 상대적 자유를 누리고 있었다.

이 점에서 최근 영국의 교사교육 혁신이 많은 전통적인 프로그램에서 벗어나, TfA 및 도시 교사교육 프로그램Urban Teacher Education programmes과 같은 제도에서 이루어진 북미의 프로그램과 일부 특징을 공유하고 있다.Labaree, 2004 미국의 교육대학들은 영국의 교육대학과 동일한 많은 압박과 비판을 받아 왔다. 영국의 경우 사정이 다르다. 예를 들어 스코틀랜드의 교사 양성 시스템은 잉글랜드, 웨일스, 북아일랜드와 다르다.

2011년 도널드슨 보고서는 주류 교사교육에서 대학의 역할이 확대되었다고 주장했다.[Donaldson, 2011] 스코틀랜드에서 교직은 영국보다 다른 종류의 전문적인 활동으로 여겨졌다. 영국의 교육부 장관은 특히 교직을 스코틀랜드에서처럼 이론과 실습 그리고 깊은 성찰과 연관된 지적 과정을 통해 학습되는 전문 직업이라기보다, 수습 기간을 통해 가장 잘 배울 수 있는 장인 직업으로 여겼다.[Hulme & Menter, 2011]

그런데 영국에서조차 교직에 더 창의적이고 혁신적인 접근이 다시 나타날지도 모른다는 몇 가지 작은 암시들이 있었다. 이것은 아마도 초기 교사 양성에 대한 카터 보고서에 의해 지지된 교직의 증거기반 실습이라는 생각에서 촉진된 것으로 보인다.[교육부, 2015] 비슷하게도 영국의 교육 연구 협회에 의해 세워진 연구 조사와 교직은 교사들 사이에 '연구 활용 능력'이라는 생각을 표현하게 했다.[BERA-RSA, 2014] 연구에 기반한 접근 방식에 대한 생각은 교사들이 자신의 실습 내에서 대안을 탐색하도록 분명히 격려할 것이다. 비록 그것이 학교에서 성과주의의 지배가 지속되는 상황에서 꽤 엄격하게 정의된 매개 변수 내에서 이루어지더라도 말이다.[Jeffrey & Troman, 2012]

만약 이러한 접근법이 성공적으로 자리 잡는다면, 그 결과는 교사 양성 과정Initial Teacher Education뿐만 아니라 지속적인 전문성 개발에도 영향을 미칠 것이다. 예를 들어 어떤 기관에서는 교사 양성 과정을 지속적인 전문성 개발뿐만 아니라, 연구와 통합하려는 시도를 통해 '다층적' 전문 학습 접근 방식을 도입하는 사례를 볼 수 있다. 옥스퍼드 대학교에서는 그러한 접근 방식을 옥스퍼드 교육 학부Deanery로 불렀다. 이러한 다각적 관점의 발전은 1960년대와 1970년대에 대안들이 이전에 주로 이념적 기반에서 번성했던 것과 대조적으로, 증거기반의 대안적 접근 방식이 다시 등장할 수 있는 기회를 제공한다.

결론: 지금은 어디에?

교사교육이 공교육의 지배적인 관점에 대한 주요한 통찰력을 제공한다는 점이 점점 더 분명해졌다. 교사교육 시스템을 좀 살펴보면, 교육이 정치적으로 어느 정도 통제되는지, 아니면 전문가와 더 넓은 공동체의 영향력을 받아 개발되는지를 파악하는 것은 가능하다. 현재 영국, 특히 잉글랜드 지역의 예비교사교육은 최소의 요구 사항이 달성되었는지 확인하는데 사용되는 표준틀을 통해 매우 직접적으로 정치적 통제를 하는 현장이 되었다. 연구를 수행하거나 실제로 이론을 개발하거나 적용하여 이전과 "다른" 생각을 가능하게 하고, 그리고 개발하고 향상시킬 수 있는 여지가 너무 적을 때, 발견과 실험을 뒷받침하는 연구 기반을 갖춘 대학과 학계가 할 수 있는 역할은 미미하다는 것이 너무나 분명하다. 정말 대안적 실행의 범위는 말할 것도 없고, 대안적 사고의 범위가 현재 심각하게 제한되어 있다고 해도 과언이 아니다. 그러나 우리가 교직을 창의적이고 비판적인 직업으로 믿고 이를 통해 사회의 건강한 미래를 보장한다면, 초임교사들이 배우는 과정에 실험과 위험 감수, 그리고 창의성이 착근되도록 노력해야 하지 않을까? 임상실습의 개념에 기초를 둔 교사교육의 모델[Burn & Mutton, 2013]은 이러한 창의성을 장려하지만, 이 모델은 "실천 공동체" 내에서, 즉 집단적·협력적인 전문적 학습이 이루어지는 현장 속에서 개발되었기 때문에 학교 학생들의 "효과적인" 학습을 염려하는 사람들에게 위협적이거나 불안정하게 하는 것으로 보여서는 안 된다.

이 말은 1960년대와 1970년대에 있었던 급진적 실험의 전성기-당시 흥미를 끌었던 것은 교육이었음-로 돌아갈 것을 요구하는 것이 아니다. 오히려 정치인들이 표명했듯이, 교육과 교사교육은 또한 공적으로 책임을 져야 한다고 하는 인식이다. 그러나 이 말은 또한 중앙에서 촘촘하게 통제되는 체제 내에서는 교사교육의 개선이 일어날 것 같지 않다는 주장이기도 하다. 마찬가지로 교사의 학습 및 개발의 과정에 대한 학교 교사의 기여는 모든 가능한 대안을 고려하여 실천과 밀접하게 연결된 시스템을 보장하는 데 매우 중요하다. 하지만 비판적 탐구를 지속적으로 장려하고, 새로운 대안적 접근 방식을 도입하고 실제로 시작함으로써 현재의 실천을 단지 '재생산'하는 위험은 피해야 한다. 그리고 잘 알려지지 않았거나 접하지 않았던 것에 노출시키는 피터스R. S. Peters의 '입문initiation'이라는 의미에서[Peters, 1966], 새롭고 대안적인 접근법의 도입을 통해 장려되어야 한다.[Peters, 1966] 이러한 것들의 몇몇은 슈타이너 학교Steiner Schools와 비슷한 "숲학교"와 같이 특별한 이름이 붙을 수도 있다. 다른 것들은 지역적으로 더 발전될 수도 있다. 전문적으로 유도되는 혁신 및 실험이 없는 교사교육 체제는 모두 침체와 퇴보를 초래할 시스템이 될 가능성이 매우 크다.

참고문헌

Althusser, L. (1971). Ideology and ideological state apparatuses. In *Lenin and philosophy and other essays* (pp. 121-176). New York: Monthly Review.

Arnold, M. (1869). *Culture and anarchy.* Oxford: Project Gutenberg.

Ball, S. J. (1990). *Politics and policy making in education: Explorations in policy sociology.* London: Routledge.

BERA-RSA. (2014). *Research and the teaching profession. Building the capacity for a self-improving education system. Final report of the BERA-RSA Inquiry into the role of research in teacher education.* London: BERA-RSA. Retrievable from https://www.bera.ac.uk/wp-content/uploads/ 2013/12/BERA-RSA-Research-TeachingProfession-FULL-REPORT-for-web.pdf

Berg, L. (1968). *Risinghill: DeaThof a comprehensive.* Harmondsworth, UK: Penguin.

Bernstein, B. (1975). *Towards a theory of educational transmissions: Class, codes and control* (Vol. 3). London: Routledge.

Bligh, D. (1971). *What's the use of lectures?* London: Harmondsworth.

Blyth, A. (1965). *English primary education: A sociological description*. London: Humanities Press.

Bowles, S., & Gintis, H. (1976). *Schooling and capitalist America*. London: Routledge & Kegan Paul.

Burn, K., & Mutton, T. (2013). *Review of "research-informed clinical practice" in initial teacher education. Research and teacher education: The BERA-RSA Inquiry.* Retrievable from https://www.bera.ac.uk/wp-content/uploads/2014/02/BERAPaper-4-Research-informed-clinical-practice.pdf

Central Advisory Council for Education. (1967). *Children and their primary schools* (The Plowden Report). London: HMSO.

Childs, A., & Menter, I. (2013). Teacher education in the 21st century in England: A case study in neo-liberal policy. *Revista Espanola de Educacion Camparada (Spanish Journal of Comparative Education), 22,* 93-116.

Coard, B. (1972). *How the West Indian child is made educationally sub-normal by the British school system.* London: New Beacon Books.

Cockburn, A., & Blackburn, R. (Eds.). (1970). *Student power: Problems, diagnosis, action.* Harmondsworth, UK: Penguin.

Cook, C. (1984). Teachers for the inner city: Change and continuity. In G. Grace (Ed.), *Education and the city.* London: Routledge & Kegan Paul.

Cruickshank, M. (1970). *History of the training of teachers in Scotland.* London: University of London.

Dale, R. (1989). *The state and education policy.* Buckingham, UK: Open University.

Dennison, G. (1969). *The lives of children.* Harmondsworth, UK: Penguin.

Dent, H. (1977). *The training of teachers in England and Wales, 1800-1975.* London: Hodder and Stoughton.

Department for Education. (2015). *Carter review of initial teacher training (ITT).* London: DfE. Retrievable from https://www.gov.uk/government/publications/ carter-review-of-initial-teacher-training

Department for Education and Science. (1983). *The quality of teaching* (White

Paper). London: Her Majesty's Stationery Office.

Donaldson, G. (2011). *Teaching Scotland's future*. Edinburgh, UK: The Scottish Government.

Ellis, T., McWhirter, J., McColgan, D., & Haddow, B. (1976). *William Tyndale-The teachers' story*. London: Writers and Readers.

Fanon, F. (1967). *The wretched of the earth*. Harmondsworth, UK: Penguin.

Freire, P. (1972). *Cultural action for freedom*. Harmondsworth, UK: Penguin.

Freire, P. (1973). *Pedagogy of the oppressed*. Harmondsworth, UK: Penguin.

Furlong, J. (2013). *Education-an anatomy of the discipline*. Abingdon, UK: Routledge.

Furlong, J., & Lawn, M. (Eds.). (2010). *Disciplines of education: Their role in the future of education research*. Abingdon, UK: Routledge.

Goodman, P. (1971). *Compulsory miseducation*. Harmondsworth, UK: Penguin.

Holt, J. (1974). *How children fail*. Harmondsworth, UK: Penguin.

Howlett, J. (2013). *Progressive education*. London: Bloomsbury.

Hulme, M., & Menter, I. (2011). Teacher education policy in England and Scotland: A comparative textual analysis. *Scottish Educational Review, 43* (2), 70-90.

Huxley, A. (1963). *The doors of perception*. London: Chatto & Windus.

Illich, I. (1971a). *Deschooling society*. London: Calder and Boyars.

Illich, I. (1971b). *The celebration of awareness*. London: Calder and Boyars.

James, C. L. R. (1963). *The black Jacobins*. New York: Random House.

Jeffrey, B., & Troman, G. (Eds.). (2012). *Performativity in education*. Stroud, UK: E & E.

Kozol, J. (1968). *Death at an early age*. Harmondsworth, UK: Penguin.

Labaree, D. F. (2004). *The trouble wiThed schools*. New Haven, CT: Yale University Press.

Laing, R. D. (1969). *The divided self*. Harmondsworth, UK: Penguin.

Lawlor, S. (1990). *Teachers mistaught*. London: Centre for Policy Studies.

Mackenzie, R. F. (1970). *State school*. Harmondsworth, UK: Penguin.

Marcuse, H. (1968). *One dimensional man*. London: Sphere.

Menter, I. (2012). The history of primary education and the curriculum. In D. Wyse (Ed.), *Creating the curriculum* (pp. 13-28). Oxon: Routledge.

Murray, J., & Mutton, T. (2015). Teacher education in England: Change in abundance, continuities in question. In Teacher Education Group (Ed.), *Teacher education in times of change*. Bristol: Policy Press.

Neill, A. S. (1962). *Summerhill*. Harmondsworth, UK: Penguin.

O'Hear, A. (1988). *Who teaches the teachers?* London: The Social Affairs Unit.

O'Keeffe, D. (1990). *The wayward elite*. London: Adam Smith Institute.

Paton, K. (1971). *The great brain robbery*. Author. Staffordshire.

Peters, R. S. (1966). *Ethics and education*. London: Allen & Unwin.

Postman, N., & Weingartner, C. (1971). *Teaching as a subversive activity*. Harmondsworth, UK: Penguin.

Pring, R. (2014). *John Dewey*. London: Bloomsbury.

Reimer, E. (1971). *School is dead*. London: Harmondsworth.

Roszak, T. (1969). *The making of a counter-culture*. New York: Doubleday.

Rowbotham, S. (1973). *Hidden from history*. London: Pantheon.

Searle, C. (1972). *The forsaken lover*. Harmondsworth, UK: Penguin.

Sharp, R., & Green, A. (1975). *Education and social control*. London: Routledge &

Kegan Paul.

Simon, B. (1965). *Education and the labour movement, 1870-1920*. London: Lawrence & Wishart.

Stone, M. (1981). *The education of the black child in Britain*. London: Fontana.

Teacher Education Group (Ed.). (2015). *Teacher education in times of change*. Bristol, UK: Policy Press.

Thompson, E. P. (1966). *The making of the English working class*. Harmondsworth, UK: Penguin.

Ward, C. (1978). *The child in the city*. London: Bedford Square.

Whitbread, N. (1972). *The evolution of the nursery-infant school*. London: Routledge & Kegan Paul.

Williams, R. (1961). *The long revolution*. Harmondsworth, UK: Penguin.

18장
어린이와 함께 철학하기: 상상적이고 민주적인 실천

조안나 헤인스[1]

들어가는 말

1960년대 말 이래로 대학을 비롯한 여타의 교육기관, 학교에서 철학을 가르치는 것에 관한 관심이 급증했다. 유럽의 철학자 데리다Jacques Derrida는 철학을 가르치는 것을 연구했고, 철학을 가르칠 때의 검토 사항들을 더 자세히 부연 설명하고자 시도했으며, 일련의 교사, 학교 및 대학교 학생과 직원의 일부로서 새로운 주제와 문제, 접근법을 제기하고자 시도했다.[Ga hen, 2001] 미국의 철학 교수 매튜 립맨Mathew Lipman과 동료들[Limpan, Sharp, & Oscanyan, 1980]은 어린이를 위한 철학 프로그램Philosophy for Children, P4C을 고안했다. 이 프로그램은 6세 이후 아이들부터 학교 어린이들에게 철학적 추론의 방법과 철학적 문제를 제기한 변혁적인 교육 접근법이다. 그 이후로 P4C와 변형된 많은 프로그램이 세계 60여 개국 이상의 탁아소, 초등학교, 중등학교에서 운영되었다. P4C의 페다고지적 접근법과 탐구의 공동체는 광범위한 환경에서 형식적 교육뿐 아니라 비형식적 교육, 성인교육, 지역사회교육에서 채택되었다.

---

1. 조안나 헤인스(Joanna Haynes): 영국 플리머스대학교 교육연구소의 교육부 조교수. 지난 20여 년 동안 어린이 네트워크 회원을 위한 국가적이고 국제적인 철학을 적극적으로 연구하면서 실천적인 철학을 발달시켜 왔다. 저서 『철학자로서의 어린이(*Children as Philosophers*)』(2002, 2008)』는 스페인어, 한국어, 페르시아어, 그리스어로 번역되었다.

P4C는 이성과 상상을 다루고자 시도한다. P4C는 개인과 집단의 지적이고, 사회적인 성장과 관계가 있다. P4C는 학문적이고 공적인 철학과 연관된 방법과 전통, 마음의 습관에 대한 도전과 한계를 요구한다. P4C는 모든 사람이 교실 안과 밖에서 권위의 분배를 직접 이야기할 수 있고 동등하게 철학적으로 사색할 수 있다고 제안한다.[Haynes, 2014] 일부의 P4C 실천가들이 비판적 사고와 논쟁의 기능을 연마함으로써 독립적이고 회복력 있는 마음을 발달시키는 데 관심을 더 두었을지라도, 또 다른 실천가들은 참가자의 삶에서 솟아나는 질문에 대처할 기회를, 기상천외하고 가당치 않은 철학적 사색을 할 기회를, 다른 가능한 세계를 상상할 기회를 주는 것에 동등한 관심을 두었다. 서로 다른 맥락에서도 중점 사항은 여전히 세대 간 관계와 지역사회 구축이다. 나이와 환경이 무엇이든지 구전된 이야기, 글로 쓴 이야기, 또는 시각적인 이야기들은 철학적 질문과 맥락을 위한 공유된 출발점을 제시했고, 사람들이 탐구공동체에서 서로 듣는 것처럼 삶에서 생기는 철학적 대화를 위한 수단을 제시했다.

탐구를 위한 내러티브 맥락

내러티브의 출발점은 탐구공동체에서의 작업을 통해 나타난 협력적 대화와 의미 공유하기에서, 즉 아이들과 지역사회가 "함께" 그리고 아이들과 지역사회를 "위한" 철학 페다고지에서 가장 독특한 특성 중 하나이다. P4C는 교수 방법이 아주 독특하다. 학교 교육과정의 교과목처럼 가르치는 것도 아니고 "전달하는" 것도 아니다. 뉴저지 몬클레어주립대학교의 어린이를 위한 철학진보연구소Institute for Advancement of Philosophy for Children 동료들과 립맨은 자신의 철학 소설에서 어린이들에게 생각과 주제를 관련시키는 가능성을 적극적으로 실현시키는 특유한 교수법을 창안했다. 그 방법은 내러티브 형식을 어린이들과 함께 읽고, 등장인물의 삶과 상상적으로 연계하고, 어린이들의 내적 대화와 타인과의 상호작용이 가능하도록 설계되었다. 소설에 근거한 철학 교육과정의 소개는 립맨과 동료들이 개발한 P4C 교육과정의 개혁적인 특징이라 할 수 있다. 립맨은 『생각하기와 교육Thinking and Education』[1991]에서 "교사와 텍스트: 탐구의 원천"이라는 장을 썼다. 여기서 그는 1인칭과 3인칭 목소리로 서사적 텍스트를 위한 인식론적이고 교육적인 논쟁을 만들었다. 그는 3인칭 목소리는 "모두-보고, 모두-아는 전체적으로 합리적인 타인의 목소리"라고 제안한다. "그것은 객관적이고 권위주의적이고 합법적인 목소리"이고 공공기관의 목소리다.[Lipman, 1991: 214] 그는 1인칭 목소리는 내부로부터 나온 의견이고 다른 목소리라고 가정한다. 이야기를 토론하면서 립맨은 텍스트에 기반한 이야기를 넘어선 설명문의 우수성을 위해 만들어진 주장들에 의문을 품고, "단순한" 공상과 감정을 넘어선 사실적 지식과 합리성을 연결 짓는 것에 질문한다. 대신에 그는 "독백과 대화, 합리성과 창의성이 고차원적 사고를 위해 필수적인 상호관계를 생각하는 구조를 단순히 감싸고 있고, 낮게 으르렁거리고" 있다[Lipman, 1991: 216]고 제안한다. 소설의 내러티브 형식은 탐구공동체가 지어낸 "모델링"을 참작할 수 있었기 때문에 립맨에게 내러티브 형식은 매력적이었다.

서사적인 이해에 대한 강한 관심, 그리고 철학적 탐구에서 내러티브 형식의 중요성은 P4C 학자들과 실천가들에게서 계속해서 번성했다.[Haynes & Murris, 2012] P4C를 위해 채택된 철학적 텍스트의 서사적 형식은 관계적이고, 참여적이고, 맥락 의존적인 페다고지를 강하게 표현한다. 이 장에서는 지난 20년간 해석되고, 발달되었던 P4C 페다고지의 서사적이고 협력적인 측면에 대한 방안들을 토론한다. 이러한 서사적이고 협력적인 특징들은 4PC의 민주적인 권력과 변형되려는 것에 대한 4PC의 권리에서 중요한 차원이다. 이 글은 내가 경험했던 P4C에 대한 보고이며, 나와 카린 무리스Karin Murris가 아동기와 철학에 대한 특별한 자극이 되는 철학 텍스트로서의 현대적인 그림책을 만들기 위해 폭넓게 협력했음을 언급한 것이다.[Haynes, 2008; Haynes & Murris, 2012; Hurris, 1992; Murris & Haynes, 2010] 다음 글은 어린이와 성인에게 똑같이 철학적 질문하기와 의미 만들기의 에피소드를 자극했던, 나이와 상관없는 재미있는 그림책의 예들을 보여 준다.

학교교육과 학습: 마이클의 이야기

만화 같은 이미지와 최소한의 텍스트만 있는 『마이클Michael』[Bradman & Ross, 1990]이라는 그림책은 같은 이름을 가진 학생의 삶을 묘사한다. 우리는 시작부터 이렇게 말했다. 마이클은 "달라". 그는 "학교에서 최악의 소년으로 언급"되었다. 각 페이지는 교복을 입은 아이들이 정렬해 있는 가운데 수학, 과학, 스포츠, 미술 수업을 하는 교사의 모습을 우스꽝스럽게 묘사한다. 반면 단정치 못하게 차려입은 마이클은 "이탈"했지만 폐기물을 이용하여 우주 로켓을 연구하고 설계하고 만드는 자신만의 프로젝트에 분주히 참여하고 있다. 교사들은 대개 마이클의 그런 활동을 무시하고 다른 어린이들을 돌보고 있다. 끝에서 두 번째 페이지는 마이클이 자신이 직접 만든 어린이 시계처럼 생긴 로켓을 날리고 있고, 교사는 완전한 실패를 기대하며 마이클의 노력과 능력을 무시할 준비가 된 모습을 보여 준다. 마지막 페이지는 교사가 "우리는 마이클이 성공할 줄 알았어"라고 소리치듯 로켓이 하늘을 뚫고 올라가는 모습을 보여 준다.

영국과 다른 나라에서 온 어린이, 대학생, 교사, 교육자와 함께 이 짧은 그림책을 공유한다는 것은 학교, 교육, 학습, 지식, 교육, 아동기, 권위, 적응과 자유의 개념에 관한 대화 유발에 매우 효과적이라는 것이 입증된다. 어린이들이 질문한다. "어린이들은 자신이 원하는 것을 배울 수 있을까요?" 그리고 … "그가 수업 시간에 수업을 듣지 않고도 어떻게 로켓을 만드는 것을 배웠을까요?" 폴란드Poland의 교사 훈련가가 질문한다. "복종하지 않는 사람은 위험하거나 자유로운가요?." 이런 대화는 마이클의 사례와 이 대화를 공유한 경험들 간에 진행되고, 신뢰의 진술을 더욱 깊게 탐구하도록 한다. 그리고 일화를 통해서 더 깊게 보여 주고, 경험이 풍부해지게 하고, 세련될 수 있게 한다. 이 그림책의 허구적 시나리오는 단순히 속이는 것이었지만, 공유한 것들과 친숙한 것을 낯설게 만드는 것, 공간을 개방하는 것, 새로운 사고와 탐구를 요구하는 다양한 방법들을 반향시킨다.[Haynes, 2008] 좀 더 실제 삶과 같은 시나리오(아마 교실의 다큐멘터리적 장면)는 이런 능력이나 호소를 공유하지 못할 것 같다. 이와 같은 능력이나 호소는 내러티브의 특별한 힘이다. 에간[Egan, 1988, 1993; McEwan & Egan, 1995]은 교실에서 내러티브를 좀 더 광범위하고 상상적으로 사용하기를 옹호했던 많은 교육이론가 중 한 사람이다. 이러한 생각이 이 장에서 탐구되었고, 이 장은 목소리와 참여의 질문이 있는, 그리고 협력적인 탐구에서 이와 같은 내러티브 접근법을 민주적인 것으로 생각하는 비판적인 열정을 반영한다. 다음에는 P4C의 기원과 목적, 사고와 실제의 발전 과정을 간략히 소개한다.

변혁적 교육학인가?

　1960년대 후반과 1970년대 미국의 매튜 립맨[1922~2010]과 동료들에 의해 유래된 P4C 프로그램은 철학과 아동기의 관계를 탐구하려는 더욱 넓은 목적뿐 아니라 공립학교 교육과정의 일부로 철학을 구성하는 분명하고 실제적인 목적이 있었다. 적극적으로 공적인 이론을 세우고자 했던 오랜 전통 속에서 어린이를 위한 철학을 정착시킨 립맨 등은 사고는 어떤 사람이라도 누군가를 위해서 할 수 없는 일이라고 말했다.[Lipman et al., 1980: xiii] 이것은 계산으로서의 사고가 아니라 우리를 생각하도록 이끄는 생생하고 상황 적절한 반응으로서의 사고이다.[Bonnet, 1995] 립맨 등[1980]은 지적 탐구는 우리 각자에게 가장 강렬한 관심이 있는 문제들과 시작한다고 논의한다. 본질과 지적 탐구의 동력에 관한 이러한 기만적이고 단순한 관찰은 교실에서 비판적이고 창의적인 사고를 가르치는 작업을 지지하도록 사용되는 자원을 신중하게 설계할 수 있도록 정보를 준다. P4C 프로그램은 모든 학과목에 걸쳐 영향을 주도록 의도되고, 특별한 교육적 목적에 의해 강조된 보충적이고 대안적인 교육과정을 제공한다.

립맨과 동료들은 교사용 지도서가 있는 일련의 철학 소설로 구성된 특별한 교수 자료를 창안했다. 각 소설은 특정 연령층을 위해 설계했고, 철학적 사고의 특정 영역을 다루고자 했다. 소설은 다양한 범위의 철학적인 주제를 다룬다.[2] 소설이 의도했던 것은 교사들이 이러한 교수 자료를 다룰 수 있도록 완전하게 훈련받아야 하고, 철학적 탐구를 가르칠 지식과 기능을 발달시켜야 한다는 것이다. 각각의 P4C 프로그램은 교사교육의 종합적인 개혁을 위한 제안으로 수행되었다.[Lipman 외, 1980: 207-215] 교사교육을 위한 이러한 제안들은 많은 목소리를 내는 대화와 협력적인 탐구에 참여하는 것을 강조하는 P4C를 반영한다. 제안들은 "아이들의 요구와 관심에 감정이입"하고 "자신을 위해서 아이디어를 사랑"하는 교사들을 만들어 내는 것을 목적으로 한다.[Lipman 외, 1980: 210]

많은 나라에서 특히 교사 훈련의 핵심 구성 요소들이 쇠퇴함에 따라, 그리고 교육철학과 교수법 분야에서 철학 전공 졸업생들이 거의 없어짐에 따라, 교사들은 위와 같은 목적을 잘 완수하기 위해 필요한 철학적 탐구와 지식을 가장 잘 가르칠 수 있게 준비해야 하는 방법을 계속 논의의 주제로 삼았다. P4C 프로그램은 대화를 통해서 철학적 지식을 가르치도록 설계되었고 어린이와 청소년을 위한 좋은 추론의 모형을 가르치도록 설계되었다. P4C는 전문적이거나 학문적인 철학자를 생산하는 것보다 "사리 분별" 있는 교사를 육성하고자 시작되었다. 하지만 P4C가 그와 같은

---

2. http://p4c.com/history-p4c와 http://www.montclair.edu/cehs/academics/ ceinters-and-institutes/iapc/timeline/ 참고.

성과들을 좀 더 가능성 있고, 확실하게 만들 수 있다고 하더라도 그런 연구를 배제하지 않는다. "사리 분별이 있음"의 교육적 목적은 어떻게 우리가 살아야 하는지에 대한 진술을 내포한다. 철학적 탐구에서 어린이를 포함하는 것도 이성, 합리성, 그리고 철학 그 자체의 해석을 갱신하는 공간을 열어 주었다. 그와 같은 움직임은 더욱 광범위한 현대의 비판적 논쟁과 페미니스트 철학과 교육의 참여 형식을 반영한다.[Lipman, 1991, 1993] 로버트슨Robertson은 주장한다.

> 우리가 편견 없는 마음뿐 아니라 열정적인 몰입을 위한, 지성에 더한 감정을 위한, 동의뿐 아니라 불화를 위한, 합리적 대화의 조건과 성과로서의 사회적 정의를 위한 여지를 갖는 합리성의 개념을 제공할 수 있을 때까지 우리가 많이 배우는 건 아니다.[Kohli에서 Robertson, 1995: 125]

영국의 BBC TV는 IAPCInstitute for the Advancement of philosophy for Children의 작업은 교육의 변혁적 접근법에 관한 시리즈의 일부로 6세 아동을 위한 소크라테스Socrates for Six Year Olds를 처음 보여 주었다.[SAPERE, 1990] 이 프로그램에서 립맨은 학교 수업이 기계적 암기 학습이 아닌 사고에 근거한다면 우리는 철저히 다른 세계를 보게 될 것이라고 말했다. 여기서 "사고"와 "기계적 암기 학습"이 의미하는 것은 주의 깊게 물어봐야만 한다. 이 두 개의 대립되는 입장은 불필요할지도 모르지만 간단한 립맨의 진술은 놀랄 만하다. 참여적 학습의 개념은 사고를 유발하는(지성, 상상, 신체, 학습자의 감정과 관심을 연결하는) 그 함축성으로 인해 도움이 될 것이다. 구체화된 청년정신이 참여하도록 한다는 원칙이 교육과정을 위한 출발점으로 여겨진다면 학교 수업은 어떤 모습일까? 그와 같은 운동의 영향은 무엇인가? 교사와 학생 간에 반성적인 철학적 탐구를 실천하고자 모색하는 기관들은 무엇이 가능하고, 그것의 시행에서 무엇이 문제점인지 그에 대한 특징을 제공한다.[3]

P4C는 일련의 독특한 교수 방법과 아동기 철학의 신생 학문 분야를 불러일으켰다. P4C는 교육자와 철학자 간에 강한 논쟁을 불러왔다. 어린 이는 "자연적인 철학자"로 묘사되고, 철학적 사색에 대한 청소년의 능력과 권리, 청소년 학습자를 위한 철학적 탐구의 적합성, 아동기 교육과 철학 의 만남 등과 같은 이슈에 대한 생생한 논점들이 있다. 어떤 이들은 학교 에서의 철학 수업이 "좋은 시민"과 같은 상이한 목적에 도구로 쓰일 경우 에는 도구주의의 함정이 있음을 강조했다.

국제적인 P4C "공동체"는 교육적이고 철학적인 아이디어의 결합을 포 함하고 세계적으로 다양한 실천 사례를 포용한다. 실천가들은 그들의 다 양한 사회적·문화적 문맥에서 접근 방식을 개선하고 변화시킨다. 이런 점 은 여러 방식에서 서로 닮았다. 하지만 P4C가 무엇이고, 무엇을 의미하는 지는 실제로 실천을 통해서만 경험할 수 있다.[Haynes & Murris, 2012: 56-68] 다음은 그와 같은 경험을 서술한다.

자유분방함에 대한 철학적 사색

1980년대 후반과 1990년대 초반에 나는 공동체 교사로서 도심에 있는 다문화 초등학교에 고용되었다. 동시에 나는 영국 브리스톨Bristol대학교 에 시간제 대학원생으로 다니고 있었다. 이때 내 아이들은 매우 어렸다. 학교에서 어린이들의 부모, 그리고 몇몇 동료와 함께 나는 말하기 능력, 가족 문해력, 공동체 교육과 목소리의 이슈에 깊은 관심이 있었다.[Haynes, 2013] 우리는 아이들이 똑똑히 반응하고, 자신감 있고, 창의적이고, 재치 있 게 할 수 있는 질 높은 학교 수업을 제공하기를 바랐다. 적극적인 참여와

---

3. 교육 웹사이트에서 철학적 조사와 성찰을 위한 사회(The Society for Philosophical Enquirty and Reflection)는 UK 상황에서 일련의 학교 사례연구를 포함한다. http:// www.sapere.org.uk/Default.aspex?tabid=205 참고.

세대 간 작업 및 협력을 위한 여지를 만든 창의적인 교수학습 방법들이 우리를 강하게 자극했다. 내가 P4C를 맨 처음 알게 된 기간에, 앞서 언급했던 립맨의 작품이 BBC 시리즈인 〈혁신주의자들The Transformers〉을 통해 방영되고 있었다. 그 시리즈는 청소년의 철학적 호기심과 의문 갖기에 대한 나의 경험과 사색가로서의 어린이의 능력에 대한 나의 믿음에 강력한 감정을 격발시켰다. 그 시리즈는 나에게 언제나 과소평가되고 주변적인 것처럼 보였다. 수년이 지난 후 교육에서의 비판적 사고에 관한 콘퍼런스 기간이 와서야 나는 4PC에 대해 더 많이 알 수 있었다. 이때쯤 나는 고등교육기관에 고용되었고, 학생들과 활동하면서 교사들을 훈련시켰다. 이 시기에는 학교와 교사교육의 교육과정에 UK 정부에 의한 집중적인 개입이 있었다. 사고의 자유와 창의적 학습이 통합되는 것처럼 느꼈고, 그래서 모리스 센닥Maurice Sendak의 대중적인 그림책을 통한 나와 P4C의 만남도 매우 시의적절했다. 이 시기에 나는 독일 철학자 및 전에 아이들의 사서였던 무리스와 만나서 첫 번째 대화를 시작했다. 그들과 함께 나는 깊고, 지속적이고, 전문적인 동료 의식과 친교를 형성했다. 무리스는 콘퍼런스에서 워크숍을 진행했다. 그 콘퍼런스에는 그녀의 언니와 어린 아들이 함께 있었고, 언니가 아이 돌보기를 도와주었다. 나는 아이의 존재에 감탄했던 것으로 기억한다. 덧붙여 무리스는 워크숍을 진행하면서 어린 아들도 돌보았다.

(센닥[1963/2012]의 이야기) 『괴물들이 사는 나라Where The Wild Things Are』는 어린 맥스Max로 시작한다. 맥스는 늑대 복장을 한 소년으로 손에 무기처럼 생긴 딱딱한 포크를 들고 자기 개를 쫓아가고 있다. 우리는 맥스의 엄마를 볼 수 있다. 그런데 맥스의 엄마가 자유분방하게 맥스를 부르는 소리가 들렸다. 맥스는 "나는 엄마를 잡아먹을 거야"라고 답한다. 맥스는 저녁을 먹지 못하고 침대로 갔다. 그의 방에서 숲이 자라고 바다가 나타난다. 맥스는 그가 즉시 길들인 괴물에 의해 사람이

사는 섬으로 출항한다. 괴물들은 맥스를 왕으로 만들었다. 맥스가 피곤해져서 집에 돌아가고 싶어 할 때까지 그는 "거친 소동"을 일으켰다. 맥스는 괴물들을 떠나 배를 타고 집으로 오면서 자신을 위한 따뜻한 저녁 식사가 여전히 기다리고 있음을 발견했다. 괴물들의 삽화는 우스꽝스러우면서도 무서웠다. 센닥의 글과 삽화는 독창적이고 어른의 개입과 감시(위로와 보호가 없는)가 없는 아이들에게 유용한 영역을 탐색하고 있다.

킬링Keeling과 폴라드Pollard[1999]에 따르면 센닥의 『괴물들이 사는 나라』는 1963년에 최초로 출판되었다.

> 그 책은 야생, 혼돈, 무질서, 완전한 공상, 자유, 논쟁을 불러일으키는 규제 없는 행동을 보여 주며 호평을 받았다. 맥스의 행동은 그 책의 클라이맥스 장면에서 이성적 행동의 한계를 넘어 돌출한다. 단어들은 사라지고 더 이상 장면을 구성하지도 않는다. 대신에 달이 미친 행동을 주재하고, 거기에서 맥스는 "모든 괴물 중에서 가장 최고의 괴물로서" 남을 지배한다. 그리고 이성의 목소리-문화적으로 수용된 행동규범-는 두 페이지에 걸쳐 그린 세 개의 그림에서 기웃거림 없이 발화한다.[Keeling & Pollard, 1999: 129]

나는 이전에도 여러 번 딸과 함께 이 책을 읽었지만, P4C 워크숍을 하는 동안 이 친숙한 책을 다시 읽으면서 매우 놀랐었음을 기억한다. 그 책은 내가 언급했던 그림책의 도발적이고 파괴적이고 논쟁적인 성향을 정확하게 갖추었을 뿐 아니라, 내가 독자로서 변형적인 경험을 했던 우리의 반응에 기반한 철학적인 질문들을 창조하려는 무리스의 공개 초대장이라고 생각했다. 나는 내 대학원 철학 수업이 그와 같은 질문-창조, 직접적 개입과 심미적인 차원이 부족했다고 기억한다.

이어지는 개방형 탐구에서 나는 괴물들의 이야기가 음식, 먹기와 사랑을 연결시키고자 했던 방식에 관한 생각에 사로잡혔다. 나는 "왜 우리는 우리가 사랑하는 사람을 잡아먹기를 원하는가?" 같은 질문이 떠올랐다. 이 질문은 지금까지도 나에게 남아 있고, 내 아이들을 생각하게 했다. 나는 간혹 내 자식들의 몸을 "먹을 수 있는" 것으로 묘사하는 언어를 사용했다. 그 질문에 내가 영아기 시절 "내가 너를 잡아먹을 거야"라고 즐겁게 으르렁거리면서 딸아이를 쫓아가면 기뻐서 비명을 지르던 아이 모습을 회상했다. 그 질문은 연인의 어깨를 뜯어 먹고 싶다거나, 사랑에 빠지거나, 또는 우리가 사랑하는 사람을 잃는 것이 때때로 식욕을 죽일 수 있고, 타인의 사랑이 때때로 모두 소비되었다고 느낄 수 있는 방식에 대해 생각하게 했다. 그 질문은 내가 사랑이나 취향을 가진 욕망, 섭취나 소비를 연결하는 언어에 대해 생각하게 했다.

이어진 토론 없이도, 나는 무리스가 주도한 탐구의 공동체, 워크숍이 나에게 잃어버린 것을 되찾을 수 있게 해 줬다고 느꼈다. 그것은 어떤 그림책들의 모호성에 대해 경계하고, 자유롭게 하는 것이었다("어린이 책"의 나이 차별하는 분류로부터). 그리고 워크숍이 있던 방에서 창조된 복잡함의 순수한 기쁨과 관련된 것이었다. 나에게 분명해진 것은 P4C가 철학적 사색을 위한 마음의 충돌을 자유롭게 하고 양육하는 방법이라는 것이다.

매트리스 아래의 완두콩: P4C에서 P와 C

여기서 나는 철학과 아동기의 만남을 통해서 나타났던 일련의 질문들과 "철학적으로 사색하려는 마음의 충동"을 탐구하기 위한 비유로서 잘 알려진 동화 『공주와 완두콩』을 끌어내고 싶다. 로렌 차일드Lauren Child는 이 이야기를 위한 유머 있고 아이러니한 텍스트를 썼다. 그 책은 경이

롭고 세밀한 소형의 3D 세트(2006년 Polly Borland가 사진을 찍음)로 구현된 이미지를 포함한다. 이 특별한 책의 아이러니는 현대의 여러 세대에 걸친 독자들에게도 흥미를 준다는 점이다.

공주와 완두콩은 동화의 고전이라고 할 만하다. 왕자가 결혼하기 위해 "진정한 공주"를 찾아가는 과정에서의 왕족에 관한 고전적인 동화이다. 이 동화는 여왕이 아들의 신부가 될 공주의 진정성을 확인하고 싶었다. 여왕은 특별한 왕위 시험을 마련한다. 폭풍우 치는 어느 날 밤 공주는 은신처를 찾기 위해 문 앞에 도착한다. 여왕은 그녀에게 많은 매트리스가 있는 침대를 제공한다. 매트리스 아래 가장 낮은 곳에는 완두콩이 있다. 공주는 밤새 몸을 뒤척였다-그녀는 완두콩에 너무 민감했기 때문에 잘 수 없었다. 여왕은 이런 그녀가 "진정한 공주"를 의미한다고 이해한다. 그래서 왕자와 결혼하기에 적합하다고 봤다.

우리는 철학적인 질문과 성찰에 대한 자극의 상징으로 매트리스 더미 아래의 완두콩을 생각할 수 있다. 모든 허위에도 불구하고 완두콩은 그 존재를 느끼게 한다. 나는 이 비유의 물질성을 사랑한다. 나는 드라마가 이런 특별한 침대에서 은밀하게 일어나는 것을 사랑한다. P4C에서 그와 같은 자극은 교육자에 의해 P4C에서 취해진 행동의 결과에서 비롯되어 나올 수 있다. 아마도 풍부하고, 복잡하고, 솔깃한 물질은 탐구의 공동체를 활기 있게 한다. 그리고 도발은 교사, 참가자들 및 사고를 자극하는 것들 간의 상호작용을 통해 심화된다. 우리는 여왕이 궁궐에 침입자로서 인식하고자 열망한 "공주다움"이란 것이 공주가 완두콩에 민감해지게 만들고, 공주를 도발할 수 있도록 배치한 어린이다운 특성과 비슷하다고 생각할 수 있다.

"아이 같은 순진함"의 개념은 P4C 분야에서 광범위한 토론의 중심이 되었다. 교육철학자 듀이의 생각은 P4C에 중요한 영향을 주었고, 그는 "감정이입적인 호기심, 편견 없는 반응, 열린 마음에 대한 존경과 함께 우리는 성인이 아이 같은 순진함을 갖고 자라야만 한다고 말할 수 있을 것"이라고 썼다.[Dewey, 1916: 50] 『철학과 유년기Philosophy and the Young Child』라는 책에서 매슈스[Matthews, 1980]는 세계에 대한 풋내기에 의해 보여진 경이로움을 폭넓게 보고하는 것에 대해 고마움을 표했고, 성인과 어린이 간의 차이가 항상 발달적으로 형성되어 보이는 방법들을 의심했다. 그는 "무지한 존재로서가 아니라 이미 철학적으로 추론할 수 있는 능력을 지닌 합리적인 행위자로서 어린이를 다시 생각할 필요가 있다"라고 말했다.[Matthews, 1980: 172] "유년기"는 인생의 초기를 기술할 뿐 아니라 시의적절한 집중적이고 강력한 존재의 경험이다. "유년기"는 P4C의 많은 실천가가 아동기와 철학에 관해서 새로운 생각을 촉발하면서 철학적 탐구를 활기 있게 하고자 모색한 참신함, 개방성, 자발성의 특성이 있다.[Kennedy & Kohan, 2008] 그것은 지식이나 페다고지적 기술의 포상에 대한 주목의 문제가 아니다. 농담, 위반과 재현 가능성과 같은 자질의 고려를 통해서 철학은 철학의 규칙에 대한 초점이나 그것이 어떻게 수행되는가에 대한 것이라기보다는 더 개방적이고 생기가 넘치는 것처럼 보인다. P4C에서의 논쟁은 "철학자로서의 어린이"의 개념뿐만이 아니라 "어린이로서의 철학자"의 개념을 개방하는 것이다.[Gregory & Granger, 2012]

철학은 논의의 여지가 큰 영역으로, 일부 사람들은 어린이가 교실에서 하는 철학이 적절한 철학인지, 어린이가 철학적인 추론을 실제로 할 수 있는지에 의문을 갖는다.[Fox, 2001][4] 공주의 왕족 자격을 시험하고자 했던 여왕처럼 이러한 비판들은 아이들이 진정한 철학자이고 철학의 궁전 Philosophy Palace에 입장하는 것이 적절한지를 발견하기 위한 시험을 찾아보고자 했다.

현재 교육 정책의 입안 시기에 우리는 여전히 다른 방향에서 공주와 완두콩의 비유를 가공할 수 있다. 오늘날 주류 학교의 수많은 교사는 책무성, 경쟁, 민영화와 교육적인 개선과 공적 조사와 관련된 일상적인 요

---

4. 여러 사람 중에서 무리스는 그녀의 작업에서 이와 같은 비평들을 이야기했다(무리스의 2000년 사례 참고).

구들에 직면한다. 학교는 후계 정부에 의해 만들어져 정책 변화의 공세를 다뤄야 할 뿐만 아니라 급격한 결과를 약속하는 혁신적인 접근법의 유혹에 열려 있다. 그와 같은 분위기에서 교사의 자율성과 창조성은 그들의 관심을 요구하는 불협화음의 목소리들에 의해 질식될 수 있다. 이 같은 잡음이 불면증을 유발할 수 있다는 것을 상상하는 것은 어렵지 않다. 그러나 철학적인 완두콩은 교사와 학생이 다양하고 좀 더 자유로운 의미에서 "완전히 깨어 있도록" 움직일 수 있다. 그린[Greene, 2000]은 "완전히 깨어 있음"을 무관심에 대한 반대로, 어리둥절함에 대한 경고로, 당연하고(그린은 탈지면이란 용어를 사용함) 평범한 것을 깨뜨리는 것으로, 선택과 자유의 연습 속에서 필수적으로 도덕성을 인식하는 것으로 언급한다. 그녀는 상상력이 핵심이라고 제안하며, 다른 어떤 능력보다도 상상력의 방출이 대안 상정에서의 "습관의 관성"을 극복한다고 주장한다.

P4C에서 철학의 성향과 P4C에 참여하는 어린이들의 권리 및 능력에 관한 이러한 토론은 우리가 민주적 교육의 핵심에 대한 권리를 갖도록 한다. 다음 절에서는 우리가 서로 간의 관계와 사고의 구조를 철학에 엮어내는 것을 목표로 할 때, 민주적 교육의 세부 사항에 관해 우리에게 더 많은 양식을 제공할 수 있는 두 가지 작은 단어들을 생각한다.

작은 개념: 큰 질문

P4C의 교수 방법은 평등, 사고와 표현의 자유, 포괄적 참여와 열린 숙의를 통한 공유된 의사결정과 같은 민주적인 원칙을 표현한다. 립맨은 듀이의 실용주의 철학과 민주주의의 모판으로서의 공동체와 함께 탐구하여 표현되었던, 일상생활의 실천으로서의 민주주의 관점에 강한 영향을 받았다.[Lipman 1991: 252] 탐구의 교실 공동체는 정치적인 개념과 과정에서의 교육을 제공한다. 이것은 의무 학교 수업의 규율상의 특징이라는 맥락 속

에서 학습을 위한 기회를 제시함으로써 그리고 해결해야 할 모순과 딜레마를 드러냄으로써 도전을 보여 줄 수 있다. 교사들은 이러한 문제들을 받아들일 수 있도록 선택할 수 있다. 민주주의는 교실에 맞춤식으로 들어온 것은 아니다. 민주주의는 불충분할지라도 일련의 실험, 협상, 숙고로 발달할 수 있다. 이런 의미에서 P4C는 자기표현과 사회적 행동의 상상적인 목소리를 개입시키는 비판적 페다고지로 묘사될 수 있고 실천될 수 있다. 교사의 목소리를 포함한 교실에서의 모든 목소리는 부분적인 것이며, 의문을 가질 필요가 있다고 간주된다. 하지만 비판적 페다고지는 교사들이 대안적인 방법을 선택할 때도 제도적 권한은 사라지지 않을 것이라고 이해한다.

소위 민주적 실천에서는 만들어야 하는 분명한 움직임이 있다. 그것은 일부의 목소리가 특권을 갖는 믿음과 실천에 도전하고 끊임없이 의문을 제기하도록 하는 움직임을 말한다. 다른 편견들은 은연중에 어린이를 과도기적이고 불완전한 존재로 간주하는 "어른 숭배자"식 사고의 행동에서 민주적인 탐구 방식을 얻게 된다.Kennedy, 2006: 63-64 그와 같은 편견을 돌아본다는 것은 우리가 그들의 함축적인 권위의 표현과 지식에 대한 권리를 조사함으로써, 다른 사람에게 주의할 수 있다는 것이다. 철학적 탐구에 대한 아동의 공헌에 반응한다는 것은 온정주의와 다정다감할 경향이 있다는 것이다. 이런 경향을 조사한 프릭커Fricker, 2007의 인식론적 불공평의 개념화를 작동시킴으로써 무리스와 나는 아이들과의 철학적 탐구는 아이들의 연대기적인 나이를 근거로 갖게 되는 어린이에 대한 편견을 드러낼 수 있고, 그 비민주적 행동을 교정할 기회를 지적할 수 있다는 방식으로 토론했다. 소논문2013에서 우리는 아이들을 위한 철학이 교사의 오류를 강조한다고 주장했다.

아이들이 어떻게, 무엇을 아느냐를 탐구하기 위해서 교실에 있는 나
이 어린 학생들이 자신들의 지식과 이해를 제시하는 다양한 방식에 "감

정이입"을 하는 대화 속으로 들어갈 필요가 있다. "듣기"와 "목소리"는 초기 아동기 실천의 문제적인 요소로 남는다. 하지만 아이들은 동시에 우리에게 작동하는 새롭고 더 공정한 방식을 개척할 기회를 준다.[Haynes & Murris, 2013: 1085]

무리스[1992]가 철학적 탐구를 위한 출발점으로 그림책의 사용을 처음 소개했을 때 립맨은 그 접근법을 P4C 프로그램과는 차이가 나는 어린이와 "함께"하는 철학으로 언급했다. 이것은 P4C가 진실, 공정, 철학의 기초를 구성하는 사랑이나 자유와 같은 주요한 개념만이 아니라는 사실을 예증한다. 종종 큰 아이디어들에 숨어 있는 작은 개념들도 관심 가져 볼 가치가 있다. 우리는 P4C와 "함께", P4C를 "위해" 어떻게 이해해야 할까? P4C 프로그램의 창조는 아이들 전체를 목적으로 하며, 사색가로서 아이들의 능력을 신장시키고, 철학적 아이디어를 의사소통할 수 있는 자료를 참고함으로써 아이들의 권리에 대해 말하는 것을 목적으로 한다. 그런데 어린이와 함께하는 철학이란 용어의 사용은 지식, 합리성과 권력에 관한 더 깊은 논쟁을 이끌 것으로 보였다. P4C는 실천가들을 그들이 당연하다고 여겼던 권위에 대해 매일매일 의문을 갖고 도전하도록 이끈다. P4C는 좀 더 주의 깊게 들어야만 한다고 제안했다.[Haynes, 2007]

늙지 않음과 놀이하는 P4C

톰슨Colin Thompson의 그림책 『영원히 사는 방법How to live Forever』[1995/1998]은 영원히 사는 방법(초보자를 위한 불멸)의 비밀을 포함한 책으로 주인공이 탐색하는 엄청난 삽화가 들어 있는 이야기다. 양면에 걸친 세밀한 이미지들은 도서관 서가에 있는 책과 책장의 형태를 갖추었다. 인물과 장소는 책의 페이지에서, 그리고 책장 안에서 살아난다. 책들은 이야기와 아이디어가 담긴 그릇일 뿐 아니라 대상이다. 책들은 아이디어의 풍경을 구성한다. 책의 결말 부분에서 정신 나가지 않고 의문을 지닌 채 책을 읽고 있는 유일한 사람인 피터는 고대의 아이를 만난다. 그 아이는 마침 냉동되어 있어서 어린아이 같기도 하고 나이 든 것 같기도 하고 어리기도 하다. 그 아이는 "내가 가졌던 모든 것은 끊임없는 내일이다. 영원히 산다는 것은 전혀 살지 않는 것이 아니다"라고 말한다. 그 아이는 책 역시 불멸하기 때문에 책을 파기하지는 않았다. 피터는 책을 읽지 않고 떠나기로 결심하고 세계로 다시 발을 들여놓는다.

톰슨과 탄Shaun Tan은 그림책 저자이면서 삽화가인데 그들의 그림책은 예술작품이다. 항상 무언가를 위한 "매개물"이 많은 교육적인 텍스트와 달리 그들의 많은 책에서 단어들은 이미지이고, 텍스트는 삽화 속으로 사라지거나 일부가 된다. 탄과 게이먼Neil Gaiman은 어린이만을 위한 또는 주로 어린이를 위한 아이디어에 도전하고, "그림 읽기"의 지위를 높이는 청소년과 어른을 위한 그림책과 그림을 보는 듯한 소설을 창조한다. 특히 탄은 차이, 이주, 식민지 건설, 소외, 상실과 공황, 중요하고 현대적인 정치적·사회적 주제들과 같은 주제로 주의를 끄는 데 성공한다. 이런 책들은 그와 같은 주제를 다룰 때 심각하고, 동시에 그들이 결정을 피한다는 의미에서 쾌활하다.

립맨은 사려 깊은 아이들을 만들기 위한 삽화에 직면한 아이들이 텍스트에 수동적일 것이라고 전제하는데, 그의 전제는 아동 문학의 사용을 배제한다. 하지만 영국에서 특히 그림책 장르의 어린이 문학이 P4C의 맥락에서 광범위하게 채택되었다. 『그림책, 페다고지와 철학』[Haynes & Murris, 2012]에서 우리는 서사라든지, 텍스트라든지, 시각적이든지 간에 내러티브는 추상적 개념들 간의 논리적이고, 감정적이고, 상상적인 연결을 만드는 것과 관련됨으로써, 삶과 경험을 이해하는 데에서 근본적으로 구성되는 조직이라고 논쟁을 했다. 우리는 철학 텍스트로 현대의 그림책을 선택하기 위한 일련의 기준을 제공한다. 포장도로의 갈라진 틈처럼, 모호하고 복잡한 다면적인 그림책 텍스트들은 하루하루를 불확실하게 보게 하고, 합법적인 주목의 대상을 터무니없는 것으로 보게 한다. 많은 그림책이 어른과 아이의 마음을 반영하여 명확하게 쓰인다. 우리가 개발했던 기준은 이런 텍스트의 성향과 그 텍스트의 잠재적 독자를 모호하게 하는 경계가 실제로 존재하는 독자의 내러티브와 대항 내러티브를 위한 "차이"에 따라, 그리고 장난스러움과 늙지 않음을 위한 "차이"를 남기는 방식에 따라 결정된다. 내러티브들은 나이 든 사람들을 필수 불가결하게 더 현명해지도록 하고, "대안적인" 세대 간 관계와 대화를 즐길 수 있게 한다는 아이디어들을 공유하고 있다.

결론

이 장에서는 모든 종류의 환경 속에서도 어린이가 삶에서 철학을 하기 위한 대안교육의 심층적 접근 방법을 찾고자 했다. 철학을 하는 어린이에 대해 쓰면서 나는 만들어야 할 움직임, 도전, 예의 주시해야 할 필요, 자기기만, 자기만족, 세력 확대, 회피-이상주의적 경향으로부터 떨어지기, 일상생활과 교육적인 활동에서 민주적인 것이 무엇을 의미하는지에 사로잡혔다. 내러티브적인 출발점과 탐구의 방법이 만약 힘에 항상 주목하고 상상적이고 비판적인 방식으로 채택된다면, 교실에서 교수학습을 좀 더 민주적으로 만들 수 있다. 지난 20년간의 나의 경험을 통해서, 나는 철학적 텍스트로 채택된 선택적인 그림책들이 탐구를 위한 강력한 공간(나이와 분명하게 폐쇄된 차이의 목록을 기억하고 망각하는 그런 공간)을 특히 더 열 수 있다고 주장했다. 민주적인 탐구에서 사고의 내러티브적이고 분석적인 측면을 이 장을 통해서 강하게 엮고, 꿰었다. 나는 P4C의 방법론들은 비판과 창조에 동시에 개입될 수 있는 좋은 기반이라는 것, 그리고 민주적 교육의 실현을 이끌 수 있는 협력적인 실험과 새로운 형태의 사고를 발달시킬 수 있는 수단이라는 것을 보여 주고자 노력했다.

참고문헌

Biesta, G. J. J. (2011). Philosophy, exposure and children: How to resist the instrumentalisation of philosophy in education. *Journal of Philosophy of Education, 45*, 305-319.

Bonnett, M. (1995). Teaching thinking and the sanctity of content. *Journal of Philosophy of Education, 29*, 295-309.

Bradman, T., & Ross, T. (1990). *Michael*. London: Andersen Press.

Cahen, D. (2001). Derrida on the question of education. In G. J. J. Biesta & D. EgéaKuehne (Eds.), *Derrida & education* (pp. 12-31). London: Routledge.

Child, L., & Borland, P. (2006). *The princess and the pea*. London: Puffi n Books.

Dewey, J. (1916). *Democracy and education*. New York: Macmillan.

Egan, K. (1988). *Teaching as storytelling. An alternative approach to teaching and the curriculum*. London: University of Western Ontario.

Egan, K. (1993). The other half of the child. In M. Lipman (Ed.), *Thinking, children and education* (pp. 281-286). Dubuque, IA: Kendall/Hunt.

Fox, R. (2001). Can children be philosophical? *Teaching Th inking, 4*, 46-49.

Fricker, M. (2007). *Epistemic injustice: Power and the ethics of knowing*. Oxford: Oxford University Press.

Greene, M. (2000). *Releasing the imagination: Essays on education, the arts and social change*. San Francisco: Jossey-Bass Education.

Gregory, M., & Granger, D. (2012). Introduction: John Dewey on philosophy and childhood. *Education and Culture, 28*(2), 1-25.

Haynes, J. (2007). *Listening as a critical practice: Learning through philosophy with children* (Unpublished doctoral dissertation). Exeter, UK: University of Exeter.

Haynes, J. (2008). *Children as philosophers: Learning through enquiry and dialogue in the primary school* (2nd ed.). London: Routledge.

Haynes, J. (2013). Gifts of time and space: Co-educative companionship in a community primary school. *Studies in Philosophy and Education, 32*, 297-331.

Haynes, J. (2014). Already equal and able to speak: Practising philosophical enquiry with young children. In S. Robson & S. Flannery Quinn (Eds.), *The Routledge international handbook of young children's thinking and understanding (chap. 38)*. Abingdon, UK: Routledge.

Haynes, J., & Murris, K. (2012). *Picturebooks, pedagogy and philosophy*. New York/London: Routledge.

Haynes, J., & Murris, K. (2013). The realm of meaning: Imagination, narrative and playfulness in philosophical exploration with young children. *Early Child Development and Care, 183*, 1084-1100.

Keeling, K., & Pollard, S. (1999). Power, food, and eating in Maurice Sendak and Henrik Drescher: Where the wild things are, In the night kitchen, and the boy who ate around. *Children's Literature in Education, 30*, 127-143.

Kennedy, D. (2006). *The well of being: Childhood, subjectivity and education*. New York: SUNY.

Kennedy, D., & Kohan, W. (2008). Aión, Kairós and Chrónos: Fragments of an endless conversation on childhood, philosophy and education. *Childhood & Philosophy, Rio de Janeiro, 4*(8). Retrievable from www.periodicos.proped.pro.br/

index.php?journal=childhood&page=index

Kitchener, R. (1990). Do children think philosophically? *Metaphilosophy, 21*, 427-438.

Kohan, W. (2015). *Childhood, education and philosophy: New ideas for an old relationship*. Abingdon: Routledge.

Lipman, M. (1991). *Thinking in education*. Cambridge, MA: Cambridge University Press.

Lipman, M. (Ed.). (1993). *Thinking, children and education*. Duboque, IA: Kendall/Hunt.

Lipman, M., Sharp, A. M., & Oscanyan, F. S. (1980). *Philosophy in the classroom*(2nd ed.). Philadelphia: Temple University Press.

Matthews, G. B. (1980). *Philosophy and the young child*. Harvard University Press.

Matthews, G. B. (1994a). *Dialogues with children*. Cambridge, MA: Harvard University Press.

Matthews, G. B. (1994b). *The philosophy of childhood*. Cambridge, MA/London: Harvard University Press.

McEwan, H., & Egan, K. (Eds.). (1995). *Narrative in teaching, learning and research*. New York: Teachers College Press.

Murris, K. (1992). *Philosophy with picturebooks*. London: Infonet Publications.

Murris, K. (2000). Can children do philosophy? *Journal of Philosophy of Education, 34*, 261-281.

Murris, K., & Haynes, J. (2010). *Storywise: Th inking through stories*. [International e-book version.] Johannesburg: Infonet Publications. Retrievable from http://www.mindboggles.org.za/index.php/publications/books/storywise

Robertson, E. (1995). Reconceiving reason. In W. Kohli (Ed.), *Critical conversations in philosophy of education* (pp. 116-126). London: Routledge.

SAPERE. (1990). The transformers: Socrates for six year olds [Television series episode]. In *Communities of enquiry*. London: BBC TV. Retrievable from https://www.youtube.com/watch?v=fp5lB3YVnlE.

SAPERE. (2006). *P4C report for the innovations unit*. Abingdon, UK: SAPERE. Retrievable from www.sapere.org.uk.

Sendak, M. (2012). *Where the wild things are*. London: HarperCollins (Original publication 1963).

Thompson, C., & Tan, S. (1998). *How to live forever.* London: Red Fox (Original work published 1995).

Vansieleghem, N., & Kennedy, D. (Eds.) (2011). Philosophy for children in transition: Problems and prospects [Special issue]. *Journal of Philosophy of Education, 45*(2), 171-182.

White, J. (2012). Philosophy in primary schools. *Journal of Philosophy of Education, 46*, 449-460.

19장
숲학교:
야외에서의 홀리스틱 학습을 위한 모델

사라 나이트[1]

서론

"숲학교Forest School는 모든 학습자에게 산림지역이나 나무가 있는 자연환경에서 정기적인 체험학습 경험을 통해 자신감과 자존감을 획득하고 발전시킬 수 있는 정기적 기회를 제공하고 영감을 주는 과정이다."[FSA, Knight가 인용, 2013a: 5] 이것은 영국 숲학교협회the UK Forest School Association, FSA의 강령을 효과적으로 설명한 정신적 선언이다. 이 글은 이 선언을 풀어서 영국의 숲학교가 무엇인지에 대한 개요를 제공하고, 모든 연령대에서 점점 더 중요하게 고려되고 있는 숲학교의 최근 발전을 개략적으로 설명하는 것을 목표로 한다.

영국의 숲학교는 1993년 서머싯 브리지워터 칼리지Bridgewater College, Somerset의 보육사, 학생, 지도교수들이 덴마크의 유아를 위한 현장들을 방문하고 난 후 발전했다. 그들 중 많은 이들이 3살에서 6살 사이의 아이들이 숲이 우거진 야외 공간에서 교사라기보다는 촉진자인 성인과 함께 시간을 보내는 것을 보았다. 브리지워터의 지도교수들은 자신들이 본 것

---

1. 사라 나이트(Sara Knight): 영국의 앵글리아 러스킨(Anglia Ruskin)대학교의 은퇴한 academic and course group 리더. 영국의 숲학교협회(Forest School Association)의 창립 이사, 숲학교 실무자이자 환경 자선 단체인 Green Light Trust의 임원으로 숲학교 주제에 관한 많은 책과 글, 학술 논문을 출간했다. 저서로『유아기 숲학교와 야외 학습』(2003, 2nd ed)',『숲학교 실천』(2006)이 있다.

을 영국 숲학교의 첫 번째 사례로 발전시켰다.[Knight, 2013b: 4] 브리지워터 칼리지 지도교수들은 대학의 보육원 아이들과 함께 일하면서 덴마크와 영국의 최고 유아교육을 아우를 수 있는 접근법을 만들 때까지 자신들의 접근법을 관찰하고 수정했다. '숲학교'라는 용어는 야외에서 일하는 이러한 방식을 설명하기 위해 영국에서 만들어졌다.

스칸디나비아 국가들은 모두 19세기에 헨리크 입센Henrik Ibsen이 만든 용어, '프릴루프트슬리브Friluftsliv'[2]라는 생각을 받아들였는데, 이 개념은 '야외생활'이라고도 해석할 수 있다. 이는 이들 국가의 많은 가족이 야외에서 시간을 보내는 것을 일상생활의 한 부분으로 이해함을 의미한다. 이에 더해 스칸디나비아 국가들은 야외 활동을 할 때 적절한 시기에 자녀들에게 날카로운 도구 사용법을 알려 주는 것도 필요하다고 생각하며, 우리가 20세기에 영국에서 경험했던 '공공 위험회피 단계'를 겪지 않았다.[Gill, 2007: 12] 야외 유치원(그리고 야외 경험을 제공하는 유치원)은 오랫동안 스칸디나비아에서 일반적인 현상이었으며 모험적인 활동은 학교생활의 정상적인 한 부분이었다.

이것은 독일의 방랑자Wandekinder 전통과 유사하다. 19세기와 20세기의 '신선한 공기 맡기' 전통은 유아에게 모험적인 야외 활동의 기회를 주었다. 숲학교를 받아들이려는 어떤 국가든 성공적인 계획을 추진하기 위해서는 그들의 고유 문화에 어떤 강점과 약점이 있는지 조사하는 것이 중요하다. 1990년대에 영국에 숲학교가 소개되었을 때 그랬던 것처럼 다른 문화에서 아이디어를 수입한다는 것은 성찰과 조정을 의미할 것이다. 우리의 숲학교 접근 방식은 스칸디나비아와 독일의 매우 초기 방식과 유사하다. 하지만 우리나라 아이들은 더 어린 나이에 정규 교육을 시작한다는 점과 가족이 야외 활동 경험을 할 가능성이 적다는 점에서 다르다. 따라서 우리의 숲학교는 이러한 문화적 차이를 감안하여 약간 다르게 발전

---

2. 자연과 함께 숨 쉬고 어울려 사는 삶의 방식.

했다.

앞에서 언급했던 브리지워터 칼리지는 이후 숲학교 실무자를 위한 첫 번째 훈련과정을 만들고 훈련을 시작했다. 이는 학자와 실무자가 함께 실용적 아이디어를 발전시키기 시작했다는 점에서, 그리고 더 넓은 야외 공간에서 아이들과 함께 일하는 방식을 적용했다는 점에서 그 운동의 상향식 특성을 보여 준다. 이러한 가치를 인식하고 다른 실무자들에게 자신들의 아이디어를 전달할 수 있는 훈련을 개발했으며, 숲학교 실천과 훈련을 다양한 연령대와 다른 환경에서 적용할 수 있도록 조정했다. 숲학교의 추가적인 연습과 경험은 실무자와 훈련자 간의 지속적인 토론을 이끌어 냈으며, 이후 20년 넘게 개선과 발전을 이루었다. 이 과정의 어느 시점에서도 국가 정책 입안자들의 관여는 없었다. 실천, 그리고 그것을 교육학 이론과 연계하여 실천에 반영하는 것은 아래에서부터 위로 상향식 발전을 이끌어 왔다.

숲학교가 무엇인지 더 자세히 설명하기 위해서는 숲학교협회FSA의 일련의 지침 원칙을 살펴보는 것이 필요하다. 숲학교협회 원칙은 약 15년 동안 회원들과 다방면에 걸쳐 반복적인 협의를 통해 만들어졌다. 모든 숲학교 실무자에게 기여할 기회를 주었고 이는 모두가 소속되기를 원하는 강력한 협회를 세우기 위한 필수적 요건이다. 모든 숲학교협회 회원은 숲이 우거진 시골 지역뿐만 아니라 도시에서도 번성하려면 숲학교를 정의하는 필수적인 기준을 지키는 것이 얼마나 중요한지 스스로 경험을 통해 알고 있다.

숲학교의 원칙

1. 숲학교는 온-오프 또는 비정기적인 방문보다는 정기적인 세션의 장기적인 과정이다. 계획, 관찰, 적응 및 검토의 순환은 각 세션을 연결한다.

학습자는 최소 반년, 최소 반나절 동안, 최소 주 1회 이상 숲학교 수업에 참여해야 한다. 뇌 연구는 이것이 왜 중요한지에 대한 증거를 제공한다. 신경 회로는 신체적 또는 정신적 활동의 결과로 형성되지만, 활동이 여러 번 반복되는 경우에만 화학적 변화를 거쳐 오랜 기간 지속된다.[Brierley, 1994: 25] 집중력, 문제 해결, 사회적·정서적 지능을 지원하는 뇌의 전두엽 성장은 숲학교에서 일어나는 긍정적인 관계 경험에 의해 자극된다.[Perry, 2002] 자연과의 접촉은 몸을 진정시키고 스트레스에 대한 과민성을 감소시킨다.[Kaplan, 1995]

아이들이 하루 종일 야외에 있는 자연유치원에서부터 보통 10주 동안의 한 학기에 이르기까지 어린아이에게 제공되는 숲학교의 기회는 매우 다양하다. 이보다 적은 것은 숲학교라기보다는 야외 학습의 대안적인 형식이다. 모든 야외 체험은 유익하지만 여러 면에서 다르다. 더 짧은 세션은 아이들이 자연환경에 친숙해지기는 하지만 장기간에 걸쳐 천천히 발전할 수 있는 자신감, 정서적 지능 및 자존감의 발달에 이르지는 못할 것이다.[O'Brien & Murray, 2007]

계획, 관찰, 적응 및 검토의 순환은 숲학교 교육과정을 구성하는 것이다. 메이너드[Maynard, 2007]는 일부 교사에게는 아이가 지닌 능력뿐 아니라 흥미가 있는 것을 관찰하고, 리더이면서 또 학습자로서 시작하기도 하는, 아이 스스로 시작하고 주도하는 접근법을 개발하는 것이 어려울 수 있다고 지적했다. 훌륭한 숲학교 실무자는 관찰을 통해 학습자 그룹에 무엇을 제공할 것인지, 언제 개입할지, 무엇을 지원할 것인지 결정한다. 이것은 모든 숲학교 세션이 독특하다는 것을 의미한다.

2. 숲학교는 학습자와 자연과의 관계 발전을 지원하기 위해 나무가 있는 자연환경 또는 산림지역에서 진행된다.

모든 문화권에는 자연과 연계되는 이야기가 있으며, 북반구에서 자연은 보통 숲과 산림을 포함한다. 나무는 종종 이야기, 전설, 미신에서 특별한 의미를 지닌다. 숲학교에서는 그 중요성을 강조하며 숲을 세 번째 교사라고 부르기도 한다. 그러나 영국에서, 특히 도심 지역에서는 숲 지역에 접근하기가 쉽지 않다. 도시에서도 아이들과 함께 하는 가치 있는 작업을 포함시키고 싶었고[Milchem, 2011: 13], 가장 어린 아이들에게는 단지 몇 그루의 나무가 숲처럼 보일 수 있다는 것을 알게 되면서 숲학교협회는 원칙 2에 "나무가 있는 자연환경"을 포함하기로 결정했다. 그런데 숲활동에서 최고 조건은 학습자의 나이가 많아질수록, 더 크고 더 야생인 숲이 필요하다는 점을 강조한다.

각각의 실무자는 학습자가 나무의 중요성과 가치를 인식하고 그들과 관계를 형성하도록 돕는 다양한 다른 방법을 알고 있다. 예를 들어, 어떤 실무자와 어린이는 한 나무를 "숲의 수호자"라고 결정하고, 숲에 들어갈 때마다 나무의 허락을 요청한다. 미국의 작가인 리처드 루브Richard Louv는 "자연결핍장애"라는 용어를 만들었다.[Louv, 2010] 그는 아이들과 자연 사이의 관계 부족이 아이들과 지구의 미래 모두에 장기적으로 어떤 영향을 미칠 것인지를 염려했다. 점점 더 많은 연구가 개인의 정신적·육체적 건강을 위해서 야외에서 시간을 보내는 것이 얼마나 중요한지, 그리고 지속가능성이라는 의제의 모든 측면에서 얼마나 중요한지를 보여 주고 있다.[Knight, 2012; Sunderland, 2012; Wells & Evans, 2003]

3. 숲학교는 다양한 학습자 중심의 과정을 사용하여 실존, 발달 그리고 배움을 위한 공동체를 만든다.

개별 학습자를 경험의 중심에 두는 것이 숲학교의 핵심이다. 사람을 다른 관심사, 재능 및 경험을 지닌 각각의 개인으로 보는 것은 숲학교 실무자가 각 그룹에서 개인의 다양한 발달 및 학습 요구에 응답하여, 자신의 창의력과 문제 해결 능력에 자신감을 가지고 최고가 될 수 있도록 도와준다. 이것은 우리 모두가 자신만의 능력과 재능을 지니고 있음을 인식하는 것이며, "우리가 할 수 있는 최선"은 일정 수준의 성취나 특정 종류의 성취에 대한 기대도 아니라는 것을 아는 것이다. 이러한 방법으로 전체 그룹은 각 참여자가 성취할 수 있는 것에 놀라고 서로 다르다는 것을 축하할 수 있다. 이것은 캔 로빈슨 경Sir Ken Robinson이 제안한 차별화된 학습 모델과 일치한다.[2010]

공인된 숲학교 실무자들은 각기 다른 나무가 우거진 공간에서 사용 가능한 것들과 자신들이 가진 모든 기술과 지식을 바탕으로 학습자 그룹에 적합한 전략을 사용한다. 즉, 숲학교 세션은 누가 운영하는지, 어디에서 진행되는지, 누가 참여하는지에 따라 매우 다를 수 있다는 것을 의미한다. 하지만 여전히 3급 실무자가 받는 초기 훈련에 포함된 숲학교의 정신과 원칙을 따를 것이다. 영국의 경우 A급에 해당하는 자격요건은 정부 공인 자격과 신용체계Qualifications and Credit Framework, QCF 3급으로 등재되어 있으며, 이는 청소년이나 취약계층을 돌보는 대부분의 회사에서 실무자가 고객 그룹을 단독으로 책임질 수 있는 정도의 수준에 해당한다.

4. 숲학교는 탄력적이고 자신감이 있으며 독립적이며 창의적인 학습자를 육성하여 관련된 모든 사람의 전인적 발달을 촉진하는 것을 목표로 한다.

시작할 때와 실제 실행되는 것은 다르겠지만 목표는 같다. 지금까지 수행된 모든 연구는 유아를 위한 숲학교가 회복력, 자신감, 독립성 및 창의력을 포함한 성과를 낳았다는 것을 분명히 보여 준다.[Borradale, 2006; Eastwood & Mitchell, 2003] 이러한 성과는 행복하고 성취감 있는 삶뿐만 아니라 성공적인 학습을 위한 핵심 기질이다.[Lucas, Claxton, & Spencer, 2013]

우리가 각 학습자의 능력을 존중하고 신뢰함으로써 학습자의 자신감을 끌어낼 수 있게 해 준다면 이러한 성과는 가장 잘 달성될 수 있을 것이다. 영국 학교생활의 나머지 대부분은 엄격한 학교 환경의 요구에 따라 순응하고, 순종하고, 정해진 방식으로 대응해야 한다. 숲학교 실무자들은 이러한 방식이 아이에게 가장 최선의 이익이거나, 궁극적으로 사회에도 최선의 이익이라고 믿지 않는다. 사회에 영감을 주는 기여는 자신의 잠재력을 극대화하고 자기 지식과 창의력을 가질 수 있다고 믿도록 양육된 개인들로부터만 나올 수 있다.^{Robinson, 2006}

5. 숲학교는 학습자에게 환경과 자신에게 적합한 지원 가능한 위험을 감수할 기회를 제공한다.

위험을 감수하는 것은 창의력과 자신감을 북돋우고, 아이들에게 자신을 안전하게 지키는 방법을 가르친다. 위험이 어떤 것인지는 각각의 어린이와 그들이 겪은 이전 경험에 달려 있다. 이러한 위험은 특정 공간에서 학습자에게 합리적인 것이어야 한다. 훈련된 숲학교 지도자는 특정한 날과 특정한 환경에서 대상 아이들에게 "합리적인"것을 구성하고 결정할 책임이 있다. 이러한 활동을 가능하게 해야 한다는 자신감은 이제막 새로 자격을 갖춘 실무자에게는 어려울 수 있다.^{Little & Wyver, 2009; Stan & Humberstone, 2011}

위험은 불을 붙이거나 날카로운 도구를 사용하는 것처럼 물리적일 수도 있고, 새로운 활동에서 성공하거나 실패할 때 발생하는 감정일 수도 있음을 인식하는 것이 중요하다. 모든 아이에게 위험은 그들의 이전 경험과 기술에 근거하여 다르게 예측될 것이다. 아이들이 합리적인 위험을 감수할 수 있도록 지원하려면 의존적인 분위기보다는 신뢰의 분위기를 조성하는 것이 중요하다. 모든 보육 환경과 학교에서 종종 아이들은 신뢰하는 파트너라고 느끼기보다 보호자/교사에게 의존한다고 느끼게 만들어진다. 파트너라고 느끼는 것은 자신감을 키우고 자존감을 유지하는 데 매우 중요한 것이다.

6. 숲학교는 자격을 갖춘 실무자들이 실천을 지속적으로 유지하고 발전시켜 운영하고 있다.

훈련은 영국의 숲학교 운동에서 매우 중요하다. 실무자들은 다양한 배경에서 숲학교에 온다. 산림관리인, 야외 교육자, 보조교사, 교사, 보육 간호사, 생물학자 등이 될 수 있다. 훈련자의 임무는 각 개인이 안전한 기반을 다지고 시작할 수 있는 최상의 훈련 수준을 권하는 것이다. 그들은 레벨 3의 과정으로 넘어가기 전에 2일(영국 레벨 1) 테스트 과정 또는 영국 레벨 2의 보조 과정을 수강해야 하거나, 레벨 3에서 직접 시작하기에 충분한 사전 경험과 지식을 가지고 있을 수도 있다. 이 후자의 과정은 야생에서 살아남는 기술, 발달이론, 안전 및 응급 처치 훈련을 포함하며, 훈련생은 다른 실무자의 세션에도 참가해야 한다. 일반적으로 완료하는 데 1년이 걸린다. 세션을 이끄는 것은 레벨 3의 실무자이며, 다른 성인들과 함께 적정한 비율의 학습자를 리더에게 제공한다. 그 비율은 아이들의 나이와 경험, 그들이 활동하고 있는 장소, 그리고 그들이 수행할 가능성이 있는 활동을 적절히 고려해 3단계 실무자가 결정한다.

한번 초기 훈련이 이루어졌다면 실무자는 숲학교 실무자 여행을 이제 시작했을 뿐이다. 숲학교협회는 실무자가 다양한 방법으로 자신의 업무를 유지하고 개발시킬 수 있도록 격려하며, 지속적인 전문성 개발은 표준을 유지하고 업무를 발전시키는 데에서 핵심이다. 이론을 재검토하고 실무자의 기술 기반을 추가하는 것은 실무자로서의 업무를 효과적으로 유지하는 데 중요하다.

영국 정부는 숲학교 자격은 QCF에 있다는 것을 인정했다.[QCF, 2012 참조] 이것은 숲학교가 영국 정부로부터 받은 유일한 공식적인 인정이다. 스코틀랜드와 웨일스 의회는 숲학교의 이점은 인정하지만, 영국에서는 공식적인 교육과정으로 제공되는 부분은 아니다. 숲학교의 가치를 인식하는 개별 학교와 사정에 의해 채택된다. 산림위원회The Forestry Commission는 회원들이 그들이 제공하는 것의 품질을 입증할 수 있도록 FSA를 통과한 품질 보증QA 절차를 개발했다. 자격증명서와 CPD는 품질 보증 과정의 핵심이다.[Cree & McCree, 2013]

몰입형 학습 환경

시작에서부터 숲학교 세션들의 학습 프로그램은 그룹마다 고유하다. 이는 관찰, 계획, 검토 및 적응의 주기를 기반으로 한다. 숲학교는 아이들과 아이들의 이전 경험, 그리고 그들의 필요로부터 시작된다. 숲학교 수업에는 정해진 활동이 없다. 숲에서 생겨나는 일은 실무자, 학습자, 그리고 숲 사이의 삼자 상호 작용으로 시작된다. 개성화와 영감에 중점을 두고 있기 때문에 숲학교협회는 참가자에게 높은 비율의 훈련된 실무자를 추천하고, 거기에 더해 매우 어리거나 경험이 없고 취약할 경우 추가 도우미를 추천한다. 이러한 절차는 실무자가 참가자의 필요와 바람에 민감하게 반응함으로써 참가자의 학습활동을 효과적으로 이끌 수 있다. 그들의 출발점은 이전의 경험이 될 것이기 때문에, 모든 것이 다를 것이며, 실무자들은 숲에 가기 전에 참가자에 대해 알아 가고, 그들을 돌보는 어른들과 이야기하기 위해 시간을 보낼 것이다. 신뢰 관계를 구축하는 것은 성공적인 숲학교의 경험에 중요하며, 이러한 경험은 훈련된 직원이 아이들의 행동을 관찰할 때 그리고 훈련 중에 경험적으로 배운 기술을 사용하여 그들에게 응답할 때 일어난다.

영국에서는, 많은 나라들과 마찬가지로, 아이들이 야외에 대한 지식과 경험이 전혀 없거나, 조금 있거나 많이 있을 수도 있다. 비슷하게, 어떤 아이들은 주머니칼과 톱 같은 도구를 사용해 봤을 것이고 어떤 아이들은 그렇지 않을 것이다. 어떤 부모들은 아이들이 위험한 도구를 사용하는 것을 알게 되면 심히 걱정할 것이다. 따라서 실무자는 무엇을 언제 제공해야 하는지 그리고 새로운 기량을 어떻게 사용할 수 있게 할지 그 방법에 대해 전문적인 판단을 내려야 한다. 이는 아이들이 야외에 있을 때 보여주는 관심과 실무자들이 그들의 행동을 관찰하는 것에서 시작된다. 또한 교실 교사와 학부모를 위한 세션을 운영하여 숲학교에 대해 가르쳐 주고 그들을 안심시킬 수도 있다.

자신감, 자존감 및 정서 지능의 궁극적인 목표는 각 참가자에게 개별적이며 본질적으로 내재되어 있기 때문에 다양한 방법으로 성취될 수 있다. 핵심은 그룹 구성원 간의 개인적인 관계다. 참가자 개인은 한편으로는 가치 있는 사람으로 신뢰받고 있다는 느낌을 받아야 하고, 그 대가로 책임감과 신뢰감을 줄 수 있다. 이러한 상태는 안전 문제를 모니터링하면서 적절한 기량의 발전을 촉진하고 참가자가 세션 내용에 소유권을 갖게 함으로써 달성된다. 가장 어린 아이들과 함께할 수 있는 활동은 모두 놀이 기반이다. 아이들은 선택의 여지가 있는 대부분의 시간을 노는 데 쓸 것이다. 놀이는 아이들이 배우고 세상과 상호작용하는 방법이기 때문이다. 그리고 이러한 놀이를 통해 환경 문제를 이야기할 기회가 제공되기도 한다. 예를 들어, 네 살 그룹은 자신들이 놀고 있는 곳의 벌레가 잘 살고 있는지 걱정하다가, 습기 찬 날씨에는 발걸음에 땅이 진동해 벌레가 땅으로 올라온다는 사실에 대한 토론을 이끌었다. 이것은 벌레가 땅으로 올라왔을 때 옮겨 줄 수 있는 "벌레 피난처"를 만들어 냈지만, 아이디어를 현실화하기 위해서는 지식이 풍부한 성인의 개입이 필요했다. 성인의 지원을 받는 아이들이 선택하고 지시하는 활동을 높은 단계에 배치한다는 하트 Hart가 고안한 참여의 사다리와 관련이 있다.[Hart, 1992]

　초기 숲학교 세션에서 실무자는 아이들이 선택할 수 있는 방수포 활동에 대한 아이디어를 제시할 수 있다. 아이들이 자신의 흥미에 따르기 시작하면서 실무자의 아이디어는 점점 덜 중요해지게 되고, 실무자들은 그 수업을 아동 주도의 진정한 숲학교 수업이 될 수 있도록 조정할 것이다. 예를 들어, 처음 2주 동안 나는 네 살 그룹 아이들을 숲으로 데리고 나갔다. 그들은 천막을 짓고, 곤충 사냥 및 자연 이동 수단을 만들도록 지시받은 것을 행복해했다. 매주 그들이 스스로 화장실에 가고 벌레 작업복을 입을 때, 전자칠판에 지난주 찍은 사진들을 재생하여 우리가 이전에 했던 일을 상기시켰다. 3주째가 되자, 소년들 중 한 명이 천막 설치하는 일을 맡았다. 4주째에는 내가 한 학생을 데리고 갔는데 어린 아이들은 숲에 도착하자마자 모두 흩어져서 재빨리 자신만의 활동을 하고 있었고, 학생은 "누가 아이들에게 무엇을 하라고 시켰나요?"라고 물었다. 대답은 아이들이 이미 스스로 자신의 우선순위를 결정해서 행동했다는 거였다. 그 후 다음 10주 동안 그들은 도구를 사용할 때 숙련된 지원이 필요하거나 질병으로 인해 정서적 지원이 필요한 경우에만 성인의 지원을 요청했을 것이다. 이러한 변화가 일어날 때, 실무자들은 아이들을 관찰하고 그들의 필요가 무엇인지를 그들과 함께 검토하여, 다음 주에 제공해야 할 것을 계획한다. 여기에는 아이들에게 더 흥미를 느끼게 해 주는 새로운 기술을 훈련할 기회가 포함될 수도 있다. 이 과정은 섬세하고 민감하며 더디다. 기존 교육을 받은 교사들은 종종 더 많은 것을 관찰하고 성찰하면서 말과 행동을 줄이는 법을 배울 필요가 있다.

숲학교는 어떤 모습일까?

세 살 미만 아이들을 위한 숲학교

영국 전역에는 실내 시설이 거의 없거나 전혀 없고, 아이들이 하루 종일 밖에서 보내는 자연유치원은 몇 개 되지 않는다. 더 생길 계획은 있다. 정부 조사관들은 이러한 개념을 이해하는 데 어려움을 겪었지만, 더 많은 보육원이 발전됨에 따라 그들의 성공을 설명하고 증명하는 것이 더 쉬워질 것이다.

활동에는 종종 골드슈미드Goldschmied의 발견적 놀이에 대한 작업이 포함된다. 발견적 놀이는 아기와 어린이가 자연 세계에서 "물체"를 가지고 놀고 그것의 특성을 탐구하는 활동이다. 아기와 일하는 실무자는 자연환경에 대해 배우기 위해 모든 감각을 사용할 것으로 기대하며 종종 아이들이 탐험할 수 있도록 자연에서 가져온 재료를 담은 "보물 바구니"를 제공한다.Goldschmied & Jackson, 2004 이 활동은 바구니에 있는 물건들을 입에 넣는 것도 포함된다. 초기의 숲학교는 건강한 신체 발달을 지원하고 건강하게 사는 방법을 터득하도록 했고, 모든 연령대 야외 활동의 이점에 대한 보육원의 인식이 점점 커지는 영향을 미쳤다. 자연유치원이든 전통적인 보육원이든 많은 곳이 아이들을 자연환경과 호기심 많은 고양이로부터 적절하게 보호하며 낮에 야외에서 잠자게 하는 실천으로 돌아가고 있다.[Milchem, 2010]

일부 실무자는 아기와 일할 때 부모가 옆에 함께 있도록 하여 자연 재료를 가지고 노는 방법과 아기 및 유아와 함께 노는 방법을 놓쳤을지 모를 세대에게 모델을 제시한다.[Partridge & Taylor, 2011] 이는 부모들이 놀이와 자연과의 접촉의 중요성을 배우도록 장려한다.

3~5세를 위한 숲학교

브리지워터 실무자가 영국 개념에 맞는 숲학교를 개발하기 위해 연구했던 그룹은 3~5세 그룹이다. 따라서 영국의 숲학교는 이 연령대의 발달 요구와 정확히 일치한다. 다양한 연구[Swarbrick, Eastwood, & Tutton, 2004]에 따르면, 이 연령대에 숲학교 경험을 했던 아이들은 더 많은 회복탄력성과 풍부한 지식을 가지고 공식 학교생활을 시작하며, 스스로 동기부여가 되고 팀에서 더 잘 일하도록 준비되어 있다. 그들은 더 창의적이고, 더 자신감 있고, 자신을 더 자각한다.[O'Brien, 2010]

이 연령의 그룹은 주변 환경과 교감하고 깊고 지속적인 활동을 하는 데 그리 오래 걸리지 않는다. 그들의 자연적인 관심과 창의성은 실무자가 구축할 수 있는 주변 환경에 대한 존중을 자극하여 지속가능한 삶의 방식을 위해 필요한 성향을 기를 것이다. 이 아이들은 빠르게 자기주도적인 학습자가 되어 신뢰할 수 있는 성인에게 도구 사용을 포함해 자신의 필요와 바람을 분명히 표현할 수 있다. 이는 성인이 아이들에게 도구를 올바르고 안전하게 사용하는 방법을 가르칠 기회를 제공한다.

세션은 독립적인 활동에서 아이들의 관심과 창의력을 따르고, 실무자는 스스로의 학습에 대한 아이들의 소유권을 존중하도록 훈련받는다.[Elliott

& Davis, 2004 일반적으로 아이들은 어른들에 의해 숲학교의 베이스캠프로 사용될 공간으로 인도된다. 그러고서 그들은 자유롭게 돌아다닐 수 있는 지역을 다시 확인하고, 들을 수 있고 들릴 수 있을 만큼 가까이 있어야 한다는 것과 같은 안전 문제를 논의한다. 실무자는 불 피우기나 대피소 세우기를 돕기 위해 자원봉사자를 요청할 수도 있다. 이후 아이들은 좋아 하는 활동을 위해 흩어진다. 앞서 언급했듯이, 이러한 활동은 종종 어린 이를 지속가능성의 문제에 접근하게 한다. 왜냐하면 아이들의 호기심과 탐구적인 놀이가 환경에 관한 질문을 하도록 자극하고, 성인에게 자연 현 상에 주목할 기회를 제공하고, 이전에 언급했던 작업보호구역의 창설과 같은 자발적인 반응을 일으키기 때문이다. 종종 세션 중간 휴식 시간이나 보육원과 학교로 돌아갈 준비를 하기 직전에 음료와 간식을 먹기도 하고, 특별한 새를 보았다거나 점이 있는 꽃이나 올랐던 나무와 같이 관심 있는 항목에 대한 토론을 하기도 한다.

숲학교와 조기 공식 학교

영국에서는 아이들이 4살부터 다니기도 하는 공식 학교교육을 시작함 에 따라 숲학교에 아이들이 학교생활에 대한 압박에서 벗어나게 하는 효 과가 있는 것처럼 자주 느낀다. 학습에 대한 건강한 관심을 유지하고 성 찰과 강화의 시간을 제공하는 것은 모든 아이가 학교생활에 성공하기 위 한 필수 요건이다. 학습한 것은 숲으로 가져와서 그것과 놀 수 있고, 이를 통해 새롭게 배운 개념을 실제 생활 문제에 적용하여 더 큰 이해를 얻는 다. 이런 활동은 학습에 대한 건강한 성향을 기른다. 유사하게, 숲은 교실 밖에서 다양한 학습 방법으로 실험한 것을 교실에 돌아가서 새로운 학습 에 사용하도록 고무시킬 수 있다. 하지만 숲학교는 교실이 아니며, 다른 규칙이 적용되고 차이와 창의력이 존중받는 공간이다. 종이, 펜, 그리고 책은 숲학교 경험과 거의 연관이 없다. 결정적으로, 숲학교는 성찰과 탐험을 위한 시간을 허락한다.

대부분의 학교에는 야외 수업을 할 수 있는 야외 학습 공간이 있으며 기존의 환경 공부를 위한 구역을 가지고 있다. 만약 그 아이들이 숲학교에 참여한다면 이런 학교들과 숲학교를 혼동하지 않고 이러한 다른 세션의 제공을 중단하지 않는 게 중요하다. 모두 가치가 있으나 그 가치는 다르다. 숲학교는 어른들이 무엇을 해야 할지 결정하는 것이 아니라 아이들이 직접 해야 할 일이 무엇인지를 결정하는 다른 공간이다. 특히 대부분의 교실이 무언가를 이루기 위해 고군분투하고 있는 곳이라면, 숲학교는 파괴적이거나 아무것도 하지 않을 필요성을 표현하는 것이 포함될 수 있다.Ellaway, Kirk, Macintyre, & Mutrie, 2007 숲학교는 모든 아이가 성공하고, 창의적이며, 그들의 개별적인 자신이 될 수 있게 해 준다. 관찰하고, 돌아보고, 계획하고, 적응하는 어른들은 아이가 무엇을 선택하든 그 순간에, 그리고 그 순간의 본질적인 이유 때문에 중요하다는 것을 알 수 있다. 어른이 언제 어떻게 개입할지에 대한 결정은 아이의 다음 단계를 발판으로 할 것이다.

왜 조기 숲학교가 그렇게 중요한가?

유대인의 수사는 "아이가 일곱 살이 될 때까지 나에게 아이를 맡겨 주면 나는 너에게 남자/여자를 줄 것이다"라고 말했다. 한 교장 선생님은 벽에 "강한 건물은 튼튼한 기초 위에 지어진다"라는 포스터를 붙여 놓고 있다. 뇌 연구를 통해 우리가 알 수 있는 것은 아이들은 특정 기술과 성향을 배우기가 더 쉬운 결정적 시기가 있으며, 이러한 시기 중 많은 부분이 아이들이 매우 어렸을 때 일어난다는 것이다. 나중의 삶에서 일어날 수 없다는 것은 아니지만 더 어려우리라는 것이다.

어린 시절에 아이들에게 강한 정서적·육체적·인지적 기반을 제공하는 것은 나중 삶에서 무엇이든 될 수 있는 잠재력을 지니게 하며 최고의 기회를 주는 것이다. 숲학교가 유일한 방법은 아니지만 지구와 사회에 도움이 된다는 부가적인 이득이 있다.[Knight, 2012] 사회 집단에서 일하는 인식, 보살핌, 일의 습관은 인생의 습관으로 이러한 것은 열심히 연습할 수 있는 최적의 기회가 있는 때에 길러진다. 학습에 대한 성향은 공식적인 배움이 시작되기 전이나 바로 직전에 발달한다. 안전한 사회적·정서적 기반이 없으면 아이들은 잘 자라지 못할 수도 있다.[Davis & Waite, 2005] 안전한 사회적·정서적 기반이 없다면 그렇게 순종적으로 암기한 사실들(만약 그랬다면)을 활용할 수 없을지도 모른다.

우리는 빠르게 변화하는 이 세상에서 아이들이 20년 후에 필요로 하는 지식과 기술을 알 수 없다. 우리는 그들이 강하고, 자신감 있고, 유연하고, 적응력이 있고, 창의적일 필요가 있다는 것을 알 뿐이다. 건강하고, 자신감 있고, 강하고, 독립적인 젊은 정신과 육체는 스펀지처럼 지식과 기술을 흡수한다. 이를 통해 각각의 아이 안에 강한 토대가 형성되고, 강력한 토대를 통해서 잠재력을 극대화할 수 있는 더 나은 기회를 갖게 된다.

다양한 고객 집단을 가진 숲학교

숲학교는 장애 아동[Hopkins, 2011: 123]과 특수교육이 필요한 어린이에게 인기가 있다. 많은 특수 학교는 현재 교직원 중에 훈련된 숲학교 실무자가 있거나 정기적으로 지역 숲에 그룹을 데려갈 지역의 독립된 숲학교 실무자와 계약을 맺고 있다. 이러한 세션이 의사소통, 자신감 및 자존감뿐만 아니라 독립성과 동기부여를 장려한다는 증거가 있다.

숲학교는 자폐 스펙트럼 장애ASD가 있는 청소년과 10대에게 특히 효과적이다.[Burrows, 2012] 열린 공간에서는 소음이 분산되고 인공조명의 간섭이 없기 때문에 ASD가 있는 사람들에게 다른 사람들의 근접성을 훨씬 더 높게 허용하여 공유와 팀 작업 같은 가치 있는 사회 기술을 배울 수 있도록 한다고 생각된다.

중요한 것은, 숲학교가 현재 학교 시스템에서 실패한 10대들을 지원하는 데 쓰이고 있다는 것이다.[Cree, 2011: 106] 이 젊은 사람들은 자주 분노하고 분리되어 있으며, 분노를 관리하고 다른 사람들과 상호작용할 수 있는 긍정적인 방법으로 바꾸고 유지하는 데 수년이 걸릴 수 있다. 소외된 청소년이 사회와 다시 연결되고, 야외에서 그들의 기술을 어느 정도 인정받을 수 있게 한다면 그 개인들이 스스로 소중하고 가치 있다고 느끼도록 도울 수 있을 것이다. 장기적으로 이는 또한 사회의 혼란과 경비를 절약할 수 있을 것이다.

회복 중인 중독자를 지원하기 위한 패키지의 일부로 숲학교를 활용한 새로운 개발[Brady, 2011]은 성인도 자연의 시간으로부터 혜택을 받을 수 있음을 보여 준다. 그들의 자존감과 대처 전략에 대한 긍정적 영향은 마음이 포근해지고 안심이 되며 그 변화가 효과적이고 오래 지속될 수 있게 한다. 이것은 정신건강과 일반적으로 자연에 대한 접근, 특히 나무에 대한 접근 사이에 강한 연관성을 만드는 성인과의 다른 야외 프로젝트[O'Brien et al., 2011]의 결과를 반영한다. 생명사랑 이론[인간과 자연을 연결하는 이론, Wilson, 2015 참조]과 나무의 치유력을 찬양하는 전통과 연결시키는 것은 기발한 것[예: Silverstone, 2011]에서부터 엄격하게 학문적인 것[예: Mitten, 2009]에 이르기까지 다양한 문헌을 만들어 내고 있다. 중요한 것은, 나무는 정서적 안녕을 위한 강력한 매개체라는 생각을 뒷받침하기 위한 증거가 계속 축적되고 있다는 점이다.

숲학교 발전시키기

개별 학교와 기관은 국가 교육과정과 국가 관리표준을 따르는지 검사를 받아야 하는 반면, 숲학교는 전달 방식을 결정하는 데 상당한 자율성이 있다. 많은 유아 기관과 초등학교는 현재 그들이 숲학교라고 믿는 것을 포함하고 있으며, 많은 경우 실제로 그렇다. 게다가 숲학교와 기타 야외 활동 계획들은 교육 환경 구성 방법의 다른 측면에 영향을 미쳤다. 현재 더 많은 곳에서 아이들이 먹을 채소 재배에 참여하고 있는데, 이는 또한 퇴비를 만들고 요리하는 것을 포함하기도 한다. 여러 기관들이 이전이라면 보육원 직원들이 지저분하다는 이유로 화를 냈을 법한 "진흙 부엌"을 갖추고 있다.

이러한 기관은 왕립원예협회Royal Horticultural Society^{https://schoolgardening.rhs.org.uk/home}, 문화보호협회The National Trust^{www.50things.org.uk}와 같은 영국의 다른 기관들과 연결되어 있으며, 각각은 아이들이 환경으로부터 단절되는 것과 이의 장기적인 영향이 무엇인지에 대한 광범위한 관심을 보여 준다. 영국의 또 다른 기관인 국가 보건부Natural Health Service^{www.naturalhealthservice.org.uk}는 새로운 "야생 프로젝트Project Wild Thing"^{www.thewildnetwork.com}처럼 이 모든 것과 다른 것들을 하나로 연결하고, 모든 연령대를 연결한다. 부모, 의료진, 교사 또는 야외 전문가 등 누구에 의해 시작되었든, 아이들을 자연과 다시 연결시키는 것에 대한 광범위한 관심이 있다는 것은 명백하다. 숲학교는 이런 일이 일어날 수 있도록 질적으로 보장된 방법이다.

일부 영어권 국가들에는 주요 지방 당국 또는 자원봉사자 코디네이터가 숲학교의 개발을 지원하고 있으며, 지속적인 발전을 위해 프리랜서 제공 업체 및 강사와 협력한다. 숲학교협회FSA 내의 지역 또는 카운티 그룹은 점점 더 강해지고 있으며, 실제로 2014년 한 카운티 그룹에서 전국 콘퍼런스를 조직하기도 했다. 영국의 회원국 또한 숲학교를 장려하는데, 특히 웨일스와 스코틀랜드에서는 위임 정부가 다른 방식으로 숲학교의 공급을 장려한다. 많은 대학의 학자들이 다양한 야외 활동의 영향을 연구하고 있으며, 숲학교는 많은 학부 및 석사 학위 프로그램의 교육과정으로 나아가고 있다. 숲학교에 대한 연구를 포함하는 박사 학위 논문 수는 현재 두 배가 되었다.

국제적으로는 숲학교와 이와 유사한 발전이 전 세계로 확산되고 있다.[Knight, 2013a] 예를 들어, 캐나다에서는 숲학교 발전이 이루어져 "캐나다 숲학교"[www.forestschoolcanada.ca]의 발전을 이끌어 냈다. 호주에는 여러 지역에 수풀 학교[www.forestschools.com/bush-schools-australasia]가 있다. 한국에는 2014년에 숲학교협회 회원들과 실무자를 교환한 숲유치원협회가 있다. 유럽유아교육연구협회[EECERA]에는 야외 놀이 및 학습에 관한 특별 관심 그룹이 포함되어 있으며, 많은 회원이 자국의 숲학교 연구에 적극적으로 참여하고 있다. 그들의 연례 회의에서는 항상 숲학교와 관련된 논문들이 발표된다.

영국의 실무자들이 덴마크에서 보았던 실천을 채택하여 우리가 지금 숲학교라고 부르는 것을 만들었을 때, 덴마크 초기 실천의 토대가 되는 가정, 윤리 및 원칙을 살펴보았다. 그런 다음 영국 문화와 사회적 구조에 맥락화하여 "숲학교"를 공식화했다. 어느 나라에서나 숲학교를 성공적으로 적응시키기 위해서는 현재 숲학교협회에 의해 유용하게 표현된 영국에 존재하는 숲학교를 깊이 이해해야 한다. 다음 단계는 이것이 그 나라의 문화와 사회에 어떻게 가장 잘 통합되는지를 조사하는 것이다. 지역 동식물 관리의 실질적인 문제와 같은 전달 방식에는 차이가 있을 것이다. 하지만 정신과 원칙이 동일하다면, 그 실천은 합법적으로 숲학교로 묘사될 수 있다. 의심할 여지 없이, 국제적으로 발전함에 따라, 한국에서처럼 호칭은 새롭게 변화 발전할 것이다. 예를 들어, 어떤 곳은 유치원생들만 이용하기 때문에 "숲 유치원"이라고 불린다. 호주의 일부 지역에서는 특별한 이유로 "수풀 학교"라고 불린다.

참고문헌

Borradale, L. (2006). *Forest school Scotland: An evaluation. Report to Forestry Commission Scotland and Forest Education Initiative Scotland.* Retrievable from http://www.forestry.gov.uk/pdf/ForestSchoolfinalreport.pdf/$FILE/ ForestSchoolfinalreport.pdf

Brady, M. (2011). Addicts and forest school. In S. Knight (Ed.), *Forest school for all.* London: Sage.

Brierley, J. (1994). *Give me a child until he is seven* (2nd ed.). London: The Falmer Press.

Burrows, K. (2012). Art in woodland: Creating a holding environment for students with autism. In A. Pryor, C. Carpenter, C. Norton, & J. Kirchner (Eds.), *Emerging insights: proceedings of the fi fth international adventure therapy conference 2009.* Prague.

Cree, J. (2011). Maintaining the forest school ethos while working with fourteen to nineteen year old boys. In S. Knight (Ed.), *Forest school for all* (pp. 106-120). London: Sage.

Cree, J. & McCree, M. (2013). *The history of forest school.* Retrievable from http:// www.forestschoolassociation.org/history-of-forest-school/

Davis, B. & Waite, S. (2005). Forest schools: An evaluation of the opportunities and challenges in early years-Final report, January 2005. University of Plymouth, Plymouth. Retrievable from http://webcache.googleusercontent. com/search?q=cache:http://www.edu.plymouth.ac.uk/oelresnet/documents/ Forestschoofi nalreport2.doc&gws_rd=cr&ei=IWlCVreAA4Tu UKa2vegM

Eastwood, G., & Mitchell, H. (2003). *An evaluation of the fi rst three years of the Oxfordshire forest school project.* Oxford: Oxfordshire County Council.

Ellaway, A., Kirk, A., Macintyre, S., & Mutrie, N. (2007). Nowhere to play? The relationship between the location of outdoor play areas and deprivation in Glasgow. *Health and Place, 13,* 557-561.

Elliott S., & Davis J. (2004). Mud pies and daisy chains: Connecting young children and nature. *Every Child, 10*(4), 4-5. Retrievable from http://eprints.qut.edu. au/6723/1/2304.pdf

Gill, T. (2007). *No fear: Growing up in a risk averse society.* London: Calouste Gulbenkian Foundation.

Goldschmied, E., & Jackson, S. (2004). *People under three: Young children in day care.* Abingdon, Oxon: Psychology Press.

Hart, R. (1992). *Children's participation from tokenism to citizenship.* Florence: Unicef Innocenti Research Centre.

Hopkins, F. (2011). Removing barriers: Getting children with physical challenges into the woods. In S. Knight (Ed.), *Forest school for all* (pp. 123-136). London: Sage.

Kaplan, S. (1995). The restorative benefi ts of nature: Toward an integrative framework. *Journal of Environmental Psychology, 15,* 169-182.

Knight, S. (2012, August 29-September 1). *Forest paths to sustainability: Forest school as a way of engaging young children with their environment.* Paper presented at EECERA Conference, Oporto.

Knight, S. (2013a). *International perspectives on forest school*. London: Sage.

Knight, S. (2013b). *Forest schools and outdoor learning in the early years* (2nd ed.). London: Sage.

Little, H., & Wyver, S. (2009). Outdoor play: Does avoiding the risks reduce the benefits? *Australian Journal of Early Childhood, 33*(2), 33-40.

Louv, R. (2010). *Last child in the woods: Saving our children from nature defi cit disorder*(2nd ed.). London: Atlantic Books.

Lucas, B., Claxton, G., & Spencer, E. (2013). *Expansive education*. Maidenhead, UK: Open University Press.

Maynard, T. (2007). Encounters with forest school and Foucault: A risky business? *Education 3-13: International Journal of Primary, Elementary and Early Years Education, 35*, 379-391.

Milchem, K. (2010). An urban forest school: Reconnecting with nature through Froebelian pedagogy. *Early Childhood Practice: The Journal for Multi-Professional Partnerships, 11*(1&2), 106-117.

Milchem, K. (2011). Breaking through concrete: The emergence of forest school in London. In S. Knight (Ed.), *Forest school for all* (pp. 13-27). London: Sage.

Mitten, D. (2009). The healing power of nature: The need for nature for human health, development, and well-being. Paper presented at conference, *Friluftsliv in the postmodern societal arena: A distant cry in the wilderness?* North Troendelag University College, Levanger, Norway. Retrievable from http:// norwegianjournaloff riluftsliv.com/doc/122010.pdf

O'Brien, L. (2010). Learning outdoors: The forest school approach. *Education 3-13: International Journal of Primary, Elementary and Early Years Education, 37*, 45-60.

O'Brien, L., Burls, A., Bentsen, Hilmo, I., Holter, K., Haberling, D., et al. (2011). Outdoor education, life-long learning and skills development in woodlands and green spaces: The potential links to health and well-being. In K. Nilsson, M. Sangster, C. Gallis, T. Hartig, S. de Vries, K. Seeland, & J. Schipperijn (Eds.), *Forests, trees and human health* (pp. 343-372). Dordrecht: Springer.

O'Brien, L., & Murray, R. (2007). Forest school and its impacts on young children: Case studies in Britain. *Urban Forestry & Urban Greening, 6*, 249-265.

Partridge, L., & Taylor, W. (2011). Forest school for families. In S. Knight (Ed.), *Forest school for all* (pp. 194-208). London: Sage.

Perry, B. (2002). Childhood experience and the expression of genetic potential. *Brain and Mind, 3*, 79-100.

QCF. (2012). *Qualifi cations and credit framework (QCF)*. Retrievable from http:// www.accreditedqualifi cations.org.uk/qualifi cations-and-credit-framework-qcf. html

Robinson, K. (2006). *How schools kill creativity*. Talk given at TED 2006, Vancouver, British Columbia. Retrievable from www.ted.com/talks/ken_ robinson_says_schools_kill_creativity. Accessed 09/11/2014

Robinson, K. (2010). *Bring on the learning revolution*. Talk given at TED 2010, Vancouver, British Columbia. Retrievable from www.ted.com/talks/sir_ken_ robinson_bring_on_the_revolution

Silverstone, M. (2011). *Blinded by science*. London: Lloyds World Publishing.

Stan, I., & Humberstone, B. (2011). An ethnography of the outdoor classroom-how teachers manage risk in the outdoors. *Ethnography and Education, 6*, 213-228.

Sunderland, M. (2012). Healing brains and minds. *IDTA Newsletter, 7*(2). Retrievable from http://www.instdta.org/uploads/1/2/3/8/12385375/idta_news_jun_2012.pdf

Swarbrick, N., Eastwood, G., & Tutton, K. (2004). Self-esteem and successful interaction as part of the forest school project. *Support for Learning, 19*(3), 142-146.

Wells, N. M., & Evans, G. W. (2003). Nearby nature: A buff er of life stress among rural children. *Environment and Behavior, 35*, 311-330.

Wilson. (2015). *E. O. Wilson Biophilia Cente*r. Retrievable from http://www.eowilsoncenter.org/#!eo-wilson/c1g55

20장
자율성을 위한 공간 창조 : 덴마크 학교와 학습

맥스 호프[1], 캐서린 몽고메리[2]

들어가는 말

이 장은 공간의 개념, 공간과 자율성과의 관계, 그리고 교육에서의 자유에 대한 인식에 초점을 맞추고 있다. 또한 물리적 공간과 은유적 공간 사이의 연관성을 나타내는 문헌 검토가 포함되어 있는데, 학습에 관한 분야는 여전히 대부분 탐구되지 않았다. 1973년 에릭센은 교육 공간에 대한 우리의 이해가 학습과정의 새로운 개념과 더불어 발전하지 못했다고 했다.[Eriksen, 1973] 그럼에도 불구하고 현재까지의 연구는 학습이 일어나는 환경이 교육의 의미 구성과 학습의 역동성 모두에 상당한 영향을 미칠 수 있음을 시사한다.[Montgomery, 2008]

이 장은 공간 개념과 함께 학습에 대한 자유롭고 자율적인 접근의 개념을 탐구하는 것을 목표로 한다. 교육 공간 연구에 대한 종합적인 문헌 검토를 바탕으로, 여기서는 학습자의 자유와 자율성을 창출하기 위한 교육 환경에 초점을 맞춘 두 개의 덴마크 사례연구에 의해 맥락화된 문제

---

1. 맥스 호프(Max A. Hope): 영국 헐(Hull)대학교에서 강사 겸 연구자로 일하고 있고, 주요 관심사는 민주주의, 통합, 참여다. 그녀는 자율성, 자유 및 사회정의에 관심 있는 저명한 연구자들의 국내 및 국제 네트워크를 설립한 '학습의 자유 프로젝트(Freedom to Learn Project)'(캐서린 몽고메리 교수와 함께)의 공동 설립자다.
2. 캐서린 몽고메리(Catherine Montgomery): 영국 헐(Hull)대학교의 국제 고등교육 교육학부 교수. 국제 교육의 사회적·문화적·언어적 측면에 관심이 있고, 특히 이러한 것들이 사회적 불평등과 상호작용하는 곳에 관심이 있다. 현재 맥스 호프 박사와 함께 교육의 자율성과 자유에 관심이 있는 저명한 연구자들의 국내 및 국제 네트워크를 구축한 '학습의 자유'라는 제목의 연구 프로젝트를 진행하고 있다.

를 제기한다. 한 학교와 한 대학에서 수행된 두 가지 사례연구는 공간의 개념을 탐구하기 위해 시작된 것은 아니지만, 이 사례연구 데이터에서 나온 아이디어는 두 학교 모두에 반향을 일으켰다. 이 연구 사례는 비록 다른 방식이지만 학생들에게 공간과 자유를 제공하는 것을 목표로 하는 두 가지 환경에서 학생들의 경험에 대한 통찰력을 제공한다.

첫 번째 사례는 코펜하겐 교외에 있으며 국가의 재정 지원을 받고 있는 학교로, 학생들을 위한 물리적 공간을 만들기 위해 혁신적인 건축양식을 사용했다. 이 사례는 교육학에 의해 뒷받침되어 자유와 자율의 감각이 직접적으로 연결된다. 두 번째 사례는 학습자의 자기주도적이고 자율적인 발전을 지원하기 위해 시스템, 교육과정, 교육학, 평가 등을 구축한 대학이다. 두 사례 조사에서 나온 주제들은 아이러니하게도 학습과 사고가 발전하기 위한 자유롭고 자율적인 공간을 위해 자유의 발현을 발판 삼을 "확고한 틀"[Woods, 2005]이 필요하다는 것을 시사한다. 환경을 인식하고 기록하는 우리의 작업은 이 확고한 틀이 학습에서 자율성에 대한 직원과 학생의 인식에 필수적인 부분임을 보여 준다.

연구 배경: 공간의 복합성

학습이 일어나는 공간의 개념화는 매우 복잡하며 이에 대한 연구는 공간을 다면적이고 모순적인 것으로 규정한다.[Taylor, 2013; Vince, 2011] 이 분야에 관한 문헌 연구[자세한 내용은 다음에 나오는 "방법론" 참조]를 통해 교육 공간의 광범위한 범주가 물리적 또는 은유적 공간의 연구 분석에 해당한다는 것을 확인했다. 문헌 연구에서는 물리적 공간에 초점을 맞춘 연구와 물리적 공간이 학교에서 학습에 미치는 영향이 주류를 차지하고 있으며[Higgins, Hall, Wall, Woolner, & McCaughey, 2005], 반대로 은유적 공간에 관한 연구는 물리적 공간에 관한 연구를 거의 고려하지 않는 경향이 있다고 시사한다.[Savin-Baden, 2008]

물리적 공간과 은유적 공간을 함께 다루고 그것이 학습에 미치는 영향을 언급한 연구는 매우 드물며 그것도 최근에 와서야 이루어진 것이다.[Horton & Kraftl, 2014; Wall, & Higgins, 2012]

물리적 공간

공간에 대한 연구에서 두드러진 주제는 교육에서 물리적 공간의 특성이 학습 성과와 상관관계가 있음을 시사한다.[Tanner, 2008] 이에 더해서 학교 내 물리적 공간이 발전함에 따라 학습에 대한 접근법과 인식도 변화했다.[Sølvberg & Rismark, 2012] 교육 공간, 더 구체적으로 건축을 연구하는 교육자들은 학교의 물리적 설계가 지난 세기에 걸쳐 극적으로 변화했다고 주장한다.[Burke, 2011; Grosvenor & Burke, 2008] 특히 교실이 학교의 중심 조직 단위로 여겨졌던 '교실 헤게모니'가 도전을 받았다.[Burke, 2011: 48] 버크Burke에 따르면, 이는 교육과 배움의 본질에 대한 인식의 변화를 나타낸다. 그녀는 다음과 같이 주장한다.

학교의 계획은 결코 무작위가 아니며 항상 성인과 어린이, 어린이와 친구 간의 관계, 지식 영역, 학교와 지역사회 간의 관계 등 교육의 관계가 예상되는 방식을 반영한다.[Burke, 2011: 417]

버크는 또한 더 나아가 "학교 건물이 ⋯ 교사와 학생이 교육과정을 수행하는 캡슐과 같은 장소일 뿐만 아니라, 가치 시스템을 투영하여 설계된 중요한 공간으로 간주되어야 한다"[Grosvenor & Burke, 2008: 8]라고 주장한다. 더 최근의 연구에서는 물리적 공간이 학습에 도움이 되기도 하고 방해가 될 수도 있음을 지적하고 있다. 물리적 환경과 교육 활동의 관계를 어떤 물리적 공간으로 그리고 교육학을 확립하는 것으로 이해하는 것과 이렇게 확립된 교육학은 성찰과 변화를 더욱 어렵게 만든다는 것을 이해하는 것은 매우 중요하다.[Woolner et al., 2012]

은유적인 '자유' 공간

본 연구의 문헌 검토에서 도출한 두 번째 주요한 분류는 은유적인 교육 공간 구축과 관련이 있다.[Christie, 2013; Jackson, 2013; Vince, 2011] 은유적 공간의 구축 또한 매우 복잡하며 연계되어 있거나 "다중 궤적"으로 형성될 수 있다.[Taylor, 2013] 고등교육 상황에서, 사빈-바덴[Savin-Baden, 2008]은 학자들 사이에서 주로 학문적 성찰의 기회를 강화하는 정신적·은유적 공간을 지칭하기 위해 "학습 공간"이란 용어를 사용한다. 그녀는 이 공간들이 "배움의 현장으로, 더 나아가 권력의 현장으로 보여져야 한다"라고 주장한다.[Savin-Baden, 2008: 9] 사빈-바덴은 학생들이 이 공간을 소유하고 있다는 것을 알고 자신에게 중요한 방법으로 사용할 수 있다고 느낄 수 있도록 공간을 만들어야 한다고 주장한다.[p. 116] 공간은 그 자체로 자유롭지는 않지만[Deleuze & Guattari, 1988, Savin-Baden, 2008에서 인용됨] 자유를 향해 나아가는 데 중심적인 역할을 할 수 있다. 이것은 은유적 공간의 미묘한 개념화를 제공하며, 이러한 사실은 이 장에서 매우 중요하다. 우즈Woods는 "위계질서와 통제된 지식, 규범과 관행이 최소화된 느슨한 구조의 창의적 사회 영역"을 지칭하기 위해 "자유공간"의 개념을 사용한다.[Woods, 2005: 88] 사빈-바덴의 학습 공간에 관한 내용도 공명이 있지만 우즈는 "확고한 틀"이라는 또 하나의 차원을 추가한다. 그는 이것을 내부 그림에 구조를 제공하는 액자와 비슷하다고 묘사했다. 그는 "조직 안에서의 위치와 장소에 대한 감각, 개념과 아이디어, 연관시킬 가치관의 맥락, 그리고 그들 자신의 활동을 엮어내는 사회적 관계의 리듬이 필요하다"라고 주장한다. 이것은 학습자가 내재되어 있는 그 자유공간을 활용할 수 있게 하는 확고한 틀이다. 학습자가 더 큰 자유와 자율성을 경험할 수 있는 안전성을 제공하는 것은 이러한 확고한 틀, 즉 영역의 사용이다.

공간의 개념화와 물리적이고 은유적인 공간 연구에 대한 이전의 묘사는 전혀 명확하지 않다. 예를 들어, 일부 연구는 물리적 공간과 학습에 미치는 영향 간 연관성에 비판적인 의문을 제기한다.[Flutter, 2006] 게다가 교육 공간 관련 문헌에도 불균형이 존재한다. 공간 자체를 일관되게 다루는 대부분의 연구는 학교와 물리적 환경에 초점을 맞추고 있다. 은유적 공간과 교육에 관한 연구는 개념적으로 더 다양하고, 이 분야에는 양은 많지만 연구의 초점이 흩어져 있다. 고등교육에 중점을 두고 있는 연구는 극히 일부에 불과하다. 물리적 공간에 대한 연구의 상당 부분은 학생이 학교 공간을 더욱 자유롭게 돌아다닐 수 있도록 하는 것과 같은 학습자들의 물리적 요구만 고려함으로써 "생각의 공간", 또는 은유적 공간과 연계성은 놓친 피상적인 수준에 머물러 있다.[Higgins et al., 2005] 이에 대한 현재 예외 중 하나는 공간을 실제로 볼 수 있는 것보다는 사회적 구조물로 보는 문화지리학자들의 연구다. 호턴과 크라플[Horton & Kraftl, 2014]은 공간과 장소는 오직 사회와의 관계 속에서만 존재하며, 그 의미와 중요성은 그 안에서 일어나는 사회적 상호작용의 관점에서 살펴볼 때만 구체화된다고 주장한다. 이러한 접근법은 공간과 장소를 추상적인 실체로 인식하고, 측정이 가능하고, 표시가 가능하며, 정치적으로 중립적인 전통적인 과학적 접근법과는 약간 상반된다. 이 경우 호턴과 크라플은 공간이 근본적으로 사회 현실과 연관되어 있다고 가정한 앙리 르페브르Henri Lefebvre의 초기 주장을 반영하는 것이다. 건축은 사회적 관행이 어떤 건물의 "건축양식의 뼈대"를 지속적으로 형성하는 "코드 만들기의 한 형태"[Kraftl & Adey, 2008: 214]로 볼 수 있다.[Lees, 2001]

마지막으로, 그리고 결정적으로 어떤 연구는 물리적이고 은유적인 공간과 자율성의 발전 사이에 관계가 있다고 주장한다.[Creme, 2008; Fielding, 2009; Fendler, 2013] 울너, 클라크, 레잉, 토마스, 그리고 팁레이디[Woolner, Clark, Laing,

Thomas, & Tiplady, 2014는 신축 학교로 전환하는 동안 새로운 물리적 공간을 보완하기 위해 탐구기반 학습을 도입한 학교에 대한 연구를 소개한다. 일부 연구 문헌에서 질의기반 학습 또는 문제기반 학습은 자율적인 공간을 창조하는 것으로 구성되어 있다. 스테파노, 스토크, 프린스, 첸과 로드 Stefanou, Stolk, Prince, Chen, & Lord, 2013는 비전통적인 학생 중심의 물리적, 은유적 학습 환경이 자율학습의 개발을 도울 수 있다고 언급했다. 이러한 질의기반 학습 공간도 복합적으로 구성되며, 연구에 따르면 학습 공간의 일부가 되는 것은 한계가 있다는 사빈-바덴 Savin-Baden, 2008의 지적과 연속선상에 있다. 프렐린과 그라나스는 공간과 연계된 "경계"가 있음을 제안했다. Frelin & Grannäs, 2014 윌리엄스 Williams, 2014와 워커딘 Walkerdine, 2013은 모두 "제3의 공간"의 존재가 있고 자율성으로의 전환 단계가 있다고 주장한다. 공간의 경계에 관한 문헌은 이 장에서 중요한 의미를 지니는데, 자유와 자율성을 긍정적으로 연결시키기 위해서는 공간이 명확히 유지되고 결속될 필요가 있다. 이러한 경계는 물리적인 것뿐만 아니라 은유적인 것일 수 있으며, 학생들에게는 안전함을 느끼고 그들이 경험하는 자유를 가장 잘 활용할 수 있는 "자유로운 구조" Torbert, 1978, "확고한 틀" Woods, 2005을 제공한다. "확고한 틀"이라는 용어는 이 장에서 자주 사용된다. 이를 통해 공간은 학생들이 자율성과 자유를 행사할 수 있는 경계나 구조(예: 교육과정, 학습 목표, 일정표) 안에 있다는 것을 의미한다.

연구 방법론

이 연구 프로젝트는 두 단계로 구성되어 있다. 첫 번째 단계는 덴마크 교육 시스템의 자율성의 본질을 탐구하기 위해 고안된 두 사례연구를 포함한다. 한 학교와 한 대학이 선정되었는데, 두 학교 모두 학생들에게 "자유"를 제공하는 것으로 국내외 명성을 얻었다. 이 두 장소에 대한 자세한 상황별 정보는 이후에 제공할 것이다. 사례 대학에서는 학생과 직원을 대상으로 10번의 반구조화된 인터뷰를 진행했고, 이에 더해 10일간의 집중 교육 및 연구 방문 기간에 문화기술지적 관찰을 수행했다. 사례 학교에서는 15명의 학생(13~15세)을 인터뷰하고, 교수 및 학습 활동을 관찰했으며, 직원은 두 차례 학교를 방문해 인터뷰했다. 모든 인터뷰는 영어로 진행되었고, 오디오 녹음, 전체 필사했으며, NVivo 10을 사용하여 분석했다. 두 연구자 사이의 코딩 시스템에 대한 포괄적인 토론으로 평가자 간 신뢰성을 높였다. 각각의 연구원들은 두 학교를 모두 방문했다.

두 번째 단계는 교육 공간의 개념화에 관한 넓은 범위의 문헌 검토를 포함했다. 그 분야의 문헌에 대한 저자들의 기존 지식을 바탕으로, 〈Education Research Complete〉에서의 초기 조사는 더 최근의 그리고 더 주제에 집중된 자료를 추가했다. 이와는 별개로, "공간, 장소, 교육"이라는 단어를 사용하여 많은 자료를 찾았고 이 자료들은 요약 분석을 통해 축약되었다. 두 번째 조사는 "자율"과 "자유"를 포함하도록 문자열을 확장했다. 이를 통해 추가적인 자료를 찾았고, 그 자료의 요약본을 분석했다. 이러한 일련의 조사와 후속 분석을 통해 총 150개의 자료가 도출되었고 이 장의 이론적 부분을 구성했다.

사례연구

덴마크 사례 학교는 코펜하겐 외곽에 위치한 6~16세 어린이를 위한 국가 지원 종합학교다. 약 660명의 학생을 수용할 수 있으며, 덴마크 내 부유한 중산층 거주 지역 인근에 위치한다(학교장이 "가장 부유한 지자체 중 한 곳"이라고 솔직하게 설명했다). 이 학교의 역사는 흥미롭고 잠재적으로 중요하다. 이 학교는 지역 내 학교 시설이 부족하여 2002년에 개교했다. 지자체는 "외동 자녀"의 요구를 충족시키는 개인화에 중점을 두고 다양한 학습 스타일을 다루는 방식의 학습 방식을 사용했다. 이러한 철학은 원래 지방자치단체에서 온 것이지 학교 자체에서 온 것은 아니다. 이 학교는 이러한 교육학적인 원칙에 기초하여 설계되고 지어졌으며, 이러한 원칙은 훨씬 더 오래되고 전통적인 건물을 가진 다른 많은 덴마크 학교들과는 다른 차별성을 만들었다.

개교 이후, 이 학교는 주로 혁신적인 디자인으로 인해 국내외 관심의 초점이 되었다. 건축학적으로, 학교는 매우 독특하다. 가끔 교실이 없는 것으로 묘사되지만, 엄밀히 말하면 그것은 사실이 아니다. 건강과 안전을 위해서 과학, 체육관, 목공예 관련 교실은 모두 잠글 수 있는 문이 있다. 이 외의 학교는 운동장의 시작과 끝을 구분하기 위한 외부의 울타리나 벽이 없는 등 완전개방 형태다. 건물 내부의 경우 학급 영역은 이동식 방 칸막이, 사물함, 테이블 등의 가구 배치로 구분되어 있다. 각 학급 영역에는 작은 부엌이 있다. 어떤 학급 영역에도 문이 없고, 학생들은 한 영역에서 다른 영역으로 자유롭게 돌아다닐 수 있다. 학교는 3층으로 이루어져 있고, 모두 중앙 안뜰을 내려다보고 있으며, 각각 6~9세, 중간학년, 고학년 학생들을 기준으로 수용하고 있다(여전히 학생들은 각 층을 자유롭게 돌아다닐 수 있다). 사례 학교의 디자인 자체가 혁신적이지만 그 학교의 교육학과 연계되어야 의미가 있다. 교육학이 먼저였고 건축학이 그 뒤를 따랐다. 음향을 비롯한 모든 것이 학교가 특별한 방식으로 운영될 수 있도록 세심하게 설계되었다.

수업은 매일 6개의 45분짜리 수업으로 나뉘는데, 각 수업은 편안하고 포근한 본부 영역에서 소개하는 것으로 시작된다. 과제(또는 학습 목표)를 설정한 후, 아이들은 과제와 학습에 참여할 방법을 선택할 수 있다. 사례 학교는 모든 아이의 학습 선호도를 수용하도록 보장하겠다는 명시적인 방침을 가지고 있다. 학교 건물은 이를 중심으로 명확하게 설계되었고, 아이들은 돌아다니며 공부하고 싶은 공간을 찾도록 권장된다. 테이블, 의자, 소파, 빈백(콩을 채운 주머니형 의자), 무대, 계단 등이 있으며, 아이들은 스스로 작은 그룹으로 또는 짝을 지어 학습한다. 학교에는 건물 밖을 비롯해 아이들이 선택할 수 있는 여러 공간이 있다.

덴마크 사례 대학교는 공공 부문 내의 고등교육기관으로 정부로부터 자금을 지원받는다. 코펜하겐 외곽에 위치한 학생 8,000명의 작은 대학교인데, 그 지역은 물론 전국에서 학생과 직원을 끌어들이고 있다. 대부분이 덴마크 학생(90%)이지만, 덴마크 사회의 부유한 중산층을 위한 학교로 알려져 있다. 이 대학교는 국가적 차원의 기준에서도 비판적이고 혁신적이며 실험적인 대학으로 유명한 독특한 기관이다. 유럽 대학개혁 운동과 학생 운동의 일환으로 1972년 마르크스주의 기관으로 설립되었다. 학생과 교직원 간의 평등한 관계와 관련 강력한 지지를 받는 가치관을 지닌 협동조합으로 시작되었으며, 학교 구조는 대학의 운영 방식과 교육학을 통해 반영하고 있다. 총장, 감독관, 대학 이사회와 같은 학교 상위의 더 전통적인 구조가 있지만, 학생 주도 위원회에 의해 운영된다.

이 대학교는 전통적인 관점에서 보면 공식적인 프로그램이나 과정 없이 시작되었으며, 설립 당시에는 전적으로 평등주의적이고 민주적인 가치를 반영한 탐구기반의 프로젝트였다. 전통적인 기관들보다 덜 조직화된 교수 조직이 있으며 문화와 정체성, 과학 시스템 및 모형을 포함한 6개의 다른 학과가 이끄는 인문과학, 자연과학, 사회과학 세 개의 학사 과정만 있다. 학생들이 학과를 넘나들 수 있으며, 대학은 학생들에게 생활할 수 있는 공간인 주택제도를 제공한다. 학생들은 부엌과 거실이 있는 집에 배정되고, 학생위원회와 하우스 코디네이터가 이 집을 운영한다. 그 집의 물리적이고 은유적 공간은 학생들이 강좌나 전체 프로그램이 없는 경우 머무를 수 있는 공간을 제공한다.

영역을 가로지르는 주제

공간에 대한 정의와 위치 찾기

데이터를 분석했을 때, 두 사례연구에서 공간이 중요한 개념이라는 것이 분명해졌다. 사례 학교 면담에서 15명 모두가 어느 시점에서부터 "공간"뿐 아니라 "다르다", "자유롭다", "열리다", "창의적이다" 등의 단어를 사용했다. 예를 들어, 한 학생은 다음과 같이 설명했다.

> 전 다르다고 표현하고 싶어요. 저는 자유라고 표현하고 싶고, 창조적인 학교라고 표현하고 싶어요. (여기는) 색다르고 자유롭고 창의적이고 정말 좋은 학교죠. 저는 학교가 정말 좋아요. 왜냐면 어떤 방을 소유한 것은 아니지만 그건 마치 … 방이 열려 있을 때, 마음도 함께 더 열리는 것 같기 때문이에요. (여학생, 15세)

어느 시점에서, 학생들이 사용한 단어들은 건물 그 자체(배치와 디자인)를 의미하기도 하지만 또한 건축물과 건축물이 학생들에게 주는 자유에 대한 인식 사이의 연관성을 강하게 암시했다. 많은 학생이 돌아다니거나, 친구들과 앉거나, 조용한 공간을 찾을 수 있고, 테이블 아래 있거나, 밖에서 공부할 수 있다고 언급했다. 이러한 맥락에서 공간은 적어도 우선적으로 물리적 공간과 명백하게 연관되었다고 할 수 있다. 그럼에도 불구하고, 건물 자체가 모든 학생의 주요 관심사는 아니었다는 것을 주목하는 것이 중요하다. 예를 들어, 한 학생의 이야기는(남학생, 14세) 물리적 건축물이 일하는 방식, 교육학, 가르침과 배움이 어떻게 이루어져야 하는지에 대한 일련의 철학적 원칙들과 일치한다는 것을 명확히 제시한다.

사례 대학에서 물리적 환경은 거의 언급되지 않았지만(아마도 건물 자체가 특별히 구별되는 특이점이 없기 때문에) 공간은 학생과 교직원이 학문과 사회 시스템을 설명하는 방식에서는 명백하다. 교육과정의 실용적인 배치와 질의에 기반한 교육학은 학생들이 서로 아이디어로 참여할 수 있는 공간을 제공했다. 한 학생은 자신의 경험을 다음과 같이 설명했다.

> 한 학기와 다음 학기에 어느 정도 배울지는 우리가 스스로 알아서 결정합니다. 그래서 어떤 면에서는 우리는 매우 독립적이죠. 그리고, … 저는 학생이 항상 교수의 바로 뒤에 있는 다른 유형의 대학에 가 본 적이 없습니다. 여러분은 그들이 여러분에게 읽으라고 하는 것을 읽는 거죠. 여기선 읽고 싶은 만큼 읽어도 되고, 그냥 모든 걸 가져가고, 원하는 것은 모두 흡수할 수 있습니다. (1학년 남학생)

이러한 학문적 자유 수준은 학생들이 친구를 사귀고 소속될 수 있는 공간을 제공하는 사회구조인 주택제도에 의해 뒷받침되고 있다. 주택제도는 학기 첫 2주 이내에 신입생들에게 신중하고 조심스럽게 소개되었다. 1학년 남학생 중 한 명은 그 활동을 "학문적인 공부, 그룹으로 함께 일하는 것, 그리고 다른 그룹 학생들을 주시하는 것에 대해 조금씩 보여 주는 것의 아주 좋은 혼합"이라고 설명했다(1학년 남학생). 그러므로 대학에서 공간은 건축 구조물이라기보다는 은유적인 공간으로 이해되며 물리적 공간의 혁신적 사용과도 대조되었다.

분석 초기 단계 이후, 학생들을 위한 "공간 창조"의 두 가지 다른 방법을 제공했는데, 첫 번째는 물리적 건축물의 관점에서, 두 번째는 교육과정, 교육학, 평가 및 사회구조에 관한 예시를 제공한 관점에서 두 사례를 논의하고자 했다. 하지만 추가적인 분석을 통해 이러한 결론은 너무 단순하다는 것이 명백하게 드러났다. 두 경우 모두 물리적 공간과 은유적 공간의 사용은 불가분의 관계에 있었고, 건축, 철학, 교육학은 완전히 얽혀 있었다. 덴마크의 사례 학교에서, 혁신적인 건축물은 그 자체로 학생들에게 자유를 제공하지 않았다. 건축물이 자유를 제공할 수 있었던 이유는 학생 개개인을 중시하고 학생 스스로 교육과정에 참여할 수 있도록 선택권을 제공하는 교육학과 맞물려 있었기 때문에 가능했다. 비슷하게 덴마크 사례 대학교는 더 전통적인 건물에 있지만, "교실의 헤게모니"[Burke, 2011]에서 탈피하고, 원한다면 학생이 캠퍼스에서 벗어나 공부할 수 있도록 하는 등 학생 스스로 공부하는 장소와 방법을 선택할 수 있도록 해 학생은 어떤 방식으로도 감시되거나 통제되지 않았다. 또한 주택제도는 학생들이 함께 생활하고 공부할 수 있도록 하여 학문적인 공간과 사회적인 공간이 융합되었다.

공간 틀 짜기

데이터를 분석한 결과, 물리적이고 은유적인 공간 창조는 연구된 환경의 중요한 특징이었다는 것을 명확히 보여 주었다. 이러한 공간과 학생들의 자유와 자율에 대한 감각과의 관계는 복잡했다. 일부 학생에게는 분명 자유롭지만(예를 들어 14세의 남학생은 "자유롭고 개방적인 학교이며, 공간들이 닫혀 있지 않고 어떤 방식으로든 자유를 상징한다"라고 말할 수 있지만), 공간이 모두에게 자유로운 것은 아니다("일부 학생들은 여기 오는 게 매우 힘든 경험이었을 것이라고 생각한다."-대학 직원). 이러한 환경에서 공간의 본질에 대한 더 많은 정보를 입증하기 위해 데이터가 추가로 조사되었고, 이 과정을 통해 공간이 모양이 없거나 비구조화된 것은 아니라는 것이 명백해졌다. 오히려, 두 사례연구 모두에서 공간은 명확하게 구조화되었거나 단단히 틀이 짜였다는 증거가 있었다.[Woods, 2005]

덴마크 사례 학교 교장은 "아주 느슨하고 자유로운 것 같지만, 하부는 매우 안전하다"라고 설명했다. 그에 따르면 사례 학교는 명확한 구조와 절차를 가지고 있고, 아이들은 그 안에서 상당한 자유를 누릴 수 있다고 했다. 이는 특히 학습 과정을 관찰하면서 분명해졌다. 학생들은 과제에 참여하는 방법을 선택할 수 있는 자유와 그들이 했던 것에 어느 정도의 융통성은 주어졌지만, 교육과정 주제의 범위는 벗어나지 않는다. 교육학은 목표와 시간 척도에 대한 명확한 지침 안에서 자유를 포함하도록 설계되었다. 한 학생은 이렇게 설명했다.

> 학생(덴마크 사례 학교)들은 아마 … 네, 그들은 배우고 싶은 것, 집중
> 하고 싶은 것에 훨씬 더 큰 노력을 기울입니다. 저는 그것이 자유라고
> 생각해요. 특별히 집중하고 싶은 것을 선택하는 자유 말입니다. 그리고
> 물론 우리는 모든 기본을 해야 하지만 우리는, 알다시피, 우리가 특별
> 히 초점을 맞추고 싶은 것을 선택할 수 있고, 제 생각엔 … 음, 마치 …
> 선생님이 주제나 과제와 관련하여 두 페이지를 작성하라고 지시를 내리
> 는 것이 아니라 선생님은 과제를 제시하고 우리가 원하는 방식으로, 우
> 리가 생각하는 최선의 방법으로 할 수 있는 것이 자유라고 생각합니다.
> (여학생, 15세)

학습은 어린아이들이 독립적으로 학습할 수 있는 자신감을 키울 수 있
도록 지원하기 위한 발판이 더 마련(또는 더 "확고해진")되었다. 물리적인
공간을 사용하여 시도하고 학습에 대한 다른 접근 방법을 시도하는 것은
특히 중요했다. 학생들이 나이가 들고 학년이 올라갈수록, 여전히 명확한
구조, 확고한 틀이 자리 잡고 있지만, 더 많은 자율성이 주어졌다.

사례 대학에서도 구조와 확고한 틀을 통해 자율의 공간이 만들어졌다.
민주주의, 개방성, 자율성을 지지하는 사례 대학의 명시적인 목표와 철학
에도 불구하고, 대학의 학습 체계는 자유의 기반을 만들고 발전을 지원
하는 구조화된 공간에 의해 틀이 짜였다. 예를 들어, 초기 학생 입문은
잘 조직화된 프로그램을 통해 철저하게 구조화되고 독립을 위한 공간을
창출했다. 학생 "튜터"의 역할, 스터디 그룹, 동료 멘토링은 이 구조화된
공간의 중요한 부분을 차지한다. 학생 주도의 교육과정 설계와 질의기반
교육학은, 분명히 자유와 자율성을 제공하지만, 박사 과정의 구두 평가
과정을 적용하고 집단으로 수행되는 평가 과정에 의해 확고하게 틀이 짜
여 있다. 이러한 맥락에서, 일부 학생이 더 많은 구조와 더 많은 틀을 요

구한 것은 아이러니라고 할 수 있겠다. 한 학생은 다음과 같이 설명했다.

> 하지만 지금은 수업을 몇 개 더 하고 싶기도 합니다. 왜냐하면 일주일
> 에 두 번밖에 강의가 없고 두 시간밖에 안 되거든요. 수업이 여섯 시간
> 이나 여덟 시간 정도 되면 더 좋을 것 같습니다. (여학생, 15세)

일부 직원은 학생들이 더 많은 접촉 시간, 혹은 더 많은 틀이 필요하다는 것에 동의하지 않았다. 어떤 사람은 "준비가 덜 된 학생들이 더 많은 수업을 원했다"라며 "우리는 학생들이 자율성을 가질 수 있도록 노력하며, 더 많은 수업을 받는 것이 해결책은 절대 아니라고 생각한다"라고 주장했다. 모든 학생이 원하는 것과 학교기관의 기본 철학 사이에서 균형을 잡는 것은 아마도 자유를 위한 공간을 제공하는 어려움 중 하나일 것이다.

사례 대학은 사례 학교와는 달리 학생들의 목소리를 관리 구조 안에 집어넣는 강력하고 효과적인 구조를 지니고 있었다. 덴마크 사례 학교에서 이를 시도했지만, 학생들 사이에서는 자신들의 영향력이 제한적이라는 불만이 있었다. 사례 대학에서는, 관리 체계가 섬세하게 짜여 있었고 학생에게 의존적이었으며, 이 또한 고도로 구조화되고 복잡했다.

확고한 틀은 지금까지 학생들이 자율성을 개발할 수 있는 구조화된 공간을 제공하는 교육 환경의 체계 속에서 논의되었다. 건축물, 관리 체계, 프로젝트 작업, 교육학 및 평가와 같은 내부 구조는 주로 내부 이해 당사자(예: 관리자, 직원, 학생)에 의해 통제되었다. 또한 프레임의 일부 요소는 외부 요인에서 비롯되고 외부 이해 관계자(예: 국가 정부, 지방자치단체, 부모)의 영향을 받았다는 점에 유의해야 한다. 두 사례연구 환경 모두에서 신자유주의자들과 정부 기관의 압력이 증가했고, 두 사례 학교 모두 자신의 철학을 유지하기 위해 열심히 노력했다. 그럼에도 이러한 외부 요인은 그 사례 학교가 작동하는 "프레임"에 영향을 미친다고 할 수 있다. 이

러한 외부의 제약을 고려하지 않고는 학생들에게 자유와 자율성을 제공할 수 없다.

공간과 자유 연결하기

두 사례연구의 데이터는 공간 창조와 학생들의 자유에 대한 인식 사이의 연관성을 찾기 위해 분석되었다. 이러한 연결이 덴마크 학교의 학생들에 의해 가장 강하게 형성되었다는 점이 눈에 띄었다. 예를 들어 보자.

공간이 많으니까 … 자유도 생기고. (여학생, 14세)

학교는 자유롭고 또한 매우 개방적이에요. 정말, 뭐랄까, 닫혀 있는 홀, 작은 홀이 아니라 하나의 큰 장소이기 때문에 자유를 상징하는 거예요. (남학생, 14세)

음, 다른 학교들도 영화를 하고 창의적인 것을 하고 있다고 확신하지만, 우리는 … 알다시피 … 저는 우리가 더 많이 한다고 생각하고 우리를 둘러싼 환경 그 자체로 더 창의적이라고 생각합니다. 이러한 환경 안에 있다는 것이 우리를 더 창의적으로 되게 해 주고 더 많은 지식을 가질 수 있게 해 준다고 생각합니다. 그냥 교실에 앉아 있는 건, 마치, 상자 속에 갇힌 것 같은 느낌이 드는데, 여기에서도 배우고, 밖에서 생각하고, 밖에 나가기도 하고 … 뭐 그런 거 있잖아요. (여학생, 15세)

사례 학교 학생들이 공간과 자유의 연결 관계를 만든 것은 공간이 명백하게 눈에 보이고, 적어도 건축을 통해 만들어진 공간이 보였기 때문에 어쩌면 놀랄 일도 아닐 것이다. 이 자료에서 "공간"과 "자유"라는 단어는 자주 번갈아 사용되었다. 대학의 자료에서 상황은 약간 더 복잡했고 공간은 은유적이어서 물리적으로 잘 보이지 않았다. 물론 대학생이나 교직원이 공간과 자유를 연관 짓지 않았을 것이라는 뜻은 아니지만, 자료에 명시적으로 나오지는 않았다.

논의 및 결론

이 장은 공간 개념이 복잡하고 미묘한 차이가 있으며 다차원적이라고 주장해 왔다. 사례연구에서 공간 제공과 학생들의 자유와 자율성에 대한 인식 사이에는 강한 연관성이 있는 것처럼 보였고, 이 연관성은 사례 학교 학생들에 의해 훨씬 더 명확하게 표현되었다. 문헌연구에 따르면, 공간이 물리적이거나 은유적일 수 있지만 덴마크의 두 사례연구에서 설명했듯이 이 둘을 분리하기가 쉽지 않았다. 건축, 교육학, 교육과정, 평가, 사회구조 등 각각의 분야가 두 사례 학교에 얽혀 있었다. 본 연구는 역설적으로 자유를 위한 공간은 자유에 대한 인식을 생성하기 위한 구조가 필요하다고 주장함으로써 연구 분야를 확장하고 있다.

덴마크의 사례연구를 통해 공간이 형태가 없거나 구조화되지 않은 것이 아니라는 것을 보여 주었다. 공간은 경계 또는 확고한 틀을 가지고 있었다.[Woods, 2005] 이 틀을 통해 학생들은 어디에서 자유를 이용할 수 있는지, 어디에 한계가 있는지 이해할 수 있었다. 예를 들어, 덴마크 사례 학교의 학생들은 자신이 일하고 싶은 곳과 특정한 일을 어떻게 하고 싶은지 선택할 수 있다는 것을 알고 있었다. 또한 그에 상응하는 기대가 있다는 것을 알았다. 덴마크 사례 대학교에서 교육과정과 교육학은 학생들이 자기주도적으로 학습할 수 있는 유연성을 제공하는 반면, 평가 과정과 관리 방식은 이를 위한 구조를 제공했다. 두 경우 모두 내부 요인이 확고한 틀을 제공했지만, 이 틀은 외부의 영향에도 점점 더 영향을 받았다. 주목해야 할 것은 각각의 환경에서 연령층이 다름에도 자유의 발전과 발판을 만드는 것의 필요성을 보았다는 것이다. 두 기관 모두 학습자에게 점차 더 많은 자율성이 주어졌고 교육과정과 관리 방식 모두 분명한 구조와 확고한 틀을 갖추게 되었다. 이는 교육 공간의 자유와 자율성을 구조화된 공동체의 일부로 개발해야 할 필요가 있음을 시사했다.

두 사례 학교 모두 학습에 대해 개방적이고 민주적인 접근 방식을 채택하는 것으로 명성이 높다는 점이 흥미로웠다. 사례 학교는 덴마크뿐 아니라 국제적으로 학생 주도 학습의 실험으로 알려져 있고, 사례 대학은 질의 중심 학습을 지지하고 마르크스 철학[3]에 기원을 둔 것으로 널리 알려져 있다. 중요한 것은 학부모와 학생이 이 두 학교에서 어떻게 학습할 것인지를 인지하고 이러한 학습 환경을 선택했다는 것이다. 사례 학교와 사례 대학 관계자들은 이러한 접근이 모든 사람에게 맞는 것은 아니며, 어떤 면에서는 두 사례 학교의 평판이 자체 선택 과정을 제공한다는 것을 인정했다.

마지막으로, 이 사례연구에 대한 외부 상황을 조금 더 깊이 있게 관찰해 보고자 한다. 덴마크는 다른 나라보다 더 유연하고 성취에 대한 압박이 덜한 교육기관을 가진 사회민주주의 국가라는 평판을 받고 있다.[Ball, 2008; McNess, 2004] 이러한 상황이 변화 조짐을 보이고 있지만, 그럼에도 이러한 특정 사례연구를 이해하는 것은 중요하다. 이것은 정치, 문화, 사회적 제약에서 자유롭지 않은 교육기관들이 어떻게 공간, 자유, 자율성을 제공할 수 있는지에 대한 중요한 질문을 제기한다. 이것은 학교와 대학 내의 공간에 대한 외부 요인의 영향에 매우 중요한 통찰력을 더하기 때문에 향후 연구를 위한 필수적인 영역이다.

---

3. (옮긴이 주) 이 대학은 학생과 교직원 간의 평등한 관계와 관련 강력한 지지를 받는 가치관을 지닌 협동조합으로 시작되었으며, 대학의 구조는 대학의 운영 방식과 교육철학 모두를 반영하고 있다. 이 기관은 총장, 감독관, 대학 이사회와 같은 학교 상위의 더 전통적인 구조도 있지만, 학생 주도 위원회에 의해 운영된다.

참고문헌

Ball, S. J. (2008). *The education debate*. Bristol: Policy Press.

Burke, C. (2011). Creativity in school design. In J. Sefton-Green: Thomson, K. Jones, & L. Bresler (Eds.), *The Routledge international handbook of creative learning* (pp. 417-427). Abingdon, UK: Routledge.

Christie, P. (2013). Space, place, and social justice: Developing a rhythm analysis of education in South Africa. *Qualitative Inquiry, 19*, 775-785.

Creme, P. (2008). A space for academic play: Student learning journals as transitional writing. *Arts and Humanities in Higher Education, 7*, 49-64.

Deleuze, G., & Guattari, F. (1988). *A thousand plateaus: Capitalism and schizophrenia*. London: Continuum.

Eriksen, A. (1973). Space for learning. *NASSP Bulletin, 57*(374), 120-126.

Fendler, R. (2013). Becoming-learner: Coordinates for mapping the space and subject of nomadic pedagogy. *Qualitative Inquiry, 19*(10), 786-793.

Fielding, M. (2009). Public space and educational leadership: Reclaiming and renewing our radical traditions. *Educational Management Administration & Leadership, 37*, 497-521.

Flutter, J. (2006). "This place could help you learn": Student participation in creating better school environments. *Educational Review, 58*, 183-193.

Frelin, A., & Grannäs, J. (2014). Studying relational spaces in secondary school: Applying a spatial framework for the study of borderlands and relational work in school improvement processes. *Improving Schools, 17*, 135-147.

Grosvenor, I., & Burke, C. (2008). *School*. London: Reaktion Books.

Higgins, S., Hall, E., Wall, K., Woolner, P., & McCaughey, C. (2005). *The impact of school environments: A literature review*. Newcastle, UK: University of Newcastle for the Design Council. Retrievable from http://www.ncl.ac.uk/cflat/news/DCReport.pdf.

Horton, J., & Kraftl, P. (2014). *Cultural geographies: An introduction*. Abingdon, UK: Routledge.

Jackson, A. Y. (2013). Spaces of power/knowledge: A Foucauldian methodology for qualitative inquiry. *Qualitative Inquiry, 19*, 839-847.

Kraftl, & Adey, P. (2008). Architecture/affect/inhabitation: Geographies of beingin buildings. *Annals of the Association of American Geographers, 98*(1), 213-231.

Lees, L. (2001). Towards a critical geography of architecture: The case of an Ersatz Colosseum. *Ecumene 2001, 8*(1), 51-86.

Lefebvre, H. (1974). *The production of space*. Cambridge, MA: Wiley-Blackwell.

McNess, E. (2004). Culture, context and the quality of education: Evidence from a small-scale extended case study in England and Denmark. *Compare: A Journal of Comparative Education, 34*, 315-327.

Montgomery, T. (2008). Space matters: Experiences of managing static formal learning spaces. *Active Learning in Higher Education, 9*, 122-138.

Savin-Baden, M. (2008). *Learning Spaces: Creating opportunities for knowledge creation in academic life*. Maidenhead, UK: Open University Press.

Schmid, C. (2008). Henri Lefebvre's theory of the production of space: Towards a three-dimensional dialectic. In K. Goonewardena, S. Kipfer, R. Milgrom, & C.

Schmid (Eds.), *Space, difference and everyday life: Reading Henri Lefebvre*(pp. 27-45). New York: Routledge.

Sølvberg, A. M., & Rismark, M. (2012). Learning spaces in mobile learning environments. *Active Learning in Higher Education, 13*, 23-33.

Stefanou, C., Stolk, J. D., Prince, M., Chen, J. C., & Lord, S. M. (2013). Selfregulation and autonomy in problem- and project-based learning environments. *Active Learning in Higher Education, 2*, 109-122.

Tanner, C. K. (2008). Explaining relationships among student outcomes and the school's physical environment. *Journal of Advanced Academics, 19*, 444-471.

Taylor, L. (2013). The case as space: Implications of relational thinking for methodology and method. *Qualitative Inquiry, 19*, 807-817.

Torbert, W. R. (1978). Educating toward shared purpose, self-direction and quality work: The theory and practice of liberating structure. *The Journal of Higher Education, 49*, 109-135.

Vince, R. (2011). The spatial psychodynamics of management learning. *Management Learning, 42*, 333-347.

Walkerdine, V. (2013). Using the work of Felix Guattari to understand space, place, social justice, and education. *Qualitative Inquiry, 19*, 756-764.

Williams, J. (2014). Teacher educator professional learning in the Third Space: Implications for identity and practice. *Journal of Teacher Education, 65*, 315-326.

Woods, A. (2005). *Democratic leadership in education*. London: SAGE Publications.

Woolner, Clark, J., Laing, K., Thomas, U., & Tiplady, L. (2014). A school tries to change: How leaders and teachers understand changes to space and practices in a UK secondary school. *Improving Schools, 17*, 148-162.

Woolner, McCarter, S., Wall, K., & Higgins, S. (2012). Changed learning through changed space: When can a participatory approach to the learning environment challenge preconceptions and alter practice? *Improving Schools, 15*, 45-60.

3부

대안교육, 다르게 실천하기

21장
탐구와 성찰:
중국 학생의 목소리를 듣다

칸 웨이[1]

배경: 침묵하는 아동의 역사적 배경

중국 사회는 어린이에게 많은 것을 기대한다. 그럼에도 학생들의 목소리에 대한 학문적인 연구는 극히 드물다. 학생들의 권리, 가치, 행동에 대해 학문적으로 집중하여 연구하려는 상황으로 변화하고 있다는 것은 좋은 소식이다.[Gu, 2013] 이 장에서는 아동기의 목소리에 관한 연구의 핵심 사항을 제시하고자 하며, '청소년'에 관해 보고된 글들에서 인용된 다양한 연구를 펼쳐 보고자 한다. 사회적·문화적 규범에 따라 16세를 아동기로 볼 수 있지만, 또한 성장하는 성인으로 볼 수도 있으므로 이를 규명하기는 어렵다. 여기서는 유엔 아동권리협약[2009]에 따라 유엔 가맹국인 중국에서의 유아기부터 2세까지, 아동기부터 17세까지를 언급한다. 또한 세대변화에 관한 종합적인 연구와 17세 이상의 '청년'과 관련된 참고문헌도 제시한다.

중국은 어린이를 교육하는 오랜 역사가 있는 전형적인 나라[Gu, 2013]로 알려졌다. 그런데 어린이들의 목소리가 1,000년이나 넘게 공적인 담론에서 사라졌다. 코터렐Cotterel이 지적한 대로, 고대 중국에서는 아이들에게 교

---

1. 칸 웨이(Kan, Wei): 베이징사범대학교, 교육과정과 교수법 연구소 교육학 교수. 2007년 영국 맨체스터대학교에서 박사학위(PhD)를 취득했고, 베이징사범대학교 부임 전, 7년 동안 고등학교 역사 교사로 근무했다. 주요 연구 분야는 교실에서의 실천, 교실 사회학, 교사와 학생의 목소리에 관한 연구, 교육과정과 교수법이론 비교연구이다.

육을 허용하지 않았다. 아이들 대부분은 부모의 농장에서 풀을 뽑고, 씨를 뿌리고, 키우는 일을 했다. 부유층 가정의 소년만이 학교에 갈 권리가 있었다.Cotterel, 2000 벤Benn은 7세기부터 14세기인 당唐 왕조 시대와 송宋 왕조 시대의 자료를 조사했다.Benn, 2006 그는 당과 송 왕조 시기에는 상위 계층 소녀들조차도 학교에 다니는 것이 허용되지 않았음을 강조했다. 대조적으로, 정치적 권력을 성취하기 위해 소년들은 학교에서 부지런히 공부해야 했고, 국가 주도의 시험에서 좋은 성적을 거두는 것이 정치적인 권력을 획득하는 유일한 길이었다.Miyazaki, 1981

소년과 소녀의 차별은 고대 중국 사회에서 오랫동안 계속되었다. 고대 중국인들에게 아들은 딸보다 중요했고, 한漢 왕조B.C. 202~A.D. 220 이래로 "옥돌을 얻는 것은 아들을 갖는 것만큼 즐거운 일"이었지만 "딸을 갖는 것은 노예를 얻는 것"처럼 여겨졌다. 또한 여성 유아 살해가 고대 중국에 만연했다. 어린이는 가족에게 생각이나 의견을 말하지 못하고 가족 내에서 그들의 한계를 알고, 복종하도록 길들여졌다.Gernet, 1963 특히 중국의 유교 교육은 그 교육기관을 공경함은 물론 특권 계급에 속하는 연장자, 선조들, 그리고 고대 시대의 가치를 공경했고, 규범적인 기준에 따라 점진적으로 아이들을 형성시키기 위해 과거 세대의 도덕적 전형과 고전 텍스트 연구를 강조했다.Ebrey, 1993 일부 중국 연구자들은 고대 중국의 관행은 어린이를 위하거나 어린이의 생각을 존경하는 철학을 생산하지 못했다고 말한다.Yin, 2009 유교 철학에서 3개의 주된 지침(지배자가 신하를 지도하고, 아버지는 아들을 지도하고, 남편은 아내를 지도함)과 다섯 가지 불변의 덕목(선행, 정직, 예의범절, 지식, 성실)은 전통적인 윤리학의 중추로서 효의 기본 원칙임을 보여 준다. 아들과 아버지 간에 사랑이 존재한다는 것을 부정하기 위해 이런 지침과 덕목은 부모와 아이들 간의 위계적인 관계를 강조한다. 결과적으로 전통적인 가족에서는 아버지가 아들을 지도한다는 주요 지침에 의해 핵심 가치들이 지배된다.Xia, 2001

지Ji의 연구는 전-형성이론Preformation theory을 분석하여, 고대 철학이 다가올 세기를 위해 어린이를 깊이 이해하는 데 영향을 준다고 했다. 그의 연구는 고대 중국 문학의 어린이 이미지에 집중했다. 그는 전통적으로 송 왕조에서는 아이들을 신비한 힘을 지닌 대변인으로 묘사했다고 한다. 또 소년과 소녀가 고대 중국에서 서로 다르게 취급되었고, 특히 소녀들은 사회의 상류계층에 속할지라도 교육받을 기회를 박탈당했다는 점을 지적했다. 동시에 공무원 시험이라는 시스템은 (합리적으로 사회적 이동을 촉진하고 사회적 평등을 구성하는 데 중요한 역할을 하는) 사회 계층의 구체제를 깨부수고, 교육에서 역동적인 기능을 수행했다. 즉, 가난한 아이들조차도 사립학교에서 공부해서 정치적 권력을 획득할 기회를 가질 수 있다는 것이다.[Ji, 1992]

고대 중국 사회에서 어린이가 아무런 목소리를 내지 못했음에도, 일부는 시를 통해 어린이다운 순진함으로 깊은 감정을 표현하면서 세상에 대한 이해와 감정을 생생하게 기록했다. 이러한 시들은 어린이의 마음속에 있는 노래, 민요, 소곡, 송시와 같은 형식을 띠었다. 때로 이런 시들은 놀이에 사용되는 단어들로 구체화되었다. 전형적인 7살 루오 빙왕Luo Binwang은 7세기 중반(당 왕조 시대)에 「거위에 대한 송시Code」라는 명작을 썼다.

> 거위들아, 오~ 거위들아!
> 너의 구부러진 목은 기쁨에 가득 차 하늘을 노래하는구나
> 너의 하얀 깃털은 초록빛 물 위로 떠가는구나,
> 불그레한 발은 시냇물을 맑고 깨끗하게 노 젓는구나.

루오의 거위에 대한 시와는 별도로, (당 왕조 시대에 7살 시인이 쓴) 「토끼에 대한 송시」, (송 왕조 시대에 5살 시인이 쓴) 「하얀 연꽃」, (송 왕조 시대에 7살 시인이 쓴) 「소나무들」 등의 시가 있다. 고대 중국에서 또 다른 분야의 시들은 어린이의 인생을 묘사하기 위해 어른들이 쓴 시다. 여기에는

(송 왕조 시대 매요신Mei Yaochen이 쓴) 「무덤 앞에서 울고 있는 어린 소녀」, (원元 왕조 시대 허유임Xu, Youren이 쓴) 「아이의 죽음을 슬퍼하며」, (청淸 왕조 시대 야오시에Yaoxie가 쓴) 「이 7살 아이는 누구의 가족인가?」가 있다. 아이들은 이러한 시들을 쓰지 않았을지라도, 위의 어른 시인들은 아이들의 관점에서 시를 썼고, 그 시대 어린이 독자의 마음에 조화로운 반응을 일으켰다.

아이들이 직접 쓴 시, 아이들을 위해 창작한 시와는 별개로 동요는 아이들에게 웃음과 기쁨을 주고, 그들이 세계의 선과 악을 이해하는 데 도움을 주었으며, 어떻게 행동해야 하는지를 말해 주었는데, 이런 동요는 고대 중국에서 아이들이 그들의 관점을 표현하는 데 중요한 역할을 했다. 동요는 풍부한 내용과 생생한 재현 그리고 중국 어린이의 지적 발달과 이데올로기 교육에 큰 영향을 주었기 때문에 고대 중국에서 폭넓게 퍼졌다. 명明 왕조 시대에, 루 쿤Lu Kun, 1536~1618은 최초로 중국 어린이 민요집을 편집했다. 이 책은 새로운 스타일을 갖춘 동요의 독특하고, 매력적이며, 평범하고, 분명한 리듬과 강력한 전원 풍경에 대해 호소하고자 했다.

현대 어린이의 목소리를 이해하기: 19세기부터 1940년대까지

루가 논의했듯이 현대 중국에서 청년의 의견에 대한 태도를 성찰하는 것은 19세기가 시작되는 시기로 거슬러 올라간다. 1840년대 서구 식민주의의 팽창으로 서구 교육이 중국의 상류층에 영향을 주었다는 견해가 있다. 어린이의 권리를 존중하는 서구의 사조는 어린이 이해를 위한 돌파구가 되었고, 수 세기 동안 중국을 지배했던 어린이를 위한 원칙과 표준적인 것을 파쇄하는 데 도움을 주었다.Lu, 2007 중국 정부의 공무원들은 해외로 보내졌고, 부유층 가정의 청년들은 서구의 기술과 기능을 배우기 위해 유학을 갔다. 그리고 특별한 용어로 '어린이들(1902년 서구의 공식 문서에서 처음 언급되었음)'이라는 말이 소개되었다. 이는 어린이에 대한 인식을 바꿨고, 개인적인 존재로서 어린이의 중요성이 높아졌고, 씨족 사회는 어린이의 발견과 해방의 시대로 돌아가게 되었다.[He, 1990: 26; Shu, 1960: 398-399]

중국 관료의 관점에서 서구 어린이의 삶을 기록한 첫 번째 공식 문서는 3명의 18세 만다린Mandarin 소년들이다. 그들은 청나라가 설립한 첫 번째 현대식 학교에서 교육을 받았다. 그들은 프랑스, 영국, 네덜란드, 덴마크, 러시아, 독일, 벨기에를 여행하며 서구 사회에서의 어린이 탄생, 교육 환경과 공립 초중등학교를 목격하고 즐겁게 기록했다.[Zhong, 1985: 416-419] 그들은 중국에 있는 서구 문화의 영향을 받았기 때문에 1898년에 시작해서 그 이듬해까지, 일본의 초·중등학교 교육에 관한 체계적인 연구를 진행했다.

1920년대 이래로, 일본과 영국에서 귀국한 학자들은 어린이의 삶에 관한 태도를 성찰하려는 경향을 불러일으켰다. 이들은 20세기 초 중국에 사는 중국 어린이의 목소리와 삶을 드러내고자 했다.

타오싱즈Tao Xingzhi 교수는 어린이의 발달 환경을 최적화하고 그들의 요구에 관심을 기울이자고 주장한 20세기의 중국 교육학자이자 개혁가이다.[Tao, 1933: 309] 철학가, 수필가이자 외교관인 후스Hu Shih와 수필가이자 번역자인 저우쭤런Zhou Zuoren은 중국 어린이를 위한 건강 관리는 깜짝 놀랄 정도로 열악하고, 과학적으로 부족한 정보에 근거해서 돌봄과 발달이 이루어진 결과, 많은 어린이가 어려움에 직면해 있다고 했다.[Chou, 1984: Grieden, 1970] 이들은 중국인들이 소년, 소녀 간의 교육적 평등을 실현하기 위해서 그리고 소녀들을 위한 교육이 조화롭게 발달하기 위해서는 과학적인 발전에 집중해야 한다고 강력히 주장했다. 타오와 일부 학자들은 성별 간의 차이를 만드는 대중문화를 강력히 비판했다. 그런 대중문화는 성 불평등의 교육적 모델을 고의적으로 고수하려 한다.

어른들이 어린이의 목소리를 탐색하기 시작했고 해방을 위한 호소, 특히 소녀를 위한 호소는 어린이의 목소리에 흥미로운 관점을 갖게 해 주었다. 동등하게 교육받을 권리를 허용하지 않고 강제로 발을 묶인 채 살아가야 하는 것과 같은 성 불평등은 어린 소녀들의 목소리와 실제 삶을 반영한 것이었다.[Xiong, 2006: 180-181] 어른들이 어린이를 존경하는 것은 놀이와 게임을 통해 어린이의 성향을 존경해야 한다는 것을 의미한다고 첫 번째로 제안했다.[Chen, 1994/1994] 이런 점은 "어린이 자신의 삶" 그리고 "어린이 자신의 세계와 사회"에 집중하게 되어 어린이의 위상을 높였다.[Sun, 1938: 36]

상하이에 있는 커머셜 출판사Commercial Press에서는 학생의 목소리를 이해하기 위해 학생 잡지Magazine of students(50페이지 미만 분량의 잡지)를 1914년부터 1918년까지 출간했다. 이 잡지에 실린 많은 수필은 학생들이 직접 창작했기 때문에 귀중하고 독특했다. 이러한 수필은 12~16세 학생들이 썼는데 20세기 초 중국 학생들의 내적 감정과 아이디어를 직접적으로 표현했다.[Liu, 1986: 37] 중등학교 학생들은 1905년 제국주의 시험제도(과거제도) 폐지 후에 형성된 최초의 집단이다. 그 과거시험은 1,000년 넘게 시행되었다. 이 학생들은 전쟁의 부당함과 제국주의적 공격자들로부터 고통받아 온 국가를 구해 내려는 강한 책임감과 정체성을 지닌 새롭게 떠오르는 계층으로 대표되었다. 지난 세기 초, 이런 목소리는 계몽된 청년들이 국가를 구하기 위한 짐을 짊어졌다는 것을 보여 준다. 그들의 수필은 위기의식과 국가 구제에 대한 희망 등으로 표현되었다. 그래서 이 무렵, 중국에서는 서구 문화의 영향을 받아 과학을 존중하고 촉진시키고자 하는 문화적 변화가 "국가적 구제"라는 필수 불가결한 결과를 이끌어 냈다. 학생들은 국가적 종언으로부터 중국을 구하기 위해 개혁이 필연적이고, 봉건군주제와 종교적 권위가 제거될 필요가 있음을 깨닫게 되었다.[Fang, 2008]

1930년대와 1940년대에도 청년들에게는 비슷한 정서가 있었다. 당시는 국내외 파시스트 침략자를 궤멸시키려는 투쟁에 전념하던 시기였다. 특히 젊은 학생들이 쓴 노래들은 국가적인 스타일로, 시대의 분명한 분위기로, 또한 자기표현의 독특한 특성으로 향유되었고, 이에 따라 청년들에게는 자신감을 주게 되었다.[Li & Qian, 2009]

1950~1970년대 공산당 정치 권력 아래에서 학생들의 목소리를 형성하는 정치

리우Liu는 1949년 혁명의 승리로 중화인민공화국이 들어선 것은 새로운 소요의 시대로 들어간 것이라고 주장했다. 지난 50년 이상 중국 본토에서 그 누구도 시대의 어려움을 겪지 않은 사람은 없다. 그해 이후로 성장한 청년들에게 오늘의 국가적 상황은 혁명 시대를 종료시켜야겠다고 생각하게 했다. 하지만 그들은 그 시대를 살았던 사람들을 위해 사회 재구성을 위해 무엇을 해야 하는지, 해야 하는 임무가 무엇인가를 인식하지 못했고 생각하지도 못했다.[Liu, 1986]

팡Fang과 그의 연구진은 2011년 이후 〈중국 어린이의 문화연구 보고〉라는 일련의 연구를 진행했다.[Fang, 2011] 연구보고서는 어린이와 유아기의 전근대적 역사, 유아기와 청년기의 근대사, 중국 어린이의 음악과 문학, TV, 영화 등의 미디어 사용을 다뤘다. 또한 청년의 경험과 이야기를 듣는 것이 현대 중국 사회와 문화의 이해에 매우 중요하다고 밝혔다. 20세기 중반 이래, 어린이 세대는 혁명 달성의 짐을 부여받게 되었다. 1949년 중화인민공화국 창건 후, 어린이의 삶은 1966년부터 1976년까지의 문화혁명 기간과 같은 내분의 전면에서 형성되었다. 저우Zhou는 회고록에서 그 시대에 성장했던 청년 세대에게 무슨 일이 일어났는지를 상세히 설명했고, 중국의 험난한 정치사를 강조하게 되면 청년들 간의 개인적인 성장에서 차이가 더욱 크게 나타난다고 제안했다. 문화혁명은 차후 청년들의 인생 역정에 중요한 영향을 주었다고 했다.[Zhou, 2006]

학생들의 목소리는 모국을 위해, 국민을 위해, 고향을 위해, 공산당과

20세기 이후 존경하는 지도자 마오쩌둥을 위해, 깊은 사랑의 감정으로 청년들에 의해 표현되었다. 그들은 자신들의 의견이 어떻게 마르크시스트 학자로서 바뀌어 갔는가를 또한 상기했다. 학생들은 정치적 운동에 관련되었을지라도 '문화혁명'은 청년이 아니라 정치 지도자들이 주도했다고 생각했다. 왕Wang은 그의 책 『이성과 선천성』에서 혼란기의 목소리들을 분석했고, 문화혁명 기간에 홍위병이 만든 시들을 분석했다.[Wang, 1993] 카이 Cai 등은 문화혁명 시대에 조금 더 어린 세대와의 대화를 통해 초등학생이 이성을 잃었다고 주장했고, 그래서 어린 학생들의 광신을 심리분석학적으로 이해해야 한다고 제안했다.[Cai, Fei, & Wang, 2002] 저명한 소설가 왕안이 Wang Anyi는 운명과 부조리의 사례를 묘사하면서 부조리는 젊은 세대가 직면한 것이 무엇인지를 밝혀 준다고 했다. 그녀는 공산당에 의해 세뇌당해 온 학생들은 순수한 아동기가 파괴되었고, 그들의 인본주의적인 이상은 인본주의적인 악의로 변형되었다[Wang, 1981]고 보았다. 반면, 그 당시에 어린이였던 사람들은 표면상으로는 성인 활동의 파괴적인 모습을 밝히기 위해 수행된 연구들이 실제로는 정부와 다른 관점을 가진 사람들을 괴롭히고 비열하게 공격하는 데 사용되었다고 이야기한다. 자기표현과 언어는 정치적으로 핍박받게 되는 도구로 전락했다. 어린이는 그들이 전체주의적인 공산주의국가에서 살아가고 있지 않다고 할지라도 이러한 분위기와 사회적 체제로부터 정치의 복잡성을 이해했다.

그가 지적하듯, 중국 어린이의 삶은 비슷한 시기에 성적 자유를 경험한 서구의 또래 어린이와는 다르다. 이러한 혼란의 세월 속에 살았던 어린이의 생각과 목소리를 포함하는 문서와 연구들이 극히 드물지라도, 대부분의 사춘기 소년 소녀는 성에 대한 감정과 욕망을 깊이 감추었다. 성과 관련된 모든 언어, 그림, 미디어들은 학교교육과 주정부기구에 의해 사악한 것으로 간주되었다.[He, 2013]

이러한 여파로 어린이는 중국의 과학과 기술을 최고 절정에 이르게 하는 과제를 수행하는 데 동원되었다. 랜Ren의 사진은 1980년대 고등학교

에서 학생들이 어떻게 살고 배우는지를 말해 준다.[Ren, 2011]

사회적 이행기의 다양한 목소리: 서로 다른 세대

중국에서 오랜 소요와 전복의 과정이 끝난 후, 1978년은 이데올로기와 문화의 영역에서 역사적 변혁기라 할 수 있다. 1980년대에 들어서자 중국 공무원들과 미디어들은 청년 문제를 논의하기 시작했다.[Hooper, 1985] 반면, 중국 청년들 스스로는 "이데올로기적 위기"를 경험하고 있다고 생각했다.[Kwong, 1994] 결과적으로 대학이나 대학교에 다니는 청년이었던 학생들은 "공리주의자와 개인주의자, 자기중심성과 미래, 인류, 또는 모국을 위한 생각이 없는 상처받은 개인들, 공산당과는 거리가 있는" 것으로 묘사되었다.[Liu, 1984: 976; Xu, 2002: 198, 2004: 787] 사회학자 치엔 민후이Qian Minhui 교수는 『학생: 솔직히 말해서』[Qian, 1998]라는 책을 출판했다. 이 책은 중국 학생들이 처한 시험 중심 교육 체계를 면밀하게 뜯어본다. 이 시험은 개념의 비판적 응용보다는 단순 암기를 너무 많이 강조하는 시험이라고 했다. 그런 이유로 학생들은 부모, 가족, 교사 등 중국 사회의 압력에 눌려 심리학적으로 상처를 받더라도 몹시 과로하게 되고, 쉬지 못하는 모습을 생생히 보여 준다.[Davey, Lian, & Higgins, 2007; Mullins, 2005]

대학과 대학교에 다니는 학생들의 목소리를 비교한 연구는 나이 어린 세대의 목표에 극적인 변화가 있음을 밝혔다. 페어브라더[Fairbrother, 2011]의 연구는 마르크스레닌주의자들이 1949년 이후 이데올로기를 주도했음을 밝혔다. 하지만 1980년대 초반부터 합법성의 위기에 직면해서 리더십은 통합하고 정당화하는 이데올로기인 애국심으로 향했다. 여전히 마르크스의 원칙과 관련되는 중추적인 목적을 위장했을지라도 페어브라더의 책은 1990년대 본토 중국과 홍콩의 대학생들이 수행한 애국심과 군국주의에 대한 정치적 태도에 관한 비교 연구로서 개별 학생들을 저항으로 이끄는 요소들이 무엇인가에 초점을 두었다. 그는 서로 다른 계급인 홍콩과 중국의 학생들이 정치적 사회화의 주체에 대해 불신하고 있음을 밝혔다. 학생들은 국가에 관해 더 알고 싶어 했고, 나라에 관해 생각하는 다양한 방식에 반응했다. 게다가 3개의 다중회귀 모델을 비교하여 페어브라더는 사회화와 비판적 사고가 국가적 태도에 상대적으로 강한 영향을 준다는 것을 보여 주었다.[Fairbrother, 2011]

반면 몇몇 연구에 따르면, 중국에서 성에 대한 다소 젊은 세대의 태도는 1980년대 경제 혁명 이후로 변했다고 한다.[예: Zhang, Li, & Beck: 1999] 혼전성교가 젊은 사람들 간에 좀 더 빈번히 일어났고, 중국 사람들은 혼외 성적 행동에 더 허용적이었다. 문화, 이데올로기, 사회적 상황에 속박되었던 부모 세대와 비교해서 정보화 시대와 세계화 시대의 청년들은 좀 더 쉽게 포르노 사진이나 비디오와 같은 성적 미디어에 접근할 수 있었다. 결과적으로 중국 청년들의 현대적 또는 서구적 가치의 영향으로 중국인들의 전통적인 성적, 도덕적 태도가 바뀌었다. 특히 중등학교 학생들은 더 그러했다.

교육 변화의 지렛대로 학생의 잠재성을 관련시키고자 하는 시도는 1990년대 말로 거슬러 올라간다. 후앙[Huang, 2009]은 개인의 목소리는 인간, 어린이의 권리를 확인하지 않고서는 인정할 수 없다고 본다. 하지만 어린이의 관심에 적합한가라는 관점에서 어린이는 스스로 자기 권리를 인식할 수 없으므로 자신의 관심을 항상 표현할 수 없다.[Huang, 2009: 75] 이러한 적법성을 이해함으로써 청년의 목소리에 관한 연구는 어린이의 목소리가 중국의 학교교육 상황에서 학생과 학습자의 목소리와 어떻게 다른가를 고려한다.[He, 2013] 사회에서 젊은이들의 역할을 재개념화하는 것은 학교에 강력한 영향을 준다. 이런 점은 교실에서 학생의 목소리를 듣는 것을 활성화시키는 좀 더 실질적이며 이론적인 설명과 관련된다. 리[Li]는 교육과정 변화에서 학생의 사고에 초점을 둔 원칙과 이론을 좀 더 세밀하게 연구해야 한다고 제안한다.[Li, 2001] 미트라[Mitra, 2008]의 연구는 미국의 도시에 위치한 고등학교 한 곳을 관찰하고 많은 인터뷰를 했는데, 학교 변화에 영향을 주는 노력을 해결하면서 상위 학년 학생들의 목소리를 경험적으로 분석했다. 그녀의 연구는 모든 집단 구성원(청년과 성인)이 공동의 비전을 개발하고, 결정을 위한 책임감을 공유할 수 있는 공간을 만드는 것이 유용하다고 밝혔다. 그녀가 지적하듯 교육에서 학생의 목소리라는 연구주제는 21세기 초반의 연구와 실제 분야에서 더욱 눈에 띄게 나타나고 있다. 이런 점은 중국 교육에 대한 연구에서도 그러하다.

대부분의 사람이 1990년대 '한 자녀' 정책으로 초기의 베이비 붐 세대와는 대조적으로 총 학생 수에 큰 영향을 준 '외동아'라는 결과가 나왔다고 믿었다. 1990년대 이후 중국 학생의 목소리에 관한 연구는 각성된 개인주의와 자아 인식과 관련하여 1980년대 세대의 독특한 특성을 보여 준다.[Davin, 1991: 50] 특히 코카인Cockain이 언급했듯 밀레니엄 청년들은 강한 독립심, 다른 사람의 관심보다는 자기 관심을 우선시한다고 한다.[Moore, 2005; Wang, 2006] 중국의 외동아는 조부모에게 어린 황제 대우를 받아 버릇없이 자라게 된다. 그들은 제멋대로 굴어도 응석을 받아 주는 부모와 양가의 조부모들이 중국의 도시 지역에서 양육되고 있는 어린이와 연계되면서 4-2-1 가족 구성원 구조에서 자라고 있다.[Cockain, 2011] 최근의 세계화된 시장 경제에서 살아가면서 정보 과잉은 중국 학생들에게 큰 영향을 준다.[Goldman Sachs Foundation and Asia Society, 2003] 일부 연구자는 이렇게 증가하는 다양하고 지구화된 맥락에서 중국 학생들의 신념과 가치에 관한 다문화적인 이해를 연구했다.[Zhau, Lin, & Hoge, 2007] 한 질적 연구는 3개의 도시 지역 공립학교 고등학생(15~19세) 105명을 연구했다. 흥미로운 결과 하나는 이런 어린 학생들이 실제로 지니고 있는 중국의 긍정적 측면은 오랜 역사, 풍성한 문화, 급속한 경제 발전, 성취된 개혁을 포함한다는 것이다. 반면 중국의 부정적 이미지는 사회적 문제들, 공해, 환경보호 부족, 정치적 부패와 시험 중심 교육체제라고 본다.[Zhao, Zhao, & Huang, 2008] 이 연구는 뉴스 미디어가 중국 학생들이 중국에 관한 지식을 획득하는 데 중요한 역할을 한다는 것을 보여 준다.

어린이에 대한 중국의 수많은 문제는 정치적 환경 변화와 종교정책의 제한이 느슨해지자 좀 더 분명하게 보이기 시작했다. 예를 들어, 많은 중국 기독교인들이 중국의 "뒤처진 아이들"을 돌보기 위해서 중국 남부 지역의 지방 정부에 관심을 돌리고 있다. 이들은 부모가 도시로 일하러 나가고 나면 마을이나 작은 도시에 남겨진다. 이 "뒤처진 아이들"은 지방 정부에게 중요한 사회적 문제가 되었다.

마Ma는 5세부터 12세까지의 학생 23명을 인터뷰했다. 이 내러티브는 시골 지역 교육의 최근 딜레마를 연구했다. 부모와 동반하지 않고 마을에 머무는 나이 어린 세대가 더욱 부유한 도시 지역 학생들과 같이 질 높은 교육을 받는가? 더욱 좋지 않은 것은 시골 지역 학교 기반의 심리학적 지원과 관심이 부족하다는 것이다.Ma, 2011

최근 몇 년간 다양한 영화와 보고서들은 중국 학생들의 학습과 학교에서의 사회화 과정에 직접적, 간접적으로 관여하고 있다. BBC4 방송국이 상영한 〈중국 학교〉는 안후이Anhui라는 시골 지역의 작은 마을을 주제로, 2008년 1년 동안의 학사 일정 중 일련의 어린이들과 그 가족의 삶에 초점을 맞추어 촬영했다. 학생들이 영국의 저널리스트 카메라 앞에서 솔직한 의견을 표현하는 것은 흔하지 않다. 학생 개개인은 고난과 기쁨, 성공의 이야기를 통해서 특별한 인물로 형상화된다. 〈중국 학교〉는 일련의 어린이들을 다큐멘터리 영화로 찍은 것은 아니지만, 중국 학생들의 목소리를 면면히 볼 수 있었다. 같은 해에 미국 PBS 방송국은 쓰촨Sichuan 지방의 엘리트 고등학교에서 마지막 학년을 힘겹게 보내고 있는 5명의 학생을 촬영했다. 후속 프로그램인 〈차이나 자율학습China prep〉은 일주일에 7일을 공부하는 학생들을 소개했다. 그들은 자신들의 운명을 결정할 학년 말 시험을 준비하면서 매일 매 순간을 통제했다. 가난하고, 시골에서 자란 학생들에게, 시험에서 높은 점수를 얻는 것은 사회적 사다리를 오르는 유일한 방법이고, 연줄 없이 우수해지는 유일한 방법이다. 경쟁은 치열하고 대다수의 고등학교 최고학년들은 직업학교로 쫓겨날 것이다. 이 두 개의 다큐멘터리 영화는 중국의 학계에서 이러한 학생들의 삶을 이해할 수 있는 정보가 부족한 상황에서 중국 학생들의 목소리를 담은 대표적인 사례로 여겨졌다.

21세기 이후로, 들어야 할 학생의 목소리에 대한 요구는 중국 연구자들에게 영향을 주었다.[Li, 2001; Yang, 2000] 중국에 초점을 두면서 교육 연구는 학교교육의 권력, 교사와 학생의 관계와 같은 주제로 확대되었다.[예: Ma, 2003] 칸[Kan, 2009a]이 언급했듯이 본토인 중국이 좀 더 열린 사회라는 맥락에서 자신의 관점과 의견을 목소리로 내고자 하는 학생의 권리에 관한 관심이 높아지고 있다. 특히, 교실에서의 교수 행위와 학습에 관한 관심이 높아지고 있다. 그는 수십 년 넘게 초·중등학교에서 학생의 목소리와 경험은 간과되었지만, 21세기 초반에 연구자와 대중에 의해서 인식되었다고 지적했다. 서구에서의 학생 목소리에 관한 연구에 영향을 받아 중국 연구자들은 비록 제한적 방법이지만 학생의 관점에 관한 태도를 성찰하기 시작했다. 칸의 연구는, 새로운 교육과정은 학생 자신의 경험과 연계된 조사기반 학습을 이용해야 한다고 주장했다. 화둥사범대학교East China Normal University의 연구는 학생과 교사의 관점에서 더 중요성을 둘 필요가 있다는 쪽에 더 무게를 실었다. 가령, 교실 경험에 관한 사례연구에서 덩[Deng, 2000]은 교사 페다고지에서의 개인의 관점과 교육적 상황에서의 개인적 관점에 집중해야 한다고 강조했다. 탕[Tang, 2000]은 학생의 관점을 설명하는 것이 중요하므로 숙의적인 방식에 집중했는데, 광시Guangxi 난닝Nanning 지역의 2000년도 학생들의 이야기를 통해서 초등학교 생활을 연구했다. 이 질적 연구의 목적은 교육과정에 새로운 내용을 추가하려는 교육개혁에 대한 학생들의 관점을 밝히는 것이었다. 이 연구는 학생들의 가치와 행동을 보여 주었다. 이를 통해 탕은 질문에 답하고자 했다. "왜 개혁은 교실에서 제대로 영향을 미치지 못하는가?"[Tang, 2002] 이 연구는 개혁 조치 성공의 결정적인 핵심 요인은 개혁에 내재한 가치들과 학교 내에서 개혁 실행의 임무를 부여받은 개인들의 가치가 협력을 시도해야만 하는 것으로 보았다. 연구 결과는 초등학교에서 성공적인 학생의 사례가 있었음을 보여 주었다. 그러나 그 학교의 직원들만이 그와 같은 가치들이 협력할 필요가 있음을 알았고, 개혁 조치를 지지하고 협동했다.

최근에 학생의 요구에 관한 연구가 중국에서 진행됐다.[예: Li, 1999] 이 보고서는 학생들이 "적절한" 교수와 학습이 무엇인지(중국의 연구자들이 보여준 것[예: Huang, 2009])에 관한 배경지식적 관점을 갖고 수업에 참여한다고 주장했다. 학생들은 자신들의 개념과 기대에 비추어 새로운 교수법을 평가하는 경향이 있다. 소개된 교육혁신이 이전에 형성된 신념과 불일치한다면 부조화라든가 모순이 발생할 것이다.[Li, 2001]

복잡하고 체계적인 교육 변화를 추진할 때 학생의 관점을 고려하려는 책무성은 최근 대만의 연구에서 강조된다.[예: Cai, 2003] 공동 교육 정책은 2000년과 2002년 수집된 질적 자료를 이용해서 지방의 초등학교에서 시범적으로 실시되었다. 직접 관찰 문서 자료, 부모와의 인터뷰 방식이 적용된 연구는 교육 정책의 변화에 대한 교사와 학생의 반응을 분석하고 기술했다. 목적은 학생의 요구가 정책 실행 단계에서 어떤 방식으로 고려되어야 하는지, 아니면 실행되지 않았는지를 연구하는 것이다. 주요 결과 중 하나는 학생의 요구는 개혁 단계에서 대체로 무시된다는 것이다. 결과적으로 연구자들은 학교 행정가들이 교육개혁을 시도하는 과정에 학생들이 관점을 갖는다는 것을 인식하는 것만으로는 충분하지 않다고 제안했다. 행정가들은 학생들을 직접 컨설팅해야 할 필요가 있다.

그런데 우[Wu, 2000]가 지적하듯, 대부분의 교육 연구들은 학생에 집중하지 않고 학습에 대한 학생의 관점을 간과한다. 가령, 중국에서 탐구기반 학습enquiry-based learning에 관한 공문서의 저자들은 구성주의자의 교수법이 "교실이나 집에서의 학습과 의사소통에서의 학생의 지능, 능력 발달을 위해" 설계되었다고 강조한다.[Huang, 2009: 75] 그러므로 탐구기반 학습은 모든 학생에게 받아들여지고 실행되어야만 한다.[Huang, 2009] 왜냐하면 교실

수업에서의 탐구기반 학습 실행과 관련된 결과물들, 즉 학생들보다는 교사와 행정가가 제시한 대부분의 피드백, 논평, 제안인 결과물들을 읽으면 훈시적이고 논란이 많아 다소 실망하게 된다.

　비록 학문적 소논문들이 새 교육과정 개혁을 제안하고 특별 활동들이 교실 수준에서 실시되어야만 한다고 제안할지라도 학생들의 관점과 목소리는 학교행정가, 교육연구자, 정책입안자에 의해 무시된다. 필딩[Fielding, 2001]이 강조하듯, 그들은 왜 학생들이 말해야 하고 말을 들은 후에 발화를 어떻게 만들어 사용해야 하는가를 전혀 고려하지 않는 것으로 나타났다.

　불가피하게 중국의 교육연구자들을 위한 이러한 질문에 내재한 것은 '교사'와 '학생'의 이원론적 수용에 대한 도전이다. 그리고 "교육자는 자신들의 학생들 위에 서서 학생들이 자신의 '목소리'를 내도록 애쓰는 과정에 있을 때 그들을 인도해야 한다"라는 가정에 대한 도전이다.[Hao, 2015; Li 2001; Wu, 2000; Zhang, 2014] 게다가 우[Wu]가 강조한 것은 많은 연구자가 학생의 "혼란스러운" 관점들과 학습 환경이 단선적인 교육과정 실시로 이상화된 것에서 연구자 자신들의 목소리의 진정성을 결정한다고 주장한다는 것이다. 그래서 우[Wu]는 브루커와 맥도널드[Brooker & Macdonald, 1999]를 소환하여 교육가와 교사는 "군주와 같이 권력을 휘두르지 말고, 교실에서 모든 담화와 사회적 상호작용을 조율하면서 모든 상황에서 생산적이고, 실재하는 권력의 개념에 집중하도록" 충고한다.[Wu, 2000: 155] 우[Wu, 2003]는 나중에 학교는 전통적인 교사-학생 관계에 대한 그들의 의존을 약화시켜야 하고, 교사의 권위를 다시 생각해야 한다고 주장했다. 하지만 다른 연구자들은 우리가 학생들의 아이디어를 실제로 들을 수 있는가를 의심한다. 리[Li, 2001]는 비록 일부 서구 연구자가 학생들이 스스로의 목소리를 절합하고, 발견하도록 요구받는다 할지라도 복잡한 중국의 교실 상황은 학생들의 상상을 뛰어넘을 것이라고 지적했다. 왜냐하면 "교실 내의 모든 목소리는 특수한 중국의 학교 환경에서 이루어지는 대화 구조 속에서 동등한 권리와 권력을 전달할 수 없기 때문"이다.[Li, 2001: 78]

이전 연구의 참고문헌을 인용해 보면, 학생 목소리에 대한 이슈는 자유주의적, 비판적, 페미니스트와 후기구조주의자의 관점을 반영한 교육 분야의 주요 관심사이다. 그러나 학생 목소리 연구는 경험적 연구로 중국의 교육적 맥락에서는 현저하게 희박해 보인다. 아직 해결되지 않은 질문들은 연구자들이 폭넓게 연구한 학생의 목소리를 어떤 방식으로 사용할 것인가에 대한 것이다. 그리고 학생의 목소리를 찾아 제안된 결과들을 어떤 방식으로 활용할 것인가? 특히, 중국에는 교육과정 실행과 관련하여 학생 목소리에 관한 경험적 자료가 거의 존재하지 않는다. 그러므로 중국 교육개혁에서 중요한 것은 위와 같은 연구들이 새로운 교수 전략을 적용하고, 교육과정을 개혁하는 중에 학생들의 경험과 반응의 역할을 강조하는 것이다.

에필로그: 중국에서 학생 목소리 연구를 위한 도전

최근 수년간 중국 본토 교육적 공동체의 문헌들이 연구되면서 교육적 변화에 영향을 주는 학생의 목소리와 관련된 접근법을 위한 단서를 찾았다. 그러나 선Sun[2005년 Zhong이 인용함]은 학생의 목소리를 단순히 듣기만 하는 행위는 그 자체로 끝이 나 버린다고 주장한다. 칸[Kan, 2009b]은 학생들을 위해 말한 것의 효과는 연구자들에 의해서 실제로 종종 왜곡된다고 강조했다. 이러한 의구심에 직면해서, 우리는 학생 목소리에 대한 접근을 강조한 연구들은 임시변통이 될 수 있음을 인정해야 한다. 바라건대 현장을 개혁하려는 관점을 갖춘 중국의 교육학 연구에서 이런 영역들이 논의되고 변혁되어야 할 것이다.

참고문헌

Benn, C. (2004). *China's golden age: Everyday life in the Tang Dynasty*. Oxford: Oxford University Press.

Brooker, R., & MacDonald, D. (1999). Did we hear you?: Issues of pupil voice in a curriculum innovation. *Journal of Curriculum Studies, 31*(1), 83-97.

Cai, M. L. (2003). Stories in classroom context: Qualitative research on schooling. *Educational Journal of Taiwan Normal University (in Chinese), 17*, 247-259.

Cai, X., Fei, Z. Z., & Wang, Y. (2002). The cultural revolution and narrative: A dialogue about researches on the cultural revolution. *Review of Contemporary Writers, 9*(4), 44-49.

Chen, H. Q. (1994). Child-psychology and approaches of education for the child. In J. Lv & D. Zhou (Eds.), *Selected works of Chen Heqin*. Beijing: People's Education Press (Original work published 1934).

Chou, M. (1984). *Hu Shih and intellectual choice in modern China*. Ann Arbor, MI: University of Michigan Press.

Cockain, A. (2011). Student's ambivalence toward their experiences in secondary education: Views from a group of young Chinese studying on an international foundation program in Beijing. *The China Journal, January, 65*, 101-118.

Cotterel, A. (2000). *Eyewitness: Ancient China*. New York: DK Children.

Davey, G., Lian, D. C., & Higgins, L. (2007). The university entrance examination system in China. *Journal of Further and Higher Education, 31*, 385-396.

Davin, D. (1991). The early childhood education of the only-child generation in urban China. In E. Irving (Ed.), *Chinese education: Problems, policies and prospects*. New York: Garland Publishing.

Deng, W. (2000). Case study on pupils' experience in classroom: Qiaozhen primary school. *Educational Journal of Sichuan University (in Chinese), 6*(2), 157-164.

Ebrey, B. P. (1993). *The inner quarters: Marriage and the lives of Chinese women in the Sung period*. Oakland, CA: University of California Press.

Fairbrother, G. (2011). *Toward critical patriotism: Student resistance to political education in Hong Kong and China*. Hong Kong: Hong Kong University Press.

Fang, W. P. (2008). Students' appeal: Cultural phenomenon and historical understanding in a changing era. *Magazine of Students*. (Original work published 1914-1918)

Fang, W. P. (2011). *Annual report of cultural development of Chinese children*. Hangzhou: Zhejiang Publishing House of Literature & Art.

Fielding, M. (2001). Students as radical agents of change. *Journal of Educational Change, 2*, 123-141.

Gernet, J. (1963). *Daily life in China on the eve of the Mongol invasion, 1250-1276*. Redwood City, CA: Stanford University Press.

Goldman Sachs Foundation and Asia Society. (2003). 2003 *Prizes for excellence in international education*. Retrieved from http://www.internationaled.org/prizes/2003.htm

Grieder, J. B. (1970). *Hu Shih and the Chinese Renaissance: Liberalism in the Chinese Revolution, 1917-1937*. Cambridge, MA: Harvard University Press.

Gu, M. Y. (2003). Basic assignment of primary and middle school educational reform. *Education for People (Rinmin Jiaoyu), 17*(3), 14-19.

Gu, M. Y. (Ed.). (2013). *Encyclopedia on education*. Beijing: Encyclopedia Press.

Hao, J. R. (2005). Learning to listen to pupils' voices. *Education in Shanxi, 9*, 17-19.

He, S. L. (2013). Inquiry on disappearance of pupils' voices. *Journal of Educational Research, 14*(4), 47-51.

He, X. X. (Ed.). (1990). *A brief history of pre-education in modern China*. Beijing: Beijing Normal University Press.

Hooper, B. (1985). *Youth in China*. Harmondsworth, UK: Penguin.

Huang, W. (2009). The right of voice for teachers and pupils, based on classroom observation. *Educational Research and Experiment, 12*(6), 74-79.

Ji, Y. (1992). Understanding children in ancient China. *Journal of Study of Children, 12*(4), 45-48.

Kan, W. (2009a). Survey about pupils' perspectives of history class in three key secondary schools. *Beijing Education, 2*, 56-59.

Kan, W. (2009b). Whose voices? Who is listening? *Journal of Educational Research (in Chinese), 35*(2), 9-15.

Kwong, J. (1994). Ideological crisis among China's youths: Values and official ideology. *The British Journal of Sociology, 45*, 247-258.

Li, C. (2001). Do we understand the pupils' own world? *Teachers and Education, 4*(1), 69-74.

Li, J. X., & Qian, B. (2009). Students' voices in the songs of struggle in the antiJapanese war. *Social Science in Hubei, 11*(5), 113-116.

Li, Z. X. (1999). *Stepping into the students' mind-Notes of democratic education in schools*. Chengdu: Sichuan Children Education Press.

Liu, A. P. (1984). Opinions of youth in the People's Republic of China. *Asian Survey, 24*, 976-977.

Liu, X. F. (1986). *Poetic philosophy*. Jinan: Shandong Publishing House of Literature & Art.

Lu, K. J. (2007). *Emancipation and discovery: A study on the outlook of children in modern China*. Unpublished doctoral dissertation (in Chinese). Education Department, Central China Normal University: Wuhan.

Ma, W. N. (2001). *Survival from the outside perspectives of schooling: Encounter on campus*. Beijing: Beijing Normal University Press.

Ma, W. N. (2003). Understanding the vulnerable groups in a classroom. *Educational Theory and Practice (in Chinese), 27*(12), 11-14.

Mitra, D. L. (2008). *Student voice in school reform*. Albany, NY: Suny Press.

Miyazaki, I. (1981). *China's examination hell: The civil service examinations of imperial China*. (C, Schirokauer, Trans.). Washington, DC: Yale University Press.

Moore, L. R. (2005). Generation Ku: Individualism and China's millennial youth. *Ethnology, 44*, 357-376.

Mullins, R. (2005). Test fever: What the gaokao means to today's students, teachers and parents. *China Today, 54*(9), 34-36.

Qian, M. H. (1998). *Students: To be honest*. Beijing: HR Press.

Ren, S. L. (2011). *High school students in the 1980s*. Beijing: New Star Press.

Shu, X. C. (Ed.). (1960). *The literature of modern educational development*. Beijing: People's Educational Press.

Sun, M. X. (1938). *Education in kindergarten*. Chongqing: Xingzhi Press.

Tang, Z. H. (2002). Pupils' stories in a primary school. *Shanxi Education Weekend, No. 271*.

Tao, X. Z. (1933). *Collected works on education* (Vol. 2). Wuhan: Central China Normal University.

United Nations. (2009). *United Nations Convention on the Rights of the Child*. Committee on the Rights of the Child, Fifty-first session Geneva, 25 May-12 June. Retrievable from: http://www2.ohchr.org/english/bodies/crc/docs/AdvanceVersions/CRC-C-GC-12.pdf

Wang, A. Y. (1981). *The wall*. Beijing: People's Literature Publishing House.

Wang, S. G. (1993). *Reason and insanity*. Hong Kong: Oxford University Press.

Wang, Y. (2006). Value changes in an era of social transformations: College-educated Chinese youth. *Educational Studies, 32*, 234-248.

Wu, W. (2000). Research method on understanding group voices. *Journal of Educational Research of Capital Normal University (in Chinese), 11*(4), 87-96.

Xia, Y. (2001). *Origins of human rights: Historical philosophy of rights* (in Chinese). Beijing: Press of China University of Political Science and Law.

Xiong, X. J. (2006). *A history of female education*. Taiyuan: Shanxi Educational Press.

Xu, L. (2002). *Searching for life's meaning: Changes and tensions in the worldviews of Chinese youth in the 1980s*. Ann Arbor, MI: University of Michigan Press.

Xu, L. (2004). Farewell to idealism: Mapping China's university students of the 1990s. *Journal of Contemporary China, 13*, 781-795.

Yang, D. P. (2000). *Justice in education and equal opportunities*. Beijing: Higher Education Press.

Yin, X. M. (2009). Analysis of the reasons why there is a lack of student voice (in Chinese). *Journal of Educational Research Papers of Hebei Normal University, 21*(3), 34-39.

Zhang, K., Li, D., & Beck, E. J. (1999). Changing sexual attitudes and behavior in China: Implications for the spread of HIV and other sexually transmitted diseases. *Aids Care, 11*, 581-589.

Zhang, Y. (2003). Listening to the voices of "special" pupils. Curriculum, Teaching Material and Method (in Chinese), 15(8), 54-55.

Zhang: C. (2014). *A juvenile under the kite: Series stories of a small warrior of the Red Army during 1927-1937*. Guangzhou: New Century Press.

Zhang, Y. (2003). Listening to the voices of "special" pupils. *Curriculum, Teaching Material and Method, 8*, 54-55.

Zhao, Y., Lin, L., & Hoge, J. (2007). Establishing the need for cross-cultural and global issues research. *International Education Journal, 8*(1), 139-150.

Zhao, Y. L., Zhou, X. G., & Huang, L. H. (2008). Chinese students' knowledge and thinking about America and China. *The Social Studies, 99*(1), 13-22.

Zhong, J. W. (2005). Historical analysis and current thinking on students' rights. *Perspectives on Global Education, 22*(11), 37-41.

Zhong, S. H. (Ed.). (1985). *A series of books: Walking towards the world*. Changsha: Yuelu Institute.

Zhou, Z. R. (2006). *Narrative: From the perspectives of the editor of a tabloid newspaper of the Red Guard-40 years anniversary of the memorial ceremony for the Cultural Revolution*. Fort Worth, TX: Fellows Press of America.

22장
이란에서의 이슬람 교육

호스로 바게리 노아파라스트[1]

들어가는 말

일반적으로 종교교육, 특히 이슬람 교육은 조화로운 통합이란 면에서 늘 도전받는다. 예를 들어, 허스트[Paul Hirst, 1974]는 '종교교육'은 무의미하다고 주장한다. 왜냐하면 종교적 신념이 교조적인 교육에 합리성이라는 것이 관여하고, 합리적이려는 노력과 교조적 태도를 유지하려는 노력 사이의 일치된 조합은 불가능하기 때문이다. 허스트는 종교교육이란 이름으로 종교 공동체에서 실제 어떤 일이 벌어지는지에 관심을 기울이며 '교육'이 좀 더 원시적인 감각에 따라 이런 식으로 사용된다고 말했다. 이는 교화라고 밖에는 볼 수 없는 것으로, 이런 식의 교육은 지식과 합리성이 핵심이 되는 근대적 교육 의미와 혼동해서는 안 된다.

할스테드[J. M. Halstead, 2004]는 허스트가 종교교육을 다뤘던 것과 똑같은 방식으로 이슬람 교육에 대해 말한다. 할스테드는 이슬람 교육을 자유교양 교육과 비교하면서 이슬람 교육에서 "적어도 자유로운 사고라고 이해되고 있는 교과 혹은 학문의 자율성이 배제되어 있는데, 그 이유는 모든 교과,

---

1. 호스로 바게리 노아파라스트(Khosrow Bagheri Noaparast): 이란 테헤란대학교 심리학 및 교육학과 교수(Faculty of Psychology and Education, University of Tehran, Tehran, Iran). 교육이론가로 이란교육철학회(Philosophy of Education Society of Iran, PESI) 회장을 역임했다. 종교 및 개인심리구성을 주제로 연구하며, 구성적 실재론, 신실용주의, 활동이론, 탈구성주의, 해석학 및 이슬람 교육철학을 핵심적인 이론으로 발전시키고 있다.

모든 지식은 목적과 방향성을 부여하는 종교의 지도적 영혼을 필요로 하기 때문"이라고 말한다.[p. 525] 또한 그는 다음과 같이 이야기한다.

> 쿠란과 예언서Qur'an and the Prophet에 대한 "울라마ulama(학식 있는 사람)"의 가르침의 권위를 수용함으로 가끔은 확실함에 이를 수 있다. 따라서 이슬람은 이렇게 합법적 권위와 아래로 전달해 주는 지식의 진실함에 대한 믿음에 경의를 표하는 겸양의 태도를 북돋는다.[Halstead, 204: 525]

이런 관점은 다른 곳에서 비판적으로 다뤄져 왔다.[Bagheri Noaparast & Khosravi, 2006] 이에 덧붙여 이슬람 교육과 자유교양교육의 관계는 복잡한데, 이 관계가 이슬람 교육을 옹호하는 의미에 의존하기 때문이다. 좀 더 일반적인 수준에서, 종교와 세속주의 사이의 요즘 관계가 계몽주의 이래 인식되어 온 것보다 더 복잡하다는 것이 점차 분명해지고 있다. 하버마스[Jurgen Habermas, 2012]가 지적하듯, 종교적인 사람과 세속적인 사람 모두 종교와 이성의 관계를 잘못 이해해 왔다. 하버마스에 따르면, 세속주의자들이 저지르는 실수는 종교가 인간 삶에서 차지하는 사회적 역할을 무시하는 것이고 종교인들이 저지르는 실수는 인간 삶에서 이성이 차지하는 역할을 비열하게 공격해 온 것이다. 여기에 언급할 만한 것이 또 있는데, 데리다[Derrida, 1983]는 자신이 "신계몽주의"라고 부른 것을 껴안으라고 호소했다. 그에 따르면, 18세기 계몽주의가 신앙과 이성 사이에 분명한 선을 그으려 시도했지만 (자신이 주창하는) 신계몽주의는 이런 대비를 단순한 정신기질이라며 거부한다. 데리다는 오랜 계몽주의에서 신앙의 역할을 공격하는 것이 이성을 신앙으로 전환하도록 이끌었다고 주장한다. 지금은 새로운 계몽주의로부터 기대되는 것이 신앙과 이성 간의 새로운 관계를 도출해 각각 그에 걸맞은 자리를 찾도록 하는 것이다.

이 글에서는 이슬람 교육의 새로운 개념을 끌어들여, 이슬람 교육이 이성과 신앙 사이의 적절한 관계를 도출할 수 있음을 보여 주고자 한다. 이를 위해 실천에 영향을 끼치려 했던 할스테드 같은 학자들의 주장과는 달리 이슬람 교육에 대한 대안적 이해를 제공하고자 한다. 이슬람 교육은 이슬람교도들 사이에서는 지지받고 자유주의자들에게는 비판받고 있는데, 이슬람교도들 사이에서 이슬람 교육에 대한 잘못된 인식이 자리 잡고 있음을 말하지 않을 수 없다. 이슬람 경전에 대한 새로운 독해는 이슬람 교육이 타당성과 함께 (이슬람 경전이 신경 쓰는 한) 이성과 양립성을 지닌다는 생각을 제공할 수 있다. 이는 이슬람 교육에 대한 잘못된 인식과는 완전히 반대되는 이야기다. 여기서는 이런 특징을 기술하면서 좀 더 나아가 인간 행위주체성과 합리성에 대한 이슬람식 이해가 어떤지 보여 줄 수 있는 이슬람 교육의 한 개념을 제안할 것이다. 이 개념은 이슬람 교육이 두 가지 측면에서 "다른 교육"임을 보여 줄 것이다. 한편으로는 일부 이슬람교도가 이슬람 교육에 대해 분명히 생각하거나 혹은 자신들의 교육 활동에서 암묵적으로 가정하고 있는 것이란 점, 다른 한편으로는 비이슬람교도 세계에서 이슬람 교육을 설교식이자 전제주의적이라고 하는, 즉 교화의 형식을 띠었다고 하는 지배적 편견과 오도된 관점이란 점이다.

인간의 행위주체성에 관한 이슬람적 관념

이 절에서는 쿠란에 등장하는 인간 행위주체성human agency을 다음에 제시할 교육의 본성을 위한 토대라고 설명할 것이다. 하레[Rom Harré, 1983]는 행위가 이슬람교에서 핵심적인 부분이라고 지적했다. 그는 다양한 연구를 검토해 서구의 윤리적 관점이 주로 '인지적'이라고 주장하는데, 이에 비해 이슬람의 관점은 '행위지향적conative'이라고 보았다.

내가 알기로, 이슬람교도의 도덕심리학은 아주 잘 절합된 도덕발달심리학 이론에 따른 유일한 전통적 도덕성을 보여 준다. 이런 도덕심리학은 행위지향적이지, 인지적이라든가 이론적이지 않다. … 따라서 라마단 금식이라든가 자기를 부인하는 여러 다른 형태와 같은 것들은 모두 의지를 강화하는 기술이다. 이것들은 몸에 건강함을 더하는 것, 즉, 도덕적 피학증이 아니다. 오히려 이것들은 의지를 강화하는 것으로 도덕발달의 길이 된다.[Harré, 1983: 244]

하레에 따르면, 이슬람교는 인간에게 "옳은 길"을 인도해 주기 때문에 옳은 길을 헤쳐가겠다고 결정할 필요(행위지향적 방면)가 늘 있지, 무엇이 옳은 길인지 생각하는 데(인지적 방면) 크게 신경 쓰지 않아도 된다. 이슬람의 도덕성이 갖는 인식적인 측면이 아닌 행위지향적인 측면의 특성에 대한 하레의 관점은 이슬람교의 관점이 인식적 부분 없이 단지 행위지향적이라는 것처럼 읽힌다. 이에 이 글의 마지막에서는 인간 행위의 요소를 분석하면서 전혀 그렇지 않다는 점을 보여 줄 것이다. 이 분석에는 이슬람의 관점을 지닌 도덕적 행위에 관한 내용도 포함될 것이다. 인용한 하레의 글에서 좀 더 분명히 해야 할 부분이 있기는 하다. 그가 인성교육 혹은 덕윤리를 이슬람에 한정하고 있는 것으로 보이기 때문이다. 분명한 것은, 덕윤리와 마찬가지로 인성교육은 적어도 아리스토텔레스까지 거슬러 올라가야 하는 아주 오랜 역사가 있다.

인간 행위주체성에 관심을 기울이는 상황에서 쿠란이 인간 행위주체성을 이끌어 준다는 점을 꼭 기술해야만 한다. 쿠란에는 연령(물론 영유아기는 제외하고), 인종, 성별, 종교 등의 범주를 넘어서는 가장 인간의 종합적인 특징이 담겨 있다. 모든 인간은 행위주체로 여겨지는데, 이 행위주체는 진정으로 자신에게 귀착될 수 있는 행위를 지니고 있다. 예를 들어, 쿠란에 "각자는 자신의 특질에 따라 행위한다"[쿠란, 17: 84]라는 구절이 있다. 그 이점에서, 인간 행위주체성에 대한 이슬람교의 관점을 절합하기 위해, 행위의 토대와 요구조건이 좀 더 설명되어야 한다.

행위의 토대

인간 행위에 관한 내용을 담고 있는 쿠란을 분석해 보면, 이슬람에서 이야기하는 행위는 세 가지 토대에 의해 구성되어 있다. 즉, 인지, 성향, 의지. 다른 말로, 모든 행위는 곧 행동의 일부가 되지만, 그 반대, 즉 모든 행동이 곧 행위라고 할 수 없다. 행동의 범위는 행위의 범위보다 더 넓다고 해야 한다. 즉, 그 어떤 행위라도 행동이라고 할 수 있지만, 모든 행동이 행위가 되지는 않는다. 행동이 행위가 되려면 전제한 세 가지 요소를 갖추어야 한다. 두 번째 강조할 점은, 이 세 요소 사이에는 반드시 직선적 상관관계가 상정되지는 않는다. 즉, 인지는 언제나 성향이나 의지를 따른다고 할 수 없다. 오히려 인지는 성향에 앞선다고 봐야 할 것이다. 후자가 맞는다면 인지는 성향에 합리화를 제공한다.

인지를 행위의 토대로 보는 한, 인간 행위는 인지에 관련된 쿠란 구절에서 분석될 수 있다. 인지 자체는 망상, 추측, 확실성과는 다른 특징을 보일 수 있다. 추측과 확실성은 각각 망상보다 더 강한 특징을 지닌다. 쿠란에서 일부 예시를 언급하는데, 다음 구절들을 살펴보기를 바란다.

> 믿지 않는 사람들의 행태는 사막의 신기루 같은 것으로 갈증으로 물을 찾아 헤매다 물가에 다다랐다고 생각하지만 정작 거기에 아무것도 없다는 것을 알게 된다. 이때 신과 죽을힘을 다해 싸우고 있는 자신을 발견한다. 왜냐하면 신은 계산에 빠르기 때문이다.Qur'an, 24: 39

이 예시는 망상적인 방식으로 목표를 상상하는 사람을 보여 준다. 그럼에도 이 목표는 이어지는 노력과 행위의 인지적 기초로 기능한다. 타당하고 탄탄한 확실함에 도달하는 것은 결코 쉽지 않다. 이런 확실함을 망상 혹은 추측과 구분하는 것이 중요하다. 이런 분별은 다음의 쿠란 구절에서 강조되고 있다. "많은 이가 망상을 따른다. 그러나 망상은 실재를 대신

할 수 없다. 신은 참으로 당신이 하는 일이 무엇인지 알고 있다."^{Qur'an, 10: 36}

인지는 의도적으로 드러나는 인간 행위의 명시적 특성이다. 의도성은 현상학자들이 "지향성(어떤 것에 관한 지향성)"이라고 주장하는 것과 같다. 행위의 목표는 행동이 지향하는 것을 보여 준다. "목표"는 의식이란 점에서 "도달할 지점"과 다르다. 의식은 전자, 즉 목표에 관여하는 것이지만, 후자, 즉 도달할 지점에는 관여하지 않는다. 예를 들어 바다에 도달하고 있는 강은 이제 그 도달지점에 이끌어 주고 있지만, 그렇다고 이 지점에 이르는 것이 강의 목표였다고 말할 수 없다. 행위의 이런 인지적 차원은 행위를 단순한 움직임 혹은 단순한 신체적 움직임과 구분하게 해 준다. 앞서 이야기했듯, 이런 인지의 내용은 소위 망상적일 가능성이 있으므로 반드시 진실되다고 할 수 없다. 의식에 관한 한 지향성은 하위 의식적으로 드러나거나 암묵적 의식으로 표출된다. 하지만 행위는 완전히 의식적일 수 없고 이 경우 행위는 단순한 신체적 움직임으로 변해 버린다. 그러나 칙센트미하이^{Csikszentmihalyi, 2008}가 "흐름"이라고 했던 것에 대해 무슨 말을 할 수 있겠는가? 흐름 혹은 최고조의 경험은 활동에서 완전한 참여를 의미한다. 사실, 의도성은 흐름과 적합한 것인데, 그 속에서 감소하는 것인 의식이라기보다는 자기의식이기 때문이다. 즉, 활동은 자기목적적인 활동으로 변화하는데, 이는 단지 기계적인 자동적 활동과는 다르다.

이슬람의 관점에서 행위의 두 번째 토대는 성향이다. 동기 혹은 경향성이 없는 행위는 엔진 없는 차와 같다. 따라서 높든 낮든 특정 성향은 행위를 이루는 데 없어서는 안 된다. 이런 동기는 거의 언제나 인지적 장면과 연관된 만족스러운 성향 이후에 등장한다. 따라서 등급이 높든 낮든 성향은 행위에 없어서는 안 되는 것이다. 이 점은 쿠란이 왜 사람은 그 행위의 잘잘못이 예상되더라도 자기 행위에 깊이 관심을 기울이게 된다고 말하는지 알 수 있다. "우리는 각 사람의 행위가 매력적이도록 했다. 사람들은 주님에게로 돌아가야 하며, 주님은 이들에게 이들 행위의 결실을 말해 줄 것이다."^{Qur'an, 6: 108}

일부 사람들이 자신의 행위를 통해 타인을 부주의하게 돌보는 상황에서 우리는 성향을 어떻게 행위의 꼭 필요한 토대로 받아들일 수 있을까? 이 경우를 교육적 책무 수행에 어떻게 활용할 수 있겠는가? 그렇다면 우리는 피상적 감정과 심오한 감정을 구분해야만 한다. 돌봄의 부족은 행위의 감정의 차원에서 피상적인 것이다. 그러나 거의 대부분 심오한 감정은 행위에 관여한다. 수학을 몹시 싫어하는 학생이라도 교사의 긍정적인 주목을 얻고자 숙제를 한다.

마지막으로 행위의 세 번째 토대는 의지이다. 인지와 성향만으로는 행위가 나타나도록 하는 데 충분하지 않다. 의지 또한 인간 행위를 가능하도록 하는 데 꼭 필요하다. 여기서 의지는 선택과 관련된 것으로 의지를 단지 행위를 하게 하는 힘으로 축소해 이야기해서는 안 된다. 인간 행위의 필수적 조건이라 할 수 있는 의지는 인간 행위의 필요조건으로서 책임감으로부터 도출될 수 있다. 사람들은 자기 할 바를 선택했다고 가정하는 토대에서 행하는 자기 행위에 책임을 져야 한다. 쿠란에 따르면, 의지는 성향과 똑같지 않으며 심지어 강화된 성향과도 같지 않다. 따라서 서로 다른 성향이 충돌할 때 가장 강한 성향이 다른 성향을 이끄는 것은 적절하지 않다. 이 경우 주체는 자기 행위에 책임을 지려고 하지 않을 것이다. 쿠란에 따르면, 성향을 지닌 것과 이 중 어떤 성향을 선택해 행위를 하는가는 서로 다른 문제다. 이런 관계를 지칭하는 의미에서 쿠란의 다음 구절을 인용해 볼 수 있다. "자기 욕망에 사로잡힌 사람을 신에 바쳐진 사람이라고 생각해 본 적 있는가? 그를 신뢰할 수 있겠는가?"Qur'an, 25: 43 즉, 성향을 지닌 것과 그것을 선택해 행위를 하는 것은 서로 다른 문제다.

누군가는 의지가 행위에 꼭 필요한 토대인지 질문할 수 있을 것이다. 일종의 고압적인 행위에 대해 뭐라고 할 것인가? 사실, 고압적인 행위는 일종의 의지에 따른 행위와 서로 대립되지 않는다. 오히려 고압적 행위는 곧 의지에 따른 행위라 할 수 있다. 그러나 여기에는 한 가지 선택지만 주어진다. 즉, 의지에 따른 행위에는 다중 선택지 혹은 단 하나의 선택지 등이 가능성으로 주어지지만, 고압적인 행위에는 오로지 후자, 즉, 단 하나의 선택지만이 주어진다.

인간 행위가 인지, 성향, 의지에 토대한다고 하더라도, 행위를 둘러싼 다양한 부류의 제한사항이 있기 마련이다. 즉, 신체적 제한, 정신적 제한, 사회적 제한, 역사적 제한, 지리적 제한 등. 결과적으로 각자는 자신만의 행위 영역을 지니고 있을 뿐만 아니라 각자의 행동을 구성하는 토대는 이들 행위의 영역 경계를 긋도록 하는 데 다양한 영향을 미치는 원천이 될 수 있다. 각자가 보이는 행위의 특정 경계는 (쿠란에 따르면) "vos'a(능력치)"라는 단어로 소개된다. 여기에는 신이 각자의 잠재적 능력에 부합할 기회를 제공해 준다는 긍정적인 비전이 담겨 있다. "신은 영혼이 감당할 수 없는 짐을 지우지 않는다. 각 사람은 그가 얻게 되는 (선한) 것을 기뻐하고, 마찬가지로 각 사람은 그가 행하는 (악한) 것에 따른 벌을 받는다."^{Qur'an, 2: 286}

이슬람의 관점은 그 자체의 독특한 방식에서, 인간 행위의 한계를 수용하면서 '오류 이론'을 기각한다. 이런 관점은 실제로, 사람은 기본적으로 자신의 (잘못된) 행위를 제대로 알지 못하는데, 그 이유는 내부로부터 의식하지 못한 영역 혹은 외부로부터 이겨낼 수 없는 힘의 개입이 이루어지기 때문이다. "실제, 사람은 자기 자신에 대드는 증인이다. 그가 어떤 핑계를 대든 상관없이 말이다."^{Qur'an, 75: 14-15} 무슨 일이 일어나건 사람은 자기 행위에 책임을 지게 된다.

행위의 네 가지 요구조건

인지, 성향, 의지라는 토대를 가지고 행위는 다음에 설명할 조건들을 요구한다. 다음 네 가지만이 행위 요구조건의 전부라고 한정하지 않는다.

첫 번째 요구조건은, 행위가 일어나는 경우, 행위는 행위자와 환경에 영향을 미치게 되는 객관적 측면을 수반한다는 점이다. 한 번의 행위가 미치는 일련의 후속 영향들은 피할 수 없을 뿐만 아니라 막을 수도 없다는 점에서 객관적이고 실재한다. 예로, 행위자의 마음에 나쁜 행위가 미치는 영향을 말하고 있는 쿠란의 구절을 인용해 보자. "신과 맺은 언약을 깨고 거짓말한 결과로 그는 자기 마음을 위선으로 채웠는데, 이런 그의 마음은 죽어 신 앞에 가는 날까지 이어질 것이다."Qur'an, 9: 77

두 번째 요구조건은, 행위가 행위자의 정체성을 형성하게 되는데, 행위가 사람에게 미치는 영향은 피할 수 없기 때문이라는 점이다. 다른 말로, 사람의 행위는 개인의 행사하는 의지를 표상할 뿐만 아니라 자신이 선택한 성향과 인지를 보여 준다. 이런 인지와 성향의 특정 내용은 그 사람이 관심을 기울이는 정체성을 표상한다. 의심할 것도 없이, 사람의 정체성은 아주 다양한 층위를 보이는데, 일부 사람들의 정체성은 자신이 얻어 갖게 된 것이라기보다는 선천적으로 주어진 것이다. 유전적이라거나 성적 취향, 혹은 민족적 정체성 등이 여기에 해당한다. 그런데 이슬람에 따르면 정체성의 핵심은 사람의 행위에 의해 만들어진다. 사실, 자연적으로 주어진 정체성의 요소들은 행위 영역의 경계를 지운다. 사람들은 자기의 핵심 정체성을 이런 행위의 영역 내에서 만들어 간다. 쿠란을 보면 사람들을 그들이 지닌 핵심 정체성과 동일시하고 있는데, 다음 구절을 살펴보자. "짐을 지는 사람은 다른 사람의 짐을 지지 않는다. 오로지 사람이 얻으려고 애쓰는 것만 받는다."Qur'an, 53: 39-40

세 번째 요구조건은 책임감이다. 인간은 자기 행위에 책임을 지는데, 그 행위의 가장 큰 원인이 개인이기 때문이다. 한 가지 행위가 이뤄졌을 때, 환경뿐만 아니라 그 행위를 한 사람에게 미치는 영향력은 돌이킬 수 없기는 하지만, 그 사람은 모든 파급효과에 책임을 져야 한다. 따라서 쿠란의 다음 구절을 인용해 본다. "모든 영혼은 그가 행한 것에 맹세되어 있다."Qur'an, 74: 38

네 번째 요구조건은, 행위란 역동적 성격이지만 점차 정적인 상태로 변화하게 된다는 점이다. 이미 전제된 행위의 토대를 고려할 때, 원칙적으로 인간은 이전의 행위를 긍정적인 방향 혹은 부정적인 방향으로 변화시킬 수 있다. 일단 긍정적인 방향을 예로, 쿠란의 말을 빌려 보겠다. "알지 못하여 악을 행하는 자에게는 회개하여 스스로 시정하라. 너희 주는 참으로 관대하시고 인자하시도다."^{Qur'an, 16: 119} 하지만 누군가 한 방향으로 더 많이 행위를 하면 할수록, 그 반대 방향으로 행위를 할 기회는 점점 더 줄어들게 된다. 이전의 행위가 한 개인이 지닌 정체성에 영향을 미치기 때문이다. 아주 극단적인 경우, 쿠란은 가로막힌 정체성의 형성을 통해 잘못을 저지른 사람에게 발생하는 정체에 대해 말하고 있다. 인간 행위는 자기 행위의 방향을 바꿀 수 있지만, 반대 방향으로 바꾸기는 점점 더 어렵게 된다. 이전 행위로 인해 만들어진 정체성 때문이다. "그들은 귀머거리, 벙어리, 맹인이라. 다시는 이전 모습으로 돌아가지 않을 것이라."^{Qur'an, 2: 18}

비대칭적 상호작용으로서의 이슬람 교육

나는 여기에서 이슬람의 관점에서 인간 행위주체성과 합리성이란 개념을 살피면서 이슬람 교육의 신선한 개념을 하나 제안하고자 한다. 앞서 설명한 행위의 토대와 특성을 고려해 볼 때, 교사와 학생은 다양한 행위 유형을 가진 행위주체로 자신들의 행위를 통해 각자의 정체성을 형성한다. 따라서 교육의 이슬람적 개념을 이해하기 위해 다음과 같은 특징을 제시할 수 있다.

첫째, 교육적 관계는 상호 교호적이다. 반드시 짚어야 할 부분은 여기서 '상호작용'은 일반적으로 관찰되는 단순히 서로 주고받는 영향과는 다르다는 점이다. 즉, 상호작용은 인지, 성향, 의지라는 세 토대를 지닌 행위의 주체들 사이에서만 발생할 수 있다. 관계성이 상호작용이 되려면 각 행위의 주체가 다른 행위주체의 인지, 성향, 의지를 진지하게 고려할 때

라야 가능하다. 물론 이 세 토대에 근거한 행동도 포함해서 말이다. 사람이 누군가의 행위자성이 무시되거나 소홀히 다뤄지는 방식으로 행위할 때마다 이들 간의 관계성은 상호작용에서 일방적인 행위로 바뀌게 되는데, 이때 다른 사람은 이 행위로 인해 사람이 아닌 물건으로 환원된다. 따라서 행위주체성에 토대한 교육적 관계성은 반드시 상호작용으로 다뤄져야 한다.

둘째, 교사와 학생 간의 상호작용은 더 나은 행위 가능성을 제공하도록 해야 한다. 사실, 학생을 행위주체로 간주한다고 할 때, 교사의 역할은 학생을 변화시키는 것이 되어서는 안 된다. 사람이 아닌 물건만이 직접적이고 일방적인 방식으로 누군가에 의해 변화될 수 있을 뿐이다. 행위주체는 자신이 무엇을 할지 결정해야만 하고, 결과적으로 다른 행위주체들과 어떻게 존재해야 하는지도 결정해야만 한다. 따라서 교사가 할 수 있는 일은 학생에게 변화를 향한 행위의 가능성을 풍부하게 제시해 주는 것이지, 변화를 직접 요구하는 것이 아니다. 예를 들어, 학생들이 인지적 능력치의 변화를 위해 열심히 공부하라고 요구하는 것이 아니다. 이런 관념은 널리 통용되는 교사의 전형, 즉 소위 학생의 마음 혹은 인격을 '형성'하는 사람이라는 접근을 거부한다. 대신, 학생의 행위주체성과 상호작용이란 개념에 적합한 이해는 학생들에게 행위를 향한 가능성을 풍부하게 제공해 주는 것이다. 이때 가능성을 지닌 대화자는 어떻게 반응할지 선택한다. 이런 가능성에는 학생들에게 유년기 시절 "좋은 습관"을 기르기 위한 선택지와 지식을 제공하는 일이 포함된다. 물론 학생들이 좋은 기질을 얻도록 종용하고 격려하는 상황과 행동을 통해 이 학생들에게 도전적인 방식을 취하기도 한다. 행위에 대한 역동적 특질과 (이전에 언급했던) 인격 및 정체성의 해로운 습관을 형성함에 따른 점진적 부진의 과정이라는 점에서 교사와 학생의 상호작용은 '유익한 습관'을 기르게 하는 기반이 될 뿐만 아니라 '해로운 습관'을 깨부술 수 있게 한다. 학생들의 행위를 주조 혹은 만들어 낸다기보다 가능성을 키운다는 것은 인간 행위주체성에 일치하는 관점이다. 이슬람의 관점에 따르면 행위주체성이란 관념은 교사-학생의 상호작용을 안내하는 데 아주 적합하다.

셋째, 이런 상호작용이란 관념은 교사 중심 혹은 배움 중심적 개념과는 서로 다르다.[Biesta, 2013] 이 두 관념은 이론상 서로 대항적인 관계인데, 한쪽에서 가르침이 핵심이라면 다른 쪽에서는 학생의 배움이 중심적인 위치를 차지한다. 가르침 중심적인 관점은 꽤 오랜 역사를 갖고 있다. 전통적인 교육은 대체로 온전히 가르침 중심적인 접근을 취하고 있다. 그러나 몇몇 다양한 부류의 주장으로 갈라지고 있기는 하지만 최근 이 접근을 지지하는 주장들 또한 있다. 비에스타[Gert Biesta, 2010; 2013]는 교육의 근대적인 관점, 즉 학습(배움)을 강조하는 관점을 비판하는데, 이런 근대적 관점은 교사의 역할을 깎아내리고 있기 때문이다. 비에스타는 교사의 역할을 교육적으로 중요하게 간주한다. 비에스타[2013]에 따르면, '학습화learnification'는 모든 교육 활동이 학생 입장의 활동, 즉 학습으로 환원되는 주류의 경향으로 자리 잡았다. 비에스타는 거의 모든 현대 교육적 노력에 이런 학습의 주류화를 적절히 짚어내고 있다. 예를 들어, 이런 동향은 소위 "스마트스쿨"로 불리는 곳에서 잘 볼 수 있다. 스마트스쿨은 교육 시스템을 포괄적으로 컴퓨터화하려는 목적에서 말레이시아에서 1990년대 이후 추진되어 온 프로그램이다. 스마트스쿨과 전통적인 학교 간의 가장 큰 차이는 학습을 다루는 방식에 기인한다. 설명하자면 대략 이렇다. '자기 접근self-accessed' 학습(학생이 학습자료에 접근하는 방법을 안다), '자기 속도self-paced' 학습(학생이 자기 능력에 맞춰 배운다), '자기주도self-directed' 학습(학생이 자기 학습의 과정을 조직한다).[Smart School Project Team, 1997: 133]

이런 학습화 경향과 대립하는 것으로, 비에스타는 학교를 규정하는 특징이 가르침이라고 주장하면서 '학습'을 '가르쳐지는 것'으로 바꿔 내려 노력한다. 그는 '누군가로부터 배운다는 것은 누군가로부터 가르쳐지는 경험과는 완전히 다른 경험'이라고 주장한다.[Biesta, 2013: 457] 왜냐하면 "누군가로부터 배운다는 것"에서 학생은 활동적이고 교사는 일종의 자료를 제공하는 원천, 혹은 책과 같은 존재로 바뀌기 때문이다. 하지만 "누군가로부터 가르쳐진다"는 데에서 교사는 학생을 관리, 통제하는 것 이상의 존재로 자리매김하는데, 이런 방식에서, 학생은 기대하지 않았던 진리에 노출될 수 있을 것이다. 이렇게 되면 가르침은 다른 무엇으로도 대체될 수 없는 권위를 갖게 된다.

가르침이라는 선물을 받는 것, 낯선 이를 환영하는 것, 불편한 진실 및 어려운 지식을 배우는 것이 정확히 우리가 받는 가르침에 권위를 부여하는 순간이 된다. 이런 점에서, 오로지 이런 방식으로만 권위라는 개념이 교육에서 의미 있는 자리를 차지할 수 있다.^{Biesta, 2013: 459}

교사와 가르침에 초월적인 지위를 부여하려는 비에스타의 시도는 학습화에 마치 복수를 가하는 것만 같다. 그는 이런 가르침에의 권위 부여를 세속적인 방식으로 종교적인 계시적 개념과 비교하는 듯하다. 하지만 "학교를 학교답게 만드는 것은 학교가 가르침의 장소"이기 때문이라고 주장하는 비에스타의 관점과는 반대로, 나는 학교를 학교답게 만드는 것은 교사와 학생 사이의 상호작용이라고 주장한다. 다음에서 설명을 더할 비대칭적 형식이라는 점에서 말이다. 따라서 "누군가에게 가르쳐지는 것"이 중요한 만큼 "누군가에게 배우는 것" 또한 중요하다. 우리는 가르침이 학습으로 환원되지 않고 가르쳐지는 것을 구성하는 학생의 역할을 적극적으로 껴안을 수 있다.

다른 한편으로 교육에 대한 학습자 중심적 관념은 학생을 중심에 두고 교사를 촉진자로 규정한다. 듀이^{Dewey, 1938: 5-6}는 이런 입장을 옹호해 온 대표적인 학자로, 텍스트/교사에게서의 배움과 경험으로부터의 배움을 명확하게 구분 짓고 있다. 그는 이를 위로부터의 과제 부과와 개인성의 표현이라고, 또 다소 떨어진 미래를 위한 준비와 현재 기회를 활용하는 것 등으로 구분해 설명한다. 이런 대조적 설명을 통해 듀이는 후자의 입장을 강하게 옹호하고 있다. 듀이의 관점에서 보면 학생의 행위주체성은 텍스트/교사 주도로 위협에 처해 있다는 가정에 따라 위태로운 상태에 놓여 있다. 교육의 학습자 중심 관념에서 빠진 것이 있다면 교사의 권위에서 모범적 예로 제시될 만한 지식의 권위다. 대체로 이 장에서 좀 더 설명하기는 하겠지만 권위와 권위주의 사이에는 늘 혼동이 있다.

이 두 관념 사이에 서로 공통된 것은 교사와 학생 사이의 상호작용이 교사/가르침 측면 혹은 학생/배움 측면 하나에 강조점을 둘 때 훼손되거나 평가절하된다는 점이다. 교육적 상호작용이라는 이슬람에 영감받은 비전에 대해 한편으로는 '가르쳐지는' 과정 동안, 다른 한편으로는 교사의 역할이 촉진되는 과정 동안 학생의 활동이라고 여겨지는 것을 넘어서는 그 이상을 말하고 싶다. 이제야 상호작용의 네 번째 특징을 불러낼 때가 되었다.

넷째, 학생에게 행위의 가능성을 풍부하게 제공해 주는 것은 중요한 요소를 담은 문화적 유산, 즉 지식을 전달하는 것과 관련되어 있다. 이것은 하나의 도전과제를 눈앞에 던져 주는데, 한번 공유된 문화적 유산은 교사와 학생의 관계를 비대칭적인 관계로 전환시키기 때문이다. 교사와 학생 모두 행위주체라는 점에서 이들의 관계는 비대칭적인데, 그 이유는 교사가 이미 문화적 유산으로 무장하고 있기 때문이다. 이들 관계의 비대칭적 특성은 교사-학생 관계에 관여하는 소위 권위라는 새로운 요소를 탄생시킨다. 이 요소에서, 교육의 치명적이면서도 논쟁적인 측면이 부상하게 된다. 이 점은 아주 중요한데 전통적인 교과와 근대적 교육 간의 논쟁이 여기에 놓여 있기 때문이다. 전자, 즉 전통적인 교육은 교사의 권위를 학생 행위주체성을 부인하는 대가로 강조하는가 하면, 후자 즉 근대적 교육은 교사의 권위를 허물어 내는 조건으로 학생의 행위주체성을 부각시키는데, '촉진자'라는 개념이 이렇게 도입된다. 따라서 나는 이 두 개념 모두 충분하지 않다고 주장한다. 우리는 권위가 상호작용적인 존중으로 인해, 그리고 이를 통해서 '충분히 선하다'는 점을 강조하는 이슬람적인 사

상으로부터 많은 것을 배울 수 있다.^{Bingham, 2008}

촉진자라는 개념은 교사의 권위를 사상시키면서 가능하다. 일부 촉진이라는 개념을 옹호하는 사람들은 교사의 권위를 최소한으로 수용한다는 점에서 일부 협상을 내세우기도 한다. 예를 들어, 아이들을 위한 철학 Philosophy for Children 프로그램의 창설자인 립맨Mathew Lipman은 교사들의 "절차적 권위"를 인정하고 수용한다. 그는 아이들은 교사를 포함하기는 하지만 지적 교화는 일어나지 않는 "탐구 공동체"에 참여한다고 주장해 왔다. 립맨과 동료들은 탐구 공동체라는 개념을 제시하면서 다음과 같이 진술한다.

> 우리는 아동을 위한 철학이 교사와 학생의 지위를 동등하게 한다고 말하지 않는다. 교실과 같은 곳에서 철학적 탐구가 정상적으로 이루어지는 과정에 교사는 이런 탐구가 수행되도록 하는 기술과 절차라는 점에서 권위를 지니고 있다고 전제된다.^{Lipman, Sharp, & Oscanyan, 1980: 45}

이 진술의 절차라는 측면에서, 교사의 권위는, 예를 들어 교사가 탐구에 임하는 그룹의 통합을 방해하는 계속되는 잡담을 멈추도록 하고 다른 학생에게 몸을 돌리는 행위를 하지 못하게 하는 방식을 취하는 방식으로 용인된다. 다른 한편으로 립맨과 동료들은 교사가 철학적인 관점의 내용 영역에서 권위를 갖거나 행사해서는 안 된다고 주장한다. 이런 부류의 권위를 막아서도록 하는 것은 강제적인 교화에 대한 두려움이다.

그런데 절차적 권위에 위협적 요소가 전혀 없는 것은 아니다. 이런 위협적 요소들 또한 교화의 위험보다 더 사소하다고도 할 수 없다. 예를 들어, 현대의 탐구 절차는 왜 그토록 당연하다고 간주되고 교사가 학생의 사고와 발언을 지배할 수 있도록 하는가? 있을 법한 이런 지배의 위협이 얻을만한 이익 때문에 절차적 권위를 포기하도록 만들지 않는다면, 교화의 위협은 왜 (교과지식) 내용 권위를 포기하도록 종용해야만 하는가?

교사의 권위를 둘러싼 쟁점에서 혼란스러운 부분은 두 차원으로 구분된다. 첫째, 권위는 무엇보다 교사 자체라기보다는 교사의 문화적 유산에 속하는 것이다. 문화적 유산을 전달하는 주체로서 교사는 단지 2차적 권위를 가질 뿐, 문화적 유산의 권위는 원천적이고 인간 삶에서 합리성rationality과 합당성reasonability이라는 면에서 검토되어야 한다. 문화가 사회를 위한 이런 개념에 의존하는 한, 문화는 사회생활에서 아주 중요한 역할을 담당한다. 따라서 교육에서의 권위는 역사와 사회의 유산이 무엇인지 어떠한지 주장하는 것이다. 교육의 권위란 게 개별 교사에 의해 발현되는 것이기는 하지만 말이다. 인간 행위주체성에 관한 이슬람의 관점은 교사와 학생 간의 비대칭적인 상호작용을 옹호하는데, 문화적 유산은 교사와 학생의 행위주체성이 중요하다고 보기 때문이다. 이슬람에서 문화적 유산은 중요한데 단지 전통적이라는 것을 넘어 합리적이고 합당한 혹은 이성의 축적을 보여 주는 것이기 때문이다. 이 입장에 대한 비판이 문화적 유산이 옳다고 할 수 없다면, 이슬람은 이에 충분히 답할 수 있다. 인간 행위의 합리성과 합당함이 보이는 특징은 문화 유산과 관련되어 표출될 수밖에 없다. 따라서 쿠란은 불합리하고 부당한 전통을 깨부순다. "그들에게 '하느님이 계시하신 것을 따르라'고 하면, 그들은 '아니요, 우리는 우리 조상들이 행했던 것을 따를 것'이라고 대답한다."Qur'an, 2: 170

둘째, 권위는 종종 권위주의와 혼동되고 있다. 권위주의는 교사의 2차적 권위가 1차적 권위로 변하는데, 이는 권위가 자신의 관점을 학생들에게 주입하려고 할 때 나타난다. 이 경우 합리성과 합당성은 위기 상황에 놓이게 된다. 불합리하고 부당한 행위는 권위주의에 관여하는 것으로 권위주의는 권위의 진짜 원천을 헷갈리게 할 뿐만 아니라 권위주의적 교사는 합리적인 행위를 수행하기보다 이기적인 충동을 따라 행동하기 때문이다. 이런 이기적인 경향성은 이슬람적 관점을 훼손하는데, (앞서 언급한 바와 같이) 교사는 그 자체로 권위를 가진 존재라기보다는 단지 지식과 문화를 전달하는 전달자로 중요하기 때문이다. 따라서 쿠란이 일부 유대교, 기독교가 각각의 신학자들을 권위 그 자체로 취급하는 방식에 쿠란이 동의하지 않는데, 다음에서 살펴볼 수 있다. "그들은 자신의 랍비와 수도사를 … 하나님이 아닌 신으로 여긴다."^{Qur'an. 9: 31} 사실 무슬림에게 이슬람 신학자들을 이와 같은 방식으로 대하라고 한다면 이들 또한 이슬람 신학자들을 이슬람의 신과 같은 지위에 올려놓게 될 것임을 알 것이다. 이는 진정한 신앙과는 아주 동떨어진 것이 아니겠는가? 학자와 교사는 신으로 표상되는 지식 및 지식의 원천에서 권위를 갖게 된다. 그 반대는 성립하지 않는다. 권위라는 관념은 이 장의 초반에 언급된 할스테드²⁰⁰⁴의 주장과는 사뭇 다르다. 할스테드가 이슬람에서 신학자들의 권위가 교조적임을 보였다고 한다면, 앞에 언급한 쿠란 구절은 이런 할스테드의 관점이 그다지 타당하지 않음을 보여 주고 있다.

피터스^{Peters, 1967}는 다음 두 가지를 구분한다. "권위적 존재가 되는 것"과 "권위적인 것". 전자는 권위가 관련된 지식에서 자신의 전문성을 통해 획득되는 것이라면, 후자는 권위가 단지 교사의 직위에 근거해 나온다고 보는 입장이다. 후자가 권위주의와 관련된 것이라면 전자는 교사 권위를 정당화시켜 주는 것이라고 할 수 있다. 비판받아야 할 것은 권위와는 구분되는 권위주의라고 해야 한다. 사실, 인간 행위주체성을 위협하는 것은 단순한 권위주의이지, 권위가 아니다.

교사 중심 접근 혹은 학습자 중심 접근을 둘러싼 논쟁 문제에서, 우리는 민주적으로 치우친 "비대칭적 상호작용"을 강구해야 한다. 이 속에서 학생과 교사들은 행위자성을 가지고 함께하지만 적절한 의미에서 교사의 권위가 학생에게 도움이 됨을 확인할 수 있다. 이슬람 관점은 교육이 비대칭적 상호작용으로 이해되어야 한다고 본다. 이는 이슬람 관점과 잘 맞아떨어지는데, 한편으로는 인간 행위주체성을 지지하고 다른 한편으로는 문화유산의 중요성을 충분히 고려하게 된다. 비대칭적 상호작용에서 상호작용의 요소가 교사 중심적 접근에 반하는 것이기는 하지만, 비대칭적 요소는 학습 중심적 관점을 버린다. 즉, 교사-학생 관계의 비대칭적 특징은 민주적이라고 확대되는 상호작용에 필적해야만 한다. 마찬가지로 상호작용 요소는 비대칭적 관계를 저버려서는 안 된다.

이런 관념이 교육에 필요하다고 지적하는 학자들이 상당수라는 점을 언급하지 않을 수 없다. 부버[Martin Buber, 1947/2002]는 교사와 학생 간의 상호적인 관계에 대해 말하고 있는데, 이 둘은 동등하지 않고 보았다. 부버에 따르면, 관계성에서 포용은 상호적일 수 없는데 학생은 교육가의 교육을 경험할 수 없기 때문이다.

교사가 학생 사이의 주고받는 상호성이 아무리 강렬하다고 해도 포용은 절대 상호적일 수 없다. 그는 학생이 교육받는 것을 경험할 것이고, 학생은 교사의 교육을 경험할 수 없다. 교사는 통상적 상황의 양 끝 모두를 볼 수 있지만, 학생은 오로지 한 끝만 볼 수 있다.[Buber, 1947/2002: 119]

앞에서도 언급했지만, 빙햄[Charles Bingham, 2008]은 "관계적 권위"에 대해 말한다. 그는 의사소통의 전달자-수신자 모형 대신 의사소통을 수행적 모델을 주장하는데, 이 모델에서 발화는 단지 말해지는 것에 그치지 않고 아주 중요한 역할을 담당한다. 빙햄에 따르면, 교사-학생 관계성은 교사의 권위가 불가피하게 나타나는 수행적 모델에 근거해 가장 잘 작동한다.[2008: 58] 나딩스[Nel Noddings, 2004: vii] 또한 관계적 교육철학은 외부 보상이나 처벌이 아닌 내적 동기를 현저하게 가져온다는 점에서 교사와 학생 모두에게 중요하게 영향을 미친다고 주장한다. 빙햄과 나딩스가 옹호하는 관계적 교육학은 인간 행위주체성이라는 개념에 깊이 관련된 것으로 교육에서 인간 행위주체성을 아주 중요한 것으로 다룬다. 교사가 학생을 행위주체로 받아들이지 않고 이들과 상호작용적 관계를 맺지 않는다면, 이들은 각각 인간관계를 맺는다고 할 수 없다.

결론

이 장은 이슬람 교육의 새로운 관념을 제안하는 데 목적을 두고 있다. 일부 학자들은 이슬람 교육을 교화라는 관점을 이해하고 있고 교화를 이슬람 교육의 종교적 관념이 만들어 낸 논리적 귀결로 간주한다. 그러나 여기서 논의하고자 했던 것은 이슬람에서 인간 이미지로 시작하는 것은 교육에 대한 전혀 다른 관념에 접하게 한다. 즉 교육의 관념을 인간의 이미지를 온전히 완성하는 데 필수적이자 꼭 달라붙어 있는 것으로 여기기 때문이다.

쿠란의 성구들을 분석해 보면, 인간은 행위주체로 간주되며 행위주체로서의 인간은 다양한 행위를 수단으로 자기 정체성을 형성해 가는 중이다. 인간 행위주체성의 첫 번째 요구조건은 상호작용이란 측면에서 이슬람 교육을 말하도록 이끈다. 실질적이고 적절한 상호작용은 교사와 학생이 서로의 행동을 인지, 성향, 의지라는 전제된 층위에 기초한 행위로 각자의 행동을 바라보게 한다. 둘째, 교사는 학생을 뭔가로 만든다기보다는 이들에게 최선의 행위를 수행할 수 있는 기반을 닦아 주는 역할자로 자신을 이해해야 한다. 셋째, 상호작용은 교사 중심 또는 학습자 중심이라는 교육의 관념으로부터 우리를 떨어뜨리게 해 상호 민주적 존중이란 감각을 갖게 해 준다. 넷째, 교사와 학생 간의 상호작용은 비대칭적인데 교사는 문화의 담지자요 전달자이기 때문이다. 그러나 학생의 행위주체성 때문에 교육이 이뤄지는 과정에서 문화에 질문을 제기하는 것은 반드시 수용되어야 하고 또 합리적인 방식으로 지도되어야 한다. 여기서 중요한 것은 교사 권위에 대한 건전하고 긍정적인 관념을 획득하도록 하는 것이다. 교사 권위는 학생과 이들의 교육에 모두 중요한 문제이기 때문이지 교사를 권위적 존재 자체로 세우려는 것이 아니다. 교육의 이슬람적 관념에 따르면 권위주의와 구분되는 권위는 교육에 없어서는 안 되는 요소이며, 학생의 중요하면서도 반드시 필요한 행위주체성과 결코 대립하는 개

넘이 아니다.

참고

이 글에서 사용하고 있는 쿠란 구절은 다음에서 가져왔다.^{The Qur'an. A. Ali}
(Trans). http://www.studyquran.org/Ahmed_Ali_Al_Quran.pdf 참고할 것.

참고문헌

Bagheri Noaparast, K., & Khosravi, Z. (2006). The Islamic concept of education reconsidered. *The American Journal of Islamic Social Science, 23*(4), 88-103.

Biesta, G. J. J. (2010). *Good education in an age of measurement: Ethics, politics, democracy.* Boulder, CO: Paradigm Publishers.

Biesta, G. J. J. (2013). Receiving the gift of teaching: From "learning from" to "being taught by". *Studies in Philosophy and Education, 32*(5), 449-461. doi:10.1007/s11217-012-9312-9.

Bingham, C. (2008). *Authority is relational: Rethinking educational empowerment.* Albany, NY: State University of New York Press.

Buber, M. (2002). *Between man and man.* London: Routledge (Original work published 1947).

Csikszentmihalyi, M. (2008). *Flow: The psychology of optimal experience.* New York: Harper Perrenial.

Derrida, J. (1983). The principle of reason: The university in the eyes of its pupils (C. Porter & E. Morris, Trans.). *Diacritics, 13*, 3-20.

Dewey, J. (1938). *Experience and education.* New York: Macmillan.

Habermas, J. (2012). *An awareness of what is missing: Faith and reason in a pot-secular age.* (C. Cronin, Trans.). Cambridge, UK: Polity Press.

Halstead, J. M. (2004). An Islamic concept of education. *Comparative Education, 40*, 517-529.

Harré, R. (1983). *Personal being.* London: Basil Blackwell.

Hirst: H. (1974). *Moral education in a secular society.* London: University of London Press.

Lipman, M., Sharp, A. M., & Oscanyan, F. S. (1980). *Philosophy in the classroom.* Philadelphia: Temple University Press.

Noddings, N. (2004). Foreword. In C. Bingham & A.M. Sidorkin (Eds.), *No education without relation* (pp. vii-viii). New York: Peter Lang Publishing.

Peters, R. S. (1967). Authority. In A. Quinton (Ed.), *Political philosophy.* Oxford: Oxford University Press.

Smart School Project Team. (1997). *The Malaysian smart school: An MSC flagship Application. A conceptual blueprint.* Kuala Lumpur: Government of Malaysia. Retrievable from http://www.mscmalaysia.my/sites/default/fi les/pdf/publications_참고문헌/Smart_School_Blueprint.pdf.

23장
학비가 싼 개도국 사립학교는 진짜 '대안'인가

클라이브 하버[1]

들어가는 글

이 장에서는 개도국에 초점을 맞춰 이야기할 것이다. 개도국이라는 단어가 상당히 논쟁적이고 정의하기 어려운 것임을 잘 인지하고 있다.[Harber, 2014, Chapter 1] 따라서 이 장에서 말하는 '개도국'은 유엔인간발전지수[UNDP's Human Development Index]에서 정하는 하위 50위 국가에 해당하는 국가들을 가리킨다. 즉, 일반적으로 "아주 높은 인간발전지수Very High Human Development"를 보이는 국가는 개도국 범주에 포함되지 않는다. 단, "중간 및 낮은 인간발전지수Medium and Low Human Development"를 갖는 국가들 및 높은 인간발전 국가군 하위High Human Development에 위치한 국가들을 가리킨다.[UNDP, 2010: 148-151] 스미스가 제시한 기준에 따르면 여기에 해당하는 국가들은 아프리카, 아시아, 중동, 중남미 지역에서 거의 100개국 정도가 된다. 이 국가의 전체 인구는 대략 48억 명으로 전 지구 인구의 75%에 다다르며, 영토를 기준으로 살펴보면 대략 58% 정도를 차지한다.[Smith, 2009: 1]

---

1. 클라이브 하버(Clive Harber): 버밍햄대학교(University of Birmingham, UK) 명예교수. 사범대학의 국제교육전공에서 가르쳤다. 중등학교 교사 경력이 있는 하버는 남아공의 네이탈대학교(University of Natal)에서 교편을 잡기 시작해 버밍햄으로 1999년 옮겨왔다. 주로 교육, 민주주의, 발전을 주제로 연구하고 있으며 남아프리카의 교육 및 국제교육개발, 그리고 남아공에서의 폭력과 학교교육에 관한 저서가 있다.

대부분의 형식 교육은 국가가 제공한다. 위에서 정의한 개도국에서도 다르지 않다. 따라서 "대안적" 관점에서 형식 교육의 특징 및 목적에 대한 비판은 주로 국가교육에 초점이 맞춰져 있다. 이런 비판들을 가만히 들여다보면 대략 공통되는 내용은 이렇다. 학교는 교육과정 및 교수학습, 그리고 의사결정에 학생이 참여할 여지가 거의 없는 권위주의적 기관이라는 점, 학교교육은 상부로부터 관리되는 그래서 융통성보다는 엄격하고 관료적이며 표준화 원칙에 근거한 것으로, 개별 학생들의 요구에 맞출 수 없다는 점, 이미 정해진 교과목에 기초한 공식적 교육과정은 빠르게 변화하는 현재가 미래를 대비할 수 있도록 가르칠 수 없다는 점, 더욱이 학교에서 가르치는 것은 학습자들에게 적합하지도 흥미롭지도 그렇다고 유용하지도 않은 것이며, 학교교육이 정답 맞히기만을 요구하는 시험에 휘둘리면서 교실 활동의 특성이 통제당하고 학생들의 스트레스와 해로움을 조장하고 있다는 점 등이다. 그리고 학교교육은 기회의 평등을 제공하기보다는 사회적 불평등을 조장하는 것으로, 논쟁적인 이슈를 논의하는 비판적이고 창의적인 학습을 중시하지 않는다는 점, 그래서 학교는 대체로 '내가 보여 준 대로 해'가 아니라 '내가 말한 대로 해'가 판치는 곳이라는 점이 비판의 핵심들로 제기되고 있다.

여기에 더해 개도국은 국가 차원의 공교육 지원이 형편없다. 학교 인프라 지원 미흡, 교사들의 결석, 교사들의 전문성 부족, 남교사 및 남학생들에 의한 성적 학대 및 희롱, 없어질 가능성이 낮은 체벌, 낮은 학습 성과 등의 문제가 그렇다.^{다음 자료 참조, Harber, 2013, Chapter 1: Harber & Davies, 1997; Harber & Mncube, 2012, chapters 1 & 3} 결과적으로 개도국의 많은 학부모가 대안적인 방법으로 사립학교를 택해 자녀 교육을 하는 경우가 많다.^{예: Shrivastava, 2013} 이 장은 저비용 사립학교의 등장 및 특징을 탐색해 보고 이들 저비용 사립학교가 국가교육 체제가 해 온 같은 서비스를 같은 방식으로 제공하는 대안이 되고 있는지, 뭔가 다른 서비스를 통해서 진정한 교육의 대안을 제공하고 있는지 논의하는 데 목적이 있다.

엘리트 사립학교

전통적으로 사교육은 부유층 혹은 엘리트 계층과 연관된 것이다. 이런 학교가 제공하는 (리더십 및 사회적 유대의) 자신감, 경험, 기대는 기존 공립학교에서 기대하는 사회화 혹은 아주 제한적이고 통상적인 시민성에 대한 기대와 아주 다르다.[Harber, 2004: 34-5; Harma, 2009: 99] 여기서 제시해 볼 만한 잘 알려진 사례는 말라위의 카무주 아카데미Kamuzu Academy다. 이 학교는 "시골 동네 이튼학교Eton in the bush"로 알려졌는데, 당시 대통령 반다Hastings Banda가 엘리트 학생 교육이란 목적을 내걸고 상당한 심혈을 기울여 만들었다. 지금은 다른 학교들이 정말 가난한 국가의 학교 모습을 보이는 가운데 비싼 사립학교가 되어 있다.[Carroll, 2002] 카메룬, 콩고, 케냐를 대상으로 한 연구에서 보일[Boyle, 1999]은 아프리카의 정치 엘리트들이 고비용 사립학교의 성장을 이끌고 있다고 주장한다. 이런 학교들은 1980년대 국가의 구조조정 프로그램이 도입된 이후 크게 늘었는데, 이 정치 엘리트 가족들의 특권적 지위 유지가 이 엘리트 학교를 매개로 하고 있다는 말이다. 그의 다음 기술을 살펴보자.

> 21세기 초, 대부분의 아프리카 대륙 대도시에 취학 전 단계에서 초등교육 단계에 이르는 네트워크가 아주 훌륭한 시설과 교사진을 갖추고 해당 지역 엘리트의 교육적 요구를 충족하는 방식으로 들어서고 있었다. 이런 상황은 고국을 떠난 아이들 혹은 일부 피식민지 특권층의 아이들이 유럽 교사들로부터 수업을 듣던 과거 식민 시기 조상들의 행태를 따라 하는 것일 뿐만 아니라 그때나 지금이나 이 아이들이 배웠던 교육 과정은 유럽 및 북미에서 교육개혁의 동향 속에서 흉내 낸 것들이다. 지난 십여 년 동안 아프리카 엘리트들은 과거 식민 교육이라는 주머니 속으로 되돌아갔다.[Boyle, 1999: 177]

나이지리아에서처럼 값비싼 사립학교는 부유층이 특권적 교육을 구매하게 해 왔다.[Rose & Adelabu, 2007] 인도의 상층 카스트 자제 대부분은 학비를 내는 사립학교에 등록해 다니는데, 이런 학교들은 특정 성 및 특정 사회적 계층, 지위를 선호하고 선택할 수 있을 정도다.[Mehrotra & Panchamukhi, 2007: 136] 따라서 가정의 수입 정도에 따른 계층별 형평성 문제가 제기된다.[Harma, 2011] 많은 개도국에서 부유층이 등록금을 쓰면서 구입하려는 것은 더 나은 학교 시설, 학습에 좀 더 개별화된 접근, 그리고 더 훌륭한 교사들이다. 결과적으로 이 학교는 더 높은 학업성취도, (이보다 더 중요한 것은) 더 나은 사회조직적 능력을 키울 수 있는 연결고리가 된다.[Kitaev, 2007: 102] 네팔의 경우, 이들 학교 간 시험성적의 차이는 엄청나다. 2005년 공립학교 학생들의 졸업시험통과율은 17만 1,440명 중 29%인 반면, 사립학교 학생들은 4만 4,863명 중 80%에 이르렀다.[Caddell, 2006: 463] 카델은 네팔의 카트만두 사립학교들은 자기 학교의 환경이 국제학교(외국인 교사 및 국제적 수준의 교육과정까지 갖추고 있으며, 국외 대학에 진학할 수 있도록 시험 준비)와 맞먹는다고 강조하는 경향을 보인다고 했다. 더욱이 이들 학교의 교장은 자기 학교에 다니는 학생들이 미래에 의사, 공학자가 될 수 있고 또 거주지를 벗어나 도회지로 나갈 수 있도록 하는지 강조한다.

한편, 저비용 사립학교 교육이 점점 더 많이 개도국의 낮은 사회계층에 제공되고 있다. 지난 10년 동안 이런 유형의 학교에 대한 관심이 학부모, 정부, 학교 등에서 점차 커지고 있다. 저비용 사립학교는 전통적인 엘리트 사립학교의 등록금에 비해 현저히 낮다. 인도에서 수행된 연구에서, 스리바스타바Srivastava는 이들 저비용 사립학교를 초등 및 중학교 단계(8학년까지)에서는 일용직 노동자 하루치 수입을 넘지 않는 범위에서, 중등 단계 및 고등학교 단계(9~12학년)의 학교에서는 2일치 수입을 넘지 않는 범위에서 등록금을 책정하는 학교로 정하고 있다.[Srivastava, 2013: 11-16]

여러 연구에 따르면, 저비용 사립학교가 전 지구적 EFAeducation for all 목표 달성에 큰 기여를 하는 것으로 보고되고 있다.[Tooley & Dixon, 2006; Tooley,

^{Dixon, & Gomathi, 2007} 물론 그렇지 않다는 의견^{Lewin, 2007}도 있는데, 이들의 기여가 상당히 제한적이라고 본다. 또한 이 주제는 형편없는 교육의 질을 해결하기 위해 국가의 공교육을 개혁해야 한다고 보는 진영, 저비용 사립학교가 수준 낮은 공립학교의 문제 해결에 별 도움이 안 된다고 주장하는 진영, 그리고 어쨌든 사립학교의 번성 자체가 좋다고 생각하는 진영 사이의 이념적인 논쟁의 장이기도 하다. 후자의 경우, 이런 사립학교들은 학생들의 학교접근성을 높이고 공립학교의 경쟁상대로 학부모의 선택권을 높여 공사립학교의 질을 끌어올린다고 본다.

개도국의 저비용 사립학교

반게이와 레삼^{Bangay & Latham, 2013}은 인도에서 수행된 하르마^{Harma}의 연구를 다음과 같이 인용하고 있다. 그는 정부 학교가 더 괜찮은 학교 시설을 갖추었음에도 다음과 같은 일이 벌어지고 있음을 지적한다.

(인도 사례) 공립학교는 실제로 가르침이라곤 없는 곳이다. 어떤 학교의 열정이 넘치는 한 교사가 가르치는 장면을 본 적이 있기는 하다. 그러나 다른 학교에서는 나이 든 학생이 가르치고 교사는 그 옆에 그냥 앉아 있었다. 다른 공립학교의 경우 대체로 혼동과 방임의 기운이 자리 잡고 있다. 교사는 단지 신문을 읽고 있다거나 다른 동료 교사와 잡담을 나누고 있으면서 말이다. … 이와 대조적으로, 저비용 사립학교에서는 엄중함과 훈육의 기운이 자리 잡고 있다. 학생들은 줄 맞춰 앉아 있다. … 학생들은 노트에 옮겨 적으며 정말 열심히 공부하는 모습이 포착되는 것이 일반적이고 교사는 이를 확인하는 모습이 보인다. 물론 교사는 자리에 앉아서 자기 과제가 끝난 아이들이 다가오기를 기다리고 있다. 낮은 학비의 사립학교에서는 공립학교에서는 볼 수 없는 훈육이 이

행되고 있으며, 이로써 학생들은 기초적인 학습자료를 배우게 된다.[p. 246]

반게이와 레삼은 사립학교 교사들이 결석도 덜 하고 수업에 더 열심히 임한다는 연구 결과들을 보여 준다. 즉, 수업 시간에 저비용 사립학교에 다니는 아이들이 교사와의 대화가 공립학교에서보다 서너 배 더 많다는 연구 결과 등이 그렇다. 이들은 사립학교의 교장들이 반복적으로 결석한다는 이유로 공립학교 교장들보다 교사들을 더 자주 해고한다는 연구 결과도 제시하고 있다.[Bangay & Latham, 2013: 246]

따라서 그다지 놀랍지 않은 점은, 인도의 안드레아 프라데시Andra Pradesh에서 대규모 연구 참여자를 대상으로 한 수행된 연구에서 이런 사립학교 등록생 수가 2002년 22%에서 2009년 44%로 두 배나 올랐다.[Woodhead, Frost, & James, 2013: 72] 실제, 전 지구적 사립학교 교육은 1991년에서 2004년 사이 58%나 증가했다고 보고되고 있으며[Srivastava, 2013: 8], 월포드[Walford, 2011: 401]는 인도, 나이지리아, 우간다, 몽골, 중국, 베트남 등의 여러 국가에서 사립학교가 아주 크게 성장했음을 보여 준다. 반면에 스리바스타바[Srivastava, 2013: 16-18]는 이런 통계수치가 실제보다 훨씬 낮춰 잡은 것이라고 하면서, 실제 사립학교 수는 이보다 더 높을 것이라고 한다. 이는 공식적인 정부 데이터에 많은 학교가 잡히지 않거나 빠져 있기 때문이다.

이런 학교를 설립하려는 가장 큰 동기는 경제적 이득일 것이다. 하지만 이런 사립학교의 모든 설립 동기를 "이익을 위해서"라고 단순화하면 초기 학교 설립의 동기를 제대로 보여 주지 못한다. 더욱이 이런 학교를 유지, 운영하는 것이 "이익을 내는" 일보다 훨씬 더 복잡하고 다양하다. 아마도 고용 문제, 혹은 종교적 이유, 지역사회에 학교 서비스가 없다거나 질이 낮다는 문제에 대한 대응 등이 있을 것이다. 일부 이런 학교를 설립하고 운영하는 일이 이타적인 모습이 분명하다는 점에서 사립학교를 지지하는 사람들은, 월포드[Walford, 2011: 404]의 주장에도 불구하고 가난한 학생들에게 학교가 교육을 무상으로 혹은 장학금 지급형식으로 해야 한다고 본다.

여러 경우를 살펴보면 더 가난한 사람들에게 교육 재원 분배는 더 형편없는 경우가 많기 때문이다. 가난한 가정 배경을 지닌 아이들에게 완전 무상 혹은 일부 장학 지원을 제공하는 일은 최소 자선적인 동기라 할 수 있지만, 이런 자선 사업으로서의 학교를 운영하는 것 또한 향후 학교 사업 홍보에 크게 유용하다. 학교에 등록하는 학생 수가 늘어나게 된다면 지금 당장은 아니지만 미래 등록금 수입이 보장된다고 바라볼 수 있다.[Srivastava, 2013: 20] 필립슨[Phillipson, 2008: 16]은 저비용 사립학교가 세워지고 확대되는 이유를 다음과 같이 제시한다. (무상이라고 하는) 공립학교의 감추어진 교육비용(교복, 교과서, 일부 사친회비 등), 부족한 교육 지원(인도에서 교사 결석 문제는 가장 자주 등장하는 이슈이다), 그리고 배출되는 교사 수가 너무 많아 아예 학교를 차려 고용 문제를 해결하게 된다. 여기에 별도의 사교육비용을 고려한다거나 인도의 경우 사립학교 교수 언어가 영어라는 점 등이 있는데, 이는 학부모들에게 상당히 매력적인 요소다.

그렇다면 저비용 사립학교는 실제 공립학교보다 더 질이 높은 것일까? 여기서 꼭 언급해야만 하는 것은, 학교교육의 질을 구분할 만한 명확한 선을 긋기 상당히 어렵다는 점이다. 사람들은 학교교육을 통해 얻고자 하는 바람직한 성과라는 것이 별로 동의하지 않는 경향이 있고, 다양한 학습성과 사이에 어느 것이 더 나은 것인지, 어떤 것이 더 우선시되어야 하는지에 대해서도 합의가 이뤄지지 않기 때문이다. 결과적으로, "질 높은 교육"이란 개념은 이념적이고 관망자들이 어떤 가치를 지니고 있는가에 달려 있다는 말이다. 예를 들어, 학생들이 전통적인 학업성취도 평가에서 나름 훌륭한 성적을 거두는 학교가 재정 지원도 든든하고 효율적으로 운용되며 전문적인 조직체계를 갖췄지만, 상당히 권위주의적인 방식으로 운영된다면 어떻겠는가? 대체로 이런 학교는 사람들에게 질 높은 학교라고 여겨지게 될 것이다. 하지만 일부 민주적 교육의 민주적 절차 및 형평성을 강조하는 사람들의 경우에는 질 높은 학교라는 의견에 동의하지 않을 것이다.

이런 학교에 등록하는 학생 수가 급격히 증가한다는 점을 염두에 둔다면, 저비용 사립학교가 더 나은 수준의 교육을 제공한다는 인식이 학부모들 사이에 팽배하다는 것이다. 그러나 증거가 있는가? 이 문제에 관한 연구 결과는 그다지 일관되지 못하다. 우드헤드 등[Woodhead et al., 2013: 66]과 월포드[Walford, 2011: 404]는 인도, 나이지리아, 가나의 사례를 들어 공립학교보다 저비용 사립학교에 등록한 학생들의 학업성취도가 더 높고, 학생당 교육비 투자도 높으며, 학교시설 및 기자재도 더 잘 갖춰져 있고, 교사의 수업 및 출석 수준이 더 높다고 보고했다. 스리바스타바[Srivastava, 2013: 22-25]는 케냐, 인도, 파키스탄의 자료를 통해 학교교육의 투입과 성과 측면에서 관련된 증거를 제시하고 있다. 스리바스타바의 연구 결과는 앞선 저비용 사립학교의 더 나은 성과가 그다지 일관되지 않음을 보여 주는데, 일부 지표, 즉, 화장실, 학교 건물 상태는 저비용 사립학교가 좋지만, 일반적으로 공립학교에 자격을 갖추고 훈련이 잘된 교사 수가 더 높다. 저비용 사립학교는 공립학교에 비해 교사 1인당 학생 수 비중이 더 낮다. 그런데 교사 급여 수준은 그 반대다. 공립학교에 비해 저비용 사립학교 교사 급여 수준이 더 낮다. 그런데 스리바스타바의 연구에서 볼 수 있듯, 실제 저비용 사립학교에서 가르치는 유자격 교사 수가 적은 것이 더 자기 직무에 대한 책무성이 높다는 이유로(예를 들어 해고에 더 쉽게 노출되어 있다는 이유로) 더 나은 것인지 묻지 않을 수 없다. 혹은 자주 결석하는 등 교사들의 책무성이 낮지만 유자격 교사가 더 많은 것이 좋은 것인가? 학업성취도를 기준으로 해 스리바스타바는 다음과 같이 결론짓는다.

저비용 사립학교는 일부 영역에서 공립학교보다 더 좋은 듯하다. 그러나 그렇지 않은 영역들도 많다. 여기서 갖게 되는 질문은, 저비용 사립학교가 모든 면에서 더 나은가 그렇지 않은가가 아니라, 어떤 환경, 즉 다양한 학교 유형에 속한 학생들은 어떤 환경적 조건에서 어떤 환경에서 더 나은 성과를 내는가이다.[Srivastava, 2013: 25]

타파[Thapa, 2013]는 이 논쟁에 중요한 기여를 하고 있는데, 네팔의 경우 사립학교의 존재와 운영이 주변 공립학교의 질을 향상하도록 하는 데 나름대로 긍정적인 영향을 미친다는 연구를 수행했다. 그는 이런 결과가 나타나는 이유는 부분적으로 공립학교와 사립학교 간의 경쟁이 빚어낸 결과에서 비롯되고, 또 다른 면으로는 이런 경쟁으로 인해 비효율적이고 형편없는 사립학교가 교육시장에서 퇴출되게 하기 때문이라는 것이다. 따라서 더 나은 학교들만이 살아남아 공립학교와 경쟁하게 된다.

저비용 사립학교가 낮은 수업료를 부과할 수 있는 것은 공립학교보다 교사 급여 수준이 낮기 때문이고, 고용하는 교사의 질이 떨어지거나 자격증이 없기 때문이다.[Walford, 2011: 404] 저비용 사립학교의 수업료는 (당연히) 엘리트 학교보다 낮기는 하지만, 공립학교보다는 여전히 많은 셈이고, 가난한 가정 배경을 가진 아이들이 점차 이 사립학교에 더 많이 등록하면서 사회의 최약자 계층이 이들 학교의 학비를 감당할 수 있을지 의문시되고 있다. 또한 이런 학교들이 도심지역에 주로 위치한다는 점에서 농촌지역에는 이들 학교를 경험할 기회가 거의 없다.[Kingdon, 2007] 유네스코[UNESCO, 2012: 77]는 8개 개도국의 자료를 분석한 보고서를 통해 사립 초등학교의 학생들이 부담하는 1인당 학교 비용은 220달러로 36달러를 지출하는 공립학교에 비해 상당히 높다고 언급하고 있다. 여기에 더해, 나이지리아 라고스의 빈민가에서 자녀 1명을 사립학교에 보내는 데 드는 비용은 50킬로그램 쌀 4포대 값과 맞먹는 것으로, 평균 한 가정이 70일 동안 소비하는 쌀의 양에 해당한다. 하르마[Harma, 2009]는 인도에서 사립학교 교육이 농촌지역의 상대적으로 가난한 이들을 대상으로 널리 확산되었다고는 하지만, 이 지역 인구의 절반 정도만이 학비를 감당할 수 있을 뿐임을 보여 주었다. 가장 가난한 계층의 가정에서 사립학교에 자녀 1명을 보내 교육시키는 비용은 연소득의 1/5에 해당하는 것으로, 이들 가정의 자녀 숫자와 필수적으로 지출해야 하는 금전 항목들을 고려하면 결코 고려할 만한 선택지가 아니다. 만약 자녀 1명을 사립학교에 보낸다고 하면 이는 남자아이인 경우가 대부분이다. 유네스코 보고서에서 언급된 학부모의 관점을 종합해 보면, 이들이 원하는 것은 더 나은 공립학교 시스템이다. 비록 사립학교가 공립학교보다 뭔가 더 나은 교육을 제공한다고 생각하고 있기는 하지만 말이다. 유사한 결과를 가나[Akyeampong, 2009] 및 말라위[Chimombo, 2009] 사례연구에서 찾아볼 수 있는데, 학부모의 사립학교 비용 부담 정도가 저비용 사립학교가 EFA 목표를 달성하는 정도에 영향을 미친다. 실제 말라위의 경우 자녀 1명을 사립학교에 보낸다고 할 때 연소득의 최소 30%를 지출해야만 한다. 르윈[Lewin, 2007]은 저비용 사립학교를 이용하는 가정은 소득 기준 중저소득 노동계층 출신일 가능성이 높고, 하위 20%의 최빈층 가정이거나 가장 취약한 사회계층 출신일 가능성은 아주 낮다고 결론 내리고 있다.

저비용 사립학교의 확산을 옹호하는 사람들의 경우 최빈층 가정이 부담해야 할 학교비용을 보전하는 방법은 지역사회에서 가장 취약한 이들이 선택하는 사립학교에 지급할 비용을 바우처 형식으로 국가에서 부담하거나 원조자금으로 해결하는 것이다.[예: Tooley, 2009 ; Tooley & Dixon, 2006] 하지만 유네스코[2012: 77] 보고서에서도 언급하고 있듯, 이에 따르는 문제점이 많다. 우선, 대부분의 저비용 사립학교는 공식적으로 학교로 등록되지 않은 경우가 많다. 둘째, 바우처는 정치적으로 그다지 인기 없는 정책이다. 셋째, 최빈층에게 바우처가 과연 효과적인 정책인지에 대한 의문이 제기되고 있다. 파키스탄의 경우 2006년 이후 취약계층 아동에게 바우처를 제공해 저비용 사립학교에 다닐 수 있도록 하는 정책을 진행하고 있다. 그런데 그 혜택을 신청한 학생은 8만 명 정도로 전체 510만 명을 생각하면 상당히 미미하다. 유네스코는 바우처 정책과 저비용 사립학교 교육의 관계에 대해 상당히 확고한 어조로 다음과 같이 언급했다.

정부에게는 공립학교의 질이 떨어지는 것을 막는 데 빈약한 재정을 투입할 것인지 바우처 프로그램을 통해 사립학교에 자녀를 보내려는 가정을 지원해야 할 것인지 선택권이 주어져 있다. 바우처 프로그램은 빠른 시간에 뭔가 개선되는 듯한 신호를 보낼 것처럼 보이는 한편, 공립학교에 대한 투자는 가장 가난한 사람들에게 닿을 수 있는 최선의 방법인 듯하다.[2012: 77]

그런데 흥미롭게도 인도는 2011년 하나의 법안을 이행하기 시작했는데, 모든 사립학교는 등록생의 25%를 학교 소재지에 사는 사회경제적으로 가장 취약한 계층을 무료로 받아들여야 한다고 못 박았다. 이들이 초등교육을 다 마치기까지 말이다. 이들 사립학교는 정부가 이 아동에게 제공해야 할 수업료 및 관련 교육비를 학생 수에 따라 지급받게 될 것이다. 물론 그 비용은 사립학교에 부담해야 할 비용보다 훨씬 적다. 그러나 이 법에 따라 인도의 델리에 위치한 사립학교에 다닌 학생을 대상으로 한 연구 결과에 따르면, 좀 더 우월하다거나 중산층 지역에 위치한 사립학교에 무상교육 혜택을 받은 학생은 상대적으로 최빈층이라거나 가장 취약한 계층이 아닌 상대적으로 나은 계층 출신이었다. 이런 학교에서 지출해야 할 비용(교통비, 등록금, 기타 잡비 등)은 연구 대상으로 삼았던 빈민가 근처 동네의 저비용 사립학교에 다니는 데 드는 비용보다 더 높았다.[Srivastava, 2013: 19-20]

따라서 저비용 사립학교가 여러 맥락상 가난한 가정 출신 학생에게 공립학교보다 더 나은 대안적 교육을 제공한다거나 혹 제공한다고 인식될 수는 있지만 고려할 만한 쟁점이 상당히 많다. 앞서 논의된 학비 부담이 가능한 정도에 대한 논쟁을 떠올려 보면, 더 광범위한 사회에서 지속되는 불평등의 다양한 차원에 상당히 중요한 함의를 제공해 준다. 뭔가 개선할 수 있는 일종의 '해결책'으로 등장한 저비용 사립학교가 실패하는 문제에 대해서 말이다. 예를 들어, 인도에서 수행된 한 종단연구의 결론을 살펴보자.

다른 지출 항목을 줄이고 부족한 가구 소득을 사립학교에 배정하는 학부모의 능력, 혹은 이들의 그러고 싶어 하는 맘은 지역에 따라, 성별 관습에 따라, 가정 소득 정도, 학부모의 교육 수준 및 자녀의 교육 기대, 더 나아가 아이들의 연령, 성별, 출생 순서에 따라 다르다. 최근 관련 현상들은 점차 교육 시스템의 분리를 가속화하는 결과를 나타내고 있는데, 사립학교 '선택'은 전통적인 사회, 경제, 문화적 구분을 더 분명하게 만드는 추세를 보인다. 동시에 많은 공립학교가 점차 "게토로 고립되어 가고" 있다. 이들 학교에는 가장 취약한 계층, 가장 가난한 계층, 사회에서 가장 소외된 계층만이 모여들고 있는데, 이런 시스템은 사회의 구조적 불평등을 점차 강화하고 있다.Woodhead et al., 2013: 72

아이크만과 라오Aikman & Rao는 이런 상황을 다음과 같이 요약해 서술한다.

사립학교는 새로운 인종분리차별을 만들어 낸다. 여아, 특정 카스트, 특정 인종 등은 공립학교에 더 많이 가게 되고 젠더, 사회적 그룹 간 교육 불평등이 더 높아지게 된다.Bangay & Latham 2013: 247에서 재인용

학비가 싼 사립학교는 진짜 대안인가?

사립학교들이 국가의 통제에서 자유로웠다는 말은 전 세계적으로 영국의 서머힐 학교나 미국의 서드베리 밸리Sudbury Valley 학교는 더 진보된, 그리고 더 민주적인 형태의 교육을 수행하도록 했다. 개도국에서 더 민주적인 학교를 보여 주는 사례가 많다. 공립학교뿐만 아니라 사립학교에서도 말이다.Harber & Mncube, 2012, Chapter 3 개도국의 일부 사립학교들은 이런 정부로부터의 자유로운 학교 운영을 좀 더 평등하고 참여적인 방향으로 교육

실천과 관계성을 바꾸어 가는 데 활용하고 있다. 이런 사립학교를 보여주는 두 사례를 아래에서 보여 주고자 한다.[Gribble, 1998] 우선 인도의 사례로, 1972년 설립된 닐바그Neel Bagh 학교다. 이 학교는 1987년 문을 닫기는 하는데, 닐바그 학교 교장은 1982년 다른 학교인 수마바남Sumavanam 학교를 개교했다. 이 두 학교는 인도 남부지역 농촌에 들어섰다. 닐바그 학교 학생들은 어떤 수업이나 들어가든 들어가지 않든 자유로웠다. 학교에 머무는 어느 시간이고 자신들이 원하는 일을 선택해 할 자유가 있었다. 수업 자료들은 각 아동의 학습력 혹은 능력에 따라 결정되었지, 아무런 근거 없는 학급 평균에 따르지 않았다. 수업은 지속적이고 흥겨운 지지 속에서 이뤄졌다. 모든 아동은 아주 자연스럽게 서로의 교사로, 각자가 의지하는 도움 주는 사람이 되었다. 모든 활동은 학생뿐만 아니라 학교 직원들에게도 즐겁다는 것을 의미했다. 어떤 종류의 행동에도 처벌은 주어지지 않았다. 어떤 교리도, 종교적, 정치적 교의도 학생들에게 일방적으로 전달되지 않았다.

수마바남 학교는 안드라 프라데시의 치투르 구역Chittoor District of Andhra Pradesh[Asha for Education, 2015]에 위치한 활동적인 학교인데, 이 수업에 참여할지 말지 학생들의 자유로 맡겨진 상태에서도, 수업은 대체로 전통적인 방식을 따랐다. 흥미롭게 거의 대부분의 학생이 수업에 참여하고 싶어 했다. 아무런 숙제가 없었지만 학생들은 저녁에도 학교에 오고 싶어 했고, 낮에 했던 활동을 계속하고 싶어 했다. 그러나 '불가촉천민'[2]을 포함한 모든 학생은 정말 똑같이 대우받았다(인도의 많은 학교에서 이런 상황은 여전히 실천되지 않는 문제다.[예: Harber(2008: 464)를 참조할 것]). 이 학교는 경쟁보다는 상호 도움이라는 윤리로 점철되어 있는데, 그리블은 1990년대 말 학교를 방문하고 관찰한 이후 이런 학교 분위기를 "열정적 노력"이라고 이름 붙였다.[Gribble, 1998: 123]

---

2. (옮긴이 주) 접촉할 수 없는 천민이란 뜻으로, 인도의 카스트 제도에서 사성(四姓)에 속하지 않는 가장 낮은 신분의 사람들을 통틀어 이르는 말.

이런 학교가 보여 줄 수 있는 관계성에서 변화가 도대체 어떻게 나타나게 되었는지 보기 위해 가정환경이 유사한 수마바남 학교와 이웃 동네 학교의 학생들을 비교한 그리블의 기술을 인용할 필요가 있다.

(동네 학교에서 온) 아동 대부분은 가정에서 매를 맞는데, 일부는 매일 그렇게 매를 맞았다. 많은 수의 아동 아버지들은 늘 술에 빠져 있었고 학교에서 늘 잠을 자는 나이 많은 학생 중 한 명은 술 취한 아버지로부터 엄마를 보호하려고 집에서 머물곤 했다. 거의 대부분의 학생은 충분한 영양을 공급받지 못하고 배고픔에 신음하는 아이들의 소리를 늘 들어야 했다. 한 엄마가 죽었는데 입고 있던 옷이 석유에 흠뻑 묻어 불이 붙었다. 사고가 아닐 것이란 혐의가 짙다. 내가 14살짜리 여자아이가 사는 집에 방문하기 바로 전, 그 아이는 부모들이 학교에서 데려와 읽지도 쓰지도 못하는 젊은 남자에게 결혼시키려고 했다. 이 여자아이는 결혼과 동시에 한 가족을 시작하리라 기대되었고 신랑 되는 남자는 신부의 교육을 결단코 반대했다. (이 마을 학교에서) 잘 차려입고 나름 점잖아 보이는 여교사 두 명은 늘 긴 회초리를 갖고 있었다. 교실 칠판에는 방정식 문제가 이리저리 적혀 있었고 각자 목판에 베끼는 것이 이 교실에 가장 우선적인 일이었다. 학생들 중 많은 수가 덧셈조차 제대로 하지 못하는 듯했지만, 방정식은 이 나이 또래 아이들에게 가르쳐야 할 교육과정이었다. 교사들은 우리에게 더 어린 아이들은 공부하고 싶어 하지 않아서 가르치기 어렵다고 말했다. 운이 좋아 수마바남 학교에 갈 수 있었던 가정 배경이 비슷한 아이들의 열정을 고려해 보면 마을 학교의 학생들 태도는 비정상적이었다.Gribble, 1998: 125-126

둘째, 에콰도르의 페스탈로치Pestalozzi 학교는 1979년에 문을 열었다. 이 학교 학생들은 상당할 정도의 자유를 구가하는데, 실험하고 탐색하고 직접 경험할 기회를 누릴 수 있다. 이들은 학교 수업보다 자신들의 관심사를 자유롭게 따른다. 그리블에 따르면 그 결과는 학교에 이 학생들의 활동이 차고 넘친다는 것인데 여기에는 전통적인 수업이라든가 누구나 꼭 들어야 하는 수업 참여도 없고, 따라서 훼방도 저항도 찾아볼 수 없다. 이 학교의 설립자는 민주주의라는 더 넓은 개념과 관련성을 맺으면서 자신의 신념을 다음과 같이 밝힌다.

어렸을 때 스스로 판단하고 결정할 기회가 없다면 자라서 진정한 의미의 자율적인 인간이 되지 못한다. 그렇게 된다면 늘 당신을 지도하고 안내할 시스템과 지도자를 찾아다니게 될 것이다.^{Gribble, 1998: 132}

여기서 핵심적인 아이디어는 학교가 정말 많은 자극과 지지를 제공한다는 것, 이때 아동은 이를 바탕으로 자신의 필요를 해결한다는 것이다. 그리블은 이 학교가 이전에 언급된 선진국에서 유명한 민주적 학교들과 비교될 만하다고 강조한다. 영국의 서머힐 학교 말이다. 서머힐 학교에는 공부하고 싶어 하는 학생들을 위해 정해진 공식 시간표가 있다. 다른 학교는 미국의 서드베리 밸리 학교다. 이 학교의 교사들은 수업 자료가 있기는 하지만 학생들에게 구체적인 지침을 주어 지도하는 것을 의도적으로 피한다. 그런데 페스탈로치 학교는 민주적으로 운영되지 않는 이 두 학교와는 다르다. 이 두 학교의 학생들이 스터디 그룹 및 주간 회의를 통해 부수적인 규칙을 스스로 만들 수 있기는 하지만 안전 및 복리와 관련된 아주 기본적인 규칙은 어른들에 결정하고 이행하도록 요구하기 때문이다.

다시 말하지만, 자유의 관련성이 중요하다는 것을 이해하는 최고의 방법은 전통적인 학교에 비추어 페스탈로치 학교의 경험이 어떠한지 대비해 보는 것이다. 한 학생의 이야기를 들어 보자.

저는 1년 전 학생 몇 명과 (페스탈로치) 학교를 떠났어요. 그리고 소위 평범한 학교에 가려고 했습니다. 우리에게 일반적인 학교에 대해 이야기 하는 학교 바깥 친구들이 있었습니다. 이 친구들은 그 학교들이 어떤지, 휴일이 끝나면 학교를 가야 해서, 혹은 숙제를 해야 해서 슬픈지 등에 대해 말해 주었죠. 제게는 완전히 익숙하지 않은 일들이었어요. 그래서 저희는 그런 학교의 모습이 어떤지 직접 가서 보자고 결정했던 거죠. 그 리고 1년 동안 그 학교에 다녔습니다. 처음에는 적응하는 데 정말 힘들 었습니다. 저희가 정상적이라고 생각하지 않는 일들을 해야 했기 때문이 죠. 저희는 제대로 행동하지 않았습니다. 우리는 질문을 해댔죠. 그런데 질문하는 것은 옳지 않았어요. 오로지 듣기만 해야 했어요. 평범한 학교 에서 질문하면 안 됩니다. 뭐, 일이란 게 그러했어요. 시험을 치를 때, 저 는 한 친구에게 도움을 주었어요. 아주 직접적으로 말이죠. 저는 이에 대한 분별력이 없었던 거예요. 저는 "너는 그 문제 틀렸어." 그러자 그는 "어, 진짜, 알았어." 그런 대화 이후 저희는 의논했죠. 정상적이지 않았습 니다. 저희에게는 너무 당연한 일이었는데 말이죠. 저는 더 오래 머물고 싶지 않았습니다. 그거로 충분했죠. 그런 학교가 어떤지 잘 보았습니다. 그게 제가 원했던 전부예요. _{Gribble, 1998: 143}

이런 비교가 우리에게 전하는 바는, 뭔가 강한 차이점을 이해하는 것 이다. 이런 차이점은 자율성을 지지하는 정도를 대안적 교육 접근이라고 강조하는 교육철학에 따라 학교 내에서 일어나는 것일 수도, 저비용 사립 학교 혹은 그렇지 않은 다른 학교에 있을 수도 있다.

이 장에서 논의된 개도국의 저비용 사립학교는 공립학교의 표준적인, 어쩌면 권위주의적인 교수학습 관행에 나름 가능한, 잠재적인 대안을 제 공할 수 있을지 모르지만, 지금까지 공식적으로 제시된 증거나 논의는 이 런 방향으로 논의되고 있지 않은 듯하다. 개도국의 저비용 사립학교에 관 해 출간된 엄청나게 늘어나는 연구물의 저자들은 주로 학교접근성을 높 인다거나 성과 차원에서도 공립학교가 약간 높다거나 혹은 사립학교가 약간 높은 수준이라는 결과들에 초점을 맞추고 있다. 최근 선행 연구들의 관심사는 대체로 저비용 사립학교가 최소한 교사들이 결석하지 않는 전통적인 공립학교의 대안적인 형식을 더 잘 제공해 줄 수 있는지 그렇지 않은지를 묻고 있다. 국가 통제로부터의 자유가 학생의 자유와 임파워먼트를 강조하는 뭔가 다른 유형의 교육을 촉진해낼 수 있는지 그렇지 않은지에 대한 논의는 많지 않다.^{예: Bangay & Latham, 2013; Compare, 2006, 2009; Srivastava,} ^{2013; Srivastava & Walford, 2007; Th apa, 2013; Tooley, 2009; Tooley & Dixon, 2006, Tooley, Dixon, & Gomathi} ^{2007; Woodhead et al., 2013; Walford, 2011 참조} 그렇다고 이런 "대안적인" 저비용초등학교가 시장에 존재하지 않는다는 말이 아니다. 단, 지금 당장은 이 주제가 전 세계 저비용 사립학교 교육에 대한 최근의 논의주제로 등장하고 있지 않다는 말이다.

결론

개도국 공립학교 교육은 여전히 형편없다는 평가를 받고 있고 이런 문제의 일부는 교사 전문성 수준이 낮다는 데 있다. 학부모와 학생이 바라는 교육을 제공하지 않거나 그러지 못하는 상황에서 가난한 가정의 학부모들은 저비용 사립학교 수를 늘리고 이에 참여하는 것이 공립학교의 대안이라는 인식이 커지고 있다. 그러나 이런 학교가 공립학교보다 좀 더 낫다고 할 수 있을지는 몰라도, 더 민주적인 대안교육의 형태에서 일어나는 교수학습의 변혁이라든가 학습양상과 방법의 변화, 그리고 교사-학생 간의 관계 변화는 이런 학교의 특징으로는 등장하지 않는듯하다. 혹은, 몇몇 저비용 사립학교에서 이런 특징이 나타난다면 적어도 공식적으로 발간된 논문이나 연구에는 아직 거의 보이지 않는다. 시간이 지나면서 다양하게 제공되는 것들 사이에 진정한 선택이 어떤 것일지에 대한 요구가 거세질 것이다. (이 책의 11장에서) 점차 성장하기 시작하는 영역 내에서 리즈Lees가 개괄하듯, 교육철학의 수준에서 다양한 '경기마'들, 즉 '사람마다 각자 다른 길이 있다'는 것을 볼 수 있을 것이다. 하지만 지금 당장 이 논쟁은 가장 최상의 학교교육이란 표준을 누가 제공해 줄 것이냐 하는 문제로 모아져 있다.

독립적으로 소유되어 있고 학부모들에게 초점 맞춰져 있는 학교가 어린이와 학부모에게 학교교육의 경험을 제시하고 조직하는 다른 방법을 강구할 기회를 갖게 된다면, 쉽게 말해 지금의 시장 중심적인 학교 모델을 넘어서면, 현재 저비용 학교 영역의 중요한 특징인 대안적 관점과 실천을 위한 이론, 비전, 욕구가 결핍되어 있다는 점은 무척 두드러진다. 저비용 사립학교들은 단지 공립학교 모델 혹은 엘리트 사립학교의 결핍 모델을 좇아 이를 좀 더 낫게 하려는 정도에 그치는 경향이 있으며, 조직적인 학교-학부모 관계와 학비 송금에서의 변화만을 만들고 있을 뿐이다. 이런 학교들이 아직 교육 전반의 "진지한" 경영에 임하고 있지 않다는 점은 여전히 앞으로 더 많은, 더 광범위한, 새로운 발전의 가능성을 보도록 해 준다.

감사 인사

이 장은 Harber, C. (2014). Education and international development: Theory, practice and issues. Oxford: Symposium Books. 12장에서 가져온 것이다.

Akyeampong, K. (2009). Public-private partnership in the provision of basic education in Ghana: Challenges and choices. *Compare, 39*(2), 135-150.

Asha for Education. (2015). *Neel Bagh Trust-Sumavanam*. Retrieved from http:// www.ashanet.org/projects/project-view.php?p=192

Bangay, C., & Latham, M. (2013). Are we asking the right questions? Moving beyond the state vs non-state providers debate: Refl ections and a case study from India. *International Journal of Educational Development, 33*, 244-252.

Boyle, P. (1999). *Class formation and civil society: The politics of education in Africa*. Aldershot, UK: Ashgate.

Caddell, M. (2006). Private schools as battlefi elds: Contested visions of learning and livelihood in Nepal. *Compare, 36*, 463-480.

Carroll, R. (2002, November, 25). The Eton of Africa. *The Guardian*. Retrievable from http://www.theguardian.com/education/2002/nov/25/schools.uk

Chimombo, J. (2009). Expanding post-primary education in Malawi: Are private schools the answer? *Compare, 39*, 167-184.

Compare. (2006). Special issue on the private education sector: Towards a reconceptualization, *36*(4), 411-547

Compare. (2009). Special issue on non-state provision of education: Evidence from Africa and Asia, *39*(2), 127-299.

Day Ashley, L., & Caddell, M. (2006). Special issue on the private education sector: Towards a reconceptualization. *Compare, 36*(4), 411-547.

Gribble, D. (1998). *Real education: Varieties of freedom*. Bristol, UK: Libertarian Education.

Harber, C. (2004). *Schooling as violence: How schools harm pupils and societies*. London: RoutledgeFalmer.

Harber, C. (2008). Perpetrating disaff ection: Schooling as an international problem. *Educational Studies, 34*, 457-467.

Harber, C. (2013). *Education in Southern Africa*. London: Bloomsbury.

Harber, C. (2014). *Education and international development: Theory, practice and issues*. Oxford: Symposium.

Harber, C., & Davies, L. (1997). *School management and school eff ectiveness in developing countries*. London: Cassell.

Harber, C., & Mncube, V. (2012). *Education, democracy and development: Does education contribute to democratisation in developing countries?* Oxford: Symposium.

Harma, J. (2009). Can choice promote education for all? Evidence from growth in private schooling in India. *Compare, 39*, 151-166.

Harma, J. (2011). Low cost private schooling in India: Is it pro poor and equitable? *International Journal of Educational Development, 31*, 350-356.

Kingdon, G. (2007). The progress of school education in India. *Oxford Review of Economic Policy, 23*, 168-195.

Kitaev, I. (2007). Education for all and private education in developing and transitional countries. In P. Srivastava & G. Walford (Eds.), *Private schooling in less economically developed countries: Asian and African Perspectives* (pp. 89-

110). Oxford: Symposium Books.

Lewin, K. (2007). The limits to growThof non-government private schooling in subSaharan Africa. In P. Srivastava & G. Walford (Eds.), *Private schooling in less economically developed countries: Asian and African Perspectives* (pp. 41-66). Oxford: Symposium Books.

Mehrotra, S., & Panchamukhi: R. (2007). Universalising elementary education in India: Is the private sector the answer? In P. Srivastava & G. Walford (Eds.), *Private schooling in less economically developed countries: Asian and African Perspectives*(pp. 129-152). Oxford: Symposium Books.

Phillipson, H. (2008). *Low-cost private education: Impacts on achieving universal primary cducation.* London: Commonwealth Secretariat.

Rose, P., & Adelabu, M. (2007). Private sector contributions to education for all in Nigeria. In P. Srivastava & G. Walford (Eds.), *Private schooling in less economically developed countries: Asian and African Perspectives* (pp. 67-88). Oxford: Symposium Books.

Rose, P. (2009). Special issue on non-state provision of education: Evidence from Africa and Asia. *Compare, 39*(2), 127-299.

Smith, B. C. (2009). *Understanding third world politics: Theories of political change and development.* Basingstoke, UK: Palgrave Macmillan.

Srivastava, P. (Ed.). (2013). *Low-fee private schooling: Aggravating equity of mitigating disadvantage?* Oxford: Symposium Books.

Srivastava, P., & Walford, G. (Eds.). (2007). *Private schooling in less economically developed countries: Asian and African Perspectives.* Oxford: Symposium Books.

Thapa, A. (2013). Does private school competition improve public school performance? The case of Nepal. *International Journal of Educational Development, 33*, 358-366.

Tooley, J. (2009). *The beautiful tree.* Washington, DC: Cato Institute.

Tooley, J., & Dixon, P. (2006). De facto privatisation of education and the poor: Implications of a study of from sub-Saharan Africa and India. *Compare, 36*, 443-462.

Tooley, J., Dixon, P., & Gomathi, S. V. (2007). Private schools and the millennium development goal of universal primary education: A census and comparative survey in Hyderbad, India. *Oxford Review of Education, 33*, 539-560.

UNDP. (2010). *Human development report.* Basingstoke, UK: Palgrave Macmillan.

UNESCO. (2012). *Youth and skills: Putting education to work-EFA global monitoring report.* Paris: UNESCO.

Walford, G. (2011). Low-fee private schools in England and less developed countries. What can be learnt in comparison? *Compare, 41*, 401-414.

Woodhead, M., Frost, M., & James, Z. (2013). Does growth in private schooling contribute to education for all? Evidence from a longitudinal, two cohort study in Andhra Pradesh, India. *International Journal of Educational Development, 33*(1), 65-73.

24장
이스라엘의 인문주의 학교

님로드 알로니[1]

들어가는 말

이 글은 이스라엘의 한 대안교육 네트워크에 초점을 맞추고 있다. 이는
유치원과 학교에서 휴머니즘 세계관−인간의 존엄성, 평등성, 그리고 모
든 인간의 생각과 행동의 궁극적인 목적으로서의 성장−을 촉진하고, 인
본주의 교육의 패러다임의 개발과 실행을 목적으로 하는 '인문주의 교육
네트워크Network for Humanistic Education'이다. 이러한 교육적 노력은 정치
적 극단주의, 갈등하는 문화적 내러티브, 사회적 격변, 난민 및 이주노동
자들의 이스라엘로의 대규모 이주라는 맥락 속에서 이루어지고 있다. 이
러한 상황에 비추어 네트워크는 인문적 실천주의humanistic activism 정책
을 끌어들였다. 즉 교육의 혁신 및 교사의 자력화 영역에 한정하지 않고,
오히려 활동을 사회적 참여, 정치 로비 및 대중 캠페인의 공적 영역으로
확장한 것이다.

이제 네트워크의 이야기, 그것의 사명과 성취를 다음과 같은 순서로 전
개하고자 한다. 우선, 사회적·정치적 맥락의 묘사가 있다. 이스라엘은 지

---

1. 님로드 알로니(Nimrod Aloni): 이스라엘 키부침(Kibbutzim)사범대학 교육철학 교수,
진보교육연구소장. 유네스코 인문학 교육위원장, 예루살렘 센터에서 윤리과 교육 책
임자, Moral Development 시리즈의 편집위원을 맡고 있다. 『*Enhancing Humanity*』
(2007) 등 많은 책을 저술했다. 인문교육, 대화교육, 시민교육, 학생의 감성, 자율성, 진
정성, 도덕성, 존엄한 삶의 능력 증진을 위한 현대 교사를 위한 패러다임이 있다.

리적 국경이 인정되지 않고 있으며, 분명한 정체성 의식도 보이지 않는 국가이다. 국가 내에는 갈등하는 내러티브의 충돌－유대인 다수파 대 아랍 소수파, 현대 자유민주당 대 보수근본주의자 그리고 초정통주의자, 좌파 인권옹호자 대 우파 극단주의자－이 존재한다. 게다가 약 30만 명의 망명 신청자와 이주노동자를 상대해야 하는 난관에 처해 있다. 사회적 격변, 증오 범죄, 인종차별적 행동과 이념적 폭력은 최근 몇 년 동안 이스라엘이 보여 주는 일상적 모습들이다.

두 번째는 교육 봉사에서 다양한 형태의 대화 이론뿐만 아니라, 규범적이고 이론적인 명제, 즉 고전주의, 낭만주의, 실존주의 접근과 비판적 접근을 통합한 명제를 제시하는 것으로 나아간다. 또한 그러한 이론적 구성은 아무리 학문적으로 건전하고 아름답게 수행되어도, 사회적·정치적 행동주의에 의해 촉진되고 강화되지 않으면 제한된 이점밖에 가질 수 없다고 본다. 비판적 교육학critical pedagogy의 관점에 따라 비인간화 과정과 싸우며 평등한 교육 기회를 제공하려는 임무는 교사가 가르치는 실천 현장에서 훨씬 더 정치적인 것을 요구한다. 즉, 학생들을 사회적·정치적 이슈에 참여시키고, 교육체제의 질과 형평성뿐만 아니라 세계의 혁신을 위해 이들을 돌보고 행동하도록 권한을 부여한다는 점을 강조한다.

이 글의 세 번째와 마지막 부분은 인문적 사명을 구현한 일부 학교(한 학교는 아랍인 학교, 두 학교는 유대인 학교)에 대한 이야기이며, 각 학교는 각각 고유한 방식으로 특정의 장애물과 도전을 마주하고 있다. 첫 번째는 이미 2000년에 인문주의 교육－철학적 대화, 개별화 교육과정, 음악원 설립, 문화적·비판적 문해력 개발 등의 요소를 포함한－ 분야에서 정식 개교한 실험학교 및 모델링 학교가 된 가님Ganim 초등학교 사례이다.

나중에 제시된 다른 두 학교는 훨씬 더 큰 장애물과 특별한 성격을 다루고 있다. 아랍 엘-자하라El-Zaharah 초등학교 교장은 증대하는 이슬람 근본주의의 호전적 경향에 크게 반대하는 인본주의 무슬림 학교를 설립하겠다는 포부가 있다. 이 학교는 구체적 위치와 조건으로 인해 전통적이고 위계적인 이슬람 문화 그리고 현대 교육의 다원주의적이고 민주주의적인 정신 사이의 내재한 긴장뿐 아니라, 매우 형편없는 부적합한 건강 상태와 악전고투해야 하는 상황을 보여 준다.

엘-자하라 초등학교와 매우 다른 형태의 K-12 비알릭-로고진Bialic-Rogozin 다문화 학교는 80%의 학생이 50개국의 이주노동자 및 망명 신청자의 가족 출신으로 유대인과 아랍 원어민 학생들과 함께 모여 공부한다. 이 학교에서는 아마도 다른 어떤 학교보다 탁월한 성취의 열쇠는 '교육의 예술'에서 찾을 수 있다. 인문주의 교육의 가치와 원칙에 근거해 다양한 접근의 실천을 활용하고 변증법적이고 균형 잡힌 교육학을 구현하고자 하며, 교육의 통설 중에서 어느 하나의 가르침에 의존하기보다는 항상 학생의 구체적인 요구에 더욱 반응하려고 노력한다.

갈등하는 서사, 정치적 극단주의, 그리고 사회적 격변: 배경과 맥락

이스라엘은 1948년에 설립되었는데 여전히 국경이 없다. 즉 지리적으로나 정체성의 경계도 없다. 이스라엘은 유대인들이 고국으로 돌아가 수 세기에 걸친 박해로부터 자신들을 위한 피난처를 지켰던 시온주의 운동The Zionist movement[2]에 의해 설립되었지만, 다른 한편 다양한 이유로 쫓겨난 팔레스타인 토착민들은 끔찍한 대가를 치러야 했다. 두 나라의 국가 공동체는 공존하고 있지만, 서로 다른 문화적 서사를 지닌 평등, 통합, 존중의 가치는 여전히 실제의 현실과는 동떨어져 있는 상황이다.[Avnon & Benziman, 2010]

---

2. (옮긴이 주) 시온주의는 세계 곳곳에 흩어져 살던 유대인들이 조상의 땅이었던 팔레스타인 지방에 유대인의 민족 국가를 건설하는 것을 목표로 했던 민족주의 운동으로 1948년 이스라엘이 건국됨으로써 실현되었다. 시온(Zion)이란 원래 예루살렘 시가지 내의 언덕 이름으로 예루살렘, 또는 이스라엘인의 땅을 의미한다.

이스라엘의 지리적·정치적 경계는 끊임없는 논쟁 속에 있다. 현재의 정치적 상황에서 요르단강 서안 지구의 군사적 점령을 강화하고, 200만 명의 팔레스타인 주민을 지배하는 영토 점령에 대한 민족주의적 관점이 우세한 편이다. 만약 이런 상황이 영구화되면, 이스라엘의 정치적 정체성은 크게 바뀔 것이다. 만약 서안 지구에 대한 군사적 통치권이 유지된다면, 아파르트헤이트 국가가 공식화될 것이다. 그리고 팔레스타인인들에게 완전한 인권과 시민권을 부여한다면, 곧 시온주의 국가이자 유대인들의 고향이 들어설 것이다. 호전적인 민족주의 이데올로기의 부상 또한 이스라엘의 가정생활과 민주주의 문화를 위태롭게 할 것이다. 국가와 종교가 명확하게 분리되지 않고, 기본적 인권과 시민권을 보호하는 헌법이 없는 이스라엘은 현재 민주적 가치와 제도로부터 공격을 받고 있다.^{Lerman, 2014년 8월} ^{22일 자} 종교 근본주의자와 초국가주의자의 연합은 대법원의 독립성과 권위에 도전하고 있으며, 이스라엘 아랍 시민의 시민권을 억제하는 법안을 발의하고, 이츠하크 라빈 총리 암살 등 팔레스타인과의 평화 협정을 맺기 위한 정치적 타협과는 거리가 먼 대치를 하고 있다.

또 다른 긴장의 원인은 '외국인'(난민과 이주노동자)이 이스라엘로 대량 이주하는 것과 관련이 있다. 이스라엘 국가의 사명은 유대인의 조국이 되는 것이며, 이스라엘이 인구 약 800만 명의 작은 나라라는 사실에 비추어 볼 때, 난민이 이스라엘로 대량 이주하는 것은 절대 용납할 수 없는 일이라는 것이 수많은 이스라엘인의 관점이자 이스라엘 정부의 공식 정책이다. 이는 대규모 이주라는 비교적 새로운 현상이 사회적 격변의 새로운 원천을 가져왔다는 것이다. 한편으로 외국인의 투옥과 추방을 위한 인종 차별적 행동과 캠페인을 벌이고, 다른 한편으로는 시민권 운동가, 자유주의자, 인문주의 전문가(의사, 교육자, 사회복지사, 심리학자)가 힘을 합쳐 외국인의 투옥과 추방에 반대하는 운동을 벌이며 이들에게 인간으로서의 존엄한 삶에 필요한 조건을 제공했다.

앞서 언급한 이스라엘의 모든 특징은 사회적 갈등이 있는 문화적으로 다양한 사회인 이스라엘의 교육 시스템에서 찾을 수 있다. 공립학교 시스템은 공립-유대교 학교, 공립-아랍 학교, 공립-종교(민족주의적 종교적 유대인) 학교, 그리고 반-공립/초-정통 유대교 학교 등 네 흐름으로 나뉜다. 이 시스템에서는 학문적·과학적 지식과 기술, 시민교육, 그리고 국가와 종교의 관계와 관련하여 핵심 교육과정에 대한 동의가 거의 없다. 아랍 학교의 흐름은 재정적 자원과 교육적 자율성 모두에서 차별을 받는다. 이 학교의 특징은 수업이 더 붐비고 강의 시간은 더 적으며, 그들의 문화적 이야기를 가르치는 것이 금지된 반면, 초정통파는 행정과 교육적 자율성에서 많은 특권을 누린다. 최근 몇 년 동안, 이 두 소수 그룹(아랍 학교와 초정통파 유대 학교)의 인구는 극적으로 증가했으며, 10년 이내에 그들의 자녀는 초등학교 1학년(전체 인구의 30%, 아랍 아이들과 초정통파 아이들의 20%)에 다니는 모든 이스라엘 어린이의 거의 50%를 차지할 것으로 예상된다. 이러한 발전은 분명히 인문주의자들에게 현대의 인본주의적 요소, 즉 성평등, 자유로운 탐구, 학문 연구 및 민주적 실천을 가로막는 빈곤과 극단주의의 이슈로서 매우 도발적인 문제로 입증될 것이다.

이러한 특성과 내재된 긴장을 지닌 다문화 및 이스라엘의 시민교육은 여러 가지 곤란함과 어려운 도전으로 고통받고 있다. 몇 년마다 한 번씩 다른 정당의 신임 교육부 장관이 취임하여 역사와 시민교육을 포함한 정치적·종교적 이데올로기를 교육 시스템에 강요함으로써 상황은 더욱 복잡해졌다. 게다가 이스라엘 정치에서 극단주의가 부상하면서, 특히 초국가주의적인 청년들이 부상하면서, 많은 학교의 교사들은 인권과 평등한 기회, 특히 아랍 소수민족과 이주노동자에 관한 문제 논의가 점점 더 어려워지고 있다. 교사들은 '타자other'에 대한 인도주의적 관심을 보인 것이, 비애국적이고 동족을 배신하는 것이라는 학생들의 강한 공격을 받곤 한다.

인문주의 교육 네트워크의 발전 단계와 명제

1997년에 교육자들과 교사들(대학과 교사 훈련 대학 및 학교에서 온 유대인과 아랍인)의 연합은 '인문주의 교육 발전 네트워크Network for the Advancement of Humanistic Education'를 구성했다. 주요 목표는 인문주의적 대안을 제공하는 것이다. 즉 이스라엘 교육 시스템에서 증대하는 민족주의와 종교적 근본주의의 추세에 대응하고, 인문주의 윤리, 민주주의 정치, 평화 문화, 존중할 만할 상호문화주의, 넓고 열린 마음, 합리적이고 비판적인 사고의 신조에 대한 헌신을 보여 줄 학교와 유치원 네트워크를 제공하는 것이다. 네트워크의 선언문(윤리적 입장과 교육학적 접근)을 만들때 인간 중심적이고 보편주의적인 정신에도 불구하고, 네트워크는 인문주의의 핵심 가치 및 규범과 충돌하지 않는 한 모든 종류의 종교, 이념 또는 문화적 연관을 가진 개인과 공동체 환영에 동의했다. 그렇게 함으로써 우리는 의도적으로 미국 인문주의humanism 운동의 주요 인물 중 한 명인 시드니 훅의 견해를 채택했다. 즉, 인문주의자는 다원주의의 원칙을 고수하되, 인종차별, 종교적 근본주의, 애국적인 초국가주의, 이데올로기적 전체주의 그리고 사회적 다원주의 등의 잔인하고 비인간적인 행위에 대해서는 결코 관용을 보이지 말아야 한다.[Hook, 1982]

인문주의는 선언문에서 모든 인간의 생각과 행동의 궁극적인 목적으로서 인간 개발, 웰빙 및 존엄성의 향상을 상정하는 세계시민적 세계관과 윤리 강령으로 승인되었다. 선언문은 종교적·이념적·경제적 또는 국가적 가치의 대안적 집합보다 인간의 존엄성, 평등성, 성장 및 연대의 가치를 우선시할 것을 주장한다. 그것은 다원적이고 정의로운 민주적 사회질서를 형성하겠다는 약속을 수반한다. 또한 개별 복지, 광범위한 교육, 문화적 풍요, 자율적 자아실현, 그리고 민주적 시민권 참여 등이 특징인 완전하고 자율적인 삶을 누릴 공정한 기회를 모든 개인에게 제공하는 데 전념하고 있다.[Aloni, 2002; Enslin & Tjiattas, 2009; Kurtz, 1982, 1988; Van Praag, 1982]

인문주의 교육의 개념과 관련하여 일반적으로 아동 중심 교육, 경험학습, 허용적 도덕성 그리고 진정한 자아실현과 동일시되는 더욱 대중적이고 현대적인 접근 방식을 넘어서는 방식으로 사용했다. 그리고 거의 2,500년의 역사 속에서 인문주의 교육의 다양한 전통에서 발전된 더 넓고 풍부하고 다양한 개념을 포함했음을 강조해야 한다. 특히, 우리의 해석은 인문주의 교육의 네 가지 뚜렷한 전통 또는 접근 방식을 끌어온 것이다. 즉 개인적 교양과 고급문화를 지향하는 고전적-문화 완전주의 접근, 자연적 발달과 진정한 자아실현을 목표로 하는 낭만적·자연주의적·치료적 접근, 창의적이고 진정한 의미 형성과 자기규정을 목표로 하는 실존주의적 접근, 그리고 사회정의와 참여민주적 시민성을 향한 해방과 자력화를 목표로 하는 급진적·비판적·정치적 접근 방식을 포함한다.[Aloni, 2002, 2011, 2013]

통합적 접근법에 비추어 보면 대안교육 네트워크 설립자가 채택한 인문주의 교육의 실천적 정의는 최고의 삶을 제공하려는 인문주의 교육이다. 이 교육은 인간의 존엄성과 지적 자유를 나타내는 사회적 분위기 속에서 삶의 세 가지 기본 영역으로 이루어진다. 즉 조화롭게 또 진정으로 자신의 잠재력을 실현하는 개인의 영역, 민주주의에 참여하고 책임감 있는 시민의 영역, 그리고 인간 문화의 집단적 성취에 능동적으로 참여함으로써 자신을 풍요롭게 하고 완성시키는 인간의 영역에서 할 수 있는 최상의, 그리고 최고의 삶을 향한 총체적이고 다면적인 함양이다.

최초의 선언문에서 위의 정의를 따랐던 인문주의 교육의 여덟 가지 교육학적 원칙을 열거하면 다음과 같다.

〈선언문의 정의〉
1. 학생의 웰빙과 적절한 발달을 위한 돌봄의 책임뿐만 아니라, 정의롭고 자각된 인도적 민주주의를 확립한다.
2. 지적 자유와 상호 존중의 분위기에서 학생의 인성을 일반적이고 다

면적으로 함양한다.

3. 인문적 다문화주의는 생명, 평등, 자유, 진실, 사회정의, 연대, 그리고 평화라는 공유된 가치관을 기반으로 한 다양한 문화적 유산에 대한 연구를 촉진한다.

4. 교육학적 실천은 상호보완적 네 가지 이상, 즉 문화의 질, 비판적 자율성, 진정한 인성, 사회적 참여를 실현하는 것을 목적으로 한다.

5. 교육적 다원주의는 그것의 우선성, 지역사회의 고유한 특징, 학생들의 특별한 필요에 따라 인문적 교육의 이상과 방법을 수행하는 각 학교의 자율성에서 나타난다.

6. 교사의 활동을 위한 친근한 공간으로서의 물리적 환경, 그리고 학생 개개인의 안전을 보장하고, 대인관계 학습과 사회적 만남에 도움이 되는 즐거운 분위기를 조성한다.

7. 돌봄, 신뢰, 지원, 존중, 공정, 관용의 교육적 분위기, 자유로운 질문, 책임, 개인적 헌신 및 상호성 없이는 최고의 인문적 교육 이론조차도 실재의 현실이 되지 못할 것이다.

8. 교수 방법은 의미 있는 학습을 촉진하고, '지식의 나무'를 '삶의 나무'로 혁신한다. 즉, 폭넓은 학습뿐만 아니라, 지식의 현명한 이용과 적용에서 문화가 드러나는 개인을 함양하고 개인의 힘을 강화하도록 한다.

10년 동안 인문주의 교육 발전 네트워크는 독립적인 교육 NGO로 활동하면서 교육적 선언문을 사용했다. 교육부는 물론 자선가들로부터 기금을 모을 수 있었고, 이를 통해 100개 이상의 유대 학교와 아랍 학교를 위한 강의, 워크숍 그리고 교사 자력화 프로그램을 조직하고 수행할 수 있었다. 이러한 활동의 세 가지 하이라이트는 여기서 언급할 만한 가치가 있다. 첫째, 3개의 학교와 1개의 유치원을 전국에서 모인 동료 교사들의 학습과 훈련을 위한 실험적인 인문적 교육기관 및 센터로 발전시키는 것이다. 둘째, 교사, 학생, 학부모를 위한 유대-아랍 대화 및 공유 학습 프로그램이다. 셋째, 심각한 사회적 격변의 시기에, 특히 2차 팔레스타인 인티파다(봉기)와 13명의 팔레스타인인 이스라엘 시민이 살해되었을 때, 평등, 자유, 평화의 반응을 이끌어 낸 도덕적으로 주도된 비폭력적 행동주의를 위한 교육 및 공공적 캠페인이다.

2007년에 네트워크는 독립 NGO로 운영을 종료하고, 그 활동은 키부침사범대학 진보교육연구소Institute of Progressive Education의 의제 및 프로그램과 통합되었다. 2007년부터 현재까지의 새로운 국면에서 핵심 가치와 사명감은 동일하지만, 활동의 목적과 초점이 달라졌다. 새로 공식화된 근거는 다음과 같은 것에 초점을 맞춘 일종의 자유주의-인문주의 교육을 위한 일종의 실험실 역할을 하는 것으로 바뀌었다. (1) 인문주의 교육의 새롭고 통합된 모델의 이론적 구성, (2) 이 모델을 학교와 유치원에서 구현하는 것(매년 약 10개), (3) 인문주의 관점에서 교육 전문직의 직업윤리-평등한 교육 기회, 인권, 민주적 시민권, 환경적 지속가능성, 다문화주의 및 평화 문화-와 내재적으로 관련이 있는 문제를 주도하는 교육 및 공공 캠페인.

인문적·대화적 교수법 개발

2008년에 이스라엘 인문주의 교육자 그룹은 『인문적 교육의 대화 강화』라는 책을 출판했다. 이 책의 발간 목적은 고대 소크라테스식, 유교식, 탈무드식 대화에서부터 니체, 부버, 코르착, 로저스, 가다머, 하버마스, 프레이리, 나딩스, 레비나스의 저작과 관련된 현대적 대화에 이르기까지 다양하고 방대한 대화의 레퍼토리를 끌어낸 인문적 교육의 틀 내에서 대화식 교수법을 강화한다는 개념을 제안하는 것이다.[Aloni, 2013] 부분적으로 '표준화 및 성취' 접근 방식의 비인간화 효과와 고부담 시험의 강조에 대한 불만으로 인해 인지적·정서적·도덕적·실존주의적 요소들에 대한 논의에서 보이는 서로 다른 형태의 대화는 최근 교육 담론과 실천에서 더 중심이 되었다. 따라서 대화식 교수법의 구체적이고 실용적인 형태로 인문적 교육 모델을 토론하고 구현함으로써 저자들은 인문적 교육을 더욱 매력적이고, 접근 가능하고, 실현 가능하게 만들기를 희망했다.

인문주의와 인문적 교육에 대한 우리들의 헌신에 비추어 볼 때, 더 효율적인 학습을 위한 수단일 뿐만 아니라, 주로 그 자체의 목적으로서 교육적 대화를 도입하는 것이 필수적이다. 즉, 이것들은 다양한 학문적·사회적 목표에 기여할 수 있지만, 소크라테스가 『변명』에서 말하고, 부버가 『나와 너』에서 정의한 것처럼, 진정한 대화는 그 자체로 숭고한 함양 edification을 위한 인간 활동이다. 교사들에게 그것을 소개할 때, 우리는 다음과 같은 기초적 정의를 사용했다. 대화는 관련된 사람들이 서로에게 주의를 기울이고, 공유된 인간성과 개별 성격을 기반으로 상호 관심을 나타내는 대화이다. 그들은 함께하는 신뢰, 존중, 개방성을 통해 자신, 타인, 그리고 그들이 공유하는 환경에 대한 보다 포괄적인 이해를 위해 공동으로 발전한다.

이 정의를 더욱 구체적이고 적절하게 만들기 위해, 우리는 대화를 다른 형태의 담론과 구별하는 다섯 가지 지침을 설정했다. 우리는 구분을 함으로써 대화가 다음과 존재한다고 제안했다.

1. 대화는 식당이나 거리에서의 잡담이나 가벼운 대화가 아니다. 대화는 중요한 내용이나 진술이 항상 관련된다.
2. 대화는 양쪽이 상대방을 희생시키면서 자기 자신에게 주의를 환기하려고 하는 소리 지르는 시합이나 대립적이고 목소리를 높이는 언쟁을 하지 않는다. 대화는 즐겁고, 존경하며, 다양한 견해를 듣고, 개념적으로는 유연하다.
3. 대화는 주인과 머슴 사이, 사령관과 부하 사이의 말과 같이 권위적

이지 않다. 대화는 비-위계적 접근과 민주주의, 상호주의, 연대의 정
신을 나타낸다.

4. 교사와 학생 사이에 지시나 전달과 같은 강의를 하지 않는다. 어떤
   형태의 지식 전달과 학생들이 그것을 내면화한 정도를 테스트하는
   것이 아니다. 다르고 새로운 내용의 세계를 공유하는 학습 형식이다.

5. 대화는 기능적이거나 기술적인 수행 지향의 말이 아니라, 전체적 결
   과를 내는 것이 목적이다. 이것은 과정이며 반드시 말이 지향하는
   명확하고 분명한 성과를 내는 것이 아니다. 그것의 성과는 자기 자
   신의 삶과 그들이 공유한 다른 사람의 살아 있는 현실과 상황을 더
   잘 이해할 수 있는 능력의 확대를 통해 서로에게 풍요롭고 영감을
   가져오는 성공에 의해 평가되어야 한다.

교육적 주권, 사회적 참여, 그리고 정치적 행동

최근 몇 년 동안, 더 이상 인문주의 교육 네트워크의 구성원이 아니라,
키부침사범대학 진보교육연구소의 교육가 및 교육자인 우리는 비판적 교
육학, 환경적 지속가능성 그리고 인간으로부터 원리를 이끌어 넘으로써
인문적 교육의 사명에 대한 더욱 적극적인 의식을 채택하기 시작했다. 나
딩스[Noddings, 1984; 2010], 한센[Hansen, 2011], 브릭하우스[Brighouse, 2008], 아피아[Appiah,
2008], 히긴스[Higgins, 2011] 같은 교육사상가들이 묘사한 교육 직업윤리의 비전
이다. 이것은 교육자의 전문적 자아상에 근본적인 변화를 수반한다. 그리
고 이것은 다음과 같은 새로운 교육 주권의 개발로 구성되어 있다. 전통
적인 노예제도에서 벗어나 교육에 대한 다양한 종교적·이념적·경제적 거
장들-교육에 관한 관심이 거의 대부분 외적이고 도구적인-에 이르는 것
이다. 그리고 인간의 번영과 사회정의를 향한 사회 변혁의 주체로서 우리
자신을 형성한다.

교육 주권educational sovereignty에 대한 그러한 변화의 성격과 중요성은 다음과 같은 두 가지 잘 알려진 진술에 비추어 더 잘 이해될 수 있다. 첫 번째는 "아우슈비츠 이후에는 더 이상 시를 쓸 수 없다"라는 아도르노의 유명한 격언이다.Adorno, 1981: 34 두 번째는 "교육은 더 정치적이어야 하고, 정치는 더 교육적이어야 한다"라는 아로노비츠와 지루의 말이다.Aronowitz & Giroux, 1985, 머리말 두 인용문은 인류가 그러한 가증스러운 잔학 행위를 저질렀기 때문에, 우리는 더 이상 일상의 삶처럼 살 수 없을 것이라는 인식에 기초하고 있다. 20세기의 정치체제가 권력과 번영을 약속했지만, 사실 수백만 명의 사형, 고통, 망명 및 비참함을 선고했다는 것은 교육자들이 궐기할 것을 요구한다. 교육에서 그것은 더는 평소와 같은 일일 수 없다.

이것들은 교사와 교육자들이 생명의 신성함과 인간의 존엄성을 지지하는 메커니즘을 만드는 데 더욱 적극적인 정치 접근 방식을 채택할 것을 요청한다. 다시 말해, 선전 및 통제 메커니즘의 현대화-오웰식의 전체주의적 정치, 강박적 소비주의, 종교적·이념적 세뇌-는 사람들을 광적인 군인, 순종적 노동자, 중독된 소비자로 비인격화하고 변형시킬 가능성과 기회를 증가시키는 것을 의미했다. 이러한 역사적 경향에 대한 방어는 프레이리가 말했듯, 모든 형태의 비인간화에 맞서 싸웠고, 속담을 통해 알 수 있듯 비판의식을 갖춘 사람만이 수행할 수 있을 것이다.Freire, 1970, 1987 우리는 인문주의 교육자들이 그러한 대중 및 참여적 지식인 집단 내에서 중요한 역할을 해야 한다고 생각한다. 그것은 사회에 봉사하는 엘리트로서 스스로 헌신하고, 또 더 큰 부와 지배를 위해 사람들을 '이용 가능하고 남용할 수 있는' 도구로 간주하고 취급하는 헤게모니적 기관으로부터 젊은 시민들을 보호할 수 있는 '면역제'의 개발에 착수하는 것을 포함한다.Aloni, 2008

앞서 언급한 교육 의제(내용 및 방법)에서 도출된 교육적 실천에 대한 자세한 설명은 여기서 다 할 수 없지만, 세계적 현실에서 인문주의 교육자들이 헌신해야 하는 교육적 노력의 주요 영역을 간단히 짚고자 한다.

인문주의 교육자들은 무엇보다도 전쟁, 빈곤, 폭정이 개인의 안녕과 번영하는 삶의 영위에 주요한 장애물이기에, 빈곤과 무시의 조건뿐 아니라 모든 형태의 폭력과 정치적 억압을 제거하거나 적어도 최소화하기 위해 최선의 노력을 해야 한다. 이것은 긍정적이고 건설적인 용어로 평화와 사회 정의의 문화를 가져오기 위한 사회적 참여와 정치적 행동을 의미한다. 인문주의 교육자들은 또한 이러한 오랜 도전과 함께 정크 푸드 중독, 소비주의에 대한 집착, 환경 파괴, 그리고 고급문화의 도전을 안락함으로 대체하려는 '마음의 폐쇄화' 등 새로운 세계적·문화적 질병과도 맞서 싸워야 한다.

세 곳의 인문주의 학교

가님 인문주의 실험학교

1990년대 후반 가네이 티크바시에 위치한 가님 초등학교는 교육 리더십의 위기를 겪었다. 세 명의 서로 다른 학교 교장은 재임 1년 만에 해고되었다. 이것은 주로 학교 분위기가 교사, 학부모, 그리고 지방자치단체·행정관들 사이의 엄청난 정치적 투쟁으로 오염되었기 때문이다. 인문주의적인 카리스마와 깊은 인내심을 지닌 학교 교장(원래 미술 교사)인 바래시가 부임하면서 변화가 일어났다. 그녀는 전문적 권한에 대해 교사들과 협력하고 인본주의적 세계관과 실천을 가르치면서 학교에 대한 모든 부모의 관료적 개입을 폐쇄했다. 교장은 학교를 이스라엘 최초의 실험적 인본주의 학교로 발전시키기 위해 인문주의 교육 네트워크와 협력 관계를 수립했다.

학교는 3년 안에 실험적 인문주의 학교이자 다른 유대 학교와 아랍 학교에게 인문주의 학교의 교육학적 방법을 가르치는 센터로 교육부의 공식적인 인정을 받았다. 교사들은 미션 선언문에서 자신들의 생각을 다음과 같이 표현했다.

가님 학교의 가장 중요한 목표는 인간 정신의 육성입니다. 모든 개인을 전체론적 전체로 인식하고, 모든 사람을 믿고, 자신의 역량을 신뢰하며, 개인의 모든 인성 영역(감정적, 사회적, 인지적, 미적 영역)에서 모든 사람의 성장과 발달에 필요한 모든 것을 제공합니다. … 무엇보다 우리는 정직, 사회정의, 다원적 민주주의, 그리고 인간의 잠재력 실현을 강조하면서 타인에 대한 사랑과 존경을 소중히 여깁니다. 이것은 학생, 교사 및 학부모와 관련이 있습니다. 따라서 교사는 교사일 뿐만 아니라, 완전한 교육적 본보기와 지도자가 되어야 합니다.

교직원은 배려하고 지지하는 사회적 분위기를 조성하는 것 이외에도, 학교에서 다음과 같은 인문적 교육 실천을 발전시켰다.

1. 교과과정은 더 이상 교육부가 규정하는 대로 교사에 의해 시행되지 않았다. 그 대신 교사들은 공동 협력적이고 혁신적인 방식으로 학생들의 관심과 능력에 맞게 교재와 방법을 절합하고, 사회적·문화적 관심사에 연결시키는 것이 목적이었다.
2. 모든 학생은 많은 주제와 활동들 중에서 선택할 수 있는 기회를 제공받았고, 스스로 개별화된 교육과정을 만들 기회를 제공받았다. 일주일에 4~8시간 동안 수업을 빠져나와 정말 좋아하는 일－예술과 공예에서 저널리즘, 과학, 수학, 스포츠 등까지－을 할 수 있었다.
3. 예술의 장소, 특히 악기를 연습하는 장소가 극적으로 향상되었고, 이는 궁극적으로 학교에 아침부터 밤까지 운영하는 음악원을 설립하게 되었다.
4. 철학적 대화나 종종 '어린이를 위한 철학'이라고 불리는 것은 수업을 소규모 그룹으로 나누고, 바닥에 둥글게 둘러앉아 친밀하고 명상적인 분위기에서 일상생활은 물론 철학적 글에서 윤리적 문제를 제기하고 토론하는 일상적 실천으로 확립되었다.

5. 소수 집단의 배척과 비인간화 과정과 추세에 대응하기 위해, 특히 다수의 유대인 민족과 소수 아랍인 민족 간의 인종 갈등이 있을 때, 학교 교직원 또는 행정 직원에 아랍인을 둘 것을 주장한다.

6. 문화적·비판적·정치적 문해력은 이스라엘 의회와의 비판적 상응과 학교 의회(학생, 교사, 학부모)를 개발하고 운영하는 것, 그리고 빈곤한 지역사회에 도움을 제공하는 복지단체에서 자원봉사를 하고, 유대-아랍 간 평화문화를 지향하는 공존 및 공유 생활 프로그램에 참여하는 것을 포함한 사회적 참여, 언론, 민주적 시민성의 다양한 공식적이고, 비공식적인 교육 프로그램으로 귀결되는 교육 목표로 설정되었다.

엘-자하라 아랍 인문주의 학교

인문주의 교육 네트워크를 설립한 최초의 그룹에는 유대인 교사와 교육자만이 있었다. 그러나 교육 의제가 인문주의적이고, 다문화적이며, 포용적이기에 아랍 교육자들도 곧 네트워크에 합류하였고, 인문적 교육의 가치와 원리를 통해 학교를 재구성하기까지 오래 걸리지 않았다. 그러나 몇 가지 특별한 장애와 도전이 있었다. 첫째, 아랍 회원들의 주장과 요구는 거의 받아들여졌다. 선언문은 진정으로 다문화적이어야 하며, 유대 교육자들이 유대 전통과 시온주의 서사와 연관 있는 것처럼 팔레스타인 사람들의 전통과 서사도 같이 연관될 수 있어야 한다. 둘째, 이스라엘에서의 아랍 문화는 서구 자유민주주의 국가에 비해 상대적으로 전통적이고, 종교적이며, 보수적이고, 권위주의적이기에 아랍 인문주의 교육자들은 성평등, 다원주의적 자유 담론, 비판적 사고 및 자율적 인성 발달에 대한 인문주의적 약속으로부터 제기되는 긴장과 도전과 씨름하지 않으면 안된다.

네트워크는 2004년에 로드와 람라의 혼합 도시에서 온 약 30명의 아랍 학교 교장을 위한 강의 및 워크숍 프로그램을 열었다. 이 학교들 가운데 하나인 엘-자하라 학교는 학생들의 신체 조건이 너무 열악하고 가난하고 비참하여 네트워크 회원(주로 키부침사범대학 출신)이 자원하여 교사들과 함께 그들의 전문성 함양과 정체성 확립, 그리고 가르치는 기술을 향상시키기 위한 워크숍을 열었다. 특히, 이 학교는 범죄, 마약, 폭력이 일상화된 로드시의 가난한 동네 한가운데 있다. 많은 학교 건물은 독성이 있는 석면으로 만들어졌고, 마당에 이리저리 흘러내리는 액체 하수, 그리고 곳곳에서 쥐들이 '파티'를 하는 실정이었다. 교직원은 주로 학교에서 멀리 떨어져 살고, 교육을 많이 받은 현재의 아랍 공동체에서 생활하는 교사들로 구성되어서 항상 교육적 사명에 전적으로 헌신하지는 못하고 있었다.

학교의 업그레이드는 교직원과 함께 학교에서 일련의 강의 및 워크숍을 운영하는 단계를 밟았다. 학교의 교육적 신조는 인문주의적인 이슬람적·윤리적 입장과 교육적 의제-개인의 자율성, 다원주의, 관용, 환경적 지속가능성 및 민주적 문화의 요소를 포함한-에 대한 약속을 명시하여 학생, 학부모 및 지방자치단체의 관리자에게 제시되었다. 또한 교직의 윤리 및 역량 향상에 중점을 둔 교사 임파워먼트 프로그램-키부침사범대학에서 수학 교사를 위한 무료 워크숍 포함한-을 도입했다. 아랍-유대인 공존 프로그램이 진행되었는데, 그중에서도 가장 생산적인 것은 엘-자하라 아랍 학교와 일부 인문주의적 유대인 학교에서 온 어머니들의 모임을 중심으로 이루어졌다. 교육부 장관과 로드 시장을 동원하여 새로운 건물과 교육 및 학습을 위한 시설 개선에 투자하기 위한 공공적 캠페인과 정치적 로비가 전개되었다. 이러한 노력들은 작년에 완전히 새로운 학교 캠퍼스에서 성공적으로 마무리되었는데, 부분적으로 강조되어야 할 것은 호전적인 종교적 근본주의보다는 인문주의로 전환하겠다는 이슬람 학교의 위대한 약속이 존재한다는 점이다.

비알릭-로고진 다문화 학교

　세계화는 21세기 초에 가장 중요하고 결정적인 현상 중 하나이며, 그 안에서 난민과 이주노동자의 대량 이주는 중심적이고 시급하며 도전적인 요소로 간주된다. 팔레스타인의 봉기Intifada와 함께 이스라엘 정부가 국경 내에서 팔레스타인 사람들의 고용에 심각한 제한을 가하는 새로운 정책을 발표하면서 2000년경부터 이주노동자(주로 아프리카와 필리핀 출신)가 이스라엘에 대규모로 들어오기 시작했다. 또한 수단과 에리트레아에서 탈출한 수만 명의 망명 신청자와 난민이 시나이 사막과 구멍이 난 이집트 국경을 통해 이스라엘에 도착했다. 2013년도 추정치에 따르면, 이스라엘의 난민 인구는 약 30만 명인데, 이 중 텔아비브에 약 7만 명이 거주하고 있으며, 여기에는 5,000명의 어린이(0~18세)가 포함된다.

　전 세계 다른 지역에서 발생하는 것처럼, 노동자와 난민의 대량 이주(그중 상당수가 불법이거나 미등록 상태임)는 다양한 반응, 사회적 격변, 인종차별적 행동 그리고 정치적 논쟁을 불러온다. '외국인'이라는 빈곤한 공동체의 도전에 대처하기 위해 의사, 교육자, 사회복지사, 민권운동가와 자선가들의 연합은 이런 갈등에 직면하여 힘을 합쳐 공동체에 건강, 교육과 복지를 위한 적절한 조건을 제공하기 위해 캠페인을 벌였다. 전문가들 중에서 인문주의 교육 네트워크, 특히 키부침사범대학 교직원들은 다음과 같은 세 가지 행동 과정을 이끌었다. 첫째, 제3세계 국가의 사람들보다 열악한 보육 환경과 유치원에 교육적 지도와 지원을 제공하는 것이다. 둘째, "교육에는 이방인이 없기 때문에" 이미 이스라엘 교육 시스템에 등록된 난민과 이주노동자의 자녀 추방 반대 캠페인을 벌인다. 셋째, 전 세계 50개 지역에서 온 900명의 난민 자녀와 이주노동자가 함께 공부하는 학교 K-12 비알릭-로고진 학교의 교직원들에게 자력화 프로그램을 제공한다.

　오스카 수상 다큐멘터리 영화 〈이방인은 더 이상 없다〉[2011]에서 묘사된 것처럼 학교가 학생들을 하루 종일 사랑하고 지원하는 공동체로 봉사하고 있다는 주관적 평가와 함께 졸업생의 입학시험에서 객관적인 높은 점수로 입증이 되었다. 이 모든 것들이 다문화 학교의 놀라운 성취를 보여준다. 이러한 성과는 "모든 역경을 무릅쓰고" 일어났다는 점을 강조해야 한다. 즉, 교직원에게 다양하고 박탈된 문화적 배경(종종 모국어에 능통하지 않은), 경제적 및 가정적 어려움, 불안정한 가족(종종 한 부모), 자유주의적이고 민주적인 가정과 자주 충돌하는 전통적 도덕규범, 적대적 당국의 추방 위협에 맞설 것을 요청한다.

여기에 이 학교의 놀라운 '교육적 오디세이'에 대한 정확한 설명을 제공하는 것은 불가능하다. 요약해서 학교의 구체적인 교육적 미덕과 탁월한 성취의 핵심 요소로서, 나와 동료-학교에서 교사 자력화 활동에 참여했던-에게 감명을 준 점을 짚어 본다. 학교 방문자를 가장 먼저 놀라게 하는 것은 교직원이 공유하는 감수성과 민감성, 또는 흔히 '공유된 규범의식'이라고 불리는 것이다. 이것은 부분적으로는 이 독특한 학교에서 일하기로 선택한 교사의 개인적인 특성이기도 하고, 부분적으로는 2007-2010년에 걸쳐 수년 동안 예루살렘 윤리 센터와 키부침사범대학의 학자와 교육자들이 인문주의와 다문화주의의 원리와 덕목에 초점을 맞추어 수행한 강의 및 워크숍 프로그램 때문이기도 하다. 학교를 방문하고 교사들과 이야기를 나누다 보면, 법적 지위와 출신지를 떠나 모든 아이가 충만하고 품위 있는 삶을 영위할 수 있도록 건강한 발달을 위해 공정한 기회를 제공하려 열정적이고 헌신적인 노력을 기울이는 모습에 감동하지 않을 수 없다. 윤리적이고 교육적인 이상주의를 보완하는 학교의 또 다른 강점은 필수적이고 선견지명이 있으며, 효과적인 기업가적 리더십이다. 이는 첨단기술 회사로부터의 자금 조달, 교수학습 과정을 개선하기 위해 대학생 및 교수진을 참여시키는 것, 그리고 관료주의와 시민적 문제에서 가족을 자발적으로 돕기 위해 변호사를 동원하는 것에서 입증된다.

마지막으로 전체론적 접근과 변증법적 접근의 두 가지 교육적 미덕을 연관시키려고 한다. 전체론적 접근은 아동 생활의 교육적·복지적 그리고 공동체적 측면을 다룬다. 이 접근은 커뮤니티 센터와 청소년 운동에서의 과외 활동은 물론이고, 생리적·심리적 발달 관리, 아침과 점심 식사, 부모 임파워먼트 프로그램, 정부 및 지방자치단체와의 거래에 대한 법적 지원 등을 포함한다. 변증법적 접근은 교육 정책을 다룬다. 이 접근은 치료-개별화된 교육과 그들이 학업을 잘하고 높은 수준의 학업성취에 도달하기 위한 도전적인 기대 사이의 조합은 물론이고, 사회적 통합의 요소와 다문화주의 요소 사이의 유연하고 균형 잡힌 조합^{Modood, 2014}으로 구성된다. 배려하고 지지하는 다문화적 교육 풍토를 강조하고, 학업성취에는 거의 관심을 기울이지 않는 일부 인문적이고 민주적인 학교와 달리, 비알릭-로고진 학교에서는 앞에서 언급했던 인문적 교육의 세 가지 접근 방식(고전적-완전주의 접근, 낭만적-치료적 접근, 그리고 급진적-비판적 접근)의 균형을 찾을 수 있다. 실용주의적 준거에 의해 평가되는 좋은 교수학은 작동하는 교육학이다. 학생들은 학교 경험에 매우 만족하고, 그들의 문화가 존중되고, 학업성취와 입학시험에서 평균 이상의 수준을 보이고 있다.

마치는 말

전통적으로 인문적 교육은 완전한 인간 발전과 성취와 고급문화를 위한 완전주의자와 고전적/엘리트주의적 자유교양교육이 동일시되어 왔다. 여기에 덧붙여 근대, 특히 20세기에 인문주의 교육의 새로운 접근 방식으로 낭만주의, 실존주의, 급진주의가 개발되었다. 갈등하는 서사, 전쟁 상태 및 사회적 격변의 한가운데서 살고 있는 이스라엘의 맥락 속에서 인문주의 교육자들의 운동은 인문적 교육의 통합적 패러다임을 발전시켰고, 교육기관과 사회적·정치적 행동주의 영역 모두에서 그러한 명제를 양 분야에 적용했다. 나는 이 운동의 리더 중 한 사람이 된 것을 행운이라고 생각하며 이것을 영광으로 여긴다. 그리고 적어도 우리의 말과 행동 중 일부는 전 세계의 교육 동지들에게 영감을 주고 자력화 효과를 부여했다고 판단해도 크게 주제넘은 말은 아닐 것이다. 결국 우리는 모두 인간성 향상을 위해 함께 일해야 하는 세상에서 그것을 완성하고 고양하기 위해 고군분투하는 인간들이라고 할 수 있다.

참고문헌

Adorno, T. (1981). Cultural criticism and society. In *Prisms* (pp. 17-34), (S. Weber & S. Weber, Trans.). Cambridge, MA: MIT Press.

Aloni, N. (2002). *Enhancing humanity: The philosophical foundations of humanistic education*. Dordrecht: Kluwer.

Aloni, N. (2008). The fundamental commitments of educators. *Ethics and Education, 3*, 149-159.

Aloni, N. (2011). Humanistic education: From theory to practice. In W. Veugelers (Ed.), *Education and humanism* (pp. 35-46). Rotterdam: Sense Publishers.

Aloni, N. (2013). Empowering dialogues in humanistic education. *Educational Philosophy and Theory, 45*, 1067-1081.

Aronowitz, S., & Giroux, H. (1985). *Education under siege: The conservative, liberal, and radical debate over schooling*. New York: Bergin and Garvey.

Appiah, K. A. (2008). Education for global citizenship. In D. Coulter & J. Wiens (Eds.), *Why do we educate: Renewing the conversation* (pp. 83-99). Chicago: NSSE.

Avnon, D., & Benziman, Y. (2010). *Plurality and citizenship in Israel: Moving beyond the Jewish/Palestinian civic divide*. London: Routledge.

Brighouse, H. (2008). Education for a flourishing life. In D. Coulter & J. Wiens (Eds.), *Why do we educate: Renewing the conversation* (pp. 58-71). Chicago: NSSE.

Enslin, P., & Tjiattas, M. (2009). Philosophy of education and the gigantic aff ront of universalism. *Journal of Philosophy of Education, 43*(1), 2-17.

Freire, P. (1970). *Pedagogy of the oppressed* (M. Bergman Ramos, Trans.). New York: Seabury Press.

Freire, P. (1987). *Pedagogy for liberation: Dialogues on transforming education*. New York: Bergin and Garvey.

Hansen, D. (2011). *The teacher and the world: A study of cosmopolitanism as education*. London: Routledge.

Higgins, C. (2011). *The good life of teaching: The ethics of professional practice*. London: Wiley-Blackwell.

Hook, S. (1982). The snare of definitions. In P. Kurtz (Ed.), *The humanist alternative*. New York: Prometheus.

Kurtz, P. (1982). *The humanist alternative*. New York: Prometheus.

Kurtz, P. (1988). *Forbidden fruit: The ethics of humanism*. New York: Prometheus.

Lerman, A. (2014, August 22). The end of liberal Zionism. *The New York Times*.

Modood, T. (2014). Multiculturalism, intercutluralisms, and the majority. *Journal of Moral Education, 43*, 302-315.

Noddings, N. (1984). *Caring: A feminine approach to ethics and moral education*. Berkeley, CA: University of California Press.

Noddings, N. (2010). Moral education in the era of globalization. *Educational Philosophy and Theory, 42*, 390-396.

Van Praag, J. P. (1982). *Foundations of humanism*. New York: Prometheus.

25장
신뢰의 지리학:
대안교육을 위한 저항의 정치

존 스미스[1]

들어가는 글[2]

글을 시작하면서, 이 책의 제목에서 반드시 제기되어야 할 질문이 있다. 도대체 뭐에 대한 "대안"이고 그것이 왜 "대안"인가? 나는 이 질문에 대한 답이 신뢰도 낮은 신자유주의적 교육 정책을 통해 가차 없는 공격에 의해 생긴 결과를 만들어 낸 "저신뢰" 학교에 있다고 생각한다. 이런 이야기에 대한 설명은 그다지 복잡하지 않다. 즉, 신뢰가 낮은 정책은 저신뢰 학교와 신뢰롭지 못한 교사를 양산하고 이들은 학생의 저항을 낳는다. 이런 저신뢰 학교는 너무도 뻔히 다양한 학생의 "저항"에 부딪혀 있다. 특히 취약계층 혹은 소수민의 학생 저항에 부딪히게 된다. 이 학생들에게 "일어나는 일"은 학교교육이 이들에게 강제로 부과한다는 점에서 이들이 이 학교교육 제도라는 것에 저항하는 형태로 보일 수 있다. 도대체 이런 학생들의 학교에 대한 저항이 어떻게, 또 왜 생겨나는지를 설명하고 또

---

1. 존 스미스(John Smyth): 허더스필드대학교 방문교수(Visiting Professor, Education and Social Justice & Centre for Research in Education and Society, University of Huddersfield, Huddersfield, UK)이자 호주연방대학교(Federation University Australia)의 명예교수, 남호주플린더스대학교(Education at Flinders University of South Australia)의 명예교수이다. 호주, 캐나다, 영국, 뉴질랜드에서 사회과학 분야에서 광범위하게 연구와 교육을 해 온 학자로, 40여 권의 저서와 연구 논문 350편을 발간했다. 최근에 『The Toxic University: Zombie leadership, academic rock stars and neoliberal ideology』(Palgrave, 2017, 2018)를 발간했다.
2. 이 장의 제목은 Scott(1999)에서 힌트를 얻었다.

이해하게 되면, 우리가 이 책에서 이야기하는 '대안적'이라는 말이 무엇을 의미하는지 머릿속에 떠올릴 수 있을 것이다.

따라서 내가 이 장에서 무엇을 하려고 하는지 분명해졌을 것이다. 이 장에서 주로 다루는 것은 신뢰가 무엇인지에 대한 것이 아니다. 되려, 학교교육의 또 다른 비전이 실재하도록 논의되는 아주 복잡한 방식에 대해 살펴볼 것이다. 이런 방식은 학생들에 의해 실천되는 것으로, 이 과정에서 신자유주의적 교육 정책이 불 지펴 놓은 신뢰의 결핍이 학생 저항으로 어떻게 연결되는지, 그 영역은 어떠한지 보여 줄 수 있을 것이다.

이 글을 시작하는 시점에, 나는 "저항"을 학교교육에 대한 대안적 접근이라는 기본적 필요성, 그리고 정당성을 설명하려는 주요 매개로 제안하고자 한다. 우선 필요성에서, 저항은 랭아우트[Langhout, 2005]가 "아래로부터의 목소리 듣기"라고 부르는 입장을 채택할 것이다. 이 장에서 내가 취하는 논의는, 학생들의 학교에 대한 저항을 기술해 나가다 보면, 즉, 학교의 저신뢰 문제에 답하다 보면, "대안적"이라는 말의 의미를 짐작케 하는 주장을 시작할 수 있을 것이다. 즉, 학교에 넘쳐나는 저신뢰의 궤적을 파헤치다 보면 그 속에서 대안적인 실재의 모습을 어떻게 만들어갈 씨앗을 발견할 수 있을 것이다.

이 장은 두 부분으로 구성되어 있다. 먼저, 전통적인 학교교육에서 팽배해 있는 불신의 정치학을 기술해 보여 주면서 이런 불신의 정치학이 젊은이들의 배움에 미치는 해로운 문제들을 검토할 것이다. 후반부에서는 이미 수많은 젊은이가 심각하게 피해를 당해 상처 입은 채 남겨진 상황이기는 해도 신뢰가 이들의 학교교육을 특징짓는 개념으로 자리 잡는다고 할 때 그런 신뢰로운 학교의 모습이 어떠한지 구상해 보여 주고자 한다. 마지막으로, 개별적인 학생 저항은 긍정적인 효과를 가져올 것이라는 제안으로 결론지을 것이다. 이런 저항이 구성해 내는 개별 학생들이 모인 무리가 학생 전체를 하나의 집단으로 상정한 것보다 훨씬 더 많은 것을 의미해 줄 것이다.

불신의 지리학

실패와 "무학습"

심리학 연구에 따르면 인간은 실패에서 학습한다. 물론 특정한 조건이 존재한다는 가정에서 말이다.[예를 들어 캐럴 Carroll, 1963 참조] 실패에 대해 처벌하고 성공을 칭찬하는 것이 우리 교육 문화의 주된 양상이기는 하지만, 가만히 살펴보면 좀 더 복잡한 이야기가 그 안에 들어 있다. 즉, 학습은 우리는 특정 과업에 부딪히고, 이를 해결하고자 시도하고, 도달한 결과를 바탕으로 다시 그 과업에 초점을 맞추어 가는 과정에서 일어난다. 학습은 적정 수준의 경험 안에서 일어나는데, 우리는 그 속에서 소위 "배움"이라는 개념이 다시 발생하는 다소 새로운 난관을 경험해야만 한다. 즉, 개인이 실패하고 그 실패의 과정에 다시 착목하고, 여러 경험적 수단을 거치게 되는데, 우리는 이를 소위 "배운다/학습한다"라고 재규정한다.

여기서 중요한 점은 한 개인이 이런 실패를 어떻게 대하고 또 이런 실패가 사회/제도적으로 어떻게 처리되는가의 문제다. 맥아들[McArdle, 2014]이 기술하고 있듯, "실패에서 배운다는 말은 당신의 실수를 이해한다는 말인데, 만약 잘못된 것을 제대로 이해하지 못한다면, 다음번에 이를 제대로 할 기회를 잃게 될 것이다".[p. xi] 맥아들[McArdle, 2014]은 대체로 "학교는 실패를 가르치지 않"는다고 비판했다. 좀 더 정확하게 이야기하자면, 학교는 실패를 어떻게 다룰지 가르치지 않는다. 오히려 학교는 "실패로부터 학생들을 보호하려 하지 말고 교사는 학생들이 적극적으로 실패하도록, 더 많이 더 빨리 실패하도록 해야 한다".[p. x] 가능한 한 정말 많은 상황에 부딪히도록 말이다. 바렌과 맥더모트[Varenne & McDermott, 1999]의 연구에 따르면, 문제는 미끄러지기에 있다. "아이라는 정체성 범주에서 무엇이 실패 혹은 성공"을 가져다주는지 알지 못한 채 교육과 학교교육을 생각할 수 없을 테고, 더욱이 "한동안 문제를 깨끗이 해결하려는 초집중의 지적 작업"을 생각할 수도 없을 것이다.[저자 강조: xi] 아마도 "성공과 실패"라는 말이나 경쟁, 시험, 점수 혹은 순위 매기기 등은 완전히 잘못된 프레임으로, 바렌과 맥더모트[1999]는 "아이들, 학교, 교육을 이야기하려면 우리에게는 완전히 다른 언어가 필요할 지경"이라고 주장한다.[p. xi]

이 점에서 바렌과 맥더모트[1999]는 유용한 시사점을 제공해 주고 있는데 이들의 사례연구를 통해 보여 주는 시각을 통해 이 새로운 "언어"라는 것이 어떠한 것인지 머리에 떠오르도록 할 계기를 살펴볼 수 있다. 특히, 이들이 기술해 보여 주는 뉴욕의 웨스트사이드고교West Side High School 사례[영화 〈고독한 스승(Lean On Me)〉 참조]를 통해 "중도탈락한 학생, 퇴학당한 학생, 주류 고등학교 교육에 전혀 적응하지 못한 학생"에 대한 이야기를 들을 수 있다.[p. 86] 여러분은 이들의 이야기에서 인간적인 프로그램으로 향하는 이들의 길을 발견하게 될 것이다. 이 글에서 소개하는 이야기 속에서 여러분은, 비주류/소수 계층의 배경을 가진 청소년이 대안적 프로그램(나는 이 용어를 상당히 덜 엄격한 의미로 사용한다)을 경험하고, 그 결과 학교를 마치고, 취업에 성공하고, 더 나아가 교육을 계속 이어가게 된다. 이런 사례들에서 시작해, 본 장은 반드시 실현되도록 해야 할 배움의 조건을 비춰 주는 창을 확인할 수 있을 것이다.

늘 대안적 프로그램의 후보자가 되는 부류의 청소년을 위한 학습을 재고하기 위해서는 개인, 능력, 문화에 부여된 결핍이란 개념을 버리는 데서 반드시 시작해야 한다. 볼드리지[Baldridge, 2014]는 최근 "결핍 재위치 짓기"를 요구하면서[p. 440] 내가 이 글에서 주장하려는 핵심을 잘 보여 준다. 즉, "상처받기 쉬운", "위기에 처한", "취약한" 등의 낙인찍는 단어가 따라붙는 청소년에게 병리학적 처방을 하는 데서 벗어나 사고를 전환해야 한다는 것이다.

결핍이란 존재하지 않는다. 결핍은 선험적으로 (이런 낙인이 따라붙는 청소년의) 내부에 자리 잡고 있지 않다. 결핍은 오히려 청소년을 계속 실패하게 하는 사회와 학교 시스템 내부에 자리 잡고 있다. 결핍이란 낙인찍기가 계속되면 교육과 사회이동을 위한 기회를 만들고 있는 구조적인 불평등에서 눈을 돌리게 한다. 이런 청소년은 반드시 새롭게 상상되어야 하는 존재이고, 힘 있는 지역사회로부터 유능하고 재능이 풍부한 존재로 인정되어야 한다.[Baldridge, 2014: 467]

여기서 앞으로 다루게 될 학생들의 '저항'이라는 개념을 끄집어낼 필요가 있다. 이 말은 "문화, 계급, 젠더 등의 다양한 배경을 가진 사람들이 분석적이기보다는 실용적으로 자신들에게 부여된 조건을 꿰뚫어 보는 방식을 의미한다"[Varenne & McDermott, 1999: 88][3] 하지만 이에 대해 좀 더 이야기하자면 청소년의 시선에서의 저항을 의미한다.

학교가 "실패한" 학교라든가 더 나아가 "실패자를 양산하는 공장"[Rist, 1973] 등으로 불리는 상황에서, 정작 비난의 화살을 받고 피해당하는 사람들은 억압받고 있는 학생은 물론이고 이런 시스템에서 일하고 있는 교사들[4], 그리고 피해 입고 더럽혀진 학교와 연계된 지역사회다. 진정으로 자기 삶을 살아내려는 교사를 위해, 미래가 저당 잡힌 우리 청소년을 위해 복원작업이 필요하다. 이런 학교들이 가차 없이 게토화되는 재앙으로 그려지고[p. 88], 이런 학교에 다니는 학생들이 통째로 "정신병적인 존재"로 취급되고 있는[Warren, Thompson, Saegert, 2001], 그리고 그 어떤 가능성도 생각해 볼 수 없는 이 "만화 같은 세상"을 끝내야 한다.[Varenne & McDermott, 1999: 89] 이 학교들은 앞서 기술한 것과 같이 구축된 오인식들을 역행해 뒤집어야 한다. 학생들은 "자유교육이 가장 잘 촉진되는 고등학교 환경에서" 교사가 촉진자로 기능할 때 자기주도적으로 생각할 수 있다는 점을 강조하면서 말이다.[Varenne & McDermott, 1999: 89]

"파괴적인 학교교육"[Varenne & McDermott, 1999: 86-87]을 경험한 청소년은 학교가 어떻게 자신들을 학교에서 추방당하고 떠나게 하는지를 보여 주는 조건

---

3. (옮긴이 주) 폴 윌리스의 노동자 되기 연구 참조.
4. (옮긴이 주) D'Amico Pawlewicz의 『*Blaming Teachers*』 참조.

과 동시에 청소년이 그 속에서 스스로 회복시켜 가는 데 필요한 환경이 무엇인지를 증언해 준다. 이때 "파괴적인 학교교육"이란 일종의 완곡어법으로 제시한 개념으로, 청소년이 학교교육이 지닌 중산층적 의식을 위배하고, 따라서 학교에서 추방당해야 한다는 허술하기 그지없는 생각을 비판하는 말이다. 이점을 파인과 로젠버그[Fine & Rosenberg, 1983]는 이렇게 설명하고 있다.

> 사회제도에 대한 비판적 시각은 종종 추방된 경험을 통해 가장 잘 얻어진다. 즉, 사회제도로 기능하는 기관을 떠나는 경험을 통해서 말이다. 이는 아마도 추방자의 시각이 흔히 일탈적이라고 경시되고 일부 사례를 통해 보듯 두드러지게 침묵을 강요받기 때문이다.[p. 257]

이 글에서 발생하는 청소년 삶의 거대한 삭제("위기에 처한", "상처 입기 쉬운", "도무지 교육될 가망이 없는" 등의 말로 낙인찍거나 편견에 가두는 등의 상황)에 맞서는 방법으로 이를 구멍 내 더 이상 작동하지 못하도록 하는 것 이외에 더 나은 시작이란 있을 수 없다. 그리고 이를 시작하는 방법은 "일상생활의 화용론話用論, pragmatics[5]에 천착해 학습하는 것"[Varenne & McDermott, 1999]이거나 "거리의 삶을 학교로 끌어들이는 일"이다.[p. 87] 다른 말로 하자면, 청소년의 삶에 친숙한(그리고 엄밀한) 내용을 교육과정으로 구축하는 일을 하자는 것이다.

---

5. (옮긴이 주) '화용론'이란 현실적으로 주어진 발화 자체만을 대상으로 하는 것(의미론)이 아니라, 언어 사용자와 언어를 있게 하는 언어의 주변(맥락)을 매우 중요하게 고려한다. 말하는 이와 듣는 이의 관계, 시간과 장소의 적절성, 효과적인 주제의 선택 등과 관련한 용법과 규칙 등이 포함된다. 언어가 사용되는 특정 상황에서 발화자의 의도와 듣는 사람의 해석을 중심으로 언어의 의미를 다룬다. 화자와 청자의 관계에 따라 언어 사용이 어떻게 바뀌는지, 화자의 의도와 발화의 의미는 어떻게 다를 수 있는지를 중요하게 다룬다. 언어란 세계를 비추는 단순한 거울이 아니라, 언어의 사용자인 인간의 의도나 맥락을 고려해야 한다. "오늘 밤이 춥네요"라는 문장은 의미론적으로는 단순히 날씨에 대한 기술적인 서술일 수 있지만, 화용론적 관점에서는 이 말을 통해 상대방에게 창문을 닫거나 옷을 더 입으라는 의도로 사용될 수 있다. 이처럼 화용론은 말의 표면적인 의미를 넘어서 사용자의 의도나 상황에 따른 의미 변화를 중요하게 다룬다.

학생 저항

라우리아와 미론[Lauria & Mirón, 2005]의 연구에 따르면, 일반적으로 "학생의 저항은 정치적이다. 이들의 저항은 자신의 정체성을 향한 투쟁(자기 규정), 혹은 소위 정체성 정치학으로 불리는 것"[p. 5]이다. 이를 좀 더 날카로운 방식으로 이야기해 보자면, 헤르와 앤더슨[Herr & Anderson, 1991]이 명명한 것과 같이 "제도적 장애"다. 제도화된 기관들은 그 속에 자리한 사람들의 흥미와 요구를 무시하고 옥죄어 질식시켜 버린다.

학생 저항이 하려는 것은 "탄광 속의 카나리아"[Guinier & Torres, 2002]와 같은 것이다. 이 말은 학교에 있는 모두가 그리 잘 지내지 않고, 학생들은 비유적으로 "기계에 사로잡혀 있음"을 심각하게 가리키는 말이다.[Field & Olafson, 1998] "사건 보고서, 처벌방, 학내 정학 처분, 퇴학 처리"[Field & Olafson, 1998: 49] 등으로 이어지는 학생 저항의 명시적이고 투쟁적인, 그리고 파괴적인 형식을 일단 제쳐두더라도, 그다지 파괴적으로 보이지 않는 형식의 학생 저항은 다양하게 나타난다.

(1) **경멸적 무시**: 학생들에게 요구되는 일에, 예를 들어 "따분하고, 멍청하고, 지지부진한 활동 … 받아 적는 일, 도대체 신경 쓰는 사람이 있나?"[p. 44]라든가 혹은 "따분하고, 도대체 뭘 하려는 것인지 알 수 없고 멍청한" 혹은 "뭐, 꼭 해야 해?"와 같은 반응.[p. 45] 이런 "일상적인 저항의 표현은 겉으로 드러나는 교사의 문제를 제기하지는 않지만, '(교사에 대한 신뢰를) 심리적으로 철회'하도록 이끈다."[p. 45] 그래서 학생들은 학교교육에 대한 관심과 의지를 서서히 떨어내 버리기 시작하는 과정에 돌입한다. 이렇게 낮은 수준의 순응은 "학생이 주어진 공부에 대한 요구를 따르기 거부하면서" 급상승하는데, 이런 상황에서 권력 게임이 잇따라 일어난다. 이 속에서 교사들은 제도가 부여한 권력을 행사하고 학생들의 저항 행위를 "학습을 심각하게 훼방하는 행동"이라고 낙인찍는다.[p. 45]

(2) **입 닫기**: 학생들은 자신들에게 부여된 공부가 너무 압도적이고 감

당하기 어려울 만큼 "과하다"고 느끼면 그냥 포기해 버린다. 학교가 자신들에게 가차 없이 던져 짓누르는 압박으로 눈앞의 과업을 따를 수 없게 된다.

(3) **또래 위치 조정**: 이 문제는 복잡하기 이를 데 없는데, 대체로 (또래 사이에) "누가 괜찮고 누가 시원찮은지"[p. 48]를 구별하도록 하는 틀을 따른다. 이게 눈에 잘 띄지 않게 되면 교사들은 "사춘기 청소년의 전형적인 행동"이라며 무시한다.[p. 48] 이렇게 되면 학생들은 "또래 사이의 부정의하고 과도한 패거리 짓기에 대응하는 방편으로 학교 출석을 멈춘다".[p. 48] 교실 바깥 문제를 다루는 "또래중재 프로그램"은 학생 현실 속에서 진행되는 문제를 다룰 수 없고, 따라서 학생들은 이런 프로그램을 무시해 버린다.[p. 48]

이런 종류의 사례가 가진 문제는 "이야기 대부분의 골자가 문제를 개별 학생에게 있다고 보고, 학생의 저항이 개별 학생의 부정적인 특성(성격), 예를 들어, 무책임, 미성숙, 동기 결핍, 부정적 태도, 학습 장애 등에서 기인한다고 본다는 점이다".[p. 51] 그 결과는 이렇게 나타난다.

이런 제도적 이해방식은 (학생 저항의) "문제"를 개별적인 것으로 틀지어 학생 저항으로 이끄는 사회적 환경을 검토할 만한 여지를 남기지 않는다. ⋯ 그런 사회적 환경에 대한 검토가 이뤄져야 (청소년에 대한) 이야기를 다시 쓸 수 있고, 다른 방식으로 살아가는 존재의 가능성을 상상할 수 있게 된다.[Field & Olafson, 1998: 51]

학생을 보이지 않고 침묵하게 만들기

학생이 도대체 왜 저항하는가를 제대로 이해하려면, 학교교육의 역사를 이해해야만 한다. 원래 학교교육은 "공장 노동자에게 필요한 기술을 전달하는 것으로, 이들에게 필요한 권위에의 순종, 독립적 작업, 늘 똑같은 일을 수행하는 것 등을 전달하는 것"이었다.Langhout, 2005: 127 그러나 우리는 청소년에게 글을 읽고 쓰게 하고, 그래서 직업세계에 준비시키는 학교의 "공식적인 이야기" 뒤편의 이야기를 살펴야 한다. 그리고 학교가 온순하고 순종적인 노동자를 양산한다는 "숨겨진 이야기"Scott, 1990 "대립, 긴장, 내재된 가능성"을 드러낼 수 있게 하는 "지배적인 현상 뒤편에서 이야기되는 권력 비판"p. xii을 들여다봐야 한다. 스콧Scott, 1990에 따르면, "지배의 과정은 주류 권력이 주도하는 공적 행위를 만들어 내고, 절대 말해져서는 안 되는 것을 규정하는 숨겨진 담론을 구성해 내고"p. xii, 그래서 "공적 행위의 수행 정도는 주체가 누군가에 따라 상당히 다양하게 나타난다"라고 주장한다.

좀 더 형식적인 수준에서 학교교육 전반의 취지를 조망해 보면, 학교교육은 표준화에 관한 것으로, 종국에는 "표준화 시험"을 불러오는 "표준화 교육과정"을 강조하는데 이는 문화적 통일성을 위한 것이다.Langhout, 2005: 127 학교가 노동자들에게 제공하리라 기대되는 것은 다음과 같다.

(노동자들은) 군대식 조직, 억압, 규율, 의도적으로 재미없게 만든 프로그램을 잘 이겨내야 하고. ⋯ 정확히 자본가와 기업이 필요로 하는 그런 부류의 사람들이 되어야 한다.Gorz, 1978: 180

청소년을 학교 내부의 보이지 않는 존재로 취급하는 것이 공식적인 이야기다. 예를 들어, 이런 공식적인 이야기 속에는, 청소년이 학교를 가장 중요한 자기 목표를 "뭔가 중요한 사람"이 되도록 하는 정체성 노동Smyth et al., 2004 참조; 웩슬러(Wexler, 1992)는 이를 "의미 있는 누군가 되어가는 것"으로 명명하고 있음을 수행할 수 있도록 하는 관련된 장소로 인식하게 한다는 생각이 아예 없다.

따라서 랭하우트Langhout, 2005는 이 문제를 다음과 같이 가장 적절한 질문으로 묻고 있다. "자신들이 투명인간이 되어 버린 상황에서 학생들은 어떻게 자신의 존재감을 드러내는가?"[p.142] 물론 이 질문에는 청소년과 함께, 혹 이들을 위해 일하는 성인 지지세력이 포함되어 있다.

"학생 저항이 어떻게 권력을 판단하고 진단하도록 하는지" 이해하기 위해 "학생들이 특정한 장소(이 글의 경우에는 학교)를 어떻게 경험하는지"를 드러내다 보면 지배(와 저항)란 아주 복잡한 이야기가 나타난다.[Langhout, 2005: 124] 더 강력한 권력을 휘두르는 사람들이 어떻게 그렇지 않은 사람들(학생 등)을 만들어 내는지의 문제는 이들을 다루는 방식이 틀지어지는 데 지대한 영향을 미친다. 모든 학교에 어떤 방식으로든 존재하는 (학생) 행동관리 정책은 아주 좋은 사례가 된다. 이들은 늘 우리 눈에 잘 띈다고 할 수 없는 "제작된 렌즈"를 통해서만 시각화된다.[Langhout, 2005: 136] 물론 여기에는 젠더, 인종, 민족, 언어 등의 쟁점은 전혀 등장하지 않는다. 타인과 상호작용하는 법, 시간을 지키는 법, 교실에서의 비행, 복장 규정, 기타 다른 행동규제 및 규율 등에 따른 학생의 행동은 반드시 지켜야 할 것으로 지시되며, 이를 어길 시 감점을 매기는 시스템이 작동한다. 이에 대들거나 통제가 되지 않는 사람들은 잠시 동안이기는 하지만 "처벌방"에 갇히거나 "반성을 위한 시간"을 갖도록 명령된다. 혹은 더 심각한 경우 무기한 정학, 수업 배제, 퇴학 등의 처벌로 이어진다. 질서를 위해 반드시 필요하다는 위장 아래 이런 표준화가 수행하는 일은 중산층 미만의 배경을 지닌 학생을 침묵하게 하고 이들의 모든 것을 비가시적인 것으로 만들어 버린다. "전형적인 편견의 틀에 따라 이들을 다루면서 말이다."[p.141] 즉, 이들은 천성적으로 말 안 듣고 세상 물정 모르는 아이들로, 통제 관리를 받아야 한다고 규정한다. 결과적으로 행동관리 정책은 "(학교에서) 학생들을 투명인간"이 되도록 만들고, 동시에 (이들의 정체성을 부인하고) "중산층 출신 교사들이 수용할 만한 방식으로" 이 아이들의 "이미지를 다시 상상해" 낸다.[pp.141-142]

신뢰받는 학교교육의 재창조

배움으로부터의 신뢰

가장 근본적인 수준에서 제기할 수 있는 가정에서 출발해 보자면, 학습은 정치적인 행위로 기본적으로, 이 정치적인 속성은 신뢰의 가장 핵심적인 특징이 된다. 이렇게 되면 학습은 사회적이고, 정신적이고, 감정적인 투자라는 개념에 관해 대화를 시작할 수 있게 된다. 세가라와 도블스 Segarra & Dobles, 1999는 "학습"을 수용된 경계 바깥으로 발을 내딛게 하는 기회를 제공하고 "약화시킨다기보다는 풍부하게 하는" 활동에 참여하도록 하는 "정치적 행위"라며 확장적으로 인식한다.[p. xii]

즉, 전통적인 학교 환경에서 학습은 학습 내용에 관여하는 교사와 신뢰에 바탕해 위험을 감수하는 관계를 맺도록 요구한다. 이때 만들어지고 유지, 존속될 수 있는 관계 정도는 학습이 발생할지 여부와 깊은 연관성을 갖게 된다. 교육인류학자 에릭슨Fred Erickson, 1987은 이런 상황을 다음과 같이 진술한다. "계획적으로 가르쳐지는 것을 배우는 일은 정치적인 승인의 형태로 보여질 수 있다. 그러나 배우지 않겠다는 것은 정치적 저항의 한 형태다."[p. 344] 스미스Smyth, 2011의 표현대로, 다음과 같은 담론은 사실이다.

학생이 학교에서 감정적으로, 교육적으로, 심리적으로, 궁극적으로는 신체적으로 마음을 돌려 벗어나려는 이유는 다중적인 면을 가지며 아주 복합적이다. 그러나 종국에는 "정치적"인 이유로 귀착된다. 즉, 학생들은 학습에 필요한 태도로 학교교육이라는 사회 제도에 참여하는 데 요구되는 감정적이고 관계적인 투자를 거부한다.[p. 62]

콜Herb Kohl, 1994은 저서 『선생님께는 배우지 않을 거예요: 창조적 부적응에 대한 몇 가지 생각들I Won't Learn From You and Other Thoughts on Creative Maladjustment』에서 신출내기 교사로서 자신이 배우게 된 윤색된 교훈거리, 즉 학생의 "실패"와 그들이 "배우지 않는 것" 사이의 차이와 이 둘 사이의 차이를 헷갈리지 않는 것의 중요성에 대해 회상한다.

콜[Kohl, 1994]은 이를 다음과 같이 표현하고 있다. "실패는 아는 것을 향한 의지가 꺾인 상태를 의미"하거나 좀더 간단히 표현해 "학습자가 하고 싶어 하는 것과 할 수 있는 것 사이의 부조화"를 의미한다.[p. 6] 그는 "실패 이유가 개인적이라거나 문화적·사회적이라고 할 때, 그 이유가 무엇이건 간에 실패의 결과는 열등감 및 부적합함이란 생각이 동반되는 자신감의 상실로 종종 나타난다"[p. 6]라고 말한다.

다른 한편, 배우지 않는 것은 질적으로 다른 이야기다. 콜[Kohl, 1994]에 따르면 배우지 않는 것은 "개인적인 일이고 더 나아가 가정의 충성심, 일치, 정체성에 도전"한 결과로 나타나는 것"[p. 6]이다. 실제로, 배우지 않는 것은 거절의 형태를 띠는 것으로, 강제로 부과되는 것이 청소년 자신에 대한 관점에 모욕으로 비치기 때문이다. 에릭슨[1987]의 용어로 말하자면, 여기서 빠진 것은 "학교교육을 받아야 한다는 정당성에 대한 인식"[p. 335] 혹은 학교교육에 대한 신뢰다. 에릭슨[1987]의 다음 서술은 이 차이를 더 잘 이해하게 해 준다.

학교의 성공 혹은 학교의 실태를 말하는 것은 학교에서 계획대로 가르쳐지는 것을 배우는가 혹은 그렇지 않은가에 대해 말하는 것이다. 배움은 인간의 경험에서 어느 곳에서나 벌어지는 일지다. 그러나 학교에서 의도적으로 가르쳐지는 것을 배우는 것은 커다란 문제일 수 있다. 적어도 일부 학생들에게는 말이다.[p. 343]

청소년이 "'배우지 않는다'고 지적될 때, 이 말의 뜻은 자신들에게 숙제처럼 부과된 것을 배우지 않겠다는 것을 의미한다"[p. 343]

여기서 쟁점은 학생 편에서 보는 신뢰, 즉, 권위 행사는 "자비로울 것"이란 점이다.[p. 344] 학생들에게 필요한 것은,

(학생에게는) 권위를 행사하는 자들의 권위, 이들의 선한 의도가 정당하다고 보는 신뢰가 필요하다. 이 신뢰는 각자의 정체성이 권위와의 관계 속에서 긍정적으로 유지되리라는 것, 자신의 흥미가 행사되는 권위에 순응함으로써 더 자라리란 것을 의미한다.[p. 344]

요약하자면, 여기서 핵심 요소는 정당성, 신뢰, 흥미다. 에릭슨[1987]의 말대로, 이런 것들은 학교가 사회적 구조에 놓여 있고 이들과 꽤 오랜 관계를 맺고 있어야 한다는 점에서 제도적이다. 더불어 이런 요소들은 존재론적이라거나 긴급-우발적이다. 즉, 이들은 "학교에서 일상적으로 부딪히는 친숙한 환경 속에서 학생들이 끊임없이 협상하는 방식을 취한다"[p. 345]

낙인찍힌 정체성으로 학생을 대하게 되면[Erickson, 1987: 350], 이 아이들은 학습 동기가 부족한 채 학교에 다닌다거나, 게으르고 나태하다고 하거나, 이들의 부모는 교육을 가치롭게 여기지 않는다고 하거나, 그래서 학교가 "모범생"이라고 여길 만한 학생이 되도록 "이들의 정체성을 짓눌러야 한다고 압박하면" 학교는 실제로 "이들 삶의 계획에 기여할 수 있을 잠재능력을 잃어버리고" "(청소년이 정체성에 기반해 활동할 수 있도록 기능할 수 있을 만큼) 생기발랄한 장소로 더 이상 비치지 않게 된다".[Smyth et al., 2004: 132] 여기서 논의되어야 하는 것은 신뢰 관계가 깨진 데에서 청소년과 학교 간의 "상호작용적 문제"다.[Freebody, Ladwig, & Gunn, 1995: 297]

대안의 조건

대안적인 것이 존재할 수 있는 조건에 대해 말하자면, 학생의 일부분으로 "지배적 담론에 대한 비판"과 "관련된 행위주체성 발현"을 가져올 만한 행동을 내세운 랭하우트[Langhout, 2005: 142]의 제안이 도움이 될 것이다. 이와 관련해 랭하우트[Langhout, 2005]는 다음의 네 가지 조건을 제시하고 있다.

(1) 학생 재개념화를 통한 저항[p. 142]: 이것을 통해 내가 하고 싶은 말

은, 학생은 자신에게 뭔가 부족하고 병적인 상태에 있다고 느껴 모욕당하거나 처벌받아야 하는 존재가 아니라, 자신이 지닌 권력과 토대역량을 똑똑이 진술하고 자신이 누구인지 주장하고 확신할 수 있는 공간을 제공받아야 한다는 점이다. 즉, 교육적 세상이 완전히 뒤짚여 "성공지향적인 배움"[Smyth, Down, McInerney, 2014: 10]에 초점을 맞추고 이를 축하해 줘야 한다거나, "성공지향적인 배움"을 개념화하는 방식은 학교가 "모두를 위한 학업성취"[Smyth & McInerney, 2007: 203]를 강조하는 문화로 자리 잡게 했다. 즉, 학생들은 자신의 성공에 대해 "성장과 개선이 필요한 영역을 강조하도록" 기능하는 방식으로 "확실하고 정보로 가득한 피드백"을 받게 된다.[p. 203] 대체로 이것은 학생들이 "학력평가에 임한다는 과업을 협상하고 또래, 학부모, 지역사회 구성원들에게 자기 배움의 결과를 보여 주는" 기회와 동시에 일어난다.[p. 203]

(2) 생생한 삶의 경험을 배움의 최전선에 놓아 둘 것[p. 142]: 이 말은 앞서 바렌과 맥더모트[Varenne & McDermott, 1999]의 "일상생활의 화법"[p. 88]에 천착한 학습 혹은 포르텔리와 비버트[Portelli & Vibert, 2002]가 "삶의 교육과정"과 같은 의미를 지닌다. 이런 접근은 학생의 삶과 이들 공동체가 의미 있는 방식으로 적절한 교육과정을 구축하는데 출발점이 되어야 한다고 본다. 이들의 삶과 경험이 소외되거나 주변화되지 않고 말이다.

(3) 아이들이 느낄 수 있는 생생한 경험에 근거한 대항적 화법을 사용한 교수법[p. 142]: 나와 동료들이 "사회적으로 정의로운 학교"[Smyth et al., 2014]라고 명명한 스스로 발견하는 혹은 전형적인 형태 속에서, 우리는 청소년이 비유적으로 학교 정문이나 교실 출입문에 머물러 있을 수 없는 사회적이고 감정적인 삶을 가진다고 해석한다. 훨씬 더 선호되고 지속가능한 대안은 감정과 느낌이 배움의 경험에 중추적 부분이어야 한다는 점을 인정하는 것이다. 청소년 삶에 귀를 기울이는 일은 행동관리규정의 필요성을 제거해 버리는 일인데, 왜냐하면 행동관리 규율을 위반하는 것은 교육과정대로 고쳐지기 때문이다. 비참여, 소외, 환멸, 배움으로

부터 이탈이 일어나는 곳에서 우리는 교육과정이 실패하는 상황을 지켜보게 된다. 학생을 중심에 두고 교육과정을 다시 구축해야할 필요가 절실하다.

(4) 학생이 아닌 교사의 부적절함을 비판하기[p. 142]: 여기서 말하고자 하는 바는 볼드리지[Baldridge, 2014]가 결핍을 재위치할 필요가 있다면서 앞서 지적한 바와 같은 것이다. "실패하는" 사람은 학생이 아니라 오히려 교사, 가르침, 학교, 혹은 비난의 부적절한 원인을 계속 존속하게 하는 사회가 실패하고 있다. 좀 더 긍정적인 전환을 제시해 보자면, 학생에게 권력이 어떻게 작동하는지, 뭔가를 특정한 방식으로 누가 이름 지어야 할지, 왜 일부 관점들은 "자연적"이라며 수용되고 다른 일부 관점들은 무시, 주변화, 기각되는지를 가르치는 것을 말한다. 대항적 화법은 와레[Warre, 2005]가 "관계적 권력"이라고 부른 것에 놓여 있다.

어떻게 하면 학교가 모두를 위해 (여기에는 극단적으로 주변화되고 배제, 소외된 사람들도 포함된다) 작동할 수 있는지에 대해 공유된 비전을 발전시키는 일, 이를 실현하도록 하는 방식으로 학교에서 다양한 범위를 가로지르는 신뢰를 쌓아 가는 일. 이는, 누가 성공하고 누가 실패하는가라는 관점에서 사회구조적 불평등을 제기하고 다시 강조하는 일을 시작하기 위해 관계에 내재되어 있는 능력을 사용하는 일이다. 관계적 권력은 "한 세트의 자원"으로, "사람들 사이에, 혹은 그 사람들 가운데서 신뢰와 협력"을 이끌어 내고[p. 136], 배움은 권력 불평등을 거부하기보다는 이에 맞섬으로써 "집단적으로 일을 완수해 내는 힘"에 관여한다는 점을 인지하는 것이다.[Smyth, 2006: 292]

절연 이후 배움과의 재결합:
"일상성에 대한 침범"을 통한 학생 저항의 사례

학교에서 학생들, 특히 비전통적인 배경을 지닌 학생들에게 일찌감치 학교를 떠나도록 하는 관계성 파괴가 일어날 때 학생이 보여 주는 "일상적 저항"[Scott, 1985]은 정치적 거부라는 아주 중요한 행위를 구성한다. 이런 부류의 저항이 집단적으로 조직된다거나 혹 혁명적이라고 볼 수 없기는 하지만 이들의 거부를 거치면서 이 청소년들은 희생자가 되지 않는다. 오히려 생존을 보증하는 자신만의 방식으로 적극적이고 활발한 존재가 되며[Bayat, 2000: 539], 이들은 "어느 정도의 행위주체성"을 행사하고 있다.[p. 537]

현대의 서구 사회 대부분 국가에서 학교를 포기하는 청소년 수가 그렇게 많기 때문에(일부 국가에서는 자그마치 10대 인구의 50%를 차지한다), 정부로서는 이를 주요한 사회 정치적인 문제로 인식하고 있다. (학교) 거부라는 명백히 단절되어 있고 비협조적인 개별 행동의 결과로서 정부는 이런 청소년이 가장 우선적인 공간에서 추방당하거나 혹 스스로 추방을 선택하게 하기보다는 좀 더 인간적이고 환대할 만한 대안적 공간을 마련하도록 해 왔다. 이런 대안은 종종 "제2의 기회" 혹은 대안적 "재결합" 등으로 불렸다. 이런 것들은 일반적으로 주요 학교에서 벗어나 있거나 눈에 보이지 않는 반항적인 청소년을 수용하는 용도로 쓰였는데, 가끔은 전통적인 학교와 느슨하게 연계되기도 혹은 완전히 분리, 단절되어 있기도 했다[Smyth & McInerney, 2012]에서 사례를 확인해 볼 수 있다. 바야트[Bayat, 2000]은 "조용한 잠식"이라는 용어를 써서, (각자) 생존을 보증하기 위해 "조용하면서도 애초에 불법적이라 할 수 없는 방식으로 추구된 개별적 행위자의 집단적이지는 않지만 유예되고 직접적인 행위"를 설명했다.[p. 536] 학교를 이탈할 수 있는 법적 연령 이전에 학교를 떠나는 것은 불법 행동이다. 왜냐하면 대부분의 서구 사회는 아동이 학교에 법적으로 꼭 머물러야 하는 나이를 최소 수준에서 정해 놓기 때문이다.

바야트[Bayat, 2013]는 내가 지칭하려는 이런 부류의 일상적이고 스릴이랄 것 없는 잠식의 특징을 역설하기 위해, "아주 평범한" 서문을 덧붙여 "평범한 사람들이 생존하고 자기 삶을 더 좋게 만들겠다고 권력자들에게 조용히, 그러나 서서히 잠식해 들어가는 모습"[p. 46]을 보여 주고 있다. 지난 30여년 동안의 소위 "중도탈락생"에 대해 내가 수행한 연구에서[Smyth et al., 2004; Smyth, Down, & McInerney, 2010; Smyth & McInerney, 2012; 2014], 청소년이 학교를 떠나는 가장 흔한 이유 중 하나는 학교교육 기관을 더 이상 참아낼 수 없게 되었다는 점이고, 이들의 학교 이탈 행위는 이들이 선택할 수 있는 단 하나의 마지막 선택지였다. 대체로, 이런 학교 이탈은 학교교육 기관과의 꽤 오랜 위반이 이어진 이후에 발생한다. 여기서 가질 만한 감정은 〈제 말 들어주세요. 저는 학교를 떠나요: 남호주 중등학교에서의 이른 학교 이탈 Listen to me, I'm Leaving: Early School Leaving in Secondary Schools in South Autralia〉[Smyth et al., 2000]이라는 제목의 내 연구보고서 제목에 잘 나타나 있다. 이 연구에서 청소년이 지닌 (학교에 대한) 반감의 핵심은 학교가 이들 삶, 배경, 미래에 대한 욕구와 향후 계획을 체계적으로, 그리고 의도적으로 무시한다는 점이다. 학교는 대신 청소년의 관심 사항을 일련의 책무성 소동, 체계적인 시험, 직업진로주의, 부적절한 보고 양식, 가짜 교육과정, 규율과 제재 규정, 행동관리 지침, 이들 삶과는 상관없는 교수학습 접근 뒤에 배치해 보이지 않는 것처럼 만든다.

이런 부류의 청소년을 위한 재결합 프로그램은 "도대체 어디로 재결합한다는 거지?"라는 점을 둘러싼 질문이 제기되기는 하지만[Smyth, McInerney, & Fish, 2013], 그럼에도 이들은 전통적인 학교에서 절대 작지 않은 수로 만들어지는 상처 입은 삶을 다루기 위해 강요되는 시스템이란 명백한 사실을 증언하고 있다. 대안적인 혹은 재결합 프로그램에서 청소년을 대하는 접근 방식은 이들의 차이가 뚜렷하다. 여기에는 (1) 청소년을 존중하고 과거 평가나 이력에 기초해 이들을 대하지 않는 접근, (2) 이들과 비제도적 방식으로 상호 개인적인 주고받는 방식의 인간적인 접근, (3) 청소년은 숙식이 필요한 학습 상황 바깥의 복잡한 삶을 살고 있다고 이해하는 유연한 접근, (4) 배움을 촉진하도록 하는 데 매개해야 할 문해, 수리력의 격차가 크게 존재할 수 있고 가정하는 접근, (5) 인내심이 필요하고 교육적인 회복을 요구하는 학습 상황에 이들이 가져오는 사회적이고 감정적인 삶의 복잡함에 관심을 기울이는 접근, (6) 이들에게 배움이 일어나게 할 때 이들의 관심과 연계되고 삶에 적합한 이슈에서 시작해야 한다고 이해하는 접근 등. 이 각각의 접근은 제도적 신뢰의 형태가 어떠해야 하는지 잘 보여 주고 있다.

'거리의 정치학'에서 교육적 대안에 대해 우리가 배울 수 있는 것?

이 장의 내용을 개괄하자면, 연관성이 다소 이상하게 보일 수도 있을 것이다. 하지만 학교를 거부하는 개인의 비협조적인 행위를 보이는 청소년은 중동과 같은 곳에서 계속되는 권위주의적 구조에 종속된 억압받는 사람들, 혹은 소위 "뒤에서 이야기하는" 사람들의 특징을 많이 보인다. 다음 사례는 내 주장을 잘 보여 줄 것이다. 파링턴^{Farrington, 2014}은 쿡슨^{Cookson,} ²⁰¹⁴의 『계급 규칙: 미국 고등학교에서 불평등 드러내기*Class rules: Exposing inequality in American high schools*』라는 책을 논평하면서 저자에게 다음 사항을 따져묻고 있다. 그가, 노동계급이 주로 다니는 학교에서 "노동 세계에서 성공한다는 것은 너무 많은 질문을 제기하지 않는 것, 권위를 받아들이는 것, 사회질서에 문제 제기하지 않는 것임을 학교 학생들에게 강력한 메시지로 전달한다"^{Cookson, 2014: 89}라고 했기 때문이다. 파링턴은 쿡슨의 논지를 좀 더 전개하고는, "학생들이 이런 운명에 대들고 저항하면서, 이들은 '입 닫기, 따져 묻기, 마약 하기, 술 마시기, 그리고 지적 수월성이 속물근성으로 비치는 곳에서 학생문화를 만들어 내기 등'으로 저항한다"

라고 말했다.^{Cookson, 2014: 89; Farrington, 2014에서 재인용}

현재의 신자유주의적 하향식 정책이 지속해 강조되고 불평등을 악화시키는 상황에서 학교교육에 의미 있는 변화를 만들어 내기 어렵다는 점을 고려해 보면, 시선을 다른 곳으로 돌려 아래로부터의 접근이 어떻게 대안을 만들어 내고 "거리의 정치학politics of street"^{Bayat, 1997, 2013}이란 구상을 가능하게 하는지를 보여 주는 사례를 살펴보아야 한다. 혹은 자기 삶을 더 낫게 만들기 위해 억압적 정권 속에서 평범한 사람들이 펼치는 투쟁이 이런 대안에 이르도록 하는 수단이 될 수 있음을 살펴야 한다. 바야트^{Bayat, 2013}가 사용한 속기 라벨은 "비사회운동social non-movement"이 "분절적이지만 유사한 활동들로 구성되는 저항, 즉 아주 드물게 이데올로기나 알아볼 수 있을 만한 지도력 및 기관이 지휘하는" 저항을 만들어 낸다.^{p. 15} 잘 조직된 저항 및 반대와는 달리, 여기서 작동하는 논리는 "행동 지향적"이고 "시위가 아닌 실천의 정치학이며, 혹 직접적이고 본질적으로 다른 행동을 통해 재절합"된다.^{p. 20} 이런 행위를 특징짓는 것은 우선 이런 행동이 "여전히 분절적인 모습으로 남아 있는 수백만의 청소년에 의한", "일상생활"(지금 이 글의 맥락에서는 학교와 교실을 의미) 과정에서 수행된다는 것이다.^{강조는 Bayat, 2013: 21에서 한 것임} 바야트^{Bayat, 2013}가 주장하는 바는, 서로 연계되어 있지 않은 저항 행위를 보면 "(행위하는 사람들의 수가) 엄청 많다"는 면에서 이들의 힘, 그리고 정당성이 얻어진다.^{p. 21} 그는 "똑같이 행동하는 사람들의 수가 많다는 것은 다른 때 같으면 전혀 정당성을 얻을 수 없는 행동을 정상적이고 또 정당하게 만드는 효과를 만든다".^{p. 21} 이는 "하위주체subaltern[6]가 "사회의 권력 공간을 움켜쥐고 또 전유할 수 있는 도구가 된다. 이 안에서 사람들은 대항 권력을 길러내고, 공고화하고, 재생산한다".^{p. 21}

---

6. (옮긴이 주) '서발턴'은 지배계층의 헤게모니에 종속되거나 접근을 부인당한 집단을 말한다.

여기서 하트와 네그리[Hardt & Negri, 2004]가 "다중multitude"[7]이라고 한 개념의 그림자가 있다. 이 다중이라는 개념은 "단수의" 개별자들의 모임으로 이들의 차이는 동일함으로 환원되지 않고 다른 것으로 남아있는 차이를 의미한다.[p. 99] 우리 사례에 대입해 보면, 주류 학교에 환멸을 느끼게 된 청소년은 이런 학교의 비호의적인 특성으로부터 떨어져 나가길 원한다는 동일한 이유로 연합하게 된다. 이런 소외를 만들어 내는 "이유"는 다중의 형태를 가질 수 있다. 이들을 다중으로 만드는 것은 이들이 개별성을 갖고 학교교육의 대안적인 모습이 실현될 수 있도록 놀라울 만큼 일관된 장치를 말한다는 것이다. 즉, 이들을 개별자로 존중하고, 어린애 취급하지 않으며, 이들의 배경이 되는 출신과 문화를 경멸, 무시하거나 혹 무심하게 다루지 않는다. 그리고 이들을 자기 관심 영역의 일에 대해 직접 결정할 수 있을 만큼 능력 있음을 신뢰하고, 적절한 배움의 형식을 갈망하도록 연계해 주며, 이들은 감정적인 존재로 이해하고, 무엇보다 더 큰 성인 및 성숙한 방식으로 상호작용할 수 있음을 인정한다.

결론

이 장에서는 대안교육의 모델이라거나 이를 위해 취할 수 있는 처방을 제시하지 않았다. 대신 대안적이라는 말이 실현될 수 있다고 할 때 탐색해 볼 만한 조건을 둘러싼 여러 경관을 지도로 표시해 내려고 노력했다. 이 글은 작금의 신자유주의적 교육개혁의 결과로 학교에서 만들어지고 있는 저신뢰 환경을 기술하는 것으로 시작했다.

첫 부분에서 우리는 흔히 배우지 않는 것을 실패라고 하는 실수 혹은 잘못 이름 붙인 것에 대해 검토했다. 이렇게 하면 우리는 청소년을 잘못

---

7. (옮긴이 주) '다중'이란 하나로 특정이 정해지지 않는 사람들의 집단으로서 고된 삶의 항상적 빈곤 속에서 공통적인 삶을 능동적으로 생산하는 주체이다.

범주화해 배움으로 복귀하기 어려운 존재로 만드는 우를 범하게 된다. 여기서 꼭 말하려는 것은, 학습에 관해 심리학적이고 신경 및 뇌과학에 기반한 시각과 상당히 다르다. 심리학적이고 신경 및 뇌과학에 기반한 시각이 잘못되었다거나 혹 부적절하다는 이야기를 하려는 게 아니다. 단지 나는 강조점을 다른 곳에 두려고 했다는 점이다. 두 번째 부분에서는, 배움을 정치 행위라고 확인하고, 일상적인 학생 저항의 행위를 청소년을 위한 대안 구축을 시작하는 토대로 여김으로 주류 담론을 비판하는 내용을 다루었다. 청소년을 위한 대안은 존중과 인간적임, 유연함, 이해심 많은 접근을 취해야 한다. 이런 점에서 이들 대안은 거리의 정치학에서 분명하게 드러나는 수많은 다름을 지닌 개별자들이 모인 집단의 다양한 층위의 무리로부터 배우게 되는 신뢰의 가르침에 좀 더 가깝다.

참고문헌

Baldridge, B. (2014). Relocating the defi cit: Reimagining black youth in neoliberal times. *American Educational Research Journal, 51*, 440-472.

Bayat, A. (1997). *Street politics: Poor people's movements in Iran*. New York: Columbia University Press.

Bayat, A. (2000). From "dangerous classes" to "quiet rebels": Politics of the urban subaltern in the global south. *International Sociology, 15*, 533-557.

Bayat, A. (2013). *Life as politics: How ordinary people change the Middle East*. Stanford, CA: Stanford University Press.

Carroll, J. (1963). A model of school learning. *Teachers College Record, 64*, 723-733.

Cookson, P. (2014). *Class rules: Exposing inequality in American high schools*. New York: Teachers College Press.

Erickson, F. (1987). Transformation and school success: The politics and culture of school achievement. *Anthropology and Education Quarterly, 18*, 335-356.

Farrington, C. (2014, August 13). Review of the book *Class rules: Exposing inequality in American high schools* by P. W. Cookson. *Teachers College Record*. *Retrievable from* http://www.tcrecord.org, ID No. 17642. Accessed 20 August, 2014.

Field, J., & Olafson, L. (1998). Caught in the machine: Resistance, positioning, and pedagogy. *Research in the Middle Level Education Quarterly, 22*(Fall), 39-55.

Fine, M., & Rosenberg, P. (1983). Dropping out of high school: The ideology of school and work. *Boston University Journal of Education, 165*, 257-272.

Freebody, P., Ludwig, C., & Gunn, S. (1995). *Everyday literacy practices in and out of schools in low socio-economic urban communities* (Vol. 1). Melbourne, VIC: Curriculum Corporation.

Gorz, A. (1978). *Division of labour: The labour process and class struggle in modern capitalism*. Brighton: Harvester Press.

Guinier, L., & Torres, G. (2002). *The miners' canary: Enlisting race, resisting power*. Cambridge, MA: Harvard University Press.

Hardt, M., & Negri, A. (2004). *Multitude: War and democracy in the age of empire*. New York: Penguin.

Herr, K., & Anderson, G. (1991). The struggle for voice: Institutional deafness and student diversity. In *Proceedings of the Teachers College Winter Roundtable* (pp. 13-19). New York: Teachers College Columbia University.

Kohl, H. (1994). *"I won't learn from you" and other thoughts on creative maladjustment*. New York: The New Press.

Langhout, R. (2005). Acts of resistance: Student (in)visibility. *Culture and Psychology, 11*, 123-158.

Lauria, M., & Miron, L. (2005). *Urban schools: The new social spaces of resistance*. New York: Peter Lang Publishing.

McArdle, M. (2014). *The upside of down: Bouncing back in business and life*. London: Head of Zeus.

Portelli, J., & Vibert, A. (2002). A curriculum of life. *Education Canada, 42*(2), 36-39.

Rist, R. (1973). *The urban school: A factory for failure.* Cambridge, MA: MIT Press.

Scott, J. (1985). *Weapons of the weak: Everyday forms of peasant resistance.* New Haven, CT: Yale University Press.

Scott, J. (1990). *Domination and the arts of resistance: Hidden transcripts.* New Haven, CT: Yale University Press.

Scott, J. (1999). Geographies of trust, geographies of hierarchy. In M. Warren (Ed.), *Democracy and trust* (pp. 273-289). Cambridge, UK: Cambridge University Press.

Segarra, J., & Dobles, R. (Eds.). (1999). *Learning as a political act.* Cambridge, MA: Harvard Education Review.

Smyth, J. (2006). "When students have power": Student engagement, student voice, and the possibilities for school reform around "dropping out" of school. *International Journal of Leadership in Education, 9,* 285-298.

Smyth, J. (2011). *Critical pedagogy for social justice.* London/New York: Continuum.

Smyth, J., Down, B., & McInerney, P. (2010). *"Hanging in with kids" in tough times: Engagement in contexts of educational disadvantage in the relational school.* New York: Peter Lang Publishing.

Smyth, J., Down, B., & McInerney, P. (2014). *The socially just school: Making space for youth to speak back.* Dordrecht: Springer.

Smyth, J., Hattam, R., Cannon, J., Edwards, J., Wilson, N., & Wurst, S. (2000). *Listen to me, I'm leaving: Early school leaving in South Australian secondary schools.* Adelaide, SA: Flinders Institute for the Study of Teaching/Department of Employment, Education and Training; and Senior Secondary Assessment Board of South Australia.

Smyth, J., Hattam, R., with Cannon, J., Edwards, J., Wilson, N., & Wurst, S. (2004). *"Dropping out", drifting off, being excluded: Becoming somebody without school.* New York: Peter Lang Publishing.

Smyth, J., & McInerney, P. (2007). *Teachers in the middle: Reclaiming the wasteland of the adolescent years of schooling.* New York: Peter Lang Publishing.

Smyth, J., & McInerney, P. (2012). *From silent witnesses to active agents: Student voice in re-engaging with learning.* New York: Peter Lang Publishing.

Smyth, J., & McInerney, P. (2014). *Becoming educated: Young people's narratives of disadvantage, class, place and identity.* New York: Peter Lang Publishing.

Smyth, J., McInerney, P., & Fish, T. (2013). Re-engagement to where? Low SES students in alternative-education programmes on the path to low-status destinations? *Research in Post-Compulsory Education, 18,* 194-207.

Varenne, H., & McDermott, R. (1999). *Successful failure: The school America builds.* Boulder, CO: Westview Press.

Warren, M. (2005). Communities and schools: A new view of urban school reform. *Harvard Educational Review, 75,* 133-173.

Warren, M., Thompson, J., & Saegert, S. (2001). The role of social capital in combating poverty. In S. Saegert, J. Thompson, & M. Warren (Eds.), *Social capital and poor communities* (pp. 1-28). New York: Russell Sage.

Wexler, P. (1992). *Becoming somebody: Toward a social psychology of school.* London: Falmer Press.

26장
학교 성교육의 대안

마이클 라이스[1]

들어가는 말

학교 성교육은 많은 나라에서 오랫동안 논란이 되어 왔다. 학교 성교육 교육과정의 내용에 대해서는 "성교육"이 무엇을 의미하며, 그에 따라 정확히 어떤 내용을 다루어야 하는지, 생물학과 다른 과목 사이에서 어느 정도로 균형을 잡아야 하는지, 몇 살부터 성교육을 시작해야 하는지, 성교육의 교수법과 가치 체계에 대해 여러 이견이 존재한다. 또한 더 근본적인 의견 차이는 성교육이 학교에서 이루어져야 하는지에 대한 것이다. 성교육은 다른 교과목과 달리 상당수의 사람이 학교에서 성교육을 배제해야 한다고 주장한다는 점에서 이례적이다. 따라서 이 장에서는 주로 학교, 학부모, 사회(예: 잡지, 영화, 인터넷을 통해) 및 또래 등 다양한 출처에서 성교육에 어떤 기여를 할 수 있는지를 살펴본다.

성교육이 대안교육 핸드북에서 특히 적절한 주제인 이유는 성교육이 전적으로 학교의 책임이 될 수 없다는 것이 분명하기 때문이다. 학교가 할 수 있는 역할에 대해 가장 열성적으로 믿는 사람조차도 학교가 모든

---

1. 마이클 라이스(Michael J. Reiss): 영국 런던 UCL 교육연구대학원(UCL Institute of Education, London, UK) 과학교육 교수, 영국과학협회 부회장이자 명예 회원이다. 영국 리즈대학교와 요크대학교, 왕립수의과대학의 객원 교수이다. 사회과학학회의 회원, 영국 성공회의 신부이다. 〈Sex Education〉의 초대 편집자이다. 『목표기반교육과정(An Aims-based Curriculum)』(2013)과 『성교육의 가치: 원리에서 실천까지(Values in Sex Education: From Principles to Practices)』(2003)의 공저자이다.

성교육을 책임져야 한다고 생각하지 않는다. 최소한 부모에게도 역할이 있으며, 학교 성교육 옹호자들은 종종 학교와 가정 간의 파트너십에 대해 이야기한다.

학교의 역할

성교육에서 학교의 역할은 무엇이며, 왜 그런 역할이 요구될까? 이 책의 다른 장들에서 분명히 밝히듯이, 그리고 내가 뒤따르는 절에서 논의할 내용과 같이, 학교가 잘하지 못하거나 할 수 없는 일이 많이 있다. 그러나 학교가 잘할 수 있고 해야 하는 일들 또한 있다.

예를 들어 우선 학교는 15~30명(나이에 따라 다름)의 학생과 함께 일하는 데 익숙한, 훈련받은 전문가인 교사를 고용한다. 그런 전문가들은 많은 장점이 있다. 이론적으로 이들은 담당 교과목과 이를 어떻게 가르쳐야 하는지에 관한 전문가일 것이다. 우리는 여기서 바로 성교육이 학교 교육과정에서 가치 있게 여겨지는 교과목이 아니라는 문제와 맞닥뜨리게 된다. 성교육은 수학, 과학, 국어 교과와 같이 학교에서 가르치는 과목과는 다르며, 어떤 내용을 가르쳐야 하는지, 다른 교과와 어떻게 연관되는지에 대해 성교육 내부의 합의된 부분이 적다.[Bernstein, 1996 참조] 따라서 다른 교과와 비교해서 성교육 분야는 훈련이 덜 된 교사들에 의해서 진행되며, 충분하지 못한 교과 시간을 배당받고, 일관성 있는 교육과정이 부재한 경우가 자주 발생한다.

그런데도 학교에서 성교육을 할 때는 많은 가치 있는 것들을 할 수 있다. 우선, 학교는 수년에 걸쳐 진행될 교육과정을 준비할 수 있다. 청소년들은 종종 자신들이 받는 성교육이 너무 늦게 시작된다고 불평한다.[Ofsted, 2013] 정확히 무엇이 성교육 과목에 들어가는지에 관해 의견이 분분하지만, 학교에서는 일반적으로 여학생들이 생리를 시작하기 전인 10살 정도부터 월경과 같은 주제에 대해 가르칠 수 있다. 이와 비슷하게 성관계와 피임에 대한 정보는 약 14세 학생들에게 제공될 수 있다.

사실적인 정보도 중요하지만, 학교에는 부모가 지니지 못한, 어른과 아이들 사이의 어느 정도의 정서적 거리가 존재한다. 부모들이 성관계에 대해 가르치는 것을 부끄러워한다는 것이 보고되는 것은 흔한 일이다.^{예: 2011년.} ^{성교육 포럼} (이 섹션을 쓰다가 나는 점심을 먹기 위해 중단했고, 아빠가 딸로부터, "아기는 어떻게 생기는 거야?"라는 질문을 받는 것이 당황스러운 것임을 깨닫는 데 의존하는 특정 상표의 캐러멜 웨하스 과자 광고를 텔레비전에서 보았다. 웨하스 과자 한 조각을 깨무는 것이 아빠가 어떻게 대답하는 것이 가장 좋을지 생각할 시간을 벌어 주었다.) 물론 교사들도 그런 사적인 문제에 대해 가르치는 것이 부끄럽다고 생각할 수 있지만, 그들은 부모들보다 몇 가지 이점이 있다. 우선 첫째로, 교사들은 그들의 학생들과 관계적으로나 감정적으로 부모만큼 가깝지 않다(게다가, 정신분석학적 관점을 받아들인다면, 부모들과 그들의 자녀들은 성에 관해 이야기하기를 어렵다고 느끼는데 이는 일부분은 억압된 근친상간 충동 때문이다. 근친상간 충동은 딸과 대화하는 엄마나 아들과 대화하는 아빠에 의해서만 부분적으로 피할 수 있는데, 그 이유는 딸이 엄마와 성에 관해 대화하는 것은 그녀의 무의식적인 아빠에 대한 성적 욕망 때문에 복잡해지기 때문이다. 아들이 아빠와 대화하는 것 또한 마찬가지다). 그리고 부모는 보통 자녀들과 성에 관해 이야기하는 횟수가 얼마 안 되는 반면, 교사는 다양한 집단의 학생들과 한 해에 여러 번 성에 관해 이야기하고, 이를 매년 반복할 수 있다. 연습한다고 해서 완벽해지지 않을 수도 있지만, 연습은 일을 더 쉽고 덜 당황스럽게 만들며 종종 더 나은 결과를 가져오기 마련이다.

교사가 성교육을 할 때, 적어도 일부 학부모가 지닌 것과 또 다른 장점은, 교사가 교과 지식뿐만 아니라 그 지식을 전달하는 방법의 전문가라는 것(또는 응당 그래야 한다는 것)이다. 성교육은 성교육 자체(때로는 이성교제와 관련된 교육뿐만 아니라 약물 오남용 교육 및 개인적·사회적 및 보건 교육이라고도 하는 다른 과목과 결합된 성교육)를 시간표에 따라 가르치는지와 관계없이 다른 교과목에서 다루는 측면과 함께 범교과 방식으로 가르치는 것이 가장 좋은 과목이다. 따라서 생명과학 교사는 사춘기(어떤 변화가 일어나는지, 여학생과 남학생의 경우 일반적으로 몇 살에 일어나는지), 정자와 난자가 생성되는 방법, 성관계가 임신으로 이어질 가능성이 얼마나 되는지(월경 주기의 시간, 커플의 연령, 특히 여성의 연령과 같은 요인에 따라 달라짐), (사용 방법 및 사용 경험에 달려 있는)피임 방법, 효과 및 성적 접촉으로 전염되는 감염(원인이 무엇이며, 감염 가능성이 얼마나 크며, 치료가 얼마나 가능한지, 감염이 생식 능력과 건강 전반에 미치는 영향) 같은 것들과 관련된 문제들을 잘 가르치기를 기대할 것이다.

이것은 생물 교사가 가르치기를 기대할 수 있는 꽤 전통적인 목록이다. 오늘날엔 생물 교사가 과학에서 배운 지식을 활용하여 일반적인 고정관념에 도전하는 것이 학생들의 성장에 도움이 될 수 있다면 좋겠다고 희망하는 이가 있을 수 있다.[Reiss & White, 2013] 예를 들어, 학교와 대학의 생물학은 일반적으로 인간의 번식 관점에서 인간의 섹슈얼리티, 여성성, 남성성에 대한 이슈를 검토한다. 이것은 즉각 이성애를 가정하는 경향이 있다.[Reiss, 2007] 생물학은 매우 빈번하게 중립적인(즉, 가치 판단적이지 않은) 과목으로 추정되기 때문에, 많은 학교 생물 교사들은 의심의 여지가 없는 사실로서 생물학을 계속 가르친다. 특히, 여성과 남성의 차이는 종종 명백하고 불가피한 것인 반면(따라서 어느 한 범주에 깔끔하게 들어가지 않는 개인은 무시되고[참조: Gendered Intelligence, http://genderedintelligence.co.uk/]), 학교 생물 교과서에 관한 연구는 교과서가 종종 성차별적이며 흔히 레즈비언과 게이 문제를 무시하는 것을 보여 준다.[Reiss, 1998] 예를 들어 영국의 중등 교육 자격 검정 시험GCSE을 위한 생물학 교과서(14~16세의 학생들을 대상으로 하는 교과서)에서는 음핵에 대한 모든 언급을 생략하고, 음핵을 언급할 때는 음핵을 여성의 음경이라고 경시하는 식으로 언급한다. 남성은 가시적이지만 여성은 보이지 않으며, 여성은 남성과의 비교라는 덕을 통해서만 존재한다. 동성애가 언급될 때, 일반적으로 동성애는 학생들이 성장하면서 벗어날 수 있는 일종의 차선책이라는 인상을 풍긴다. 그러나 인간 생물학에서 성에 대한 더 면밀한 검토는 비판적 반추를 위한 충분한 공간을 제공하고 성적인 사람이 되는 것이 무엇인지에 대한 더 풍부한 이해를 가능하게 한다.

마틴Emily Martin은 과학 교과서에서 월경을 실패로 보지만(임신의 실패를 의미하므로), 정자의 성숙은 매일 수백만 개의 정자가 제조되는 놀라운 업적으로 간주한다고 주장했다. 게다가 정자는 활동적이고 유선형이지만, 난자는 크고 수동적이며 그냥 떠다니거나 앉아서 기다린다. 1948년 허슈베르거Ruth Herschberger는 여성의 생식기관이 남성의 생식기관(성과 관련된 과학 담론에서, "비뇨음부기관urino-genital organ"이라는 더 좋게 들리진 않는 용어를 사용하지 않는다면, 생식을 언급하는 것을 피하는 것은 어렵다)보다 덜 자율적으로 여겨진다고 주장했다. 과학 교과서에서 난자가 묘사되는 방식은 잠자고 있는 처녀 신부가 수컷의 마법 키스를 기다리는 동화 『잠자는 숲속의 공주』의 방식과 비유됐다. 하지만 10년이 훨씬 넘는 기간 동안 생물학자들은 난자와 정자를 모두 활동적인 파트너로 보았다. 정자가 난자를 찾아내는 것처럼 질은 정자들을 차별하며, 난자는 포착할 정자를 찾아낸다. 그러나 마틴이 지적하듯이, 그러한 생물학적 평등은, 심지어 인정될지라도, 정자에게 우선권을 주는 언어로 묘사된다. 난자가 활동적인 역할을 하는 것으로 제시될 때, 그 묘사되는 이미지는 위험한 공격자 중 하나로 나타나는데, 이를테면 "거미가 자기 거미줄에 누워 기다리는 것처럼"으로 말이다.[Martin, 1991: 498]

성호르몬에 관한 사회 역사적 연구는 또한 성호르몬이 교과서와 과학 논문에 제시되는 방식이 어떻게 해당 데이터가 시사하는 바를 훨씬 뛰어넘는 메시지를 주는지를 보여 주었다. 1920년대부터 한 성별에서 다른 성별의 호르몬이 분비된다는 사실이 알려졌음에도 불구하고(즉, 남성에게서 에스트로겐이 분비되며, 여성에게서 테스토스테론이 분비된다) 학교 교과서는 일반적으로 이러한 사실과 에스트로겐과 테스토스테론의 밀접한 화학적 유사성을 모두 무시한다.[Roberts, 2002] 실제로, 학교 교과서에 주로 제시된 해석과 다른 방식의 해석은, (성호르몬의 작용에 관한 과학적 증거와 일치하는 것) 여성성과 남성성이 연속선상에 놓여 있다는 것이다. 성호르몬의 작용에 대한 그러한 모델은 1940년대부터 호르몬을 연구하는 학계의 내분비학자들 사이에서 보편화되었다. 이 모델은 성과 성적 지향에 대한 본질주의적 이해로 이어지거나, 게이 남성의 추정된 여성성에 관한 연구의 수 증가와 상관관계가 있다.[Oudshoorn, 1994] 이는 또한 섹슈얼리티, 수용, 예를 들어 어떤 형태의 간성intersexuality, 間性에 대해 훨씬 더 유연한 이해를 가능하게 하는 것으로 볼 수 있다.

간성에 대한 원리는 20세기 초반 30년간 히르슈펠트Magnus Hirschfeld의 성적 차이에 관한 선구자적 연구에서 비롯된다. 히르슈펠트는 남성과 여성의 별개의 범주를 거부하고, 대신에 우리 각자가 하나의 연속체 위에 고유하게 자리 잡고 있다고 주장함으로써, "제3의 성"이라는 개념을 만들어 내지 않고, 성적 이항성을 급진적으로 해체했다.[Bauer, 2003]

성적 지향에 대한 생물학적 지표는 오랫동안 추구됐으며 지속해서 논객들을 끌어당기고 있다. 동시에 게이와 레즈비언 커뮤니티의 많은 사람이 이런 지표들을 걱정하고 있다. 그러한 생물학적 지표가 발표되지 않은 채로 지나가는 달은 거의 없다. 정확히 어떤 지표가 '그달의 맛'(어떤 호르몬, 어떤 유전자, 부모의 양육 방식, 상대적 손가락 길이 등)인지가 다른 무엇보다도 연구 동향에 대해 더 많이 알려 줄지도 모른다. 20세기 중반쯤엔, 호르몬은 모두 강력하며 우리의 섹슈얼리티를 책임진다고 널리 여겨졌다. 호르몬은 분비샘에서 만들어진 화학물질이다. 그리고 나서 몸 안에서 순환하고, 호르몬이 효과를 나타낼 표적 기관에 도달한다. 20세기 말에 이르러, 초점은 우리 염색체의 구성 요소인 유전자로 옮겨왔다. 유전자는 몸 안에서 만들어지는 호르몬을 포함한 화학물질을 책임지며, 환원주의적 관점은 유전자가 성이나 섹슈얼리티뿐만 아니라 우리 자신의 거의 모든 것을 결정하는 것으로 본다.

페미니스트이자 레즈비언 생물학자인 버크Lynda Birke가 레즈비언주의 Lesbianism에 대해 귀중한 논평을 제공하고 있고, 수년에 걸쳐, "젠더, 인종, 혹은 섹슈얼리티의 사회적 범주가 생물학에 의해 고정된다는 주장을 반박하는 데 많은 시간과 에너지를 할애하고 있다"[Birke, 1997: 58]라고 하지만, 섹슈얼리티의 '원인'에 대한 많은 연구문헌은 "게이스러움"에 집중되어 있다. 그러나 버크가 지적했듯이, 성적 지향에 대한 생물학적 개념을 완전히 거부하는 것을 주저하는 데에는 물론 많은 이유가 있다. 한 가지 예로, 일부는 게이 권리를 주장하기 위해 그러한 개념을 정치적으로 이용했다(이런 접근법은 매우 논란의 여지가 있다).[Schüklenk & Brookey, 1998을 참조] 더 장황하게 말하자면, 적어도 일부 사람의 섹슈얼리티에 생물학적 기반이 있다는 사실이 밝혀질 수도 있다.

이 모든 것들은 어떻게 하면 생물학을 학교에서 더 잘 가르칠 수 있는지를 질문하게 한다. 많은 생물학 수업은 교과서의 사용에 초점을 맞추고 있는데 이 교과서는 종종 교사와 학생 모두에게 비판 없이 소비되고 있다. 그러나 "교사는 숨은 의미를 찾으며 저항적으로 독해할 수 있으며 학생들도 그렇게 하도록 도울 수 있다. 학생들에게 과학 교과서를 비평하도록 권장하는 경우는 극히 드물다. 너무나 자주 교과서는 의심의 여지가 없는 진실만을 담고 있는 것처럼 사용된다".[Reiss, 1998: 148] 이것은 단순하지만, 교사와 그/그녀의 학생들에게 강력한 도구를 제공하는데, 이는 교사를 사실에 대한 전문지식의 저장소라고 일반적으로 가정하는 것을 피하는 대신 교사가 교육에 대한 해방적 이해와 함께 교육 현장에 더 편안하게 자리 잡을 수 있게 하기 때문이다. 이는 교사와 학생 모두에게 더 만족스러운 방법이며, 학생들이 원하는/알아야 하는 많은 사실을 스스로 적절한 속도로 얻을 기회를 많이 제공하는 정보화 사회와도 잘 어울린다.

물론, 교사를 포함한 누구에게나 그들이 해 온 관행을 바꾸는 것은 간단한 일이 아니다. 지속적인 전문성 개발과 교사 변화에 관한 문헌들은

전방위의 요인들이 필요하다는 것을 보여 준다.[Loucks-Horsley, Love, Stiles, Mundry, & Hewson, 2003; Owen, 2015] 그렇지 않으면 아무리 좋은 의도라도 이후 실행에 반영되지 않을 가능성이 크다.

생물학 교사가 성교육과 관련하여 할 수 있는 일에 대한 설명은 간호, 운동 훈련 및 물리 치료 전공 1학년 학생들에게 필요한 해부학 및 생리학의 2학기 중급 대학 과정의 교육 프로그램에 대한 숄러Anne-Marie Scholer의 출판물에서 확인할 수 있다.[Scholer, 2002] 숄러는 남성과 여성이 이분법의 구분이 아니라는 생각으로부터 출발한다. 여기에서 그녀는 인간의 성별이 불확실한 다양한 원인, 앞서 설명한 성호르몬 이야기, 남성 유방암의 존재와 트랜스젠더의 발생에 대해 이야기한다. 그녀는 "앞에서 언급한 자료는 의심할 여지 없이 성교육 분야의 분들에게는 친숙하지만, 대부분의 제 학생들과 동료들에게는 꽤 새로운 자료입니다. 저는 그러한 예들이 수업 시간에 잘 작동하며, 인지적 부조화의 목소리를 내는 것을 발견했습니다"[Scholer, 2002: 78]라고 이야기한다. 모든 교사가 알다시피, 만약 잘 다루어진다면, 인지적 부조화는 학습에 대한 강력한 동기가 될 수 있다(잘 다루어지지 못한다면, 그것은 단순히 편견을 강화해 버리거나, 혼란스럽다고 거절당할 수 있다). 숄러는 계속해서 난자가 수동적인 대상이라는 일반적인 고정관념에 도전하고, 어떻게 성이 단지 해부학과 호르몬이 아님을 논하며, 이성애규범성[2]을 피하고, 일반적으로 "자신의 교실에 포용적인 환경을 조성"[p. 82]한다.

지금까지 성교육으로 학교에서 생물학 교사들이 할 수 있는 기여에 대해 시간을 할애했다. 일단 학생들이 각 교과 선생님들로부터 배우는 나이에 도달하면, 성교육은 종종 전적으로 또는 대부분 생물학 교사들의 책임으로 여겨지는 경우가 많기 때문이다. 하지만 다른 과목들도 큰 기여를

---

2. (옮긴이 주) 이성애규범성(Heteronormativity)은 이성애를 선호하고 정상적인 성적 지향의 방식이라는 개념으로 성별을 이분법적으로 구분하고 이성 간의 성관계와 결혼 관계가 가장 적합하다고 가정한다.

할 수 있고 또한 그래야 한다. 실제로 청년들은 종종 그들이 받는 성교육이 "너무 생물학적"이며, 연인관계의 이슈에 할애되는 시간과 관심이 충분하지 않다고 불평한다.[Brook, PSHE Association and Sex Education Forum, 2014] 이러한 것들은 생물학에서 다루어질 수도 있지만, 종종 문학 수업을 포함한 다른 과목에서 자연스럽게 등장하는 경우가 많다(사랑과 성을 포함한 관계와 관련된 문제를 발견하지 않고는 많은 위대한 문학 작품들을 읽을 수 없다). 지리, 역사, 종교 교육은 일반적으로 성교육의 범주에 속하는 자료를 포함하는 다른 과목이다.

내 경험으로 볼 때, 학교 성교육에서 특히 중요한 역할은 선생님에 의해 촉진되는 토론과 역할극이다. 교사는 특이한 위치에 있다. 교사는 학생이 학교 밖에선 하지 않을 문제를 주제로 토론하고 행동하도록 요구할 수 있다. 복장이 성별에 따라 달라져야 하는지, 첫 번째, 두 번째 또는 n번째 데이트별로 허용되는 행동은 무엇인지, 자신의 막내 동생이 게이/레즈비언으로 커밍아웃하면 어떻게 느낄지, 아이를 갖고 싶은지 그리고 갖고 싶다면 몇 명을 원하는지와 같은 문제들에 관한 토론/역할극은 모두 가치 있는 활동이 될 수 있다.

부모의 역할

이 책의 다른 장들은 홈스쿨링과 교육에서 부모의 역할에 관한 문제들을 논의한다.[Lees, 2014 참고] 그런데 성교육에서 부모는 항상 특별한 역할을 해왔다. 심지어 성교육에 열정적인 기관도 성교육을 학교와 가정 사이의 파트너십으로 상상하는데, 이는 어린 자녀와 함께 책을 읽는 것 외에 부모가 단순히 숙제를 봐주고 다양한 과외 활동(수영, 박물관이나 미술관 견학 등)을 시키는 데 만족하는 다른 과목에서는 드물거나 존재하지 않는 관점이다.

사실, 나는 성교육에서 부모들의 역할을 옹호하는 몇몇 단체가 주로 정치적인 이유로 그렇게 한다고 의심한다. 왜냐하면 그들은 학교 성교육에 대한 위협이 학교-부모의 파트너십에 의해서 가장 잘 대응된다고 여기기 때문이다.[3] 그것과는 별개로, 부모는 수많은 이유로 성교육 제공에 특별한 역할을 하는 것처럼 보인다.

무엇보다도, 부모는 거의 항상 자기 자녀를 잘 안다. 만약 우리가 단순하게 성교육 안의 어떤 것을 사춘기처럼 상대적으로 논란의 여지가 적은 것을 예로 들어 보면, 사춘기를 시작하는 나이는 아이에 따라 다양하기 때문에, 이 문제를 학교에 맡기는 것이 어떤 아이들에게는 불가피하게 너무 늦게(놀라거나 부끄러울 가능성이 있는, 특히 여학생들에게는), 그리고 다른 아이들에게는 너무 일찍(좋은 교육적 관행이 아닌) 교육이 이루어질 수밖에 없다.

그리고 부모가 그들의 자녀가 다닐 학교와 가치관이 다를 수 있다는 사실이 있다. 모든 학교 교과목과 관련된 가치는 있겠지만 이는 다르다. 성교육은 가치관이 특히 중요한 과목이다.[Halstead & Reiss, 2003] 성교육에서 특히 중요한 것은 종교적 가치이다.[Reiss, 2014] 어떤 사람들에게는, 그들의 종교적 신앙이 존재의 절대적인 핵심이다. 그들은 숨을 쉬지 않는 것보다 그들의 종교적 가치와 충돌하는 방식으로 행동하거나 생각하는 것을 더 불편하게 여길 수도 있다. 이것을 달리 표현하자면, 그들의 세계관이 종교적이라고 말하거나 종교가 그들의 정체성에 중심적인 역할을 한다고 말하는 것이다. 다른 사람들에게 종교적 믿음은 무의미하거나(역사적 시대착오), 인류에게 닥친 많은 병폐를 종교의 문턱에 두는 등 오히려 해로운 것으로 여겨지기도 한다.

영국에서 여러 종교 전통을 지닌 신자들이 성교육에 대한 종교적 관점을 합의하기 위한 첫 번째 주요 시도로 영국의 주요 6개 종교 회원들이

---

3. 예를 들어, 영국의 태아 보호 협회 https://www.spuc.org.uk/cam-paigns/safeat school/나 가족 교육 신탁 http://www.famyoung.org.uk으로부터의 위협.

성명을 발표했다.^{Islamic Academy, 1991} 이 성명은 현대 성교육에 대한 비평과 성교육을 지배해야 한다고 생각되는 원칙들을 나열하고, 성교육에 대한 도덕적 프레임을 제공했다. 이 프레임은 "결혼 전 정결과 순결, 결혼 후 배우자를 향한 충실함을 명하고, 혼외 성관계와 동성애 행위를 금지한다", "부모됨의 책임과 가치를 옹호한다", "부모를 향한 존경과 순종의 의무를 지님을 깨닫고, 노년에 병약할 때 부모를 돌볼 책임이 있다". 그리고 "결혼 관계는 존경과 사랑을 수반한다는 것을 단언"한다.^{Islamic Academy, 1991: 8}

성교육에서 종교와 민족성의 중요성을 살펴보는 또 다른 초기 영국의 프로젝트는 성교육 포럼the Sex Education Forum의 '종교와 민족 프로젝트religion and ethnicity project'였다. "종교가 성에 관한 부정적인 메시지만을 제공한다는 견해에 도전하고, 특정 종교적 처방 뒤에 있는 더 넓은 철학과 이론적 근거를 탐구하고자 하는" 실무진이 꾸려졌다.^{Thomson, 1993: 2} 각 참가자에게 총 28개의 질문(예: "남성과 여성에게 다른 자연스러운 역할이 있습니까? 있다면 왜 그러합니까?", "성병이나 에이즈로부터 안전한 성관계를 위한 피임 또는 보호에 대한 종교적 태도는 무엇입니까?")이 보내졌으며, 이 프로젝트는 합의에 도달하기보다는 다양한 견해를 제시하기로 결정했다.

톰슨Rachel Thomson이 그녀의 자료집을 편집하는 동시에, 가족계획 협회the Family Planning Association의 렌더유Gill Lenderyou와 포터Mary Porter는 '가치, 믿음 그리고 성교육Values, Faith and Sex Education' 프로젝트에서 나온 책자를 함께 만들고 있었다.^{Lenderyou & Porter, 1994} 이 프로젝트의 4일 간 거주 시설을 제공한 행사에서 22명의 다른 종교적 믿음을 지닌 이들이 하나의 학생인권법안을 작성했고, 성교육에 대한 합의된 성명서가 "존중과 차이, 사회 안의 믿음과 변화, 남녀평등, 관계와 결혼, 호모섹슈얼리티, 동거, 장애와 섹슈얼리티와 순결"이라는 제목들 아래로 작성되었다. 학생인권법안과 합의된 성명서의 내용은 이슬람 아카데미^{Islamic Academy, 1991}의 내용보다 더 자유롭고 잠정적이다. 예를 들어, 학생인권법안에는 "학생들에게 사춘기, 부모, 피임, 육아, 책임감 있는 부모가 되는 것을 포함한 주제와 성장과 생식에 관한 완전하고 정확하며 객관적인 정보를 제공하는 성교육에 대한 권리"가 있다는 선언과 학생들에게 "성교육이 같은 성 또는 성별이 섞인 그룹 안에서 이루어질지, 어떤 주제들이 프로그램에 포함될 수 있는지와 관련하여 성교육이 교실에서 시행되는 방식에 대해 자문받을 권리"가 있음을 포함한다.[Lenderyou & Porter, 1994: 37]

이어서, 압둘 마부드Shaikh Abdul Mabud와 나는 성교육에 대한 기독교와 무슬림의 견해에 초점을 맞춘 『성교육과 종교Sex Education and Religion』라는 학술 서적을 편찬했다.[Reiss & Mabud, 1998], 그리고 보건부Department of Health의 이전 "종교와 신념 맥락에서 SREsex and relationships education 개발을 지원하는" 청소년 임신 부서Teenage Pregnancy Unit[Blake & Katrak, 2002]의 후원을 받은 프로젝트의 결과물들을 출판했다. 그 이후, 점점 더 많은 출판물이 성교육에 대한 종교의 중요성을 고려했다.[예: Rasmussen, 2010; Smerecnik, Schaalma, Gerjo, Meijer, & Poelman, 2010]

물론, 종교가 많은 부모에게 중요하다는 사실이 반드시 부모가 성교육이나 그 밖의 어떤 것에 관해서든 그들의 종교적 가치를 자녀에게 강요할 권리를 갖는다는 것을 의미하지는 않는다. 하지만 그들이 옹호하는 것이 자녀를 위해 최선의 것이라고 느낄 때, 부모가 자녀의 성적 행동에 영향을 미치려고 시도하는 것이 금지되진 않는다. 종종 그렇듯이, '권리'에 대한 호소는 당면한 문제를 해결하지 않는다. 권리는 충돌할 수 있고, 그러면 그것들 사이에서 결정하기 위해 어떤 기제가 사용될 필요가 생기기 마련이다. 라메커스와 수이사Ramaekers & Suissa, 2012는 가정생활에 대한 정부의 개입이 증가하는 시기에 부모 역할의 복잡함을 탐색했고, 브릭하우스와 스위프트Brighhouse & Swift, 2014는 "자녀에 대한 부모의 권리는 부모의 이익보다는 자녀의 이익에 호소함으로써 정당화된다"라고 주장한다.[p. 18]

또한 종교는 성교육과 관련하여 한 목소리를 내지 않지만, 일부 종교예: 이슬람교는 다른 종교예: 유대교(Fader, 2009)와 기독교보다 덜 그렇다. 특히 페미니즘과 자유주의는 기독교 신학과 교육 이론에 비해 이슬람교에 영향을 덜 끼쳤다.

독학주의

독학주의autodidactism는 오랜 역사를 가진다.[Solomon, 2003] 성인이 된 우리 대부분이 성이나 관계에 대해 주로 어떻게 배웠는지를 회고한다면, 학교에서 배웠을지도 모르는 몇 가지 세부 사항과 부모로부터 배운 타인들을 존중해야 한다는 가풍을 넘어 자신의 '인생 대학university of life'으로부터 배운 것이 아닐까 하고 생각할 것이다. 즉, 성교육은 독학의 한 사례이다. 사람은 실제로 차에 타지 않고도 자동차 운전에 대해 어느 정도 배울 수 있지만 가장 중요한 배움은 운전석에 올라타 있을 때 이루어진다. 이와 비슷하게, 확실히 우리 대부분은 다른 사람들과 관계를 맺고, 우정을 쌓고, 때로는 이 중 누군가와 성적인 관계로 발전하기를 바라면서, 섹스와 관계에 대해 가장 많이 배운다.

성생활을 즐기고자 하는 충동이 우리 대부분이 경험할 수 있는 가장 강력한 충동 중 하나일 수 있다는 것을 깨닫기 위해 진화생물학자가 될 필요는 없다. 그리고 성적인 활동은 섹스 그 이상의 것이다. 대다수 어쩌면 모든 인간이 아닌 동물의 경우 성행위는 대부분 또는 전적으로 자동적으로 이루어진다. 물론 인간은 다른 동물들이 가지고 있는 (성적이든, 먹는 것과 관련된 것이든, 다른 사람들과 관련된 것이든, 우리의 행동의 모든 다른 측면과 관련된 것이든) 충동을 여전히 가지고 있지만, 우리는 성찰할 수 있고 (좋은 날에) 이성적인 사고를 할 수 있다는 점에서 차별화된다. 우리 중 일부는 우리의 성적인 행동에 대해 거의 생각하지 않을 수도 있지만 대부분의 사람은 특히 젊고 잠재적으로 성적인 새로운 관계를 시작할 때 성적인 행동에 대해 고민한다. 내가 이전에 성교육과 영성 교육에 관해 썼던 것과 같이 우리의 성적 행동은 극렬히 부끄럽거나 우리가 살면서 관여했던 일 중 가장 경이로운 것으로 느껴질 수 있다.

더 진짜 같으며, 더 타당하고, 더 기억에 남는다는 점에서 스스로 배우는 것이 더 나은 어떤 것들이 있다. 그렇다면 학교에서 배워서는 안 되거나 배울 수 없는 성교육과 영성 교육의 이러한 측면들은 어디에서 가장 잘 배울 수 있을까? 물론 그 자리에서다. 결혼에 대해 배우는 가장 충실한 방법은 결혼한 상황 안에서다. 성찬에 대해 배우는 가장 좋은 방법은 성찬을 받는 것이다. 성교에 대해 배우는 가장 좋은 방법은 사적으로 다른 사람과 함께 배우는 것이다. 다른 학습은 예비적일 수 있다. 학교는 학생들이 헌신하는 법을 배우고, 자신과 다른 사람들에게 충실하며, 용서를 표현하는 것을 도울 수 있다. 하지만 이러한 영역에서의 충실한 학습은 궁극적으로 진짜여야 하며 진정으로 참여적이다. 그리고 그러한 학습의 언어는 단어로 이루어진 말이 아니며, 우리가 성교육에 관해 이야기하든 영적인 것에 대한 교육을 이야기하든지 간에, 상상의 언어, 경험의 언어, 촉각의 언어 그리고 다른 감각의 언어이다.[Reiss, 2001: 244-245]

또래, 미디어, 인터넷

마지막으로, 부모, 학교, 그리고 스스로 배우기 위해 선택하는 것 이외에 성교육에 영향을 미치는 다른 요소들이 있다. 또래는 학습의 많은 부분에 중요하며 특히 성교육에서는 더욱 그러하다. 설문조사에 따르면 또래는 젊은이들에게 성에 대한 정보의 가장 중요한 정보원 중 하나로 꼽힌다.[Bleakley, Hennessy, Fishbein, & Jordan, 2009] 그러나 학교 성교육 프로그램에 또래를 참여시키려는 시도는 그다지 성공하지 못했다.[Stephenson et al., 2004]

섹슈얼리티가 더 "유연성 있는" 것이 되면서[Giddens, 1992], 즉 생식과의 본질적인 관계로부터 자유로워짐에 따라, 미디어는 더욱 중요해졌다. 신문, 잡지, 영화 및 기타 매체는 누군가가 성장함에 따라 성적 지식과 행동 측면에서 어떤 것을 기대하거나 기대하지 않는지에 대한 설명을 꾸며 내는 데 일조한다. 최근 몇 년 동안 인터넷 접근성의 급증은 여성들에게 점점 갈수록 더 여성을 비하하는 포르노를 포함한, 포르노그래피에 대한 접근성이 만연해졌다는 것을 의미하며, 또한 예전보다 훨씬 어린 나이의 소년들에게 더 보편화되었다는 것을 의미했다. 동시에, 모바일 기술의 사용은 새로운 형태의 괴롭힘(특히 사이버 폭력과 성적으로 문란한 내용의 메시지나 사진을 휴대전화로 전송하는 행위)이 널리 퍼졌다는 것을 의미한다.[Ringrose, 2013] 입법자들은 이를 따라잡기 위해 고군분투하고 있다. 그러나 여러 관할 지역에서 소위 '보복 포르노'[4]라고 불리는 것을 최근 금지한 것은 기존의 법률이 소셜 미디어 사이트의 조치와 함께 해야 할 역할이 있다는 것을 보여 준다.

인터넷이 위협적일 수 있지만 또한 유효한 성교육을 위한 장소가 될 수 있다. 이러한 사이트가 점점 더 많이 생겨나고 있다.[5] 그린, 하머맨, 맥키[Green, Hamarman & McKee, 2015]는 어떻게 인기 있는 성교육 방법(브레인스토밍, 시연, 비디오, 영화 및 역할극을 포함한)이 온라인 학습 환경으로 성공적으로 옮겨 갈 수 있는지를 논의한다. 그런 웹사이트들이 얼마나 가치가 있는지 확신하기에는 아마도 너무 이른 것일 수 있다. 누군가는 학생들이 해로운 포르노그래피로부터 단지 몇 번의 클릭 정도만 떨어져 있는 것이 아니냐고 걱정할지 모르지만, 귀여운 고양이 비디오를 포함한 인터넷상의 다른 모든 것 또한 그렇지 않은가. 더 긍정적으로 보면, 자연 선택과 유사

---

4. (옮긴이 주) '보복 포르노'는 헤어진 연인에게 보복할 목적으로 사귈 당시 촬영한 성적인 사진이나 영상을 유포하는 '연인 간 보복성 음란물'이라고 할 수 있다.

5. (옮긴이 주) 예를 들어, 10대 청소년 성교육 http://sexetc.org/, Scarleteen: 현실 세계를 위한 성교육 www.scarleteen.com/, Trice Turnbull 박사의 부모존 www.parentzone.com/ 참조.

한 과정을 통해, 검색 엔진이 사용하는 알고리즘은 가장 자주 접속하는 사이트를 선호하며, 이는 대체로 사용자들이 원하는 것을 제공하기 때문일 것이다. 이러한 최고의 사이트들은 어고니 앤트Agony Aunt와 비슷한 최신의 정확한 정보와 토론을 촉진하며 누구도 혀를 차거나 당황하는 모습을 보이지 않는다.

당연하게도 인터넷 포르노그래피는 성교육에 관한 책에 변화를 가져왔다.

앤-말린 헤닝Ann-Marlene Henning의 『섹스와 연인들: 실용 안내서Sex and Lovers: a practical guide』는 새로운 세대에게 '섹스의 즐거움The Joy of Sex'으로 묘사되어 왔다. 그러나 1970년대 매뉴얼에는, 벌거벗었지만 제모가 되지 않은 연인들을 선으로 그린 그림으로 유명하지만, 헤닝의 책에는 실제로 사람들이 성관계를 갖는 사진이 포함되어 있다. 비록 인위적으로 촬영되었고, 주로 젊고 매력적인 사람들이 참여했지만, 그 사진들은 의심할 여지 없이 명백하다. 성교 과정 전체와 구강성교뿐만 아니라, 게이 커플들의 사진도 있다. 여자 친구의 가슴을 빨고 있는 여자, 두 남자가 키스하는 사진. "그들은 단지 정상적 섹스를 하는 중이에요. 그게 다죠." 현재 독일에서 성 심리학자로 활동하고 있는 덴마크의 신경심리학자 헤닝 여사는 사진들에 대해 이렇게 말한다. "우리는 그런 사진들이 필요해요. 인터넷 포르노 같은 건 너무 거칠고, 너무 빠르고, 이상하게 생긴 사람들일 뿐이에요. 너무 과해요, 너무 과해."[Bloom, 2014: 18]

결론

우리 대부분에게, 자신이 누구인지, 성적으로 자신을 어떻게 이해하는지는 개인적으로 매우 중요하다. 이것은 특히 성장하는 대부분의 청소년에게는 더욱 그렇다. 잘 이루어진다면, 성교육은 인류의 번영에 크게 이바지할 수 있지만, 잘 이루어지지 못한다면, 오히려 해가 될 수 있다. 학교는 청소년이 받아야 할 성교육에서 중요한 역할을 한다. 이것은 교사가 그들의 교육적 전문지식과 학생과의 관계에서 부모나 타인들과 구별되는 여러 면에서 큰 의미가 있기 때문이다. 하지만 학교 홀로 청소년에게 필요한 모든 성교육을 제공할 수는 없다. 아마도 항상 그래 왔을 것이다. 부모와 기타 다른 학교 밖 자원은 중요한 역할을 한다. 어떤 경우든 성교육을 제공하는 주체는 교육 대상자에게 가장 이익이 되는 방식으로 성교육을 제공하기 위해 노력해야 할 것이다.

참고문헌

Bauer, J. E. (2003, October). *Magnus Hirschfeld's doctrine of sexual intermediaries and the transgender politics of identity.* Paper presented at the conference Past and present of radical sexual politics, Amsterdam. Retrievable from www.iisg. nl/~womhist/hirschfeld.doc

Bernstein, B. (1996). *Pedagogy, symbolic control and identity: Theory, research, critique* (RevThed.). Lanham, MD: Rowman & Littlefi eld.

Birke, L. (1997). Born queer? Lesbians interrogate biology. In G. Griffin & S. Andermahr (Eds.), *Straight studies modifi ed: Lesbian interventions in the academy* (pp. 57-70). London: Cassell.

Blake, S., & Katrak, Z. (2002). *Faith, values and sex & relationships education.* London: National Children's Bureau.

Bleakley, A., Hennessy, M., Fishbein, M., & Jordan, A. (2009). How sources of sexual information relate to adolescents' beliefs about sex. *American Journal of Health Behavior, 33*(1), 37-48.

Bloom, A. (2014, November 7). "They're just having normal sex. Why can't I show it?" Author of explicit book says adult shame stops frank lessons. *TES,* 18-19.

Brighouse, H., & Swift, A. (2014). *Family values: The ethics of parent-child relationships.* Princeton, NJ: Princeton University Press.

Brook, PSHE Association and Sex Education Forum. (2014). *Sex and relationships education (SRE) for the 21st century.* Retrievable from http://www. sexeducationforum.org.uk/media/17706/sreadvice.pdf

Fader, A. (2009). *Mitzvah girls: Bringing up the next generation of Hasidic Jews in Brooklyn.* Princeton, NJ: Princeton University Press.

Giddens, A. (1992). *The transformation of intimacy: Sexuality, love and eroticism in modern societies.* Cambridge, UK: Polity Press.

Green, E. R., Hamarman, A. M., & McKee, R. W. (2015). Online sexuality education pedagogy: Translating five in-person teaching methods to online learning environments. *Sex Education, 15,* 19-30.

Halstead, J. M., & Reiss, M. J. (2003). *Values in sex education: From principles to practice.* London: Routledge Falmer.

Islamic Academy. (1991). *Sex education in the school curriculum: The religious perspective-an agreed statement.* Cambridge: The Islamic Academy.

Lees, H. E. (2014). *Education without schools: Discovering alternatives.* Bristol, UK: Policy Press.

Lenderyou, G., & Porter, M. (Eds.). (1994). *Sex education, values and morality.* London: Health education Authority.

Loucks-Horsley, S., Love, N., Stiles, K. E., Mundry, S., & Hewson: W. (2003). *Designing professional development for teachers of science and mathematics* (2nd ed.). Thousand Oaks, CA: Corwin Press.

Martin, E. (1991). The egg and the sperm: How science has constructed a romance based on stereotypical male-female roles. *Signs: Journal of Women in Culture and Society, 16,* 485-501.

Ofsted. (2013). *Not yet good enough: Personal, social, health and economic education in schools.* Manchester: Ofsted. Retrievable from https://www.gov.

uk/government/uploads/system/uploads/attachment_data/fi le/370027/Not_yet_ good_enough_personal__social__health_and_economic_education_in_schools. pdf

Oudshoorn, N. (1994). *Beyond the natural body: An archaeology of sex hormones.* London: Routledge.

Owen, S. M. (2015). Teacher professional learning communities in innovative contexts: "Ah hah moments", "passion" and "making a difference" for student learning. *Professional Development in Education, 41*, 57-74.

Ramaekers, S., & Suissa, J. (2012). *The claims of parenting: Reasons, responsibility and society.* Dordrecht: Springer.

Rasmussen, M. L. (2010). Secularism, religion and "progressive" sex education. *Sexualities, 13*, 699-712.

Reiss, M. J. (1998). The representation of human sexuality in some science textbooks for 14-16 year-olds. *Research in Science & Technological Education, 16*, 137-149.

Reiss, M. J. (2001). Loves that have a quiet voice. *International Journal of Children's Spirituality, 6*, 243-245.

Reiss, M. J. (2007). Representing the world: Diff erence and science education. In M. Reiss, R. J. DePalma, & E. Atkinson (Eds.), *Marginality and diff erence in education and beyond* (pp. 61-72). Stoke-on-Trent, UK: Trentham.

Reiss, M. J. (2014). Sex education and science education in faith-based schools. In J. D. Chapman, S. McNamara, M. J. Reiss, & Y. Waghid (Eds.), *International handbook of learning, teaching and leading in faith-based schools* (pp. 261-276). Dordrecht: Springer.

Reiss, M. J., & Mabud, S. A. (Eds.). (1998). *Sex education and religion.* Cambridge: The Islamic Academy.

Reiss, M. J., & White, J. (2013). *An aims-based curriculum: The signifi cance of human fl ourishing for schools.* London: IOE Press.

Ringrose, J. (2013). *Postfeminist education? Girls and the sexual politics of schooling.* Abingdon, UK: Routledge.

Roberts, C. (2002). "A matter of embodied fact": Sex hormones and the history of bodies. *Feminist Theory, 3*, 7-26.

Scholer, A.-M. (2002). Sexuality in the science classroom: One teacher's methods in a college biology course. *Sex Education, 2*, 75-86.

Schüklenk, U., & Brookey, R. A. (1998). Biomedical research on sexual orientation: Researchers taking our chances in homophobic societies. *Journal of the Gay and Lesbian Medical Association, 2*(2), 79-84.

Sex Education Forum. (2011). *Parents and SRE: A sex education forum evidence briefing.* London: National Children's Bureau. Retrievable from http://www.ncb. org.uk/media/333401/parents__sre.pdf

Smerecnik, C., Schaalma, H., Gerjo, K., Meijer, S., & Poelman, J. (2010). An exploratory study of Muslim adolescents' views on sexuality: Implications for sex education and prevention. *BMC Public Health, 10*, 533.

Solomon, J. (Ed.). (2003). *The passion to learn: An inquiry into autodidactism.* London: RoutledgeFalmer.

Stephenson, J. M., Strange, V., Forrest, S., Oakley, A., Copas, A., Allen, E., et al. (2004). Pupil-led sex education in England (RIPPLE study): Cluster-randomised intervention trial. *The Lancet, 364*(9431), 338-346.

Thomson, R. (Ed.). (1993). *Religion, ethnicity & sex education: Exploring the issues-a resource for teachers and others working with young people*. London: National Children's Bureau.

27장
비판적 동물 교육학:
다른 동물과의 관계 다시 배우기

카린 귄나르손 딩커[1], 헬레나 페데르센[2]

다르게 먹고 읽는 법 배우기:
비판적 동물 교육학의 이론적 근거

동물과의 관계는 인간의 사회생활, 문화, 교육에 스며 있다. 이러한 관계는 비대칭적 권력관계로 가득 차 있다. 항상 명시적으로 인정되는 것은 아니지만 동물은 전시, 분류, 연구 및 대표될 뿐만 아니라 제한, 조작, 소비 및 도살된다. 교육과 사회의 다른 부문에서 다양한 형태로 학생들이 암묵적 또는 명시적으로 다른 종을 활용, 지배 또는 통제하도록 가르치는 비대칭적 권력관계는, 동물을 학교 실험실에서 해부 '표본'으로 사용하거나 학교 매점에서 제공되는 음식으로 사용할 뿐만 아니라, 동물 보조 개입Animal Assisted Intervention, AAI, 야외 교육의 일부 버전, 동물원 및 농장 연구 방문 등과 같은 비침략적 인간-동물 사이의 교육적 상황 등에

---

1. 카린 귄나르손 딩커(Karin Gunnarsson Dinker): 영국 스완지대학교 지리학과 박사과 정생이다. 연구 논문 〈동물과 관련된 '사용'과 '존중'의 개념과 실용성에 대한 탐색: 스웨덴 초등교육의 사례연구를 바탕으로〉가 있다. 그녀의 연구 관심사는 비판적 동물 연구, 아동 권리, 비판적 지역학과 교육을 포함한다.
2. 헬레나 페데르센(Helena Pedersen): 스웨덴 스톡홀름대학교 아동청소년교육과 협력교수. 연구주제는 비판적 동물학과 비판이론, 교육철학과 포스트휴머니즘이다.『학교 안의 동물들: 인간-동물 간 교육의 과정과 전략들(*Animals in schools: Processes and strategies in human-animal education*』(2010)의 저자로, 다수의 학술지에 논문을 투고하고 이와 관련된 연구 프로젝트들에 참여해 왔다. 또한『비판적 동물 연구(Critical Animal Studies)』시리즈의 공동저자이며 〈다른 교육: 교육적 대안에 관한 연구(Other Education: The Journal of Educational Alternatives)〉 편집부에 참여하고 있다.

서 찾아볼 수 있다. 이러한 상황은 동물이 인간 사회에서 중요한 위치를 차지하고 있으며 종종 조화로운 종 사이의 공존 지침에 따라, 인간의 목적을 위해 끊임없이 접근할 수 있다는 메시지를 전달한다.[Pedersen, 2010]

이 장의 전반에서 분명히 드러나겠지만, 우리는 이런 메시지를 매우 문제가 있는 것으로 보고, 어떤 해방 교육 프로젝트에도 역효과를 낳는다고 본다. 그렇다면 우리는 동물을 어떻게 가르치고 배워야 하며, 교육에서 동물의 적절한 위치는 어디인가? 대안적 교육 방식-인간-동물 관계에 대한 다른 지식을 열어 주는 비판적 동물 교육학-은 존재하는가? 달리 말하면, 인간이 유일한 주제로 간주되지 않을 때 교육은 어떻게 변화하는가?

이 글에서는 교육에서 동물에 대한 새로운 학술적 논의를 살펴보고[예: Cole & Stewart, 2014; MacCormack, 2013; Miller, 2015; Pedersen, 2011; Rice, 2013; Rowe, 2011; Snaza, 2013] 이것이 교육적 실천과 결합되어야 함을 주장한다. 우리가 제안하는 것은 기존의 인간 중심 교육에 대한 대응으로서 비침략적이고 비개입적인 비판적 동물 교육학을 포함하여 나이와 주제 영역에 걸친 광범위한 교육적 가능성이다. 이 글 전체에 걸쳐 강조되는 것은 "타자"(인간 또는 동물)에 대한 광범위한 주변화 및 억압 유형에 내재된 교육적 종차별주의에 대한 비판이다.

맥코맥Patricia MacCormack은 그녀의 아름답고 놀라운 에세이인 『은혜의 교육Gracious Pedagogy』[2013]에서 인간 중심적이지 않은 교육 윤리의 윤곽을 설명한다. 그녀는 리오타르와 세레즈Lyotard & Serres의 생각을 바탕으로 교육 및 알고자 하는 의지를 동물이 이길 수도 참여할 수도 없는 전쟁 행위에 대한 앎의 행위로 그려 낸다. 맥코맥은 교육을 통해 끝없이 침묵시키고, 분류하고, 사용하고, 학대하고, 기생시켜 온 동물을 다루면서, 인간이 동물에 대해 주장하는 것은 인간 중심적 서사와 평가를 강요할 수밖에 없기 때문에 교육학에 동물을 내버려 둘 것을 요청한다. 우리는 동물을 지속적으로 이용하지만, 기생적 관계는 호혜적이지 않다. 동물은 가

축으로 길들여지고 서식지가 파괴되는 등 직접적인 상황을 제외하고는 우리를 필요로 하지 않는다.

그 대신에 맥코맥은 교수학습의 새로운 초점으로서 '인간', 주관성, 휴머니즘, 인간중심주의 그리고 이러한 모든 관념에 내재된 것을 알고자 하는 권위주의적 욕구를 해체하는 것을 제안한다. 맥코맥은 비인간중심적 사고는 '홀로 두는 것'에서만 나올 수 있다고 주장한다. 즉 우리가 그들의 세계에 가하는 파괴로부터 우리 자신과 동물을 자유롭게 하는 대안교육을 창출해 내기 위해 인식론적·교육학적 단계를 밟아 동물의 삶에 대한 개입을 중단하고, 동물을 알고자 하는 우리의 교육학적 열망을 '인간을 생각하지 않는' 교육학적 실천으로 교체하는 것이다. 즉 우리의 기생적인 자아를 생각하지 않는 것이다.

동물 교육학에 대한 맥코맥의 "불간섭주의적" 접근 방식은 동물 폐지론과 사회운동의 오랜 전통뿐만 아니라 비판적 동물 연구[Pedersen & Stanescu, 2014; Sorenson, 2014]의 다른 최근 저술을 반영하며 철학적이고 선구적인 역할을 하고 있다. 이 글을 통해 우리는 인간 이외의 세계에 대한 학습에서 최근 새롭게 각광받는 접근 방식으로 어린이와 동물 사이의 "상호 얽힘"을 강조하고 촉진하는 포스트휴머니즘 및 신유물론적 교육 학문의 새로운 경향과는 거리를 두며, 교육에서의 인간/동물 분리에 도전한다.

우리는 종간교육 이론과 실천에 대한 이러한 접근 방식이 비대칭적인 인간-동물 권력관계를 간과한다고 주장한다. 우리는 그것들을 진정으로 윤리적인 관계의 형성이라기보다는 인간의 자기애와 지식 및 의미 형성의 열망에 대한 완곡한 표현으로 본다. 대신, 우리는 동물의 삶을 존중하는 비개입을 가르치고 배울 목적으로 비판적 동물 교육학이 노예 폐지론과 같이 의무적으로 이루어져야 한다는 맥코맥[2013]의 주장을 공유한다. 이로부터 비판적 동물 교육학의 적절한 교수 및 학습 대상은 동물 자체가 아니라 인간이고, 그리고 동물에 대한 인간의 행동임을 알 수 있다.[Pedersen & Stanescu, 2014 참고]

그러나 우리는 "인간을 생각하지 않는" 교육학을 동물과의 윤리적 만남이나 인간-동물 관계의 상호주관성의 가능성을 선험적으로 배제하지 않는 다면적인 과정으로 보고 있다. 여기에는 항상 동물과 관련된 지식 생산에 대한 비판적 탐구가 수반되고, 동물의 관점에 늘 주의를 기울이고, 침략적인 인간 상호작용의 중단이 궁극적인 비전으로 포함된다. 인간을 생각하지 않는 과정은, 예를 들어 아래의 완전 채식 교육 개요에서 보게 되겠지만, 교육적·사회적 관습을 깨고, 틀에 박힌 사고에서 벗어나 주류를 넘어서 생각하는 과정이다. 이것은 다른 종류의 식사에 몰입하는 것을 의미하지만 스나자[Nathan Snaza, 2013]가 제안한 것처럼 다른 종류의 독서에 몰입하는 과정일 수도 있다.

인간이 된다는 것이 무엇을 의미하는지 알기 위해 텍스트를 읽는 것보다, 우리는 "인간"이라는 바로 그 생각이 어떻게 우리 자신과 세상과의 관계를 잘못 인식하게 되었는지에 대해 파악하기 위해 그것을 읽을 수 있다.[Snaza, 2013: 50]

비판적 동물 교육학에서 인간을 생각하지 않으려면 인간과 동물에 대한 교육적 "텍스트"[Gordon, 1988]의 재구성과 다양한 상황에 맞는 교육적 실천을 재창조하고 협력적으로 비판할 필요가 있다. 그중 몇 가지는 이 장에서 다룰 것이다.

교육에서 동물의 위치와 영향

인간 교육 운동Humane Education Movement[Unti & DeRosa, 2003]이 시작된 이래로 동물은 교육 환경에서 어린이에게 보살핌과 연민을 가르치거나 어린이의 사회적, 인지적 또는 정서적 발달의 향상에 사용되어 왔다.

인간-동물 교육학에서 정동의 역할과 잠재력에 대한 이러한 다소 유토피아적인 아이디어와 병행하여, 특히 학생들의 정서적 둔감화를 지향하는 과학 교육에 대한 더욱 비판적인 설명이 있다. 이들 연구에 따르면, 학생들은 동물 또는 인체에 대한 실험을 수행함으로써 과학 전문가가 되기 위한 "적절한" 사회화에 필요한 능력과 사고방식을 습득할 것으로 기대된다. Arluke & Hafferty, 1996; Boddice, 2012; Solot & Arluke, 1997 알루크와 하퍼티Arluke & Hafferty, 1996는 의대 학생들이 마취된 개에게 약물을 주입하고 외과적으로 조작한 후 이러한 행위에 대한 자신의 책임을 부인함으로써 살해되는 "개 연구실"에 어떻게 대처했는지 설명하고 있다. 죄책감에 대한 부인은 더 어린 나이에 시작되는 과학 교육의 사회화 과정의 일부이다. 솔로트와 알루크Solot & Arluke, 1997는 동물 해부 수업에서 중학생이 초기에 느꼈던 윤리적·정서적 불편함에도 불구하고 해부 활동을 긍정적인 경험으로 바꾸는 방법을 점차적으로 배웠음을 보여 주었다.

이 장에서 우리는 위에 제시된 교육과 정동 그리고 동물의 연결이 비판적 동물 교육학의 발전에서 충분하지 않다는 입장을 취한다. 그 대신에 우리는 커리큘럼 전반에 걸쳐 모든 수준의 학생들이 동물에 대한 비판적 분석과 함께 근본적으로 변혁적인 접근 방식과 교육에 미치는 영향을 탐구하도록 초대되는 대안교육을 주장한다. 비판적·분석적 접근에서 학생들은 사회 규범, 담론 및 제도(교육기관 포함)-동물과의 윤리적 관계를 개발하기보다는 소비하려는 의지를 증대하고 활용하려는 방식으로 동물에 대한 우리의 정동적 반응을 조직하여, 인간-동물 사이의 관계를 다양한 생산 및 소비 방식으로 축소하는-를 탐구한다. 이러한 접근 방식은 육류, 유제품 및 기타 동물 산업이 정서적 표현 방식으로 가득 찬 동물의 이미지를 활용한 창의적인 마케팅 캠페인을 통해 소비자의 정동적 반응을 이끌어 내는 방식으로 비판적으로 개입하는 것을 포함한다. 이러한 마케팅 활동은 이미지와 표현에 국한되지 않고, 특히 가족과 학생을 대상으로 하는 스웨덴 낙농장의 소위 '목장 방출'-헛간이라는 제한된 조건에서 여름 방목 기간까지 소의 방목[Linné & Pedersen, 2016] — 과 같은 상황에서의 에듀테인먼트Edutainment 경험으로 확장된다. 비판적 동물 교육학에서학생들은 식품 생산 시스템에서 동물의 실제 생활 상황을 면밀히 조사하고, 이를 동물산업에서 전달하는 메시지와 비교하고, 이러한 메시지의 힘을 최대화하기 위해 감정이 어떻게 사용되는지 분석하는 것이 자신의 정서적 반응에 반영되도록 초대된다.

비판적 동물 교육학은 대안적 인간-동물 교육을 위한 조건을 만들기 위한 발판으로 비판적 분석을 사용한다. 이 접근 방식은 동물과 상호주관적 학습자와 그들I-Thou(it이 아닌 you) 관계의 가능성을 여는 것으로[Sjögren, 2014], 동물이 그들에게 중요한 삶의 상황을 가진 동시에 자신의 관심사, 경험, 두려움, 기쁨, 욕망을 지닌 우리와 비슷하면서도 다른 존재임을깨닫는 것에서 시작한다.

실제로, 비판적 동물 교육학은 동물과 현상에 대한 비판적-분석적 접근과 긍정적이고 변혁적인 접근을 모두 포함하며, 종종 통합된 방식으로이루어지지만 이러한 활동의 목적은 인간 사회에서 일반적으로 동물의상황을 둘러싼 침묵을 깨는 것과 같이 항상 명확하다. 학생들의 연령과교육 수준에 따라 다음과 같은 활동에 참여할 수 있다.

- 학생 자신의 동물(야생 또는 가축)과의 감정적 만남 또는 관계 및 이러한 만남의 의미(특정 동물 개체, 동물 종 및 동물 일반)에 대해 조사
- 동물의 종 혈통, 환경 및 인간이 마주하는 인간에 대한 감정에 대한윤리학적 통찰을 반영하고 공유.[예: Balcombe, 2006; Bekoff, 2002] 동물이 사냥당하고, 도살되고, 어미와 분리되고, 강제 수정되고, 거세되고, 포로가 되거나, 애완동물이 되거나, 공연을 하거나 대회에 참가하거나, 실험을 당하는 경험은 동물들에게 어떻게 느껴질까? 동물이 삶을 즐기는 데 필요한 것은 무엇인가? 인간의 간섭으로 인해 동물의 생명이 향상되는가 혹은 방해를 받는가?

- 다양한 동물 관련 교육 자료(과학 교과서, 동물산업 마케팅 자료)에 대한 비판적 담화 분석, 어떤 종류의 감정적 반응이 어떤 목적으로 생성되는지 조사
- 농장, 동물 보호소 및 보호구역 방문을 조사하고, 이러한 현장의 관리자와 직원/자원봉사자를 인터뷰하여 동물에 대한 감정과 감금 및 살해에 대해 어떻게 느끼는지를 조사
- 도축장 및 기타 동물 학대 현장의 다큐멘터리, 동물 보호소와 동물 구조 활동의 다큐멘터리를 보고 토론하면서 그들이 불러일으키는 다양한 감정적 반응(인간과 동물 모두에서)을 탐구
- 왜 우리가 일부 동물의 죽음을 애도하고 다른 동물은 애도하지 않는지^{예: Sjögren, 2014}, 이러한 선택적 애도 의식을 통해 권력관계가 어떻게 작동하는지, 그리고 이것이 살아 있을 때 동물 자체의 상황에 어떻게 영향을 미치는지 논의
- 위의 모든 것에 대한 인간중심적 편견을 비판적으로 검토

중요한 점은 학생들이 인간만이 감정적 경험과 감정적 삶을 가진 존재가 아니라는 것을 깨닫고 동물에 대한 감정이 깊어지고 확장될 수 있다는 것을 발견하여, 학생들이 자신의 감정(또한 동물의 감정)에 더 정직하고 이에 일치하게 행동할 방법을 반영하는 것이다.^{Andrzejewski, Pedersen, & Wicklund, 2009 참조}

이것은 단순한 도구적 호기심이나 알고자 하는 의지를 넘어서서 긴요하게 안내되는 중요한 교육학적 관점의 전환을 의미한다. 동물에 대한 학습에서 동물과 함께, 동물로부터, 동물을 위한 학습으로의 전환이 그것이다.

종을 포괄하는 상호교차성 교육

종은 인종, 성별, 섹슈얼리티, 능력 등과 같이 특권과 권력의 지표가 되는 차이의 범주이다.[Rowe, 2013] 종차별주의Speciesism는 다양하게 정의되는 개념이다. 안제예프스키 등[Andrzejewski, Pedersen, Wicklund, 2009]은 종차별주의를 "다른 동물에 대한 인간의 우월성에 대한 추정과 이러한 믿음에 근거한 억압에 대한 종속"[p. 140]으로 정의한다. 산본마츠[Sanbonmatsu, 2011]는 종차별주의를 동물에 대한 무지나 도덕규범의 부재로 이해하는 것이 아니라 자본주의와 결합된 생산양식이자 물질적 시스템으로 이해한다. 비판적 동물 교육학의 핵심 차원으로서 종-포괄적 상호교차성 교육은 종차별주의가 인종차별, 성차별, 이성애 및 능력주의와 같은 다른 사회정의 문제와 교차하는 다양한 방식을 탐구하는 것을 의미한다.[예: Adams, 1990; Nibert, 2002; Spiegel, 1996] 하지만 다양한 형태의 억압적 이데올로기의 공유된 논리와 작동을 풀 수 있는 상당한 교육학적 잠재력에도 불구하고, 상호교차성 교육은 또한 종차별주의에 대한 비판이 인간의 해방을 목표로 하는 다른 인간 중심적 사회정의에 호소함으로써 타당성과 지지를 필요로 하는 것처럼 보인다는 깊은 아이러니가 있다. 이것은 우리를 이 장의 도입부에 요약된 바와 같이 인간을 생각하지 않는 교육학에 대한 맥코맥[MacCormack, 2013]의 요구로 돌아가게 한다. 이러한 역설에도 불구하고, 우리는 교육에서 중요한 비판적 상호교차적 문해력이 개발되어야 한다고 믿는다. 안제예프스키[Andrzejewski, 2003], 셀비[Selby, 1995; 2000], 칸과 흄즈[Kahn & Humes, 2009], 안제예프스키 등[Andrezejewski, Pedersen & Wicklund, 2009]은 모두 종을 포함하는 상호교차성 교육을 위한 청사진을 묘사하고 있다. 중요한 것은, 그러한 접근 방식은 인간-동물 관계의 본질적이고 정치적인 차원과 모든 형태의 억압과 상품화에 반대하는 작업이 긴급하게 이루어져야 함을 인정해야 한다는 것이다.[Kahn & Humes, 2009]

우리는 종-포괄적 상호교차성 교육이 비판적 탐구의 여러 단계와 이를 통해 펼쳐지는 과정으로 접근해야 한다고 제안한다. 탐구해야 할 문제는 다음과 같은 주제들을 포함한다. 식민주의, (이성애주의를 포함한) 성차별 및 기타 형태의 엘리트주의가 특정하게 이상화된 유형의 '인간'에 대한 가정에 의존하여 지위와 특권을 부여할 대상 주위에 임의적이고 배제적인 경계를 생성하는 방법, 특정 범주의 인간에 대한 억압적인 관행이 역사적으로 동물에 대한 억압적인 관행과 어떻게 유사했는지 등. 이에 더하여 통합된 '인류'에 대한 아이디어가 가치 다원주의, 정의, 관용 및 모두를 위한 평등이라는 자체 기준에 부합하지 못한 사례들이 포함될 수 있다.

종-포괄적 상호교차성 교육을 위한 지적 기반으로서 우리는 울프[Wolfe, 2003]가 정교화한 종의 담론과 종차별주의 제도에 대한 분석을 제안하며, 이 두 현상-언어의 상징적 체계 및 동물에 대한 의미 형성 방법, 그리고 다양한 사회적 부문에서 동물의 몸과 노동을 착취하는 조직적인 물질적 관행-이 '타자화'를 일반화할 뿐만 아니라 어떻게 서로를 지속시키는지 분석할 것을 제안한다. 울프에 따르면, 동물은 담론적 실천과 제도적 실천 모두의 대상으로서 특수성을 소유하고 있으며, 이러한 특수성은 동물에게 타자화의 다른 담론과 관련하여 특히 지속적인 위치를 부여한다. 다른 한편으로, 울프는 종차별주의에 대한 담론이 어떤 사회적 타자에도 영향을 미칠 수 있기 때문에 역동적이어서, 예를 들어 인종 청소나 대량 학살의 맥락에서 특정 범주의 사람들을 동물화/비인간화하는 결과를 낳을 수 있다고 주장한다. 물론 낮은 지위의 동물들로부터 힘을 끌어내는 전략은 일반적으로 인간 사회에 귀속된다. 비판적 동물 교육학의 역할은 이러한 전략의 근본 원인을 탐구하고, 결함이 있는 가정들과 동물과 인간 모두에 대한 재앙적인 영향을 면밀히 조사하고, 그들 모두를 스스로 해결하는 것이어야 한다. 교차성 교육에 접근하기 위해 다음과 같은 교수 및 학습 활동을 제안한다.

- 다양한 전통(문화적, 영적, 종교적), 동물과 인간 착취의 정당화 및 가정을 연구한다. "'인간'이라는 개념 자체가 우리 자신과 세상과의 관계를 잘못 인식하게 된 방법"을 다루는 텍스트를 식별하고 읽고 토론.[Snaza, 2013: 50] 우르술라 르긴[Ursula LeGuin, 1987]과 마거릿 앳우드[Margaret Atwood, 2003]의 소설은 이러한 문제를 탐색하는 데 사용될 수 있다.
- 인간과 동물 모두에 대한 동물 착취(농업, 사냥, 오락, 실험, 우정)의 결과를 조사해 볼 수 있다. 윤리적 소비자 가이드[예: http://www.ethicalconsumer.org]를 사용하여 개별 동물 유래 제품의 영향을 추적한다.
- 동물과 인간 해방을 위한 사회정의 운동의 역사를 비교[예: Adams, 1990; Nibert, 2002; Spiegel, 1996]한다. 이러한 움직임은 어떻게 수렴되었는지에 대해 질문하고, 둘 다 달성한 미래 시나리오를 묘사할 수 있다.
- "편안한 종차별주의"[Yates, 2004], 즉 동물이 정당하게 속할 것으로 여겨지는 장소와 합법적인 사용에 대한 주장을 영속시키는 언어의 사용을 연구한다. 한 예로, "농장의 소가 우리에게 고기를 준다"라는 표현은 우리가 그녀를 농장에 가두었고 폭력을 사용하여 그녀의 고기를 가져갔다는 사실을 은폐한다.[더 많은 예를 보려면 http://www.facebook.com/On-Human-Nonhuman-Relations-108169049262009/ 참조] 또한 '돼지' 또는 '닭'과 같은 특정 동물을 별명으로 하여 인간을 모욕하는 방식이 인간과 동물에게 미치는 영향과 동물을 "그것"으로 지칭하는 습관에 대하여 논의한다.
- 더 어린 학생들을 위해 인간교육연구소Institute for Humane Education는 미디어 리터러시 온라인 연습과 같은 상호교차성 지향 자료를 제공한다.[Mulkani, 2013; Rakestraw, 2013]

교육계에서 다루어지는 동물과 산업의 연결

동물-산업 단지는 노스케[Barbara Noske, 1997]가 만든 용어로, 경제적·정치적 영향력이 강력한 동물 농업 기업과 그 네트워크에 의해 지속되고 유지되는 시스템을 나타내며, 동물이 실험에 사용되거나 길들여지거나 불구가 되거나 치료적으로 사용되는 제약, 엔터테인먼트 및 교도소-산업 단지와 그 접점이 있다.[Twine, 2012] 동물의 생산과 도살을 기반으로 하는 동물-산업 단지는 종차별주의가 문자 그대로 "생산을 위한 모델"이 되는 종차별주의 제도[Wolfe, 2003]가 실현된 것으로 볼 수 있다.[Sanbonmatsu, 2011] 시스템을 구성하는 부분이 아니라 시스템 자체를 연구하면 교육자와 학생들이 개별 소비자와 농부의 관계를 넘어 인간-동물 관계를 탐구하고, 더 넓은 범위에서 종차별주의의 현상을 이해하며, 세계화 속에서 동물산업의 역할을 명확히 하는 데 도움이 될 수 있다. 이를 위하여 피상적이고 표준화된 학습과는 대조적으로 교실에서 진정한 의미의 비판적이고 깊은 성찰이 허용되고 장려되어야 한다.

동물산업은 또한 교육기관 안에 통합된 일부분이기도 하다. 많은 고등 교육기관에서 동물, 육류, 낙농 및 가금류 과학과 같은 과정을 통해 농업 및 제약 기업과 협력하여 학생들을 교육한다.[Rowe, 2012] 또한 동물산업은 (동물산업을 묘사하는) 영화나 책, 무료 식품 샘플을 제공하는 농장 방문 프로그램[Linné & Pedersen, 2016], 학교 매점의 제품, 광고, 자동판매기, 후원 및 교과과정 프로그램[Rowe, 2013] 등에 크게 의존하고 있다.

교육 분야에서 동물산업계의 영향력이 강력하고 착취 관행을 의도적으로 숨기기 때문에 우리는 로위와 함께 "문화적으로 금기시하더라도" 이를 공개하는 것이 교육기관의 의무라고 주장하고자 한다.[Rowe, 2012: 160] 모든 종류의 동물 생산은 종차별주의에 뿌리를 두고 있으며 인간 사회에서 동물의 도구적 위치를 강화하며, 침묵하거나 완곡하게 표현하는 것은 동물을 경제적 자원으로 환원하는 행태를 강화한다.

따라서 (우리는) 비판적 동물 교육학은 동물과 동물 제품의 소규모 또는 유기농 생산에 동등하게 의문을 제기해야 한다(고 주장한다). 소규모 유기농 농장의 이미지는 실제로 동물산업을 친환경적인 이미지로 만드는 데 많이 사용된다.[Pedersen & Stanescu, 2014] 동물산업의 마케팅 전략에서 사용되는 전통적인 가족농장의 목가적인 이미지는 아동문학과 영화를 통해 전달된다. 어린 시절에 주입된 이 이미지의 영향력은 매우 강력하며[Yates, 2013] 소위 "유기체로서의" 동물이 견디는 감금, 박탈, 분리, 절단 및 도살의 현실을 은폐한다.

아동 문학, 영화 및 문화는 일반적으로 야생동물 및 애완동물과 같은 다른 범주의 동물과 관련하여 농장 동물의 타자성을 강화하고 유지하는 종차별주의적 메시지를 전달한다. 스튜어트와 콜[Stewart & Cole, 2009]은 이런 메시지의 가장 흔한 형태를 다음과 같이 설명하고 있다. 첫째, "사육된 동물은 대체 가능 혹은 없어도 되는 상품이며, 개체의 특성을 개별적으로 지정해서는 안 되는 대상"이며, 둘째, "성숙한 어른이 되기 위해서는 아동이 동식물에 대한 공감 능력을 상실해야" 하고, 셋째, "동물은 인간에 대한 상대적 유용성을 기준으로 정의"되며, 넷째, "인간은 먹이 사슬의 맨 위에 있으며 인간보다 '열등한' 동물을 먹는 것은 생태계 순환의 일부"이다.

한편, 노바츠키[Nowatzki, 2013]는 아동 매체에서 일반적으로 생략되거나 모호하게 묘사되는 축산업의 또 다른 차원, 즉 거대한 축산업의 규모를 지적하고 있다. 개별 동물에 초점을 맞추는 것은 실제 생활에서 사육 및 도축 작업이 대규모로 이루어진다는 사실을 은폐하는 데 효과적이다. 학생들에게 동물-산업 단지를 소개하기 위해 다음과 같은 활동을 실천할 수 있다.

- 아이들에게 음식이 어디에서 오는지 보여 주는 일반적인 교육 활동 상황에서 동물에 대한 종차별적 메시지를 완곡하게 강조하는 분위기 없이 수행할 것을 제안하며, 이를 위하여 도축장의 이야기와 영화를 활동의 출발점으로 삼을 수 있다.
- 유럽 위원회의 웹사이트 팜랜드[Farmland][http://www.farmland-thegame.eu/] 자료에서 참고할 수 있듯 비판적 미디어 리터러시를 위한 훈련으로 "행복

한 가족농장"을 묘사한 교육 자료를 사용할 수 있다.

- 동물 착취에 대해 비판적으로 보일 수 있지만 실제로는 육류를 기반으로 한 "행복한 식사"를 홍보하는 데 사용된 기존의 영화 자료^{예: 〈Babe and Chicken Run〉}와 같은, 친절한 어린이 작품을 통해 전달되는 동물 사용을 정당화하는 메시지를 식별하는 활동을 할 수 있다. 스튜어트와 콜^{Stewart & Cole, 2009}은 이에 대한 토론 활동을 소개했다.

- 어린 아동에게는 루비 로스^{Ruby Roth}의 『이게 우리가 동물을 먹지 않는 이유야^{That's Why we don't eat Animals}』²⁰⁰⁹라는 책으로 주제에 접근할 수 있다. 이 책은 기존의 동물 권리를 강조하는 관점을 지녔지만, 노바츠키는 비판적 읽기를 하는 한편 지속적 사육을 담보로 하는 동물 사랑에 입각한 관점보다는 동물의 사육을 중지하고자 하는 정의의 관점으로 초점을 전환할 것을 제안하고 있다. 로스는 또한 인간과 동물의 유사성을 지적함으로써 인간의 동정심에 호소하는 방식을 문제화하는데, 이는 이러한 유사성을 나타내지 않는 다른 동물을 어떻게 대해야 하는지에 관한 질문으로 이어진다.

- 〈Backwards Hamburger〉^{Free Range Studios, 2007}와 같은 청소년용 애니메이션 영화를 활용하는 것은 동물-산업 단지에 대한 비판적이면서도 매력적인 접근 방법이 될 수 있다.^{나이에 맞는 식품 생산 시스템 교육 자료에 대한 추가 제안은 Rice, 2013 참조}

- 비판적 관점을 가지고 농장 및 도축장을 방문한다. 동물보호구역은 대안으로 또는 중요한 보완 수단으로 방문할 수 있다. 보호구역은 성역으로서 귀중한 인턴십과 프로젝트 기회를 제공할 수 있다.

- 학교 식품의 출처와 동물산업에 대한 기타 교육적 또는 재정적 참여가 이루어지는지에 대하여 학교장과 인터뷰하는 등, 동물-산업 단지와 학교의 관계적 위치를 그려 보는 활동을 할 수 있다.

- 사육, 절단, 유전자 변형, 운송 및 상품화의 모든 단계를 통해 처음부터 도축에 이르기까지 식품 생산 시스템에서 동물 개체를 추적하여

수명 주기를 평가하는 방법Life Cycle Assessment, LCA을 사용한다. 일반적으로 환경 시스템 분석에 사용되는 LCA는 교육 목적으로 개별 동물을 식별하는 데 사용된다.

- 동물산업의 역사를 다른 산업과 비교하고 이러한 복합적 관계가 오늘날 어떻게 교차하는지 탐구한다.Best, Kahn, Nocella, & McLaren, 2011; Twine, 2012 인간과 동물에 대한 착취의 배후에 자본주의와 이윤 극대화가 어떻게 존재하는지 이해하는 것은 이 활동의 중요한 구성 요소이다.Andrzejewski, 2003

- 업계의 관점이 반영된 생산 시스템에 관한 이야기와 동물 권리 단체의 이야기를 비교하고 국내와 전 세계적으로 매일, 매월, 매년 도축되는 동물의 수를 조사한다.

동물-산업 단지의 손아귀에서 교육을 해방시키는 것은 큰 과업이다. 대안교육 형태로서 홈스쿨링은 동물적 관점에서 교육 자료와 장소를 선택하고 동물 학대 행위를 배제할 기회를 제공할 수 있다.[3] 홈스쿨링은 그 자체로 잠재적인 해방적 경험으로서, 예를 들어 사람들이 "먹이 사슬"Lees, 2014에서 자신의 위치에 대하여 새로운 관점에서 생각하도록 하고 동물의 관점을 이해하는 것을 용이하게 할 수 있다.Llewellyn, 1998

하지만 우리는 필딩과 모스Fielding & Moss, 2011와 함께 일반 학교가 동료로서의 인간, 동물 및 세계와의 관계를 수정하고 재구성하며 "주류 문화의 유순하고 수동적인 소비를 거절하는"Rowe, 2011: 16 해방적이고 급진적인 잠재력을 보유할 수 있고 또 보유해야 한다고 믿는다.

---

3. vegan-homeschool.com, www.doliferight.com과 같은 블로그 및 웹사이트 참조.

채식 교육

이전 장에서 분명히 밝혔듯이 채식은 "단순한 다이어트" 이상이며 비판적 분석의 체계적이고 교차적인 방식과 인간중심주의, 위계질서 및 폭력에 대항하는 실용적인 철학으로 이해되고 실천된다. 비건 교육은 동물의 생산 및 소비 규범을 지지하는 제도, 구조, 관계 및 행위, 특히 매일 당연히 먹는 "고기"를 지칭하는 육류에 대한 규범성에 도전한다.[Gålmark, 2005]

면밀한 사회화 과정에서 학교는 사회 전반에 걸쳐 규정된 규범을 확립하는 데 중요한 역할을 한다. 우리는 비건 교육은 다양한 종류의 식사를 배우기 위한 조건을 확립하는 것이며, 다른 종류의 읽기에 대한 큰 범주의 분석틀에서 배움이 일어나는 것으로 이해한다. 이는 광범위한 틀 안에서 우리가 세상과 그 안에서 우리 자신의 위치를 보는 방식에 대한 재해석으로 이해되는 다양한 종류의 문해력[Snaza, 2013 참조]을 바탕으로 한 학습[Salih, 2014 참조, 비건 생활 방식으로의 전환과 관련된 인식의 변화와 '앎'의 다양한 방식에 대한 조명 토론]을 뜻한다.

교육에 통합된 부분들은 교육 환경에서 소비된다. 학교에서 동물성 제품을 제공하는 것은 동물에 대한 우리의 착취적 관계에 대하여 비판적 탐구 기회를 제공하지만, 이런 비판이 불가능하지는 않더라도 어렵게 한다.[Rice, 2013; Rowe, 2011, 2013 참조] 이러한 의미에서 완전 채식은 중요한 동물 교육의 기준선으로 간주될 수 있으며 인간 중심적 사고를 하지 않는다는 맥코맥[2013]의 교육학적 도전에 대한 현실적인 진입점으로 간주될 수 있다.

채식 교육과정에 대한 새로운 예시들도 등장하고 있다. 뉴욕에 계획된 해결책 학교Solutionary School는 환경 및 사회적 위기에 대한 해결책 중 하나로 완전 채식을 장려하고[humaneeducation.org/solutionary-school/], 캘리포니아의 뮤즈 학교[museschool.org]에서는 주로 환경적인 이유로 메뉴를 완전 채식으로 바꾸고 있다. 비건 교육에서 다음 영역을 다룰 것을 제안한다.

• 채식 요리 기술과 영양

- 채소, 과일, 곡물 및 콩류 재배. 채식 농업문화
- 음식 선택 탐색 및 토론. 수업 시간에 완전 채식 식사와 조리법을 공유하는 것은 이를 수행하는 긍정적인 방법이 될 수 있다.[Andrzejewski, 2003] 음식 선택은 우리의 정체성 형성과 사회 전체의 일부가 되고자 하는 열망에 기여하는 깊이 내재된 습관이기 때문이다.
- 동물 실험을 하지 않은 비착취 의복 재료, 가정용품과 같이 식단 이외의 다른 영역에서 완전 채식 소비를 이론적으로 그리고 실질적으로 조사할 수 있다. 더 많은 영감을 얻기 위해 비건 박람회 및 이벤트를 방문한다.
- 인간, 동물 및 환경에 대한 비건의 의미와 결과를 탐구한다.[Andrzejewski, 2003 참조] 채식주의자가 자신의 관심 분야에서 무엇을 의미할 수 있는지에 대한 지식을 개발하고 미래의 시나리오를 제시한다.
- 연극, 문학 영화, 음악, 축제와 같은 비건 문화 행사는 기존의 틀과 주류를 넘어선 사고와 관습을 깨는 데 중요한 역할을 한다. 어린아이들을 위해 〈마늘-양파-비트-시금치-망고-당근-자몽 주스〉[VanBalen, 2010], 〈채식은 사랑이다〉[Roth, 2012] 또는 〈V는 채식을 위한 것이다〉[Roth, 2013] 등의 작품을 보는 것을 시도할 수 있다.

학교에 완전 채식 지식기반을 도입하는 것은 학생들에게 완전 채식이 실행 가능한 선택이자 가능한 미래임을 보여 준다. 또한 비판적 행동을 유도하는 데 도움이 될 수 있다. 동물-산업 단지와 동물 착취에 대한 학습에 대한 응답으로 변화에 기여할 수 있음을 배우는 것은 그 자체로 해방적이다. 우리는 교육학적 초점이 이러한 해방적인 측면으로 향해야 한다고 제안한다. 비건 교육의 역할은 다른 종류의 읽기뿐만 아니라 실제로 다른 종류의 식사를 촉진함으로써 동물과 함께, 동물로부터, 동물을 위한 학습에서 이론과 실제 사이의 간극을 메우는 것이다.

결론: 비판적 동물 교육학과 사회 변화의 중요성

교육에서 동물의 부재(해방)를 주장하는 것이 바로 그 동물에 관한 장이므로, 이 글은 어떤 의미에서 역설적이다. 결국 인간중심적 사고를 하지 않은 결과로 동물과의 침략적 인간 상호작용의 절대적인 중단[MacCormack, 2013]이 이루어진다. 교육학적, 정치적, 해방적 존재가 되는 과정의 하나로 인간중심적으로 생각하지 않으며 인간중심적인 인간을 만들지 않는 것은, 학교 및 대학 교과과정 전반에 걸쳐 통합될 특정 교육 모듈이나 교육과정, 또는 종간(비)관계를 새롭게 정의하는 것만을 의미하는 것만은 아니다. 그것은 이미 "있는 것"에 대한 교육학적 현재의 틀 내에서 "대안"적인 교육으로 묘사될 수 있다.

오히려 교육자들에게 동물의 삶을 존중하는 마음으로 내버려 둠으로써 교육 자체가 어떻게 변화해야 하는지 탐구하도록 요구한다.[MacCormack, 2013] 동물의 육체와 노동의 착취 위에 물질적으로 건설된 사회와 교육기관이 더 큰 사회 제도인 종차별주의와 깊이 연관되고 통합된 현 사회에서 이것은 분명히 혁명적인 프로젝트이다. 그러나 그것은 본질적으로 수동적 혁명이다. 그것은 단순히 우리에게 내버려 두고, 간섭하지 않고, 소비하지 말라고, 간단히 말해서 우리 자신의 이익을 위해 다른 동물을 사용하는 인간중심적 종의 특권을 거부하라고 요구한다. 자본주의, 소비자 중심 사회에서 이는 매우 급진적인 요구이다. 교육에서 그것은 다른 종과 함께 살지 않는 방법에 대한 심오하고 긴급한 재고, 재학습 및 재발명을 요구한다. 인간의 간섭과 교육 자체의 범위를 넘어 역설적이지만 동물을 위한 안전한 공간을 긴급하게 만들어 줄 것을 교육에 요청한다.

우리는 이 작업이 위에 제시된 종간 교차성, 동물-산업 단지 및 비건 교육의 개요에서 파생된 비판적 동물 교육학에 대한 세 가지 주요 목표를 생성할 것을 제안한다.

- 인간과 동물의 관계에 대한 수용된 지식, 규범 및 아이디어를 해체 (비판적·분석적 접근)
- 동물과 관련된 대안적 방법을 보여 주고 장려하기 위해(적절한 경우에는 개입하지 않는 것을 포함), 먹는 방법과 읽는 방법을 다양하게 탐색한다(급진적·변혁적 접근)
- 기본적으로 인간의 이기심을 출발점으로 삼지 않고 동물 생명의 온전함과 관련하여 존중하는 거리를 유지한다[MacCormack, 2013](비판적 분석과 근본적·변혁적 접근의 융합).

학교에서 동물의 관점을 위한 천 개의 작은 공간을 만듦으로써 교육은 장기적으로 인간의 삶에 대한 해로운 간섭으로부터 동물을 해방시키는 데 기여할 뿐만 아니라, 차이의 범주이자 생산 방식을 정의하는 종차별주의에 기반한 파괴적인 관행과 체제로부터 스스로를 해방시킬 것이다.

서론에서 우리는 "인간이 유일한 주제로 여겨지지 않을 때 교육은 어떻게 되는가?"라는 질문을 던졌다. 이 질문은 여전히 열려 있지만 우리의 요점은 이 장 전체에 걸쳐 설명된 바와 같이 교육이 종차별주의자(성차별주의자, 인종차별주의자, 계급주의자, 능력주의자 등)에 대한 무비판적 반성, 재생산 및 축소가 아닌 다른 어떤 것이 될 수 있고 또한 그래야 한다고 주장하며, 이를 통해 교육은 인간과 우리 자신, 그리고 세상과의 관계를 생각하지 않는 공간이 될 수 있다.

참고문헌

Adams, C. J. (1990). *The sexual politics of meat: A feminist-vegetarian critical theory.* New York: Continuum.

Andrzejewski, J. (2003). Teaching animal rights at the university: Philosophy and practice. *Animal Liberation Philosophy and Policy Journal, 1*(1), 16-34.

Andrzejewski, J., Pedersen, H., & Wicklund, F. (2009). Interspecies education for humans, animals, and the earth. In J. Andrzejewski, M. P. Baltodano, & L. Symcox (Eds.), *Social justice, peace, and environmental education: Transformative standards* (pp. 136-154). New York: Routledge.

Arluke, A., & Haff erty, F. (1996). From apprehension to fascination with "Dog Lab": The use of absolutions by medical students. *Journal of Contemporary Ethnography, 25,* 201-225.

Atwood, M. (2003). *Oryx and Crake.* Toronto: McClelland & Stewart.

Balcombe, J. (2006). *Pleasurable kingdom: Animals and the nature of feeling good.* New York: Macmillan.

Bekoff, M. (2002). *Minding animals: Awareness, emotions, and heart.* Oxford, UK/ New York: Oxford University Press.

Best, S., Kahn, R., Nocella, A. J., II, & McLaren, P. (Eds.). (2011). *The global industrial complex: Systems of domination.* Plymouth, UK: Lexington Books.

Boddice, R. (2012). Species of compassion: Aesthetics, anaesthetics, and pain in the physiological laboratory. *19: Interdisciplinary Studies in the Long Nineteenth Century*(15), 1-22. http://dx.doi.org/10.16995/ntn.628

Cole, M., & Stewart, K. (2014). *Our children and other animals: The cultural construction of human-animal relations in childhood.* Farnham, UK: Ashgate.

Fielding, M., & Moss, P. (2011). *Radical education and the common school: A democratic alternative.* London: Routledge.

Free Range Studios. (2007). *Backwards Hamburger* [Motion Picture]. Beverly Hills, CA: Participant Media.

Gålmark, L. (2005). *Skönheter och odjur: En feministisk kritik av djur-människarelationen.* Gothenburg, Sweden: Makadam.

Gordon, D. (1988). Education as text: The varieties of educational hiddenness. *Curriculum Inquiry, 18,* 425-449.

Kahn, R., & Humes, B. (2009). Marching out from Ultima Th ule: Critical counterstories of emancipatory educators working at the intersection of human rights, animal rights, and planetary sustainability. *Canadian Journal of Environmental Education, 14,* 179-195.

Lees, H. (2014). *Education without schools: Discovering alternatives.* Bristol, UK: Policy Press.

LeGuin, U. K. (1987). *Buffalo gals and other animal presences.* Markham, ON: Penguin.

Linné, T., & Pedersen, H. (2016). With care for cows and a love for milk: Aff ect and performance in dairy industry communication strategies. In A. Potts (Ed.), *Critical perspectives on meat culture.* Leiden: Brill.

Llewellyn, G. (1998). *The teenage liberation handbook: How to quit school and get a real education.* Eugene, OR: Owry Publication House.

MacCormack, P. (2013). Gracious pedagogy. *Journal of Curriculum and Pedagogy,* *10*(1), 13-17.

Miller, A. (2015). Losing animals: Ethics and care in a pedagogy of recovery. In N. Snaza & J. A. Weaver (Eds.), *Posthumanism and educational research* (pp. 104-118). New York: Routledge.

Mulkani, L. (2013). *Picturing oppression*. Retrieved from http://humane education. org/wp-content/uploads/2013/01/PictOpp2013.pdf

Nibert, D. (2002). *Animal rights/human rights: Entanglements of oppression and liberation*. Lanham, MD: Rowman & Littlefi eld.

Noske, B. (1997). *Beyond boundaries: Humans and animals*. Montreal: Blackrose Books.

Nowatzki, A. (2013). Vegan parenting: Navigating and negating speciesist media. In K. Socha & S. Blum (Eds.), *Confronting animal exploitation: Grassroots essays on liberation and veganism* (pp. 89-111). Jeff erson, NC: McFarland.

Pedersen, H. (2010). *Animals in schools: Processes and strategies in human-animal education*. West Lafayette, IN: Purdue University Press.

Pedersen, H. (2011). Animals and education research: Enclosures and openings. In P. Segerdahl (Ed.), *Undisciplined animals: Invitations to animal studies* (pp. 11-26). Newcastle upon Tyne, UK: Cambridge Scholars Publishing.

Pedersen, H., & Stanescu, V. (2014). Conclusion: Future directions for critical animal studies. In N. Taylor & R. Twine (Eds.), *The rise of critical animal studies: From the margins to the centre* (pp. 262-276). London: Routledge.

Rakestraw, M. (2013). *Don't tread on me: Exploring oppression*. Retrieved from http://humaneeducation.org/wp-content/uploads/2012/10/DontTreadonMe2013. pdf

Rice, S. (2013). Three educational problems: The case of eating animals. *Journal of Thought, 48*(2), 112-126.

Roth, R. (2009). *That's why we don't eat animals*. Berkeley, CA: North Atlantic Books.

Roth, R. (2012). *Vegan is love*. Berkeley, CA: North Atlantic Books.

Roth, R. (2013). *V is for vegan*. Berkeley, CA: North Atlantic Books.

Rowe, B. D. (2011). Understanding animals-becoming-meat: Embracing a disturbing education. *Critical Education, 2*(7). Retrieved from http://ices.library. ubc.ca/index.php/criticaled/article/view/182311

Rowe, B. D. (2012). *Consuming animals as an educational act*. (Unpublished doctoral dissertation). Ohio University EDU Policy and Leadership, Columbus, OH.

Rowe, B. D. (2013). It IS about chicken: Chick-fi l-A, posthumanist intersectionality, and gastro-aesthetic pedagogy. *Journal of Thought, 48* (2), 89-111.

Salih, S. (2014). Vegans on the verge of a nervous breakdown. In N. Taylor & R. Twine (Eds.), *The rise of critical animal studies: From the margins to the centre* (pp. 52-68). London: Routledge.

Sanbonmatsu, J. (Ed.). (2011). *Critical theory and animal liberation*. Lanham, MD: Rowman & Littlefi eld.

Selby, D. (1995). *Earthkind: A teachers' handbook on humane education*. Stoke-onTrent, UK: Trentham Books.

Selby, D. (2000). Humane education: Widening the circle of compassion and justice. In T. Goldstein & D. Selby (Eds.), *Weaving connections. Educating for peace, social and environmental justice* (pp. 268-296). Toronto, ON: Sumach Press.

Sjögren, H. (2014). Den politisk-etiska potentialen hos djur-människorelationer i lärarutbildares samtal om hållbar utveckling. *Pedagogisk Forskning i Sverige, 19*(2-3), 0-109.

Snaza, N. (2013). Bewildering education. *Journal of Curriculum and Pedagogy, 10*(1), 38-54.

Solot, D., & Arluke, A. (1997). Learning the scientist's role. Animal dissection in middle school. *Journal of Contemporary Ethnography, 26*(1), 28-54.

Sorenson, J. (Ed.). (2014). *Critical animal studies: Th inking the unthinkable.* Toronto, ON: Canadian Scholars' Press.

Spiegel, M. (1996). *The dreaded comparison: Human and animal slavery.* New York: Mirror Books.

Stewart, K., & Cole, M. (2009). The conceptual separation of food and animals in childhood. *Food, Culture and Society: An International Journal of Multidisciplinary Research, 12*, 457-476.

Twine, R. (2012). Revealing the "animal-industrial complex"-A concept & method for critical animal studies? *Journal for Critical Animal Studies, 10*(1), 15-32.

Unti, B., & DeRosa, B. (2003). Humane education. Past, present, and future. In D. J. Salem & A. N. Rowan (Eds.), *State of the animals II* (pp. 27-50). Washington, DC: Humane Society Press.

VanBalen, N. (2010). *Garlic-Onion-Beet-Spinach-Mango-Carrot-Grapefruit Juice!* Nashville, TN: Thora Th inks Press.

Wallin, J. (2014). Dark pedagogy. In P. MacCormack (Ed.), *The animal catalyst: Towards ahuman theory* (pp. 145-162). London: Bloomsbury.

Wolfe, C. (2003). *Animal rites: American culture, the discourse of species, and posthumanist theory.* Chicago: The University of Chicago Press.

Yates, R. (2004). *The social construction of human beings and other animals in human-nonhuman relations.* Unpublished doctoral thesis, University of Wales, Bangor, UK.

Yates, R. (2013). *Growing up as animal harming animal lovers: Sociology and animal use.* [Video presentation.]. Retrievable from http://veganinformation project.cf/videogrowing-up-as-animal-harming-animal-lovers-sociology-and-animal-use/

28장
고독과 영성:
영국의 대안교육

줄리언 스턴[1]

들어가는 말

대부분의 교육적 대안들은 학습이 학교교육 이전과 이후 혹은 이를 넘어서 이루어진다는 사실에 근거한다. 이 장 역시 이를 인식하지만, 학교 안에서부터 나아가는 학교 이전, 이후 그리고 너머의 세계를 탐색하는 데 중점을 둘 것이다. 이 장에선 세 가지 서로 포개지는 대안으로 학교 그 자체, 학교기반 영성, 그리고 고독이 제시될 것이다. 다음은 예시이다.

13~14세로 이뤄진 한 그룹이 법적 재판의 형태로 토론을 위한 리허설을 하고 있다. 한 그룹은 교실 밖에서 연습하자고 요청하고, 교사는 기소검사가 될 한 소녀가 혼자 일하기로 선택한 것을 알아차린다. 그녀는 침묵했지만 몸짓으로 이를 나타내고 있었다. 돌아온 뒤, 선생님은 그녀에게 왜 그러한 방식으로 준비했는지 묻는다. 그녀는 "혼자 했을 때 목격자들의 말대답이 있었어요." 그리고 "무엇이 옳고 그른지 알기가 더

---

1. 줄리언 스턴(Julian Stern): 영국 요크에 위치한 요크세인트존(York St John) 대학교 종교 및 교육학 교수이며, 교육 및 신학과 학장. 14년간 학교 교사로 일했고, 그 후 20년 이상 대학에서 근무하고 있다. 12권의 저서와 30개 이상의 연구물의 저자이며, 대표적인 저서로『Loneliness and Solitude in Eduation: How to Value Individuality and Create an Enstatic School』(2014), 『The spirit of the School』(2009), 『Schools and Religions: Imagining the Real』(2007)과 『Teaching Religious Education: Researchers in the Classroom』(2006)이 있다.

쉬웠어요"라고 말했다. 그녀는 어쨌든 "저는 제 머릿속에서 논쟁을 듣는 것을 좋아해요." 그리고 "그것은 실제로 흥미진진해요." 그녀는 "저는 더 많은 것을 알고 팀으로 돌아갈게요"라고 마무리했다.^{2015년 P. Ward와 저자 사이의}

2015년 P. Ward와 저자 사이의 개인적인 이야기

고독과 침묵 속에서 이 소녀는 생생하고 다양한 대화와 학습, 지식, 참여를 위한 공간을 찾아냈다. 그녀는 학교에서 벌어지는 일반적으로 바쁘고 격렬한 사회생활 가운데 충분한 대안을 찾아냈다.

학교는 대화로 표현되는 개인적인 관계를 특징으로 하는 학습공동체이다. 학교의 '얼'(일반적인 언어적 의미의 그리고 철학적 의미를 모두 내포하는 의미로 영혼)^{Stern, 2009}은 이러한 관계와 대화의 본질 그리고 더욱 핵심적으로 학교에 있는 사람들이 학교의 지리적·시간적 위치를 벗어난 세계와 연결하기 위해 학교를 초월하거나 너머에 도달할 수 있는 능력에 의해 결정된다. 관계와 대화는 학교 내부에 있으며 동시에 학교를 초월하여 '영성 학교'를 만든다. 모든 사람은 고독에 의해 시험을 겪고, 고독은 학교에 있는 사람들이 이러한 기관을 '탈출'해, 학교 내에서 학교교육에 대한 자신만의 대안을 만들 수 있는 가장 중요한 수단 중 하나가 된다. 위의 소녀가 발견한 것처럼 고독은 활기차고 지식을 생성하는 대화의 원천이 될 수 있다.

이 장은 학습공동체로 학교의 본질, 학교와 연관된 정신의 본질, 학교에서 고독의 역할이라는 세 가지 포개지는 연구 영역을 한데로 묶는다. 각각의 영역에는 (학술 문헌 및 교육 정책 측면에서) 더 '주류적'인 이론과 모델, 또는 '대안적'인 이론과 모델이 있다. 결론에선 고독이 학교 자체에 '대안'으로, 그리고 학교에 육체적으로 출석하는 동시에 학교를 탈출하는 방식으로 학교에 제공하는 기회를 강조한다.

학교를 배움의 공동체로

가장 첫 번째 교육적 대안은 학교 그 자체 혹은 학습공동체로 학교에 있다. 이때 '공동체'라는 단어는 특별한 의미를 지닌다. '학교'와 '공동체'라는 두 용어는 종종 서로 연계되는데, 공동체로서의 학교^{예: Wehlage, Rutter,} Smith, Lesko, & Fernandez, 1989 그리고 지역 공동체와 학교의 관계^{예: Dyson & Robson,} 1999에 관한 오랜 문헌들이 있다. 그런데 '공동체'라는 말의 사용에서, 몇 가지 어려움이 생긴다. 무엇이 공동체를 만드느냐에 대한 다양한 이해가 존재하기에 공동체를 연구하는 것은 복잡한 문제가 된다. 인류 공동체는 일반적으로 (사회와 비교했을 때) 상대적으로 작고, (공동체라는 단어의 어원적 출처에 따르면) 공통점을 지닌 것으로 간주된다. 또한 '공동체'라는 용어 사용에서 대부분의 불일치는 그 구성원에게 무엇이 정말로 '공통'일 수 있는지에 관한 것이다. 한 가지 방식의 이해는 일련의 견해, 규범 혹은 신념이 그 공통이 된다고 제안하며, 또 다른 이들은 일련의 활동이나 관계가 공통이라고 말한다.

다른 수많은 불일치와 마찬가지로 이러한 불일치 역시 플라톤과 아리스토텔레스의 저작에서 잘 나타난다. 대략 살펴보면, 플라톤은 일치를 원했다. "조화는 … 화음이며, 화음은 일종의 동의"로 따라서 목적은 "다양한 반대 사이에 화합과 사랑을 낳음으로 일치를 만드는 것이다. … ".^{Plato,} 1997: 471 심포지엄에서 반면 아리스토텔레스는 활동을 원했다. 소크라테스의 명언^{dictum of Socrates}, "가능한 한 많이 국가가 하나의 연합이 되어야 하는 것이 최선이다"는 단순한 "사실이 아니다".^{Aristotle, 1962: 56} 연합을 만드는 것은 "하모니를 화음으로, 리듬을 단일 비트로 줄이라"와 같은 것이다.^{Aristotle, 1962: 65} 20세기 이론가들 역시 유사하게 나뉜다. 특히 롤스^{Rawls,} 1972와 같은 사회계약론자들은 합의의 가능성을 찾지만, 페미니스트 작가와 돌봄 윤리학자들^{Alperson, 2002}은 의견의 불일치를 포함하며 서로를 돌보고 함께 행동하는 것으로 공동체를 설명한다. 다원적 공동체와 사회를

"우리가 함께 만드는 집"으로 말한 색스[Sacks, 2007]와 구성원 간 관계의 본질로 결정되는 공동체를 말한 맥머레이[Macmurray, 1946a]는 또 다른 '함께 행동하는' 그룹의 이론가들이다.

맥머레이[John Macmurray]는 학교에서 학습은 (전통적 의미에서) 과목을 통해 완성된다고 주장함으로써 교육적 논의에 중요한 기여를 했다. 하지만 이러한 과목들의 목적은 과목을 학습하거나 학문분과 공동체 그 자체의 권리를 위한 것 혹은 좋은 시민성, 경제와 같은 외부적 목적을 위한 것이 아닌, 공동체로 함께 살아가는 것을 배우는 것에 있다고 설명한다. 학교의 '제1원칙'은 "학교가 실제적인 공동체여야 한다"는 것인데, 이유는 "공동체가 좋은 것이라기보다는, 이것이 교육적 기능의 성공 조건이다"와 "학교는 가족과 성인이 되어 더 큰 세계의 중재가 되어야 한다"[Macmurray, 1946a: 5]는 것에 있고 나는 이것을 강조하고 싶다. 나아가, "우리가 산수나 역사를 가르치는 것처럼 행동하고 있을지언정, 사실은 우리는 사람들을 가르치고 있다." 그리고 "산수와 역사는 단순히 사람들의 개인적 교류가 확립되고 유지되는 하나의 매개체이다."[Macmurray, 1946a: 1]

학습에 전념하는 학교에서 관계는 '소통'이나 '대화'로 설명될 수 있다. 대화가 본질적으로 위계적이고 회고적으로 여겨지는 곳에서, 이것은 보수적이라고 거론된 교육이론가들과 관련이 있다.[Leavis, 1948a, 1948b ; Oakeshott, 1991] 대화가 더욱 평등하고, 불확실하며 전향적인 경우에는 더욱 급진적 교육이론가들과 관계가 있다. 이러한 그룹에는 앞서 설명한 것과 같이 맥머레이, 부버[Bubber, 1958; 2002], 나딩스[Noddings, 1994, 2012]가 포함된다. 보수적이든 급진적이든 간에 모든 대화 이론들은 그들이 학교교육에 대한 두 가지 주류 이론인 '교수적instructional', '기능적' 이론을 거부한다는 점에서 '대안적'으로 여겨진다. 교수적인 접근 방식은 바버[Michael Barber]의 전달학deliverology 접근법 혹은 슬라빈[Robert Slavin]의 모두를 위한 성공success for all 접근법으로 설명된다. 학교교육에 대한 좀 더 기능적 이론들은 학교를 전적으로 외부 목적에 이바지하는 것으로 바라본다. 당시 영국 수상 블레어Tony Blair는 교육(학교, 대학의 공기관을 의미함)을 "가장 좋은 경제 정책"으로 설명했다.[Blair, 2003]

학교교육이 주로 경제를 위해 기능을 하도록 하는 정책은 소위 '자유주의' 정책 중 하나이지만, 학교교육을 기능적이라고 보는 다른 반문화적 견해도 있다. 그중에는 레이브와 웽거[Lave & Wenger, 1991]의 학습공동체 이론과 마틴[Jane Roland Martin]의 학교가정Schoolhome 이론[Martin, 1992]에서와 같이 몬테소리에 기반하고 있다. 레이브[Jean Lave]와 웽거[Etienne Wenger]는 학습을 도제식 학습공동체에서 발생하는 것으로 묘사한다. 그것이 도살자든, 조산사든 알코올 중독에서 회복하는 것이든지 공동체에 가입하는 것은 '합법적 주변 참여자'가 되는 과정 그리고 점진적으로 '중심부로' 향하며 완전한 참여를 향해 나아가는 것을 수반한다. 학습은 공동체적이고 완전히 기능적이다. 그것은 도살자나 조산사가 되는 것, 장기적으로 알코올 중독에서 회복되는 것을 학습하는 것이다. 레이브와 웽거는 전문물리학자의 실습에서 분리된 물리학 교육, 전문역사가의 실습에서 분리된 역사 교육 등 학교가 학식 공동체에서 학습을 분리하려는 것처럼 보인다는 점에서 계속해서 학교에 대한 그들의 의구심을 표명했다. 따라서 학교에서 사람들은 "합법적으로 주변적이지만, 더 일반적인 사회 세계에는 참여하지 못하게 된다."[Lave & Wenger, 1991: 104] 결국 이러한 해리는 "학교 학습이 단순히 학교를 배우는 것"을 의미하게 된다.[Wenger, 1998: 267] 이와 같은 학교 안팎에서 학습에 대한 기능적 접근은 학교 과목이 그러한 점에서 기능적이 못하고 '공동체' 학습을 목적으로 한다는 맥머레이의 접근 방식과 상이하다. 아마도 레이브와 웽거가 학교를 학습공동체의 명목적 기능 안에서 학교를 배움의 공동체로 인식했더라면, 맥머레이, 레이브와 웽거는 함께했을 수도 있다.[Stern, 2007: 29-41 주장]

반면 레이브와 웽거는 학교를 일반적으로 직장과 관련된 성인 공동체의 관계 측면에서 이해하지만 몬테소리를 따르는 마틴은 주로 학교를 가정과 집의 관점에서 이해한다. 학교가정[Martin, 1992]에서 학교는 가정의 대체

품으로 만들어지며, 그리고 그들의 디자인 역시 좋은 가정의 형태를 따른다. 학생들은 너무 많은 시간을 직장에 투자하는 부모에 의해 "내버려지고" 있고[Martin, 1992: 4], 이에 대한 대응으로 "몬테소리 학교 모델은 가정의 이상화 버전이며, 학교에서 서로를 대하는 관계 방식에 관한 사례가 된다."[Martin, 1992: 14] 비록 이분법적 구분 자체는 문제가 될 수 있지만, 학교를 '학습'보다 '양육'에 초점을 두어 보는 것을 쉽사리 거부할 순 없다. 그러나 가정과 성인 생활의 세계 사이의 사이에서 학습에 전념하는 공동체로 맥머레이형Macmurrian 학교는 대체 가정이 아니다. 이러한 학교는 중세 시대의 "가정household"[Stern, 2012]에 더 가까운 것으로 이는 더 현대적인 사회 형태에서는 (개인적 돌봄을 목적으로 하는) 가정과 (경제적 기능을 목적으로 하는) 직장에 개별적으로 배포될 수 있는 것을 포함하는 개방적인 단위로 제안될 수 있다.

지금까지 학교교육에 대해 대안적으로 불리는 일치하진 않지만 활동적이고, 기능적이지 않고 개인적인, 교수적이지 않고 대화적인 여러 관점에 대해 묘사했다. 이러한 학교교육은 현재 학교교육의 주류적 관점에 대한 도전이다. 학교가 필수적이라는 말은 아니다. 학습공동체로 학교는 중요지만 필수적이진 않다. 학교교육에 대한 '거짓된 필수성false necessity'이 존재한다. 이러한 생각은 웅거Roberto Unger의 잘못된 필수성[Unger, 2004]에서 파생된 것으로, 그에 의해 경제, 정치, 군대 체계에 적용되었고, 필딩과 모스[Fielding & Moss, 2011]에 의해 학교교육에 대한 다르고 대안적인 논쟁에 끼어들었다. 인류의 역사를 통틀어, 최근 십수 년까지 학교교육은 소수들만의 추구였다. 때로는 명백하게 여가적인 것이고 "무의미"했다.[Masschelein & Simons, 2013의 고대 그리스 학교 모델에서 주장] 대중적 보편 교육을 지향하는 세상에서조차 어린이와 청소년은 학교에서 보내는 시간이 놀라울 정도로 적다. 태어나서 16년 동안을 보내는 약 1만 5,000시간의 학교교육은 그들이 깨어 있는 시간의 6분의 1도 되지 않는다. (대중 학교교육을 포함하더라도) 대부분의 학습은 학교교육 이전, 이후 그리고 이를 넘어 이루어지며 무엇보다도 모든 형태의 학교교육 이전 생후 처음 몇 년 동안 이뤄진다. 그러므로 학교가 교육의 유일한 원천이라고 가정하기보다는 학교가 어린이와 청소년의 교육에 무엇을 추가할 수 있는지 고려하는 것이 더 유용할 것이다. 제안된 바에 따르면, 학교의 공동체적 속성은 그 자체로 학습에 대한 독특한 부가로 고려될 가치가 있고, 이것이 학교교육을 다른 형태의 학습 대안으로 만든다는 것이다. 이것은 학교 공동체를 가정과 다른 사회적 공동체적 기관으로부터 구분 짓고 이들과의 관계를 구별 짓는다. 내외부적 관계를 구성하는 한 가지 방법은 학교의 정신을 보는 것으로 이것이 다음에 살펴볼 주제이다.

영성과 학교의 정신

영성 이론에는 두 가지 주요 그룹이 있는 것으로 보이며, 두 전통 모두 학교에 핵심적이다. 한 가지 이론적 접근은 정신성을 '물질 이외의' 실체로 구성한다.[Chichester Diocesan Board of Education, 2006: 21] 이는 이원론적인 것으로 완전히 별개의 두 실체라는 개념에 기초한다. 그리스 철학으로 돌아가서 플라톤의 동굴 비유(국가 The Republic[Plato, 1997])는 두 가지 구별된 세상을 설명하고, 후기 철학자들은 추가적인 이원론적 접근을 제공했다.[예: Descartes, 1912] 영성에 대한 두 번째 접근은 더 관계적이고 움직이는 것이다. 아리스토텔레스는 비록 그가 "정신이 육체의 실재가 아닐 수 있는지에 관해 우리는 답이 없다"라고 말함으로써 이원론적/비이원론적 논쟁을 비껴가면서 "움직임과 감각"으로 특징지어지는 "영혼"에 대해 논한다.[Aristotle, 1984: 646, 657, On The Soul에서] 더욱 최신의 비이원론적 접근은 "신 혹은 다른 이름으로 자연 God or in other words Nature"이라는 구에서 '신'과 '자연'을 결부시킨 스피노자를 포함한다.[Spinoza, 1677/2000: 226] 20세기에 비이원론적 설명은 부버[1958]과 맥머레이(1953년 '정신과 물질의 이원론'을 비판)[Macmurray, 2004]에서도 나타난다. 부버에 따르면, 영성은 사람들의 대화, 나-너I-Thou의 철학에 내포해 있다. "정신은 자신 안에 있는 것이 아니라, 나와 너의 관계 안에 있다. 따라서 관계를 맺을 수 있는 능력 덕에 사람은 정신 안에서 살 수 있다."Buber, 1958: 57-58

이원론적, 비이원론적 접근들은 모두 교육 중 학교교육과 관련이 있다. 비물질적(심지어 정의가 불가능한) 내용을 교육과정에 도입하여 학교교육에 대한 교수적 혹은 기능적 관점을 완전히 훼손시키면서, 학교교육에 대안적 접근을 제공하는 이원론적 설명이 있다. 노드Nord, 1995; Nord & Haynes, 1998는 일반적으로 미국의 종교와 교육의 관계에 대해 "교육에서 세속적인 것과 정신적인 것 사이의 긴장을 회복"해, 어린이와 청소년이 "갈등을 배우고, 그들이 자유롭게 교육을 받을 수 있게 하는 경쟁력 있는 대안들에 매력을 느껴야 한다"라고 말한다.Nord, 1995: 380 웨스트 번햄John West-Burnham과 휴스 존스Vanessa Huws Jones는 '학교교육'과 '교육하는 것educating'을 대조적으로 "선형-단편적-교육과정 내용-정보 전달-정량적 성과-구조"와 "적응적-총체적-이해를 위한 학습-지식 생성-정성적 성과-관계"로 설명한다.West-Burnham & Huws Jones, 2007: 13 학교의 영성은 성과 중심의 체계에 대한 대안으로 이것의 목적은 "비물질적이고 시대를 넘어선, 인간의 경험과 존재의 일상적 경계를 초월한 것과 결부된 가장 기본적인 인간의 본능을 탐색하는 것"West-Burnham & Huws Jones, 2007: 17이다. 이와 유사하게, 학교교육 체계에 상당한 영향을 미친 슈타이너Rudolf Steiner의 접근은 뚜렷한 이원론적 정신 이론에 기반한 급진적 대안을 제시한다. "발도르프 학파를 설립할 수 있게 한 것"은 "영적 생명과 영적 과학의 함양"이다.Steiner, 1996: 69 이러한 접근에서 영성은 종교적이고 특히 인지적(슈타이너 자신의 종교체계)인 것으로, 슈타이너는 "태어나는 모든 인간에게 매일 새롭게 표명되는 신성한 영혼의 기초를 배양하고 교육하는 것은 매우 신성하고 종교적인 의무가 아닌가?" 그리고 "좋게 말하자면 그것은 교육적 서비스이지 종교적 서비스가 아니지 않은가?"라고 질문한다.

영성에 대한 비이원론적 설명(또는 '후기이원론'적 설명)[Stern, 2009: 7-10]은 학습의 관계적 측면에 대한 강조를 통해 학교교육 정책에 영향을 미친다. 헤이David Hay는 종교 이전의 영성의 본질에 대한 생물학적, 진화론적 관점에 기초해 어린이의 "관계의식"[Hay, 2002; Hay & Nye, 2006]에 초점을 맞춘다.[Hay, 2006, 2007] 오타와 채터Ota & Chater, 2007의 지지자들은 비이원론적 정신성을 운용해 왔다. 그레이Grey는 처음에 어른들이 시장 주도의 소외를 거부하고 환경 지향적 해방 신학을 채택했지만, "신이나 자유에 관한 그릇된 이분법을 연결하는 수단"으로 간주된 영성을 통해 아동기의 "재-매혹re-enchantment"을 살펴보도록 제시한다.[Ota & Chater, 2007: 18] 반면 르페이LeFay는 "이를 통해 우리가 세상을 총체적으로 보고 우리의 살아 있는 집인 지구를 보호하고 존중하며 복원하기 위한 직관적이고 열정적이며 구체화된 대응, 지배적인 서구 세계관의 급진적인 전환…"을 요청한다.[LeFay, in Ota & Chater, 2007: 36] 존슨Johnson은 테러에 직면한 런던의 어린이 영성과 분열된 세계에서 관계를 통해 어린이가 정체성을 발전시키는 방법에 대해 말한다.[Johnson, in Ota & Chater, 2007: 68] 그리고 윙Wong은 부버의 대화와 유사한 '세속적'인 영성을 '세상적'(능동적으로 물질주의적이지 않은) 혹은 '일상적' 영성으로 설명하며, '(영적으로 타고난) 특별한' 소수의 '특별한 순간'으로만 여겨지는 영성에 대한 핵심적 대안을 설명한다.[Wong, in Ota & Chater, 2007: 74: Wong, 2006]

파머Parker Palmer와 나딩스Nel Noddings는 학교에 대한 후기이원론자들 중 가장 유명하다. 나딩스는 '영성'을 학교교육의 핵심적 '성격'과 함께 언급한 반면[Nodding, 2003: 8장], 파머는 이원론을 극복하고 "더는 분리되지 않고" 살아가기 위한 명시적 시도를 제공한다.[Palmer in Lantieri, 2011: 1] 불행하게도 파머는 형식 교육을 통해 '분리된' 삶을 배웠다. "생각은 믿을 만하지만, 감정은 그렇지 않았기에 내 생각과 감정을 분리해야 하며, 내 이론은 순수할 수 있지만 행동은 항상 더럽기 때문에 내 이론들을 내 행동에서 분리해야 한다."[Palmer, Lantieri, 2001: 1에서] 따라서 그의 학교교육에 대한 접근은 그가 자신 스스로를 종속한 주류의 접근에 대한 명시적 대안이다. 파머와 합류해 (원래 그랬듯), 랜티어리Linda Lantieri는 "영혼과 함께하는 학교schools with spirit"에 대해 말한다.Lantieri, in Lantieri, 2001 "'영적'이라는 단어는 때때로 종교적 교리, 사람이 가질 수 있는 일련의 믿음과 실천을 떠올리는" 반면, "우리가 이 책에서 탐색하는 '영적'의 정의는 소속감과 연결성, 의미와 목적에 관한 것이다."Lantieri, 2001: 7 그녀는 계속해서 "영혼의 학교Schools of Spirit"를 "자기이해, 건강한 대인관계, 공동체 형성에 가장 높은 가치를 부여하는 활동적이고 살아있는 유기체"로 묘사한다.Lantieri, 2001: 9 랜티어리의 입장은 '교육의 정신'에 대한 케슬러Kessler, 2000의 입장과 나란히 갈 수 있다. 이것은 "깊은 연결에 대한 갈망" 그리고 "초월에 대한 욕구"를 포함하는 것이다.Kessler, 2000: 17 두 사람 모두 고부담시험과 교수적 혹은 협소하게 기능적인 학교교육이라는 신자유주의적 모델에 대한 대안을 제시한다.

퍼펠과 매클로린Purpel & McLaurin, 2004은 도덕적·정신적 위기의 측면에서 대안의 필요성을 설명한다. 클린턴Bill Clinton이 1992년도 연설에서 "우리가 하나의 높은 기준을 갖고 모든 학교를 측정한다면 그들은 그들이 할 수 있는 모든 것을 할 수 있습니다. 우리의 자녀들이 이 세계 경제에서 이기고 경쟁하기 위해서 알아야 하는 것을 배우고 있습니까?"라고 학교에 요구한 것처럼 '저속한' 표현에서 "우리는 성과급이나 숙제의 효율성과 같이 상대적으로 사소한 문제에 집중하는 엄청난 인간의 에너지를 보았다."Purpel & McLaurin, 2004: 19-20 덜 위기 지향적이지만 덜 급진적이지는 않은 파머, 랜티어리, 케슬러는 '학교의 얼'에 관한 나의 입장과도 가깝다.Stern, 2009 관계적 영성은 '우발적 이원론contingent dualism'의 극복으로 설명된다.Stern, 2009: 11 즉 몸 대 마음, 사람 대 사람, 신성한 것 대 세속적인 것 사이의 명백한 분열 가운데, '영성'은 그 분열을 극복하는 방법이 된다. 이것은 부버의 나와 너의 대화와 같이 초월의 한 형태로 설명될 수 있다. 그러나 요벨Yirmiyahu Yovel은 초월은 내재론의 관계적 정신과 대조되어 이원론-하나의 영역을 완전히 떠나는 것-을 암시한다고 말한다. 확장된 정의에서 학교의 영혼(얼)은 다음과 같이 제시된다.

가치 있고 아름다운 의미들, 가치 있고 아름다운 것들(환경을 포함하여) 좋은(진정한) 사람들을 생성하고 평가하기 위해 대화(독백이 아닌)를 통한 우정(공포와 외로움을 극복하고 고독을 허용하는)을 가능하게(강요하지 않는) 하는 관대한 리더십(이끌어지는 것의 선을 목적으로 하는)과 함께하는 포괄적인(과거와 지역 그리고 먼 곳의 장소를 합치는) 공동체(서로를 돌보고 서로를 자신의 목적으로 대하는 사람들)이다.[Stern, 2009: 160-161]

요컨대, 학교교육의 영성이 이원론적 형태로 기술될 때는 '실체 substance'(종교적 혹은 비종교적 용어로)로 나타나며, 관계적 혹은 비이원론적 혹은 후기이원론적으로 묘사될 때는 대안적인 것으로 나타날 수 있다. 각각의 형태에서, 학교에서 영혼은 영성을 가르치는 것[West-Burnham & Huws Jones, 2007; Erricker & Erricker, 2000; Ng, 2012]과 전체 학교의 특징으로 영성 역시 포함한다.[Palmer, 1993; Kessler, 2000; Stern, 2009] 이원론적 그리고 비이원론적 두 가지 형태에서 영성은 대부분 일시적이고 기관에 의해 제한된 학교의 기풍을 넘어서 '기능' 및 '효과성'의 논쟁과 정책에 대한 편협한 견해를 초월한다.

학교에서 고독과 엔스터시

고독을 향해 나아가기

학습공동체와 학교 중심 영성에 대해 언급한 사람들 중 공동체, 관계, 학교교육 내에서 고독의 역할이라는 공동체의 퍼즐을 다루는 소수가 있다. 케슬러와 파머 모두 열정적으로 고독의 필요성에 대해 글을 썼지만, 이를 광범위하게 바라보며 공동체성의 달성보다는 일종의 균형을 이루는 것으로 보았다. 여기 학습공동체로 학교의 포용적, 대화적, 공동체적 특성을 연구한 프로젝트에서 아이들의 반응으로 설명되는 다른 해석이 있다.[Stern, 2009] 아이들은 "학교에 가장 소속감을 느끼는 때는 언제인가?"에 대한 질문을 받았고, 7~8세의 두 명의 아이는 각자 이런저런 방식으로 "혼자 있을 때 저는 혼자 일을 해야 해요"라고 대답했다.[Stern, 2009: 49] 이 경우, '혼자'가 되는 것은 공동체적 학교교육의 대체품이 아니라, 공동체적 학교교육을 완성하는 것이다. 즉, 일부 형태의 해방은 대화를 완성하기 위한 것으로 이것은 이 글의 어린 소녀의 인용문에서 나타났다.

고독한 절연의 형태 중에는 침묵이라고 하는 구두/청각 절연이 있다.[Lees, 102; Hägg & Kristiansen, 2012] 즉각적인 현재, 특히, 케슬러가 말했듯이 사교 공간의 "분주함"이나 "소음"[Kessler, 2000: 17]에서 벗어나기 위해서 고독이나 침묵을 사용하는 것은 그들과 학교 공동체의 관계와 무관하게 중요하다. 이와 같은 건강한 고독의 일상적인 예시는 독서이다. 독서는 본질적으로 고독하고 대화적이며, 즉각적인 주변 환경에서 분리되어 책을 통해 먼 가상 혹은 실제 인물과 장소와 관계를 맺게 한다. 벤자민Walter Benjamin은 '어린이 독서'를 아이가 "눈송이처럼 은밀하고 촘촘하게 그리고 끊임없이 자신을 둘러싼 텍스트의 부드러운 표류에 완전히 항복한" 상태로 아이는 "등장하는 인물들과 어울리고", "교환되는 말들과 행동에 형언할 수 없는 감동을 받고 아이가 깨어나면 아이는 책 속의 눈에 의해 계속해서 창백해진다"라고 묘사한다.[Benjamin, 1997: 71-72, 초판 1928]

이 글의 앞에서 제시된 대화에 대한 설명에서처럼 고독의 대화적 사용은 과거, 현재 그리고 미래에 초점을 맞출 수 있다. 과거가 우위를 점하는 지점에서, 대화는 "전범" 그리고 거대한 권위의 원천으로 간주되며, 이는 보다 보수적인 대화의 사용이다. 대화가 더욱 발전적이고 미래 지향적으로 어리고 힘이 약한 사람들의 목소리를 반영하고 미래를 건설하는 경우, 대화는 좀 더 급진적이게 된다. 세 번째 차원의 대화(침묵)는 최근의 소통 기술의 발전과 함께 등장했다. 대화는 현재를 지향할 수 있다. 소셜 미디어를 통해 즉각적이고 단기적인 사건에 대한 반응들은 과거로부터 생성된 목소리나 미래를 고민하는 사려 깊은 희망이나 계획을 쏟아낸다. 그러나 이러한 모든 방식의 대화들은 고독의 형태를 통해 강화된다.

고독 속에서 이루어지는 대화들은 (오래전 과거나 아직 태어나지 않거나 가상의 인물이나 식물, 동물 등을 포함한) 다른 이들 혹은 (신들이나 신성한 현상 혹은 개인화된 우주나 자연과 같은) 다른 것들 또는 자신과의 대화이다. 자신과의 대화는 단순히 혼자만의 생각을 하는 것이 아니다. 아렌트 Hannah Arendt가 말했듯이, "고독은 나 자신을 유지하는 인간적인 현상"이며, "생각하는 것을 진정한 의미의 활동으로 만드는 것은 나에 대한 나 자신의 이중성으로, 이 안에서 나는 스스로 묻고 스스로 대답하는 자가 된다".[Arendt, 1978: 185] 최근 연구[Stern, 2014a]에서, 아이들과 청소년들은 학교 안과 너머에서 고독의 가치를 표현한다. 7세의 레오나드Leonard는 "저는 나무 오르기, 탐험하기를 좋아해 숲 속에 들어갔을 때 고독을 즐겨요"라고 말했고, 12~13세 정도인 올리버Oliver는 "제 그림에 집중할 때 시간이 가는 줄 몰라요"라고 말했다. 그리고 7세의 마야Maya는 "침실에서 책을 읽을 때" 고독을 즐긴다. 학교와 그리고 집에서 읽기와 쓰기 그리고 그림 그리기와 같은 것들은 건강한 고독의 기회를 제공하는 것으로 연구의 응답자들을 통해 가치가 평가되었다. 심지어 이 테스트에 응답하면서도, 고독을 즐길 수 있었다. 12-13세 정도의 린다Lynda는 "비록 다른 사람이 주변에 있지만 자신만의 학습에 집중하고 지금까지 얼마나 왔는지를 반성할 시간을 갖기 때문에" "시험을 치를 때" 고독을 즐긴다고 말했다.[모든 내용은 Stren, 2014a에서 인용]

엔스터시(고독)에 도달

고대 힌두 언어인 바가다드-기타의 번역에서 엔스터시Enstasy는 자기 자신과의 대화조차 결여된 것 같은 순간마저 포함한 분명한 비대화적 고독으로 묘사된다.[Zaehner, 1969] 이 용어는 엑스터시Ecstasy, 즉 "자신에게서 벗어나는" 것과 대조된다.[2] 엔스테틱enstatic(안에 머무는)하게 된다는 것은 "홀로 있는 자신에게 만족하는 것"이며, 이는 사람이 "마치 거북이가 팔다리를 뻗듯이/ 사방에서/ 자신의 감각을 적절한 대상으로부터 끌어당길 때" 달성된다.[Zaehner, 1969: 52 책 II, 55절과 58절] 어린이와 청소년은 고독을 통해 어느 정도 자신에게 만족하는 것을 경험할 수 있다.

7세의 애니Annie가 "저는 20분 동안 평화를 느끼고 내가 좋아하는 일을 하기 위해 혼자 있고 싶었어요"라고 말하듯, 그들은 이러한 기회를 단순히 '되는 것'으로 묘사한다. 12~13세 정도인 킬리Keeley는 학교에서 이러한 순간을 갖는 것이 어렵다고 다음과 같이 말한다. "학교는 너무 소란스럽고 혼자 평화롭게 있을 공간이 없어서, 저는 학교에서 한 번도 고독을 즐길 수 없었어요". 그러나 다른 아이들은 엔스터시(고독)에 도달하기도 한다. 12~13세의 저스틴Justin은 "숙제의 마지막 단어를 할 때, 엔스테틱(안에 머물러 있는)하다고" 한다. 그리고 12~13세의 존John은 "저는 제가 럭비 경기를 끝냈을 때 엔스터시(고독)를 느낀다"고 말한다. 그리고 "경기에 대한 걱정과 욕심이 다 뒤로 밀려나, 경기 전 모든 열정을 다 까먹어서 그렇게 되는 것 같다"고 말한다.^{모든 내용은 Stern, 2014a에서 인용} 나딩스는 돌보는 책임이 있는 교사에 대해 언급하고 '실수'를 돌보는, 즉 "너는 언젠가 나에게 이 일에 감사할 거야!"라고 말하는 "미덕의 보호자virtue carers"를 묘사하고 이들을 "돌봄의 관계를 형성하고, 돌봄 윤리에 묘사된 듯 돌봄에 참여하는" '관계적 보호자relational carers'들과 비교한다. 스턴의 연구^{Stern, 2014a}에 참여한 어린이들에게 돌봄은 "신경, 관심" 그리고 엔스터시(고독)와 다르게 나타난다. 12~13세의 저스틴은 "저는 언제나 보살피고 싶은 것이 있고 부모님에 관한 생각이나 배려를 갑자기 그만두거나 모든 사람을 끊어낼 일은 없기에 엔스터시(고독)를 해 본 적이 없다"라고 말했다. 더욱 강한 방식으로, 12~13세 정도인 카라Kara는 엔스터시(고독)에 대해 처음에는 긍정적으로 다음과 같이 썼다. "저는 제가 행복하거나 현재 가진 것에

---

2. (옮긴이 주) 엑스터시(ecstasy, 고대 그리스어 ἔκστασις ekstatic, "자신의 바깥에 있거나 서 있는 것, 다른 곳으로의 이동"을 뜻하는 ek- "밖", stasis "힘의 대치" 또는 "스탠드")는 "외부 자체(나를 벗어나는 고독)"를 의미한다. 사람의 의식은 자기 안에 갇혀 있지 않다. 왜냐하면 자기 자신의 바깥쪽에 있는 다른 사람을 의식할 수 있기 때문이다. 어떤 의미에서 의식은 일반적으로 그 대상(생각하거나 인식하는 것)이 그 자체가 아니라는 점에서 "자체 외부"에 있다. 이것은 관조자의 관점에서 생각하는 것과 관련된 "자신 안에 서 있는 것(관조)"을 의미하는 엔스타시스(enstasis)라는 용어와 대조된다. 사실 내 밖을 지향하는 엑스터시는 내면으로 향하는 엔스터시의 양면과 다름없다.

만족하거나 이를 넘어서 더 바라는 것이 없을 때 엔스테틱(안에 머물러 있는)하다고 느껴요". 그러나 바로 다음 이것을 그어 버리고 단호하게 "지는 만약 사람이 모든 것을 돌보지 않고 원하지 않는다면 살아갈 이유가 없다고 생각하기에 저는 한 번도 엔스터시(고독)를 느낀 적이 없다"고 작성했다.

비대화적인 고독은 종교적 의미에서 그리고 보다 '세속적'인 의미에서 '보통의 엔스터시(고독)'로, 이는 단순히 이탈적 행위가 아닌 세계 전체와 일종의 병합을 허용하는 비참여적 존재의 기회이다. 자에너Zaehner가 바가다드-기타 구절에 대한 주석에서 말했듯이, "'해방' 혹은 이 경우에 '전체를 만든다'는 의미에서 '구원'은 단순히 자아, 마음, 감각, 다른 것으로부터 자아를 분리함으로 얻어지는 것이 아니라, 그것들의 자아로의 흡수와 집중samādhi 사맛디을 통한 것"으로, 이를 통해 "사람의 인격은 죽을 때와 같이 하나가 된다".Zaehner, 1969

'하나'가 되는 것은 기독교를 포함한 많은 종교 전통의 종착점이기도 하다. 기독교 전통의 경로는 엔스터시(내 안에 서는 것)가 아닌 엑스터시(나 밖에 서는 것)를 통해 생겨나지만, 그 종점은 힌두교 바가다드-기타 전통에서 기술된 것과 유사하며, 이것은 속죄 즉, 하나로 모으는 것at-one-ment으로 완성된다.

인간성의 소금

고독이 학교에 첨가할 수 있는 것은 학교가 공동체로 역할을 다하면서 학교로부터 벗어나는 능력이다. 고독은 나와 너의 대화의 더욱 즉각적인 형태를 넘어 더욱 먼 곳으로 그리고 나아가 자신과의 대화를 가능하게 한다. 고독은 어린이와 청소년 그리고 성인이 학교 안에서 즉각적이고 강렬하게 사교적인 현재의 동료를 넘어서 역사적 인물, 가상의 사람들과 물질, 멀리 있거나, 형언할 수 없는 혹은 아직 태어나지 않은 사람들과 대화를 돕는다. 이것은 학교를 떠나지 않는 탈출로 학교교육의 중심에 있는 대안이다. 학교가 학습공동체가 되기 위해선 반드시 고독이 있어야 한다. 만일 학교가 너무 개인적이라면, 고독이 필요하고 가르칠 필요가 있다.[Stern, 2014a, 2014b] 사튼May Sarton이 말한 것과 같이, "고독은 인간성personhood의 소금으로 고독은 모든 경험의 진정한 풍미를 이끌어 낸다."[Sarton, 1974; Sarton, 1973] 이러한 방식으로 고독을 사회적 현재를 초월해 즉각적인 맥락과 사회로부터 개인을 자유롭게 하는 해방적인 존재 방식이 될 수 있다.

결론: 대안의 생성

학교는 가정에서 학습하는 것과 가정, 작업장, 공장 등 경제적인 생산 활동에서 학습에 대한 대안이었고, 지금도 그렇게 바라봐져야 한다. 학습과 학습에 기여하는 다른 형태의 교육을 정당화하는 요구에서 분리해 학교교육 자체를 정당하기 위한 계속되는 요구를 강조하는 것은 '이상한 것'으로 간주되어야 한다. 공공 지향적(예를 들어 경제 지향, 정치 지향, 사회 지향) 혹은 가정 지향적(예를 들어 몬테소리, 여러 아동중심 접근들)의 두 가지 학교의 전통은 각각 서로에 대한 대안이며, 가정household으로 학교에 대한 세 번째 대안은 둘 모두와 구별되는 대안이다. 또한 정신을 실체로 또는 관계적으로 이해하는 뚜렷한 전통이 있다. 첫 번째 형태에서 학교는 "영적" 접근을 허용하거나 촉진할 수 있으며, 이것은 그 자체로 물질주의적 그리고 협소하게 지엽적으로 목표지향적인 작업에 대한 대안이 된다. 두 번째 형태로, 학교의 정신은 파머가 강조한 것처럼 분리된 삶을 극복할 수 있는 것으로 이것 역시 물질적이고 협소하고 지엽적인 목표지향적 작업에 대한 대안이 될 수 있다.

고독은 학교에서 영적 탈출이나 학교 외부(전, 후, 너머)와의 대화, 자아와의 대화 및 자아 내부의 정적인 위안(단순히 존재하는) 등 어떠한 방식으로 자신만의 탈출구를 만들어 주는 방식으로 학교교육의 핵심으로 사용될 수 있다. 학교의 대안을 학교를 넘어서 찾아야 할 필요는 없다. 학교 자체가 대안이 될 수 있으며, 건강한 고독을 통해 학교 그 자체에 머물면서 대안을 제공할 수 있다. 가정과 마찬가지로 공동 학교communal school 들은 교수적·기능적 학교들의 대안이 될 것이다. 그리고 전체적으로 학교교육은 계속해서 인간의 삶을 지배하는 많은 학교를 넘어선 학습 형태 중 대안으로 남아 있어야 하며 그리고 인정되어야 한다.

참고문헌

Alperson, P. (Ed.). (2002). *Diversity and community: An interdisciplinary reader.* Oxford, UK: Blackwell.

Arendt, H. (1978). *The life of the mind.* San Diego, CA: Harvest.

Aristotle. (1962). *The politics.* Harmondsworth, UK: Penguin.

Aristotle. (1984). *The complete works of Aristotle.* Princeton, NJ: Princeton University Press.

Barber, M. (2007). *Instruction to deliver: Tony Blair, public services and the challenge of achieving targets.* London: Politico's.

Benjamin, W. (1997). *One-way street and other writings.* London: Verso.

Blair, T. (2003). *Biography.* Retrieved from http://www.pm.gov.uk/output/page4.asp

Buber, M. (1937/1958). *I and Thou* (2nd ed.). Edinburgh, UK: T&T Clark.

Buber, M. (1947/2002). *Between man and man.* London: Routledge.

Chichester Diocesan Board of Education. (2006). *Educating the whole child: Spiritual, moral, social and cultural development.* Hove, UK: Schools Department, Chichester Diocesan Board of Education.

Descartes, R. (1912). *A discourse on method, meditations and principles.* London: Dent Dutton.

Dyson, A., & Robson, E. (1999). *School, family, community: Mapping school inclusion in the Uk.* Leicester, UK: National Youth Agency for the Joseph Rowntree Foundation.

Erricker, C., & Erricker, J. (2000). *Reconstructing religious, spiritual and moral education.* London: RoutledgeFalmer.

Fielding, M., & Moss, P. (2011). *Radical education and the common school: A democratic approach.* London: Routledge.

Hägg, H. F., & Kristiansen, A. (Eds.). (2012). *Attending to silence: Educators and philosophers on the art of listening.* Kristiansand: Portal Academic.

Hay, D. (2002). Relational consciousness in children: Empirical support for Macmurray's perspective. In D. Fergusson & N. Dower (Eds.), *John Macmurray: Critical perspectives.* New York: Peter Lang.

Hay, D. (2006). *Something there: The biology of the human spirit.* London: Darton, Longman and Todd.

Hay, D. (2007). *Why spirituality is diffi cult for Westerners.* Exeter, UK: Societas Essays in Political & Cultural Criticism.

Hay, D. with Nye, R. (2006). *The spirit of the child* (Rev. ed.). London: Jessica Kingsley.

Kessler, R. (2000). *The soul of education: Helping students fi nd connection, compassion, and character at school.* Alexandria, VA: ASCD.

Lantieri, L. (Ed.). (2001). *Schools with spirit: Nurturing the inner lives of children and teachers.* Boston: Beacon.

Lave, J., & Wenger, E. (1991). *Situated learning: Legitimate peripheral participation.* Cambridge, UK: CUP.

Leavis, F. R. (1948a). *Education & the university: A sketch for an "English school".* London: Chatto & Windus.

Leavis, F. R. (1948b). *The great tradition: George Eliot—Henry James—Joseph*

Conrad. London: Chatto & Windus.

Lees, H. E. (2012). *Silence in schools*. Stoke on Trent, UK: Trentham.

Macmurray, J. (1946a, November 29). *Community in freedom*. Lecture presented at Joseph Payne Memorial Lectures in King's College, London.

Macmurray, J. (1946b, November 1). *The integrity of the personal*. Lecture presented at Joseph Payne Memorial Lectures in King's College, London.

Macmurray, J. (2004). *John Macmurray: Selected philosophical writings*. Exeter, UK: Imprint Academic.

Martin, J. R. (1992). *The schoolhome: Rethinking schools for changing families*. Cambridge, MA: Harvard University Press.

Masschelein, J., & Simons, M. (2013). *In defence of the school: A public issue*. Leuven, Belgium: Education, Culture & Society Publishers.

Ng, Y.-L. (2012). Spiritual development in the classroom: Pupils' and educators' learning refl ections. *International Journal of Children's Spirituality, 17*, 167-185.

Noddings, N. (1994). Conversation as moral education. *Journal of Moral Education, 23*, 107-118.

Noddings, N. (2003). *Happiness and education*. Cambridge, UK: CUP.

Noddings, N. (2012). The caring relation in teaching. *Oxford Review of Education, 38*, 771-781.

Nord, W. A. (1995). *Religion & American education: Rethinking a national dilemma*. Chapel Hill, NC: University of North Carolina Press.

Nord, W. A., & Haynes, C. C. (1998). *Taking religion seriously across the curriculum*. Alexandria, VA: Association for Supervision and Curriculum Development.

Oakeshott, M. (1991). *Rationalism in politics and other essays*. Indianapolis, IN: Liberty Fund.

Ota, C., & Chater, M. (Eds.). (2007). *Spiritual education in a divided world: Social, environmental & pedagogical perspectives on the spirituality of children and young people*. Abingdon, UK: Routledge.

Palmer, J. (1993). *To know as we are known: Education as a spiritual journey: A master teacher off ers a new model for authentic teaching and learning*. San Francisco: Harper.

Plato. (1997). *Complete works*. Indianapolis, IN: Hackett.

Purpel, D. E., & McLaurin, W. M., Jr. (2004). *Reflections on the moral & spiritual crisis in education*. New York: Peter Lang.

Rawls, J. (1972). *A theory of justice*. Oxford, UK: Oxford University Press.

Sacks, J. (2007). *The home we build together: Recreating society*. London: Continuum.

Sarton, M. (1974, May 3). No loneliness: Solitude is salt of personhood. *The Palm Beach Post*, A19.

Sarton, M. (1973). *Journal of a solitude*. New York: Norton.

Slavin, R. E., & Madden, N. A. (Eds.). (2001). *Success for all: Research and reform in elementary education*. Mahwah, NJ: Lawrence Erlbaum.

Spinoza, B. (1677/2000). Ethics. Oxford, UK: Oxford University Press.

Steiner, R. (1996). *Rudolf Steiner in the Waldorf School: Lectures and addresses to children, parents, and teachers-1919-1924*. Hudson, NY: Anthroposophic Press.

Stern, L. J. (2007). *Schools and religions: Imagining the real*. London: Continuum.

Stern, L. J. (2009). *The spirit of the school*. London: Continuum.

Stern, L. J. (2012). The personal world of schooling: John Macmurray and schools as households. *Oxford Review of Education, 38*, 727-745.

Stern, L. J. (2014a). *Loneliness and solitude in education: How to value individuality and create an enstatic school.* Oxford, UK: Peter Lang.

Stern, L. J. (2014b). Teaching solitude: Sustainability and the self, community and nature while alone. *Educational Research Journal, 28*(1 & 2), 163-181.

Unger, R. M. (2004). *False necessity: Anti-necessitarian social theory in the service of radical democracy.* London: Verso.

Wehlage, G. G., Rutter, R. A., Smith, G. A., Lesko, N., & Fernandez, R. R. (1989). *Reducing the risk: Schools as communities of support.* London: Falmer.

Wenger, E. (1998). Communities of practice: Learning, meaning, and identity. Cambridge, UK: Cambridge University Press.

West-Burnham, J., & Huws Jones, V. (2007). *Spiritual and moral development in schools.* London: Continuum.

Wong: H. (2006). A conceptual investigation into the possibility of spiritual education. *International Journal of Children's Spirituality, 11*(1), 73-85.

Yovel, Y. (1989). *Spinoza and other heretics: The adventures of immanence.* Princeton, NJ: Princeton University Press.

Zaehner, R. C. (Ed. & Trans.). (1969). *The Bhagavad-Gītā.* London: Oxford University Press.

29장
대안적 프로젝트에서 전문적 교육학으로: 독일 킨더래덴

로버트 함[1]

　교육이 윤리적이고 미적인 활동일 뿐 아니라 정치적 행위, 대화이자 의식화의 행위라는 것을 깨닫는 데 오랜 시간이 걸렸다.[Freire, 1988: 18]

　독일어 킨더래덴Kinderladen, 복수형 Kinderläden은 말 그대로 "아이들의 가게"를 의미한다. 1960년대 후반에 협동조합들이 만든 대안 유치원들과 그 뒤를 이은 기관들을 지칭한다. 최근까지도 킨더래덴은 영어권 세계에 잘 알려지지 않았다. 2013년에 애플바움Peter Appelbaum과 데이비스Belinda Davis는 킨더래덴의 초기 시절에 대한 사진 에세이를 출간했다. 온라인으로 구독할 수 있으며, 이 글을 읽는 독자가 초기 집단들의 교육과정에 관한 전반적인 모습을 살펴볼 수 있도록 이에 대해 안내한다.[Appelbaum & Davis, 2013]

　킨더래덴은 일차원적이지 않았다. 킨더래덴에서 이루어진 교육에 대한 비판은 교육제도 및 사회에 대한 비판과 관련이 있다.[Moysich, 1990: 120] 1970년부터 1990년까지, 처음 20년간 이루어진 킨더래덴의 발전은 대안교육 프로젝트들과 관련한 특정 역동을 보여 주는 사례가 된다. 이 글에서 나

---

1. 로버트 함(Robert Hamm): 학자, 교육가, 핸드볼 코치로 아일랜드에서 활동하며, 독일 출신으로 교육계에 15년간 몸담았다. 2014년 아일랜드 슬라이고시 기술연구소에서 쓴 박사논문은 학교 현장에서의 의례적 관행에 대한 성찰 과정을 다뤘고, 〈정당성 교섭: 학교에서의 의례와 성찰〉(2014)이라는 제목으로 발표했다. 현재 학교 의례, 직업적 성찰 과정들, 사회과학에서의 연구 방법으로 기억연구, 교육의 전문화와 제도화를 연구한다. 참고 사이트: www.schoolandritual.com.

는 제도화와 전문직화로 일컬어지는 과정으로 이끈 이 역동성에 주목한다.Burbach, 1988; Hamm, 2005; Karsten & Kleberg, 1977; Soprun, 1987

복수 형태로 킨더래덴Kinderläden을 다룰 때, 각 집단이 자신들만의 역사를 지닌다는 점을 상기할 필요가 있다. 하지만 주어진 결론이 개별 단체 모두의 상황에 들어맞지 않을지라도 복수의 집단으로 그들에 대해 이야기할 수 있도록 하는 킨더래덴 안에서의 공유된 경험과 공통의 발전이 존재한다.

킨더래덴을 충실히 표현하려면, 교사 구실을 하는 성인들에 대해 적절히 번역하는, 실제 역할에 맞는 명칭을 찾아야 할 것이다. 독일에서는 그들을 돌봄인Bezugsperson이라 부른다. 문자 그대로 해석하면 관계할 사람이며, 공신력 있는 번역기관www.dict.leo.org은 이에 '애착인물' 또는 '심리적 부모'라는 용어를 제시한다. 일상 영어에서 이들 모두 이상하게 들릴 수 있다. 애플바움과 데이비스는 에세이에서 이 용어를 '교사' 또는 '돌보는 자'로 번역한다. 나는 여기서 원 용어를 그대로 사용하고자 한다. 나는 전직 돌봄인으로서 이를 해당 용어에 표현된 개념적 아이디어와 킨더래덴 동료들에 대한 존중의 문제로 본다.

반권위주의에 대한 열망과 대항 문화

첫 킨더래덴은 두 가지 상호 얽힌 문제들에 대한 반동에 의해 1960년대 말에 설립되었다. 한편으로, 이용 가능한 유치원이 충분치 않았다. 여성들은 엄마와 가정주부라는 전통적인 역할에 종종 매여 있었다. 그들이 일하거나 공부하고자 하면 아이들을 돌봐 줄 믿을 만한 장소가 매우 중요한데, 아이들의 30%만이 유치원을 이용할 수 있었다. 다른 한편으로, 반권위주의 운동이 촉발한 논의들에서 냉혹한 비판이 발달했다. 교육체계는 반동적 사회 존속의 핵심 요인으로 여겨졌다. 파시즘 이후 독일의 맥락에서, 교육은 악명 높은 권위주의적인 특질을 생성하는 데 책임이 있다 여겨졌다. 사회 변혁은 기존과 다른 구성원에 대한 사회화 방식에 기댔어야 했다. 이는 아이들에 대한 대우 방식으로부터 출발했어야 했다.Adorno, 1971; Breitenreicher, Mauff, Triebe, & Autorenkollektiv Lankwitz. 1971; Seifert, 1969/1977

1967년과 1969년 사이에 수많은 킨더래덴이 주로 (프랑크푸르트, 베를린, 슈투트가르트, 뮌헨 등) 도시 내 대학가 근처에서 생겨났다. 킨더래덴이라는 이름은 부모들이 집단적으로 빌린 비어 있는 가게들[독일어: Laden]에 자리 잡았던 당시 양상을 반영한다. 짧은 시간 내에 그 용어는 그 유형을 지칭하는 이름이 되었다.

킨더래덴은 아이들에게만큼이나 어른들을 위한 프로젝트들이었다. 사회화 과정에서 획득된 고정된 생각을 극복하는 시도로서, 성인들이 그들의 행동이나 태도와 종종 관련되는 긴 논의를 벌이는 일은 흔했다. 심리분석, 마르크시즘과 비판이론은 프로젝트들에 대한 이론적 배경이 되었다.

처음에는 집단 속에서 아이들과 함께 이루어진 실제 활동은 잘 진행되지 않았다. 일부 킨더래덴에서 성인들은 사회주의 교육으로 이해한 실천을 시도했다. 하지만 파급력이 있었던 곳은 아이들이 비억압적인 분위기에서 자라길 열망했던 집단들이었다. 아이들의 원초적 욕구를 표현하도록 허용하는 일은 매우 중요한 측면이었다. 성인과 어린이 간 파트너십은 오랜 가부장적 권위의 모델을 대체하기 위한 것이었다. 이런 이유로, 교사나 교육가를 대신하여 돌봄인이라는 용어가 등장했다.

아이들의 자기통제라는 개념은 킨더래덴에 있는 성인들의 교육적 포부의 핵심이었지만 그들은 그러한 개념에 대한 개인적 경험이 전혀 없었다. 따라서 집단들의 실제 활동은 모순되기도 하며 성인들 사이에서 논의할 문제가 되었다.

우리는 우리가 원치 않은 것에 대해서만 알 수 있었다. 집안의 규칙을 만드는 아빠와 그 권위를 받아들이지만, 뒤에서 나무 주걱으로 아이를 체벌하는 엄마로 이루어진 가부장적인 핵가족을 우리는 원치 않는다. 그것이야말로 우리가 원하는 것이 아니다. 그런데 그것 말고는 있는가? 그것은 모색해서 검증해야 하는 일이다.^{Köster, 2011}

집단에게 그들 안에서 이루어지는 상호작용에 대한 규범적 기준을 협상해서 정해 나가는 일은 시간이 걸렸다. 성인과 어린이의 관계에 대해 새로운 실험을 하는 동안 기존의 틀은 한편으로 밀려났다. 킨더래덴에서의 활동을 곤란하게 만들려는 주류 언론에 의해 손쉽게 부당하게 이용될 수 있는 상황들이 이어졌다. 피아노 위를 걸어가고, 의자 대신 식탁 위에 앉으며, 수저 대신 손으로 먹으며, 불 그리고 여러 도구를 이용해 실험하는 유치원 아이들의 사진들은 제멋대로이며 품행이 나쁜 이미지를 불러일으켰다. 그럼에도 불구하고 실험들로 얼마간의 혼란이 생긴 후 각 집단은 그들만의 수용 가능한 기준들을 도출해 냈다.[Saβ, 1972: 221-245; Aly & Grüttner, 1983; LAG, 1988]

매일 집단에 다른 부모가 돌아가며 참여하는 일이 긴장을 초래하는 상황들을 만들고, 아이와 부모 양쪽 모두 불만족스러워하는 모습이 보였다. 대부분의 집단은 집단에 붙박이로 함께할 (부모가 아닌) 중립적인 어른을 한 명 두기를 선택하는 지점에 이르렀다. 1972년 베를린에 있는 집단에서 알리Minka Aly는 "부모들의 활발한 참여는 … 종국에 도움보다는 혼란을 가져오는 것으로 입증되었다. 우리는 리즈베트Lisbeth가 혼자서 아이들과 있을 때 하루가 더 안정되고 집중이 잘된다는 것을 곧 깨달았다"라는 것에 주목한다.[Aly & Grüttner, 1983: 40]

이러한 목적으로 고용된 사람들은 대개 킨더래덴을 조직한 사회계의 구성원들이었다. 형식적인 훈련 경험이 필수적이지 않았다. 반권위주의적 운동에 대한 정치·사회적 비전을 믿고 따르는 것이 중요했다. 그런데도 그 일의 본성은 형식적인 훈련을 받은 교육가들에게 분명히 매력적이었다.

정부의 재원 보조 부재로, 집단들은 운영자금 부족으로 어려움을 겪는 것으로 익히 알려졌다. 그리하여 킨더래덴에 있는 돌봄인들은 전통적인 유치원에서 일하는 그들의 동료들보다 현저히 낮은 급여를 받았다. 킨더래덴에서 일하려면 생계를 꾸린다는 생각을 넘어서는 동기가 필요했다. 1976년에 나온 내부 논의 문건은 이에 관한 사고방식을 잘 보여 준다.

> 내가 (다른 기관에서 두배의 보상을 받지 않고) 킨더래덴에서 베주그스페르손으로 (여전히) 일하고 있는 이유:
> 사회를 바꾸려는 거시적 수준에서의 사회 변화들은 개인 변화를 통해서만 가능하다는 통찰이 생겼다. 이는 사회구조들이 부르주아 사회가 요구했던 바와 다르게 형성된 사람들을 통해서만 바뀔 수 있다는 것을 의미한다. 스스로를 바꾸려는 바람을 갖고, 새로운 방식으로 교육을 정의하고, 사회 변화에 대한 바람과 상관된 교육적 목표들에 대해 생각하는 등 가장 밑바닥에서 시작되어야 한다. 목적은 분명하고 단순했다. 전체에 대한 몇몇의 권력과 지배가 더 이상 존재하지 않는 곳, 모두가 그들의 바람과 능력에 따라 살 수 있는 곳, 경제적인 억압과 인간에 대한 억압으로부터 자유로우며 착취의 원리에 기반하지 않는 그러한 사회에서 사는 것. 학생 운동 초기에 나는 이미 이러한 연결고리들에 관한 생각에 몰두했고, 이 길을 따라가면 위와 같은 목적에 따라 사람들에게 변화의 기회가 있을 것이라 믿었다. 이로 인해 나는 교육학을 공부했고 [킨더래덴에서] 일하기 시작했다.Zimmermann, 1976

이러한 시각은 예외적인 것이 아니었다. 킨더래덴에 있는 많은 돌봄인들은 치머만Ulrike Zimmermann이 표현한 동기들을 공유하고 있었다. 그들은 그들의 교육 활동을 정치 참여의 일환이라 이해했다.

1970년대의 킨더래덴은 반권위주의적인 저항으로부터 일어난 대항문화에 뿌리내려 있었다. 부르주아식 사회 교류에 대한 대안들은 촉진되었고, 이러한 대항문화에서 시도되었다. 소유, 상품화, 경쟁에 기반한 사회관계의 형태에 대항할 방법들을 찾는 의도에서였다. 이들 가운데 가장 눈에 띄는 시도는 거주공간을 공유하는 공동체 집단의 수립과 전통적인 가족구조의 해체였다. 킨더래덴 집단 구성원들의 경험에서 혼인 관계가 파기되며 집단적인 형태의 삶으로 대체되는 비율이 높다고 흔히 보고되었다.

> (집단은) 교육, 자아 발달과 일반적인 정치적 문제에 대해 논의할 기회를 제공했다. 이는 더 끈끈한 인간관계를 가져다주었다. 그 결과로 대부분의 혼인 관계가 깨졌고, 파트너들은 공유 주거지로 이사해 다른 이들과 살면서, 더 큰 무리로 부모들과 아이들이 휴가를 가고 주말을 함께 보냈다. … 여러 갈등과 긴 심리분석적인 논쟁에도 불구하고, 집단의 일부가 되고자 하는 바람과 그 속에서 발견한 강점들은 우리를 함께 있게 해 줬다.Gruner, 1983: 56

"거주공간을 공유하는 집단들, 여성 집단들, 그리고 킨더래덴은 -제3세계에서의 고투와 닮아 있는- '해방된 구역들'이었고 동시에 지배문화와 이를 보호하는 국가체계에 대한 실천적 비판이었다."von Werder, 1977: 27 이 문장의 물질적 본질을 논하는 것은 중요하지 않다. 그보다 관련 집단 구성원들이 이러한 차원에서 그들의 살아 있는 현실을 분명히 경험할 수 있었다는 것이 중요하다. 이는 돌봄인에게도 마찬가지로 적용된다. 그들의 소속감은 참된 것이었다.Gruner, 1983; Asal, 1996 예시 참고

많은 경우에 돌봄인들은 집단에 "헐값"으로 그들의 노동력을 제공했으나, 이는 더욱더 큰 사회적 맥락의 구성원으로 스스로를 인식하는 그들에게 거의 중요하지 않았다.

초기에 교육가들은 … 스스로를 … 교육이 한 부분에 불과한, 포괄적인 사회 측면의 스펙트럼에서 목적하는 정치 운동의 구성원으로 인식했

다. 그들은 그들이 하는 일로 보상을 받는다는 것을 운이 좋은 우연으로 여겼다.^{Karsten & Kleberg, 1977: 62}

그들이 속한 사회에서 경험한 연대와 인정은 큰 보상이었다.

(1979년에) 내가 일을 시작했을 때, 나는 600DM을 금전적 보상으로 받았지만, 그 미미한 보수는 사회적으로 보상되었다. 당시 현장에서의 인정은 정말 대단했다. 킨더래덴에 있는 사람으로서 더욱더 그러했다. 미미한 금전적 보상을 압도하는 것이었다.^{Breuf Bezugsperson, 1993}

변화하는 환경과 노동의 상품화

하지만 사회 환경은 변했다. 1980년대에 갈수록, 킨더래덴에서의 돌봄인들은 자신들이 초기의 목적 그리고 이상과 연결고리가 약한 (또는 없는) 부모들과 만난다는 것을 느꼈다. 가면 갈수록, 부모들은 자기 아이들을 돌보는 서비스를 위해 비용을 지불하는 소비자로서 자신의 역할을 정의하려 했다. 사회를 변화시키기 위한 이니셔티브들과 프로젝트들을 포괄하는 더욱 큰 맥락의 일부로-킨더래덴을 집단 프로젝트로 조직하며 상호 이루어지는 지속적인 성찰의 과정에서 스스로를 단계적으로 해방시키는 성인의 집단이라는 것은 순수한 허구가 되어 버렸다.

킨더래덴에서 지불 역량을 갖고 돌봄인과 특별한 관계를 맺게 된 데에는 원래 공유하는 비전(정치·사회·교육적이며 연대와 헌신)과 노동을 돈으로 교환하기로 한 동의의 두 가지 측면이 작용했다. 그런데 변하는 사회 환경에서 전자가 사라졌다. 치머만의 논의 보고서에는 그러한 발달이 초래하는 효과가 이미 예견되어 있었다.

마야는 킨더래덴이 아이들의 공간인데 그것과 관련이 없다고 말한 적이 있다. 나는 이 점에 대해 다르게 생각한다. 거칠더라도 나는 스스로를 그러한 집단의 구성원으로 여긴다. 나는 원칙적으로, 하지만 또한 매우 다른 이유로 이 전부가 서비스를 대행하는 측면에 빠지길 원치 않는다. … 우리는 종종 다음의 이야기를 들었다. 너희가 퇴직하거나 프로젝트가 파산하면 부모 집단이 너희를 돌볼 것이라는 믿음을 갖는 걸 보니 꽤 순진한 사람들이다. 그러면 우리는 부모를 전적으로 믿고, 그렇기에 세금이나 문서상 계약과 별도의 부모 면담 시간 없이 계속해서 부분적으로 일한다고 항상 답했다. 그리고 나는 만약 부모들이 자신이 킨더래덴과 어떠한 관련도 없다는 견해라면, 그들이 본질적으로 우리와 어떠한 관계도 없어지기에 두렵다. 그렇다면 모든 것은 권리와 의무를 할당하는 문제가 되어 버리고, 정말 우리의 신뢰가 파멸로 끝날 가능성이 있다.

… 내가 부모 면담 시간에 대한 보상을 요구하기 시작하고, 나의 휴가가 엄격히 통제되고, 계약과 업무 기술서를 갖고 일하기 시작하면 나는 더욱 확실한 기반을 가질지 모른다. 하지만 나는 그럼으로써 헌신하는 마음이 50%가 사라질 것이라 장담할 수 있다. 왜냐하면 더 이상 우리가 함께 이루고자 하는 것과 내가 기여할 수 있는 것보다는 나의 일에 대한 물질적 가치가 중요해지기 때문이다.^{Zimmermann, 1976}

치머만이 여기서 표현하는 것은 임금을 받는 교육가들이라는 전문적인 구조적 무관심을 보인다는 논지의 뼈대에 살을 보탠다.^{Heinsohn & Knieper, 1975} 예를 들어 철강산업 노동자, 목공사나 기계공들과 비교하면 교육가들에게서 그들의 일터 상황에서의 원재료는 아이들, 살아 있는 인간으로 구성된다. 따라서 교육가들의 실제 활동은 항상 아이들과의 관계에 대한 것이며 그 속에서 이루어진다.

그런데 이러한 관계를 맺기 위해 먼저 유망한 교육가는 다른 성인들과 관계를 맺어야 할 필요가 있다. 단순한 표현으로 교육가는 자신을 고용할 사람을 찾아야 한다. 이는 킨더래덴의 경우에서도 다르지 않다. 여기서 고용주는 부모 집단이다. 따라서 그들의 전문적 활동과 관련된 적절한 아이들과의 관계는 항상 일차적으로 부모들과의 관계에 영향을 받는다.

집단의 프로젝트가 살아 있는 현실에서 더 이상 경험되지 않을 때, 돈의 가치가 갖는 측면이 지배하게 된다. 그럼으로써 교육가의 노동력의 특징은 상품으로 쪼그라든다. 여타 다른 상품과 같이, 그것의 가치는 사용가치와 교환가치로 나뉜다. 그렇게 되면 시작부터, 부모와 교사는 경쟁적 관계에 놓이며 구조적으로 구매자는 가능한 한 적은 비용으로 더 많은 가치를 사려고 그리고 추출하려고 하며, 판매자는 가능한 한 적은 노동력으로 더욱 많은 돈을 벌려고 한다.

킨더래덴에서 중립적인 돌봄인에게 임금을 지급한 순간부터 그렇게 되었다는 주장이다. 하지만 돌봄인의 정체성과 그들의 주체적 관점에서 보면 순수한 금전적 보상을 넘어 연대, 애정, 공감을 제공한 사회망으로의 통합을 통해 상품이라는 지위로 그들을 축소시키는 무관심에 대항했다고 할 수 있다. 더 나아가 이러한 통합이 자기 착취로 이어지고, 베일이 벗겨지고 순전히 경제적 관계만 전면에 드러나면, 이것이 진전이라 주장될 수 있다. 그런데 이는 돌봄인의 주체적 경험을 묵살하고 새로운 형태의 사회적 교섭을 갖는 사회로 나아가려는 그들과 집단들의 노력을 인식하지 못했다.

1980년대의 킨더래덴에 있었던 돌봄인에게 이전에 향유했던 집단 프로젝트의 단단한 사회적 네트워크가 점점 매우 느슨해지게 된 건 사실이었다. 이에 따라 자신들의 일에 대한 성찰의 틀이 바뀐 것이다. "오늘날 나는 이론에 대한 집단적 논의가 그립다. 대개 나는 내 일에 대해 혼자 책임지고, 홀로 서 있다."[Knoop, 1980: 26]

집단 프로젝트에서 부모들이 이제 동반자가 아닌 소비자로 등장한다면 돌봄인에게 현실적으로 유효한 정체성 유형 또한 변해야 한다. 이로부터 가능한 그들의 정체성과 활동의 가능성은 그들의 자아 인지뿐 아니라 부모와 어린이에 의한 이러한 인지를 받아들이는 것에 의해서도 좌우된다. 이러한 수준에서 돌봄인들은 이전에 널리 퍼져 있지 않았던 직업적 정체성을 발달시킴으로써 새로운 상황에 접어들었다.

직업적 정체성과 양질의 노동을 위한 좋은 금전적 보상

킨더래덴을 활발히 실행하고 10, 12, 15년이 지나면서 초기의 불확실성은 없어졌다. 돌봄인들은 축적된 경험을 참고할 수 있었다. 그들은 모든 것을 새로이 만들어 내고 발명할 필요가 없었다. 모든 집단에서 각각 주어진 환경에서 수용 가능하다고 증명된 기준들이 정립되었다.

자기규율과 원초적 욕구의 수용에 대한 초기의 생각들은 비교적 일관된 실천들로 전이되었다. 따라서 돌봄인들은 그들의 작업조건에서 확실한 지위를 갖게 되었다. 이는 개별 집단 단위에서 먼저 일어났다.

1980년대 초에 집단들 사이의 일관성은 없었다.[Rodewald, 1980: 21; Moysich, 1990: 23] 하지만 그렇지 않은 것도 있었다.

"외로운 교육자"는 실제로 그다지 홀로 있지 않았다. … 이 점은 앞서의 논의들로부터 문서를 통해 확인할 수 있는 지식들과 관계되며, 비슷한 기관에서 일하는 다른 교육자들과의 접촉을 구축하는 것은 확실히 불가능하다. 산하단체를 거느리는 조직에서는 비슷한 생각을 지닌 교사들 사이의 [경험과 생각] 교류는 가능해 보인다.[Soprun, 1987: 10]

1980년대에 그러한 산하단체를 거느리는 조직들이 독일 여러 곳에서 생겨났다.[예: 프랑크푸르트 1980, 1984; 뮌헨 1985; 함부르크 1985; 베를린 1986; 하노버 1988] 여기서는 개별 집단의 범위를 넘어서 논의들이 이루어질 수 있었다. 돌봄인들 사이의 만남과 경험의 교류가 가져다준 개별 효과로, 소프런Robert Soprun은 정서적 안심, 활동에 대한 더 높은 자신감 그리고 교육의 미래 작업에 대한 일반적인 직업적 자격요건들을 보고하고 있다.Soprun, 1987: 11 번하트Petra Bernhardt의 표현에 따르면 "그로부터 나의 전문화 … 그리고 나의 웰빙을 위해서도 많은 것을 얻었다." Bernhardt, 1996: 12

오늘날 돌봄인들이 대안적 아이 돌봄 환경에서 그들의 전문적 역할에 대한 교류에 참여할 때, 그들은 그 역할의 특성을 분명히 이해하게 된다. 즉, 어떤 역할이어야 하며 수반하지 말아야 할 것들이 무엇인지 등. 이는 전문화 과정에서 결정적 단계가 된다. 그들은 자기 인지를 통해 견고하게 통합된 집단적 생각으로부터 자신을 분리한다. 그 대신 그들은 자신의 지위를 부모 집단과 면대면으로 마주하는 교사로 정의한다. 이 점은 부모가 자신을 소비자로 규정한 것을 반영할 뿐 아니라 또 다른 차원을 부가한다. 부모들은 스스로를 전문적 교육가로 정의하면서 동시에 보통 사람으로 구성된다고 본다. 따라서 교육가들은 경제적 차원을 함께 갖는 숙련된 지위를 획득한다.

더 나은 경제적 지위를 확보하는 또 다른 방법은 "양질의 일에 대한 좋은 금전적 보상"이라는 이데올로기 문구를 채택하는 것이다. 따라서 킨더래덴에서 교수 활동의 질은 적절한 범주로 정립될 수 있다. 그리고 그것을 전달하는 사람은 자연스레 돌봄인들이다. 나는 이 글의 후반부에서 이 측면에 대해 다룰 것이다.

그들이 처한 노동 상황의 특성을 (특히, 주류 기관들과의 차이에서) 분석적으로 추출하면서, 그들은 또한 일터에 대한-특히, 취학, 새로운 교사 동료들 그리고 교육과정의 기획과 실행에 대한 의사결정과 관계하여- 그들만의 요구사항을 형성하는 데에서 더욱 명확해진다. 그러한 요구들로부터 나온 결과 중 하나는 돌봄인들이 직접 프로젝트들을 설립한 것이다. 수입을 벌어들인다는 명시적인 비전이 있는 전문적 교육자들에 의해 세워진 킨더래덴들이 바로 그 결과물이다. 여기서 교육자들이 고용주로서

부모의 변덕에 의존하는 것을 줄임으로써 "아이들이 가족의 구조와 역동성에 의존하지 않고 독립적으로 살아갈 수 있도록 하는 교육 방법을 위한 공간을 확보하려는 의도가 있다. 그리고 마지막으로 가장 중요한 것은 일자리를 창출할 수도 있다"는 것이다.^{Kramer & Pertoft, 1988: 36}

이러한 프로젝트들은 부모들의 계획에 따라 작동했으며, 킨더래덴의 새로운 현실, 즉 돌봄인들의 임금노동으로 부모들에게 서비스를 제공하는 제도로서 갖게 된 특징을 강조했다.

산하 단체를 둔 조직의 수립과 밀접하게 관계된 또 다른 발전은 여러 개의 킨더래덴을 조직하고 소유하는 협회의 형태를 띤 더 큰 조직 단위를 출현시키는 일이었다. 프랑크푸르트에서 설립한 협회들이 1990년대 이래로 아이 돌봄(보육) 영역의 확장에 큰 동력이 되었다. 창립 후 20년의 활동을 거치며 협회들은 지자체와 협력하여 보육 서비스를 제공하는 파트너로 확실히 자리매김했다. 그러한 조직은 프랑크푸르트에만 국한된 것이 아니며, 많은 다른 도회지에서도 찾아볼 수 있다. 소수의 킨더래덴부터 150개 이상의 킨더래덴을 관리하는 곳까지 그들은 각자 다른 규모로 운영한다(이들 중에서도 이제 스스로를 킨더래덴이라고 칭하지 않는 곳들이 있으며, 이들을 보육센터Kindertagesstätten라 부른다.^{예: http://www.bvz-frankfurt.org를} ^{참고}). 이 대규모 단위의 조직들은 중심화 전략과 함께 개별 집단의 자율성 축소를 추구하는 경향을 보인다.^{더 많은 논의를 위해 Hamm, 2005 참고} 베를린에 있는 킨더래덴 우산 조직DAKS e.V.이 개별 집단의 자율적 구조를 보존하려는 취지로 스스로 그룹을 운영하거나 소유하라는 요구들을 의도적으로 거절했다는 점은 주목할 만하다.

1980년대 돌봄인의 활동 영역의 특징에 관한 성찰적 이해는 해당 영역을 정확하게 묘사하는 능력을 가져다주었다. 이는 일을 처음 시작하는 초보자에게 지침을 제공하려는 목표를 가진 후속 단계를 위한 기본 조건이다. "이제야 돌봄인들은 그들의 지식과 경험을 다양한 모임에서 전할 수 있다. 이는 다른 이들의 참여를 이끌고 다시는 모두가 맨바닥에서 시작할 필요가 없다는 것을 보증한다."^{Burbach, 1988: 150} 이러한 종류의 지원은 양면성을 가진다. 정보가 되어 주기도 하지만 창조적으로 진화된 "오래된 것들"의 실천들을 유사한 패턴으로 그들만의 경험을 만들도록 하여 다른 기회를 제한하기도 한다. 특정 활동 기준들을 살포하고 회람하고, 새로운 교사들에게 심어 줌으로써 동시에 그 기준들이 올바른 것들로 결정된다. 이는 다른 사람들에게 모델이 되는 개념들을 공식화하는 것^{예: LAG, 1988 참고} 일 뿐만이 아니라 창업 자문 서비스들을 통해서도 발생했다.

새로운 역할 기대와 표준화 작업

1980년대 말이 되어 킨더래덴에 대해 "그들 없이는 더 이상 보육과 관련하여 다양한 선택지를 생각할 수 없다"라고 지자체들이 말할 정도로 인정되고 용인되었다.^{Endres, 1986: 126} 비록 지역에 따라 시기적으로 지체된 곳도 있고, 항상 투입 재원이 부족했지만 킨더래덴 설립 초기에 비해 이들은 신뢰할 만한 기관들로 인정되었고 관련 재정 지원이 확대되었다.

확대된 재원은 산하 단체를 둔 우산 조직에서 코디네이터나 행정가들을 위한 직업군의 창출을 또한 가능케 했다. 여기서 은퇴한 돌봄인들과 킨더래덴에 아이를 보낸 부모들이 돌봄인들이 자신들의 직업화 과정에서 발달시킨 전문적 역할의 핵심 특징들과 기준들에 대해 중간에서 조정하는 역할을 맡게 되었다. 그들은 우산 조직을 통해 이러한 기준들을 확산하고, 촉진하고, 실제로 실행을 준비했다. 이런 점은 새로 시작하고자 한 집단들에게 분명한 방향을 제시하는 틀이 되었다.

이는 다양한 그룹의 위원에 걸쳐 있는 점점 더 표준화된 공식적인 근무 관계 조건(임금 수준, 반성과 준비 시간, 성찰적 감독 등)과 관련이 있지만, 킨더래덴에 가입하기 위한 기초로 성인에게 제시된 신분 확인 유형과도 관련이 있다. 소프런은 돌봄인들에게 요구되는 사항을 다음과 같이 요약한다.

> 아동기의 기쁨과 동시에 성인으로서 자신의 역할에 대한 의식(사회적
> 임무, 개인의 요구, 대안들 등) … 본인의 아동기 시절에 대한 성찰과 명료
> 화를 통해 스스로가 지닌 한계들을 최소화하도록 작업 상황에서의 끊
> 임없는 인격 발달, 아이들에 대한 진실한 태도와 자기성찰(진실성은 끊
> 임없는 변화하는 것이기에), 조직 차원의 이익, 정치적 관심의 실행, 계속
> 적 자기교육, 이에 따라 아이들과 함께하는 일상 활동을 넘어 확장되는
> 것 등.^{Soprun, 1987: 176}

그리고 부모들에 부탁하는 전형적 진술은 다음과 같다.

> 부모들은 다음에 관여되고 참여한다. 즉 행정 업무, 매달 이틀 [아이들
> 을 위해] 요리하기, 당일 1~2시 사이에 현장에 출석하기, 청소하기, 아침
> 식사 재료 구입하기, 시설 유지 관리 업무, 월례 부모 모임에 출석하고, 기
> 관과 교육 제반 문제와 관계하여 모임 기획하기^{Kindergruppe Spatzennest, 1996: 6}

다른 이해관계자들에게 돌봄인과 부모 집단에 대한 정체성 범주와 관
련한 새로운 정의가 수용 가능해질 때, 비로소 함께 일하는 새로운 형태
가 발달할 수 있다. 하지만 그러한 수용은 "우연히 일어나지" 않는다. 개
별 프로젝트에서 미시-사회적 구조의 다양한 요인들과 관련하여 일어나
는 때로는 굉장히 치열한 분발이 요구된다. 그런데 대부분의 킨더래덴에
서는 돌봄인이 제도적 환경에 대한 통제 권한을 더 많이 갖게 되는 것이
현실이었다. 이는 새로운 아이를 받는 일에 관한 결정과 함께 "부모들이
아닌 우리와 같이 일할 동료들에게 치열한 갈등과 투쟁을 통해 우리가
선택하는 상황을 실현하는" 일을 포괄한다.^{Asal, 1996: 1} 이러한 분투의 과정
이 지나가면 상대적 균형을 이루는 상황이 있다.

팀에 있는 교육가들이 전체 프로젝트를 통제한다. 그들이 제도적 기준을 보장하고 아동 집단을 돌본다. 부모들은 단순히 소비자라는 존재로 자리하며-대기 목록도 있을 수 있다. 재정 운영은 대부분 공공 재원에 의해 확보되며, 고용된 교육가들의 업무 조건은 "꽤 괜찮은 편"이다. [기대 역할에 대한 불확실성의] 문제는 영구적으로 해결되었다.^{Soprun, 1987: 27}

분명히 이렇게 주장된 영구성을 미래로 투사하기가 어렵지만, 당분간 해당 영역에서 활동하는 사람들은 그들에게 주어진 역할 기대를 받아들일 수 있다.

돌봄인들과 부모들 간 관계의 변화는 고용 계약의 사용으로 나타나는데, 예전에는 고용 계약이 전혀 없었던 것과 대조된다. 심지어 노동조건에 관한 1988년의 연구는 크라벨스투벤Krabbelstuben(1~4세의 아이들을 위한 킨더래덴)에 있는 돌봄인의 60%가 문서 계약 없이 일했다는 것이 발견되었다.^{Bacherl, Bock & Kallert, 1988: 111} 이는 급격히 변화했는데, 1990년대 초반에 이르러, 돌봄인에게 문서 계약 합의 없이 일하는 경우는 매우 예외적이었다.

임금노동과 사회적 성찰성

중립적인 돌봄인들이 고용되는 순간부터 임금노동의 개념은 킨더래덴 안에서 관계를 규정하는 한 요소였다. 이는 여기서 묘사된 역동성을 통해 관계의 조건으로 결국 인정되었다. 관계의 체계에서 결정적 요인인 임금노동이라는 범주는 문제가 되는 여러 영역을 수반한다. 공정한 급여의 문제, 구체적인 일을 추상적인 금전 단위로 환원하는 문제, 생활상 활동을 평가하는 문제, 그리고 특히, 유치원에서의 교육가들의 구체적인 행위를 측정하는 문제 등.

"교사가 학생들의 동기를 유발하고 스스로 교육하도록 격려할 수 있도록 발달해야 할 필요가 있는 … 능력들, 다른 말로 그의 (또는 그녀의) 심리교육학적 잠재력은 사회적으로 필요한 노동시간 속에서 표현될 수가 없다."[Jouhy, 1984: 10] 이는 유치원에 있는 어떠한 교육가, 또는 여기서 이야기하는 킨더래덴에 있는 돌봄인들에게도 분명히 적용된다.

교육가들의 임금에 대한 정당성과 그 뒤로 이어지는 그 범위에 대한 논의에서 "양질의 일에 대한 좋은 금전적 보상"의 주장은 타당성을 지닌다. 주류들과 킨더래덴도 마찬가지로, 모든 기관에서의 교육가들 사이에 그들의 일이 적절히 보상받고 있지 않다는 것에 관한 일반적인 동의가 존재한다. 여기서 주목받는 사항은, 대부분은 실상 어렵지만, 월말에 생활비를 충당할 만큼 교육가의 높은 임금에 대한 문제가 아니다. 공정한 임금이라는 게 있을 수 있으며, 임금을 정당화하는 명분을 그에 대한 대가로 제공되는 일의 질에서 찾을 수 있다는 사실에 대한 수용이 관심 사항이다.

공정한 임금이라는 허구는 노동자에게 부과된 일과 밀접하게 관련된다. 교육가들에게서 이는 질과 난이도라는 측면에서 그들의 사례를 내세워야 함을 의미한다. 다시 말해, 그들의 일을 정의된 단위로 가시화하고, 이러한 업무 단위를 제공하는 자격을 갖춘 행위자로 자신을 규정하는 것을 의미한다. 이러한 방식의 교육은 전문가 거래가 이루어지는 킨더래덴으로 되돌아가는 것이다.

교육가들의 위치가 거래 관계에서 전문성을 가진 행위자라는 입장을 취함으로써, 교육가들은 그들의 직업 생활에서 특정 발판을 획득한다. 더 나은 임금을 주장하는 일은 전문화된 기술을 가진 지위로부터 시작하면 늘 보다 쉬워진다. (학습되어야 하며, 훈련 없이는 어느 사람도 단순히 행할 수 없는) 직업으로서의 교육학으로 돌아가는 일은 교육가들의 지위를 강화하는 데 도움이 된다. 하지만 교육가를 전문가로 구성하는 일은 부모들을 (그리고 심지어 아이들까지도!) 보통 사람으로 만든다.

그러한 지위 구분은 킨더래덴에서 본래 희망하던 바와 매우 동떨어져 있다. 삶의 집단적 형태를 모색할 때 부르주아식의 사회적 교섭에 대항하는 정치적 열망, 성인들의 자아 발전과 집단적 해방에 대한 바람은 이러한 분열과 함께 갈 수 없다.

사회적 장소로서 제도와 기관에 대해 이루어졌던 요구들이 바뀌었다. … 나는 부모들이 아이들에게 많은 자유가 있고, 그들이 그것을 원한다고 보기에 여기에 온다고 생각한다. 나는 자아 발전이 더 이상 부모 집단의 요구라 믿지 않는다.Asal, 1996: 6

결과적으로,

내가 더욱 전문성을 갖게 되었다는 것은 또한 부모들이 이를 나의 지위로 본다는 것을 의미한다. 모임에서 나는 몇몇 여성과 가까워진다. 나도 여성으로서 내가 가진 문제들에 대해 여기서 이야기하고 싶지만 여기서 나의 전문성은 곧 장애물이 된다.Knoop, 1980: 26

이는 전문화의 소외 효과를 잘 짚어 준다. 누프Jutta Knoop, 아살Gabi Asal의 인용 글에서 묘사되고 있는 것처럼, 그것은 돌봄인들을 부모들로부터 (그리고 그 반대로도) 소외시킨다. 이는 또한 사람이 자신과 관계하는 방식에서의 소외도 야기한다.

전문화는 노동력을 팔아야 하는 필요가 부른 결과다. 오토마이어Klaus Ottomeyer는 자기성찰을 인간이 지닌 고유의 능력이라 칭했다. 그는 또한 사람이 자신과 관계하는 방식은 항상 상호작용하는 파트너들의 관점과 행동을 고려하고 예견하는 방식에 좌우된다고 주목한다. 이 두 가지 요소를 결합시키며, 그는 인간의 사회적 성찰성에 관해 이야기한다. 그리고 다음과 같이 언급한다.

나 자신을 상품이자 팔아야 하는 대상으로 관련지어야 하며, 자신의 노동력을 팔아야 하는 제약 속에서 사회적 성찰성을 극단적으로 소외시키고 대상화하는 형태가 체계적으로 전면에 부상한다. 이는 상호 이해의 보살핌의 과정이 아니라 인간을 고립시키고 서로에 대해 깊이 의심하게 만든다.^{Ottomeyer, 2004: 69}

킨더래덴에서 전문화는 초기에 긴밀히 조직된 대안 공동체의 해체에 대항하는 개입으로 이해될 수 있다. 킨더래덴 지지자들은 그들의 염려를 줄이면서, 그들의 정체성과 물질적 보호에 가하는 잠재적 위협을 없앤다고 생각하는 방식으로 행동한다. 이러한 방식으로 이해하면 전문화는 돌봄인들에 의한 움직임에 불과한 것이 아니다. 전문화되어 간 것은 돌봄인으로 일하는 사람에 국한되지 않는다. 하나의 킨더래덴이라는 사회적 영역의 다양한 행위자들 사이에서 가능하고, 받아들여졌고, 열망하던 관계들도 전문화되었다. 이러한 관계들은 전문화된 형태로 부르주아식 사회적 교류(상품과 가치)의 구조적 요인들에 의해 특징지어진다. 이처럼, 그들은 매우 애매한 상태에 있다. 이러한 구조적 요소들을 뿌리까지 맞서야 행위자들이 소외와 객체화라는 제약을 넘어서는 사회적 성찰성으로 입문할 수 있다.

대처 방식과 정치적 행위

여기에 소개된 대부분의 자료는 성인들 그리고 그들의 관계와 관련된다. 하지만 이러한 성인들이 맺는 관계가 분명히 목적하는 바는 킨더래덴에 있는 아이들과 돌봄인들 사이의 실제 살아 있는 실천이다. 공동의 비전을 공유하고 프로젝트에 대해 공동의 책임을 지는 공동체에서, 개별 아이는, 돌봄인과 다른 아이들도 포함하여, 다른 모든 이와 마찬가지로 실상 집단의 한 구성원이다. 전문화된 환경에서 아이는 가족의 소유물이라는 지위로 후퇴하는데, 이는 반권위주의적인 킨더래덴의 개념으로 공개적으로 비판되었던 지위이다. 아이들은 그들에 대해 전문적인 기술을 행사하는 돌봄인들에게 내맡겨진다. 따라서 아이, 그리고 마찬가지로 돌봄인의 주체의 지위는 전문화된 실천들의 구조적 차원에 대항하여 항상 타협이 되어야 할 것이다.

돌봄인, 자신의 인격, 아동기의 기쁨, 진정성, 자기성찰 그리고 아이들과의 일상적인 활동 상황과 그것을 넘어선 조직적·정치적 측면에 관한 관심을 보인 끊임없는 발전은 항상 자신이 처한 사회관계들의 기반에 의해 좌우될 것이다. 이러한 기반이 실제 생활의 상품화일 경우, 그것은 교육자가 교육을 거래의 교육으로 축소하여 대처하는 방식이 된다. 그리고 이 장을 열었던 프레이리의 말로 돌아가면, 우리는 이러한 축소 행위가 그 자체로 정치적 행위라 말할 수 있다.

참고문헌

Adorno, T. W. (1971). (G. Kadelbach, Ed.), *Erziehung zur Mündigkeit, Vorträge und Gespräche mit Hellmuth Becker 1959-1969.* Frankfurt am Main: Suhrkamp.

Aly, M., & Grüttner, A. (1983). Unordnung und frühes Leid. *Kursbuch, 72,* 33-49.

Appelbaum, P., & Davis, B. (2013). Curriculum for disobedience: Raising children to transform adults. *Journal for Curriculum Theorizing, 29*(1), 134-172.

Asal, G. (1996). *Interview.* Unpublished transcript. Langen: Archiv Beniro e.V.

Bacherl, C., Bock, C., & Kallert, H. (1988). *Arbeitsplatz Kinderkrippe und Krabbelstube.* Frankfurt am Main: Beiträge zur frühkindlichen Erziehung, Institut für Sozialpädagogik and Erwachsenenbildung.

Bernhardt, P. (1996). *Interview.* Unpublished transcript. Langen: Archiv Beniro e.V.

Beruf Bezugsperson. (1993, December 15). *Tape recording of the public discussion at Erziehungswissenschaftliches Institut der Universität Frankfurt/M.*

Breitenreicher, H. J., Mauff, R., Triebe, M., & Autorenkollektiv Lankwitz. (1971). *Kinderlaeden-Revolution der Erziehung oder Erziehung zur Revolution?* Reinbek bei Hamburg: Rowohlt Verlag.

Burbach, M. (1988). Zum Begriff des Kinderladens. In LAG (Ed.), *Reader zur Ausstellung Konzepte, Projekte, Perspektiven* (143-151). Frankfurt am Main: LAG Freie Kinderarbeit Hessen.

Endres, G. (1986). Die Jakobiner wurden zum billigen Jakob. *Der Spiegel, 1,* 126-128.

Freire, P. (1988). Interview with Paolo Freire by Vivian Schelling. *Index of Censorship, 10,* 17-20.

Gruner, R. (1983). *Zehn Jahre Kinderarbeit-Entwicklungsschritte vom berufl ichen Erziehen zum Leben mit Kindern.* Unpublished Diplom-Arbeit, Fachhochschule (University of Applied Science), Frankfurt am Main.

Hamm, R. (2005, January). Der revolutionäre Touch ist weg. *trend online zeitung.* Retrievable from: http://www.trend.infopartisan.net/trd0105/t100105.html

Heinsohn, G., & Knieper, B. (1975). *Theorie des Kindergartens und der Spielpädagogik.* Frankfurt am Main: Suhrkamp.

Jouhy, E. (1984). Technisch-sozialer Wandel heute und sein Einfl uβ auf Kind und Erziehung. In LandesJungenDamt Hessen (Ed.), *Wie wird die Kindertagesstätte der Zukunft aussehen?* (pp. 7-13). Wiesbaden: Landesjugendamt Hessen.

Karsten, M., & Kleberg, U. (1977). Kinderläden und Kinderöff entlichkeit oder was ist an alternative Formen vorschulischer Erziehung anders? In L. von Werder (Ed.), *Was kommt nach den Kinderläden?* (pp. 59-70). Berlin: Wagenbach.

Kindergruppe Spatzennest. (1996). Selbstdarstellung. In AG der selbstorganisierten Kindereinrichtungen Darmstadt (Ed.), *Krabbelgruppen und Kindertagesstätten* (p. 6). Darmstadt: AG der selbstorganisierten Kindereinrichtungen Darmstadt.

Knoop, J. (1980). Ich wurde unsicher, als die Kinder das Klavier traktierten. *päd. extra, 11*(80).

Köster, B. (2011, August 15). *Interview.* Gedächtnis der Nation. Retrievable from https://www.youtube.com/watch?v=PT1unxC8cqI

Krämer, G. & Pertoft, B.(1988). Modelle. In LAG Freie Kinderarbeit Hessen (Ed.), *Reader zur Ausstellung Konzepte, Projekte, Perspektiven* (pp. 35-40). Frankfurt am Main: LAG Freie Kinderarbeit Hessen.

LAG Freie Kinderarbeit Hessen (Ed.). (1988). *Reader zur Ausstellung Konzepte, Projekte, Perspektiven*. Frankfurt am Main: LAG Freie Kinderarbeit Hessen.

Moysich, J. (1990). *Alternative Kindertageserziehung, Möglichkeiten und Grenzen*. Frankfurt am Main: Brandes & Apsel.

Ottomeyer, K. (2004). *Ökonomische Zwänge und Menschliche Beziehungen. Soziales Verhalten im Kapitalismus*. Münster: LIT.

Rodewald, F. (1980). Kinderladenbewegung Jungbrunnen für Erwachsene. *päd. extra, 11*(80).

Saß, H. (1972). *Antiautoritäre Erziehung oder die Erziehung der Erzieher*. Stuttgart: J. B. Metzler.

Seifert, M. (1977). Zur Theorie der antiautoritären Kindergärten. In M. Seifert, & H. Nagel (Eds.), *Nicht für die Schule leben* (pp. 11-28). Frankfurt am Main: päd. extra buchverlag. (Original work published 1969)

Soprun, R. (1987). *Freie Kinderarbeit und Professionalisierung*. Unpublished DiplomArbeit. Goethe-Universität, Frankfurt am Main.

von Werder, L. (Ed.). (1977). *Was kommt nach den Kinderläden?* Berlin: Wagenbach.

Zimmermann, U. (1976). *Internal discussion paper*. Unpublished manuscript. Frankfurt: Kinderladen Rote Eule.

30장
애착 자각 학교: 행동주의 교육에 대한 대안

리처드 파커[1], 재닛 로즈[2], 루이즈 길버트[3]

애착과 그것이 행동에 어떻게 관련되는가라는 문제에 대한 교육실습생의 이해도를 높이기 위해 2014년에 영국의 주요 초기 교사교육Initial Teacher Education 기관들 간에 회의가 개최되었다. 교육부 고위 관계자는 정부가 교사의 권위 증진을 위해 어떤 일을 진행하고 있는지 설명했다. 이는 사전 통보 없는 교사 구금과 근거 없는 민원으로부터 보호받을 권리 증진을 포함했다. 이에 군인 출신의 교대 동료가 조용히 물었다.

"관계는 무엇인가요? 결국 훈육이라는 게 '관계'와 관련된 것 아닌가요?"

---

1. 리처드 파커(Richard Parker): 영국 배스스파대학교(Bath Spa University) 교육정책 실무센터(Centre for Education Policy in Practice) 책임자이며, 애착연구 커뮤니티 (Attachment Research Community)의 설립 이사다. 현재 영국 가상학교교장협회 (National Association of Virtual School Headteachers)에서 아동교육 전문가를 양성하는 대학원 자격증을 개발 중이다.
2. 재닛 로즈(Janet Rose): 현재 영국의 유모전문학교 놀랜드 칼리지(Norland College) 교장으로 재직 중이며 영국 감정코칭(Emotion Coaching UK)의 설립자이다. 또한 『The Role of Adult in Early Years Settings』(2012), 『Health and Well-being in Early Childhood』(2015) 등 유아교육 전문 도서를 공저한 작가이다.
3. 루이즈 길버트(Louise Gilbert): 교사 및 간호사 교육을 받은 전문가로서 아동 발달에 특별한 관심이 있다. 배스스파대학교 수석 강사이며 지속가능한 건강과 관련된 많은 출판물을 펴냈다.

들어가는 말

행동주의 패러다임은 영국 학교 및 교육계 대부분에 깊이 뿌리내리고 있다.Harold & Corcoran, 2013; Hart, 2010 행동주의 원칙을 지지하는 정부 정책Department for Education, 2014a, 2014b, 2014c과 학교 감사 제도Ofsted, 2014a가 통합되어 아이들의 성적을 향상시키고 친사회적 행동을 촉진하기 위한 제재와 보상 시스템으로 아이들의 행동을 관리해야 한다는 전통적인 관점을 강화시켰다. 이러한 시스템은 대부분의 경우, 대다수의 아이들에게 효과가 있다. 하지만 효과가 없을 땐 무슨 일이 일어날까?

행동주의 비평에 대한 해럴드, 코코런Harold, Corcoran, 2013과 하트Hart, 2010의 리뷰는 행동주의 모델의 환원주의적 특성이 아동의 행동에 영향을 미치는 복잡하고도 다양한 사회문화적·유전적·상황적 요소를 어떻게 축소시키는지 드러낸다. 이는 인간 학습 과정의 총체적이고 건설적인 성격과 내재적 동기의 힘을 고려하지 않은 채, 융통성 없이 일원화된 관점만 반영한다. 또한 이러한 접근법은 인간의 주체성과 "아이의 목소리"에 대한 포스트모던적 관점을 수용하지 않는다. 이 접근법은 역량 강화, 자율성, 자기조절보다는 수동성, 통제, 복종을 장려한다. 해럴드와 코코런[2013]은 지배적인 행동주의 및 "제로 관용Zero-tolerance" 담론에 관심을 두며 "관계적 행동"을 기반으로 한 대안적인 담론과 실천사항을 제시한다. 이들이 제시한 에토스와 모델은 더욱 포용적이고 회복적이며 보상적이다. 또한 이것은 권리에 기반을 두고 있다. 이들의 모델은 아동 행동의 복잡성을 인정하고 내재적 요인을 살펴보아야 한다는 쇼네시Shaughnessey, 2012의 인문주의적 접근법과 연관성이 있다. 이 장은 아이들의 행동과 안녕을 지지하는 인문주의적 대안, 즉 애착 자각 및 애착 기반 전략을 탐구한다.

배경: 교육 실천에서 애착 이론의 관련성

정신의학가 존 볼비John Bowlby는 처음으로 애착 이론을 제시하며 이를 "사람과 사람 간에 형성되는 지속적인 심리적 연결감"이라 정의했다.[Bowlby 1969: 194] 볼비는 아이들이 유아기에 규칙적이고, 호응적이며, 민감하고, 적절하며, 예측 가능한 보살핌을 통해 주 양육자와 안정적 애착을 형성해야 한다고 생각했다. 안정적인 애착은 아이의 정신적인 성장을 도와 스스로 감정을 조절하고, 공포를 줄이고, 타인에게 자신을 맞추며, 도덕적으로 추론하고, 자기 이해 및 타인에 대한 이해와 공감 능력을 가질 수 있도록 한다.[Schore, 2001; Sroufe & Siegel, 2011] 볼비는 이러한 정신적 표상을 "내적 작동 모델Internal Working Model"이라 명명했다. 그에 반해 유아기의 상호작용이 부정적이고, 규칙적이지 않으며, 호응적이지 않고, 민감하지 않고, 적절하지도 않으면서 예측 불가능하다면 불안정한 애착을 형성할 수 있다. 아이가 스트레스를 받을 때 옆에서 도와줄 어른이 부재한다면, 아이는 스스로 진정하고 감정을 조절하며 상호적 관계 맺는 방법을 배울 수 없다.[Sroufe & Siegel, 2011] 그런 아이들은 자신과 타인을 신뢰 가능하고, 안전하며, 보살필 가치가 있는 사람으로 보지 않게 된다.[Bowlby, 1988]

보호받기 위해 초기 아동기에 형성된 타인에 대한 의존성은 긍정적인 학습 경험과 학업 참여에 필요한 모든 경험과 기술을 제공한다. 스트레스에 대처하고 자신감을 키우며 친사회적 관계를 맺는 방법 등 말이다. 피안타[Pianta, 1992]는 애착 이론을 교사-아동의 관계에 적용시킨 선구적인 논문을 게재했으며, 이후 나온 연구는 모두 애착과 학업 성공의 불가분한 관계를 보여 준다.[Bergin & Bergin, 2009; Commodari, 2013; Geddes, 2006] 라일리는 교사-학생의 관계에 애착 원칙을 적용하는 것이 "교사의 기술을 향상할 수 있는 새로운 방법을 제시한다"고 하며 "성인 애착 모델의 상호적인 '보살핌'의 요소가 교사-학생 관계를 바라보는 데 더욱 적합한 관점이라고 판단"했다.[Riley, 2009: 626] 라일리와 케네디와 케네디[Riley & Kennedy & Kennedy, 2004]는 아이들이 가족 외의 어른들과 중요한 '유대감'을 형성하는 방법을 보여 주는 증거를 인용한다. 예를 들면 학생에게 "애착 대상"이 되는 교사 같은 경우 말이다. 학교생활 및 학업을 어려워할 가능성이 있는 아동 가운데, 교사와 친밀한 관계를 맺고 있는 아이들은 이러한 부정적인 결과를 경감시킬 가능성을 보였다.[Driscoll & Pianta, 2010]

데이비스[Davis, 2003]는 교사-학생의 관계가 어떻게 교실에서의 경험을 창조하고 아이의 사회·인지 발달에 영향을 끼치는지 보여 주는 다양한 연구에 주목했다. 애착에 대한 문헌은 관계가 학습과 행동에 어떤 결과를 가져오는지 나타내 준다.[Verschueren & Koomen, 2012] 예로, 베르진과 베르진은 주 보호자와 맺고 있는 학생의 애착 유형이 교사-학생 애착 관계와 평행하다는 증거에 주목한다. 그리고 "안정적인 교사-학생 관계는 더욱 많은 지식, 뛰어난 성적, 그리고 높은 학업성취도를 예측 가능하게 하며, 불안정한 교사-학생 관계보다 유급 및 특수교육 전환율이 낮다"라고 한다.[Bergin & Bergin, 2009: 154] 그리하여 전문적인 영역 안에서도 학생과 교육자 사이의 "애착과 유사한" 관계를 인정하고 형성할 필요가 있다고 제안한다.

교사와 학생 사이에서 애착 이론을 그대로 더 넓은 맥락의 학교 커뮤니티에 적용할 수 있다. 학생이 학교에 안정적인 애착을 형성한다면-문헌에서는 이를 가리켜 학교 유대감school bonding이라 표현한다- 학교와 학교 공동체에 "소속감"을 느끼게 된다.[Bergin & Bergin, 2009] 스미스[Smith, 2006]는 "학교에 대한 애착"이 학업을 위한 학생들의 노력과 참여도를 좌지우지한다고 주장했다. 강하고 안정적인 애착은 학교의 가치와 목적을 알게 하는 반면, 약하거나 불안정한 애착은 학교에 대한 회의감, 무관심, 혹은 적대감까지 느끼게 할 수 있다.

다양한 문헌을 근거로, 로즈, 길버트와 스미스[Rose, Gilbert & Smith, 2012]는 교육자가 애착 과정을 이해해야 하는 이유를 나열했다. 첫째로, 아이의 주 애착(보호자에 대한 애착)이 아이의 사회 정서적 건강과 학습 역량의 기반이 되기 때문이다. 둘째, 교육자가 학생과 양육적이고 반응적인 "애착 같은" 관계를 형성하게 될 수도 있기 때문이다. 이는 특히 어려움이 있는 취약한 학생의 학습 기회를 위해서 중요하다. 셋째로, 안정적 애착 관계는 더 높은 학업성취도, 자기조절, 그리고 사회적 역량과 강한 상관관계가 있기 때문이다. 안정적 애착을 형성한 아이는 더 좋은 성적, 감정조절 능력, 사회적 역량, 도전 의지를 지닐 확률이 높으며 ADHD와 청소년 비행의 확률은 낮게 나왔다.[Bergin & Bergin, 2009]

학교에서의 애착 문제는 부모와의 애착 관계뿐만 아니라 교사 및 교직원들과의 애착 관계와도 관련이 있다. "학교는 학생 개인의 스트레스 완충, 회복탄력성 및 학습 능력 향상을 위한 최적의 장소"가 될 수 있다고 제시되었다.[Nagel, 2009: 33] 케네디[Kennedy, 2008]는 교사가 학생의 내적 작동 모델을 회복하여 학업에 도움이 될 수 있는 간학문적 이론 모델Interdisciplinary Theoretical Model을 제시한다. 케네디는 교사-학생의 긍정적인 관계에서 오는 경험이 불안정 애착을 지닌 아이들의 내적 작동 모델을 "수리"할 수 있는 환경을 만들 수 있다고 말한다. 이는 유년기부터 작동하던 내적 작동 모델이 시간이 지나며 바뀔 수 있음을 보여 준다. 교사-학생 애착의 긍정적 효과를 확신하기 위해서는 더 많은 연구가 필요하지만, 현재까지의 증거들로 보아선 학교가 애착의 건설적인 변화와 학업성취도에도 영향을 미치는 것을 볼 수 있다.[Bergin & Bergin, 2009; Kennedy, 2008; Kennedy & Kennedy, 2004; Riley, 2009; Verschueren & Koomen, 2012] 최근 신경과학 분야에서 나온 증거가 볼비의 이론을 뒷받침한다.

애착과 신경과학

애착 이론은 최근 신경과학 연구, 특히 신경생물학 분야의 지지를 받고 있다. 몇몇 저자는 신경과학 분야의 연구 결과와 애착 이론을 연결 지었다.[Balbernie, 2001; Cozolino, 2013; Kennedy, 2008; Schore, 2001; Siegel, 2012; Trevarthen, 2011] 예를 들어, 시겔[Siegel, 2012]은 따뜻하고 상호적인 관계(조화)가 한 사람의 인지-정서 신경 구조를 형성하여 미래 관계를 위한 내적 작동 모델을 만든다는 사실을 보여 준다. 우리는 쇼어Schore의 연구를 통해 유아와 보호자 간에 감정적인 애착 소통emotionally laden attachment이 정서 조절을 담당하는 뇌를 성숙시키는 것을 볼 수 있다.[Schore, 2001]

또한 스트레스가 뇌에 지속적인 악영향을 끼친다는 연구를 통해 안정 애착의 중요성을 다시 한번 깨닫게 된다. 이러한 연구들은 스트레스의 지속 시간, 강도, 시기 및 상황적 맥락뿐만 아니라 개인의 유전적 요인의 영향을 받긴 하지만, 타인과의 긍정적인 관계가 스트레스 완화 및 뇌 기능 발달에 중요한 역할을 한다는 사실 또한 보여 준다.[McCrory, De Brito, & Viding, 2010; NSCDC, 2012, 2014; Rappolt-Schlichtmann et al., 2009] 특히 민감한 초기 발달 시기에 어른과의 안정적인 관계와 보살핌이 부재한다면, 그리고 그 상태에서 만성적 또는 외상적 경험을 한다면, 뇌 구조 및 기타 기관의 발달에 독이 될 수 있다.[Badenoch, 2008; Field & Diego, 2008; Montgomery, 2013; Porges, 2011] 스트레스는 독이 되어 뇌 시냅스를 파괴하거나 감소시켜 뇌를 효과적으로 활용하고 학습하기 어렵게 만든다.[Cozolino, 2013; Siegel, 2012]

케언스[Cairns, 2006]는 불안정한 애착으로 생긴 트라우마가 다양한 장애로 이어질 수 있음을 시사한다. 높은 스트레스 호르몬 수치, 행동 장애, 비판에 대한 과민성, 회한 부족 등의 문제적 행동은 모두 조절 장애와 관련이 있다. 사회적 기능 장애는 타인에 대한 이해와 공감 결여, 낮은 자존감 등을 포함한다. 처리 장애의 예시로는 주변 세상에 대한 이해 결여, 감정 및 감각 정보를 처리하는 능력 부족 등이 있다. 이러한 장애는 뇌의 신경계가 서로 협력하기보다는 방어적으로 생각하도록 사용되고 증거라고 코졸리노[Cozolino, 2013]는 신경학적으로 설명한다. 우리 몸의 조절 시스템이 학습을 수용하지 못하고, 각성되거나 공포에만 반응하는 상태로 바뀌는 것이다. 그렇게 되면 타인과 공감하기 위해 뇌의 신경 패턴(즉, 애착 스키마)을 사용하지 못하고, 생존을 위한 전투 전략을 짜는 데에만 사용하게 된다.

뇌의 회로가 타인과 관계를 형성하고 애착 관계를 정립하기보다는 다른 곳에서 안정을 찾게 되는 것이다.

또한 케네디와 케네디[Kennedy & Kennedy, 2004]는 교사가 불안정한 애착을 형성한 아이의 행동을 비협조적, 공격적, 강압적, 충동적, 내성적, 또는 예측 불가한 성격으로 잘못 해석할 수 있다는 사실에 주목한다. 교사는 내적 경험에 의한 문제를 보고 학생을 판단하며, 이는 교사의 태도와 반응에 영향을 미친다. 교사는 문제 행동의 이면에 있는 의미와 그에 따른 방어적 행동에 담긴 의미를 이해할 필요가 있다.[Kennedy, 2008] 이는 아동의 약 3분의 1이 최소한 한 명 이상의 보호자에게 불안정한 애착을 형성한다는 사실을 고려할 때 더욱 필요한 사항이다. 이러한 불안정한 애착은 결국 학교 성적과 행동에 영향을 미칠 것이기 때문이다.[Bergin & Bergin, 2009] 오코너와 러셀[O'Connor & Russell, 2004]은 조사 대상 아동의 98%가 한 개 이상의 트라우마를 경험했으며, 이러한 트라우마가 4명 중 1명에게 행동적 또는 정서적 장애를 초래했다고 밝혔다. 클라크, 웅게러, 차후드, 존슨과 스티펠[Clarke, Ungerer, Chahoud, Johnson, and Stiefel, 2002] 및 모스와 생로랑[Moss & St-Laurent, 2001]도 ADHD 진단을 받은 어린이의 80%가 애착 문제가 있을 수 있다고 발표했다.

애착 관계가 교육에 미치는 영향에 관한 신경과학적 연구의 핵심 메시지는 뇌의 애착 기저가 어떻게 뇌의 탐색 시스템Brain's Exploratory System보다 우선시되는가 하는 것이다. 즉, 안전하다고 느끼는 것이 무언가를 배우는 것보다 중요하다는 뜻이다.[Sroufe & Siegel, 2011] 신경가소성, 즉 뇌 신경세포의 연결은 경험과 긍정적인 관계에 의해 지속적으로 형성된다는 사실을 인식함으로써 손상된 내적 작동 모델에 대한 이해를 넓히고 이를 회복하는 데 기여할 수 있다.[Schore, 2003] 베르슈에렌과 쿠멘[Verschueren & Koomen, 2012]은 관계기반 교육이 학업적으로 "위험에 처한" 아이들을 적절히 돕기 위해 사용될 수 있다는 의견을 더한다. 그리하여 교사는 아이의 안전한 피난처이자 기지가 되어 아이가 자유롭고 안전하고 탐구하고 배우도록 도울 수 있다.^{Verschueren & Koomen, 2012} 이는 학생과의 "애착 같은" 관계나 애착기반 시스템 및 전략을 활용하는 것이 모든 아이에게 유익할 수 있지만, 특히 불안정한 작동 모델을 가지고 있는 아이들에게 더욱 유익할 수 있음을 시사한다. 하지만 베르진과 베르진²⁰⁰⁹ 및 베르슈에렌과 쿠멘²⁰¹²은 2차 애착 관계가 주 보호자와의 초기 애착 관계만큼 중요하지 않을 수 있다는 주의 사항 또한 언급한다.

대안적 모델을 향하여: 애착 자각 학교

애착 이론에 기초한 심리 역학적 전략에 대한 하트^{Hart, 2010}의 고찰은 관계적 모델과 관계적 행동에 중점을 둔다. 여기서 말하는 관계적 행동이란, 행동 자체보다 그 행동에 담긴 의미를 다루는 것이다. 학업적 성취뿐만 아니라 그 이상의 성공을 가져오는 안정적이고 신뢰할 수 있는 관계의 중요성을 다루는 다양한 문헌이 있다.^{Kennedy, 2008} 이러한 접근법은 인본주의 이념, 무조건적인 긍정적 존중, 그리고 비판적 사고에 근간을 둔다. 이는 또한 나딩스^{Noddings, 2005}의 "돌봄의 윤리" 개념에 강하게 동의한다. 케네디는 나딩스의 연구가 어떻게 "학교 내 모든 결정에 담겨 있는 관계의 중요성에 관한 철학적 기초"를 제공하는지에 주목한다.^{2008: 216}

영국에는 케언스와 스탠웨이^{Cairns & Stanway, 2004}, 그리고 봄버^{Bomber, 2007: 2011}와 같이 영향력 있는 실천기반 연구자가 있다. 그리고 이들은 애착 실천에 뿌리를 둔 효과적인 대안 모델을 제시한다. 하지만, 이들은 증거기반evidence-base이라기보다는 증거를 참조하는evidence-informed 경향이 있다. 현재 교육적 신경과학 분야에서 대두되는 논쟁을 염두에 둔 채, 우리는 배스스파대학교에서 애착 자각 학교 모델을 위한 증거기반을 만들기 위해 노력했다. 특히 케언스와 봄버의 연구는 지역사회의 다양한 커뮤니티를 기반으로 구성되어 있어 지역사회 융합에 도움이 된다. 이는 "아이를 중심으로 한 팀The team around the child"의 개념과 지역사회 전반의 협력을 추구하는 공동 사고와 기관 간의 협업에 의해 운영된다.Anning, 2006; Chivers & Trodd, 2011 비록 우리의 연구는 학교에 집중되어 있지만, 우리는 청소년 범죄팀, 청소년 센터, 아동 센터, 사회적 돌봄 및 정신건강 서비스의 다양한 전문가 및 단체들과 긴밀하게 협력한다. 우리는 돌봄 아동의 상황과 경험에 대한 인식을 높이기 위해 인 돌봄 위원회In Care Council와 협력하고 있다.Parker & Gorman, 2013

애착 자각 학교: 우리의 프레임워크

애착 자각 학교 프레임워크는 아래 모델에 요약되어 있다.[그림 30.1] [그림 30.1]은 학교에서 효과적으로 애착을 자각하기 위한 핵심 요소를 정리한다. 이는 학교 문화ethos, 교직원을 위한 교육, 특정 애착기반 전략, 협력적

[그림 30.1] 애착 자각 학교 프레임워크[4]

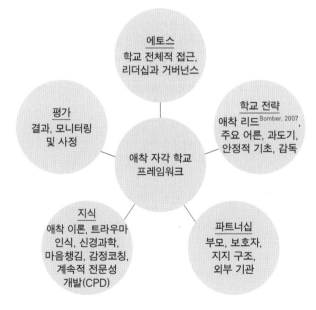

파트너십 개발, 증거기반 평가의 중요성 등을 포함한다. 각 핵심 요소가 효과적으로 작동하기 위해선 [그림 30.1]에 나열된 바와 같이 다양한 측면을 포괄해야 한다. 예를 들어, 학교 문화라는 요소는 학교 전체적 접근을 따르며 (주지사와 지도자부터 교사, 안내직원 등까지) 모든 교직원이 그 과정에 응하도록 보장해야 한다. 본 프레임워크는 관련 문헌 리뷰를 기반으로 한다. 우리는 파일럿 연구에서 얻은 조사 결과와 연구 참여 학교의 투입은 물론,[Fullan, 2005; Coe, 2013처럼] 교육 변화와 관한 문헌을 검토했다.

본 프레임워크는 [그림 30.2]에 명시된 바와 같이, 다양한 요구를 충족할 수 있는 지원 체제 안에서 작동한다. 피라미드의 꼭대기에는 정신건강 전문의 등의 전문적인 도움이 필요한 소수의 아동이 있다. 가운데에는 일대일 과외나 양육 그룹 등 학교 안에서 추가적인 도움이 필요한 아이들이 있다. 가장 아래에는 감정 코칭Emotion Coaching처럼 관계형 모델과 관계형 행동에 기초한 학교 전체적 접근법을 제공하는 학교 커뮤니티가 있다.

[그림 30.2] 요구의 스펙트럼Rose, Gilbert, Gorman, & Parker, 2014

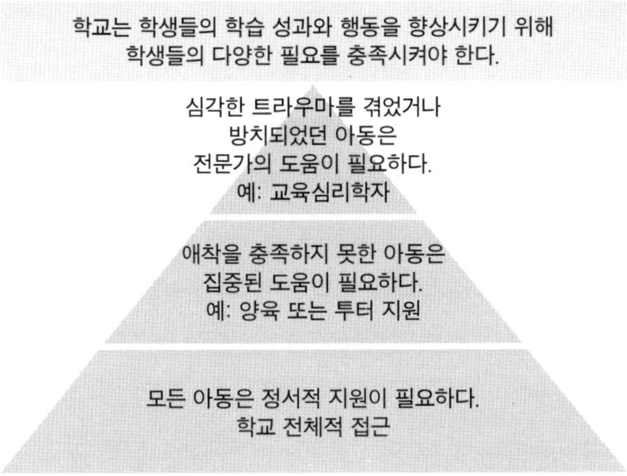

학교는 학생들의 학습 성과와 행동을 향상시키기 위해
학생들의 다양한 필요를 충족시켜야 한다.

심각한 트라우마를 겪었거나
방치되었던 아동은
전문가의 도움이 필요하다.
예: 교육심리학자

애착을 충족하지 못한 아동은
집중된 도움이 필요하다.
예: 양육 또는 투터 지원

모든 아동은 정서적 지원이 필요하다.
학교 전체적 접근

---

4. (옮긴이 주) 애착 리드(attachment lead)란 인생에서 상당한 트라우마를 겪은 학생을 지지하는 어른을 일컫는다.

우리의 연구는 학교가 다음과 같아야 한다고 제안한다.

- 학교는 아동 중심적이어야 하며 아이들의 다양한 애착 유형을 인정해야 한다.
- 학교는 아이들의 학습과 행동을 지지하고 아이들이 안전한 "소속감"을 느끼도록 양육 관계를 정립해야 한다.
- 학교는 불안정한 애착 행동을 개선하고 더욱 안정적인 애착 행동의 발달에 도움이 될 수 있는 2차적 애착 어른의 역할을 인정해야 한다.
- 신체 및 학습 장애가 있는 아이들을 대할 때와 같이, 정서 또는 행동 장애가 있는 아이들을 위한 적절한 양육 인프라를 구축해야 한다.

이러한 학교 활동 모델은 대부분의 학교에서 채택하는 하향 방식, 성적 위주, 그리고 행동주의 접근법과 맞지 않는다. 하지만 우리는 지난 몇 년 동안 이러한 문제들을 겪으면서 배우게 된 세 가지 주요 사항이 있다.

첫째로, '원칙'이라는 핵심 쟁점이 있다. 모든 아이는 적절한 교육을 받을 권리가 있으며 자신의 교육과 삶의 기회를 극대화할 권리도 있다. 영국의 아동위원 매기 앳킨슨Maggie Atkinson 박사는 다음과 같이 말했다. "모든 교사, 모든 학교는 항상 깨어나 있으며 실천적이어야 한다. 공공기구가 아이에게 맞춰야지 아이가 공공기구에 자신을 맞춰서는 안 되기 때문이다."Rose, Parker, & Gorman, 2014의 서문

둘째로, 우리가 제안하는 접근법은 기존의 학교 행동 및 정책을 약화시키지 않는다. 오히려 강화시킨다. 유아 학교Infant School 부교장은 다음과 같이 밝힌다.

우리는 원인을 파악하기 어려운 요구를 가진 아이들을 많이 겪고 난 후에야 애착 이론적 사고를 적용하기 시작했습니다. 애착 이론적 사고는 아이들을 자유롭게 해 주었고, 우리 또한 더욱 명확하게 상황 파악

을 할 수 있었습니다. 결과적으로 우리는 아이들과 함께 많이 성장했습니다.[Rose, 2014]

셋째, 애착 자각 접근법을 채택하면 아동 개인뿐만 아니라 교사와 학부모를 포함한 학교 공동체 모두에게 이익이다. 한 초등학교 교장은 교사들이 어려운 상황에 대처할 때 스트레스 수준이 감소했다고 보고했다.

저는 아이에게 더욱 공감하고, 아이가 왜 화가 나거나 속이 상했는지 찬찬히 생각해 볼 수 있게 되었습니다. 이것을 사용한 후로, 아이들과의 관계가 더욱 편안해진 것 같아요.[Rose et al., 2015: 1778]

증거기반 마련하기

비록 우리의 연구가 무작위 배정 임상시험RCTs를 위한 충분한 자금을 조달하지 못했지만, 우리의 혼합 방법론 파일럿 연구는 애착기반 전략의 몇 가지 긍정적 영향 지표를 산출했다. 예를 들어, 한 초등학교는 교실과 학교에서 심각한 교실 행동 사건classroom behaviour incident이 감소했다고 보고했다. 학교 직원들은 학교가 행동 관리보다는 학습에 중점을 두기 시작하며 새로운 곳이 되었다고 보고했고, 학교 조사 결과, 다음과 같은 사실이 확인되었다. "이 학교는 학생을 인격적으로 대우하는 매우 따뜻한 학교입니다. 학생들은 학교의 행동 강령을 이해하고 있으며 학교 내 차별은 용납되지 않습니다. 학생들은 학교 안팎에서 예의 바릅니다"라고 말했다.[Ofsted, 2014b: 5] 애착 자각 모델을 채택한 다른 교장은 다음과 같이 말했다.

만약 학교에 휠체어를 타고 오는 학생이 있다면, 학교는 경사로를 설치해야 합니다. 이 아이들에게는 특수한 요구사항이 있습니다. 우리는 학교 환경이 학생에게 좋은지 확실히 알아야 합니다. 포용이라고 할 수 있죠. … 이는 학교 전체에 영향을 주어 특수한 도움이 필요한 학생들에게 더욱 민감하게 반응할 수 있게 도와주었습니다. 이로써 우리의 공감 능력이 훨씬 향상되었습니다.[Rose, 2014]

한 초등학교 교장은 학교 전체적 접근법의 가치에 대해 이렇게 말합니다. "아이들의 행동에 더욱 통합적으로 반응할 방법이 있습니다. 이 방법은 아이들의 행동 뒤에 감추어진 감정을 이해할 수 있게 도와주며 아이를 다른 관점으로 바라볼 수 있도록 사고방식을 바꾸어 줍니다."[Rose, 2014]

애착 자각 학교 모델의 핵심은 감정 코칭을 유용한 도구 및 접근법으로 활용하여 아이들의 행동과 건강한 성장을 돕는 것이다. 이는 미국의 존 고트먼John Gottman과 그의 동료들의 연구에 바탕을 두고 있다. 이들의 연구는 한계 설정 및 문제 해결 단계에 이르기 전에 특정 행동의 원인이 되는 감정("그 순간의 감정")에 대한 고려가 중요하다고 강조한다.[Gottman et al., 1997] 감정 코칭은 애착기반 전략과 매우 알맞다. 이와 관련된 연구 결과는 다른 보고서에 게재되었으며[Gilbert et al., 2014; Gus et al., 2015; Rose et al., 2015] 미국[Gottman et al., 1997; Katz et al., 2012; Shortt et al., 2010]과 호주[Havighurst et al., 2012; Havighurst et al., 2010]에서 진행된 연구 결과와도 결을 같이한다. 모든 연구 결과, 감정 코칭은 전 연령대의 행동 관리에 도움이 된다고 한다.

예를 들어, 우리가 젊은 멘토들에게 감정 코칭 교육을 진행한 청소년 센터는 파괴적인 행동 및 경찰 신고 건수가 감소했다고 보고했다. 한 작은 초등학교는 학생들의 문제 행동에 더욱 효과적이며 스트레스는 적게 받는 개입 방식을 터득했다고 전했다. 한 중학교는 모든 교직원에게 단계적인 훈련을 하고 영구적 제적permanent exclusion의 위험이 있는 남학생들의 부모에게도 교육을 제공했다. 이에 이 소년들 간에 문제 행동 보고가 57% 감소하고, 단기간 제적short-term exclusion도 37% 감소했다. 학생에게 내리는 벌도 바뀌었다. 학생들에게 방과 후에 남아 교실에 조용히 앉아 있는 것이 아니라, 역할극과 문제 해결 등을 하며 시간을 보내게 했다. 주간 조교부터 양호교사에 이르기까지 모든 교직원의 참여도도 높아졌다. 많은 교사가 더욱 침착하고 적절하게 문제 행동에 대응할 수 있게 되었다고 보고했다. 본 모델을 활용한 다른 지역사회에서는 더 많은 아동센터, 부모, 방문 간호사, 사회복지사 등을 참여시킨다. 어떤 초등학교의 경우, 한 학급의 모든 학생이 더 낮은 학년의 멘토가 되도록 훈련을 시킨다. 특히 흥미로운 결과는, 중학생을 훈육할 때 감정 코칭 및 회복적 접근법을 활용했더니 학교에서 보상과 제재의 사용이 줄었다는 것이다.[그림 30.3], [그림 30.4] 참조, Rose et al., 2015 이 결과는 관계적 모델이 행동을 수정하기보다는 행동의 기반이 되는 기본 감정에 집중하기 때문에 행동 수정을 위한 보상과 제재의 사용을 줄일 수 있음을 시사한다.

사회적 기업 브라이터 퓨처스Brighter Futures와 협업하여 이러한 접근법을 뒷받침할 수 있는 추가 증거를 얻었다. 본 기업은 감정 코칭을 포함한 애착기반 전략을 사용하여 피라미드의 꼭대기에서 취약한 아동을 지원한다. 브라이터 퓨처스와 배스 초등학교Bath Primary School가 협업한 주요 파트너십 개입 프로젝트Primary Partnership Intervention Project는 교육 성취의 격차를 줄이고 배스 지역 아이들의 사회적 기능과 정서적 회복탄력성을 증진하는 것을 목표로 했다. 이 연구는 애착과 관련된 문제 행동을 보이는 아이들을 위한 집중된 개입으로 구성되었다. 비록 표본 크기는 작지만, 본 프로젝트의 결과를 보면 출석률과 학업성취도는 기대 이상으로 증가하고 문제 행동은 큰 폭으로 하락했다.[그림 30.5], [그림 30.6], [그림 30.7], [그림 30.8]; Rose & McGuire-Snieckus, 2014

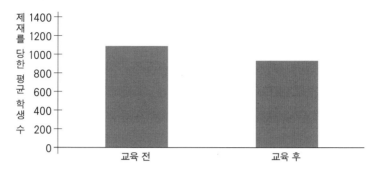

[그림 30.3] 교육 전후로 제재를 당한 평균 학생 수 (+/- 1SE) Note: N=1350

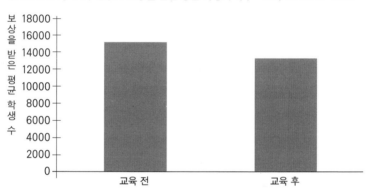

[그림 30.4] 교육 전후로 보상을 받은 평균 학생 수 (+/- 1SE) Note: N=1350

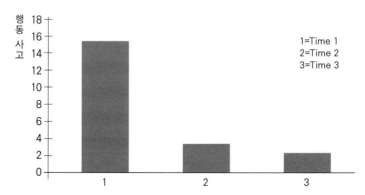

[그림 30.5] 행동 사고 감소 Note: N=30

1=Time 1
2=Time 2
3=Time 3

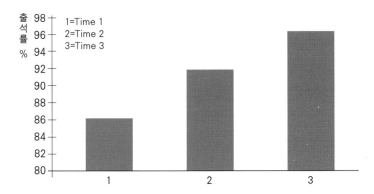

[그림 30.6] 출석률 증가 Note: N=30

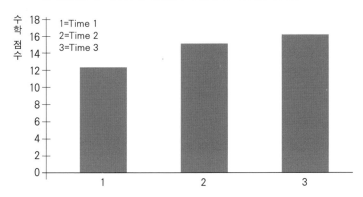

[그림 30.7] 기대를 뛰어넘는 수학 점수 증가 Note: N=30

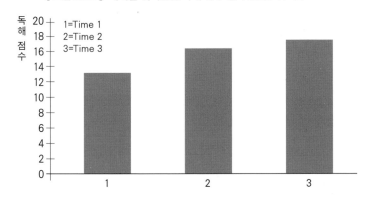

[그림 30.8] 기대를 뛰어넘는 독해 점수 증가 Note: N=30

더 광범위한 이슈와 과제

애착 자각 학교는 활발하고 동적인 시스템 속에서 운영된다. 그리고 우리는 애착 자각 학교의 발전을 위한 다양한 맥락과 과정을 수용할 수 있어야 한다. 예를 들어, 우리는 본 모델의 비용 효율성을 고려해야 한다. 앞서 검토한 브라이터 퓨처스의 최근 평가를 보면, 예상 비용이 상당히 절감되었음을 볼 수 있다. 이를 통해 우리는 애착이 충족되지 않은 아이들에게 미리 전문적인 지원을 제공하는 것이 아이의 애착 욕구를 방치했을 시 추후에 감당해야 하는 비용보다 훨씬 낮다는 사실을 알게 되었다. [그림 30.9]는 이러한 개입 비용이 1:1 치료/과외나 특수 학교 입학 등의 비용보다 훨씬 낮다는 것을 보여 준다.Rose & McGuire-Snieckus, 2014

본 모델의 비용 편익 비율을 잘 요약한 교장이 있다.

정말 간단하게 경제학의 관점에서만 이야기한다고 해도 (물론 이 일은 경제적인 측면보다 훨씬 많은 의미를 담고 있다), 학교가 이것을 채택하지 않으면 엄청난 손해를 보게 됩니다. 이런 어려움이 있는 아이들의 필요를 적절하게 충족하지 못한다면, 아이들을 가르치고 배우게 하는 데 훨

[그림 30.9] 종류별 비용

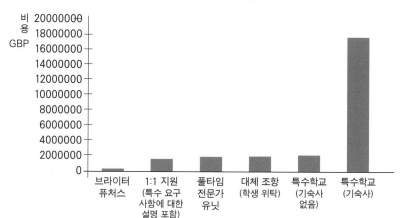

씬 큰 노력이 필요할 겁니다.[Rose, 2014]

우리의 연구는 국가 정책에 영향을 미치기 시작했다. 예로, 2013년에 교육부의 집행 기관National College for Teaching and Leadership은 배스스파와 배스 앤 노스이스트 서머싯 평의회Bath Spa and Bath and Northeast Somerset Council에 주지사 및 학교 리더십을 위한 애착의 함의에 대한 교육 자료 제작을 의뢰했다. 같은 해에 국립임상우수연구소는 애착 장애와 관련된 일을 시작했고, 여기에 학교 대표자를 포함시켜야 한다는 우리의 제안을 받아들였다. 마찬가지로, 헬스 셀렉트 위원회Health Select Committee는 모든 교사교육 과정에 학생들의 정신건강에 대한 필수 교과목을 추가해야 한다고 권고했다.[House of Commons, 2014: 101] 우리는 공통 접근법을 개발하기 위해 UCETUniversity Council on Teacher Education, Teach First 및 Teaching Schools 등 많은 초기 교사교육 기관들과 협력해 왔다. 또한 앤드류 카터 경이 주도한 초기 교사교육ITT에 관한 정부의 자체 검토에서 특별히 "ITT 콘텐츠 프레임워크에 아동과 청소년의 발달을 포함해야 한다"고 추천한 것에 대해 기쁘게 생각한다.[Carter, 2015: 9] 하지만 여기서도 행동 관리는 주로 교실 내 참여도, 언어 및 규칙적인 일상 등과 관련이 있고 관계나 감정에 관한 내용이나 교차참조는 적다.

또한 앞서 설명한 바와 같이, 아동의 애착 욕구를 충족하기 위한 애착 기반의 학교 전략과 학교 전체적 전략 함의에 대한 경험적 연구는 여전히 상대적으로 부족하다.[Bergin & Bergin, 2009; Kennedy, 2008; Kennedy & Kennedy, 2004; Riley, 2009] 학교와 교사에게 대안적 접근법이 효과적으로 작동하고 있고, 앞으로도 그럴 것이라고 설득하기 위해서는 전략과 성과의 인과 관계를 명확하게 입증하는 증거를 확립해야 한다. 이를 증명하는 것은 '제재와 보상'이라는 제한된 범위의 논의에서는 쉽지만, 관계, 감정 및 다양한 대안적 설명의 복잡한 틀에서 증명하기 훨씬 어렵다.

마지막으로, 우리는 이 대안 모델을 제공할 때 이분법적 관점을 만드는 것에 대해 신중해야 한다. 전통적인 행동 수정 기법과 애착기반 전략을 함께 사용하는 것이 효과적이라는 연구도 있지만[Kennedy & Kennedy, 2004], 두 가지 메시지를 함께 제공할 때 아이들이 겪을 혼란도 고려해야 한다. 또한 우리는 에클스턴, 헤이스, 푸레디[Ecclestone, Hayes, Furedi, 2005]와 길리스[Gillies]처럼 소위 "치료 교육"의 비판자라 하는 사람들과 이러한 기법을 실제로 사용할 때 주의하라는 사람들의 의견을 염두에 두고 있다.[Mayer & Cobb, 2000] 애착기반 전략은 교사에게 감정적인 투자를 많이 요구하여 교사들이 개인적 부담을 느낄 수 있다. 또한 교사와 치료사의 전문적인 경계를 주의해야 한다.[Howes, 1999]

애착 자각 학교 운동이 탄력을 받기 시작하면서, 전통적인 행동주의 모델을 유지하고 확고히 하려는 강한 세력과 부딪힌다. 교사의 권위[Department for Education, 2010], "보상 및 제재"에 대한 증거를 요구하는 학교 평가 프레임워크[Ofsted, 2014a], 다소 단순하고 "상식적인" 행동 체크리스트[Department for Education, 2011]는 모두 행동주의 모델을 강화한다. 아동의 정신건강과 같은 일부 분야에서 논의의 우선순위가 바뀔 조짐이 보이고 있지만, 아직 학교 전체적 문제에 대한 주류 정부의 인식이 바뀌기 위해서는 시간이 필요하다. 그러나 우리의 네트워크는 계속 증가하고 있으며, 이는 애착과 감정 자각 접근법에 대한 전국적인 욕구를 보여 준다. 내재된 문화에 도전하는 것은 어렵다. 특히 그것이 사회정치적 힘에 의해 강화될 때 더욱 그렇다. 학교와 사회 생태계의 체계적인 변화는 분명히 필요하다. 우리는 대안적 접근법이 학교와 개별적인 학생들의 삶을 변화시킬 수 있다고 굳게 믿는다.

Anning, A. (2006). *Developing multi-professional teamwork for integrated children's services*. Buckingham, UK: Open University Press.

Ansari, D., Coch, D., & De Smedt, B. (2011). Connecting education and cognitiveneuroscience: Where will the journey take us? *Educational Philosophy and Theory, 43*(1), 37-42.

Badenoch, B. (2008). *Being a brain-wise therapist: A practical guide to interpersonal neurobiology*. New York: Norton.

Balbernie, R. (2001). Circuits and circumstances: The neurobiological consequences of early relationship experiences and how they shape later behaviour. *Journal of Child Psychotherapy, 27*, 237-255.

Bergin, C., & Bergin, D. (2009). Attachment in the classroom. *Educational Psychology Review, 21*, 141-170.

Bomber, L. (2007). *Inside I'm hurting: Practical strategies for supporting children with attachment difficulties in schools*. London: Worth.

Bomber, L. (2011). *What about me? Inclusive strategies to support pupils with attachment difficulties make it through the school day*. London: Worth.

Bowlby, J. (1969). *Attachment and loss*. Harmondsworth: Penguin Books.

Bowlby, J. (1988). *A secure base: Parent–child attachment and healthy human development*. London: Routledge.

Cairns, K. (2006). *Attachment, trauma and resilience*. London: British Association For Adoption and Fostering.

Cairns, K., & Stanway, C. (2004). *Learn the child: Helping looked after children to learn*. London: British Association for Adoption and Fostering.

Carter, A. (2015). *Carter review of initial teacher training (ITT)*. Retrievable from:https://www.gov.uk/government/uploads/system/uploads/attachment_data/file/399957/Carter_Review.pdf

Chivers, L., & Trodd, L. (2011). *Interprofessional working and practice: Learning And working together for children and families*. Maidenhead, UK: Open University Press.

Clarke, L., Ungerer, J., Chahoud, K., Johnson, S., & Stiefel, I. (2002). Attention deficit hyperactivity disorder is associated with attachment insecurity. *Clinical Child Psychology and Psychiatry, 7*, 179-198.

Coe, R. (2013). *Improving education: A triumph of hope over experience*. Centre for Evaluation and Monitoring. Durham: Durham University.

Commodari, E. (2013). Preschool teacher attachment, school readiness and risk of learning difficulties. *Early Childhood Research Quarterly, 28*, 123-133.

Cozolino, L. (2013). *The social neuroscience of education: Optimizing attachment and learning in the classroom*. London: Norton & Co.

Davis, H. (2003). Conceptualizing the role and influence of student–teacher Relationships on children's social and cognitive development. *Educational Psychologist, 38*, 207-234.

Department for Education. (2010). *The importance of teaching. The schools white paper, 2010*. Norwich: TSO. Retrievable from: https://www.gov.uk/government/uploads/system/uploads/attachment_data/fi le/175429/CM-7980.pdf

Department for Education. (2011). *Getting the simple things right: Charlie Taylor's behaviour checklists*. Retrieved from: https://www.gov.uk/government/uploads/system/uploads/attachment_data/fi le/283997/charlie_taylor_checklist.pdf

Department for Education. (2014a). *Behaviour and discipline in schools: Advice for headteachers and school staff*. Retrieved from: https://www.gov.uk/government/uploads/system/uploads/attachment_data/file/463452/Behaviour_and_discipline_in_schools_guidance_for_headteachers_and_staff.pdf

Department for Education. (2014b). *School behaviour and attendance: Research priorities and questions*. Retrieved from: https://www.gov.uk/government/uploads/system/uploads/attachment_data/file/287610/Behaviour_and_school_attendance_research_priorities_and_questions.pdf

Department for Education. (2014c). *Mental health and behaviour in schools: Departmental advice for school staff*. Retrieved from: https://www.gov.uk/government/uploads/system/uploads/attachment_data/fi le/416786/Mental_Health_and_Behaviour_-_Information_and_Tools_for_Schools_240515.pdf

Driscoll, K., & Pianta, R. C. (2010). Banking time in Head Start: Early effi cacy of an intervention designed to promote supportive teacher-child relationships. *Early Education and Development, 21*(1), 38-64.

Ecclestone, K., Hayes, D., & Furedi, F. (2005). Knowing me, knowing you: The rise of therapeutic professionalism in the education of adults. *Studies in the Education of Adults, 37*, 182-200.

Field, T., & Diego, M. (2008). Vagal activity, early growth and emotional development. *Infant Behaviour and Development, 31*, 361-373.

Fullan, M. (2005). *Leadership & sustainability: Systems thinkers in action*. Thousand Oaks, CA: Corwin Press.

Geddes, H. (2006). *Attachment in the classroom. The links between children's early emotional well-being and performance in school*. London: Worth.

Gilbert, L., Rose, J., & McGuire-Snieckus, R. (2014). Promoting children's wellbeing and sustainable citizenship through emotion coaching. In M. Thomas (Ed.), *A child's world: Working together for a better future*. Aberystwyth, UK: Aberystwyth Press.

Gillies, V. (2011). Social and emotional pedagogies: Critiquing the new orthodoxy of emotion in classroom behaviour management. *British Journal of Sociology of Education, 32*, 185-202.

Gottman, J. M., Katz, L. F., & Hooven, C. (1997). *Meta-emotion: How families communicate emotionally*. Mahwah, NJ: Lawrence Erlbaum Associates.

Gus, L., Rose, J., & Gilbert, L. (2015). Emotion coaching: A universal strategy for supporting and promoting sustainable emotional and behavioural well-being. *Educational & Child Psychology, 32*(1), 31-41.

Harold, V. L., & Corcoran, T. (2013). On behaviour: A role for restorative justice? *International Journal of School Disaff ection, 10*(2), 45-61.

Hart, R. (2010). Classroom behaviour management: Educational psychologists' views on eff ective practice. *Emotional and Behavioural Diffi culties, 15*, 353-371.

Havighurst, S. S., Wilson, K. R., Harley, A. E., Kehoe, C., Efron, D., & Prior, M. R. (2012). Tuning into kids: Reducing young children's behavior problems using an emotion coaching parenting program. *Journal of Child Psychiatry and Human*

Development, 43, 247-264.

Havighurst, S. S., Wilson, K. R., Harley, A. E., Prior, M. R., & Kehoe, C. (2010). Tuning in to kids: Improving emotion socialization practices in parents of preschool children-fi ndings from a community trial. *Journal of Child Psychology and Psychiatry, 51*, 1342-1350.

House of Commons. (2014). *Health Committee: Children's and adolescents' mental health and CAMHS* (Th ird report of Session 2014-15). London: The Stationery Office.

Howard-Jones. (2014). Evolutionary perspectives on mind, brain and education. *Mind, Brain and Education, 8*, 21-32.

Howes, C. (1999). Attachment relationships in the context of multiple caregivers. In J. Cassidy & P. R. Shaver (Eds.), *Handbook of attachment: theory, research and clinical applications*. New York: The Guildford Press.

Hruby, G. (2012). Th ree requirements for justifying an educational neuroscience. *British Journal of Educational Psychology, 82*, 1-23.

Katz, L. F., Maliken, A. C., & Stettler, N. M. (2012). Parental meta-emotion philosophy: A review of research and theoretical framework. *Child Development Perspectives, 6*, 417-422.

Kennedy, B. L. (2008). Educating students with insecure attachment histories: Toward an interdisciplinary theoretical framework. *Pastoral Care in Education, 26*, 211-230.

Kennedy, J. H., & Kennedy, C. E. (2004). Attachment theory: Implications for school psychology. *Psychology in the Schools, 41*, 247-259.

Mayer, J., & Cobb, C. (2000). Educational policy on emotional intelligence: Does it make sense? *Educational Psychology Review, 12*, 163-183.

McCrory, E., De Brito, S., & Viding, E. (2010). Research review: The neurobiology and genetics of maltreatment and adversity. *Journal of Child Psychology and Psychiatry, 51*, 1079-1095.

Montgomery, A. (2013). *Neurobiology essentials for clinicians*. New York: Norton.

Moss, E., & St-Laurent, D. (2001). Attachment at school age and academic performance. *Developmental Psychology, 37*, 863-874.

Nagel, M. (2009). Mind the mind: Understanding the links between stress, emotional well-being and learning in educational context. *International Journal of Learning, 16*(2), 33-42.

Noddings, N. (2005). *The challenge to care in schools: An alternative approach to education*. New York: Teachers College Press.

NSCDC. (2012). *The science of neglect: The persistence absence of responsive care disrupts the developing brain* (Working Paper 12). Retrievable from http://www.developingchild.harvard.edu

NSCDC. (2014). *Excessive stress disrupts the architecture of the developing brain* (Working Paper 3). Retrievable from http://www.developingchild.harvard.edu

O'Connor, M., & Russell, A. (2004). *Identifying the incidence of psychological trauma and post-trauma symptoms in children*. Clackmannanshire, UK: Clackmannanshire Council Psychological Service.

Ofsted. (2014a). *Below the radar: Low-level disruption in the country's classrooms*. Manchester: Ofsted. Retrievable from https://www.gov.uk/government/uploads/system/uploads/attachment_data/fi le/379249/Below_20the_20radar_20-_20lowl evel_20disruption_20in_20the_20country_E2_80_99s_20classrooms.pdf

Ofsted. (2014b). *St Martin's Garden Primary School inspection report March 2014.* Retrievable from http://reports.ofsted.gov.uk/inspection-reports/fi nd-inspectionreport/provider/ELS/133290

Parker, R., & Gorman, M. (2013). In care, in school-Giving voice to young people in care. In S. Jackson (Ed.), *Pathways through education for young people in care.* London: British Association for Adoption and Fostering.

Pianta, R. C. (Ed.). (1992). *Beyond the parent: The role of other adults in children's lives.* San Francisco: Jossey Bass.

Porges, S. (2011). *The polyvagal theory: Neurophysiological foundations of emotions, attachment, communication, and self-regulation.* New York: Norton.

Rappolt-Schlichtmann, G., Willet, J., Ayoub, C., Lindsley, R., Hulette, A., & Fischer, K. (2009). Poverty, relationship confl ict and the regulation of cortisol in small and large group contexts at child care. *Mind, Brain and Education, 3*(3), 131-141.

Riley, P. (2009). An adult attachment perspective on the student-teacher relationship and classroom management difficulties. *Teaching and Teacher Education, 25,* 626-635.

Rose, J. (2014, May). *Attachment aware schools-Nurturing places to grow and achieve: Preliminary findings report.* Presentation to Institute for Recovery from Childhood Trauma, House of Lords, London.

Rose, J., Gilbert, L., Gorman, M., & Parker, R. (2014). *An introduction to attachment and the implications for learning and behaviour.* Nottingham, UK: NCTL.

Rose, J., Gilbert, L., & Smith, H. (2012). Aff ective teaching and the aff ective dimensions of learning. In S. Ward (Ed.), *A student's guide to education studies.* London: Routledge.

Rose, J., & McGuire-Snieckus, R. (2014). *Impact evaluation: Brighter futures and Bath primary partnership intervention project report.* Bath, UK: Bath Spa University.

Rose, J., McGuire-Sniekus, R., & Gilbert, L. (2015). Emotion coaching-A strategy for promoting behavioural self-regulation in children/young people in schools: A pilot study. *European Journal of Social and Behavioural Sciences, 13,* 1766-1790.

Schore, A. (2001). The eff ects of early relational trauma on right brain development, aff ect regulation and infant mental health. *Infant Mental Health Journal, 22,* 201-269.

Schore, A. (2003). *Affect regulation and the repair of the self.* New York: Norton.

Shaughnessy, J. (2012). The challenge for English schools in responding to current debates on behaviour and violence. *Pastoral Care in Education: An International Journal of Personal, Social and Emotional Development, 30,* 87-97.

Shortt, J. W., Stoolmiller, M., Smith-Shine, J. N., Eddy, J. M., & Sheeber, L. (2010). Maternal emotion coaching, adolescent anger regulation, and siblings' externalizing symptoms. *Journal of Child Psychology and Psychiatry, 51,* 799-808.

Siegel, D. (2012). *The developing mind: How relationships and the brain interact to shape who we are.* New York: Guildford Press.

Smith, D. (2006). *School experience and delinquency at ages 13 to 16. Edinburgh study of youth transitions and crime, number 13.* Edinburgh, UK: Edinburgh Centre for Law and Society, University of Edinburgh.

Sroufe, A., & Siegel, D. (2011). *The verdict is in: The case for attachment theory.*

Retrievable from http://www.drdansiegel.com/uploads/1271-the-verdict-is-in.
pdf

Trevarthen, C. (2011). What young children give to their learning, making
education work to sustain a community and its culture. *European Early
Childhood Education Research Journal, 19*, 173-193.

Verschueren, K., & Koomen, H. M. Y. (2012). Teacher-child relationships from an
attachment perspective. *Attachment and Human Development, 14*, 205-211.

찾아보기

삶의 행복을 꿈꾸는 교육은
어디에서 오는가?

● **교육혁명을 앞당기는 배움책 이야기** 혁신교육의 철학과 잉걸진 미래를 만나다!

● 비고츠키 선집 발달과 협력의 교육학 어떻게 읽을 것인가?

01 생각과 말   L.S. 비고츠키 지음 I 배희철·김용호·D. 켈로그 옮김 I 690쪽 I 값 33,000원

02 도구와 기호   비고츠키·루리야 지음 I 비고츠키 연구회 옮김 I 336쪽 I 값 16,000원

03 어린이 자기행동숙달의 역사와 발달 I   L.S. 비고츠키 지음 I 비고츠키 연구회 옮김 I 564쪽 I 값 28,000원

04 어린이 자기행동숙달의 역사와 발달 II   L.S. 비고츠키 지음 I 비고츠키 연구회 옮김 I 552쪽 I 값 28,000원

05 어린이의 상상과 창조   L.S. 비고츠키 지음 I 비고츠키 연구회 옮김 I 280쪽 I 값 15,000원

06 성장과 분화   L.S. 비고츠키 지음 I 비고츠키 연구회 옮김 I 308쪽 I 값 15,000원

07 연령과 위기   L.S. 비고츠키 지음 I 비고츠키 연구회 옮김 I 336쪽 I 값 17,000원

08 의식과 숙달   L.S 비고츠키 I 비고츠키 연구회 옮김 I 348쪽 I 값 17,000원

09 분열과 사랑   L.S. 비고츠키 지음 I 비고츠키 연구회 옮김 I 260쪽 I 값 16,000원

10 성애와 갈등   L.S. 비고츠키 지음 I 비고츠키 연구회 옮김 I 268쪽 I 값 17,000원

11 흥미와 개념   L.S. 비고츠키 지음 I 비고츠키 연구회 옮김 I 408쪽 I 값 21,000원

12 인격과 세계관   L.S. 비고츠키 지음 I 비고츠키 연구회 옮김 I 372쪽 I 값 22,000원

13 정서 학설 I   L.S. 비고츠키 지음 I 비고츠키 연구회 옮김 I 584쪽 I 값 35,000원

14 정서 학설 II   L.S. 비고츠키 지음 I 비고츠키 연구회 옮김 I 480쪽 I 값 35,000원

비고츠키와 인지 발달의 비밀   A.R. 루리야 지음 I 배희철 옮김 I 280쪽 I 값 15,000원

비고츠키의 발달교육이란 무엇인가?   비고츠키교육학실천연구모임 지음 I 412쪽 I 값 21,000원

비고츠키 철학으로 본 핀란드 교육과정   배희철 지음 I 456쪽 I 값 23,000원

비고츠키와 마르크스   앤디 블런던 외 지음 I 이성우 옮김 I 388쪽 I 값 19,000원

수업과 수업 사이   비고츠키 연구회 지음 I 196쪽 I 값 12,000원

관계의 교육학, 비고츠키   진보교육연구소 비고츠키교육학실천연구모임 지음 I 300쪽 I 값 15,000원

교사와 부모를 위한 발달교육이란 무엇인가?   현광일 지음 I 380쪽 I 값 18,000원

비고츠키 생각과 말 쉽게 읽기   진보교육연구소 비고츠키교육학실천연구모임 지음 I 316쪽 I 값 15,000원

교사와 부모를 위한 비고츠키 교육학   카르포프 지음 I 실천교사번역팀 옮김 I 308쪽 I 값 15,000원

레프 비고츠키   르네 반 데 비어 지음 I 배희철 옮김 I 296쪽 I 값 21,000원

● 경쟁과 차별을 넘어 평등과 협력으로 미래를 열어가는 교육 대전환! 혁신교육 현장 필독서

참된 삶과 교육에 관한
생각 줍기